RUSSIAN

THIRD EDITION

BEN T. CLARK

University of California, Santa Cruz

1817

HARPER & ROW, PUBLISHERS, New York
Cambridge, Philadelphia, San Francisco,
London, Mexico City, São Paulo, Sydney

*This book is dedicated to my parents, wife and children,
and to the fond memory of Veronica V. Vetroff.*

Photo credits

All photos by the author with the following exceptions: pages 123 and 238 by Andrew Frankel;
page 144 by Nicholas Zbitnoff, M.D.

Sponsoring Editor: Alan McClare
Project Editor: Brigitte Pelner
Designer: Michel Craig
Production: Marion A. Palen, Delia Tedoff
Compositor: Science Typographers

Illustrations by Jim M'Guinness

Russian, Third Edition

Library of Congress Cataloging in Publication Data

Clark, Ben T.
  Russian.

  Rev. ed. of: Russian for Americans.   2nd ed. 1973.
  Includes index.
  1. Russian language—Composition and exercises.
2. Russian language—Grammar—1950–   .   I. Title.
PG2112.C57   1982   491.78'2421   82-967
ISBN 0-06-041296-8

CONTENTS

PREFACE

This third edition of *Russian* represents a major revision of the previous editions. Dialogues and reading texts have been rewritten completely or thoroughly revised. They have been shortened and updated to include contemporary Russian and English words, expressions, and cultural concepts. To insure the correctness of the language employed, the entire text has been reviewed by native speakers of Russian, all of whom studied at universities and/or institutes in the Soviet Union.

In this edition, feminine endings of past tense verbs and of nouns and adjectives are included in all exercises. Perfective verbs are introduced five lessons earlier than in the previous editions, and multidirectional verbs of motion have been moved from Lesson 24 to Lesson 13.

Russian, Third Edition, has been shortened by approximately 200 pages. This should allow students in most university-level programs to learn the essential elements of Russian grammar and acquire a basic Russian vocabulary in a single academic year. This assumes that classes meet a minimum of five hours per week and that students work with the taped materials no less than 30 minutes each day. The suggested pace is the following:

First Quarter:	Lessons A–11
Second Quarter:	Lessons 12–19
Third Quarter:	Lessons 20–27

First Semester: Lessons A–14
Second Semester: Lessons 16–27

In Lessons **А, Б, В, Г**, dialogues and exercises are presented
in transcribed form, in the Cyrillic alphabet, and in English. During this
introductory phase, there is no formal presentation of grammar, and
students should not learn to spell the words presented in dialogues,
classroom expressions, or exercises. It is assumed that dialogues will be
memorized and presented in class as an oral exercise. This method, while
not enough in itself, does allow the student to use Russian actively from
the first day of class. In Lessons 1, 2, 3, 4, the dialogues, notes, expressions
and drills introduced orally in **А, Б, В, Г** are repeated and amplified.
Students are asked to write the dialogues from dictation and to translate
in writing the expressions which they already have learned to say.

Lesson 5 contains some entirely new material and serves as a transition
to the basic structure of all subsequent lessons. Lessons 6–27 have the
following format:

ДИАЛО́Г (*Dialogue*). Dialogues are presented in Russian with parallel
English texts. Longer dialogues are divided into two or more parts.

ТЕКСТ ДЛЯ ЧТЕНИЯ (*Reading Text*). Reading texts are intended
to serve as practice in reading Russian with the assistance of a vocabulary,
which is found at the end of each lesson. It is *not* recommended that these
texts be translated in class; rather, they should be used for oral reading
practice and as a basis for conversational drill of the new structural points
and vocabulary which are introduced in the lesson. This can be
accomplished by posing simple questions based on the material presented.
Questions of this type are included in the *Instructor's Manual*.

ВЫРАЖЕ́НИЯ (*Expressions*). This section contains the idiomatic
expressions which are presented in the dialogue and reading text. Students
should become thoroughly familiar with these constructions.

ПРИМЕЧА́НИЯ (*Notes*). Notes relate to items of cultural, historic,
geographic, political, or linguistic interest. In later lessons, much of this
material is presented in Russian, but initially "notes" are in English.

ДОПОЛНИ́ТЕЛЬНЫЙ МАТЕРИА́Л (*Supplementary Material*). This
section includes additional vocabulary, useful expressions, etc., which are
related to the material presented in the lesson, but do not necessarily play
a role in the dialogue, reading text, or exercises.

УПРАЖНЕ́НИЯ (*Exercises*). Some exercises, such as *Упражне́ние А*
and the *Вопро́сы,* are intended essentially for oral practice in class; others,
like the *Перево́д,* are written assignments. The majority of the exercises
should be written at home and drilled orally in class.

ГРАММА́ТИКА (*Grammar*). The grammar section of each lesson
contains explanations, rules, examples, and tables. This section should be
reviewed carefully before one begins work on the reading text and exercises.
The **ГРАММА́ТИКА** is located at the end of the lesson, directly before
the **СЛОВА́РЬ**, so that it can be located easily for review.

ТАБЛИ́ЦЫ (*Tables*). Some, but not all, lessons have tables of declensions, conjugations, etc.

ВИДОВЫ́Е ПА́РЫ ГЛАГО́ЛОВ (*Aspectual Verb Pairs*). Beginning with Lesson 16, new imperfective/perfective verb pairs which are to become part of the student's active vocabulary are listed separately in this section.

СЛОВА́РЬ (*Vocabulary*). The vocabulary contains the new words which are introduced in the lesson. In addition, there is a complete *Russian – English, English – Russian* vocabulary at the end of the book.

Tapes and an *Instructor's Manual* are available for use with *Russian*, Third Edition. The *Instructor's Manual* includes questions based on the reading texts, sample tests, and lyrics of the songs included on the tapes.

ACKNOWLEDGMENTS

The author wishes to express sincere thanks to everyone who aided in any way in the preparation of this book. He is especially indebted to the following persons for the wise counsel and assistance they offered: Anya Kroth and George Benigsen, University of California, Santa Cruz; Francis J. Whitfield, University of California, Berkeley; Olga Kagan, University of California, Riverside; Asya Pekurovskaya and Lena Lencek, Reed College; Konstantin and Emilia Hramov, Yale University; Vadim Kreyd, Monterey Institute of International Studies; Alyona Novikova, Elena Makouchetcheva, Luda Motalygo, and Marina Israilovich.

The author also wishes to thank Alan McClare, Brigitte Pelner, and Marion Palen of the Harper & Row College Division; Jim M'Guinness, the illustrator; students at the University of California, Santa Cruz, with special thanks to Debra Shannon; Russian students at Reed College; and his entire family for their understanding and support.

B.T.C.

CONCERNING
THE PHONETIC
TRANSCRIPTIONS

In Lessons А, Б, В, Г, conversations and supplementary material are presented both in phonetic transcription and in the Russian Cyrillic alphabet. These introductory lessons have three goals: (1) achievement of good Russian pronunciation and intonation habits, (2) familiarity with commonly used words and expressions, and (3) mastery of the Russian alphabet and basic phonetic system. Assignments should be prepared in class and with the assistance of the tapes which accompany the book.

The transcriptions used in Lessons А, Б, В, Г are intended as a pronunciation guide only, as a reminder of how words are pronounced when a teacher and the tapes are unavailable. Students should *not* learn to spell Russian words either in transcription or in the Russian alphabet until they begin the first lesson (Первый урок).

A. *Vowels*. No Russian vowel (or consonant) sound is exactly like the equivalent English sound presented below. Russian vowels generally are shorter, more tense, and purer than the equivalent English vowel sounds.

> [a]   *a* in f*a*ther
> [o]   *o* in m*o*re
> [u]   *u* in fl*u*te
> [e]   *e* in b*e*t
> [i]   *i* in mach*i*ne
> [ə]   *a* in *a*round
> [y]   *y* in bo*y*

[ɨ]   No English equivalent. Pronounce *oo* with
your lips drawn back in the position for
ee. The resulting sound is a bit like
the *i* in *sit*, but it can be produced
correctly only through drill with a speaker
of Russian.

B. *Consonants*. Many of the consonants presented in transcribed form have
a comma beneath them. This comma indicates that the consonant is "soft"
(palatalized). A "soft" consonant is pronounced with the middle of the
tongue raised higher than it is in the production of the corresponding
"hard" (nonpalatalized) consonant.

1. Three consonant sounds are always soft.

> [ch]   *ch* in *ch*eese
> [sch]   *sh* in *sh*eet
> [y]   *y* in *y*et

2. Three consonants sounds are always hard.

> [ts]   *ts* in bol*ts*
> [sh]   *sh* in *sh*awl
> [zh]   *s* in plea*s*ure

3. All other consonant sounds may be either hard or soft. A comma is
placed beneath those that are soft to indicate how they should be
pronounced. The following examples are given to demonstrate this same
basic phenomenon in English. Remember that very few of the soft and
hard English consonants are exactly like their equivalents in Russian.

[b]	*b*ooty	[t]	*t*all	[x]	a*ch* (German)
[ḅ]	*b*eauty	[ţ]	cos*t*ume	[x̣]	i*ch* (German)
[p]	*p*aw	[l]	*l*aw	[z]	*z*oo
[p̣]	*p*ew	[ḷ]	mi*ll*ion	[z̧]	*z*enith
[v]	*v*olume	[m]	*m*oo	[s]	*s*aw
[y]	*v*iew	[ṃ]	*m*ew	[ş]	*s*ee
[f]	*f*og	[n]	*n*ot	[g]	*g*auze
[f̧]	*f*ew	[ņ]	o*n*ion	[g̣]	ar*g*ue
[d]	*d*og	[r]	trilled *r*	[k]	*c*oupe
[ḑ]	*d*ew, a*d*ieu	[ŗ]	trilled *r* with tongue in "soft" position	[ḳ]	*c*ue

4. A double consonant is used in transcription to indicate that the consonant is held very slightly longer than is a single consonant.

[ánnə](*Anna*), as opposed to [aná] (*she*)

Lesson A
[urók] A
урóк A

[ɟialók]	ДИАЛÓГ	DIALOGUE
[dóbrəyə útrə.]	—Дóброе ýтро.	—*Good morning.*
[zdrástvuyʈi.]	—Здрáвствуйте.	—*Hello.*
[skazhíʈi, pazháləstə, vɨ aɱiɾikáɲits?]	—Скажи́те, пожáлуйста, вы америкáнец?	—*Tell me, please, are you an American?*
[ɲet, rúsʞiy. a vɨ aɱiɾikánkə?]	—Нет, рýсский. А вы америкáнка?	—*No, I'm Russian. And are you American?*

[aɱiɾikánkə.]	—Америка́нка.	—*Yes, I am.*
[kak vaz zavút?]	—Как вас зову́т?	—*What's your name?*
[ɱiɲá zavút ánnə.]	—Меня́ зову́т А́нна.	—*My name is Anna.*
[a ya iván.]	—А я—Ива́н.	—*And I'm Ivan.*
[óchiɲ pɾiyátnə.][1]	—Очень прия́тно.[1]	—*Pleased to meet you.*

NOTES

A. Nationalities have masculine and feminine forms:

[iván rúsķiy.]	Ива́н—ру́сский.	*Ivan is Russian.*
[tamárə rúskəyə.]	Тама́ра—ру́сская.	*Tamara is a Russian.*
[róbirt aɱiɾikáɲits.]	Ро́берт—америка́нец.	*Robert is an American.*
[ánnə aɱiɾikánkə.]	А́нна—америка́нка.	*Anna is an American.*
[dayít kanádits.]	Дави́д—кана́дец.	*David is a Canadian.*
[lórnə kanátkə.]	Ло́рна—кана́дка.	*Lorna is a Canadian.*

B. There are no equivalent words in Russian for *the* and *a*, and there is no present tense of the verb *to be* (*am, is, are*). Thus *Are you an American?* is expressed in Russian with only two words: *You American?*

[vɨ aɱiɾikáɲits (aɱiɾikánkə)?]   Вы америка́нец (америка́нка)?

C. In answering direct questions, Russians often omit [da] да (*yes*) and/or the subject.

[vɨ aɱiɾikáɲits?]	—Вы америка́нец?	—*Are you an American?*
[aɱiɾikáɲits.]	—Америка́нец.	—*I am.*
[da, aɱiɾikáɲits.]	—Да, америка́нец.	—*Yes, I am.*
[da, ya aɱiɾikáɲits.]	—Да, я америка́нец.	—*Yes, I'm an American.*

D. A negative response requires the use of [ɲet] **нет** (*no*) and/or [ɲi] **не** (*not*). The word [ɲi] normally is pronounced as part of the word that follows it.

[vɨ aɱiɾikánkə?]	—Вы америка́нка?	—*Are you an American?*
[ɲet, ya ɲiaɱiɾikánkə.]	—Нет, я не америка́нка.	—*No, I'm not an American.*

---

[1]*"very pleasant"*

E. The pronoun [tɨ] **ты**, the familiar singular form of *you*, is used only when one addresses a close friend, a member of one's family, a pet, and any Russian who makes it clear that he or she wishes to be addressed as [tɨ]. Since this pronoun is singular, it is used only when addressing one person.

    The *formal and/or plural* form of *you* is [vɨ] **вы**. Use this pronoun when addressing two or more persons (even close friends, etc.) and when addressing a person whom you do not know well. This pronoun generally is used when the person or circumstances require respect, politeness or reserve.

F. The Russian equivalent of *What's your name?* has both [tɨ] **ты** and [vɨ] **вы** forms.

[tɨ] **ты**:	[kak ţiḅá zavút?]	Как **тебя** зовýт?
[vɨ] **вы**:	[kak vaz zavút?]	Как **вас** зовýт?

The literal meaning of this expression is *How do they call you?*

USEFUL CLASSROOM EXPRESSIONS

Learn to say and respond to the following expressions. Note that commands have a [tɨ]-form, which ends in [i], [ɨ] or [y], and a [vɨ]-form, which ends in [ţi]. Use the [vɨ]-command when addressing two or more persons or one person whom you call [vɨ].

1.	[kak skazáţ pa-rúsķi…?]	Как сказáть по-рýсски…?	*How do you say… in Russian?*
2.	[skazhɨ́(ţi), pazháləstə,…]	Скажи́(те), пожáлуйста,…	*Tell me, please,…*
3.	[pəftaŗí(ţi), pazháləstə.]	Повтори́(те), пожáлуйста.	*Repeat, please.*
4.	[izyiŋí(ţi), pazháləstə.]	Извини́(те), пожáлуйста.	*Excuse me, please.*
5.	[yischó ras.]	Ещё раз.	*Once more/again.*
6.	[dáḷshɨ.]	Дáльше.	*Continue.*
7.	[grómchi.]	Грóмче.	*Louder.*
8.	[xərashó.]	Хорошó.	*Good.*
9.	[plóxə.]	Плóхо.	*Bad.*

10. [lúchshɨ.]	Лу́чше.	*Better.*
11. [atkróy(ţi) kṇíɡi.]	Откро́й(те) кни́ги.	*Open your books.*
12. [zakróy(ţi) kṇíɡi.]	Закро́й(те) кни́ги.	*Close your books.*
13. [chitáy(ţi).]	Чита́й(те).	*Read.*

THE RUSSIAN ALPHABET

A. These letters of the Russian alphabet resemble Roman letters and represent sounds similar to those they represent in English. Remember that Russian vowels are shorter, tenser, and purer than English vowels.

Printed	*Written*	*Name*	*Approximate Pronunciation*
А а	*А а*	[a]	*a* as in *father*
О о	*О о*	[o]	*o* as in *fort*, but with the lips rounder and the tongue drawn farther back in the mouth
К к	*К к*	[ka]	*k* as in *take*, but without aspiration
М м	*М м*	[em]	*m* as in *mother*
Т т	*Т т*	[te]	*t* as in *top*, but the tongue touches the back of the upper teeth

т, н

B. The following letters resemble Roman letters, but they represent quite different sounds than they do in English.

Printed	Written	Name	Approximate Pronunciation
В в	$\mathcal{B}$ ℓ	[ve]	v as in *vault*

в

Printed	Written	Name	Approximate Pronunciation
Н н	$\mathcal{H}$ $\mathcal{H}$	[en]	n as in **not**, but the tongue touches the back of the upper teeth
Р р	$\mathcal{P}$ n	[er]	r trilled
С с	$\mathcal{C}$ c	[es]	s as in **salt**, but with the tip of the tongue touching the edge of the lower teeth

с

Printed	Written	Name	Approximate Pronunciation
Х х	$\mathcal{X}$ x	[xa]	ch in German *ach*
У у	$\mathcal{Y}$ y	[u]	u as in *flute*, but with the lips much rounder

C. Note the following:

1. The small letter к is half the height of a capital letter.

Как акт кот карта

2. The letter М, м begins with a small hook, even in the middle of a word. Do not make this hook look like a "c."

Мама мам ум атом

3. When an м follows an о, it is necessary to stop and begin again from below.

Ом ом Том атом

4. The letter x is connected to the preceding letter from above.

Ах ах Ох ох сухо

5. The small letter р is not closed at the bottom and has no loop.

Сократ рот Артур

6. The final stroke of the capital letter У must go to the *left* and then stop. Capital У does not extend below the line.

Ура Уи Усо Уксус

ORAL ALPHABET DRILL

A. Pronounce the following letters and syllables.

ка	ра	ко	ро	ку	ру
ма	са	мо	со	му	су
та	ха	то	хо	ту	ху
на	ва	но	во	ну	ву

B. Stressed and unstressed **a** and **o**.

1. A and **o** have their full sound value only when they occur in the stressed syllable.

a [a]:	как	*how*	март	*March*
	там	*there*	Маркс	*Marx*

o [o]:	вот	*here*		кто	*who*
	нос	*nose*		мост	*bridge*

2. When an unstressed **a** or **o** occurs initially (as the first letter of a word) or in pretonic position (in the syllable directly before the stressed syllable), both are pronounced [a].

Initial **a** [a]:	антрáкт	[antrákt]	*intermission*
	ананáс	[ananás]	*pineapple*
Initial **o** [a]:	онá	[aná]	*she*
	окнó	[aknó]	*window*
Pretonic **a** [a]:	картóн	[kartón]	*carton*
	масóн	[masón]	*Mason*
Pretonic **o** [a]:	востóк	[vastók]	*east*
	Москвá	[maskvá]	*Moscow*

3. In any other position, that is, *after* the stressed syllable (posttonic) or more than one syllable before the stressed syllable but not the first letter of a word (pre-pretonic), both **a** and **o** are pronounced [ə].

Posttonic **a** [ə]:	корóва	[karóvə]	*cow*
	кóмната	[kómnətə]	*room*
Posttonic **o** [ə]:	áтом	[átəm]	*atom*
	рáно	[ránə]	*early*
Pre-pretonic **a** [ə]:	тараканá	[tərakán]	*cockroach*
	самовáр	[səmavár]	*samovar*
Pre-pretonic **o** [ə]:	мономáн	[mənamán]	*monomaniac*
	сторонá	[stəraná]	*side*

WRITTEN ALPHABET DRILL

A. Copy each of the following words twice. Use paper with narrow lines and use double spaces for capital letters as in the example. Write, do not print.

Акт	акт	*Акт акт*
Ом	ом	*Ом ом*
Кто	кто	*Кто кто*
Мама	мама	*Мама мама*

Так	так	*Так так*
Вот	вот	*Вот вот*
Ну	ну	*Ну ну*
Рот	рот	*Рот рот*
Сумма	сумма	*сумма сумма*
Хвост	хвост	*Хвост хвост*
Утро	утро	*Утро утро*

B. Write the following words on your own. Since they are geographical place names, each must begin with a capital letter. If the stressed syllable is not indicated, it falls on the *capital* letter.

Аму́р	Томск	Сава́нна
Омск	Торо́нто	Санта-А́на
Отта́ва	Ва́рна	Санта-Кру́с
Канто́н	Нант	Харту́м
Мона́ко	На́ссау	Ува́рово
Москва́	Росто́в	

Lesson Б Б Б
[urók]
урóк

[ḓialók]	ДИАЛÓГ	DIALOGUE
[pṛiγét, áŋə.]	—Привéт, Аня.	— Hi, Anya.
[zdrástvuy, vaḏím. kagḏilá?]	—Здрáвствуй, Вадúм. Как делá?	— Hello, Vadim. How are things?
[xərashó, spaşíbə.]	—Хорошó, спасúбо.	— Fine, thanks.
[kudá tɨ iḓosh?]	—Кудá ты идёшь?	—Where are you going?
[naḷéktsɨyu.¹ a tɨ?]	—На лéкцию.¹ А ты?	—To class.¹ How about you?

---

¹In pre-university schools, substitute [naurók] **на урóк**.

[ya idú damóy.]	—Я иду́ домо́й.	—*I'm going home.*
[dəsyidáŋyə, aŋə.]	—До свида́ния, Аня.	—*Good-bye, Anya.*
[daskórəvə.]	—До ско́рого.	—*See you soon.*

NOTES

A. Anya is a diminutive/endearing form of Anna.
B. The greeting [pṛiγét] **приве́т** is the approximate equivalent of the English *hi.* A more formal greeting is [zdrástvuy(ṭi)] **здра́вствуй(те)**. Use [zdrástvuy] when greeting one person whom you address as [tɨ] and [zdrástvuyṭi] when greeting more than one person or someone you address as [vɨ].
C. Become familiar with the *I* and *you* forms of the Russian verb for *to go.*

[ya idú]	я иду́	*I am going*
[tɨ iḍósh]	ты идёшь	*you are going*
[vɨ iḍóṭi]	вы идёте	*you are going*

ORAL EXERCISE

Practice all the following answers to the question *Where are you going?* until you can give them orally without hesitation.

[kudá tɨ iḍósh?]	Куда́ ты идёшь? ⎫	*Where are you going?*
[kudá vɨ iḍóṭi?]	Куда́ вы идёте? ⎭	
[ya idú damóy.]	Я иду́ домо́й.	*I'm going home.*
[naḷéktsɨyu.]	на ле́кцию.	*to class (or a lecture).*
[fshkólu.]	в шко́лу.	*to school.*
[vgórət.]	в го́род.	*to town.*
[vḅibḷiaṭéku.]	в библиоте́ку.	*to the library.*
[fḵinó.]	в кино́.	*to the movies.*
[fṭiátr.]	в теа́тр.	*to the theater.*
[fstalóvuyu.]	в столо́вую.	*to the dining hall.*
[záftrəkəṭ.]	за́втракать.	*to have breakfast.*
[aḅédəṭ.]	обе́дать.	*to have lunch.*
[úzhɨnəṭ.]	у́жинать.	*to have dinner.*

THE RUSSIAN ALPHABET

A. These letters bear little or no resemblance to letters in the Roman alphabet:

Printed	Written	Name	Approximate Pronunciation
Э э	Э э	[e]	e as in *bet*, but shorter, tenser and purer
Ы ы	ьı	[ɨ]	No English equivalent. Say [u] with your lips drawn back in the position for [i]. Since **ы** never occurs as the first letter of a word, there is no written capital.
Б б	Б б	[be]	b as in *ball*, but without aspiration

ы

Printed	Written	Name	Approximate Pronunciation
Г г	Г г	[ge]	g as in *golf*
Д д	Д д, g	[de]	d as in *dog*, but with the tip of the tongue against the back of the upper teeth

т, д, н

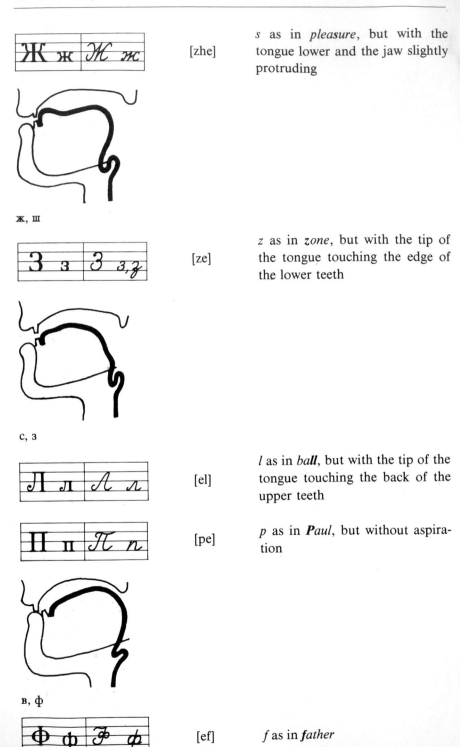

Ж ж *Ж ж*

[zhe]   *s* as in *pleasure*, but with the tongue lower and the jaw slightly protruding

ж, ш

З з *З з,з*

[ze]   *z* as in *zone*, but with the tip of the tongue touching the edge of the lower teeth

с, з

Л л *Л л*

[el]   *l* as in *ball*, but with the tip of the tongue touching the back of the upper teeth

П п *П п*

[pe]   *p* as in *Paul*, but without aspiration

в, ф

Ф ф *Ф ф*

[ef]   *f* as in *father*

Ц, ц Цз цз	[tse]	*ts* as in *bolts*

Ш ш Ш ш	[sha]	*sh* in **shawl**, but with the tongue lower and the jaw slightly protruding

B. Note the following:

1. The letters *э* and *ж* are connected to the preceding letter from above.

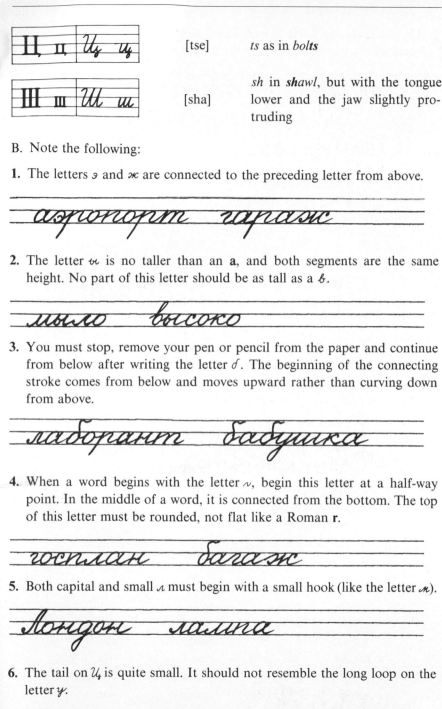

аэропорт гараж

2. The letter *ш* is no taller than an **a**, and both segments are the same height. No part of this letter should be as tall as a *b*.

мыло   высоко

3. You must stop, remove your pen or pencil from the paper and continue from below after writing the letter *б*. The beginning of the connecting stroke comes from below and moves upward rather than curving down from above.

лаборант   бабушка

4. When a word begins with the letter *л*, begin this letter at a half-way point. In the middle of a word, it is connected from the bottom. The top of this letter must be rounded, not flat like a Roman **r**.

госплан   багаж

5. Both capital and small *л* must begin with a small hook (like the letter *м*).

Лондон   лалина

6. The tail on *Ц* is quite small. It should not resemble the long loop on the letter *у*.

Цыган бац   not: ура

7. Do not make the letter *Ш* look like a Roman **w**. The final stroke must come all the way back down to the line (both capital and small).

Шашлык ваш

ORAL ALPHABET DRILL

A. Pronounce the following words until you can do so without hesitation. Remember that unstressed **a** and unstressed **o** are pronounced exactly alike: [a] or [ə].

э́ра	*era*	журна́л	*magazine*
эпо́ха	*epoch*	звук	*sound*
аэропо́рт	*airport*	знак	*sign*
вы	*you*	ла́мпа	*lamp*
ты	*you*	луна́	*moon*
буты́лка	*bottle*	лы́жа	*ski*
ба́бушка	*grandmother*	па́спорт	*passport*
брат	*brother*	пра́вда	*true, truth*
глаго́л	*verb*	ца́рство	*kingdom*
гора́	*mountain*	цыга́н	*gypsy*
да́ма	*lady*	фарфо́р	*porcelain*
дру́жба	*friendship*	фло́ра	*flora*
душа́	*soul*	фа́уна	*fauna*
жа́жда	*thirst*	ша́пка	*cap*
жарго́н	*slang*	ша́хматы	*chess*
жук	*beetle*	шу́тка	*joke*

B. Drill on unstressed **a** and **o**. Pronounce the following words, paying close attention to the **a**'s and **o**'s.

э́то	*this*	плутокра́т	*plutocrat*
глу́по	*stupid*	пока́	*until; so long*
у́тро	*morning*	пора́	*it's time*
жа́рко	*hot*	поэ́т	*poet*
пло́хо	*bad*	рок-н-ро́лл	*rock'n'roll*
зо́лото	*gold*	бахлава́	*bakhlava*
зову́т	*(they) call*	молоко́	*milk*
доска́	*board*	борода́	*beard*
звоно́к	*bell*	хорошо́	*good, well*

WRITTEN ALPHABET DRILL

A. Copy the following words twice, once beginning with a capital and once with a small letter.

Эпóха

Эпоха   эпоха

Бы́стро

Быстро   быстро

Глагóл

Глагол   глагол

Дáмба

Дамба   дамба

Душá

Душа   душа

Журнáл

Журнал   журнал

Зáпах

Запах   запах

Лы́жа

Лыжа   лыжа

Платфóрма

Платформа платформа

Фарфóр

Фарфор   фарфор

Цыгáн

Цыган   цыган

Шáхматы

Шахматы шахматы

B. Write the following words. Since they are geographical place names, each word must begin with a capital letter. Note that the letter *h* usually is transliterated in Russian with a **г**.

Алма-Ата́	Ло́ндон	Таскалу́са
Босто́н	Монта́на	Ула́н-Удэ́
Гава́на	Но́вгород	Фра́нкфурт
Джо́рджтаун	Омаха	Хаба́ровск
Жармы́ш	Пото́мак	Цыпа́нда
Заго́рск	Росто́в-на-Дону́	Шту́тгарт
Казахста́н	Самарка́нд	Э́дмонтон

Lesson B
[urók] B
уро́к B

[ḓialók]	ДИАЛО́Г	DIALOGUE
[dóbrɨy ýéchir.]	—До́брый ве́чер.	—*Good evening.*
[zdrástvuyṭi.]	—Здра́вствуйте.	—*Hello.*
[ṃiṇá zavút róḃirt.]	—Меня́ зову́т Ро́берт.	—*My name is Robert.*
[a ṃiṇá ánnə.]	—А меня́—А́нна.	—*And mine is Anna.*
[skazhɨ́ṭi, pazháləstə, atkúda vɨ?]	—Скажи́те, пожа́луйста, отку́да вы?	—*Tell me, please, where are you from?*
[ya aṃiṛikánkə.]	—Я—америка́нка.	—*I'm an American.*
[právdə? shto vɨ ḓéləyiṭi vés-és-és-ér?]	—Пра́вда? Что вы де́лаете в СССР?	—*Really? What are you doing in the USSR?*

[ya uchúş.]	—Я учу́сь.	—*I'm going to school (studying).*
[ya tózhɨ stuḍént.]	—Я то́же студе́нт.	—*I'm a student, too.*
[a gḍe vɨ úchiţiş?]	—А где вы у́читесь?	—*And where do you go to school?*
[vuŋiɣirşiţéţi. ya izucháyu rúsҟiy yizɨ́k.]	—В университе́те. Я изуча́ю ру́сский язы́к.	—*At the university. I'm studying Russian.*

NOTES

A. Note the masculine and feminine forms of the Russian word for *student*.

> [róbirt—stuḍént.]   Ро́берт—студе́нт.
> [ánnə—stuḍéntkə.]   Анна—студе́нтка.

B. The word [právdə] **пра́вда** means *true* and *truth*. It also is used to express surprise and/or doubt.

[ánnə aṃiҏikánkə.]	—Анна—америка́нка.	—*Anna's an American.*
[právdə? aná ŋirúskəyə?]	—Пра́вда? Она́ не ру́сская?	—*Really? She's not a Russian?*
[ŋet, aṃiҏikánkə.]	—Нет, америка́нка.	—*No, she's an American.*

C. There are two words in Russian for *where*: [kudá] **куда́** and [gḍe] **где**. The word [kudá] means *where* (*to*) and thus is used in questions and statements about destination or direction.

[kudá vɨ iḍóţi?]	—Куда́ вы идёте?	—*Where are you going?*
[ya idú damóy.]	—Я иду́ домо́й.	—*I'm going home.*

The word [gḍe] means *where* (*at*) and is used in reference to location.

[gḍe vɨ úchiţiş?]	—Где вы у́читесь?	—*Where do you study?*
[ya uchúş vuŋiɣirşiţéţi.]	—Я учу́сь в университе́те.	—*I study at the university.*

D. The statement [ya idú fshkólu.] **Я идý в шкóлу** means *I'm going* (*walking, on the way*) *to school.*

I / you go to school in the sense *I am / You are a student, I / you attend classes, study* is expressed in Russian:

[ya uchúş]   я учýсь

[tɨ úchishsə]   ты ýчишься

[vɨ úchiţiş]   вы ýчитесь

E. When the subject studied is given, *I / you study...* is expressed:

[ya izucháyu...]   я изучáю...

[tɨ izucháyish...]   ты изучáешь...

[vɨ izucháyiţi...]   вы изучáете...

This verb *requires* a direct object; in other words, one *must* specify what one studies.

[vɨ izucháyiţi	—Вы изучáете	—*Are you studying*
rúsķiy yizɨk?]	**рýсский язы́к?**	***Russian?***
[da, ya izucháyu	—Да, **я** изучáю	—*Yes, I'm studying*
rúsķiy yizɨk.]	**рýсский язы́к.**	***Russian.***

THE RUSSIAN ALPHABET

A. The consonants **ч** and **щ** represent *soft* sounds only.

Printed	Written	Name	Approximate Pronunciation
Ч ч	*Ч ч*	[che]	*ch* in **cheese**

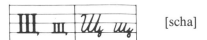

[scha]

sh in **shield**, but longer and with the middle part of the tongue raised towards the hard palate. The Leningrad pronunciation of this letter is [shch] as in *fresh cheese* (pronounced as one word).

B. The "Softening" Vowels

Printed	Written	Name	Approximate Pronunciation
И и		[i]	*i* as in *machine*
Е е		[ye]	*ye* as in **yes**
Ё ё		[yo]	*yo* as in **York**
Ю ю		[yu]	*u* as in **use**
Я я		[ya]	*ya* as in **yard**

C. Note the following:

1. The letters **ч** and **щ** represent soft consonant sounds only. (They have no corresponding hard equivalents.)

ча́шка	[cháshkə]	*cup*
чек	[chek]	*check*
чёрт	[chort]	*devil*
число́	[chisló]	*date*
чу́дно	[chúdnə]	*marvelous*
щи	[schi]	*cabbage soup*
борщ	[borsch]	*borsch (soup)*

After **ч** and **щ**, an unstressed **a** before the stressed syllable is pronounced like an **и**.

часы́	[chisɨ́]	*clock, watch, hours*
пощади́л	[pəschiḍíl]	*(he) spared*

Before **ч** and **щ**, **н** is pronounced soft.

| кóнчить | [kóṇchiṭ] | *to finish* |
| жéнщина | [zhéṇschinə] | *woman* |

2. **ж**, **ш**, and **ц** have no soft equivalents. After these letters, **и** and *unstressed* **e** both sound like **ы**.

тóже	[tózhɨ]	*also*
лýчше	[lúchshɨ]	*better*
скажи́	[skazhɨ́]	*tell (me), say*

3. Е, ё, ю, and я begin with a glide ([y]) when they occur alone, as the first letter of a word or after a vowel. The letter ё always is stressed.

ем	[yem]	*(I) eat*
ел	[yel]	*(he) ate*
ёжик	[yózhɨk]	*little hedge hog*
моё	[mayó]	*my (neuter)*
ю́мор	[yúmər]	*humor*
мою́	[mayú]	*my (feminine accusative)*
Я́лта	[yáltə]	*Yalta*
моя́	[mayá]	*my (feminine)*

The letter **и** in modern Russian has lost the [y]-glide characteristic.

4. All consonants except **ж**, **ш**, and **ц** are pronounced *"soft" when they are followed by a "softening"* vowel letter. Under these circumstances, е, ё, ю, and я do not have a [y]-glide. Soft consonants are pronounced with the middle part of the tongue raised high towards the hard palate. Pronounce the following syllables:

ба бя	[ba ḅa]	па пя	[pa ṗa]
во вё	[vo ṿo]	со сё	[so ṣo]
лэ ле	[le ḷe]	фэ фе	[fe ḟe]
му мю	[mu ṃu]	ду дю	[du ḍu]
ны ни	[nɨ ṇi]	ты ти	[tɨ ṭi]

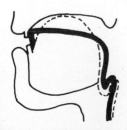

━━та, да; ╌╌тя, дя

5. When e or я occur in an unstressed syllable, they are pronounced less distinctly than when they are stressed. Before the stressed syllable, if not preceded by a soft consonant, both are pronounced [yi]; if preceded by a soft consonant, they lose the [y]-glide: [i].

	Stressed e			*Stressed я*	
[ye]:	ем	[yem]	[ya]:	прия́тно	[pṛiyátnə]
[e]:	нет	[ṇet]	[a]:	мя́со	[ṃásə]
	Unstressed e			*Unstressed я*	
[yi]:	ещё	[yischó]	[yi]:	язы́к	[yizɨk]
[i]:	меня́	[ṃiṇá]	[i]:	пятно́	[ṗitnó]

After the stressed syllable, unstressed e is pronounced [yə] or [ə], [yi] or [i]; я is pronounced [yə] or [ə].

	Unstressed e			*Unstressed я*	
[yə]:	до́брое	[dóbrəyə]	[yə]:	ру́сская	[rúskəyə]
[yi]:	в галере́е	[vgəḷiṛéyi]	[ə]:	дя́дя	[ḍáḍə]
[ə]:	мо́ре	[móṛə]			
[i]:	скажи́те	[skazhɨṭi]			

ORAL ALPHABET DRILL

Practice saying the following words and phrases, paying particular attention to the soft consonants.

америка́нец	идёте
меня́	дела́
А́ня	до свида́ния
прия́тно	Бори́с
нет	скажи́те
кни́ги	где
приве́т	в университе́те

WRITTEN ALPHABET DRILL

A. Copy the following words.

Ча́сто ча́сто коне́чно

Часто часто конечно

Щи щи борщ

Щи щи борщ

Игра́ игра́ ши́шка

Игра игра шишка

Ерунда́ ерунда́ нет

Ерунда ерунда нет

Ёлка ёлка моё

Ёлка ёлка моё

Юмор юмор мою́

Юмор юмор мою

Язы́к язы́к моя́

Язык язык моя

B. Write, do not print, the following words.

Аля́ска	Ленингра́д	Texа́с
Битлс	Лос-А́нжелес	Тургéнев
Владивосто́к	Миссиси́пи	Узбекиста́н
Курт Воннегу́т	Манито́ба	Флори́да
О. Гéнри	Орего́н	Хачатуря́н
Днепр	Оклахо́ма-Си́ти	Анто́н Чéхов
Евтушéнко	Пастерна́к	Шостако́вич
Женéва	Рахма́нинов	Щорск
Но́вая Зела́ндия	Росси́я	Эдинбу́рг
Ирку́тск	Сан-Франци́ско	Югосла́вия
Калифо́рния	Солжени́цын	Я́лта

C. Write the following sentences. Double-spaced writing no longer is necessary.

1. До́брое у́тро.
2. Вы америка́нец?
3. Да, я америка́нец.
4. Ты америка́нка?

5. Нет, я не америка́нка.
6. Я ру́сская.
7. Как вас зову́т?
8. Меня́ зову́т Та́ня.
9. Как тебя́ зову́т?
10. Приве́т.
11. Как дела́?
12. Хорошо́, спаси́бо.
13. Куда́ вы идёте?
14. Я иду́ на ле́кцию.
15. До свида́ния.
16. Где Анна?
17. В университе́те.
18. Ро́берт в СССР.

Lesson [urók] урóк Г Г Г

[dialók]	ДИАЛО́Г	DIALOGUE
[skazhíţi, pazháləstə, kakóy yizɨk vɨ izucháyiţi?]	—Скажи́те, пожа́луйста, како́й язы́к вы изуча́ете?	—*Tell me, please, what language do you study?*
[rúsķiy.]	—Ру́сский.	—*Russian.*
[a pəchimú vɨ izucháyiţi rúsķiy yizɨk?]	—А почему́ вы изуча́ете ру́сский язы́к?	—*And why are you studying Russian?*
[pətamúshtə bábushkə rúskəyə.]	—Потому́ что ба́бушка— ру́сская.	—*Because my grandmother is Russian.*

[vɨ óchiŋ xərashó gəvaɾíʈi pa-rúsʞi.]	—Вы óчень хорошó говорите по-рýсски.	—*You speak Russian very well.*
[ŋet, ya yischó plóxə gəvaɾú.]	—Нет, я ещё плóхо говорю́.	—*No, I still speak poorly.*
[étə ŋiprávdə. vɨ gəvaɾíʈi lúchshɨ, chem ya.]	—Этó непрáвда. Вы говорите лýчше, чем я.	—*That's not true. You speak better than I do.*
[skazhíʈi, pazháləstə, kak skazáʈ pa-rúsʞi "Peace to the world?"]	—Скажите, пожáлуйста, как сказáть по-рýсски «Peace to the world»?	—*Tell me, please, how do you say "Peace to the world" in Russian?*
[pa-rúsʞi étə buɖit "ɱiru ɱir".]	—По-рýсски это бýдет «Мѝ́ру мир».	—*In Russian that's "Мѝ́ру мир."*
[izyiŋíʈi, pazháləstə, pará iʈí naʟ̠éktsɨyu.]	—Извините, пожáлуйста, порá идти́ на лéкцию.	—*Excuse me, please, it's time to go to class.*
[dəsyidáŋyə.]	—До свидáния.	—*Good-bye.*

NOTES

A. Both [shto] **что** and [kakóy] **какóй** mean *what*, but they cannot be used interchangeably.

1. [shto] is an interrogative *pronoun* and thus does not modify another word.

| [shto étə?] | —Что это? | —*What is this / that?* |
| [shto vɨ ɖéləyiʈi?] | —Что вы дéлаете? | —*What are you doing?* |

2. [kakóy] is an *adjective* (*what / which / what kind of*) and is used to modify a noun.

| [kakóy yizɨk vɨ izucháyiʈi?] | —Какóй язы́к вы изучáете? | —*What / which language are you studying?* |
| [rúsʞiy.] | —Рýсский. | —*Russian.* |

B. Learn the two forms that are used in statements and questions about languages.

1. The basic form for *the Russian / English language* is [rúsʞiy / angʟ̠íysʞiy yizɨk] **рýсский / англи́йский язы́к**.

| [ya izucháyu rúsʞiy yizɨk.] | —Я изучáю рýсский язы́к. | —*I'm studying Russian.* |

2. *In Russian / English* is [pa-rúsķi/pə-angļíysķi]. This form must be used with the verb *to speak* and with the phrase как сказáть.

[vɨ gəvaŗíṭi pa-rúsķi?]	—Вы говорúте по-рýсски?	—*Do you speak Russian?*
[da, ya gəvaŗú pa-rúsķi.]	—Да, я говорю́ по-рýсски.	—*Yes, I speak Russian.*
[kak skazáṭ pə-angļíysķi] привéт?	—Как сказáть по-англúйски «привéт»?	—*How do you say* **привéт** *in English?*

C. Learn the *I* and *you* forms of the Russian verb for *to speak / talk.*

[ya gəvaŗú]	я говорю́
[tɨ gəvaŗísh]	ты говорúшь
[vɨ gəvaŗíṭi]	вы говорúте

ORAL EXERCISES

A. Learn the following answers to the question *Do you speak Russian?*

[tɨ gəvaŗísh]⎫ pa-rúsķi?	—Ты говорúшь⎫ по-рýсски?	
[vɨ gəvaŗíṭi]⎭	—Вы говорúте⎭	
[gəvaŗú.]	—Говорю́.	—*I do.*
[da, gəvaŗú.]	—Да, говорю́.	—*Yes, I do.*
[da, ya gəvaŗú pa-rúsķi.]	—Да, я говорю́ по-рýсски.	—*Yes, I speak Russian.*

Example:

[ya svabódnə gəvaŗú pa-rúsķi.]	Я свобóдно говорю́ по-рýсски.	*I speak Russian fluently.*
...[óchiņ xərashó]...	...óчень хорошó...	...*very well.*
...[xərashó]...	...хорошó...	...*well.*
...[ņiplóxə]...	...неплóхо...	...*not badly.*
...[ņimnógə]...	...немнóго...	...*a little.*
...[strudóm]...	...с трудóм...	...*with difficulty.*
...[plóxə]...	...плóхо...	...*badly.*
[ņet, ya ņigəvaŗú pa-rúsķi.	Нет, я не говорю́ по-рýсски.	*No, I don't speak Russian.*

Б. Change from *I'm going to...* to *It's time to go to....*
Example: Я идý на лéкцию. Порá идтú на лекцию.

Я идý домóй	Я идý в столóвую.
Я идý в кинó.	Я идý в теáтр.

Я иду́ в библиоте́ку.   Я иду́ за́втракать.
Я иду́ в шко́лу.   Я иду́ обе́дать.
Я иду́ в го́род.   Я иду́ у́жинать.

THE RUSSIAN ALPHABET

The three remaining letters of the Russian alphabet are:

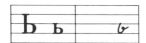

Мя́гкий знак (the "soft sign"). This letter has no sound value; its function is to indicate that the preceding consonant is "soft" and that if a "softening vowel letter" follows it directly, that vowel has a [y]-glide. This letter never occurs as the first letter of a word.

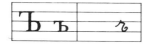

Твёрдый знак (the "hard sign"). This letter also has no sound value; it occurs only after prefixes which are followed by a "softening vowel." The hard sign indicates that the vowel is preceded by a [y]-glide. This letter never occurs as the first letter of a word.

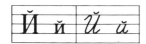

И кра́ткое ("short **и**"). This letter is considered to be a "soft" consonant and represents a sound similar to the *y* in bo*y*. It normally follows a vowel with which it represents a diphthong ending in a short [i] sound. **Й** never follows a consonant.

A. The *soft sign* (**ь**)

1. Pronounce the following words.

о́чень	[óchiṇ]	*very*
обе́дать	[aḅédəṭ]	*to have lunch*
большо́й	[baḷshóy]	*big*
учу́сь	[uchúṣ]	*I study/go to school*

2. The presence of **ь** sometimes completely changes the meaning of a word.

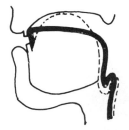

—т, д; ---ть, дь

брат	*brother*	вес	*weight*
брать	*to take*	весь	*all*
был	*was*	ýгол	*corner*
быль	*past event*	ýголь	*coal*
пóлка	*shelf*		
пóлька	*Polish woman; dance*		

—л; ---ль

3. When **ь** occurs between a consonant and a "softening" vowel, that vowel retains its glide, as **ь** serves to indicate that the preceding consonant is *soft*. In this environment, even **и** is pronounced with a glide.

Hard	*Soft*	**-ь-**
бэ	бе	бье
бо	бё	бьё
бу	бю	бью
ба	бя	бья
бы	би	бьи

4. Occasionally **ь** occurs after the letters **ж** or **ш**. This spelling peculiarity is purely historical and does not in any way affect the "hardness" of **ж** or **ш**.

мужья́	*husbands*
говори́шь	*(you) speak*

B. The "hard sign" (**ъ**)

1. Both **ь** and **ъ**, when they occur between a consonant and a "softening" vowel, indicate that that vowel is pronounced with a [y]-glide. In modern Russian orthography, **ъ** is used between a *prefix* which ends in a consonant followed by a "softening" vowel with a [y]-glide.

ъ		**ь**	
объе́кт	[abyékt]	премье́р	[pṛimyér]
адъюта́нт	[adyutánt]	пью	[ṛyu]
субъе́кт	[subyékt]	пьян	[ṛyan]

C. Short [i] (**й**)

1. Pronounce the following diphthongs represented by a vowel + **й**.

$$a + й = ай \qquad я + й = яй$$
$$о + й = ой \qquad ё + й = ёй$$
$$у + й = уй \qquad ю + й = юй$$
$$э + й = эй \qquad е + й = ей$$
$$ы + й = ый \qquad и + й = ий$$

2. Pronounce the following words.

чай	*tea*	ру́сский	*Russian*
май	*May*	юбиле́й	*jubilee*
мой	*my*	семьёй	*(with a) family*
Толсто́й	*Tolstoy*	хозя́йка	*hostess*
Эй!	*Hey!*		

3. **Й** never follows a consonant.

4. In rapid speech, one can not distinguish **й** when it occurs after **и** or **ы** (**ий**, **ый**).

WRITTEN ALPHABET DRILL

A. Copy each of the following words, phrases, and sentences twice.

премье́р СССР

Он пьёт.

Он пьян.

объе́кт   *объект*

субъе́кт   *субъект*

адъюта́нт   *адъютант*

Это—мой чай.   *Это — мой чай*

Л. Н. Толсто́й   *Л. Н. Толстой*

Большо́й теа́тр   *Большой театр*

B. Write each of the following sentences twice.

1. Ты хорошó говори́шь по-рýсски?
2. Нет, не óчень.
3. Где вы ýчитесь?
4. Я учýсь в университéте.
5. Какóй язы́к ты изучáешь?
6. Англи́йский.
7. Кудá ты идёшь?
8. Я идý домóй.
9. Ивáн—рýсский.
10. Я идý ýжинать.
11. Здрáвствуйте.
12. До свидáния.

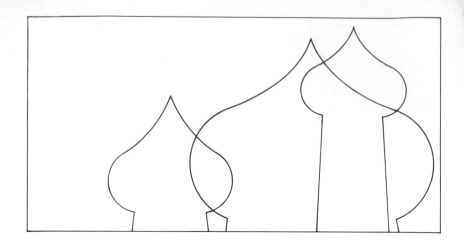

Обзóрный урóк
Review Lesson

ДИАЛÓГ А

—Вы знаете[1], как сказáть по-англúйски «пожáлуйста»?

—Знаю[1]. Это бýдет[2] úли «please», úли «You're welcome».

—Спасúбо.

—Пожáлуйста.

— *Do you know how to say* "пожáлуйста'' *in English?*

— *Yes, I do (know). That's either* "please" *or* "You're welcome."

— *Thank you.*

— *You're welcome.*

---

[1] *I know; you know:* **я знáю, ты знáешь, вы знáете**

[2] The literal meaning of **бýдет** is *will be.*

ДИАЛО́Г Б

—Вы, наве́рно, ду́маете,[3] что ру́сский язы́к о́чень тру́дный?

— *You probably think that Russian is very difficult, don't you?*

—Нет, я ду́маю,[3] что он лёгкий.[4]

— *No, I think that it's easy.*

—Вы о́чень хорошо́ говори́те по-ру́сски.

— *You speak Russian very well.*

—Спаси́бо.

— *Thank you.*

ORAL REVIEW

A. Как сказа́ть по-ру́сски…?

1. Hi.
2. Hello.
3. Good morning.
4. Good evening.
5. How are things?
6. Fine, thanks.
7. What's your name?
8. My name is…
9. Where are you from?
10. I'm an American.
11. Really? You speak Russian very well.
12. No, I speak Russian with difficulty.
13. I think that Russian is difficult.
14. Do you speak English?
15. I think that English is easy.
16. You speak English better than Tamara.
17. What are you doing in the USSR?
18. I'm studying.
19. Where do you study?
20. At the university.
21. What language do you study?
22. I study Russian.
23. Is Anna a Russian?
24. Anna is either an American or a Russian.
25. Tell me, please, where are you going?
26. I'm going home.
27. Why are you in the USSR?
28. Because I'm studying Russian.
29. Do you know where Ivan is?
30. No, I don't.
31. It's time to go home.
32. See you soon.
33. Good-bye.

---

[3] *I think, you think*: **я ду́маю, ты ду́маешь, вы ду́маете**

[4] The letter **г** in this word is pronounced **x**: [ĺókh ķiy].

Б. Скажи́те, пожа́луйста, куда́ вы идёте?
Я иду́ …

1. to town.
2. to the library.
3. to the dining hall.
4. to the theater.
5. to class.
6. to have breakfast.
7. to have lunch.
8. to have dinner.

В. Вы говори́те по-ру́сски?
Да, я говорю́ по-ру́сски…

1. fluently.
2. not badly.
3. a little bit.
4. with difficulty.
5. badly.
6. No, I don't speak Russian.

Г. Вы ду́маете, что ру́сский язы́к тру́дный или лёгкий?
Вы ду́маете, что англи́йский язы́к тру́дный или лёгкий?

PRONUNCIATION AND ORTHOGRAPHY

THE THREE SPELLING RULES

The following three Spelling Rules are extremely important. Knowing them will make Russian spelling and grammar much simpler for you as you continue your study of the language.

---

1. After **г, к, х, ж, ч, ш, щ** never write **ы**; write **и** instead, even when the sound indicates that **ы** should be written.
2. After **г, к, х, ж, ч, ш, щ, ц** never write **ю** or **я**; write instead **у** or **а** respectively.
3. After **ж, ч, ш, щ, ц** never write an unstressed **о**; instead write **е**.

VOWELS (Гласные)

Russian vowels exist in pairs. Those in the righthand column are "softening" vowels.

а	я
э	е
о	ё
у	ю
ы	и

The vowels **я**, **е**, **ё**, **ю** are *iotated*, that is, they begin with a [y]-glide. In the Cyrillic transcription of these *iotated* vowels, the [y]-glide is represented by **й**:

$$я = [\text{йа}]$$
$$е = [\text{йэ}]$$
$$ё = [\text{йо}]$$
$$ю = [\text{йу}]$$

A "softening" vowel following a consonant indicates that that consonant is "soft." When used for this purpose, iotated ("softening") vowels do not have a [y]-glide. If **ь** or **ъ** stands between the soft consonant and the "softening" vowel, the vowel has a glide.

ба бя бья	[ba] [b̦a] [b̦ya]
бо бё бьё	[bo] [b̦o] [b̦yo]
бэ бе бье	[be] [b̦e] [b̦ye]
бу бю бью	[bu] [b̦u] [b̦yu]
бы би бьи	[bɨ] [b̦i] [b̦yi]

"Softening" vowels do not have this effect on the consonants **ж**, **ш**, **ц**, as these consonants have no equivalent "soft" pronunciation.

DIPHTHONGS (*Дифто́нги*)

In Russian when two vowels occur together, both are pronounced, rather than diphthongized. This is true even of double vowels.

кло́ун	[kló-un]	*clown*
в галере́е	[vgəļiŗéyi]	*in the gallery*
в Росси́и	[vraşí-i]	*in Russia*

The only diphthongs that exist in Russian are those formed by a vowel plus **й**.

ай	яй	эй	ей
ой	ёй	уй	юй

VOICED AND VOICELESS CONSONANTS
(*Глухи́е и звонкие согла́сные*)

Consonant sounds which are produced with the help of the vocal chords are *voiced*; those which are produced without the assistance of the vocal chords are *voiceless*.

Voiced	Voiceless	Voiced	Voiceless
б	п	л	
в	ф	м	
г	к	н	
	х	р	
д	т		
ж	ш		
	ч		
	щ		
з	с		
	ц		

Twelve of these consonants can be paired thus:

Voiced	Voiceless
б	п
в	ф
г	к
д	т
ж	ш
з	с

X, ч, ц, and щ do not have *voiced equivalents* in modern Russian; л, м, н, and р do not have *voiceless equivalents*.

It is important to learn the following rules involving voiced and voiceless consonants.

1. When a *voiced* consonant occurs as the *last* letter of a word, it is pronounced like its *voiceless equivalent*.

город	(т)	*town, city*
раз	(с)	*time*
хлеб	(п)	*bread*
диало́г	(к)	*dialogue*
Пари́ж	(ш)	*Paris*
Че́хов	(ф)	*Chekhov*

2. When a *voiced* consonant *precedes* a *voiceless* consonant, both are pronounced *voiceless*. A preposition (for example, **в**, which means *to*) is pronounced as part of the word that follows it.

Пора́ идти́.	[pará iʧí.]
во́дка	[vótkə]
Повтори́те!	[pəʃtaṛíʧi!]
Я иду́ в теа́тр.	[ʃṭiátr]
в кино́.	[ʃ ķinó]
в шко́лу.	[ʃshkólu]
But: Я иду́ в го́род.	[ʋgórət]
в библиоте́ку.	[ʋ ḅibḷiaṭéku]

3. When a *voiceless* consonant precedes **б, г, д, ж, з**, both are pronounced *voiced*.

про́сьба [próȝbə]   экза́мен [egzámin]

Note that **в** is the only paired voiced consonant which does not cause a preceding voiceless consonant to be pronounced voiced.

до свида́ния   [dəsyidáņyə]

4. The linguistic phenomenon involved in rules 2 and 3 above is referred to as "the regressive assimilation of consonants" because it is the latter consonant that affects the former. In English the exact opposite occurs; thus English is said to have "progressive assimilation of consonants."

Progressive Assimilation

Begs is pronounced [begz].

Danced is pronounced [danst].

Regressive Assimilation

В теа́тр is pronounced [fṭiátr].

Экза́мен is pronounced [egzámin].

WRITTEN REVIEW

Learn the Russian alphabet in order.

А а	*А* *а*	а	Р р	*Р* *р*	эр
Б б	*Б* *б*	бэ	С с	*С* *с*	эс
В в	*В* *в*	вэ	Т т	*Т* *т*	тэ
Г г	*Г* *г*	гэ	У у	*У* *у*	у
Д д	*Д* *д,g*	дэ	Ф ф	*Ф* *ф*	эф
Е е	*Е* *е*	йэ	Х х	*Х* *х*	ха
Ё ё	*Ё* *ё*	йо	Ц ц	*Ц* *ц*	цэ
Ж ж	*Ж* *ж*	жэ	Ч ч	*Ч* *ч*	че
З з	*З* *з,з*	зэ	Ш ш	*Ш* *ш*	ша
И и	*И* *и*	и	Щ щ	*Щ* *щ*	ща
Й й	*Й* *й*	и кра́ткое	Ъ ъ	*ъ*	твёрдый знак
К к	*К* *к*	ка	Ы ы	*ы*	ы (еры́)
Л л	*Л* *л*	эл	Ь ь	*ь*	мя́гкий знак
М м	*М* *м*	эм	Э э	*Э* *э*	э
Н н	*Н* *н*	эн	Ю ю	*Ю* *ю*	йу
О о	*О* *о*	о	Я я	*Я* *я*	йа
П п	*П* *п*	пэ			

Первый урóк

Пишúте диктáнт.

ДИАЛÓГ
Как вас зовýт?

—Доброе утро.

—Здравствуйте!

—Скажúте, пожáлуйста, вы
америкáнец?

—Good morning.

— Hello.

— Tell me, please, are you
an American?

—Нет, русский.	— *No, a Russian.*
А вы америка́нка?	*And are you an American?*
—Америка́нка.	— *Yes, I am.*
—Как вас зову́т?	— *What's your name?*
—Меня́ зову́т Анна.	— *My name is Anna.*
—А я—Ива́н.	— *And I'm Ivan.*
—Очень прия́тно.	— *Pleased to meet you.*

ПРИМЕЧА́НИЯ (Notes)

A. Learn to spell all the words in this dialogue and be prepared to write any part of it from dictation. *These instructions also apply to the dialogues of Lessons 2, 3, and 4.*

Б. Beginning with this lesson, an accent mark will be placed on the stressed syllable of a word only if the stress does *not* fall on the *first* syllable.

В. Здра́вствуйте has a silent **в**.

Г. In rapid speech, regressive assimilation causes the с in вас зову́т to be pronounced [z].

ИНТОНА́ЦИЯ (Intonation)

Russian has five basic intonational patterns. They will be referred to here as **ИК** [i-ká], the abbreviation for **интонаци́онная констру́кция**. This system and nomenclature were developed by the Soviet linguist E. A. Bryzgunova.

1. **ИК**-1 [i-ká aдín] is used in simple declarative statements. The pretonic part of the statement is produced on a mid pitch level which drops on the stressed syllable of the most significant word in the statement (called the "center") and stays on a low pitch in the posttonic part.

$$Да.$$

$$Нет.$$

Очень прия́тно.

Я америка́нец.

Меня́ зову́т Ива́н.

2. ИК-2 [i-ká dva] is used in questions with an interrogative word and in salutations. The pretonic part is on the mid pitch; the posttonic part drops below mid pitch and stays on a low pitch to the end.

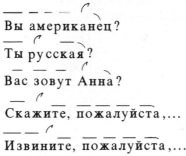

Как вас зовут?

Здравствуйте.

3. ИК-3 [i-ká tɾi] is used in questions without an interrogative word and in requests. The pretonic part is on the mid pitch; there is a rising pitch on the center; the postonic part may be at or below the mid pitch.

Вы американец?

Ты русская?

Вас зовут Анна?

Скажите, пожалуйста,...

Извините, пожалуйста,...

УПРАЖНЕ́НИЯ (Exercises)

A. Note the masculine and feminine forms of the following nationalities.

америка́нец/америка́нка   кана́дец/кана́дка
англича́нин/англича́нка   русский/русская

Б. Learn to spell the following expressions.

Как тебя́/вас зову́т?   Меня́ зову́т Ива́н/Таня.

В. Learn to spell these classroom expressions.

1. Как сказа́ть по-ру́сски...?   7. Громче.
2. Скажи́(те), ⎫
3. Повтори́(те), ⎬ пожа́луйста.   8. Хорошо́.
4. Извини́(те), ⎭   9. Плохо.
5. Ещё раз.   10. Лучше.
6. Дальше.   11. Откро́й(те) ⎫ книги.
    12. Закро́й(те) ⎭

Г. Learn the following new expressions.

1. Пиши́(те) дикта́нт.   *Write a dictation.*
2. Переведи́(те) на русский язы́к.   *Translate into Russian.*

Д. Learn to say and write *first lesson* in Russian: **первый уро́к** [p̟érvɨy urók].

Второй урок

Пиши́те дикта́нт.

ДИАЛО́Г
Куда́ ты идёшь?

—Приве́т, Аня!   — *Hi, Anya.*

—Здра́вствуй, Вади́м! Как дела́?   — *Hello, Vadim. How are things?*

—Хорошо́, спаси́бо.   — *Fine, thanks.*

—Куда́ ты идёшь?   —*Where are you going?*

—На ле́кцию. А ты?   — *To class. How about you?*

—Я иду́ домо́й.   — *I'm going home.*

—До свида́ния, Аня.   —*Good-bye, Anya.*

—До ско́рого.   — *See you soon.*

ПРИМЕЧА́НИЯ

А. Regressive assimilation causes the second **к** in **Как дела́?** to be pronounced [g]: [kaɡḍilá?].

Б. A preposition is separated from the following word in writing, but is pronounced with it as one word.

на лекцию	[naḽéktsɨyu]	*to class / a lecture*
в город	[vgórət]	*to town*
до свида́ния	[dəsyidáṇyə]	*"until meeting"*
до скорого	[daskórəvə]	*"until soon"*

В. The letter **г** in the adjective ending **-ого** is pronounced [v]: **до скорого** [daskórəvə].

ИНТОНА́ЦИЯ

ИК-4 [i-ká chitɨ́ṛi] is used in elliptical questions. In Russian, such questions often begin with the word **а** (*and*). The pretonic part is on the mid pitch. The center drops slightly and then rises above the mid pitch. If there is a posttonic part, the center is produced slightly below mid pitch, and the rise occurs on the following syllables.

ИК-1	ИК-4
Я иду домой	А ты?
Я американка.	А вы?
Анна русская.	А Тамара?

УПРАЖНЕ́НИЯ

А. Learn to write all the words in the sentences which follow. Be prepared to translate them from English into Russian in writing.

—Куда́ ты идёшь? ⎫
—Куда́ вы идёте? ⎬   —*Where are you going?*

—Я иду́ домо́й.	— *I'm going home.*
на уро́к.	*to class.*
на ле́кцию.	*to (a university) class.*
в шко́лу.	*to school.*
в го́род.	*to town.*
в библиоте́ку.	*to the library.*
в кино́.	*to the movies.*
в теа́тр.	*to the theater.*
в столо́вую.	*to the dining hall / cafeteria.*
за́втракать.	*to have breakfast.*
обе́дать.	*to have lunch.*
у́жинать.	*to have dinner.*

Б. Learn to say and write the following new expressions.

1. Говори́(те) по-ру́сски. *Speak Russian.*
2. Чита́й(те) по-ру́сски. *Read in Russian.*
3. Пра́вильно. *That's correct.*
4. Непра́вильно. *That's incorrect.*
5. Вот оши́бка [ashɨpkə]. *Here's the / a mistake.*
6. Вы ко́нчили? *Have you finished?*

Да, ко́нчил.	*Yes, I have (masculine)* ⎫
ко́нчила.	*I have (feminine)* ⎬ *(finished).*
ко́нчили.	*we have (plural)* ⎭
Нет, не ко́нчил.	*No, I haven't (masculine)* ⎫
ко́нчила.	*I haven't (feminine)* ⎬ *(finished).*
ко́нчили.	*we haven't (plural)* ⎭

7. Ты шу́тишь?
   Вы шу́тите? *Are you joking?*
   Да, шучу́. *Yes, I am.*
   Нет, не шучу́. *No, I'm not.*
8. Э́то—всё [fşo]. *That's all.*

В. Learn to say and write *second lesson* in Russian: **второ́й уро́к** [ftaróy urók].

Третий урок

Пиши́те дикта́нт.

ДИАЛО́Г
Отку́да вы?

—Добрый вечер.

—Здравствуйте.

—Меня́ зову́т Роберт.

—А меня́—Анна.

—*Good evening.*

—*Hello.*

—*My name is Robert.*

—*And mine is Anna.*

—Скажи́те, пожа́луйста, отку́да вы?

—Tell me, please, where are you from?

—Я—америка́нка.

—I'm an American.

—Пра́вда? Что вы де́лаете в СССР?

—Really? What are you doing in the USSR?

—Я учу́сь.

—I'm going to school (studying).

—Я то́же студе́нт.

—I'm also a student.

—А где вы у́читесь?

—And where do you go to school?

—В университе́те. Я изуча́ю ру́сский язы́к.

—At the university. I'm studying Russian.

ПРИМЕЧА́НИЯ

А. Learn the **ты** and **вы** command forms of **сказа́ть** (*to say/tell*).

Скажи́, Ва́ня, куда́ ты идёшь?
Скажи́те, Ива́н Бори́сович, куда́ вы идёте?

Б. Note the masculine and feminine forms of *student*.

Ива́н—студе́нт.   А́нна—студе́н**тка**.

ВЫРАЖЕ́НИЯ (Expressions)

1. Что зна́чит э́то сло́во?
   Э́то сло́во зна́чит...

   What does this word mean?
   This word means...

2. Как произно́сится э́то сло́во?
   Э́то сло́во произно́сится так:...

   How is this word pronounced?
   This word is pronounced like this:...

3. Как пи́шется э́то сло́во?
   Э́то сло́во пи́шется так:...

   How is the word written?
   This word is written like this:...

УПРАЖНÉНИЯ

A. Learn the **я**, **ты** and **вы** forms of the verb for *to go to school / to study / to be a registered student.*

> я учýсь
>
> ты учишься
>
> вы учитесь

Б. Learn these same forms of the verb for *to study (a specified subject).*

$$\left.\begin{array}{l}\text{Я изучáю} \\ \text{Ты изучáешь} \\ \text{Вы изучáете}\end{array}\right\} \text{русский язы́к.}$$

B. Learn to say and write *third lesson* in Russian: **третий урóк** [tr̯ét̯iy urók].

Четвёртый урок

Пиши́те дикта́нт.

ДИАЛО́Г
Како́й язы́к вы изуча́ете?

—Скажи́те, пожа́луйста, како́й язы́к вы изуча́ете?

—Русский.

—А почему́ вы изуча́ете русский язы́к?

—Потому́ что бабушка—русская.

—*Tell me, please, what language do you study?*

—*Russian.*

—*And why are you studying Russian?*

—*Because my grandmother is Russian.*

—Вы о́чень хорошо́ говори́те по-ру́сски.

—Нет, я ещё пло́хо говорю́.

—Э́то непра́вда. Вы говори́те лу́чше, чем я!

—Скажи́те, пожа́луйста, как сказа́ть по-ру́сски «Peace to the world»?

—По-ру́сски э́то бу́дет «Ми́ру мир».

—Извини́те, пожа́луйста, пора́ идти́ на ле́кцию.

—До свида́ния.

—*You speak Russian very well.*

—*No, I still speak poorly.*

—*That's not true. You speak better than I do!*

—*Tell me, please, how do you say "Peace to the world" in Russian?*

—*In Russian that's "Ми́ру мир."*

—*Excuse me, please, it's time to go to class.*

—*Good-bye.*

ПРИМЕЧА́НИЯ

А. **Потому́ что** произно́сится [pətamúshtə].

Б. **Ба́бушка** зна́чит *grandmother.* *Grandfather* по-ру́сски бу́дет **де́душка**.

В. **Ру́сский язы́к** или **по-ру́сски**?

    1. **ру́сский язы́к:**   Ру́сский язы́к тру́дный или лёгкий?

                            Я изуча́ю ру́сский язы́к.

    2. **по-ру́сски:**   Я говорю́ ⎤

                            Ты говори́шь ⎬ по-ру́сски.

                            Вы говори́те ⎦

                            Говори́(те) ⎤ по-ру́сски!

                            Чита́й(те) ⎦

                            Как сказа́ть по-ру́сски…?

ВЫРАЖЕ́НИЯ

    1. Приве́т.   *Hi.*

    2. Здра́вствуй(те).   *Hello.*

    3. До́брое у́тро.   *Good morning.*

    4. До́брый день.   *Good day. Good afternoon.*

    5. До́брый ве́чер.   *Good evening.*

    6. Споко́йной но́чи.   *Good night.*

7. Как дела́?	*How are things?*
8. Пора́ идти́.	*It's time to go.*
9. Пока́.	*So long.*
10. До свида́ния.	*Good-bye.*
11. До ско́рого.	*See you soon.*
12. До за́втра.	*See you tomorrow.*

УПРАЖНЕ́НИЯ

A. Learn to write the following answers to the question **Ты говори́шь/вы говори́те по-ру́сски?**

1. Говорю́.
2. Да, говорю́.
3. Да, я говорю́ по-ру́сски.
4. Я свобо́дно говорю́ по-ру́сски.
    очень хорошо́
    хорошо́
    непло́хо
    немно́го
    с трудо́м
    плохо
5. Нет, я не говорю́ по-ру́сски.

Б. Learn the Russian for the following languages.

англи́йский язы́к	*English*	по-англи́йски
неме́цкий язы́к	*German*	по-неме́цки
русский язы́к	*Russian*	по-ру́сски
испа́нский язы́к	*Spanish*	по-испа́нски
францу́зский язы́к	*French*	по-францу́зски

В. Скажи́те, пожа́луйста, как сказа́ть:

1. по-францу́зски «доброе утро»?
2. по-испа́нски «спаси́бо»?
3. по-неме́цки «до свида́ния»?
4. по-англи́йски «капитали́ст» и «коммуни́ст»?

Г. Отве́тьте на вопро́сы. (*Answer the questions.*)

Образе́ц: —Вы изуча́ете русский язы́к?
—Да, я изуча́ю русский язы́к.

—Вы говори́те по-ру́сски?
—Да, я говорю́ по-ру́сски немно́го.

1. Вы изуча́ете англи́йский язы́к?
   Вы говори́те по-англи́йски?
2. Вы изуча́ете испа́нский язы́к?
   Вы говори́те по-испа́нски?

Образе́ц: —Ты изуча́ешь англи́йский язы́к?
              —Нет, я не изуча́ю англи́йский язы́к.
              —Ты говори́шь по-англи́йски?
              —Нет, я не говорю́ по-англи́йски.

1. Ты изуча́ешь неме́цкий язы́к?
   Ты говори́шь по-неме́цки?
2. Ты изуча́ешь францу́зский язык?
   Ты говори́шь по-францу́зски?

Д. Поста́вьте вопро́сы к вы́деленным слова́м. (*Pose questions to elicit the given answers.*)

1. _____? Да, америка́нец.
2. _____? Меня́ зову́т Роберт.
3. _____? Я иду́ завтракать.
4. _____? Я учу́сь в университе́те.
5. _____? Я изуча́ю ру́сский язы́к.
6. _____? Да, я немно́го говорю́ по-ру́сски.
7. _____? По-ру́сски это бу́дет «до свида́ния».
8. _____? Нет, я ду́маю, что ру́сский язы́к лёгкий.

Ж. Learn to say and write *fourth lesson* in Russian: **четвёртый уро́к** [chityórtɨy urók].

Пятый урок

ДИАЛО́Г
Вы понима́ете по-ру́сски?

Таня: Извини́те, пожа́луйста, вы понима́ете по-ру́сски?

Роберт: Да, я немно́го понима́ю. Говори́те медленно, пожа́луйста.

Таня: Хорошо́. Скажи́те, пожа́луйста, вы не зна́ете, где профе́ссор Павлов?

Роберт: Я ду́маю, что его́[1] каби-нéт но́мер пять, вот, сле́ва.

Tanya: Excuse me, please, do you understand Russian?

Robert: Yes, I understand a little. Speak slowly, please.

Tanya: All right. Tell me, please, do you happen to known where Professor Pavlov is?

Robert: I think that his office is number five, there on the left.

---

[1]**Его́** произно́сится [yivó].

Таня: Ах да, конечно. Спасибо.

Роберт: Пожалуйста.

Таня: Вы преподаватель?

Роберт: Нет, я ещё учусь, но мой отец—профессор.

Таня: Здесь, в МГУ[2]?

Роберт: Нет, в университете в США[3]. А вот идёт профессор Павлов.

Таня: Ну, ещё раз большое спасибо.

Роберт: Пожалуйста. До свидания.

Таня: Доброе утро, профессор Павлов. Можно войти?

Профессор Павлов: Пожалуйста, заходите.

Tanya: Oh, yes, of course. Thank you.

Robert: You're welcome.

Tanya: Are you an instructor?

Robert: No, I still go to school, but my father is a professor.

Tanya: Here at MGU?

Robert: No, at a university in the United States. Oh, there goes Professor Pavlov.

Tanya: Well, once again, thanks very much.

Robert: You're welcome. Good-bye.

Tanya: Good morning, Professor Pavlov. May I come in?

Professor Pavlov: Please come in.

Московский государственный университет

ПРИМЕЧАНИЯ

A. Beginning with this lesson, all new words will be given in a vocabulary (**словарь**) at the end of the lesson.

---

[2] МГУ [em-ge-ú]: Московский государственный университет

[3] США [es-sha-á] or [sə-shə-á]: Соединённые Штаты Америки

Б. **Вот** is used when one indicates something by pointing.

Вот стол.   *Here's / there's the / a table.*

В. In answer to the question **Можно войти?** one may say **Войди(те)!** (*Enter!*) or **Заходи(те)!** (which implies that the person may not only come in, but also have a seat and stay awhile).

Г. An **учитель(ница)** is a teacher who teaches in schools below the university level. A **преподаватель(ница)** teaches on the university level, but does not possess a doctorate. A **профессор** is a university professor who has completed his/her doctorate. There is no special feminine form of **профессор.**

> Мой отец—профессор.
> Мама—тоже профессор.

Д. A **школьник/школьница** is an elementary or high school pupil or student. **Ученик/ученица** sometimes are used to refer to this age group, but in addition can refer to a student who takes private lessons. A **студент/студентка** is a university-level student only.

Е. Note the distinctions that are made in the words and expressions used by students on various levels.

	Pre-university	*University*
I'm going to class.	Я иду на урок.	Я иду на лекцию.
		или: Я иду на занятие.
I'm going to the classroom.	Я иду в класс.	Я иду в аудиторию.

Ж. In requesting information or assistance, Russians usually pose their questions in the negative. This is a polite construction, which is the approximate equivalent of *Do you happen to know...?* or *You don't know..., do you?*

> Вы не знаете, где профессор Павлов?
> Ты не знаешь, где мой портфель?

ДОПОЛНИ́ТЕЛЬНЫЙ МАТЕРИА́Л
(Supplementary Material)

1. **Что это?**

Это—пол.

потоло́к.	мел.
стена́.	ручка.
дверь.	каранда́ш.
окно́.	бума́га.
доска́.	блокно́т.
лампа.	тетра́дь.
карта.	книга / книги.
стол.	слова́рь.
стул.	портфе́ль.
парта.	рюкза́к.

Это—ручка.

Это—каранда́ш.

Это—бума́га.

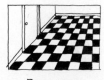

Это—блокно́т.

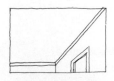

Это—тетра́дь.

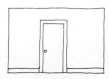

Это—книга.

Это—пол.

Это—потоло́к.

Это—дверь.

Это—стена́.

Это—окно́.

Это—доска́.

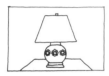

Это—лампа.

Это—карта.

Это—стол.

Это—стул.

Это—парта.

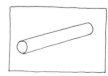

Это—мел.

Это—слова́рь.

Это—портфе́ль.

Это—рюкза́к.

2. Кто это?

Это—учи́тель.
учи́тельница.
преподава́тель.
преподава́тельница.
профе́ссор.
шко́льник.

шко́льница.
учени́к.
учени́ца.
студе́нт.
студе́нтка.

Это—учи́тель.

Это—учи́тельница.

Это—преподава́тель.

Это—преподава́тельница.

Это—профе́ссор.

Это—профе́ссор.

Это—шко́льник.

Это—шко́льница.

Это—учени́к.

Это—учени́ца.

Это—студе́нт.

Это—студе́нтка.

3. Что там?

Спра́ва стол, сле́ва стул, а посереди́не па́рта.

4. Кто там?

Спра́ва студе́нт, сле́ва студе́нтка, а посереди́не профе́ссор.

УПРАЖНЕ́НИЯ

A. Да́йте инфинити́в, пото́м вста́вьте вме́сто многото́чия глаго́л в настоя́щем вре́мени. (*Give the infinitive; then in place of the dots supply the verb in the present tense.*)

1. *to read*: _____
   а. Мы… по-ру́сски.
      Вы то́же… по-ру́сски?
      Нет, но я… по-францу́зски.
   б. Бори́с… по-англи́йски?
      Да, он…, но с трудо́м.
   в. Ты… по-испа́нски?
      Нет, не…

2. *to know*: _____
   а. Я не…, где А́ня.
      Ты…, где она́, Ива́н?
      Нет, не…, но Бори́с…
   б. Они́…, что ты здесь?
      Нет, не…
   в. Вы не…, где мой портфе́ль?
      Да,…. Вон там.

3. *to study*: _____
   а. Кто здесь… неме́цкий язы́к?
      Ва́ня и Тама́ра… неме́цкий язы́к.
   б. Како́й язы́к ты…?
      Я… ру́сский язы́к.
   в. Вы… францу́зский язы́к?
      Да, мы… францу́зский язы́к в университе́те.

4. *to work*: _____
   а. Я… в Сан-Франци́ско.
   б. Мой оте́ц… в СССР.
   в. Ма́ма и па́па… в Чика́го.
   г. Где вы…?
      Мы… здесь.
   д. Ты о́чень хорошо́…!

5. *to think*: _____
   а. Вы…, что Ива́н здесь?
      …, что да.
   б. Са́ша и Ва́ня…, что ты идёшь домо́й.
   в. Мари́я…, что вы понима́ете по-францу́зски.
   г. Ты…, что А́нна в университе́те?
      Нет, не…

6. *to understand*: _____
   а. Вы… по-ру́сски?
      Да,…, но пло́хо.

    б. Ты… по-англи́йски?

       Конéчно,…! Я америкáнец.

    в. Олéг óчень хорошó… по-немéцки.

    г. Они́…, что это значит?

    д. Мы хорошó… по-рýсски.

7. *to go*: _____

    а. Кудá ты…?

       Я… на лéкцию.

    б. Кудá вы…?

       Мы… в столóвую.

    в. Ми́ша… домóй?

       Нет, он… в библиотéку.

    г. Ми́ша и Ма́ша… в кинó.

Б. Переведи́те словá в скóбках. (*Translate the words in parentheses.*)

1. Что вы (*are doing*)?

   Мы (*are having breakfast*).

2. Где Бори́с (*has lunch*)?

   Он (*has lunch*) здесь.

3. Где (*have dinner*) Ва́ня и Та́ня?

   Они́ (*have dinner*) там.

В. Отвéтьте на вопрóсы. (*Answer the questions.*)

Образéц: —Вы изучáете рýсский язы́к?

          —Нет, я ужé говорю́ по-рýсски.

1. Вы изучáете испáнский язы́к?
2. Вы изучáете англи́йский язы́к?
3. Вы изучáете францýзский язы́к?

Г. Переведи́те на рýсский язы́к.

1. What is this? Do you know?

   Yes, that's a dictionary.

   Correct.

2. Do you know who that is?

   That's Tanya. She studies Russian at the university.

3. I think that that is Boris Ivanovich.

4. Where are you going? To the dining hall?

   Yes, we're going to have lunch.

5. On the right is a pencil, on the left is a book, and in the middle is a pen.

6. Where is my briefcase?
   I don't know. I think that Vanya knows.
7. Do you happen to know where Ivan is?
   I think that he is working at the university.
8. Tell me, please, do you understand Russian?
   Yes, a little. Speak slowly, please.
9. My father is a professor. He works in San Francisco (**Сан-Франци́ско**).
10. Does Tamara understand Russian?
    Of course she does! She's a Russian!
11. Do you know where Robert is from?
    He's either American or Canadian.
12. Where do you study (go to school)?
    I study at MGU.
13. What language do you study?
    I study Russian. Russian is not difficult.
14. Ivan thinks that it's time to go home.

ГРАММА́ТИКА

ЭТО

The word **э́то** means *this / that is* and *these / those are*.

—Э́то—стол?	— *Is this / that a table?*
—Стол.	— *Yes, it is.*
—А э́то кни́ги?	— *And are these / those books?*
—Кни́ги.	— *Yes, they are.*
—Э́то—Ива́н?	— *Is this / that Ivan?*
—Нет, э́то—Бори́с.	— *No, that's Boris.*

PERSONAL PRONOUNS[4]

я	*I*
ты	*you*
он	*he*
она́	*she*
оно́	*it*
мы	*we*
вы	*you*
они́	*they*

---

[4] Ли́чные местоиме́ния

VERBS. THE PRESENT TENSE. CONJUGATION I.[5]

The infinitive of the majority of Russian verbs ends in **-ть**.

завтракать	*to have breakfast*
обéдать	*to have lunch*
ужинать	*to have dinner*
знать	*to know*
думать	*to think*
понимáть	*to understand*
читáть	*to read*
изучáть	*to study* (a specified subject)
рабóтать	*to work*
делать	*to make, do*

All of the above verbs are *Conjugation I* verbs and are conjugated in the present tense by dropping **-ть** and adding the endings given below.

Инфинитúв:	дума	**ть**	*to think*
я	дума	**ю**	*I think, am thinking, do think*
ты	дума	**ешь**	*you think, are thinking, do think*
он			*he* ⎫
онá	дума	**ет**	*she* ⎬ *thinks, is thinking, does think*
онó			*it* ⎭
мы	дума	**ем**	*we think, are thinking, do think*
вы	дума	**ете**	*you think, are thinking, do think*
онú	дума	**ют**	*they think, are thinking, do think*

A relatively small number of *Conjugation I* verbs have an infinitive which ends in **-тú**. Typical of these is **идтú** (to go). The endings of these verbs always are stressed, **-у** replaces **-ю** in the **я** and **онú** forms, and **ё** replaces **е** in all the others.

Инфинитúв:	ид	**тú**	*to go*
я	ид	**ý**	*I go, am going, do go*
ты	ид	**ёшь**	*you go, are going, do go*
он			*he* ⎫
онá	ид	**ёт**	*she* ⎬ *goes, is going, does go*
онó			*it* ⎭
мы	ид	**ём**	*we go, are going, do go*
вы	ид	**ёте**	*you go, are going, do go*
онú	ид	**ýт**	*they go, are going, do go*

---
[5]Глагóлы. Настоя́щее врéмя. Пéрвое спряжéние.

If a person's name is the subject, use the **он/она́/оно́** (third person singular) verb form. If the subject is two or more names, use the **они́** (third person plural) verb form.

>Ива́н рабо́тает. Он рабо́тает.
>Та́ня рабо́тает. Она́ рабо́тает.
>Ма́ма и па́па рабо́тают. Они́ рабо́тают.

Кто and **что** also take the **он/она́/оно́** ending.

>Кто рабо́тает?
>Что не рабо́тает?

THE COMMA[6]

In Russian, a comma always is used between a dependent and an independent clause. As a result, when **кто, что, где, куда́, но** or **а** occur in the middle of a sentence, they are preceded by a comma.

>Вы зна́ете, кто он?
>Я ду́маю, что он здесь.
>Ты не зна́ешь, где Ива́н?
>Они́ зна́ют, куда́ мы идём.
>Мы говори́м по-англи́йски, но пло́хо.
>Это не каранда́ш, а ру́чка.

A comma is used to separate the two elements of an *either... or* phrase.

>Он и́ли америка́нец, и́ли кана́дец.

BUT: **НО** или **А**?

Но means *but* or *however*; **а** means *but* (*instead*) or *but* (*rather*).

Я понима́ю по-ру́сски, но не говорю́.	*I understand Russian, but (however) I don't speak it.*
Это не ру́чка, а каранда́ш.	*This isn't a pen, but (rather, instead it's) a pencil.*

---

[6]Запята́я

WHAT/THAT: **ЧТО**

Что means *what* or *that*.

Что это?	*What is this?*
Я не знаю, что это.	*I don't know what that is.*
Я думаю, что он здесь.	*I think that he is here.*

СЛОВА́РЬ

а	*but, and*
блокно́т	*notebook*
бума́га	*paper*
внима́ние	*attention*
вон там	*over there*
вот	*there, here (pointing)*
Вот как.	*Oh, really. Oh, I see.*
время	*time*
Вы́учи(те) наизу́сть.	*Learn. Memorize.*
дверь	*door*
де́лать (I)	*to make, do*
дом	*house, home*
доска́	*board*
ду́мать (I)	*to think*
заня́тие	*class (university)*
здесь	*here*
знать (I)	*to know*
идти́ (I)	*to go*
изуча́ть (I)	*to study (a specified subject)*
кабине́т	*office, study*
каранда́ш	*pencil*
карта	*map*
класс	*classroom (elementary/high school)*
ключ	*key*
книга	*book*
коне́чно	*of course*
кто	*who*
лампа	*lamp*
ме́дленно	*slowly*
мел	*chalk*
мой	*my*
мы	*we*
но	*but, however*

но́мер	*number*
образе́ц	*example*
окно́	*window*
он	*he*
она́	*she*
они́	*they*
оно́	*it*
оте́ц	*father*
па́рта	*school desk*
пол	*floor; sex*
понима́ть (I)	*to understand*
портфе́ль	*briefcase*
посереди́не	*in the middle*
потоло́к	*ceiling*
преподава́тель(ница)	*instructor*
профе́ссор	*professor*
пя́тый	*fifth*
пять	*five*
рабо́тать (I)	*to work*
раз	*once, time*
ру́чка	*pen*
рюкза́к	*backpack*
сле́ва	*on the left*
слова́рь	*dictionary; vocabulary*
спра́ва	*on the right*
стена́	*wall*
стол	*table*
студе́нт(ка)	*student (university)*
стул	*chair*
США	*U.S.A.*
там	*there*
тетра́дь	*notebook, copybook*
уже́	*already*
учени́к (учени́ца)	*pupil*
учи́тель (ница)	*teacher*
чита́ть (I)	*to read*
что	*what; that*
шко́льник (шко́льница)	*pupil*
э́то	*this / that is; these / those are*

Learn to say *fifth lesson* in Russian: **пя́тый уро́к**.

Коне́ц пя́того уро́ка.
End of the fifth lesson.

Шестóй урóк

ДИАЛÓГ
Господи́н Смит болен

Лара: Ми́ша, ты не зна́ешь, где господи́н Смит?

Ми́ша: Его́ кабине́т но́мер шесть. Вон там, ви́дишь?

Лара: Ви́жу. Он сего́дня[1] принима́ет?

Ми́ша: Нет, он сего́дня бо́лен.

Лара: Зна́чит, он до́ма. Жаль.

Ми́ша: А вот идёт госпожа́ Смит. Она́ то́же здесь рабо́тает.

Lara: Misha, do you happen to know where Mr. Smith is?

Misha: His office is number six. Over there, see?

Lara: Yes, I do. Does he have office hours today?

Misha: No, he's sick today.

Lara: That means he's at home. Too bad.

Misha: Here comes Mrs. Smith. She works here, too.

---

[1]Сего́дня произно́сится [şivódņə].

Лара: Она́ говори́т по-ру́сски?

Миша: Да. Госпожа́ Смит кана́дка, но она́ говори́т по-ру́сски лу́чше, чем я.

Лара: Пра́вда?

Миша: Да, она́ молоде́ц.

Лара: Миша, спроси́ её, не зна́ет ли она́, когда́ господи́н Смит бу́дет на рабо́те.

Миша: Хорошо́, Лара, то́лько не сейча́с[2]. Я опа́здываю на ле́кцию.

Лара: И я то́же. До ско́рого.

Lara: Does she speak Russian?

Misha: Yes. Mrs. Smith is a Canadian, but she speaks Russian better than I do.

Lara: Really?

Misha: Yes, she's really sharp.

Lara: Misha, ask her if she happens to know when Mr. Smith will be at work.

Misha: O.K., Lara, only not right now. I'm late to class.

Lara: So am I. See you soon.

Студенты в парке в Ташкенте

ТЕКСТ ДЛЯ ЧТЕНИЯ
Лу́чше молча́ть

Идёт уро́к. Сего́дня мы чита́ем текст ~~for~~ для чте́ния. Наш преподава́тель, Бори́с Андре́евич, говори́т, что мы о́чень хорошо́ чита́ем по-ру́сски. Мы, ~~of course~~ коне́чно, зна́ем, что э́то не так.

---

[2] **Сейча́с** произно́сится [şichás] и́ли [schas].

Борис Андреевич симпатичный человек. Он недавно здесь и ещё говорит по-английски с акцентом, но это ничего. По-русски он говорит свободно и хорошо. Мы его понимаем, даже когда он говорит быстро.

Сегодня Борис Андреевич нас спрашивает, не знаем ли мы, где Миша Робертс. Анна Джонс говорит, что Миша сегодня болен. Я знаю, что это не так, но ничего не говорю. Миша Робертс—шпион. Я думаю:

—Лучше молчать.

ВЫРАЖЕНИЯ

1.	Жаль.	*Too bad. That's too bad.*
2.	Вот идёт…	*Here comes… (or: There goes…)*
3.	Спроси(те)!	*Ask!*
4.	…, не знает ли она	*… if (whether) she knows*
5.	на работе	*at work*
6.	опаздывать на лекцию	*to be late for class*
7.	Идёт урок.	*Class is in session.*
8.	Это не так.	*That's not so.*
9.	говорить с акцентом	*to speak with an accent*
10.	Это ничего.	*That doesn't matter.*
11.	ничего не говорить	*to say nothing*
12.	Лучше молчать.	*It's better to be silent.*

ПРИМЕЧАНИЯ

А. **Господин** (*Mr.*) and **госпожа** (*Miss, Mrs.*) are not capitalized except when they begin a sentence. These nouns of address are used by Russians living abroad, but in the USSR they are used only in addressing foreigners from capitalist countries. Soviet people do not generally use nouns of address among themselves, but **товарищ** (*comrade*) is encountered, especially among Party members. **Гражданин**/**гражданка** (*citizen*) are not widely used any more.

Б. The word **молодец** is used in referring both to men and women. It means something like *a smart, intelligent, "sharp" person.*

Маша молодец!
Иван молодец!

ДОПОЛНИ́ТЕЛЬНЫЙ МАТЕРИА́Л

ЧИСЛА

0 ноль (нуль)

1	оди́н	6	шесть
2	два	7	семь
3	три	8	восемь
4	четы́ре	9	девять
5	пять	10	десять

Note also:

$\frac{1}{2}$ полови́на

$1\frac{1}{2}$ полтора́

УПРАЖНЕ́НИЯ

A. Запо́лните пропуски. (*Fill in the blanks.*)

1. **шути́ть**
   а. Я…
   б. Ты…?
   в. Она́…
   г. Мы…
   д. Вы…?
   е. Они́…

2. **ничего́ не говори́ть—молча́ть**
   а. Он… Он…
   б. Они́… Они́…
   в. Ты… Ты…
   г. Мы… Мы…
   д. Вы… Вы…
   е. Я… Я…

3. **спра́шивать быстро, а отвеча́ть медленно**
   а. Они́…, а мы…
   б. Я…, а ты…
   в. Вы…, а Таня…

4. **давно́ учи́ться в университе́те**
   а. Я…
   б. Мы…
   в. Ты…?
   г. Вы…?
   д. Ива́н…
   е. Анна и Тама́ра…

Б. Give the correct forms of the verbs indicated and complete each sentence by translating the English words into Russian.

1. **видеть**

   Он_____ (*dictionary*). словарь

   Мы_____ (*door*).

   Я_____ (*house*).

   Они_____ (*briefcase*).

   Ты_____ (*chair*)?

   Вы_____ (*table*)?

2. **знать**

   Мы_____ (*Russian*).

   Они_____ (*English*).

   Иван_____ (*French*).

   Я_____ (*German*).

   Ты_____ (*Spanish*)?

3. **спрашивать**

   Мы_____ (*in Russian*).

   Вы_____ (*in English*).

   Джон и Мэри_____ (*in French*).

   Ты_____ (*in German*).

   Таня_____ (*in Spanish*).

4. **отвечать**

   Я_____ (*quickly*).

   Они_____ (*slowly*).

   Ты_____ (*badly*).

   Мы_____ (*with difficulty*). с трудом

   Маша_____ (*well*).

   Вы_____ (*not badly*).

В. Ответьте на вопросы.

Образец: —Наташа работает здесь?

        —Я не знаю, работает ли она здесь.

1. Тамара говорит по-французски?
2. Господин Смит понимает по-русски?
3. Они учатся в МГУ?
4. Иван идёт домой?

Образец: —Иван сегодня на работе?

        —Я не знаю, на работе ли он сегодня.

1. Таня сегодня дома?
2. Аня сегодня здесь?
3. Борис Андреевич сегодня в университете?

Г. Заполните пропуски.

1. Жаль, что она сегодня больна.
   - а. _____ он_____
   - б. _____ они_____
   - в. _____ я_____
   - г. _____ вы_____
   - д. _____ ты (m.)_____
   - е. _____ ты (f.)_____

2. Он не работает, потому что он болен.
   - а. Она...   б. Я...   в. Они...

Д. Местоимения в скобках поставьте в правильном падеже. (*Put the pronouns in parentheses in the correct case.*)

1. Я (он) плохо знаю.
2. Я не знаю, понимает ли он (я).
3. Вы видите (она)?
4. Спросите (они), не знают ли они, где Наташа?
5. Они (ты) не понимают, когда ты говоришь быстро.
6. Очень жаль, что Тамара (вы) не знает.
7. Спроси (он), понимают ли они (мы)?

Е. Переведите на русский язык.

Образец: *I don't think that Ivan is here.*
   Я не думаю, что Иван здесь.

1. I don't think that Boris understands English.
2. I don't think that they are going to town.
3. I don't think that Tamara speaks French.

Образец: *I don't know where you are going.*
   Я не знаю, куда вы идёте.

1. Don't you know where they are going?
2. They don't know where I am going.
3. Ivan doesn't know where we are going.
4. Anna doesn't know where Misha is going.

Образец: *I don't say anything.*
   Я ничего не говорю.

1. I don't see anything.
2. I don't understand anything.
3. I don't ask anything.
4. I don't do anything.

5. I don't read anything.
6. I don't know anything.

Образéц: *Ask him if he happens to know where Anya is.*
Спросѝте егó, не знает ли он, где Аня?

1. Ask him if he happens to know where Ivan is.
2. Ask her if she happens to know where Tanya is.
3. Ask them if they happen to know where Professor Pavlov is.

Вопрóсы

1. Как вас зовýт?
2. Вы рабóтаете или учитесь?
3. Где вы учитесь?
4. Вы преподавáтель(ница) или студéнт(ка)?
5. Какóй язы́к вы изучáете?
6. Вы понимáете по-немéцки?
7. Какóй язы́к вы знаете лýчше: англѝйский или рýсский?
8. Вы говорѝте по-рýсски лýчше или хýже (*worse*), чем по-англѝйски?
9. Вы читáете по-рýсски быстро или медленно?
10. Ваш(а) преподавáтель(ница) американец (-нка) или рýсский (-ая)?
11. Он/онá говорѝт по-рýсски быстро или медленно?
12. Вы хорошó понимáете, когдá он/онá говорѝт по-рýсски быстро?
13. Он/онá сегóдня дома или на рабóте?
14. Он/онá сегóдня болен/больнá?
15. Вы сегóдня больны́?

Перевóд

1. Why are you silent?
   Because the professor is talking.
2. Are they reading the reading text?
   Yes, they are.
3. Here comes Boris. Do you know him?
   No, I don't.
4. The briefcase is there. Do you see it?
   Yes, I do.
5. I think that Ivan is sick today.
   Yes, that's true. He's at home today.
6. They have been here a long time, but still speak English with an accent.
   That doesn't matter.
7. What's that there?
   Where? I don't see anything.
   Are you joking?
   No, I'm not.

8. Do you know if Tamara speaks French?
   No, I don't. Ask her if she speaks French.
9. He says "Good night" and goes home.
10. Do you understand what he is saying?
    Yes, I do.
11. Are you late for class?
    Yes, I am. Good-bye.
12. Why is Mrs. Smith at home today?
    She's not at home. She's at work. Mr. Smith is at home. He's sick.
    Too bad.
13. May I come in?
    Please come in.
14. Why does Vadim study German?
    Because he thinks German is easy.

ГРАММА́ТИКА

WHERE: ГДЕ или КУДА́?

Где значит *where* (*at*):

> —Где Ива́н?
> —Я не зна́ю, где он.
> —Вы не зна́ете, где рабо́тает Та́ня?
> —Нет, не зна́ю.

Куда́ значит *where* (*to*):

> —Куда́ идёт Анна?
> —Я не зна́ю, куда́ она́ идёт.

HOME: ДОМ, ДОМА или ДОМО́Й?

Дом значит *house* или *home*, **дома** значит *at home*, а **домо́й** значит (*to*) *home*:

—Что э́то?	—*What's that?*
—Дом.	—*A house.*
—Где Бори́с?	—*Where's Boris?*
—Он до́ма.	—*He's at home.*
—Куда́ вы идёте?	—*Where are you going?*
—Домо́й.	—*Home.*

SICK: **БОЛЕН, БОЛЬНА, БОЛЬНО** или **БОЛЬНЫ?**

Я		(a man or boy speaking)
Ты	болен.	(addressing a man or boy)
Он		(speaking about a man or boy)

Я		(a woman or girl speaking)
Ты	больна.	(addressing a woman or girl)
Она		(speaking about a woman or girl)

Оно больно. (The neuter form rarely is used.)

Мы		*We*		
Вы	больны.	*You*	*are sick*.	
Они		*They*		

The question *Are you sick*? thus has three forms.

Ты болен?	(asking a male person one calls **ты**)
Ты больна?	(asking a female person one calls **ты**)
Вы больны?	(asking more than one person or one person one calls **вы**)

THE ACCUSATIVE CASE OF PERSONAL PRONOUNS[3]

In Russian, direct object pronouns are in the *accusative case* (**винительный падёж**). In English, these pronouns are *me, you, him, her, it, us,* and *them*. You already know the accusative of **я, ты,** and **вы (меня, тебя, вас)** from the expressions:

—Как **тебя/вас** зовут?	(Literally: *How do they call you?*)
—**Меня** зовут Иван.	(Literally: *They call me Ivan.*)

The accusative case of **кто** is **кого**[4] (*whom*).

Кто?	**кого?**	*Who?*	*whom?*
Он знает меня.		*He knows me.*	
	тебя.		*you.*
	его.		*him.*
	её.		*her.*
	его.		*it.*
	нас.		*us.*
	вас.		*you.*
	их.		*them.*

---

[3] винительный падёж личных местоимений

[4] **Кого** произносится [kavó].

Что does not change in the accusative case.

—Что это?

—Что вы видите?

The subject of a Russian sentence is in the *nominative case* (**имени́тельный паде́ж**).

Subject (**подлежа́щее**)		Direct Object (**прямо́е дополне́ние**)
Имени́тельный паде́ж		*Вини́тельный паде́ж*
Я	знаю	ЕГО́.
I	*know*	*HIM/IT.*

QUESTIONS

There are three basic ways to construct questions in Russian:

1. Place a question mark at the end of the sentence and change the intonation pattern from ИК-1 to ИК-3. The rising intonation is on the stressed syllable of the most significant word in the question.

ИК-3   ИК-1

Это — стол?   Да, стол.

Борис говорит по-русски?   Да, Борис.

Борис говорит по-русски?   Да, говорит.

Борис говорит по-русски?   Да, по-русски.

2. Begin the question with an interrogative word.

Почему́ думает Ива́н, что это непра́вда?

Куда́ вы идёте?

Где рабо́тают Бори́с и Тама́ра?

3. Place the interrogative particle **ли** immediately after the word or phrase that is in question (less common).

Обе́дают ли они́ сейча́с?

INDIRECT QUESTIONS[5]

Indirect questions are formed by placing the particle **ли** immediately after the most significant word or phrase in the clause which in English begins with the word *if* or *whether*. Usually the most significant word is the verb.

---

[5] Ко́свенные вопро́сы

Спроси́те её, **понима́ет ли** она́   *Ask her if (whether) she under-*
по-ру́сски.   *stands Russian.*

Я не зна́ю, **говори́т ли** он по-ру́сски.   *I don't know if (whether) he speaks Russian.*

Ты не зна́ешь, **до́ма ли** они́ сего́дня?   *Do you happen to know if (whether) they are at home today?*

NEGATION[6]

In Russian, unlike English, double negatives are grammatically correct.

$$\text{Я \textbf{ничего́ не} де́лаю.} \begin{cases} \textit{I'm not doing anything.} \\ \textit{I do nothing.} \end{cases}$$

The word **ничего́** has a number of meanings, including *nothing* and *That doesn't matter/Don't worry about it.*

    —Извини́те, пожа́луйста.   *— Excuse me, please.*
    —Ничего́.   *—That's all right.*

VERBS. THE PRESENT TENSE. CONJUGATION II[7]

Russian verbs are of two basic types:

    Conjugation I (or **е**) *verbs* —**Пе́рвое спряже́ние**
    Conjugation II (or **и**) *verbs* —**Второ́е спряже́ние**

Review the present tense of *Conjugation I* verbs:

	понима́ | **ть**			*ид* | *ти́*
я	понима́ | **ю**		я	ид | у́
ты	понима́ | **ешь**		ты	ид | ёшь
он			он	
она́	понима́ | **ет**		она́	ид | ёт
оно́			оно́	
мы	понима́ | **ем**		мы	ид | ём
вы	понима́ | **ете**		вы	ид | ёте
они́	понима́ | **ют**		они́	ид | у́т

---

[6] Отрица́ние

[7] Глаго́лы. Настоя́щее вре́мя. Второ́е спряже́ние.

To form the present tense of *Conjugation II* verbs, drop the last *three* letters from the infinitive and add the following endings:

	говор	и́ть	*to speak / talk / tell / say*
я	говор	ю́	*I speak, etc.*
ты	говор	и́шь	*you speak*
он			*he*
она́	говор	и́т	*she* speaks
оно́			*it*
мы	говор	и́м	*we speak*
вы	говор	и́те	*you speak*
они́	говор	я́т	*they speak*

Conjugation II verbs which you already know are:

говори́ть   молча́ть   шути́ть

ви́деть   учи́ться

The verb **ви́деть** has a consonant change from **д** to **ж** in the first person singular only.[8]

я вижу

ты видишь

он видит

мы видим

вы видите

они́ видят

Review of the Spelling Rules:

---

1. After **г, к, х, ж, ч, ш, щ** never write **ы**; write **и** instead.
2. After **г, к, х, ж, ч, ш, щ, ц** never write **ю** or **я**; instead write **у** or **а** respectively.
3. After **ж, ч, ш, щ, ц** never write an unstressed **о**; write **е** instead.

What effect does Spelling Rule 2 have on the conjugation of **шути́ть, ви́деть, молча́ть,** and **учи́ться**?

шути́ть	*ви́деть*	*молча́ть*	*учи́ться*
я шучу́ [8]	я вижу́ [8]	я молчу́	я учу́сь
ты шутишь	ты видишь	ты молчи́шь	ты у́чишься
он шутит	он видит	он молчи́т	он у́чится
мы шутим	мы видим	мы молчи́м	мы у́чимся
вы шутите	вы видите	вы молчи́те	вы у́читесь
они́ шутят	они́ видят	они́ молча́т	они́ у́чатся

---

[8] Conjugation II verbs often have an alternation of the final consonant of the stem (*in the first person singular only*). Two of the patterns are: **т > ч** and **д > ж**. For others, see Appendix, page 584.

Most verbs keep the stress throughout the conjugation on the same syllable as in the infinitive. Some, however, change the stress. With very few exceptions, it will be on the same syllable of the **ты, он, мы, вы,** and **они** forms of the verb. The only verbs that can have a stress shift in their present tense conjugation are those *which have the stress on the last syllable of the infinitive*. As new verbs are introduced, any shifting of the stress will be indicated in the **Словáрь**.

Verbs with an infinitive that ends in **-тú** always belong to *Conjugation I*; most verbs that end in **-ить** belong to Conjugation II. Otherwise there is no sure way to tell from the infinitive of most verbs whether they belong to Conjugation I or Conjugation II; therefore, in the **Словáрь** the conjugation of each new verb will be indicated thus:

знать (I)   говорúть (II)

REFLEXIVE VERBS[9]

In English a verb is said to be *reflexive* only if the action of the verb is directed back upon the subject (*to wash oneself*, etc.). This also is true of some Russian reflexive verbs, but most are reflexive for no apparent logical reason. Reflexive verbs take normal Conjugation I or II endings. If the last letter of the ending is a consonant, **-ся** is added to it; if the last letter is a vowel, **-сь** is added.

учúться

я учýсь	мы учимся
ты учишься	вы учитесь
он учится	они учатся

VERBS USED WITH ПО-

The verbs **говорúть, понимáть, спрáшивать, отвечáть, читáть** and **сказáть** require the use of the **по**-form of the language involved.

Я ⎰ говорю / понимáю / спрáшиваю / отвечáю / читáю ⎱ по-рýсски.

Как сказáть по-англúйски «привéт»?

---

[9]возврáтные глагóлы

СЛОВА́РЬ

бо́лен, больна́, -о́; -ы́	*sick, ill*
бы́стро	*quick(ly)*
ваш	*your*
ви́деть (II)	*to see*
ви́жу, ви́дишь, ви́дят	
во́семь	*eight*
все	*all, everyone, everybody*
всегда́	*always*
говори́ть (II)	*to speak, talk, say, tell*
господи́н	*Mr.*
госпожа́	*Miss, Mrs., Ms.*
давно́	*(for) a long time, a long time ago*
да́же	*even*
два	*two*
де́вять	*nine*
де́сять	*ten*
до́ма	*at home*
его́	*him, his*
её	*her(s)*
жаль	*too bad*
иностра́нец (–нка)	*foreigner*
их	*their(s)*
кабине́т	*office, study*
когда́	*when*
молоде́ц	*smart person; "Good for you!"*
молча́ть (II)	*to be silent, be still*
молчу́, молчи́шь; молча́т	
на рабо́те	*at work*
нас	*us*
наш	*our*
неда́вно	*not a long time, recently*
ничего́	*nothing*
ноль (нуль)	*zero*
оди́н	*one*
одна́ко	*however*
опа́здывать (I) на ле́кцию	*to be late for class*
опя́ть	*again*
отвеча́ть (I)	*to answer*
полови́на	*(one) half*

полтора́	*one and one-half*
потому́ что	*because*
почему́	*why*
принима́ть (I)	*to receive (patients, visitors, guests, etc.), "to be in"*
продолже́ние	*continuation*
с акце́нтом	*with an accent*
сего́дня	*today*
сейча́с	*now, right now*
семь	*seven*
симпати́чный	*nice, likeable*
спра́шивать (I)	*to ask (a question)*
Спроси́(те)!	*Ask!*
так	*so, thus, in this way*
текст для чтения	*reading text*
то́лько	*only*
три	*three*
учи́ться (II)	*to study, go to school*
учу́сь, учишься; учатся	
ху́же	*worse*
челове́к	*man, person*
чем	*than*
четы́ре	*four*
числа	*numbers*
шесто́й	*sixth*
шесть	*six*
шпио́н	*spy*
шути́ть (II)	*to joke*
шучу́, шутишь, шутят	

Коне́ц шесто́го уро́ка.

Седьмóй урóк

ДИАЛÓГ А
Познакóмьтесь!

Ивáн: Вот идёт Нина. Ты Нину знаешь, Олéг?	*Ivan: Here comes Nina. Do you know Nina, Oleg?*
Олéг: Нет, не знаю.	*Oleg: No, I don't.*
Ивáн: Познакóмьтесь, пожáлуйста.	*Ivan: I'd like you to meet one another.*
Олéг: Меня зовýт Олéг.	*Oleg: My name is Oleg.*
Нина: Нина.	*Nina: (And mine is) Nina.*
Ивáн: Мы идём в «Дом книги».	*Ivan: We're going to the "House of Books."*
Нина: И я тоже. Пойдёмте вместе.	*Nina: So am I. Let's go together.*
Олéг: С удовóльствием.	*Oleg: With pleasure.*

ДИАЛÓГ Б
Дом книги

Нина: Скажи́те, пожа́луйста, у вас есть ру́сско-англи́йский слова́рь?	*Nina: Tell me, please, do you have a Russian–English dictionary?*
Продавщи́ца: Нет, у нас нет.	*Saleswoman: No, we don't.*
Ива́н: А когда́ бу́дет?	*Ivan: When will you have one?*
Продавщи́ца: Не могу́ сказа́ть.	*Saleswoman: I can't say.*
Олéг: А «Анна Карéнина» и «Евгéний Онéгин» у вас есть?	*Oleg: Do you have Anna Karenina and Eugene Onegin?*
Продавщи́ца: Есть. Пожа́луйста.	*Saleswoman: Yes, we do. Here you are.*
Олéг: Хорошó, я беру́ «Анну Карéнину» и «Евгéния Онéгина», и это всё.	*Oleg: Fine, I'll take Anna Karenina and Eugene Onegin, and that's all.*
Ива́н: А тепéрь пойдёмте в кафé.[1] Хоти́те?	*Ivan: And now let's go to a cafe. Do you want to?*
Нина: Хочу́. Пойдёмте.	*Nina: Yes, I do. Let's go.*

Дом книги в Ленинграде

---

[1]**Кафé** произнóсится [кафэ́].

ТЕКСТ ДЛЯ ЧТЕНИЯ
Рассéянный профéссор

Меня зовýт Ивáн Ветров. Мой отéц—рýсский, но он хорошó знáет англúйский язы́к. Мать—америкáнка, но онá свобóдно говорúт по-рýсски, поэ́тому мы дóма говорúм и по-англúйски, и по-рýсски.

Я учýсь в университéте. Мой друг, Джон Хемингуэ́й, тóже здесь ýчится. Я знáю Джóна давнó и дýмаю, что он симпатúчный человéк. В университéте мы вмéсте изучáем рýсский язы́к. Я, конéчно, говорю́ по-рýсски лýчше, чем Джон, но он хорошó ýчится.

Наш профéссор—ýмный человéк, но он рассéянный и *sometimes* иногдá опáздывает. Егó зовýт Сергéй Ивáнович. Мы сейчáс сидúм *sit* и ждём егó. Вот он, наконéц *finally*, идёт.

Сергéй Ивáнович говорúт:

—Дóброе ýтро. Простúте за опоздáние. Открóйте, пожáлуйста, кнúги. Сегóдня седьмóй урóк. Ветров, читáйте, пожáлуйста, снáчала *first* вы.

Я немнóго читáю вслух *out loud*, а потóм Сергéй Ивáнович говорúт:

—Спасúбо, Ветров. Вы хорошó читáете.

Потóм он спрáшивает:

—Скажúте, пожáлуйста, вы не знáете, где мой карандáш?

Никтó *no one* не знáет, поэ́тому *therefore* Сергéй Ивáнович спрáшивает Джóна Хемингуэ́я:

—Хемингуэ́й, у вас есть карандáш?

—Есть.

Сергéй Ивáнович берёт егó карандáш и говорúт:

—Ну вот, э́то всё. Задáние на зáвтра: седьмóй урóк. До свидáния. *ok that's all*

ВЫРАЖÉНИЯ

1. Познакóмьтесь!	*I'd like you to meet one another. ("Get acquainted!")*
2. Пойдём(те)!	*Let's go!*
3. с удовóльствием	*with pleasure*
4. У меня	*I have*
У тебя	*You have*
У негó	*He has*
У неё	*She has*
У негó	*It has*
У нас	*We have*
У вас	*You have*
У них	*They have*

(4. ... есть... *a...*)

5. У нас нет.   *We don't have (any).*
6. и..., и...   *both...and...*
7. или..., или...   *either...or...*
8. ни..., ни...   *neither...nor...*
9. Читай(те) сначала ты/вы!   *You read first!*

ПРИМЕЧА́НИЯ

1. *Anna Karenina* («**Анна Каре́нина**») is a novel by the famous Russian author Lev Nikolaevich Tolstoy (**Лев Никола́евич Толсто́й**). His other major novels are *War and Peace* («**Война́ и мир**») and *Resurrection* («**Воскресе́ние**»).
2. *Eugene Onegin* («**Евге́ний Оне́гин**») is the best known work of poetry in the Russian language. It is a novel in verse by the 19th century poet Alexander Sergeevich Pushkin (**Алекса́ндр Серге́евич Пу́шкин**). The music for the opera «**Евге́ний Оне́гин**» was composed by Peter Ilyich Chaikovsky (**Пётр Ильи́ч Чайко́вский**).

ДОПОЛНИ́ТЕЛЬНЫЙ МАТЕРИА́Л

ЧИСЛА

one on ten

11 оди́ннадцать	16 шестна́дцать
12 двена́дцать	17 семна́дцать
13 трина́дцать	18 восемна́дцать
14 четы́рнадцать	19 девятна́дцать
15 пятна́дцать	20 двадцать *two tens*

УПРАЖНЕ́НИЯ

A. Соста́вьте предложе́ния по образца́м. (*Construct sentences according to the examples.*)

Образе́ц: —У вас есть **ручка**?   — *Do you have a pen?*
              —Есть.   —*Yes, I do.*

1. ты/каранда́ш	4. мы/де́ньги
2. он/слова́рь	5. она́/часы́
3. они́/бума́га	6. вы/мел

Образе́ц: **Мы** давно́ ждём **Ива́на.**   *We've been waiting for Ivan a long time.*

1. Я/Бори́с   3. Они́/Анна
2. Он/Серге́й   4. Ты/Таня?

Образе́ц: Спроси́те **Ива́на,** есть   *Ask Ivan if he has a pen.*
ли у него́ **ручка.**

1. Тама́ра/каранда́ш
2. Бори́с Ива́нович/часы́
3. Таня/слова́рь

Образе́ц: **Бори́с** спрашивает **Ива́на,**   *Boris asks Ivan if he*
не хо́чет ли **он**   *doesn't want to read*
сейча́с чита́ть?   *now.*

1. Бори́с/Анна/она́
2. Оле́г/Серге́й/он
3. Тама́ра/Аня и Ваня/они́

Б. Он, она́, оно́ или они́?

уро́к	портфе́ль	слова́рь
доска́	окно́	гений
музе́й	брат	дядя
письмо́	имя	преподава́тель
Азия	очки́	дедушка
деньги	чай	русская
мужчи́на	русский	тетра́дь
жизнь	Москва́	часы́
поле	знамя	день
лекция	Ленингра́д	утро
гость	комната	человеконенави́стничество[2]

В. Отве́тьте на вопро́сы.

Образе́ц: —Вы не знаете, где **рестора́н** «Ара́гви»[3]?
—Вот **он.**

1. Вы не знаете, где Большо́й теа́тр?
2. Вы не знаете, где его́ письмо́?
3. Вы не знаете, где её деньги?
4. Вы не знаете, где моя́ тетра́дь?
5. Вы не знаете, где их дедушка?

---

[2]If your teacher makes you learn this word, he/she probably is a **человеконенави́стник** (**мизантро́п**).

[3]A Georgian restaurant in Moscow.

Образéц: —У вас есть **каранда́ш**?
            —Есть. Вот **он**.

1. У вас есть ручка?   4. У вас есть мел?
2. У вас есть словáрь?   5. У вас есть часы́?
3. У вас есть рáдио?   6. У вас есть тетрáдь?

Образéц: —У тебя́ есть портфéль?
            —Да, у меня́ есть портфéль.
            —Нет, у меня́ нет.

1. У вас есть бумáга?   3. У неё есть блокнóт?
2. У негó есть очки́?   4. У них есть деньги?

Образéц: —У когó есть ручка? (**я**)
            —**У меня́** есть.

1. (ты) 2. (он) 3. (онá) 4. (мы) 5. (вы) 6. (они́)

Г. Отвéтьте на вопрóсы.

Образéц: —Когó вы ждёте? (**Борúс**)
            —Я жду **Борúса**.

1. (Ивáн) 2. (Сергéй) 3. (Анна) 4. (Таня)

Образéц: —Когó спрáшивает преподавáтель? (**Анна**)
            —Он спрáшивает **Анну**.

1. (Борúс)   4. (Таня)
2. (Ольга)   5. (студéнт)
3. (Андрéй)   6. (студéнтка)

Образéц: —Что вы читáете? (**книга**)
            —Мы читáем **книгу**.

1. (поэ́ма)   4. («Войнá и мир»)
2. (письмó)   5. («Евгéний Онéгин»)
3. (словáрь)   6. («Анна Карéнина»)

Образéц: —Когó вы видите? (**Ивáн**)
            —Я вижу **Ивáна**.

1. (Николáй)   3. (Софья Петрóвна)
2. (Ольга Ивáнова) 4. (профéссор Ивáн Ивáнович Иванóв)

Образéц: —Когó вы слушаете? (**учúтель**)
            —**Учúтеля**.

1. (учúтельница) 3. (Сергéй)
2. (мама и папа)   4. (профéссор)

Д. Соста́вьте отрица́тельные предложе́ния. (*Construct negative state-ments*.)

Образе́ц: Я говорю́ и по-ру́сски,   Я не говорю́ ни по-ру́сски, ни
и по-англи́йски.   по-англи́йски.

1. Ива́н чита́ет и по-францу́зски, и по-неме́цки.
2. Мы понима́ем и по-неме́цки, и по-испа́нски.

Е. Запо́лните пропуски.

1. мочь рабо́тать сего́дня
   а. Я…   б. Он…   в. Мы…   г. Они́…
   д. Вы…   е. Ты…

2. хоте́ть учи́ться в СССР
   а. Вы…?   б. Ты…?   в. Они́…   г. Мы…
   д. Мэри…   е. Я…

3. сиде́ть и ждать профе́ссора
   а. Мы…   б. Ты…   в. Я…   г. Он…
   д. Вы…   е. Они́…

Ж. Переведи́те слова́ в ско́бках. (*Translate the words in parentheses*.)

1. —Я беру́ «А́нну Каре́нину».
   —Хорошо́. А (*now*) пойдёмте в кафе́.
2. —Где Та́ня (*right now*)?
   —Она́ (*now*) на рабо́те.

Вопро́сы

1. У вас есть ру́чка?
2. У вас есть ру́сско-англи́йский слова́рь?
3. У вас есть а́нгло-ру́сский слова́рь?
4. Вы иногда́ опа́здываете на заня́тия (*classes*)?
5. Ваш профе́ссор иногда́ опа́здывает?
6. Когда́ он/она́ опа́здывает, что он/она́ говори́т?
7. Он/она́ слу́шает, когда́ вы говори́те и чита́ете?
8. Вы до́ма говори́те по-англи́йски или по-ру́сски?
9. Ваш оте́ц понима́ет по-ру́сски? А мать?

Перевóд

1. Tell me, please, do you happen to know where Boris Karlov is today? Is he at work?
   Yes, there he is. He's going to the laboratory.
2. Do you have a Russian–English dictionary?
   No, I don't.
3. I'm reading Kurt Vonnegut in Russian.
4. Boris, do you know Tanya?
   No, I don't.
5. Tanya, this is my friend Boris.
6. The professor says, "The assignment for tomorrow is the seventh lesson."
7. Please pardon me for being late.
8. Where does Sergei go to school (study) now?
   At the university. I study at the university, too.
9. Tamara and Olga are studying in the U.S.A.
10. Let's go together to the movies.
    With pleasure. Let's go.
11. Can you work today?
    No, I can't. I'm sick.
12. Ivan has been working here a long time.
13. Do you know why Anna is at home today? Is she sick?
    She's not at home. She's at work.
14. I'm going to the theater. Do you want to, too?
    With pleasure.
15. Have you finished?
    Yes, I have.

ГРАММÁТИКА

THE GENDER OF NOUNS[4]

There are three genders in Russian (as in English):

Masculine	**он**	(мужскóй род)
Feminine	**онá**	(женский род)
Neuter	**онó**	(средний род)

---
[4] род существи́тельных

The gender of a Russian noun usually can be determined from its ending:

он	она́	оно́
-consonant профе́ссор каранда́ш Ленингра́д	**-а** учи́тельница кни́га Москва́	**-о** перо́ письмо́ окно́
ге́ний музе́й	**-я** (except—**мя**) Та́ня фотогра́фия	**-е** мо́ре продолже́ние
Nouns ending in **-ь** are either masculine or feminine. In the vocabularies they will be listed (**м.**) for masculine and (**ж.**) for feminine: день (м.) мать (ж.) портфе́ль (м.) дверь (ж.) слова́рь (м.) жизнь (ж.) преподава́тель (м.) тетра́дь (ж.)		**-мя** и́мя зна́мя вре́мя

In Russian, nouns which denote *inanimate objects* may be masculine, feminine, or neuter. In English the pronoun *it* normally is used only in reference to inanimate objects. In Russian *any* noun may be masculine (**он**), feminine (**она́**), or neuter (**оно́**) depending upon its *grammatical* gender:

Вот **каранда́ш**. Вот **он**.	*Here's a pencil. Here **it** is.*
Вот **ка́рта**. Вот **она́**.	*Here's a map. Here **it** is.*
Вот **письмо́**. Вот **оно́**.	*Here's a letter. Here **it** is.*

The pronoun **они́** (*they*) is used to refer to two or more persons or things regardless of gender.

Вот **ру́чка и каранда́ш**.	*There are the pen and pencil.*
Вот **они́**.	*There they are.*

Де́ньги (money), **очки́** (*eyeglasses*) and **часы́** (*watch, clock*) have no singular form.

Вот **де́ньги**.	*Here's the money.*
Вот **они́**.	*Here it is.*

A few nouns which denote *male* persons end in **-а** or **-я**. In spite of these endings, such nouns are *masculine*. The most common nouns of this type are:

мужчи́на	man
дя́дя	uncle
де́душка	grandfather

In addition, the diminutive/endearing forms of most men's names end in
-а or -я.

Ми́ша	(Михаи́л)
Cáшa	(Алекса́ндр)
Бо́ря	(Бори́с)

NEW VERBS

THE AUXILIARY VERBS МОЧЬ AND ХОТЕ́ТЬ

мочь (I)   *to be able* (*can, may*)
Note the consonant alternations and stress shift:

я могу́	мы мо́жем
ты мо́жешь	вы мо́жете
он мо́жет	они́ мо́гут

When **мочь** is used as an auxiliary verb, the main verb is in the infinitive.

| Я сегóдня могу́ рабóтать. | *I can work today.* |
| Вы не мóжете здесь сидéть. | *You can't sit here.* |

When **мочь** is used without a second verb, **да, нет** and/or the subject
frequently are omitted when answering a question.

—Вы мóжете сегóдня рабóтать?	—*Can you work today?*
—Могу́. (или: Да, могу́.)	—*Yes, I can.*
—Не могу́. (или: Нет, не могу́.)	—*No, I can't.*

хотéть (I-II)   *to want*
This verb has endings of both conjugations.

	я хочу́		мы хоти́м
I	ты хóчешь	II	вы хоти́те
	он хóчет		они́ хотя́т

Хотéть also is an auxiliary verb:

| —Ты хóчешь читáть? | —*Do you want to read?* |
| —Хочу́. | —*Yes, I do.* |

TWO CONJUGATION I VERBS WITH PRESENT TENSE STEMS THAT END IN A CONSONANT: *БРАТЬ AND ЖДАТЬ*

The endings of these two verbs are like those of **идти**. When the present tense stem of a Conjugation I verb ends in a consonant, the **я** and **они** forms are **-у** and **-ут**, respectively. If the endings are stressed, **ё** replaces **е**.

брать		to take	
я беру́	мы берём
ты берёшь	вы берёте
он берёт	они беру́т

ждать		to wait (for)	
я жду	мы ждём
ты ждёшь	вы ждёте
он ждёт	они ждут

TO HAVE (WITH PRONOUN POSSESSORS) У КОГО ЕСТЬ…?

In most instances, Russians do not use a verb in constructions which in English involve the verb *to have*. Instead, a construction which has no reasonable literal translation is employed. It means something like *In the possession of… is a…* Note that the pronouns used are the same as the accusative, but that an **н-** is prefixed to **его**, **её**, and **их**.

[handwritten: At whom is book]

У кого есть книга? *Who has a book?*

У меня́			*I have*	
У тебя́			*You have*	
У него́			*He has*	
У неё	есть книга.		*She has*	a book.
У него́			*It has*	
У нас			*We have*	
У вас			*You have*	
У них			*They have*	

Note the possible answers to this question:

—У вас есть книга?	— *Do you have a book?*
—Есть.	— *I do.*
—Да, есть.	— *Yes, I do.*
—Да, у меня́ есть.	— *Yes, I have.*
—Да, у меня́ есть книга.	— *Yes, I have a book.*
—Нет, у меня́ нет.[5]	— *No, I don't.*

[handwritten: не + есть = нет]

_____

[5] In responding negatively, do not name the thing in question.

In general, **есть** is the preferred positive response.

The answer **есть** is used regardless of what pronoun serves as the possessor.

—У тебя́ есть ру́чка? — *Do you have a pen?*

—Есть. — *I do.*

—У неё есть ру́чка? — *Does she have a pen?*

—Есть. — *She does.*

—У них есть ру́чка? — *Do they have a pen?*

—Есть. — *They do.*

THE ACCUSATIVE CASE OF NOUNS[6]

In Lesson 6 you learned the accusative (direct object) case of the personal pronouns. Certain types of nouns also change their endings in the accusative.

Masculine *animate* nouns that end in a hard consonant take the ending **-a**.

—Кто э́то? —Кого́ вы ви́дите?

—Э́то—Бори́с. —Я ви́жу Бори́са.

—Э́то—профе́ссор Ивано́в. —Я ви́жу профе́ссора Ивано́ва.

Masculine *animate* nouns that end in a soft consonant (**-й** or a consonant followed by **-ь**) take the ending **-я**.

—Кто э́то? —Кого́ вы ви́дите?

—Э́то—Серге́й. —Я ви́жу Серге́я.

—Э́то—учи́тель. —Я ви́жу учи́теля.

Masculine *animate* nouns that end in **-a** or **-я** and *all* feminine nouns that end in those letters take the ending **-y** or **-ю**, respectively.

—Кто э́то?	—Э́то—Анн	**а.**
—Кого́ вы ви́дите?	—Я ви́жу Анн	**у.**
—Что э́то?	—Э́то—книг	**а.**
—Что вы чита́ете?	—Я чита́ю книг	**у.**
—Кто э́то?	—Э́то—Миш	**а.**
—Кого́ вы зна́ете?	—Я зна́ю Миш	**у.**
—Кто э́то?	—Э́то—Тан	**я.**
—Кого́ вы слу́шаете?	—Я слу́шаю Тан	**ю.**
—Что э́то?	—Э́то—лаборато́ри	**я.**
—Что вы ви́дите?	—Я ви́жу лаборато́ри	**ю.**

---

[6] вини́тельный паде́ж существи́тельных

All other types of nouns (masculine *inanimate*, feminine **-ь** and all neuter) are unchanged in the accusative case.

$$
\text{Я вижу}
\begin{cases}
\text{стол.} \\
\text{музе́й.} \\
\text{портфе́ль.} \\
\text{тетра́дь.} \\
\text{окно́} \\
\text{по́ле.} \\
\text{зда́ние.} \\
\text{зна́мя.}
\end{cases}
$$

THE ACCUSATIVE CASE WITH THE PREPOSITIONS В AND НА

In answers to the question **Куда́?**, objects of the prepositions **в** and **на** must be in the accusative case. Note the following examples.

Это—го́род.	Это—теа́тр.	Это—кино́.
Я иду́ в го́род.	Я иду́ в теа́тр.	Я иду́ в кино́.
Это—шко́ла.	Это—библиоте́ка.	Это—ле́кция.
Я иду́ в шко́лу.	Я иду́ в библиоте́ку.	Я иду́ на ле́кцию.

Это—столо́вая.

Я иду́ в столо́вую.

*I am going **home**.*	Я иду́ домо́й.
*I am going **to the house**.*	Я иду́ в дом.

NOW: СЕЙЧА́С или ТЕПЕ́РЬ?

«Сейча́с» means ~~*right*~~ *this hour now*, *at this time*, *at this moment*. «Тепе́рь» means (*and*) *now* (which implies that one was doing something and now is about to begin a new activity).

Они́ сейча́с на ле́кции.	*They're in class right now.*
А тепе́рь пиши́те дикта́нт.	*And now write a dictation*
	(having just done something else).

СЛОВА́РЬ

брать (I)	*to take*
беру́, -ёшь; -у́т	

вместе	*together*
вслух	*out loud, aloud*
гость (м.)	*guest*
дедушка (м.)	*grandfather*
деньги (pl.)	*money*
друг	*friend*
дядя (м.)	*uncle*
есть	(See **ГРАММА́ТИКА**)
ждать (I)	*to wait (for)*
жду, -ёшь; -ут	
жизнь (ж.)	*life*
завтра	*tomorrow*
зада́ние	*assignment*
заня́тия (pl.)	*classes, studies, lessons*
здание	*building*
знамя	*banner*
и…, и…	*both…and…*
имя	*first name*
иногда́	*sometimes*
кафе́ [кафэ́]	*cafe*
кого́	*whom*
лаборато́рия	*laboratory*
лекция (на)	*lecture, class*
мама	*mama*
мать (ж.)	*mother*
мочь (I)	*to be able; "can," "may"*
могу́, мо́жешь, мо́жет;	
мо́жем, мо́жете, мо́гут	
мужчи́на (м.)	*man*
музе́й	*museum*
наконе́ц	*finally*
него́	(See **ГРАММА́ТИКА**)
неё	(See **ГРАММА́ТИКА**)
ни…, ни…	*neither…, nor…*
никто́	*no one*
них	(See **ГРАММА́ТИКА**)
опозда́ние	*tardiness*
папа	*papa*
письмо́	*letter (mail)*
Познако́мьтесь!	*"Get acquainted!"*
Пойдём(те)!	*Let's go!*
пото́м	*then, after that, later (on)*

поэ́ма	*major poetic work, epic, novel in verse*
поэ́тому	*therefore*
продаве́ц (-вщи́ца)	*salesperson*
Прости́(те) (за...)!	*Pardon me (for...)!* forgive me
рассе́янный	*absent-minded*
рома́н	*novel*
с удово́льствием	*with pleasure*
седьмо́й	*seventh*
сиде́ть (II)	*to sit*
сижу́, сиди́шь; сидя́т	
слу́шать (I)	*to listen (to)*
снача́ла	*first of all*
тепе́рь	*now, and now...*
У меня́ (тебя́, него́, неё,	*I (you, he, she, we, you,*
нас, вас, них) есть...	*they) have a...*
у́мный	*smart, intelligent*
хоте́ть (I-II)	*to want*
хочу́, хо́чешь, хо́чет;	
хоти́м, хоти́те, хотя́т	
чай	*tea*
ча́сто	*often*
человеконенави́стничество	*misanthropy*

Коне́ц седьмо́го уро́ка.

Восьмо́й уро́к

ДИАЛО́Г А
Ива́н хо́чет полете́ть в Москву́

Ива́н: Здравствуйте.	*Ivan: Hello.*
Аге́нт: Добрый день.	*Agent: Good afternoon.*
Ива́н: Я хочу́ полете́ть в СССР, в Москву́.	*Ivan: I want to fly to the U.S.S.R., to Moscow.*
Аге́нт: Хорошо́. Скажи́те, пожа́луйста, как ваша фами́лия?	*Agent: Fine. Tell me, please, what is your last name?*
Ива́н: Моя́ фами́лия Ветров.	*Ivan: My last name is Vetrov.*
Аге́нт: Ваше имя?	*Agent: Your first name?*
Ива́н: Ива́н.	*Ivan: Ivan.*
Аге́нт: А ваше о́тчество?	*Agent: And your patronymic?*
Ива́н: Петро́вич.	*Ivan: Petrovich.*

Агéнт: Кто ваши родители по национáльности? — Agent: What nationality are your parents?

Ивáн: Отéц—русский, а мать—америкáнка. — Ivan: My father is Russian, and my mother is American.

Агéнт: Где вы живёте? — Agent: Where do you live?

Ивáн: В Лос-Анжелесе. — Ivan: In Los Angeles.

Агéнт: Ваш адрес? — Agent: Your address?

Ивáн: Улица эль-Пантáно, дом 36, квартúра 44. *сорок* — Ivan: 36 El Pantano Street, apartment 44.

Агéнт: Сколько времени вы там живёте? — Agent: How long have you lived there?

Ивáн: Двáдцать лет. — Ivan: Twenty years.

ДИАЛÓГ Б
Через месяц всё будет готóво

Агéнт: Вы женáты? — Agent: Are you married?

Ивáн: Нет, не женáт. — Ivan: No, I'm not.

Агéнт: Кто вы по профéссии? — Agent: What is your profession?

Ивáн: Я ещё учýсь. — Ivan: I still go to school.

Агéнт: А где вы ýчитесь? — Agent: And where do you study?

Ивáн: В консерватóрии. — Ivan: At the conservatory.

Агéнт: Когдá вы хотúте поéхать в СССР? — Agent: When do you want to go to the USSR?

Ивáн: Чéрез 3 мéсяца. — Ivan: In three months.

Агéнт: У вас есть паспорт? — Agent: Do you have a passport?

Ивáн: Есть. Вот он. — Ivan: Yes, I do. Here it is.

Агéнт: Спасúбо. Чéрез мéсяц всё будет готóво. — Agent: Thank you. In a month everything will be ready.

Ивáн: Хорошó. До свидáния. — Ivan: Fine. Good-bye.

Агéнт: Всегó дóброго[1]. — Agent: All the best.

---

[1] **Всегó дóброго** произнóсится [fşivó dóbrəvə].

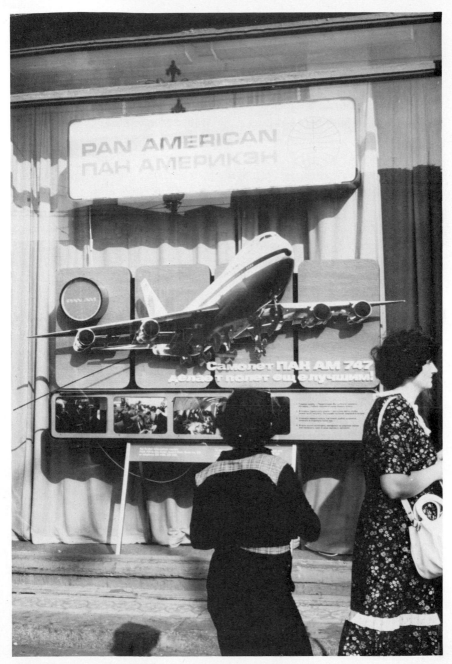

Он хочет полететь в США.

ТЕКСТ ДЛЯ ЧТЕНИЯ
Моя семья

Меня зовут Пётр Петрович Гончаров. По профессии я инженер. Я 12 лет живу и работаю в Москве. Я уже 24 года женат. Жену зовут Елена Фёдоровна. Лена—переводчица и работает в Интуристе. Наша квартира на улице Смирнова.

У меня есть брат. Его зовут Михаил. Миша—химик и работает в лаборатории в Ленинграде. Он думает, что только в Ленинграде можно хорошо жить, но я считаю,[2] что в Москве лучше. Это, конечно, спорный вопрос.

У нас есть сын и дочь. Сына зовут Дмитрий, а дочку[3] зовут Надежда. Надя живёт в деревне, в колхозе. Она—врач, а её муж—колхозник. Дима ещё не женат. Он будущий физик и уже 3 года учится в МГУ. Там он изучает физику, астрономию, химию, географию, а также хочет изучать литературу, историю, философию, музыку.

Я и работаю, и учусь. В институте я изучаю английский язык. Лена очень хорошо знает английский, поэтому я тоже хочу говорить по-английски. Английский язык, между прочим, нелёгкий. Например: «они живут» будет *they live, they are living, they do live, they have lived, they have been living*. Однако, русский язык тоже по-своему трудный.

ВЫРАЖЕНИЯ

1. Как ваше имя, отчество и фамилия? — *What are your first name, patronymic and last name?*
2. Сколько лет (месяцев)? — *How many years (months)?*
3. Сколько времени? — *How long?*
4. Какой ваш адрес? — *What's your address?*
5. Кто вы по профессии? — *What's your profession?*
6. Кто вы по национальности? — *What's your nationality?*
7. Вы женаты? — *Are you married?* (asking a man)
8. Вы замужем? — *Are you married?* (asking a woman)
9. Я считаю, что… — *In my opinion…*
10. между прочим — *by the way*
11. по-своему — *in my (your, his, her, its, our, their) own way*
12. Всего доброго. — *All the best.*

---

[2] Сч произносится как щ.

[3] Дочка = дочь.

ПРИМЕЧÁНИЯ

1. **Интурúст (Инострáнный турúст)** is the Soviet agency that makes all travel arrangements for foreigners in the USSR.
2. **Имя, отчество и фамúлия. Имя** is the Russian word for *first name.* **Отчество** (*patronymic*) is a middle name which every Russian derives from his or her father's first name. Russians normally address adults who are not relatives or close friends by their **имя и отчество**, a form of address that is less formal then **господúн/госпожá**, but considerably less familiar than the first name alone. Students address their teachers by **имя и отчество**; teachers usually address their students by their **фамúлия** (*last name*).

The patronymic is derived as follows:
If the father's first name ends in a consonant, add **-ович** for men, **-овна** for women.

Ивáн Ивáнович	Ивáн, the son of **Ивáн**
Марúя Ивáновна	Марúя, the daughter of **Ивáн**

If the father's first name ends in **-й,** drop that letter and add **-евич** for men, **-евна** for women.

Олéг Николáевич	Олéг, the son of **Николáй**
Елéна Николáевна	Елéна, the daughter of **Николáй**

If the father's first name ends in **-ь,** add **-евич** for men, **-евна** for women.

Борúс Игорьевич	Борúс, the son of **Игорь**
Анна Игорьевна	Анна, the daughter of **Игорь**

If the father's first name ends in **-а** or **-я,** drop this letter and add **-ич** for men. For women, some of these names take **-ична;** others take **-úнична**. You have to know which to use.

Никúта:	Никúтич/Никúтична [Ņiķíţishnə]
Ильá:	Ильúч/Ильúнична [Iļyíņishnə]

Five common names have irregular patronymic forms.

Пётр:	Петрóвич/Петрóвна
Павел:	Павлович/Павловна
Михайл:	Михáйлович/Михáйловна
Лев:	Львович/Львовна
Василий:	Василъевич/Василъевна

Фами́лия means *family **name***, not *family*. Most women's family names have a special form. If the masculine form of the family name ends in a consonant, -**a** is added to form the feminine.

Васи́лий Ивано́в

Тама́ра Ивано́ва

If the masculine form ends in -**ий** or -**ой**, that ending is replaced by -**ая**.

Лев Никола́евич Толсто́й

Со́фья Андре́евна Толста́я

Фёдор Миха́йлович Достое́вский

А́нна Серге́евна Достое́вская

If the masculine form ends in -**o** or is of obviously foreign origin, there is no special feminine form.

Дми́трий Еще́нко	Андре́й Смит
А́нна Еще́нко	Гали́на Смит

What's your name? (Note the gender of **имя, о́тчество,** *and* **фами́лия.**)

а. — Как тебя́/вас зову́т? — *What's your name?*
     — Меня́ зову́т Наде́жда Смирно́ва. — *My name is Nadezhda Smirnoff.*

б. — Как твоё/ва́ше и́мя? — *What's your first name?*
     — Моё и́мя — Наде́жда. — *My first name is Nadezhda.*

в. — Как твоя́/ва́ша фами́лия? — *What's your last name?*
     — Моя́ фами́лия — Смирно́ва. — *My last name is Smirnoff.*

г. — Как твоё/ва́ше о́тчество? — *What's your patronymic?*
     — Моё о́тчество — Ива́новна. — *My patronymic is Ivanovna.*

3. **Кто ты/вы по профе́ссии?** The following professions have only one form for both men and women.

адвока́т	*lawyer*	инжене́р	*engineer*
био́лог	*biologist*	профе́ссор	*professor*
бухга́лтер	*accountant*	секрета́рь (м.)	*secretary*
врач	*physician*	хи́мик	*chemist*
зубно́й врач	*dentist*	фи́зик	*physicist*
меха́ник	*mechanic*	фе́рмер	*farmer*

Some professions have both a masculine and feminine form.

бизнесме́н	*businessman*	перево́дчик ⎫	*interpreter,*
бизнесме́нка [4]	*businesswoman*	перево́дчица ⎭	*translator*

---

[4] **Бизнесме́нка** is a used but not universally accepted word.

журналúст ⎫ *journalist*
журналúстка ⎭

преподавáтель ⎫ *instructor*
преподавáтельница ⎭

колхóзник ⎫ *collective farmer*
колхóзница ⎭

продавéц ⎫ *salesperson*
продавщúца ⎭

учúтель ⎫ *teacher*
учúтельница ⎭

Some professions have a feminine form only.

медсестрá *nurse*

4. **Кто ты/вы по национáльности?** Nationalities have both a masculine and a feminine form.

америкáнец ⎫ *American*
америкáнка ⎭

поля́к ⎫ *Pole*
полька ⎭

англичáнин *Englishman*
англичáнка *Englishwoman*

рýсский ⎫ *Russian*
рýсская ⎭

канáдец ⎫ *Canadian*
канáдка ⎭

украúнец ⎫ *Ukrainian*
украúнка ⎭

мексикáнец ⎫ *Mexican*
мексикáнка ⎭

францýз ⎫ *French*
францýженка ⎭

немец ⎫ *German*
немка ⎭

чех ⎫ *Czech*
чешка ⎭

ДОПОЛНÚТЕЛЬНЫЙ МАТЕРИÁЛ

Числа

20	двáдцать	70	семьдеся́т
21	двáдцать одúн	80	вóсемьдесят
30	трúдцать	90	девянóсто
40	сóрок	100	сто
50	пятьдеся́т	125	сто двáдцать пять
60	шестьдеся́т	150	сто пятьдеся́т

Семья́

мать (мáма)	*mother*	бáбушка	*grandmother*
отéц (пáпа)	*father*	дéдушка	*grandfather*

роди́тели	*parents*	дочь	*daughter*
тётя	*aunt*	сын	*son*
дя́дя	*uncle*	сестра́	*sister*
		брат	*brother*

Лю́ди

же́нщина	*woman*	ма́льчик	*(little) boy*
мужчи́на	*man*	молодо́й челове́к	*young man*
ребя́та	*boys / boys and girls*	де́вочка	*(little) girl*
		де́вушка	*girl, young woman*

Ру́сские имена́

Же́нские имена́

Алекса́ндра	Са́ша, Шу́ра	*Alexandra*
Алёна	Алёнушка	*Alyona*
А́лла	А́ля, А́ллочка	*Alla*
Анастаси́я	На́стя, На́стенька	*Anastasia*
А́нна	А́ня, Аню́та, Анну́шка	*Anna, Anne*
Валенти́на	Ва́ля, Ти́на	*Valentina*
Варва́ра	Ва́ря, Ва́ренька	*Barbara*
Ве́ра	Ве́рочка	*Vera*
Гали́на	Га́ля, Га́лочка	*Galina*
Евге́ния	Же́ня	*Eugenia*
Екатери́на	Ка́тя, Катю́ша, Ка́тенька	*Catherine*
Еле́на	Ле́на, Ле́ночка	*Helen*
Елизаве́та	Ли́за, Ли́занька	*Elizabeth*
Ири́на	И́ра, Ири́ша	*Irina*
Конста́нция		*Constance*
Ксе́ния	Ксе́на, Ксю́ша	*Ksenia*
Лари́са	Ла́ра, Ла́рочка	*Larissa*
Ли́дия	Ли́да, Ли́дочка	*Lydia*
Любо́вь	Лю́ба, Лю́бушка	*Lyubov (Love)*
Людми́ла	Лю́да, Ми́ла	*Ludmilla*
Ма́йя	Ма́йечка	*Maya*
Маргари́та	Ри́та	*Margaret*
Мари́я	Ма́ша, Мару́ся	*Maria*
Наде́жда	На́дя, На́денька	*Hope*

Натáлья	Натáша, Ната	*Natalie*
Óльга	Óля, Óлечка, Лёля	*Olga*
Полúна	Пóля, Пóленька	*Polina*
Светлáна	Свéта, Свéточка	*Svetlana*
Тамáра	Тóма, Мáра	*Tamara*
Татья́на	Тáня, Тáнечка	*Tatyana*

Мужскúе именá

Алексáндр	Сáша, Сáня, Шýра	*Alexander*
Алексéй	Алёша, Лёша	*Alexei*
Анатóлий	Тóля, Тóлик	*Anatole*
Андрéй	Андрю́ша	*Andrei*
Антóн		*Anton*
Борúс	Бóря, Бóренька	*Boris*
Васúлий	Вáся, Васенька	*Vasily, Basil*
Вениамúн	Вéня, Венечка	*Benjamin*
Владúмир	Володя, Вóва	*Vladimir*
Вячеслáв	Слáва, Слáвочка	*Vyacheslav*
Геóргий	Юрий, Егóр, Жóра	*George*
Григóрий	Грúша, Гóша	*Gregory*
Дмúтрий	Дúма, Мúтя, Мúтенька	*Dimitry*
Евгéний	Жéня, Жéнечка	*Eugene*
Ивáн	Вáня, Ванечка	*John*
Úгорь		*Igor*
Илья́	Илю́ша	*Ilya*
Иóсиф	Óся, Осинька	*Joseph*
Константúн	Кóстя, Кóстенька	*Constantine*
Лев	Лёва, Лéвушка	*Leo, Leon*
Леонúд	Лёня, Лёнечка	*Leonid*
Максúм	Макс	*Maxim*
Михаúл	Мúша, Мúшенька	*Michael*
Николáй	Кóля, Николáша	*Nicholas*
Пáвел	Пáша, Пáвлик, Павлýша	*Paul*
Пётр	Пéтя, Петрýша	*Peter*
Сергéй	Серёжа, Серёженька	*Sergei*
Степáн	Стёпа, Стéнька	*Stephen*
Фёдор	Фéдя, Фéденька	*Theodore*
Фомá		*Thomas*
Юрий	Ю́ра, Ю́рочка	*Yuri*
Яков	Яша, Яшенька	*James, Jacob*

УПРАЖНЕ́НИЯ

А. Соста́вьте предложе́ния по образца́м.

Образе́ц: **Он** делает всё по-своему.   *He does everything in his own way.*

1. **Я**… 2. **Ива́н**… 3. **Мы**… 4. **Они́**…

Образе́ц: Всё будет гото́во через **ме́сяц**.   *Everything will be ready in a month.*

1. два 2. четы́ре 3. пять

Образе́ц: —Где живёт **Дми́трий**?   —*Where does Dmitry live?*
       —Он живёт в **Ки́еве**.   —*He lives in Kiev.*

1. Наде́жда/Москва́   3. Ваши роди́тели/Пинск
2. Ольга/Ленингра́д   4. Влади́мир и Мари́я/Минск

Образе́ц: —Куда́ едет **Ва́ня**?   —*Where is Vanya going (by vehicle)?*

       —В **Москву́**.   —*To Moscow.*

1. Ната́ша/Ялта   3. ты/Ленингра́д
2. твои́ роди́тели/Кана́да   4. вы/Калифо́рния

Б. Отве́тьте на вопро́сы.

1. —Куда́ вы идёте?
   —Я иду́ на (уро́к).   в (шко́ла).
       на (рабо́та).   в (теа́тр).
       на (ле́кция).   в (аудито́рия).
       на (заня́тие).   в (столо́вая).

2. —Куда́ вы хоти́те пойти́?
   —Я хочу́ пойти́ (*home*).
          (*to work*).
          (*to a cafe*).
          (*to the dining hall*).

3. —Куда́ вы едете?
   —Я еду в (дере́вня).
       в (университе́т).
       в (Калифо́рния).
       на (рабо́та).

4. —Куда́ вы хоти́те пое́хать?
    —Я хочу́ пое́хать (*to Leningrad*).
        (*to Moscow*).
        (*home*).

5. —Куда́ вы лети́те?
    —Я лечу́ в (Англия).
        в (Ирку́тск).
        в (Москва́).

6. —Куда́ вы хоти́те полете́ть?
    —Я хочу́ полете́ть (*to Odessa*).
        (*to California*).
        (*to Leningrad*).

В. Отве́тьте на вопро́сы.

Образе́ц: —Где бума́га? (блокно́т)
        —Она́ в блокно́те.

1. Где слова́рь? (портфе́ль)
2. Где письмо́? (слова́рь)
3. Где упражне́ние? (тетра́дь)
4. Где де́ньги? (письмо́)

Образе́ц: —Где Голливу́д? (Калифо́рния)
        —Он в Калифо́рнии.

1. Где Ло́ндон? (Англия)
2. Где Вашингто́н? (Аме́рика)
3. Где Москва́? (СССР)
4. Где Отта́ва? (Кана́да)
5. Где Большо́й теа́тр? (Москва́)
6. Где Анна сего́дня? (университе́т)
7. Где живу́т ва́ши роди́тели? (дере́вня)
8. Где Тама́ра? (аудито́рия)
9. Где Серге́й Ива́нович? (рабо́та)
10. Где профе́ссор Мака́ров? (ле́кция)

Г. Отве́тьте на вопро́сы.

Образе́ц: —Ваш брат ещё живёт в Москве́? (Герма́ния, Берли́н)
        —Нет, он тепе́рь живёт в Герма́нии, в Берли́не.

1. Ва́ша сестра́ ещё живёт в Оде́ссе? (Ита́лия, Рим)
2. Ва́ши роди́тели ещё живу́т в Ирку́тске? (Аме́рика, Миннеа́полис)
3. Ваш дя́дя ещё живёт в Нью-Йо́рке? (Калифо́рния, Лос-Анжелес)

Д. Заполните пропуски.

Образец: Я иду **в город**. Мать работает **в городе**.

1. Они идут в консерваторию. Я учусь в...
2. Мы идём в школу. Ваня учится в...
3. Таня идёт на работу. Андрей сегодня на...
4. Вадим идёт на занятие. Аня уже на...
5. Я иду на лекцию. Моя сестра на...
6. Боря и Саша едут в университет. Мой брат учится в...
7. Я еду сегодня в деревню. Мои родители живут в...

Е. Ехать—куда? Жить—где?

Образец: Я/Ялта: Я еду **в Ялту**. Я живу **в Ялте**.

1. Надя/Москва
2. Мы/Омск
3. Они/Томск
4. Ты/Чита?

Ж. Лететь—куда? Работать—где?

Образец: Он/Англия: Он летит **в Англию**. Он работает **в Англии**.

1. Я/Канада
2. Сергей/Австралия
3. Мы/США
4. Они/СССР

З. Идти пешком—ехать на машине.

Образец: —Я иду в город пешком. (**я**)
       —А **я еду** на машине.

1. Он идёт домой пешком. (она)
2. Мы идём в театр пешком. (они)
3. Они идут в консерваторию пешком. (мы)
4. Она идёт на работу пешком. (вы)

И. Ехать на машине—лететь на самолёте.

Образец: —Я еду в Ленинград на машине. (**Таня**)
       —А Таня летит на самолёте.

1. Дмитрий едет в Москву на машине. (я)
2. Родители едут в Ереван на машине. (мы)
3. Вы едете в Ялту на машине. (они)
4. Мы едем в Ригу на машине. (вы)

К. Составьте предложения по образцу.

Образец: Иван/Маша: **Иван** спрашивает **Машу**, не хочет ли **она** пойти в кино.

1. Мы/Таня и Саша
2. Я/Борис
3. Аня/Алексей и Мария

Л. Месяц/месяца/месяцев

Образец: —Сколько времени вы здесь работаете? (1)
—Я здесь работаю **месяц**.

1. Сколько времени он здесь живёт? (2)
2. Сколько времени ты здесь учишься? (3)
3. Сколько времени они изучают русский язык? (5)

М. Год/года/лет

Образец: —Сколько времени они здесь живут? (4)
—Они здесь живут **4 года**.

1. Сколько времени ты живёшь в Москве? (1)
2. Сколько времени вы живёте в Иркутске? (3)
3. Сколько времени Стёпа живёт в Калифорнии? (6)

Н. Заполните пропуски.

Образец: Роберт—американец. Его родной язык **английский**.
Он говорит **по-английски**. Он живёт в **США**.

1. Иван—русский. Его родной язык... Он говорит... Он живёт в (СССР).
2. Мария—мексиканка. Её родной язык... Она говорит... Она живёт в (Мексика).
3. Карл—немец. Его родной язык... Он говорит... Он живёт в (Германия).
4. Клара—канадка. Её родной язык... Она говорит... Она живёт в (Канада).

О. Ответьте на вопросы.

Образец: —Ваша жена русская? (*German*)
—Нет, моя жена **немка**.

1. Ваш муж немец? (*Canadian*)
2. Ваша бабушка канадка? (*French*)
3. Ваш дедушка француз? (*American*)

4. Ваша тётя америка́нка? (*English*)

5. Ваш дядя англича́нин? (*Russian*)

Образе́ц: —Кто он по профе́ссии? (*lawyer*)

    —Он **адвока́т.**

1. Кто она́ по профе́ссии? (*physician*)

2. Кто он по профе́ссии? (*businessman*)

3. Кто ты по профе́ссии? (*dentist*)

4. Кто вы по профе́ссии? (*teacher*)

П. Запо́лните пропуски.

1. Мой оте́ц—инжене́р.   Моя́ мать то́же…

2. Мой дядя—колхо́зник.   Моя́ тётя то́же…

3. Мой сын—перево́дчик.   Моя́ дочь то́же…

4. Мой брат—преподава́тель.   Моя́ сестра́ то́же…

5. Мой де́душка—журнали́ст.   Моя́ ба́бушка то́же…

Р. Переведи́те слова́ в ско́бках.

1. (*Whose*) это дом?   Это—(*my*) дом.

2. (*Whose*) это окно́?   Это—(*my*) окно́.

3. (*Whose*) это тетра́дь? Это—(*my*) тетра́дь.

4. (*Whose*) это де́ньги? Это—(*my*) де́ньги.

5. (*Whose*) это чай?   Это—(*your*—ты) чай.

6. (*Whose*) это слова́рь? Это—(*your*—вы) слова́рь.

7. (*Whose*) это письмо́? Это—(*our*) письмо́.

8. (*Whose*) это ру́чка?   Это—(*her*) ру́чка.

9. (*Whose*) это очки́?   Это—(*his*) очки́.

10. (*Whose*) это часы́?   Это—(*their*) часы́.

С. Как его́/её имя, о́тчество и фами́лия?

1. Лев/Елизаве́та (оте́ц: Никола́й Толсто́й)

2. Анто́н/Наде́жда (оте́ц: Па́вел Че́хов)

3. Фёдор/Мари́я: (оте́ц: Михаи́л Достое́вский)

4. Никола́й/Тама́ра (оте́ц: Андре́й Ри́мский-Ко́рсаков)

Вопро́сы

1. Как ва́ше имя, о́тчество и фами́лия?

2. Кто вы по профе́ссии?

3. Кто вы по национа́льности?

4. Где вы живёте?
5. Какой ваш адрес?
6. Сколько времени вы там живёте?
7. Вы женаты (замужем)?
8. Вы работаете?
9. Где вы учитесь?
10. Сколько месяцев вы изучаете русский язык?
11. Где живут ваши родители?
12. Кто они по профессии?
13. Где живёт президент США?
14. А где живёт премьер СССР?
15. Вы думаете, что русский язык лёгкий?
16. Вы хотите полететь в Москву?
17. У вас есть самолёт?
18. У вас есть машина? Как она работает?

Перевод

1. How long have you been studying at the university?
   Six years.
2. Where are you going (by vehicle)?
   I'm going to work.
3. They are driving to the country today.
4. It's too bad that we don't live in the country. (Don't translate "it's.")
5. That's a controversial topic (question).
6. My uncle has been living in Irkutsk for 21 years.
7. My aunt has been working in Moscow for eight months.
8. Do you happen to know where they live?
   No, I don't. Maybe Dmitry knows.
9. Ask Anya if she wants to go to the movies.
10. Ask Ivan if he can work today.
11. Do you have a brother and sister?
    Yes, they live in Yalta.
12. Sergei doesn't want to live in the city.
    I also don't want to live in the city.
13. I don't want to work in Kiev.
14. I am flying to Moscow in two months.
15. We are driving to Leningrad in a month.
16. Tomorrow I'm going to the movies.
17. I'm studying Russian.
    Robert also is studying Russian.
18. I know Russian and also Spanish.

ГРАММА́ТИКА

VERBS OF GOING
Глаго́лы движе́ния

The verb **идти́** means *to walk, to go* (*on foot*). *To ride, to drive, to go* (*by vehicle*) is **ехать**. *To go by car*: **ехать на маши́не**.

ехать (I)

я еду	мы едем
ты едешь	вы едете
он едет	они́ едут

To fly is **лете́ть**. *To go by plane*: **лете́ть на самолёте**.

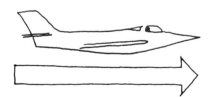

лете́ть (II)

я лечу́	мы лети́м
ты лети́шь	вы лети́те
он лети́т	они́ летя́т

Although it may seem redundant, **пешко́м** *on foot* is added to **идти́** to emphasize *walking*.

—Вы едете в теа́тр на маши́не?
—Нет, мы идём пешко́м.

The present tense of the verbs **идти́, ехать**, and **лете́ть** is used for the future as long as some word (like **завтра**) makes it clear that the future is meant. This also is true in English.

Мы $\left\{ \begin{matrix} \text{сейча́с} \\ \text{завтра} \end{matrix} \right\}$ идём в город. We're going to town $\left\{ \begin{matrix} now. \\ tomorrow. \end{matrix} \right.$

Они́ $\left\{ \begin{matrix} \text{сейча́с} \\ \text{завтра} \end{matrix} \right\}$ едут в Москву́. They're going (driving)
to Moscow $\left\{ \begin{matrix} now. \\ tomorrow. \end{matrix} \right.$

Лара $\left\{ \begin{matrix} \text{сейча́с} \\ \text{завтра} \end{matrix} \right\}$ лети́т в США. Lara is flying to the USA $\left\{ \begin{matrix} now. \\ tomorrow. \end{matrix} \right.$

When used with an auxiliary verb (such as **хоте́ть, мочь, собира́ться**), in

most instances a special form (the "perfective") of the verbs **идтú, ехать,
летéть** is used: **пойтú, поéхать, полетéть.**

> Мы идём в кинó.
>
> Я тóже хочý **пойтú** в кинó.
>
> Вы **мóжете** сегóдня **поéхать** в дерéвню?
>
> Моú родúтели **хотя́т полетéть** в СССР.

The verbs **идтú** and **ехать** have *we* command forms. In English these
commands are expressed: *Let's go!*

> идтú: **Пойдём(те)!** ог **Пошлú!**
>
> ехать: **Поéдем!** ог **Поéхали!**

TO LIVE
ЖИТЬ

The letter **в** is added to the present tense stem of the verb **жить** (*to live*).
Note that the endings are stressed.

я живý	мы живём
ты живёшь	вы живёте
он живёт	они живýт

MONTH(S); YEAR(S):
Мéсяц, мéсяца, мéсяцев; год, гóда, лет

In Russian three forms of the words for month(s) and year(s) are used with
numerals. **Год/мéсяц** are used with any number that ends in the word
одúн. (This excludes 11: **одúннадцать.**) **Гóда/мéсяца** are used with any
number that ends in the *word* **два, три** ог **четы́ре.** (This excludes 12, 13, and
14: **двенáдцать, тринáдцать, четы́рнадцать.**) **Лет/мéсяцев** are used with
any other number and with **скóлько** (*How much / many*).

1 год/мéсяц	*21 год/мéсяц*	*31 год/мéсяц*
2 3 } гóда/мéсяца 4	22 23 } гóда/мéсяца 24	32 33 } гóда/мéсяца 34
5 ↓ } лет/мéсяцев 20	25 ↓ } лет/мéсяцев 30	35 ↓ } лет/мéсяцев 40

—Ско́лько лет вы здесь живёте?
—4 го́да.
—Ско́лько ме́сяцев вы изуча́ете ру́сский язы́к?
—3 ме́сяца.

Note also: $\frac{1}{2}$: полго́да/полме́сяца[5]
1$\frac{1}{2}$: полтора́ го́да/ме́сяца

Generally Russians do not use **оди́н** with nouns; they merely say **ме́сяц/год**, which is the equivalent of saying *a* instead of *one* in English.

—Я рабо́таю здесь год.	—*I've been working here (for) a year.*
—Ско́лько вре́мени вы живёте здесь?	—*How long have you lived here?*
—Ме́сяц.	—*(For) a month.*

WHERE: ГДЕ или КУДА́?

There are two Russian words for the English word *where*. **Где** is used in reference to location.

—**Где** Ната́ша?	—*Where's Natasha?*
—Я не зна́ю, **где** она́.	—*I don't know where she is.*

Куда́ is used in reference to directed motion.

—**Куда́** идёт Бори́с?	—*Where is Boris going?*
—Я не зна́ю, **куда́** он идёт.	—*I don't know where he's going.*

In answer to the question **где?**, the following adverbs frequently occur.

—**Где** ваш брат?   —*Where is your brother?*

—Он $\begin{cases} \text{тут.} \\ \text{здесь.} \\ \text{там.} \\ \text{вон там.} \\ \text{спра́ва[6].} \\ \text{сле́ва[6].} \end{cases}$ —*He is* $\begin{cases} \textit{right here.} \\ \textit{here.} \\ \textit{there.} \\ \textit{over there.} \\ \textit{on the right.} \\ \textit{on the left} \end{cases}$

---

[5]Used with nouns, *one-half* is **пол-** (not **полови́на**); this prefix is written together with the noun: **полго́да/полме́сяца.**

[6]**Спра́ва/сле́ва** (*on the right/left*) are used only in reference to location (**где?**)

In answer to the question **куда́?**, the adverbs most often encountered are **сюда́/туда́** and **напра́во/нале́во**.[7]

—**Куда́** они́ иду́т?

—Они́ иду́т { сюда́. / туда́. / напра́во. / нале́во. }   *They're* { *coming here.* / *going there.* / *going to the right.* / *going to the left.* }

В AND HA

The prepositions **в** and **на** are used in answering both **где** and **куда́** questions.

1. In answer to the question **где?**

> **в** means *in*, *inside* or *at*
> **на** means *on*, *at* or *on top of*

2. In answer to the question **куда́?**

> **в** means *to* or *into*
> **на** means *on*, *onto*, and with certain words *to*

Note the changes that occur in the endings of certain nouns after the prepositions **в** and **на** in answer to the questions:

Куда́?	*Где?*
го́род: Я иду́ в го́род.	Я рабо́таю в го́роде.
шко́ла: Я иду́ в шко́лу.	Я рабо́таю в шко́ле.
аудито́рия: Я иду́ в аудито́рию.	Я сижу́ в аудито́рии.
кино́: Я иду́ в кино́.	Я рабо́таю в кино́.
кафе́: Я иду́ в кафе́.	Я обе́даю в кафе́.

These changes will be explained in the section which follows.

THE PREPOSITIONAL CASE OF NOUNS[8]

In answer to the question **куда́?**, destinations after the prepositions **в** and **на** (*to*) are in the accusative case (**а** becomes **у**; **я** becomes **ю**). In answer to the

---

[7]**Напра́во/нале́во** mean *to the right/left* and thus are used in reference to either location or directed motion.

[8]Предло́жный паде́ж существи́тельных

question **где?**, locations after **в** (*in /at*) and **на** (*on /at*) are in the "prepositional case" (**предло́жный паде́ж**). The rules for forming the prepositional case of nouns are the following:

1. Feminine nouns that end in **-ь** or **-ия** and neuter nouns that end in **-ие** drop the *last* letter and add **-и**.

тетра́д	ь	
в тетра́д	и	*in the notebook*
лаборато́ри	я	
в лаборато́ри	и	*in the laboratory*
зда́ни	е	
в зда́ни	и	*in the building*

2. The names of foreign cities, rivers, etc., which end in **-o** or in a letter that is atypical for Russian nouns do not change in the prepositional case (or in any other case).

Вот Сан-Франци́ско.
Я живу́ в Сан-Франци́ско.
Вот Улан-Удэ́.[9]
Я рабо́таю в Улан-Удэ́.

3. All other nouns add **-e** to a consonant or remove the final letter and add **-e**.

университе́т	–	
в университе́т	е	*at the university*
шко́л	а	
в шко́л	е	*at school*
галере́	я	
в галере́	е	*in the gallery*
окн	о́	
на окн	е́	*on the window*
мо́р	е	
в мо́р	е	*in the sea*
портфе́л	ь	
в портфе́л	е	*in the briefcase*

---

[9] The capital of the Buryat Autonomous Republic in Siberia. No Russian nouns end in **-э**.

The words **урóк**, **лекция**, **занятие**, and **рабóта** require the preposition **на**, not **в**.

$$\text{Ивáн идёт на} \begin{cases} \text{урóк.} \\ \text{лекцию.} \\ \text{занятие.} \\ \text{рабóту.} \end{cases} \qquad \text{Таня сейчáс на} \begin{cases} \text{урóке.} \\ \text{лекции.} \\ \text{занятии.} \\ \text{рабóте.} \end{cases}$$

The word **дом** has a special form for (*to*) *home* and for *at home*.

Вот дом.	*Here's / there's a / the house.*
Я идý домóй.	*I'm going home.*
Ивáн дома.	*Ivan is at home.*

It also is possible to say **в доме**, but this means *in the house*, not *at home*.

Some words have a shift of the stress to the added ending. Words of this type that you have had thus far are **стол**, **словáрь**, **рюкзáк** and **потолóк**. Note that **потолóк** loses its final -**о** when the ending -**е** is added. This is called "the fleeting *o*" («**беглое** *o*»).

Вот стол.	Вот потолóк.
Книга на столé.	Лампа на потолкé.
Вот словáрь.	Вот рюкзáк.
Бумага в словарé.	Блокнóт в рюкзакé.

It may be helpful to note that the majority of nouns in the prepositional case end in -**е** and that the word **где** also ends in this letter.

WHOSE?
Чей? Чья? Чьё? Чьи?

The Russian equivalent of our interrogative word *whose* has four forms (masculine, feminine, neuter, and plural). **Чей** is used if the word modified is masculine; **чья** if it is feminine; **чьё** if it is neuter; and **чьи** if it is plural. The gender of the person speaking plays no role in determining whether to use **чей**, **чья**, **чьё** or **чьи**.

Чей это карандáш?	*Whose pencil is this?*
Чья это ручка?	*Whose pen is this?*
Чьё это радио?	*Whose radio is this?*
Чьи это деньги?	*Whose money is this?*

Similarly, there are three forms of the possessive pronouns/adjectives *my* (*mine*), *your* (*yours*), and *our* (*ours*):

Это			This is		
	мой каранда́ш.	Он мой.		*my pencil.*	*It's mine.*
	моя́ ру́чка.	Она́ моя́.		*my pen.*	*It's mine.*
	моё ра́дио.	Оно́ моё.		*my radio.*	*It's mine.*
	мои́ де́ньги	Они́ мои́.		*my money.*	*It's mine.*
	твой каранда́ш.	Он твой.		*your pencil.*	*It's yours.*
	твоя́ ру́чка.	Она́ твоя́.		*your pen.*	*It's yours.*
	твоё ра́дио.	Оно́ твоё.		*your radio.*	*It's yours.*
	твои́ де́ньги.	Они́ твои́.		*your money.*	*It's yours.*
	наш каранда́ш.	Он наш.		*our pencil.*	*It's ours.*
	на́ша ру́чка.	Она́ на́ша.		*our pen.*	*It's ours.*
	на́ше ра́дио.	Оно́ на́ше.		*our radio.*	*It's ours.*
	на́ши де́ньги.	Они́ на́ши.		*our money.*	*It's ours.*
	ваш каранда́ш.	Он ваш.		*your pencil.*	*It's yours.*
	ва́ша ру́чка.	Она́ ва́ша.		*your pen.*	*It's yours.*
	ва́ше ра́дио.	Оно́ ва́ше.		*your radio*	*It's yours.*
	ва́ши де́ньги.	Они́ ва́ши.		*your money.*	*It's yours.*

The possessive pronouns/adjectives **его́** (*his*, *its*), **её** (*her*, *hers*, *its*), and **их** (*their*, *theirs*) never change:

Это	его́	каранда́ш. ру́чка. ра́дио. де́ньги.	This is	his	*pencil. pen. radio. money.*
	её	каранда́ш. ру́чка. ра́дио. де́ньги.		her	*pencil. pen. radio. money.*
	их	каранда́ш. ру́чка. ра́дио. де́ньги.		their	*pencil. pen. radio. money.*

In conversation, when speaking of the members of one's own family, the possessive adjective usually is omitted.

—Где живёт ваш брат?   —*Where does your brother live?*

—Брат живёт в Москве́, а сестра́ в Ки́еве.   —*My brother lives in Moscow, and my sister in Kiev.*

—Роди́тели живу́т в Я́лте.   —*My parents live in Yalta.*

The following chart may be useful for reference:

Pronoun	*он*	*онá*	*онó*	*они́*
my (*mine*)	мой	моя́	моё	мои́
your (*yours*)	твой	твоя́	твоё	твои́
his	егó	егó	егó	егó
her (*hers*)	её	её	её	её
its	егó	егó	егó	егó
our (*ours*)	наш	наша	наше	наши
your (*yours*)	ваш	ваша	ваше	ваши
their (*theirs*)	их	их	их	их

ALSO: ТОЖЕ/А ТАКЖЕ

Тоже (*also*, *too*) is used when two or more subjects are engaged in one activity. **А также** is used when one subject is involved in two or more activities.

Я говорю́ по-ру́сски. **Áнна тоже** говори́т по-ру́сски.

Я говорю́ **по-ру́сски, а также по-англи́йски.**

СЛОВА́РЬ

For words that relate to professions and members of the family and for numbers refer to **Примечáния** and **Дополни́тельный материáл**.

áдрес	*address*
астронóмия	*astronomy*
аудитóрия	*classroom (university)*
бу́дущий	*future*
ваш, -а, -е; -и	*your*
восьмóй	*eight*
галере́я	*gallery*
геогрáфия	*geography*
год, гóда; лет	*year; years*
готóво	*ready*
дере́вня	*village, country*
егó	*his*
её	*her(s)*
жена́т (ы)	*married (masc.)*
жена́ты	*married (formal and plural)*

жить (I)	*to live*
живу́, -ёшь; -у́т	
замужем	*married (fem.)*
ехать (I)	*to go, drive, ride*
еду, -ешь; -ут	
Пое́дем! (Пое́хали!)	*Let's go!*
имя	*first name*
институ́т	*institute*
исто́рия	*history; story*
их	*their(s)*
кварти́ра	*apartment*
колхо́з	*collective farm*
консервато́рия	*conservatory*
лёгкий	*easy, light*
лет	*years*
лете́ть (II)	*to fly*
лечу́, лети́шь; летя́т	
литерату́ра	*literature*
маши́на	*car*
на маши́не	*by car*
между прочим	*by the way*
ме́сяц, -а; -ев	*month(s)*
мо́жет быть	*maybe, perhaps*
мо́жно	*one (you) can, may*
мой, моя́, моё; мой	*my*
му́зыка	*music*
наприме́р	*for example*
национа́льность (ж.)	*nationality*
Кто вы по национа́льности?	*What is your nationality?*
наш, -а, -е; -и	*our*
нелёгкий	*not easy, not light*
одна́ко	*however*
отчество	*patronymic*
паспорт	*passport*
пешко́м	*on foot*
по-сво́ему	*in my (your, his, her, its, our, their) own way*
профе́ссия	*profession*
по профе́ссии	*by profession*

рабóта	*work*
на рабóте	*at work*
родúтели (pl.)	*parents*
роднóй	*native*
самолёт	*airplane*
на самолёте	*by plane*
семья́	*family*
скóлько	*how much / many*
скóлько врéмени	*how long, how much time*
спóрный вопрóс	*a controversial, contentious question*
странá	*country*
считáть (I)	*to consider, think; to count*
тáкже (usually preceded by **а**)	*also, too*
твой, твоя́, твоё; твои́	*your*
улица (на)	*street*
фамúлия	*last name*
чей, чья, чьё; чьи	*whose*
чéрез	*through, across, in*
чéрез мéсяц/год	*in a month / year*
шкóла	*school*

Конéц восьмóго урóка.

Девя́тый урок

ДИАЛО́Г А
Ско́лько тебе́ лет?

Аня: Са́ша, скажи́, ско́лько тебе́ лет?	Anya: Say, Sasha, how old are you?
Са́ша: Мне 21 год. А тебе́ ско́лько?	Sasha: I'm 21. And how old are you?
Аня: Мне 22 го́да. Сего́дня мой день рожде́ния.	Anya: I'm 22. Today is my birthday.
Са́ша: Поздравля́ю!	Sasha: Congratulations!
Аня: Спаси́бо, Са́ша.	Anya: Thanks, Sasha.

ДИАЛО́Г Б
Хо́чешь сигаре́ту?

Дима: Хо́чешь сигаре́ту?

Ната́ша: Спаси́бо, Ди́ма, я бо́льше не курю́.

Дима: Молоде́ц! Я то́же хочу́ бро́сить кури́ть, но не могу́.

Ната́ша: Слова́, слова́, слова́.

Dima: Do you want a cigarette?

Natasha: No thanks, Dima, I don't smoke anymore.

Dima: Good for you! I want to quit smoking, too, but I can't.

Natasha: Words, words, words.

ДИАЛО́Г В
Чьи э́то кни́ги?

Майя: Скажи́, Вади́м, чьи э́то кни́ги там, на столе́?

Вади́м: Мои́.

Майя: Как иду́т твои́ заня́тия? Говоря́т, что ты де́лаешь успе́хи.

Вади́м: Не зна́ю, стара́юсь.

Maya: Say, Vadim, whose books are those, there on the table?

Vadim: Mine.

Maya: How are your studies going? They say you're making progress.

Vadim: I don't know. I'm trying (doing my best).

ДИАЛО́Г Г
Разгово́р по телефо́ну

Бабушка: Я слу́шаю.

Воло́дя: Попроси́те, пожа́луйста, к телефо́ну Ма́шу.

Бабушка: Ма́ша на рабо́те. До́ма то́лько её бра́тья и сёстры.

Воло́дя: Тогда́ попроси́те, пожа́луйста, Ле́ну.

Бабушка: Одну́ мину́точку.

Grandmother: Hello.

Volodya: Please call Masha to the phone.

Grandmother: Masha's at work. Only her brothers and sisters are at home.

Volodya: Then call Lena, please.

Grandmother: Just a minute.

ДИАЛО́Г Д
За́втра бу́дет контро́льная рабо́та

Ле́на: Приве́т, Воло́дя. Как живёшь?	*Lena: Hi, Volodya. How are you?*
Воло́дя: Норма́льно. Ле́на, ты не хо́чешь пойти́ в кино́? Идёт «Блока́да».	*Volodya: O.K. Lena, do you want to go to the movies? "The Blockade" is showing.*
Ле́на: Спаси́бо, Воло́дя, не могу́. Мне на́до занима́ться. Ведь за́втра бу́дет контро́льная рабо́та.	*Lena: Thanks, Volodya, I can't. I have to study (do homework). After all, there's going to be a test tomorrow.*
Воло́дя: Тогда́ ни пу́ха, ни пера́![1]	*Volodya: In that case, good luck![1]*
Ле́на: К чёрту![1]	*Lena: Go to the devil![1]*

ТЕКСТ ДЛЯ ЧТЕНИЯ
Мои́ друзья́

Меня́ зову́т Никола́й Степа́нович. Моя́ фами́лия—Лысе́нко. По национа́льности я—украи́нец. Я ещё не жена́т, хотя́ мне уже́ 27 лет. Оте́ц и все мои́ бра́тья—агроно́мы, а я—бу́дущий врач. Я учу́сь в мединститу́те[2] в Ки́еве.

Я полтора́ го́да живу́ в общежи́тии, на у́лице Шевче́нко. Мои́ друзья́, Ники́та Кузнецо́в и Воло́дя Каре́нин, то́же студе́нты. Мы не отли́чники, но на́ши заня́тия иду́т непло́хо.

Мы мно́го занима́емся, чита́ем газе́ты, журна́лы, рома́ны, пи́шем пи́сьма домо́й, иногда́ мы болта́ем и поём. Воло́дя, ме́жду про́чим, о́чень хорошо́ игра́ет на гита́ре. Ники́та и Воло́дя ку́рят, а я нет. Они́ ча́сто говоря́т, что хотя́т бро́сить кури́ть, но не мо́гут.

---

[1]Literally: "Neither down nor a feather." This very idiomatic expression is used in wishing good luck to a student before a test, a friend who is about to be interviewed for a job, etc. It is considered bad luck not to respond immediately "**К чёрту!**" The expression **к чёрту** should not be used indiscriminately. Some Russians consider it impolite; others, who generally avoid strong expressions, whisper it, mumble it or place their hand in front of their mouth when they utter it.

[2]**мединститу́т** = **медици́нский институ́т** (*medical school*)

Интере́сно, что идёт в кино́?

Жить в Ки́еве, коне́чно, о́чень интере́сно. Э́то большо́й краси́вый культу́рный го́род. Здесь шко́лы и институ́ты, теа́тры и музе́и, па́рки и пло́щади[3]. Здесь лю́ди всегда́ спеша́т.

Мои́ роди́тели, дя́ди, тёти, бра́тья и сёстры, зна́чит, почти́ все мои́ ро́дственники—колхо́зники. Они́ живу́т не в го́роде, а в дере́вне. Там

---

[3] **Пло́щадь** is used with the preposition **на**, not **в**.

Они́ иду́т **на** пло́щадь.   Они́ ждут меня́ **на** пло́щади.

люди много[4] работают, но никогда никуда не спешат. Родители думают, что жить в деревне лучше, чем в городе, потому что там тихо, спокойно. Я тоже думаю, что хорошо жить и работать в деревне, но университет в городе, и мне надо ещё четыре с половиной года учиться.

ВЫРАЖЕНИЯ

1. Сколько { мне / тебе / ему / ей / ему / нам / вам / им } лет? — *how many years are there to you* — How old { am I? / are you? / is he? / is she? / is it? / are we? / are you? / are they? }

2. Поздравляю! — *Congratulations!*
3. больше не — *no longer, not any more*
4. Молодец! — *Good for you!*
5. бросить курить — *to quit ("toss") smoking*
6. Я слушаю. — *Hello* (on the telephone).
7. Попроси(те) к телефону (кого?) — *Call... to the phone.*
8. Как (идут) занятия? — *How are your studies (going)?*
9. делать успехи — *to make progress*
10. Одну минуточку. — *Just a minute.*
11. —Как живёшь/живёте? — *—How are you?*
    —Нормально. — *—All right.*

12. { Мне / Тебе / Ему / Ей / Ему / Нам / Вам / Им } надо/нужно +(инфинитив) — { I / You / He / She / It / We / You / They } *have to...*

13. 2, 3, 4, и т.д. с половиной — *2, 3, 4, etc., and one-half*

---
[4] **Много** произносится [mnógə].

ПРИМЕЧА́НИЯ

1. **Молоде́ц, друг, това́рищ** (*comrade*), and **челове́к** have no special form for the feminine.

   Он/она́ молоде́ц!   Он/она́ мой това́рищ.

   Он/она́ мой друг.   Он/она́ симпати́чный челове́к.

2. To stress the items in a series, an **и** is placed in front of each item including the first one.

   У меня́ есть и каранда́ш,   *I have a pencil and a*

   и ру́чка, и мел.   *pen and a piece of chalk.*

3. **Ру́сские куря́т и сигаре́ты, и папиро́сы.** A **папиро́са** has a small portion of tobacco at the end of a long hollow tube.

4. When Russians answer the phone, they say one of several things:

   Алло́.   Я слу́шаю.

   Алё.   Я слу́шаю вас.

   Note also:

   Вы не туда́ попа́ли.   *Wrong number.*

5. There are two Russian verbs that mean *to converse, to talk*: **разгова́ривать** and **болта́ть**. **Разгова́ривать** is used when the conversation is fairly formal and/or serious. **Болта́ть**, which sometimes is translated *to jabber*, *to chatter* or in slang "*to chew the rag,*" is used when a conversation is friendly, very informal and primarily about inconsequential matters.

   Профессора́ сидя́т   *The professors sit in the*

   в кабине́те и разгова́ривают   *office and talk.*

   Студе́нты куря́т, игра́ют   *The students smoke, play*

   на гита́ре, пою́т и болта́ют   *the guitar, sing and talk.*

ДОПОЛНИ́ТЕЛЬНЫЙ МАТЕРИА́Л

Числа

100	сто	300	три́ста
200	две́сти	400	четы́реста

500	пятьсóт	800	восемьсóт
600	шестьсóт	900	девятьсóт
700	семьсóт	1000	тысяча [tĭschə]

Наре́чия

Adverbs modify verbs, adjectives and other adverbs. Most Russian adverbs end in **-о**, **-е** or **-ски** and answer one of the following questions:

1. Когда́? (When?)

всегда́	*always*	тепéрь	*(and) now*
обы́чно	*usually*	тогда́	*then, in that case*
чáсто	*often*	потóм	*then, later, after that*
иногда́	*sometimes*	сегóдня	*today*
рéдко	*seldom*	завтра	*tomorrow*
наконéц	*finally*	вчерá	*yesterday*
сейчáс	*(right) now*	никогда́ (не)	*never*

2. Как? (How?)

отли́чно	*excellent(ly)*	смешнó	*funny, comical(ly)*
хорошó	*fine, well*	возмóжно	*possible*
плохо	*bad(ly)*	невозмóжно	*impossible*
быстро	*quick(ly)*	лýчше	*better*
медленно	*slow(ly)*	хýже	*worse*
грóмко	*loud(ly)*	бóльше	*more, bigger*
тихо	*quiet(ly)*	меньше	*less, smaller*
спокóйно	*peaceful(ly)*	никáк (не)	*in no way*

3. Где? (Where [at]?)

тут	*(right) here*	справа/напрáво	*on the right*
здесь	*here*	слева/налéво	*on the left*
там	*there*	посередúне	*in the middle*
вон там	*over there*	дóма	*at home*
		нигдé (не)	*nowhere*

4. Куда́? (Where [to]?)

сюда́	*here*	напрáво	*to the right*
туда́	*there*	налéво	*to the left (also "illegally")*
домóй	*home*	никуда́ (не)	*(to) nowhere*

5. **Ско́лько?** *(How many/ how much?)*

мно́го	*much, many*
немно́го	*some, a little*
ма́ло	*not much, very little*

6. **Други́е** *(Others)*

о́чень	*very*	та́кже	*also, too*
да́же	*even*	то́же	*also, too*
почти́	*almost*	по-ру́сски	*in Russian* (all languages with **по-**)

УПРАЖНЕ́НИЯ

A. Соста́вьте предложе́ния по образца́м.

Образе́ц: **Он** бо́льше не хо́чет **кури́ть**.   *He doesn't want to smoke any more.*

1. Они́/рабо́тать
2. Мы/занима́ться   *to study*   ~~хоти́м~~   ~~хоти́ли~~
3. Та́ня/писа́ть   *to write*   ~~хо́т хо́чет~~
4. Я/чита́ть   ~~хочу́~~

Образе́ц: Ма́ша **говори́т** по-ру́сски лу́чше, чем **я**.   *Masha speaks Russian better than I do.*

1. понима́ть/мы
2. чита́ть/Яша
3. писа́ть/вы   ~~пи́шете~~   ~~пишу́~~   ~~пи́шет~~
4. петь/они́   ~~пою́т~~   ~~поёт~~

Образе́ц: **Ольга** пи́шет **лу́чше**, чем **Бори́с**.   *Olga writes better than Boris.*

1. Я/ху́же/Аня
2. Мы/бо́льше/Тама́ра
3. Ты/лу́чше/Ми́ша
4. Они́/ме́ньше/Са́ша

Образе́ц: Спроси́те **Алёшу**, бу́дет ли за́втра контро́льная рабо́та.   *Ask Aloysha if there is going to be a test tomorrow.*

1. Ива́н
2. И́горь
3. Ле́на
4. Аня

Образе́ц: **Мне** на́до бо́льше занима́ться.   *I need to study more.*

не на́до - *don't do that, please or that's not necessary*

1. ты
2. он
3. она́
4. мы

Образе́ц: Ему́ нужно ме́ньше   *neccessary to him*   *He needs to talk less.*
говори́ть.

1. вы   2. они́   3. я   4. ты

Образе́ц: **Ей два́дцать** лет.   *She is twenty years old.*

1. он/12   2. я/21   3. они́/32   4. ты/46?

Образе́ц: Вы **занима́етесь** мно́го,   *You study a lot, but Vanya*
а Ва́ня ещё бо́льше.   *(studies) even more.*

1. кури́ть   2. чита́ть   3. писа́ть

Б. Да́йте мно́жественное число́. (*Give the plural.*)

1. Э́то—блокно́т.
2. Э́то—ка́рта.
3. Э́то—окно́.
4. Э́то—сло́во.
5. Э́то—кни́га.
6. Вот—преподава́тель.
7. Вот—преподава́тельница.
8. Вот—пло́щадь.
9. Вот—лаборато́рия.
10. Вот—общежи́тие.

В. Да́йте мно́жественное число́.

1. **На́ша тётя** не **говори́т** по-англи́йски.
2. **Наш профе́ссор чита́ет** о́чень бы́стро.
3. **Ва́ша ба́бушка** хорошо́ **понима́ет** по-ру́сски?
4. **Ваш друг** ничего́ не **понима́ет**.
5. **Мой де́душка** ника́к не **мо́жет** споко́йно сиде́ть до́ма.
6. **Моя́ сестра́ у́чится** в шко́ле.
7. **Твой това́рищ** никогда́ ничего́ не **де́лает**.
8. **Твоя́ тетра́дь лежи́т** на сту́ле в аудито́рии.
9. Здесь **живёт англича́нин**.
10. В по́ле рабо́тает **крестья́нин**.
11. **Мой брат** хорошо́ **пи́шет** по-англи́йски.
12. **Ваш оте́ц** мно́го **рабо́тает**.
13. **Ва́ша мать** ре́дко **слу́шает** му́зыку.
14. **Твой сын** ча́сто **опа́здывает** на рабо́ту.
15. **Твой друг говори́т**, что он не **ку́рит** марихуа́ну.
16. **Ваш учи́тель спеши́т** домо́й.
17. **Наш ребёнок** никогда́ не **игра́ет** на у́лице.

Г. Да́йте мно́жественное число́.

1. Здесь **живёт америка́нец**.
2. **Мексика́нец** отли́чно **игра́ет** на гита́ре.
3. **Она́—молоде́ц**!
4. **Их оте́ц—ру́сский. Их мать** то́же **ру́сская.**

Д. Дайте мно́жественное число́.

1. Чей э́то каранда́ш? Мой.
2. Чей э́то ключ?   Твой.
3. Чей э́то слова́рь? Наш.
4. Чей э́то стол?   Ваш.

Е. Use plural nouns to answer the questions. In the first group, use *inanimate* nouns only; in the second, use *animate* nouns. Your answers should be complete sentences. Do not use the same noun twice.

Образе́ц: Что вы пи́шете? **Я пишу́ упражне́ния.**

1. Что вы пи́шете?
2. Что вы чита́ете?
3. Что вы изуча́ете?
4. Что вы ви́дите?

Образе́ц: Кто говори́т? **Говоря́т мои́ друзья́.**

1. Кто идёт на ле́кцию?
2. Кто рабо́тает в колхо́зе?
3. Кто опа́здывает на ле́кцию?
4. Кто у́чится в университе́те?
5. Кто стара́ется хорошо́ учи́ться?
6. Кто игра́ет на гита́ре?

З. Поста́вьте слова́ в ско́бках в пра́вильном падеже́.

Попроси́те, пожа́луйста, к телефо́ну (Та́ня).
(Анна).
(Серге́й).
(Бори́с).
(И́горь).

И. Соста́вьте предложе́ния по образца́м.

Образе́ц: Алёша спра́шивает **Аню**, игра́ет ли она́ на гита́ре.

1. Светла́на   2. Та́ня   3. Ми́ша

Образе́ц: Спроси́те **Андре́я**, живу́т ли его́ **бра́тья** в Москве́.

1. Влади́мир/сёстры   3. И́горь Петро́вич/ро́дственники
2. Серге́й/роди́тели

К. **А, и** или **но**? Запо́лните про́пуски.

1. Ва́ши бра́тья понима́ют по-ру́сски, … мой нет.
2. На столе́ лежа́т кни́ги, журна́лы … газе́ты.
3. Э́то не мои́ карандаши́, … ва́ши.
4. Они́ хотя́т пойти́ в кино́, … не мо́гут.
5. На́ши де́ти зна́ют францу́зский язы́к … англи́йский.
6. Колхо́зники рабо́тают в колхо́зе, … учителя́ рабо́тают в шко́ле.

7. Я хочу́ полете́ть в Теха́с, ... они́ нет.
8. Та́ня ... Ва́ня понима́ют ... по-испа́нски, ... по-францу́зски.
9. Мои́ друзья́ не рабо́тают, ... у́чатся в университе́те.
10. Я живу́ ... рабо́таю в Ирку́тске.
11. Ба́бушка пи́шет по-англи́йски, ... пло́хо и с трудо́м.
12. Я игра́ю на пиани́но, ... сестра́ на гита́ре.

Вопро́сы

1. Ско́лько вам лет?
2. Вы ку́рите?
3. Как иду́т ва́ши заня́тия?
4. Вам на́до мно́го занима́ться?
5. Вы игра́ете на гита́ре и́ли на пиани́но?
6. Вы живёте в го́роде и́ли в дере́вне?
7. У вас есть бра́тья и сёстры?
8. Вы живёте в общежи́тии?
9. Вы ча́сто *often* пи́шете домо́й?
10. Как вы ду́маете, где лу́чше жить: в го́роде и́ли в дере́вне?
11. Како́й уро́к вы сейча́с прохо́дите?
12. Вы стара́етесь говори́ть и писа́ть по-ру́сски хорошо́?

Перево́д

1. Excuse me, please, do you happen to smoke?
   No, I don't smoke any more.
2. Do your parents smoke?
   No, they haven't smoked for a long time.
3. Do you happen to know where my watch is?
   Whose watch is that there on the chair?
   Oh (**Ax**), there it is. Thanks very much.
4. I think that my glasses are on the table in the laboratory.
5. Ask Nikita if he happens to know where my money is.
6. Does Tamara still go to school (study)?
   No, she has been working for 2 years at the institute.
7. We are driving to Moscow tomorrow.
8. They are flying to Leningrad today.
9. Ask Ivan Stepanovich how old he is.
   I already know. He's 31.
   Are you joking?
   I never joke.
10. Today we have to study (do homework), because tomorrow there's a
    test.

11. I'm 24 today.
    Congratulations.
12. Our parents are Russians, but they don't live in the USSR.
13. I'm trying to study (do homework), but Vanya wants to talk (chat).

ГРАММА́ТИКА

ГЛАГÓЛЫ

Писа́ть (I) *to write*. The present tense stem of this verb ends in **ш**, not **са**. If there is a consonant alternation in a **Conjugation I** verb, it occurs **throughout** the conjugation. Note the stress shift.

я пишу́	мы пишем
ты пи́шешь	вы пишете
он пишет	они́ пишут

Петь (I) *to sing*. This verb has stressed endings. The present tense stem ends in **o**.

я пою́	мы поём
ты поёшь	вы поёте
он поёт	они́ пою́т

Кури́ть (II) *to smoke*. Note the stress shift.

я курю́	мы курим
ты куришь	вы курите
он курит	они́ курят

Занима́ться (I) *to study*, *do homework*. This verb, like **учи́ться**, is reflexive. It means literally *to occupy oneself*.

я занима́юсь	мы занима́емся
ты занима́ешься	вы занима́етесь
он занима́ется	они́ занима́ются

Проходи́ть (II) *to cover; go over, through, across, past, by*. Note the consonant alternation and stress shift. If there is a consonant alternation in a **Conjugation II** verb, it occurs only in the first person singular.

я прохожу́	мы прохо́дим
ты прохо́дишь	вы прохо́дите
он прохо́дит	они́ прохо́дят

VERBS THAT REQUIRE THE ПО- FORM
OF LANGUAGES

The following is a fairly complete list of verbs that require the по-form of a
language rather than a direct object.

говори́ть		to speak, talk, say, tell
ду́мать		to think
петь		to sing
писа́ть		to write
понима́ть		to understand
отвеча́ть	по-ру́сски	to answer
спра́шивать		to ask
чита́ть		to read
разгова́ривать, болта́ть		to converse, talk
сказа́ть Скажи́(те)!		to say, tell (Use only the infinitive and command for now.)

Under other circumstances, use **ру́сский (англи́йский, неме́цкий) язы́к.**

> Англи́йский язы́к нелёгкий.

> Са́ша хорошо́ зна́ет испа́нский язы́к.

> На́ши до́чери изуча́ют францу́зский язы́к.

THE DATIVE CASE OF PRONOUNS[5]

The dative case of personal pronouns is encountered in many impersonal
constructions in Russian. They answer the questions **кому́? чему́?** (*to whom?
to what?*).

Nominative	*Dative*
Кто? Что?	**Кому́? Чему́?**
я	мне
ты	тебе́
он	ему́
она́	ей
оно́	ему́
мы	нам
вы	вам
они́	им

---

[5] да́тельный паде́ж ли́чных местоиме́ний

The two uses of the dative pronouns introduced in this lesson are:

1. Telling and asking about age.

—Ско́лько вам лет?   — *How old are you?*
—Мне 21 год.   — *I'm 21 years old.*

2. Expressing need or necessity: **надо** ог **нужно**.

—Вам надо сего́дня рабо́тать?   — *Do you have to work today?*
—Да, мне надо рабо́тать.   — *Yes, I have to work.*

The words **надо** (**нужно**) can be used with practically any verb infinitive.

$$\text{Мне надо (нужно)} \left\{ \begin{array}{l} \text{рабо́тать.} \\ \text{чита́ть.} \\ \text{писа́ть.} \\ \text{занима́ться.} \\ \text{идти́.} \end{array} \right.$$

DOUBLE NEGATIVES

It already has been noted that Russians use double negatives. The following words commonly are used in such constructions:

никто́	*no one, nobody, not anyone*
ничего́	*nothing, not anything*
нигде́	*nowhere, not anywhere*
никуда́	*nowhere, not anywhere*
никогда́	*never, at no time*
ника́к	*in no way, not in anyway*

Used with a verb, these negative pronouns and adverbs always are combined with **не**.

Никто́ не хо́чет жить в Щорске.	*No one wants to live in Schorsk.*
Я **ничего́ не** хочу́.	*I don't want anything.*
Он **нигде́ не** рабо́тает.	*He doesn't work anywhere.*
Они́ **никуда́ не** иду́т.	*They aren't going anywhere.*
Ва́ня **никогда́ не** занима́ется.	*Vanya never studies.*
Я **ника́к не** могу́ пойти́ в кино́ сего́дня.	*There's no way I can go to the movies today.*

THE CONJUNCTIONS И, А, НО

И means *and* and is used to join words, phrases or clauses that are equal in some respect. **И** may be regarded as a grammatical plus sign ($+$).

> Вот каранда́ш **и** ру́чка.
>
> Бори́с говори́т по-украи́нски **и** по-неме́цки.
>
> Мои́ роди́тели говоря́т **и** чита́ют по-ру́сски.

А means either *and* or *but* (*instead*, *rather*), depending on the context. Sometimes it can overlap in meaning with both **и** and **но**. Note that **а** usually involves some sort of contrast, often that of a positive with a negative. Sometimes **а** is best untranslated in English.

1. а... нет (One person does do something; someone else does not.)

> Са́ша **чита́ет** по-англи́йски,   *Sasha reads English,*
> **а** Ма́ша **нет**.   *but Masha doesn't.*

2. тут/там, сюда́/туда́, напра́во/нале́во и т.д. (etc.)

> Его́ **кни́ги не тут, а там**.   *His books aren't here; they're there.*
> Он идёт **не сюда́, а туда́**.   *He's not coming here; he's going there.*
> Мы **живём не в Москве́, а**   *We don't live in Moscow; we*
> **в Ленингра́де**.   *we live in Leningrad.*
> Они́ **иду́т не напра́во, а**   *They're not going to the*
> **нале́во**.   *right; they're going to the left.*

3. *Contrasting different actions by different persons.*

> Я **пишу́, а жена́ чита́ет**.   *I am writing, and my wife*
>   *is reading.*

4. *Not this, but that*

> Мы **не чита́ем, а пи́шем**.   *We aren't reading; we're writing.*
> Э́то **не ру́чка, а каранда́ш**.   *This isn't a pen; it's a pencil.*

5. In conversation, a sentence often begins with **а** when some sort of contrast (of persons, things, actions, topics, etc.) is involved.

> —Как ва́ше **и́мя**?   —*What's your first name?*
> —А́нна.   —*Anna.*
> —**А** ва́ше **отчество**?   —*And your patronymic?*
> —Петро́вна.   —*Petrovna.*
> —Меня́ зову́т Ива́н.   —*My name is Ivan.*
> **А вас** как зову́т?   *What's your name?*

Но means *but* (*however*). Generally speaking, if you can substitute *however* for *but* in an English sentence, **но** will be the correct choice; however, there sometimes is some overlapping with **а**. Quite frequently, **но** introduces a phrase or clause which contains a contradiction, limitation or surprise element in relation to the preceding clause.

Ми́ша понима́ет по-неме́цки, но пло́хо.	*Misha understands German, but poorly.*
Вы говори́те о́чень бы́стро, но я вас понима́ю.	*You speak very rapidly, but I understand you.*

Punctuation. In Russian a comma is used before **и** only when it joins clauses with different subjects. A comma always precedes **а** and **но** (except, of course, when they occur as the first word of a sentence).

THE PLURAL OF NOUNS[6]

The basic plural ending of masculine and feminine nouns is **-ы** or **-и**, the latter being the "soft" ending.

1. If the noun ends in a consonant letter, add **-ы**.

студе́нт	-	вопро́с	-
студе́нт	ы	вопро́с	ы

2. If the noun ends in **-а**, change that letter to **-ы**.

шко́л	а	мужчи́н	а
шко́л	ы	мужчи́н	ы

3. If the stem of the noun ends in **г, к, х, ж, ч, ш** or **щ**, the plural ends in **-и** (Spelling Rule I).

кни́г	а	де́вушк	а	клю́ч	-	карандаш́	-
кни́г	и	де́вушк	и	клю́ч	и́	карандаш́	и́ [kərandashí]

4. If the noun ends in **-й, -ь,** or **-я** (except **-мя**), change that letter to **-и**.

музе́	й	портфе́л	ь	тетра́д	ь	дя́д	я
музе́	и	портфе́л	и	тетра́д	и	дя́д	и

---

[6]мно́жественное число́ существи́тельных   *м ж - м/и*

с. - а/я

5. Nouns that end in a consonant + o/e/ё + a consonant frequently drop o/e/ё in the plural. This disappearing vowel is called the "fleeting o/e/ё" (по-ру́сски: «бе́глое о/e/ё»).

молоде́ц/молодцы́   мексика́нец/мексика́нцы
америка́нец/америка́нцы   украи́нец/украи́нцы
оте́ц/отцы́   потоло́к/потолки́
не́мец/не́мцы

6. Some masculine nouns have the stress on the plural ending (and on any other endings that are added to the noun). These nouns are either monosyllabic or have the stress on the last syllable in the singular. Unfortunately, not all nouns that fall into the preceding category have the stress on the plural ending. It thus is necessary to learn the stress pattern of such nouns as they are introduced. Those you have had thus far are:

врач/врачи́   рюкза́к/рюкзаки́
ключ/ключи́   слова́рь/словари́
каранда́ш/карандаши́   стол/столы́
молоде́ц/молодцы́   учени́к/ученики́
оте́ц/отцы́   язы́к/языки́
потоло́к/потолки́

7. Some bisyllabic feminine nouns with the stress on the second syllable in the singular shift the stress to the first syllable in the plural. When the stress moves to e, it often becomes ё.

доска́/до́ски   жена́/жёны   сестра́/сёстры   стена́/сте́ны

8. Nouns that end in -анин or -янин drop -ин and add -e.

англича́нин/англича́не
крестья́нин/крестья́не

Neuter nouns that end in -o take the plural ending -a; those that end in -e take -я. The vast majority of bisyllabic neuter nouns have a stress shift to the other syllable in the plural.

окно́/о́кна   мо́ре/моря́   зда́ние/зда́ния
письмо́/пи́сьма   по́ле/поля́   о́тчество/о́тчества
число́/чи́сла   де́ло/дела́

Neuter nouns that end in -мя drop -я and add -ена́ (sometimes -ёна).

имя/имена́   знамя/знамёна (*banner*)
время/времена́

A relatively small number of masculine nouns have the ending -á or -я́ (always stressed) in the plural.

а́дрес/адреса́	дом/дома́
ве́чер/вечера́	но́мер/номера́
го́род/города́	профе́ссор/профессора́
до́ктор/доктора́	учи́тель/учителя́

A very small group of nouns have the plural ending -ья.

Unstressed -ья	*Stressed* -ья
брат/бра́тья	друг/друзья́
стул/сту́лья	муж/мужья́
перо́/пе́рья	сын/сыновья́

Мать and **дочь** drop **-ь** and add **-ери.**

мать/ма́тери	дочь/до́чери

A few nouns are completely irregular.

ребёнок/де́ти	челове́к/лю́ди	господи́н/господа́

Some nouns exist in the plural only.

де́ньги	*money*
очки́	*eyeglasses*
роди́тели	*parents*
часы́	*clock, watch*

Foreign nouns that end in -о, -е or a letter which is atypical of Russian nouns, never change that ending, even in the plural.

кино́	*movie*	бюро́	*bureau*
метро́	*subway*	шимпанзе́	*chimpanzee*
пальто́	*overcoat*	кенгуру́	*kangaroo*

The plural of adjectives that are used as nouns is -ые or -ие (Spelling Rule I).

Мой оте́ц ру́сск**ий**.	Вот на́ша столо́в**ая**.
Мо**я́** мать ру́сск**ая**.	Вот на́ши столо́в**ые**.
Мо**и́** роди́тели ру́сск**ие**.	

СЛОВА́РЬ

(мн. ч. = мно́жественное число́ = *plural*)	
болта́ть (I)	*to talk, converse* (in a light-hearted way)
бо́льше	*more*
бо́льше не	*no longer, not any more*
большо́й	*big, large*
броси́ть кури́ть	*to quit smoking*
ведь	*after all, you know*
газе́та	*newspaper*
гро́мко	*loud(ly)*
Дай(те)!	*Give!*
де́ти (мн. ч.)	*children*
ей	*to her*
ему́	*to him*
журна́л	*magazine*
занима́ться (I)	*to study, do homework*
заня́тия (мн. ч.)	*studies*
игра́ть (I)	*to play*
на гита́ре	*the guitar*
на пиани́но	*the piano*
им	*to them*
клуб	*club*
контро́льная рабо́та	*test, quiz*
краси́вый	*pretty, beautiful*
крестья́нин (мн. ч. крестья́не)	*peasant*
культу́рный	*cultured, cultural*
кури́ть (II)	*to smoke*
курю́, -ишь; -ят	
лежа́ть (II)	*to lie (be lying down)*
лежу́, -и́шь; -а́т	
лю́ди (мн. ч.)	*people*
ма́ло	*not much, little*
мне	*to me*
мно́го	*much, many*
молоде́ц (мн. ч. -дцы́)	*smart person; "Good for you!"*
на́до (+ инфинити́в)	*necessary, has / have to*
нам	*to us*
нигде́	*nowhere*
ника́к	*in no way*

никогда́	*never*
никуда́	*nowhere*
норма́льно	*all right (in answer to "How are you?")*
ну́жно (+ инфинити́в)	*necessary, has / have to*
общежи́тие	*dormitory*
обы́чно	*usually*
одну́ мину́точку	*just a minute*
отли́чник	*"A" student*
отли́чно	*excellent(ly)*
парк	*park*
перо́ (мн. ч. перья)	*quill, feather*
петь (I)	*to sing*
пою́, -ёшь; -ю́т	
пиани́но	*piano*
писа́ть (I)	*to write*
пишу́, -ешь; -ут	
пло́щадь (ж.) (на)	*square*
поздравля́ть (I)	*to congratulate*
Попроси́(те) к телефо́ну (кого́?).	*Call … to the phone.*
почти́	*almost*
проходи́ть (II)	*to cover; go through, over, across, past, by*
прохожу́, прохо́дишь; прохо́дят	
разгова́ривать (I)	*to converse*
разгово́р	*conversation*
ребёнок (мн. ч. де́ти)	*child*
ре́дко	*seldom*
ро́дственник (ж. -ница)	*relative*
с полови́ной	*and one-half*
два с полови́ной	*two-and one-half*
сигаре́та	*cigarette*
смешно́	*funny, comical(ly)*
спеши́ть (II)	*to hurry*
спешу́, -и́шь; -а́т	
споко́йно	*peaceful(ly)*
спо́рный вопро́с	*controversial matter*
стара́ться (I)	*to try (to do one's best), attempt*
тебе́	*to you*
ти́хо	*quiet(ly)*

товáрищ	*comrade*
тогдá	*then, in that event, in that case*
тот, кто...	*someone who...*
укрáйнец	*Ukrainian*
(мн. ч. -нцы; ж. -нка)	
успéх	*success*
успéхи	*progress*
делать успéхи	*to make progress*
учéбник	*textbook*
хотя́	*although*

Конéц девя́того урóка.

Деся́тый
уро́к

ДИАЛО́Г А
Но́вый велосипе́д

Надя: Вот мой новый велосипе́д.

Толя: Какой хоро́ший, краси́вый!

Надя: Значит, он тебе́ нра́вится?

Толя: Очень. Жаль, что на у́лице так хо́лодно.

Надя: Ничего́. Ско́ро бу́дет весна́. Весно́й здесь тепло́.

Толя: А ле́том ещё лу́чше.

Nadya: Here's my new bicycle.

Tolya: What a fine, good looking (bike it is)!

Nadya: Oh, so you like it?

Tolya: Very much. It's too bad that it's so cold outside.

Nadya: That doesn't matter. Soon it will be spring. It's warm here in the springtime.

Tolya: And in the summertime it's even better.

ДИАЛОГ Б
Новая машина

Алёна: Как вам нравится наша новая машина?

Веня: Очень. Она хорошая, красивая!

Алёна: Куда вы идёте?

Веня: В центр. А вы куда едете?

Алёна: Тоже в центр. Садитесь в машину, и поедем вместе.

Веня: С удовольствием. Когда идёт дождь[1], лучше на машине.

Алёна: А когда погода хорошая, лучше пешком.

Веня: Правильно.

Alyona: How do you like our new car?

Venya: Very much. It's a good one, and pretty, (too)!

Alyona: Where are you going?

Venya: Downtown. And where are you going?

Alyona: Also downtown. Get in the car, and let's go together.

Venya: With pleasure. When it's raining, it's better (to go) by car.

Alyona: And when the weather is good, it's better on foot.

Venya: That's right.

Озеро Байкал

---

[1]**Дождь** произносится [dosch].

ДИАЛОГ В
Новое пальто

Евгéний: Вот моё новое пальто.	Eugene: Here's my new overcoat.
Ирина: Какое хорошее, красивое!	Irene: What a fine good looking (coat that is)!
Евгéний: И, кроме того[2], тёплое.	Eugene: And besides that, it's warm.
Ирина: Это, конечно, самое важное. Зимой здесь бывает очень холодно.	Irene: That's the most important thing, of course. In the wintertime here it gets very cold.
Евгéний: А мне тепло.	Eugene: It feels warm to me.
Ирина: Разве вам не холодно? Сегодня мороз.	Irene: Do you mean to say you're not cold? It's freezing today!
Евгéний: Пустяки. Я—сибиряк.	Eugene: That's nothing. I'm a Siberian.
Ирина: Тогда всё понятно.	Irene: In that case, I understand ("all understood").

ДИАЛОГ Г
Новые часы

Лара: Как тебе нравятся мои новые часы?	Lara: How do you like my new watch?
Ваня: Очень. Они хорошие, красивые!	Vanya: Very much. It's a good one, and pretty, (too).
Лара: У тебя есть часы?	Lara: Do you have a watch?
Ваня: Есть, но они старые.	Vanya: Yes, I do, but it's old.
Лара: Они идут правильно?	Lara: Does it keep correct time?
Ваня: Да, обычно.	Vanya: Yes, usually.
Лара: Это самое важное.	Lara: That's the most important thing.
Ваня: Конечно.	Vanya: Of course.

---

[2] Того произносится [taвó].

Туркменский колхозник в Ашхабаде

ТЕКСТ ДЛЯ ЧТЕНИЯ
Геогра́фия СССР

Сове́тский Сою́з—огро́мная страна́. Далеко́ на се́вере климат аркти́ческий, а совсе́м на ю́ге—субтропи́ческий. Вообще́ климат СССР континента́льный. Это значит: ле́том тепло́ или жа́рко, быва́ют дожди́, а зимо́й хо́лодно, быва́ют моро́зы, идёт снег.

Вот Ура́льские го́ры или про́сто Ура́л. На за́паде от них[3]— европе́йская часть СССР, а на восто́ке—азиа́тская. На за́паде нахо́дятся са́мые больши́е города́ в СССР: Ленингра́д, Москва́ и Ки́ев, и са́мые

---

[3] **От них** значит *from / of them.*

важные реки: Волга, Дон и Днепр. Самые длинные реки в СССР в Сиби́ри. Это—Обь, Енисе́й, Ирты́ш, Аму́р и Ле́на.

В Сиби́ри зима́ о́чень дли́нная, холо́дная, а лето коро́ткое, но жа́ркое. Далеко́ на се́вере, наприме́р, в Яку́тске, зимо́й быва́ют си́льные моро́зы. Там ве́чная мерзлота́[4]. Вот го́род Ирку́тск и о́зеро Байка́л, са́мое глубо́кое о́зеро в ми́ре.

На ю́ге СССР ле́том быва́ет о́чень жа́рко: здесь пусты́ня. Ташке́нт, Самарка́нд, Бухара́ и Ашхаба́д—о́чень интере́сные азиа́тские города́-музе́и.

Вот Кавка́з. Здесь нахо́дятся Чёрное, Азо́вское, Ара́льское и Каспи́йское моря́. Са́мая высо́кая гора́ в Евро́пе—это гора́ Эльбру́с в Гру́зии, на Кавка́зе. Други́е респу́блики на Кавка́зе: Арме́ния и Азербайджа́н.

Далеко́ на се́вере нахо́дятся города́-по́рты: Му́рманск и Арха́нгельск. В Му́рманске кли́мат неприя́тный: там хо́лодно, и ча́сто быва́ют тума́ны. Порт в Арха́нгельске замерза́ет зимо́й, а в Му́рманске не замерза́ет, потому́ что там прохо́дит Гольфстри́м[5]. Поэ́тому Му́рманск для СССР—о́чень ва́жный порт.

ВЫРАЖЕ́НИЯ

1. Как мне/тебе́/ему́/ей/ нам/вам/им нра́вится/ нра́вятся…?

   How do I/do you/does he, she/do we, you, they like…?

2. Он/она́/оно́ } мне { нра́вится. Они́ } { нра́вятся.

   I like { him/her/it. them.

3. кро́ме того́ [tavó]

   besides (that), in addition

4. Идёт дождь/снег.

   It's raining/snowing.

5. Сади́сь/Сади́тесь.

   Have a seat. Sit down.

   Сади́сь/Сади́тесь в маши́ну.

   Get in the car.

6. Ра́зве…?

   Do you mean to say that…?

7. Мне (тебе́, ему́, ей, ему́, нам, вам, им) хо́лодно/прохла́дно/ тепло́/жа́рко/ску́чно/ интере́сно/ве́село.

   I (you, he, she, it, we, you, they) am (is, are) cold/cool/warm/hot/bored/ interested/happy.

---

[4] **Ве́чная мерзлота́** зна́чит *permafrost*.

[5] **Гольфстри́м** по-англи́йски бу́дет *The Gulf Stream*.

8. Бывáют дождѝ/тумáны/   *It rains/is foggy/*
   морóзы.   *gets below zero.*

9. зимóй/веснóй/летом/   *in the winter/spring/summer/*
   óсенью   *fall*

10. на { сéвере / юге / востóке / зáпаде }   *in the { north / south / east / west }*

11. éхать на велосипéде   *to ride a bicycle*

ПРИМЕЧÁНИЯ

1. Note the stress shift that occurs in the plural of the following words:

Singular:	дóждь	óзеро	мóре	рекá	горá	странá
Plural:	дождѝ	озёра	моря́	рéки	гóры	стрáны

2. Although in English we occasionally use the plural of *rain* (*rains*), we do not use the plural of *fog* or *frost* (*freezing weather*). In Russian, the plural forms **дождѝ, тумáны, морóзы** are used when one refers to the occurrence of rain, fog or freezing weather on more than one occasion.

   Сегóдня дождь/тумáн/морóз.   *Today it's raining/foggy/freezing.*
   Здесь чáсто бывáют   *Here it often rains/is foggy/*
   дождѝ/тумáны/морóзы.   *gets below zero.*

3. The Urals (**Урáл, Урáльские горы**) separate the Russian plain from the West Siberian lowland.

4. Lake Baikal (**óзеро Байкáл**) is the deepest fresh water lake in the world. It is approximately 5,660 feet deep and covers an area of about 12,500 square miles. This magnificent lake contains over 150 varieties of plant and animal life (including fresh water sponges and seals) that exist in no other place in the world.

5. The Caucasus (**Кавкáз**) is a mountainous region which is located between the Black and the Caspian Seas. The three countries (now republics) of the Caucasus are Georgia (**Грузия**), Armenia (**Армéния**), and Azerbaijan (**Азербайджáн**).

6. **Чёрное мóре** *The Black Sea*; **Азóвское мóре** *The Sea of Azov*; **Каспѝйское мóре** *The Caspian Sea*; **Арáльское мóре** *The Aral Sea*.

7. There is a map of the *USSR* on page 471.

ДОПОЛНИ́ТЕЛЬНЫЙ МАТЕРИА́Л

Времена́ года

зима́	*winter*	зимо́й	*in the winter(time)*
весна́	*spring*	весно́й	*in the spring(time)*
лето	*summer*	летом	*in the summer(time)*
осень	*fall*	осенью	*in the fall*

Кака́я сего́дня пого́да? *(weather)*

(пого́да холо́дная)

Сего́дня хблодно.	*It's cold today.*
Сего́дня жа́рко.	*It's hot today.*
Сего́дня прохла́дно.	*It's cool today.*
Сего́дня тепло́.	*It's warm today.*

(дедушка — Дед Моро́з — Father Frost)

If the word **пого́да** is used in the answer, then the adjective must have the feminine ending **-ая**. Note the stress shift in the words for *cold* and *warm*.

Пого́да сего́дня холо́дная.	*The weather today is cold.*
жаркая.	*hot.*
прохла́дная.	*cool.*
тёплая.	*warm.*

Other weather expressions are:

Сего́дня тума́н.	*There's fog today.*
Сего́дня идёт (сильный) дождь / снег.	*It's raining / snowing (hard) today.*
Сего́дня (сильный) ветер.	*There's a (strong) wind today.*
Сего́дня (сильный) *(hard)* моро́з. *(frost)*	*It's (way) below freezing today.*
Сего́дня светит солнце.[6]	*The sun is shining today.*
Сего́дня влажно.	*It's humid today.*
Сего́дня пасмурно.	*It's overcast today.*

Кака́я пого́да быва́ет здесь?

To describe what the weather is like generally, use the verb **быва́ть**.

Здесь **быва́ет** холодно.	*It gets cold here.*
Здесь часто **быва́ют** тума́ны. *(here often happen fogs)*	*It often is foggy here.*
Здесь редко **быва́ют** моро́зы.	*It seldom gets below freezing here.*

---

[6] **Солнце** произно́сится [sóntsə].

In the case of rain and snow, one may say either:

Здесь часто идёт дождь. ⎫ ⎧ Здесь часто быва́ют дожди́.
Здесь часто идёт снег. ⎬ or ⎨ Здесь часто быва́ет снег.

ИНТОНА́ЦИЯ

ИК-5 is used in exclamations, most frequently those that begin with **как** or **како́й/кака́я/како́е/каки́е**. This type of exclamation has two centers: the first is a determiner; the second is the word modified by that determiner. The pitch rises on the first center and falls on the second.

Ка́к хорошо́!

Кака́я краси́вая маши́на!

Note the difference in intonation when **како́й/кака́я/како́е/каки́е** is used in a question and in an exclamation.

Како́е краси́вое пальто́!   *What a beautiful coat!*

Како́е краси́вое пальто́?   *What / which beautiful coat?*

УПРАЖНЕ́НИЯ

A. Соста́вьте предложе́ния по образца́м.

Образе́ц: В **Сиби́ри** часто быва́ет   *It's often cold in Siberia.*
            хо́лодно.

1. пусты́ня/жа́рко   3. Я́лта/тепло́
2. Ленингра́д/прохла́дно   4. Му́рманск/снег

Образе́ц: **Зимо́й** здесь быва́ют   *It freezes here in the winter.*
            моро́зы.

1. осень/дожди́   2. лето/тума́ны   3. зима́/си́льные моро́зы

Образе́ц: **Ей хо́лодно.**   *She's cold.*

1. Я/жа́рко   4. Они́/ску́чно
2. Он/прохла́дно   5. Вы/интере́сно?
3. Мы/тепло́   6. Ты/ве́село?

Образе́ц: Како́й хоро́ший **велосипе́д**!   *What a nice bicycle!*

1. маши́на   3. часы́
2. общежи́тие   4. дом

Образе́ц: **Этот слова́рь мне** нра́вится.   *I like this dictionary.*

1. Эта кни́га/она́   3. Это зда́ние/мы
2. Этот велосипе́д/они́

Образе́ц: —Как вам нра́вится **этот**   — *How do you like this*
     портфе́ль?   *briefcase?*
    —**Он** мне не о́чень нра́вится.   — *I don't care much for*
                                     it.

1. этот дом   3. это упражне́ние
2. эта рабо́та   4. эти де́ти

Б. Соста́вьте предложе́ния по образцу́.

Образе́ц: Этот слова́рь—мой.   *This dictionary is mine.*
        Это—мой слова́рь.   *This is my dictionary.*

1. Этот портфе́ль—но́вый.   3. Это упражне́ние—лёгкое.
2. Эта кни́га—ску́чная.   4. Эти дома́—краси́вые.

В. Да́йте антони́мы к вы́деленным слова́м. (*Give the antonyms of the underlined words.*)

1. Мой брат умный ма́льчик.

2. Наш профе́ссор ску́чный челове́к.

3. Твой сын хоро́ший учени́к.

4. Эта шко́ла ста́рая.

5. Этот уро́к лёгкий.

6. Это упражне́ние коро́ткое.

7. Это общежи́тие ма́ленькое.

8. Этот слова́рь но́вый.

9. Этот молодо́й челове́к о́чень внима́тельный.

10. Их ребёнок о́чень большо́й.

11. Это—краси́вая у́зкая у́лица.

Г. In the sentences which you constructed in **B**, change the nouns and their modifiers to the plural.

Д. Запо́лните про́пуски.

Образе́ц: **Зима́** здесь прия́тная. **Зимо́й** здесь прия́тно.

1. **Весна́** здесь прохла́дная. …здесь прохла́дно.
2. **Ле́то** здесь жа́ркое. …здесь жа́рко.
3. **О́сень** здесь тёплая. …здесь тепло́.
4. **Зима́** здесь холо́дная …здесь хо́лодно.

Образе́ц: Сего́дня **жа́рко**. Пого́да сего́дня **жа́ркая**.

1. Сего́дня **хо́лодно**. Пого́да сего́дня…
2. Сего́дня **тепло́**. Пого́да сего́дня…
3. Сего́дня **жа́рко**. Пого́да сего́дня…
4. Сего́дня **прохла́дно** Пого́да сего́дня…

Е. Переведи́те слова́ в ско́бках.

1. *(In the north)* быва́ют си́льные моро́зы.
2. *(In the south)* быва́ют си́льные дожди́.
3. *(In the west)* быва́ют тума́ны.
4. *(In the east)* быва́ет вла́жно.

Ж. Впиши́те оконча́ния. (*Write in the endings.*)

1. Как____ это слова́рь? Это хоро́ш____ нов____ слова́рь.
2. Как____ это пальто́? Это хоро́ш____ нов____ тёпл____ пальто́.
3. Как____ это кни́га? Это хоро́ш____ нов____ кни́га.
4. Как____ это де́ньги? Это сове́тск____ де́ньги.

З. Соста́вьте предложе́ния по образцу́.

Образе́ц: велосипе́д—хоро́ший/плохо́й
  Э́тот велосипе́д хоро́ший, а тот—плохо́й.

1. слова́рь—большо́й/ма́ленький
2. гора́—высо́кая/ни́зкая
3. река́—дли́нная/коро́ткая
4. о́зеро—глубо́кое/ме́лкое
5. студе́нты—спосо́бные/неспосо́бные
6. профессора́—внима́тельные/рассе́янные
7. упражне́ние—лёгкое/тру́дное
8. рома́н—интере́сный/ску́чный
9. маши́на—но́вая/ста́рая
10. челове́к—молодо́й/ста́рый
11. общежи́тие—краси́вое/некраси́вое

Вопросы

1. Какая погода вам нравится?
2. Какая сегодня погода?
3. Там, где вы живёте, какая погода бывает зимой?
4. Где бывают морозы: на экваторе или в Арктике?
5. Где бывают туманы: на море или в пустыне?
6. Вам нравятся горы?
7. Какая самая высокая гора в мире?
8. Вам нравятся реки, озёра и моря?
9. Какая самая длинная река в мире?
10. Какое самое глубокое озеро в мире?
11. Какая самая большая страна в мире?
12. Какой самый большой штат в США?
13. Где находятся города Нью-Йорк и Бостон: на западе или на востоке США?
14. Где в СССР находится город Владивосток?
15. Где в СССР находится гора Эльбрус?
16. Где в СССР находится Мурманск?
17. Как вам нравится город, где вы живёте?
18. Как вам нравится университет, где вы учитесь?
19. Как вам нравится русская музыка?
20. Как вам нравится русская литература?
21. Как вам нравится русская грамматика?

Перевод

1. Our theater is new, but ugly.
2. Lena is driving downtown by car. Her car is old, but good.
3. I am going to the university by bicycle (**на велосипеде**). My bicycle is old, but good.
4. Ask Tamara if she has a bicycle.
5. Ask Sergei if he has a car.
6. How do you like our new house? I like it very much.
7. Siberia is located in the east of the USSR, in Asia.
8. Vanya says that he is bored.
9. I'm happy today.
10. Are you cold?
    No, I'm warm.
11. This bicycle is mine, and that one is yours.
12. How old is he?
    I think that he's 21 years old.
13. Do you have to work at home today?
    Yes, I have to do homework.

14. Vladimir is the nicest person in the world!
15. Do you happen to know where my map of the USSR is?
No, I don't.
Too bad.

ГРАММА́ТИКА

НРА́ВИТЬСЯ
TO APPEAL TO ("LIKE"):

In Russian, *to like* is expressed with a verb which actually means *to appeal to*. What one likes is the subject of the Russian sentence, and the person who likes it is in the Dative Case.

Кто? Что?	**Кому?**			
	мне		*I*	
	тебе́		*You*	
	ему́		*He*	
	ей		*She*	
Ива́н / Эта кни́га	ему́	} нра́вится.	*It*	} *like(s) Ivan / this book.*
	нам		*We*	
	вам		*You*	
	им		*They*	

Note the following positive responses to the question **Как вам нра́вится**…?

Как вам нра́вится борщ?	*How do you like borsch?*
Очень.	*Very much.*
Он мне нра́вится.	*I like it.*
Борщ мне нра́вится.	*I like borsch.*
Борщ мне очень нра́вится.	*I like borsch very much.*

And now answers to the question **Вам нра́вится**…?

Вам нра́вится этот рома́н?	*Do you like this novel?*
Нра́вится.	*Yes, I do.*
Да, мне нра́вится.	*Yes, I do.*
Да, он мне нра́вится.	*Yes, I like it.*
Да, этот рома́н мне очень нра́вится.	*Yes, I like this novel very much.*

To respond negatively, place **не** before **очень** or **нравится**.

Как тебé нравится погóда здесь?
  Не очень.

How do you like the weather here?
  Not very much.

Тебé нравится эта книга?
  Нет, не нравится.
  Нет, онá мне не нравится.

Do you like this book?
  No, I don't.
  No, I don't like it.

If the person or thing liked is plural, then the verb must agree.

Эти книги мне (не) нра́вятся.   *I don't like these books.*

EXPRESSIONS WITH DATIVE PRONOUNS

1. *Age*

Ско́лько вам лет?
Мне 21 год.
Емý 22 года.
Ей 25 лет.

How old are you?
I'm 21.
He's 22.
She's 25.

2. *Response to the temperature*

—Комý хо́лодно?
—Мне хо́лодно (жа́рко, тепло́, прохла́дно).

—*Who's cold?*
— *I'm cold (hot, warm, cool).*

3. *Interested / bored / happy*

—Вам ску́чно?
—Нет, мне интере́сно.
—Мне ве́село.

— *Are you bored?*
— *No, I'm interested.*
— *I feel happy.*

4. *Necessity*

Комý надо (нужно) рабóтать?
Им надо (нужно) рабóтать.

Who needs / has to work?
They have to work.

ADJECTIVES[7]

In Russian, adjectives must agree with the nouns which they modify in gender, case, and number. You already know most of the endings that

---
[7]прилага́тельные

adjectives take. Read through the following sentences; then read the discussion of adjective endings. Finally, review the adjective phrases and note the types of endings that are present.

Masculine:	Какóй язы́к вы изучáете?
	Вот молодóй человéк.
	Вот Большóй теáтр.
	Дóбрый день/вéчер.
	Рýсский язы́к лёгкий/трýдный.
	Наш профéссор—симпати́чный человéк, но он рассéянный.
	Я—бýдущий агронóм.
	Киев—большóй, краси́вый, культýрный гóрод.
Feminine:	Мáша—рýсская (девýшка).
	Вот нáша столóвая (кóмната).
	Сегóдня контрóльная рабóта.
Neuter:	Дóброе ýтро.
	Большóе спаси́бо.
Plural:	Мои́ роди́тели—рýсские.

1. When adjectives modify *masculine nouns* they have the endings:

   -ый (the standard ending)
   -ий (the variant ending required by Spelling Rule 1)
   -óй (the ending used if the ending itself is stressed)

2. Adjectives that modify *feminine nouns* have the ending:
   -ая

3. Adjectives that modify *neuter nouns* have the endings:

   -ое (the standard ending)
   -ее (the variant ending required by Spelling Rule 3)

4. Adjectives that modify *plural nouns* have the endings:

   -ые (the standard ending)
   -ие (the variant required by Spelling Rule 1)

Какóй это дом?	*What sort of house is this?*
Это—хорóший, большóй, нóвый дом.	
Какáя это шкóла?	*What sort of school is this?*
Это—хорóшая, большáя, нóвая шкóла.	
Какóе это окнó?	*What sort of window is this?*
Это—хорóшее, большóе, нóвое окнó.	

Каки́е это	{ домá? { шкóлы? { óкна?	*What sort of* { houses schools windows } *are these?*

Это—хоро́шие, больши́е, но́вые $\begin{cases} \text{дома́} \\ \text{шко́лы.} \\ \text{о́кна.} \end{cases}$

Ру́сский/ру́сская/ру́сские, живо́тное (*animal*), and **столо́вая** are adjectives that often are used as nouns.

Вот ру́сский журна́л.	Па́па—ру́сский.
Вот ру́сская газе́та.	Ма́ма то́же ру́сская.
Вот ру́сское пальто́.	Кенгуру́—живо́тное.
Вот ру́сские де́ньги.	Мои́ роди́тели ру́сские.
Вот столо́вая (ко́мната).	Вот столо́вая.

It is helpful to learn adjectives in opposite pairs. Although only the masculine form is given here, all adjectives have masculine, feminine, neuter, and plural endings.

внима́тельный/рассе́янный	*attentive/absent-minded*
большо́й/ма́ленький	*large/small*
высо́кий/ни́зкий	*tall/low*
глубо́кий/ме́лкий	*deep/shallow*
дли́нный/коро́ткий	*long/short*
интере́сный/ску́чный	*interesting/boring*
лёгкий/тру́дный	*easy, light/difficult*
молодо́й $\big\}$ ста́рый но́вый	*young $\big\}$ old* *new*
прохла́дный/тёплый	*cool/warm*
си́льный/сла́бый	*strong/weak*
у́мный/глу́пый	*intelligent/stupid*
холо́дный/жа́ркий	*cold/hot*
хоро́ший/плохо́й	*good/bad*

The prefix **не-** can be added to practically any adjective or adverb in the Russian language to construct a descriptive word which is opposite in meaning to the unprefixed word. This is the equivalent of the prefixes *un-*, *in-*, *im-*, *a-*, and *dis-* in English. Generally speaking, if there is a different word for the antonym (like those above), the adjective or adverb with **не-** is somewhat milder. Since **не-** is not stressed, it is pronounced [ɲi].

большо́й	нема́ленький	небольшо́й	ма́ленький
big	*not small*	*not big*	*small*

THE SUPERLATIVE DEGREE OF ADJECTIVES[8]

To form the superlative degree of adjectives, place **самый, -ая, -ое, -ые** in front of the adjective. **Самый** is the equivalent of *most* in English, but *most* can be used in English only with adjectives of three or more syllables.

большо́й	*big*
самый большо́й	*the biggest*
краси́вая	*pretty, beautiful*
самая краси́вая	*the prettiest, most beautiful*
интере́сное	*interesting*
самое интере́сное	*the most interesting*
умные	*smart, intelligent*
самые умные	*the smartest, most intelligent*

DEMONSTRATIVE PRONOUNS:[9] ЭТОТ/ЭТА/ЭТО/ЭТИ

Before discussing the demonstrative pronouns, it is important to review the uses of the word **это**, which means *this/that is* and *these/those are*.

Кто это?	Это—Ива́н.	*Who is this?*	*That's Ivan.*
Что это?	Это—ру́чка.	*What is this?*	*That's a pen.*
Что это?	Это—кни́ги.	*What are these?*	*Those are books.*

As can be seen from the above examples, the word **это** (*this is/that is/these are/those are*) never changes its form and always includes some form of the English verb *to be* (*is* or *are*) in translation.

The demonstrative words **этот/эта/это/эти** are adjectives when they occur before a noun, pronouns when they stand in place of a noun. **Этот/эта/это/эти** must agree in gender, case and number with the nouns they modify or stand for.

Masculine:	этот журна́л	*this/that magazine*
Feminine:	эта газе́та	*this/that newspaper*
Neuter:	это пальто́	*this/that overcoat*
Plural:	эти очки́	*these/those glasses*

---

[8] превосхо́дная сте́пень прилага́тельных

[9] указа́тельные местоиме́ния

The demonstrative pronouns/adjectives frequently answer the questions *which?, what kind of?* (**какóй?/какáя?/какóе?/какúе?**) or *whose* (**чей?/чья?/чьё?/чьи?**). When **э́тот/э́та/э́то/э́ти** are not followed by a noun, they usually are translated *this one, that one, these* or *those.*

Чей э́то журнáл?
    Э́то—мой журнáл.
    Э́тот журнáл—мой,
      а э́тот журнáл—твой
    Э́тот—мой, а э́тот—твой.

Whose magazine is this?
That is my magazine.
This magazine is mine,
    and that magazine is yours.
This one is mine,
    and that one is yours.

Чья э́то газéта?
    Э́то—моя́ газéта.
    Э́та газéта—моя́, а
      э́та газéта—твоя́.
    Э́та—моя́, а э́та—твоя́.

Whose newspaper is this?
That is my newspaper.
This newspaper is mine, and
    that newspaper is yours.
This one is mine,
    and that one is yours.

Чьё э́то пальтó?
    Э́то—моё пальтó.
    Э́то пальтó—моё, а
      э́то пальтó—твоё.
    Э́то—моё, а э́то—твоё.

Whose overcoat is this?
That is my overcoat.
This overcoat is mine, and
    that overcoat is yours.
This one is mine, and
    that one is yours.

Чьи э́то очкú?
    Э́то—мой очкú.
    Э́ти очкú—мой, а
      э́ти очкú—твой.
    Э́ти—мой, а э́ти—твой.

Whose glasses are these?
Those are my glasses.
These glasses are mine, and
    those glasses are yours.
These are mine, and
    those are yours.

Note carefully the difference between the two sentences in each of the following pairs. The difference is not great, but it is significant both in English and in Russian. Read the Russian sentences aloud, pausing where there is a dash.

Э́то—мой карандáш.   *This is my pencil.*
Э́тот карандáш—мой.   *This pencil is mine.*
Э́то—моя́ рýчка.   *This is my pen.*
Э́та рýчка—моя́.   *This pen is mine.*
Э́то—моё пальтó.   *This is my overcoat.*
Э́то пальтó—моё.   *This overcoat is mine.*
Э́то—мой часы́.   *This is my watch.*
Э́ти часы́—мой.   *This watch is mine.*

A dash sometimes is used in Russian where English uses the verb *to be*.

THAT/THOSE: TOT/TA/TO/TE

To make a definite contrast between *this* and *that* or between *these* and *those*, substitute for этот/эта/это/эти: тот/та/то/те.

Этот рома́н интере́сный, а **тот**—ску́чный.	***This*** *novel is interesting,* *but **that one** is boring.*
Эта маши́на хоро́шая, а **та**—плоха́я.	***This*** *car is good,* *but **that one** is no good.*
Это пальто́ новое, а **то**—старое.	***This*** *overcoat is new,* *but **that one** is old.*
Эти часы́ рабо́тают, а **те**—нет.	***This*** *watch works,* *but **that one** doesn't.*

СЛОВА́РЬ

азиа́тский	*Asian, Asiatic*
Аркти́ка	*Arctic (noun)*
аркти́ческий	*Arctic (adjective)*
большо́й	*big, large*
быва́ть (I)	*to occur, happen, frequent*
ва́жный	*important*
велосипе́д	*bicycle*
на велосипе́де	*by bicycle*
весёлый (весело)	*happy, happily*
весна́	*spring*
весно́й	*in the spring(time)*
ветер (мн. ч. ветры)	*wind*
вла́жный (вла́жно)	*humid*
внима́тельный	*attentive*
вообще́	*in general*
восто́к	*east*
на восто́ке	*in the east*
высо́кий	*tall, high*
глубо́кий	*deep*
глу́пый	*stupid, dumb*
гора́ (мн. ч. горы)	*mountain*
далеко́	*far, far away*
дли́нный	*long*
дождь (м.) (мн. ч. дожди́)	*rain*

друго́й	*other, different*
европе́йский	*European*
жа́ркий	*hot*
замерза́ть (I)	*to freeze*
за́пад	*west*
на за́паде	*in the west*
зима́	*winter*
зимо́й	*in the winter(time)*
интере́сный	*interesting*
Мне интере́сно.	*I'm interested.*
Кавка́з	*Caucasus*
на Кавка́зе	*in the Caucasus*
кли́мат	*climate*
континента́льный	*continental*
коро́ткий	*short*
краси́вый	*pretty, beautiful*
кроме того́ [tavó]	*besides (that)*
ле́то	*summer*
ле́том	*in the summer(time)*
ма́ленький	*small, little*
ме́лкий	*shallow*
мир	*world; peace*
молодо́й	*young*
моро́з	*below zero* (centigrade) *weather*
находи́ться (II)	*to be located, found*
нахожу́сь, нахо́дишься;	
нахо́дятся	
недалеко́	*not far*
неприя́тный	*unpleasant*
ни́зкий	*low*
но́вый	*new*
нра́виться (II)	*to appeal to ("like")*
нра́влюсь, нра́вишься;	
нра́вятся	
огро́мный	*huge*
о́зеро (мн. ч. озёра)	*lake*
о́сень (ж.)	*fall*
о́сенью	*in the fall*
пальто́ (indeclinable)	*overcoat*
па́смурно	*overcast*
плохо́й	*bad*
пого́да	*weather*
поня́тно	*understandable, understood*

порт	*port*
прия́тный	*pleasant*
прохла́дный	*cool*
пусты́ня	*desert*
пустяки́ (pl.)	*trifles*
ра́зве	*really; do you mean to say that…*
река́ (мн.ч. ре́ки)	*river*
респу́блика	*republic*
сади́ться (II)	*to sit down, have a seat*
сажу́сь, сади́шься;	
садя́тся	
Сади́сь! Сади́тесь!	*Sit down! Take a seat!*
са́мый	*the most … (superlative)*
се́вер (на)	*north*
Сиби́рь (ж.)	*Siberia*
сибиря́к (мн.ч. -ки́;	*Siberian*
ж. сибиря́чка)	
си́льный	*strong, hard*
ско́ро	*soon*
ску́чный [skúshnɨy]	*boring*
Мне ску́чно [skúshnə].	*I'm bored.*
сла́бый	*weak*
снег	*snow*
сове́тский	*Soviet*
со́лнце [sóntsə]	*sun*
Со́лнце све́тит.	*The sun is shining.*
сою́з	*union*
спосо́бный	*capable*
ста́рый	*old*
субтропи́ческий	*subtropical*
тёплый (тепло́)	*warm*
тот, та, то; те	*that; those*
тума́н	*fog*
Ура́л	*The Urals*
ура́льский	*Ural*
холо́дный (хо́лодно)	*cold*
хоро́ший (хорошо́)	*good*
центр	*downtown, center*
часть (ж.)	*part*
э́тот, э́та, э́то; э́ти	*this / that; these / those*
юг	*south*
на ю́ге	*in the south*

Коне́ц деся́того уро́ка.

Одиннадцатый урок

ДИАЛОГ А
Сергей вчера был болен

Оля: Серёжа, здравствуй! Где же[1] ты был вчера?

Серёжа: Я был дома.

Оля: Почему? Ты был болен?

Серёжа: Да, я был простужен и, кроме того, я очень устал.

Оля: Жаль. Я не знала. Тебе надо было весь день лежать в постели?

Olya: Serozha, hello! Where in the world were you yesterday?

Serozha: I was at home.

Olya: Why? Were you sick?

Serozha: Yes, I had a cold and besides that I was very tired.

Olya: That's too bad. I didn't know. Did you have to stay in bed all day?

---

[1] **Где же** произносится [gḍézhɨ]. **Же** is a particle used for emphasis.

Серёжа: Нет, утром я отдыха́л,[2] днём писа́л пи́сьма, а ве́чером занима́лся.

Оля: А сего́дня ты здоро́в?

Серёжа: Здоро́в.

Оля: Очень ра́да э́то слы́шать.

Serozha: No, in the morning I rested, in the afternoon I wrote letters, and in the evening I studied.

Olya: And are you well today?

Serozha: Yes, I am.

Olya: I'm very glad to hear that.

ДИАЛО́Г Б
Они́ бу́дут за́втра на да́че

Серёжа: Оля, мне сказа́ли, что вчера́ была́ контро́льная.[3] Это пра́вда?

Оля: Да, но она́ была́ нетру́дная.

Серёжа: А како́е зада́ние на за́втра?

Оля: Что ты, Серёжа! За́втра выходно́й![4]

Серёжа: Пра́вда. Я забы́л.

Оля: Ты собира́ешься куда́-нибудь за́втра пое́хать?

Серёжа: Да, я е́ду на да́чу.

Оля: Я то́же бу́ду на да́че.

Серёжа: Что ты бу́дешь там де́лать?

Оля: Ничего́. Я уста́ла. Я бу́ду то́лько отдыха́ть.

Serozha: Olya, I was told that there was a quiz yesterday. Is that true?

Olya: Yes, but it wasn't hard.

Serozha: And what's the assignment for tomorrow?

Olya: Oh, come on, Serozha! We have tomorrow off!

Serozha: That's right. I forgot.

Olya: Are you planning to go somewhere tomorrow?

Serozha: Yes, I'm going to our dacha.

Olya: I'll be at our dacha, too.

Serozha: What are you going to do there?

Olya: Nothing. I'm tired. All I'm going to do is rest.

ТЕКСТ ДЛЯ ЧТЕНИЯ
Выходно́й день в Москве́

Вчера́ я $\begin{Bmatrix} \text{был} \\ \text{была́} \end{Bmatrix}$ в Москве́. Стоя́ла очень хоро́шая пого́да: свети́ло со́лнце, бы́ло тепло́. Утром я 3 часа́ $\begin{Bmatrix} \text{стоя́л} \\ \text{стоя́ла} \end{Bmatrix}$ в о́череди в Мавзоле́й,

to stand in line

---

[2] **Отдыха́л** произно́сится [addɨxál].

[3] контро́льная рабо́та

[4] выходно́й день

Очередь в Мавзолей Ленина

потому́ что $\left\{\begin{array}{l}\text{хоте́л}\\\text{хоте́ла}\end{array}\right\}$ посмотре́ть Ле́нина.[5] О́чередь шла ме́дленно, и я

немно́го $\left\{\begin{array}{l}\text{уста́л,}\\\text{уста́ла,}\end{array}\right\}$ но я $\left\{\begin{array}{l}\text{рад,}\\\text{ра́да,}\end{array}\right\}$ что $\left\{\begin{array}{l}\text{посмотре́л}\\\text{посмотре́ла}\end{array}\right\}$ Влади́мира

Ильича́. Ра́ньше, когда́ я $\left\{\begin{array}{l}\text{быва́л[6]}\\\text{быва́ла[6]}\end{array}\right\}$ в Москве́, я $\left\{\begin{array}{l}\text{был}\\\text{была́}\end{array}\right\}$ сли́шком

$\left\{\begin{array}{l}\text{за́нят,}\\\text{занята́,}\end{array}\right\}$ что́бы стоя́ть в о́череди. Хорошо́, что Мавзоле́й сего́дня был откры́т.

В 12 часо́в я $\left\{\begin{array}{l}\text{обе́дал}\\\text{обе́дала}\end{array}\right\}$ в рестора́не в гости́нице «Росси́я». Моя́ подру́га рабо́тает там в Интури́сте, поэ́тому мы вме́сте обе́дали, болта́ли и кури́ли. К сожале́нию, в час ей на́до бы́ло опя́ть быть на рабо́те.

Днём я $\left\{\begin{array}{l}\text{был}\\\text{была́}\end{array}\right\}$ в Кремле́,[7] а ве́чером я $\left\{\begin{array}{l}\text{слу́шал}\\\text{слу́шала}\end{array}\right\}$ конце́рт в За́ле Чайко́вского.[8] Знамени́тый молодо́й пиани́ст Алекса́ндр Слободя́ник игра́л этю́ды, полоне́зы и мазу́рки[9] Шопе́на.[10] Бы́ло потряса́юще![11]

Тепе́рь я опя́ть до́ма. За́втра мне на́до бу́дет рабо́тать, поэ́тому я сего́дня бу́ду сиде́ть до́ма, чита́ть и отдыха́ть.

ВЫРАЖЕ́НИЯ

1.	Где же…?	*Where in the world…?*
2.	лежа́ть в посте́ли	*to stay (lie) in bed*
3.	Мне сказа́ли, что…	*I was told that…*
4.	Что ты/вы!	*Oh, come on!*
5.	Стои́т хоро́шая пого́да.	*The weather is good.*
6.	стоя́ть в о́череди	*to stand in line*
7.	Ско́лько (сейча́с) вре́мени?	*What time is it (now)?*
	(Сейча́с) час (2, 3, 4 часа́,	*It's (now) one (2, 3, 4, 5)*
	5 часо́в).	*o'clock.*
8.	Во ско́лько?	*At what time?*
	В час (2, 3, 4 часа́, 5 часо́в).	*At one (2, 3, 4, 5) o'clock.*

---

[5] Влади́мир Ильи́ч Ле́нин

[6] **Быва́ть** зна́чит *to be* (*somewhere*, with some sort of frequency).

[7] **Кремль** (м.) *The Kremlin*

[8] **Чайко́вский** [chikófsķiy] Chaikovsky; **Чайко́вского** *of* Chaikovsky. The full name of Chaikovsky Concert Hall is **Конце́ртный зал и́мени Чайко́вского.**

[9] **этю́д/полоне́з/мазу́рка** *etude/polonaise/mazurka*

[10] **Фри́дерик Шопе́н**—вели́кий по́льский компози́тор. **Шопе́на** *of Chopin.*

[11] **Потряса́юще** произно́сится [pɐtŗisáyuschi].

ПРИМЕЧА́НИЯ

1. **Мавзоле́й Ле́нина**. Lenin's Tomb is located on Red Square, next to the Kremlin wall. Lenin's body is displayed inside, and people wait for hours to get a glimpse of him. After Stalin's death, his body lay next to Lenin's; however, in 1961 Stalin was removed and interred in a grave behind the mausoleum.
2. **Кремль**. This is the old Russian word for *fortress* (now **крепость**). The Kremlin is the seat of the Soviet government and contains a number of beautiful churches, cathedrals, and palaces, all of which now are museums.

ДОПОЛНИ́ТЕЛЬНЫЙ МАТЕРИА́Л

TIME EXPRESSIONS

1. The Russian words for *today*, *yesterday*, *tomorrow*, etc., are adverbs and thus can not serve as the subject of a sentence.

сего́дня	*today*
вчера́	*yesterday*
позавчера́	*day before yesterday*
за́втра	*tomorrow*
послеза́втра	*day after tomorrow*

2. Modifiers of **утро, день, вечер**, and **ночь** must agree with these words in gender, case, and number. Note the special endings used to express "in the morning," etc.

утро	*morning*
всё утро	*all morning*
Доброе утро.	*Good morning.*
утром	*in the morning*
сего́дня утром	*this morning*
вчера́ утром	*yesterday morning*
за́втра утром	*tomorrow morning*
день	*day*
весь день	*all day*
Добрый день.	*Good afternoon.*

днём[12]	*in the afternoon*
сегóдня днём	*this afternoon*
вчерá днём	*yesterday afternoon*
завтра днём	*tomorrow afternoon*
вечер	*evening (5–11 P.M.)*
весь вечер	*all evening*
Добрый вечер.	*Good evening.*
вечером	*in the evening*
сегóдня вечером	*this evening / tonight*
вчерá вечером	*yesterday evening / last night*
завтра вечером	*tomorrow evening / tomorrow night*
ночь (ж.)	*night (11 P.M till dawn)*
всю ночь[13]	*all night*
Спокóйной ночи.	*Good night.*
ночью	*at / during the night*
(сегóдня ночью)[14]	*tonight*
(вчерá ночью)[14]	*last night*
(завтра ночью)[14]	*tomorrow night*

3. *Скóлько времени? (или Котóрый час?)*

The word **час** means both *hour* and *o'clock*. When used with numbers, it follows the same pattern as **месяц** and **год**.

1	21	час	месяц	год
2 3 4	22 23 24 }	часá[15]	месяца	года
5 ↓ 20	25 ↓ 30 }	часóв[15]	месяцев	лет

Note also: $\frac{1}{2}$: полчасá; $1\frac{1}{2}$: полторá часá

—Скóлько времени вы здесь стóйте в очереди?	
—Я стою ужé час.	*for an hour*
2 часá.	*for two hours*
5 часóв.	*for five hours*

---

[12] More common in conversation is **после обéда** (*after lunch*).

[13] In answering the question *How long?* expressions that include *all...* are in the accusative case. This fact is obvious only in the phrase **всю ночь** (the accusative of **вся ночь**).

[14] These expressions are used rarely; instead use **вечером**.

[15] **Часá/часóв** произнóсятся [chisá/chisóf].

Сколько времени?　　(Который час?)

Час	Два часа́.	Три часа́.	Четы́ре часа́.
Пять часо́в.	Во́семь часо́в.	Де́сять часо́в.	Двена́дцать часо́в.

4. *Во сколько? (или: В кото́ром часу́?)*

— Во сколько вы обы́чно за́втракаете?
— В семь часо́в.
— А во сколько вы у́жинаете?
— В шесть часо́в.
— Во сколько вам на́до быть на ле́кции?
— В четы́ре часа́.

УПРАЖНЕ́НИЯ

A. Соста́вьте предложе́ния по образца́м.

Образе́ц: **Тебе́** на́до бы́ло весь　　*Did you have to stay*
　　　　день лежа́ть в посте́ли?　　*in bed all day?*

1. Она́　2. Они́　3. Он　4. Вы

Образе́ц: **Вам** на́до бу́дет рабо́тать　*You'll have to work all*
　　　　всё у́тро.　　　　　*morning.*

1. Я/у́тро　2. Он/ве́чер　3. Мы/ночь　4. Они́/день

Образе́ц: Где же **он** был вчера́?　*Where in the world was he*
　　　　　　　　　　　yesterday?

1. она́　2. они́　3. вы　4. ты (м.)　5. ты (ж.)

Образе́ц: **Он тебя́** ждал **3** часа́.　*He waited for you three hours.*

1. Она́/он/час　2. Они́/она́/2　3. Я/вы/4　4. Мы/они́/5

Образе́ц: В **2** часа́ **он** был в **Кремле́**.   *At two o'clock he was in the Kremlin.*

1. час/она́/рабо́та
2. 6/мы/общежи́тие
3. 3/они́/консервато́рия
4. 8/я/конце́рт

Б. Запо́лните про́пуски.

Образе́ц: **Они́** собира́ются завтра куда́-нибудь пое́хать.   *get ready*

1. Зи́на...
2. Роди́тели...
3. Я...
4. Ты...?

Образе́ц: **Он** забы́л, что хоте́л сказа́ть.

1. Я...
2. На́дя...
3. Мы...
4. Студе́нты...

Образе́ц: **Разве он** забы́л, что завтра будет контро́льная?

1. Разве они́...
2. Разве вы...
3. Разве ты (ж.)...
4. Разве ты (м.)...

В. Запо́лните про́пуски.

1. **Он** был бо́лен.
   а. Она́...
   б. Они́...
   в. Мы...
   г. Я...

2. **Он** завтра бу́дет совсе́м здоро́в.
   а. Они́...
   б. Ма́ша...
   в. Я...
   г. Ты (ж.)...

3. **Бори́с** не винова́т.
   а. Мы...
   б. Я...
   в. Та́ня...
   г. Ты (м.)...

4. **Он** уве́рен, что послеза́втра бу́дет контро́льная.
   а. Ле́на...
   б. Серёжа...
   в. Студе́нты...
   г. Я...

5. **Она́** сего́дня просту́жена.
   а. Я...
   б. Де́ти...
   в. Пётр...
   г. А́ня...

6. **Они́** ра́ды, что **вы** сего́дня не за́няты.
   а. Он..., что О́ля...
   б. Мы..., что вы...
   в. Ири́на..., что профе́ссор...

7. **Дверь** откры́та.
   а. Окно́…   в. Музе́й…
   б. Окна…   г. Библиоте́ка…

8. К сожале́нию, **Мавзоле́й** вчера́ был закры́т.
   а. …теа́тр…   в. …музе́й…
   б. …э́то зда́ние…   г. …библиоте́ка…

Г. Да́йте проше́дшее вре́мя и бу́дущее.

1. **Я** сего́дня до́ма. Я вчера́… Я за́втра…
2. **Бори́с** сего́дня на рабо́те.
3. **Мы** сего́дня на да́че.
4. **Ле́на** сего́дня в дере́вне.
5. **Роди́тели** сего́дня за́няты.

Д. Да́йте проше́дшее вре́мя и бу́дущее.

1. **У меня́** есть велосипе́д.
2. **У меня́** есть маши́на.
3. **У меня́** есть хоро́шее пальто́.
4. **У меня́** есть де́ньги.

Е. Да́йте проше́дшее вре́мя и бу́дущее.

1. Сего́дня у́тром **нам на́до** рабо́тать.
2. Сего́дня ве́чером **им на́до** занима́ться.
3. На заня́тии **на́до** говори́ть то́лько по-ру́сски.

Ж. Да́йте проше́дшее вре́мя.

1. Мы **чита́ем** Пу́шкина.
2. Он **занима́ется** день и ночь.
3. **Стои́т** хоро́шая пого́да.
4. Я **учу́сь** в МГУ.
5. **Идёт** дождь.
6. **Идёт** снег.
7. О́чередь **идёт** ме́дленно.
8. Со́лнце **све́тит**.
9. Ма́ша **живёт** в Ирку́тске.
10. Алексе́й **живёт** в Ташке́нте.
11. Роди́тели **живу́т** в 楼Ере Eване.
12. Он **хо́чет** рабо́тать, но не **мо́жет**.
13. Она́ **хо́чет** рабо́тать, но не **мо́жет**.
14. Они́ **хотя́т** рабо́тать, но не **мо́гут**.
15. Я **хочу́** рабо́тать, но не **могу́**.

З. Дайте будущее время.

1. Эти химики работают в лаборатории.
2. Я не курю в машине.
3. Мы говорим только по-русски.
4. Вы живёте в Ленинграде?

И. Дайте прошёдшее время и будущее.

1. Сегодня плохая погода. Вчера… Завтра…
2. Сегодня туман.
3. Сегодня холодно.

К. Ответьте на вопросы.

Образец: Сколько времени вы были в Москве? (4)
Я там был(а) 4 месяца.

1. Сколько времени вы были в Ленинграде? (1)
2. Сколько времени вы были в Киеве? (3)
3. Сколько времени вы были в Ташкенте? (5)

Образец: Сколько времени вы жили в Омске? (1)
Я там жил(а) год.

1. Сколько времени вы жили в Томске? (4)
2. Сколько времени вы жили в Минске? (22)
3. Сколько времени вы жили в Пинске? (26)

Л. Ответьте на вопросы:

Образец: Сколько (сейчас) времени? (2) Два часа.

1. (8)   2. (4)   3. (10)   4. (1)

Образец: Во сколько тебе надо быть в университете? (11)
В 11 часов.

1. (3)   2. (5)   3. (7)   4. (12)

М. Ответьте на вопросы.

Образец: —Вы когда-нибудь были в Сибири?
—Нет, я там никогда не был/не была.

1. Вы когда-нибудь были в Самарканде?
2. Он когда-нибудь был в Ереване?
3. Она когда-нибудь была на озере Байкал?
4. Они когда-нибудь были в Зале Чайковского?

H. Соста́вьте предложе́ния по образцу́.

Образе́ц: —Како́й большо́й дом!
—Этот дом мне не нра́вится. Он сли́шком большо́й.

1. Кака́я ма́ленькая маши́на!
2. Како́е высо́кое зда́ние!
3. Каки́е тру́дные упражне́ния!
4. Како́й дли́нный рома́н!

Вопро́сы

1. Где вы бы́ли вчера́ у́тром? А ве́чером?
2. Что вы де́лали позавчера́ днём?
3. Где вы бу́дете сего́дня ве́чером? Что вы бу́дете де́лать?
4. Вы просту́жены?
5. Вы вчера́ бы́ли здоро́вы или больны́?
6. Вы ра́ды, что изуча́ете ру́сский язы́к?
7. Вы сего́дня ве́чером бу́дете за́няты?
8. Вы сего́дня уста́ли?
9. Вы когда́-нибудь бы́ли в Москве́?
10. Вам нра́вится класси́ческая му́зыка? А рок-н-ро́лл?
11. Вы ча́сто слу́шаете му́зыку?
12. Како́й компози́тор вам бо́льше всего́ (*most of all*) нра́вится?
13. Вы собира́етесь сего́дня ве́чером пойти́ на конце́рт?
14. Что вы собира́етесь де́лать ле́том?
15. У вас за́втра выходно́й?
16. У вас ско́ро бу́дет контро́льная?

Перево́д

1. I'm glad that I was in Leningrad in the summertime.
2. It's too bad that he was in Moscow in the winter.
3. Are you sick or simply tired?
   I have a cold.
4. My friends sang, smoked and talked all morning.
5. Did you rest this morning?
   Yes, I did.
6. They have been resting a long time.
7. How long have you been waiting for Ivan?
   We've been waiting for him for three hours!
8. I thought that they were married, but now I'm not sure.
9. Irina has been married for 11 months.
10. Is tomorrow a holiday (day off)?
    Yes, it is.

11. Is the door open?
    No, (it's) closed.
12. I like classical music very much.
13. How do you like rock 'n' roll?
    I like it, but they always play too loudly.
14. I had to work yesterday morning.
15. I think that I will have to study (do homework) this evening.
16. We had a car. It was pretty, but it didn't work well.
17. She had a coat. It was old, but warm.
18. They had a bicycle. It was new, but not good.
19. He had money, but now he has nothing (**у него́ нет ничего́**).
20. Are you reading a magazine?
    No, I'm reading a newspaper.
21. You'll be cold in Siberia!
    Have you ever been in Siberia?
    No, but I know that the winter there is long and cold.
22. Lena thinks that you will be bored in Tomsk.
23. Tomorrow there's going to be a test.
    Are you joking?
    No, I'm not.

ГРАММА́ТИКА

SHORT ADJECTIVES
Кра́ткие прилага́тельные

Most Russian adjectives have both a long and a short form. The short form is used only as a predicate adjective, that is, it may not directly precede the noun which it modifies.

Short and long forms of predicate adjectives for the most part may be used interchangeably, but certain short adjectives must be used when the condition described is temporary. The following short adjectives fall into this category.[16] If marked with an asterisk, there is no long form.

	Sick	*Glad**	*Sure*	(*Have a*) *cold*
я, ты, он	бо́лен	рад	уве́рен	просту́жен
я, ты, она́	больна́	ра́да	уве́рена	просту́жена
оно́	(больно́)	(ра́до)	(уве́рено)	(просту́жено)
мы, вы, они́	больны́	ра́ды	уве́рены	просту́жены

---

[16]See also Appendix, pp. 571–572.

	Ready	Well	Open	Closed	Busy	To blame
я, ты, он	гото́в	здоро́в	откры́т	закры́т	за́нят	винова́т
я, ты, она́	гото́ва	здоро́ва	откры́та	закры́та	занята́	винова́та
оно́	гото́во	(здоро́во)	откры́то	закры́то	за́нято	винова́то
мы, вы, они́	гото́вы	здоро́вы	откры́ты	закры́ты	за́няты	винова́ты

Formation. As you can see from the preceding examples, short adjectives have the following endings:

Masculine:	consonant (the final letter of the stem)
Feminine:	**-a**
Neuter:	**-o**
Plural:	**-ы**

The long form of some of these short adjectives describes a permanent condition and has a somewhat different meaning than the short form.

Он сего́дня бо́лен.	*He's sick today.*
Он больно́й челове́к.	*He's a sickly person.*
Она́ сего́дня здоро́ва.	*She's well today.*
Она́ здоро́вая де́вочка.	*She's a healthy girl.*
Они́ уве́рены, что э́то пра́вда.	*They're sure that's true.*
Они́ уве́ренные молоды́е лю́ди.	*They're self-assured young people.*

Stress. The stress sometimes shifts to the ending, and an **о**, **е**, or **ё** is sometimes present between the last two consonants of the masculine form, but missing in the other forms, or replaced by **ь**. These irregularities will be pointed out as the words occur in future lessons

Long Form	Short Form
глу́пый	глуп
глу́пая	глупа́
глу́пое	глу́по
глу́пые	глу́пы
у́мный	умён
у́мная	умна́
у́мное	умно́[17]
у́мные	умны́[17]

Short adjectives/adverbs. The neuter short adjective is identical to the adverb.

Short Adjective:	Э́то о́чень **интере́сно**.
Adverb:	Он о́чень **интере́сно** говори́т.

---

[17]**Умно́, умны́** are also correct.

THE PAST TENSE OF RUSSIAN VERBS
Прошедшее время русских глаголов

The formation of the past tense of Russian verbs is simple; merely drop the -ть from the infinitive form and add the following endings:

If the subject is *masculine*:	**-л**
If the subject is *feminine*:	**-ла**
If the subject is *neuter*:	**-ло**
If the subject is *plural*:	**-ли**

Note the following examples:

Я (*a male person speaking*)
Ты (*addressing a male person*) } читал и говорил.
Он (*any masculine subject*)

Я (*a female person speaking*)
Ты (*addressing a female person*) } читала и говорила.
Она (*any feminine subject*)

(Оно [*any neuter subject*] читало и говорило.)

Мы
Вы (*all plural forms*) } читали и говорили.
Они

Normally the stressed syllable is the same as for the infinitive form; however, some verbs have the stress on the -ла, -ло, and/or -ли:

Я (ты, он) жил в Москве.
Я (ты, она) жила в Москве.
(Оно жило в Москве.)
Мы (вы, они) жили в Москве.

Note the past tense forms of **идти** and **мочь**:

идти:	я (ты, он)	**шёл**	**мочь:**	я (ты, он)	**мог**
	я (ты, она)	**шла**		я (ты, она)	**могла**
	оно	**шло**		оно	**могло**
	мы (вы, они)	**шли**		мы (вы, они)	**могли**

Even verbs that have some sort of irregularity in the present tense usually are regular in the past:

видеть: вижу	видел
видишь	видела
видят	видело
	видели

Note how many more past tense verb forms there are in English than in Russian:

He worked.
He was working.
He did work.   } Он рабо́тал.
He had worked.
He had been working.

The present perfect progressive tense (and usually the present perfect, as well) is expressed in Russian with the *present tense* of the verb, frequently with the word **уже́** (*already*) in front of the time element. This is used to describe an action which *began in the past and continues in the present*:

Он живёт здесь уже́ 3 го́да.   { *He has lived here for 3 years.*
                                { *He has been living here for 3 years.*

The verb *to be* does not have a present tense in Russian:

Я на заня́тии.	*I am in class.*
Вы до́ма?	*Are you at home?*
Здесь хо́лодно.	*It is cold here.*

However, the verb *to be* **is expressed in the past**. The infinitive form is **быть**.

я (ты, он)	**был**	
я (ты, она́)	**была́**	
оно́	**бы́ло**	*(was, were)*
мы (вы, они́)	**бы́ли**	

For example:

Он был бо́лен.	*He was sick.*
Вы бы́ли там?	*Were you there?*
Э́то бы́ло хорошо́.	*That was good.*
Вчера́ пого́да была́ хоро́шая.	*Yesterday the weather was good.*

Note the stress shift to **не** when used with **был, бы́ло,** or **бы́ли** (*not* **была́**).

Он был до́ма. Он **не́** был до́ма.
Оно́ бы́ло там. Оно́ **не́** было там.
Они́ бы́ли в шко́ле. Они́ **не́** были в шко́ле.

But:

Она́ была́ до́ма. Она́ не была́ до́ма.

Кто (*who*) is always masculine singular and **что** (*what*) is always neuter singular:

Кто э́то был?
Что э́то бы́ло?

To be tired is expressed in Russian with the past tense forms of the verb
устáть.

> Он   устáл.
> Онá устáла.
> Онó устáло.
> Они́ устáли.

Настоя́щее время (*Present tense*)

Я сегóдня устáл(а).	*I'm tired today.*
Ты сегóдня устáл(а).	*You're tired today.*
Он сегóдня устáл.	*He's tired today.*
Онá сегóдня устáла.	*She's tired today.*
Мы сегóдня устáли.	*We're tired today.*

Проше́дшее время (*Past tense*)

Я вчерá устáл(а).	*I was tired yesterday.*
Ты вчерá устáл(а).	*You were tired yesterday.*
Он вчерá устáл.	*He was tired yesterday.*
Онá вчерá устáла.	*She was tired yesterday.*
Они́ вчерá устáли.	*They were tired yesterday.*

THE FUTURE TENSE
Бу́дущее время

The future tense of Russian verbs is formed with the verb **быть**.

Я	бу́ду		*I*	
Ты	бу́дешь		*You*	
Он	бу́дет	там завтра.	*He*	will be there tomorrow.
Мы	бу́дем		*We*	
Вы	бу́дете		*You*	
Они́	бу́дут		*They*	

If another verb is involved, it is always in the *infinitive* form (**быть**
+инфинити́в)

Я	бу́ду		*I*	
Ты	бу́дешь		*You*	
Он	бу́дет	там рабóтать.	*He*	will work there.
Мы	бу́дем		*We*	
Вы	бу́дете		*You*	
Они́	бу́дут		*They*	

THE PAST AND FUTURE TENSES OF SENTENCES THAT HAVE NO GRAMMATICAL SUBJECT

Many sentences in Russian do not have a grammatical subject. Such sentences form the past and future tenses with the *neuter singular* form of **быть**: **бы́ло** and **бу́дет**:

Настоя́щее вре́мя	*Проше́дшее вре́мя*	*Бу́дущее вре́мя*
Здесь хорошо́?	Здесь **бы́ло** хорошо́?	Здесь **бу́дет** хорошо́?
Там жа́рко.	Там **бы́ло** жа́рко.	Там **бу́дет** жа́рко.
Мне на́до рабо́тать.	Мне на́до **бы́ло** рабо́тать.	Мне на́до **бу́дет** рабо́тать.

When a sentence begins with the word **э́то** (*this is, that is, these are, those are*) followed by a noun or pronoun, that noun or pronoun (not **э́то**) is the subject:

Настоя́щее вре́мя	*Проше́дшее вре́мя*	*Бу́дущее вре́мя*
Э́то **мой дом**.	Э́то **был мой дом**.	Э́то **бу́дет мой дом**.
Э́то **моя́ ру́чка**.	Э́то **была́ моя́ ру́чка**.	Э́то **бу́дет моя́ ру́чка**.
Э́то **моё окно́**.	Э́то **бы́ло моё окно́**.	Э́то **бу́дет моё окно́**.
Э́то **мои́ де́ньги**.	Э́то **бы́ли мои́ де́ньги**.	Э́то **бу́дут мои́ де́ньги**.

If, however, no noun or pronoun is present, then the neuter singular form is used:

Настоя́щее вре́мя	*Проше́дшее вре́мя*	*Бу́дущее вре́мя*
Э́то хорошо́.	Э́то **бы́ло** хорошо́.	Э́то **бу́дет** хорошо́.

TO HAVE: PRESENT, PAST, AND FUTURE

The past and future tenses of **У меня́ (тебя́, него́, неё, и т.д.** [18]**) есть**… is formed by replacing **есть** with **был/была́/бы́ло/бы́ли** or **бу́дет/бу́дут** respectively. Since it is the thing which is possessed, not who possesses it, that is the subject of the Russian sentence, that word (or words) determines which form of **быть** to use.

Настоя́щее вре́мя	*Проше́дшее вре́мя*	*Бу́дущее вре́мя*
У меня́ есть мел.	У меня́ был мел.	У меня́ бу́дет мел.
У меня́ есть ру́чка.	У меня́ была́ ру́чка.	У меня́ бу́дет ру́чка.
У меня́ есть пальто́.	У меня́ бы́ло пальто́	У меня́ бу́дет пальто́.
У меня́ есть де́ньги.	У меня́ бы́ли де́ньги.	У меня́ бу́дут де́ньги.

---

[18] и т.д. (и так да́лее) = *etc.*

Возвра́тные глаго́лы: Проше́дшее и бу́дущее времена́

The past tense of reflexive verbs is formed in the same way as that of nonreflexive verbs, but the reflexive suffix **-ся** or **-сь** is added to the endings. If the verb form ends in a consonant, add **-ся**; if it ends in a vowel, add **-сь**.

он учи́лся

она́ учи́лась

(оно́ учи́лось)

они́ учи́лись

СЛОВА́РЬ

быть (I)	*to be* (no present tense)
бу́ду, бу́дешь; бу́дут; был, -ла́, -ло; -ли	
бюро́ (indeclinable noun)	*bureau, office*
вели́кий	*great*
весь, вся, всё; все	*all, the entire*
ве́чером	*in the evening*
винова́т, -а, -о; -ы	*guilty, to blame*
больно́й	*sickly*
вчера́	*yesterday*
выходно́й (день)	*day off, holiday*
Где же...!	*Where in the world...!*
гости́ница	*hotel*
гото́в, -а, -о; -ы	*ready, prepared*
да́ча (на)	*summer house, "dacha"*
днём	*during the day, afternoon*
забы́ть (I)	*to forget* (use past tense only for now)
закры́т, -а, -о; -ы	*closed*
зал	*hall, large room*
за́нят, -а́, -о; -ы	*busy, occupied*
здоро́в, -а, -о; -ы	*well*
здоро́вый	*healthy*
знамени́тый	*famous*
к сожале́нию	*unfortunately*
класси́ческий	*classical*
когда́-нибудь	*ever, at any time, sometime (or other)*

компози́тор	*composer*
конце́рт (на)	*concert*
куда́-нибудь	*somewhere (or other)*
лежа́ть (II)	*to lie, be lying down*
лежу́, -и́шь; -а́т	
мавзоле́й	*mausoleum, tomb*
ночь (ж.)	*night*
но́чью	*at night, during the night*
оди́ннадцатый	*eleventh*
опя́ть	*again*
отдыха́ть (I)	*to rest*
откры́т, -а, -о; -ы	*open(ed)*
о́чередь (ж.)	*line, queue*
стоя́ть в о́череди	*to stand in line, queue*
пиани́ст	*pianist*
подру́га	*(woman) friend*
позавчера́	*day before yesterday*
по́льский	*Polish*
послеза́втра	*day after tomorrow*
посмотре́ть (II)	*to take a look, see* (use past tense only for now)
посте́ль (ж.)	*bed, bedding*
лежа́ть в посте́ли	*to stay, lie in bed*
потряса́юще	*magnificent, "great"*
просту́жен, -а, -о; -ы	*(to have a) cold*
ра́ньше	*earlier, formerly*
рестора́н	*restaurant*
сли́шком (мно́го и т.д.)	*too (much, etc.)*
слы́шать (II)	*to hear*
слы́шу, -ишь; -ат	
собира́ться (I)	*to plan to; to gather together*
стоя́ть (II)	*to stand; be*
Стои́т хоро́шая пого́да.	*The weather is good (nice).*
уве́рен, -а, -о; -ы	*sure*
уве́ренный	*self-assured*
уста́л, -ла, -ло; -ли	*tired*
у́тром	*in the morning*
час, часа́; часо́в	*hour, o'clock*
что́бы	*(in order) to*

Коне́ц оди́ннадцатого уро́ка.

Двена́дцатый уро́к

ДИАЛО́Г
Анто́н расстро́ен

Са́ша: Приве́т, Анто́н. Как живёшь?	*Sasha: Hi, Anton. How are you doing?*
Анто́н: И не спра́шивай. Я сего́дня расстро́ен.	*Anton: Don't even ask. I'm upset today.*
Са́ша: А что ты там чита́ешь?	*Sasha: What's that you're reading there?*
Анто́н: Достое́вского.	*Anton: Dostoevsky.*
Са́ша: А что и́менно?	*Sasha: What specifically?*
Анто́н: «Преступле́ние и наказа́ние».	*Anton: Crime and Punishment.*
Са́ша: Вот почему́ ты расстро́ен.	*Sasha: That's why you're upset.*
Анто́н: Спаси́бо за информа́цию.	*Anton: Thanks for the information.*

Саша: Ну что ты, не обижа́йся! Я о́чень люблю́ э́того прекра́сного и удиви́тельного писа́теля, но сего́дня тебе́ лу́чше чита́ть Зо́щенко,[1] Ильфа и Петро́ва…

Анто́н: Да ну, мне э́то всё надое́ло.

Саша: А ты класси́ческую му́зыку лю́бишь?

Анто́н: Люблю́.

Саша: Тогда́ пойдём в Зал Чайко́вского. Сего́дня ве́чером бу́дут игра́ть Баха, Бетхо́вена и Мо́царта.

Анто́н: Во ско́лько начина́ется?

Саша: В 7 часо́в.

Анто́н: Договори́лись. Пойдём.

Sasha: Oh, come on, don't get insulted! I like that wonderful and amazing author very much, but today it would be better for you to read Zoshchenko, Ilf and Petrov…

Anton: Oh, I'm sick of all this.

Sasha: Do you like classical music?

Anton: Yes, I do.

Sasha: Then let's go to the Chaikovsky Concert Hall. This evening they are going to play Bach, Beethoven, and Mozart.

Anton: What time does it start?

Sasha: At 7 o'clock.

Anton: It's a deal. Let's go.

Конце́ртный зал и́мени П. И. Чайко́вского в Москве́.

---

[1]Фами́лия **Зо́щенко** не склоня́ется.

ТЕКСТ ДЛЯ ЧТЕНИЯ
Пойдёмте в оперу!

Вчера была суббота. На улице было холодно, шёл сильный снег. Когда бывает такая погода, особенно приятно сидеть дома: тепло, уютно.

Молодой инженер, Николай Рождественский, любит холодную погоду, но он не любит, когда идёт снег; поэтому он вчера сидел дома и читал книгу. Его жена Юлия писала письма, а дети смотрели телевизор. Их дочку[2] зовут Маша, а сына—Петя. Это дружная семья: все они любят друг друга.

Вдруг Николай говорит:

—Это—скучная книга. Вообще я люблю короткие рассказы, но эти рассказы мне не нравятся. Знаешь что, Юлинька? Пойдём в оперу. Сегодня дают «Бориса Годунова».

—А во сколько начинается?—спрашивает Юлия.

—В 7 часов, —отвечает Николай. —Ну как? Пойдём?

—С удовольствием, Коля. Я вообще люблю Мусоргского, а «Борис Годунов»—моя любимая опера. Интересно, кто сегодня поёт главную партию?

—Ведёрников.

—Тогда обязательно[3] надо идти!

—Петя! Маша! Мы идём в оперу. Вы тоже хотите?

—Я хочу, —отвечает Маша. —Я оперу очень люблю.

—А я буду смотреть телевизор,—говорит Петя. —В 6 часов начинается футбольный[4] матч «Динамо-Спартак». «Динамо»—моя любимая команда.

—Ну что же, —говорит Николай. —Пошли!

ВЫРАЖЕНИЯ

1. И не спрашивай(те)!   *Don't even ask!*
2. спасибо за (accusative)   *thanks for the…*
3. Договорились.   *It's a deal. Agreed.*
4. на улице   *outside, in / on the street*
5. смотреть телевизор   *to watch television*

---

[2] **дочка** colloquial of **дочь**

[3] **обязательно** произносится [aþizáţiļnə].

[4] **Футбольный** произносится [fudbóļnɨy].

6. люби́ть друг дру́га	*to like / love one another*
7. Ну как?	*Well, how about it?*
8. Ну что?	*Well, what about it?*
9. петь (гла́вную) па́ртию	*to sing (the leading) role*
10. Ну что же,…	*Well,…*
11. Он / она́ / оно́ / они́ мне надое́л / а / о / и.	*I'm sick of (fed up with) him / her / it / them.*

ПРИМЕЧА́НИЯ

1. **Фёдор Миха́йлович Достое́вский** (1822–1881)—вели́кий ру́сский писа́тель. Его́ гла́вные рома́ны: «**Преступле́ние и наказа́ние**» (*Crime and Punishment*), «**Бра́тья Карама́зовы**» (*The Brothers Karamazov*), «**Идио́т**» (*The Idiot*) и «**Бе́сы**» (*The Possessed*).
2. **Михаи́л Зо́щенко**—знамени́тый сове́тский писа́тель-сати́рик.
3. **Ильф и Петро́в**—сове́тские писа́тели-юмори́сты. Ильф и Петро́в— псевдони́мы. Их настоя́щие имена́: Илья́ Файнзильберг и Евге́ний Ката́ев. Они́ всегда́ писа́ли вме́сте. Са́мый изве́стный рома́н: «**Двена́дцать сту́льев**» (*Twelve Chairs*).
4. «**Бори́с Годуно́в**» is an opera by the nineteenth-century composer **Моде́ст Мусоргский**. The opera is based on a historical drama in verse by **Алекса́ндр Серге́евич Пу́шкин**. Бори́с Фёдорович Годуно́в (1552– 1605) became czar of Muscovy in 1598, after the death of **Фёдор**, the son of Ivan the Terrible (**Ива́н Гро́зный**). It is believed that Boris caused the death of Fyodor's brother Dmitry, in order that he himself might become czar. During Boris' reign, a young monk who claimed to be the dead Dmitry gained much popular support and with the help of Lithuania and Poland marched on Moscow. This brought on the terrible period of insurrection, war and general revolt referred to as "The Time of Troubles" (**Сму́тное вре́мя**).

ДОПОЛНИ́ТЕЛЬНЫЙ МАТЕРИА́Л

Дни неде́ли

Како́й сего́дня день неде́ли?

Сего́дня понеде́льник.	*Monday*
вто́рник.	*Tuesday*
среда́.	*Wednesday*

четве́рг.	*Thursday*
пя́тница.	*Friday*
суббо́та.	*Saturday*
воскресе́нье.	*Sunday*

Вчера́, сего́дня, за́втра и т.д. are adverbs and thus cannot be the subject of a sentence. Note which words *are* the subjects of the following sentences:

Како́й день неде́ли **был** вчера́?

Вчера́ **был** понеде́льник.

Вчера́ **бы́ло** воскресе́нье.

Вчера́ **была́** суббо́та.

Како́й день неде́ли **бу́дет** за́втра?

За́втра **бу́дет** четве́рг.

УПРАЖНЕ́НИЯ

А. Соста́вьте предложе́ния по образца́м.

Образе́ц: **Они́ лю́бят** друг дру́га. *They like one another.*

1. Вы/знать/друг дру́га?
2. Мы/понима́ть/друг дру́га.
3. Они́/не знать/друг дру́га.

Образе́ц: **Спроси́те его́**, лю́бит ли   *Ask him if he likes*
он класси́ческую му́зыку.   *classical music.*

1. /они́/   2. /она́/   3. /Бори́с/   4. /Та́ня и Серге́й/

Образе́ц: **Он говори́л час.** *He spoke for an hour.*

1. Она́/чита́ть/2   3. Мы/занима́ться/5
2. Я/ждать/4   4. Колхо́зники/рабо́тать/9

Б. Слова́ в ско́бках поста́вьте в пра́вильном падеже́.

1. Вы ви́дели (э́тот молодо́й ру́сский инжене́р)?
   (э́тот хоро́ший ста́рый челове́к)?
   (э́тот америка́нский писа́тель)?
   (э́тот симпати́чный дя́дя)?
2. Они́ зна́ют (э́та америка́нская писа́тельница).
3. Мы чита́ем (интере́сная ру́сская кни́га).
4. Они́ лю́бят (э́тот рома́н).
   (э́то большо́е краси́вое о́зеро).
   (э́ти коро́ткие расска́зы).

5. Спасибо за (информáция).
                (словáрь).
                (ручка).
                (тетрáдь).
                (бумáга).
                (деньги).
                (карандáш).
                (помощь).

В. Ответьте на вопрóсы.

1. Что вы читáете? Я читáю(американский журнáл).
                        (русская газéта).
                        (совéтская книга).
                        (францýзские ромáны).
                        («Войнá и мир»).
                        («Анна Карéнина»).

2. Какóго русского писáтеля вы больше всегó любите?
  Я больше всегó люблю (Достоéвский).
                      (Пушкин).
                      (Гоголь).
                      (Лермонтов).
                      (Тургéнев).
                      (Толстóй).
                      (Горький).
                      (Солженѝцын).

3. Какóго композѝтора вы больше всегó любите?
  Я больше всегó люблю (Бетхóвен).
                      (Прокóфьев).
                      (Чайкóвский).

Г. Ответьте на вопрóсы.

Образéц: Вы понимáете **учѝтеля**? Да, я понимáю **егó**.

1. Вы пишете **упражнéние**?
2. Он читáет **эту книгу**?
3. Онá писáла **письма**?
4. Ты знаешь **Таню и Сергéя**?
5. **Миша и Маша** знают **этого профéссора**?
6. Вы понимáете **Борѝса и меня**?
7. **Андрéй** любит **дедушку**?
8. Вы видите **словáрь**?

Д. Отве́тьте на вопро́сы.

1. Кого́ вы зна́ете? Я зна́ю (э́тот профе́ссор).

(э́тот молодо́й профе́ссор).

(профе́ссор Никола́й Петро́вич Жуко́вский).

2. Кого́ вы ждёте? Я жду (ваш брат).

(ва́ша сестра́).

(твой оте́ц).

(его́ мать).

(её муж).

(их тётя).

Е. Change from **нра́виться** to **люби́ть**.

Образе́ц: Э́тот молодо́й челове́к вам нра́вится?

Вы лю́бите э́того молодо́го челове́ка?

а. Э́тот сове́тский пиани́ст вам нра́вится?
б. Э́та францу́зская писа́тельница вам нра́вится?
в. Э́то ста́рое зда́ние вам нра́вится?
г. Э́ти коро́ткие расска́зы вам нра́вятся?

Ж. Да́йте настоя́щее вре́мя и проше́дшее.

1. сиде́ть до́ма и писа́ть
2. ждать отца́
3. дава́ть тру́дные контро́льные рабо́ты

настоя́щее вре́мя	проше́дшее вре́мя
Я…	Он…
Ты…?	Она́…
Он…	Они́…
Мы…	
Вы…?	
Они́…	

З. **Мочь** или **уме́ть**? Вме́сто многото́чия поста́вьте глаго́лы в настоя́щем вре́мени.

1. Я не… пойти́ в кино́ сего́дня ве́чером.
2. Э́тот ма́льчик… смотре́ть телеви́зор весь день.
3. Э́тот молодо́й челове́к… говори́ть по-неме́цки.
4. Они́ не… здесь сиде́ть.
5. Вы… чита́ть и писа́ть по-испа́нски?
6. Ты… рабо́тать сего́дня?

И. Словá в скобках постáвьте в правильном падежé.

    1. Вы знаете, как зовýт (этот молодóй человéк)?
       Да, (он) зовýт Серёжа.
    2. Вы знаете, как зовýт (эта новая студéнтка)?
       Да, (онá) зовýт Светлáна.
    3. Как зовýт (ваш отéц)?
    4. Как зовýт (ваша мать)?

К. Отвéтьте на вопрóсы.

    Образéц: Во сколько начинáется лекция? (7)
                  Онá начинáется в семь часóв.
                  А во сколько онá кончáется? (9)
                  В девять часóв.

    1. Во сколько начинáется опера? (8)
       А во сколько онá кончáется? (11)
    2. Во сколько начинáется концéрт? (4)
       А во сколько он кончáется? (6)
    3. Во сколько начинáется футбóльный матч? (1)
       А во сколько он кончáется? (4)

Л. Отвéтьте на вопрóсы.

    Образéц: Вы любите балéт? (опера)
                  Люблю́, но я ещё больше люблю́ оперу.

    1. Вы любите Ленингрáд? (Москвá)
    2. Вы любите Толстóго? (Достоéвский)
    3. Вы любите рок-н-рóлл? (класси́ческая музыка)
    4. Вы любите газéту «Нью-Йóрк Таймс»? («Правда»)
    5. Вы любите холóдную погóду? (тёплая погóда)

М. Отвéтьте на вопрóсы.

    Образéц: Когó вы любите? (никогó) Я **никогó** не люблю́.

    1. Когó вы видели в кафé? (никогó)
    2. Когó вы спрашиваете? (никогó)

    Образéц: Что вы делаете? (ничегó) Я **ничегó** не делаю.

    1. Что вы читáете? (ничегó)
    2. Что вы хоти́те? (ничегó)

Вопро́сы

1. Како́й сего́дня день неде́ли? А како́й день был вчера́?
2. Кака́я сего́дня пого́да? Вы лю́бите таку́ю пого́ду?
3. Вы лю́бите жа́ркую пого́ду?
4. Како́е вре́мя го́да вам бо́льше всего́ нра́вится?
5. Где вы бы́ли вчера́ ве́чером? Что вы де́лали?
6. Что вы собира́етесь де́лать сего́дня ве́чером?
7. Вы сего́дня уста́ли? Вы расстро́ены?
8. Вы лю́бите о́перу? А бале́т?
9. Вы когда́-нибудь слу́шали ру́сскую о́перу? Каку́ю?
10. Как вам нра́вится рок-н-ро́лл? А наро́дная (*folk*) му́зыка?
11. У вас есть телеви́зор?
12. Вы лю́бите смотре́ть телеви́зор?
13. Вы лю́бите смотре́ть футбо́л?
14. Кто ваш люби́мый писа́тель?
15. Кто ваш люби́мый компози́тор?
16. Кака́я ва́ша люби́мая о́пера?
17. Како́й ваш люби́мый рома́н?
18. Вы лю́бите «Тома Со́йера» и «Гекельбе́рри Финна»?
19. Во ско́лько начина́ется ва́ша ле́кция?
20. А во ско́лько она́ конча́ется?

Перево́д

1. Do you like Russian music?
   Yes, I do. My favorite composer is Prokofiev (**Проко́фьев**).
2. I don't think that Nina likes (**люби́ть**) your brother.
   That's not true. She likes him very much.
3. Have you ever been in Moscow?
   No, I've never been in Moscow, but I was in Leningrad.
4. Do you happen to know what day of the week it is today?
   Today is Wednesday.
5. I am sure that Vedernikov is going to sing the leading role in *Boris Godunov*.
6. What opera do you like most of all?
   My favorite opera is *Boris Godunov*.
7. I like *Eugene Onegin* (**Евге́ний Оне́гин**) very much.
   I also like Tschaikovsky, but I prefer Moussorgsky.
8. I think that (it's) boring to watch television.
9. Whom did you see last night at the concert?
   I saw your sister.
10. What time does the opera begin? At seven o'clock.

11. What time does it end? At 10 o'clock.
12. What time is it now? Two o'clock.
13. In general I like to read novels, but this novel doesn't appeal to me.
14. Boris doesn't understand anything.
15. Natasha doesn't like (люби́ть) anyone.
16. I'm sick of (fed up with) this music.
17. We're sick of these people.
18. They're sick of dialectical materialism (диалекти́ческий материали́зм).

ГРАММА́ТИКА

НО́ВЫЕ ГЛАГО́ЛЫ

Дава́ть (I) to give. The present tense of verbs which have an infinitive ending in **-ава́ть** is formed by dropping the suffix **-ва-** and adding stressed Conjugation I endings.

Инфинити́в: да	ва́ть
я да	ю́
ты да	ёшь
он да	ёт
мы да	ём
вы да	ёте
они́ да	ю́т

The past tense of these verbs is formed regularly.

он дава́л
она́ дава́ла
оно́ дава́ло
они́ дава́ли

Уме́ть (I) *to know how* (*to*), *be able to*, "*can*". This verb is used to express "*can*" when what is meant is that one has learned how to do something, rather than that he/she is permitted to or has the physical ability to do it. It is the verb to use when one wishes to say "... *know*(*s*) *how to*..." Be sure to *avoid* the anglicism "**Я зна́ю как**..." *I know how*... Say instead: **Я уме́ю**...! Both **мочь** and **уме́ть** often are expressed in English with the verb "*can*." You thus must remember that **уме́ть** is used when one *"can"* do something that requires study and/or mental ability, while **мочь** simply implies permission, possibility and/or physical ability.

Я не могу́ говори́ть по-ру́сски.	*I can't (may not) speak Russian.*
Я не уме́ю говори́ть по-ру́сски.	*I can't (don't know how to) speak Russian.*

Люби́ть (II) *to like, love.* Note that in the present tense conjugation of this verb there is a consonant permutation (**б** becomes **бл**) in the first person singular only. Note also the shifting stress.

Инфинити́в: люби́ть

я люблю́	мы лю́бим
ты лю́бишь	вы лю́бите
он лю́бит	они́ лю́бят

ЛЮБИ́ТЬ—НРАВИТЬСЯ

Люби́ть describes a more personal, stronger reaction than does **нравиться**. Russians use **люби́ть** when they have had an opportunity to evaluate their feelings about a person or thing and have decided that they *really* like him/her/it. Note the following examples:

Я вообще́ люблю́ его́ расска́зы, но э́тот расска́з мне не нравится.

It is important to note that who/what is liked is the *subject* of **нравиться** *to appeal to*, but the direct object of **люби́ть**.

Я люблю́ Ива́на.	Ива́н мне нравится.
Ты лю́бишь Ива́на.	Ива́н тебе́ нравится.
Она́ лю́бит Ива́на.	Ива́н ей нравится.
Мы лю́бим Ива́на.	Ива́н нам нравится.
Вы лю́бите Ива́на.	Ива́н вам нравится.
Они́ лю́бят Ива́на.	Ива́н им нравится.

To like very much is **о́чень люби́ть/о́чень нравиться**. Do *not* use the word **много** in this expression!

Я её о́чень люблю́. Она́ мне о́чень нравится.

THE ACCUSATIVE CASE OF ADJECTIVES
Винúтельный падéж прилагáтельных

1. *Masculine Animate*. When **этот** modifies or replaces a masculine animate noun in the accusative case, it takes the ending **-ого** [əvə].

Я знаю этого профéссора.

Other adjectives that modify or replace masculine animate nouns in the accusative case have the ending **-ого** or **-его** (Spelling Rule 3).

Я знаю этого хорóшего молодóго студéнта.

Adjectives that modify masculine animate nouns that end in **-а** take masculine endings, although the noun is declined as if it were feminine.

Я знаю этого мужчúну.

2. *Masculine Inanimate*. Masculine inanimate nouns and their modifiers are unchanged in the accusative case. NO CHANGE

Вы видели этот хорóший большóй новый теáтр?

3. *Feminine.* When **эта** modifies or replaces a feminine noun in the accusative case, it takes the ending **-у**.

Я очень люблю эту книгу.

Other adjectives have the ending **-ую**.

Я читáю очень интерéсную русскую книгу.
Вы знаете эту русскую студéнтку?

4. Many Russian family names (**фамúлии**) end in **-óй/-ий** (feminine: **-ая**). Such names take adjective endings in all cases.

Толстóй: Я очень люблю Толстóго.
Достоéвский: Вы читáли Достоéвского?
Крупская: Дéдушка сказáл мне, что знал Крупскую.

First names that end in **-й** (even **-ий**) are nouns and are declined as such.

Дмитрий Жукóвский: Вы знаете Дмитрия Жукóвского?

5. *Neuter.* Neuter nouns and their modifiers are unchanged in the accusative case.

Мы там видели хорóшее красúвое старое здáние.

6. *Plural Inanimate.* Inanimate plural nouns and their modifiers are unchanged in the accusative case. Animate plurals will be covered in a later lesson.

Мы там видели красúвые старые домá.

THE ACCUSATIVE CASE OF POSSESSIVE PRONOUNS
Вини́тельный паде́ж притяжа́тельных местоиме́ний

Nominative (*Кто?* **Что?**)			Accusative (*Кого?* **Что?**)				
					No Change		
Masc.	*Fem.*	*Neuter*	*Masc. Anim.*	*Fem.*	*Masc. Inanim.*	*Neuter*	*Plural Inanim.*
мой	моя́	моё	моего́	мою́	мой	моё	мой
твой	твоя́	твоё	твоего́	твою́	твой	твоё	твой
его́	его́	его́	его́	его́	его́	его́	его́
её	её	её	её	её	её	её	её
наш	наша	наше	нашего	нашу	наш	наше	наши
ваш	ваша	ваше	вашего	вашу	ваш	ваше	ваши
их	их	их	их	их	их	их	их

Вы видели **мой** велосипе́д? Вы видели **моё** радио?
Вы видели **моего́** отца́? Вы видели **мои́** очки́?
Вы чита́ете **мою́** книгу?

FLEETING O/E/Ё
Бе́глое о/е/ё

The majority of nouns that end in a consonant + o/e/ё + a consonant drop that vowel when endings are added to the noun. These vowels are referred to as "fleeting" o/e/ё (бе́глое о/е/ё). Most nouns that end in -ец belong to this category.

америка́н | ец
Вы зна́ете э́того америка́н | ца?

Note that the accusative case is used in the Russian expression for *What's…'s name?*

—Как зову́т **э́того ма́льчика**?

—Его́ зову́т Ва́ня.

—Как зову́т **э́ту студе́нтку**?

—Её зову́т Ната́ша.

The infinitive of the verb *to call* is **звать**.

НИКОГÓ/НИЧЕГÓ

The direct object forms of the negative pronouns **никтó** *no one* and **ничтó** *nothing* are **никогó** and **ничегó**.

> —Когó вы видите?
> —Я **никогó** не вижу.
> —Что вы хотѝте?
> —Я **ничегó** не хочý.

СЛОВÁРЬ

(For days of the week, refer to **ДОПОЛНѝТЕЛЬНЫЙ МАТЕРИÁЛ**.)

бóльше/мéньше/лýчше/ хýже всегó	*most / least / best / worst of all*
вдруг	*suddenly*
глáвный	*principal, main, leading*
давáть (I)	*to give*
даю́, -ёшь; -ю́т	
договорѝться (II)	*to reach an agreement*
друг дрýга	*one another*
дрýжный	*friendly*
за (когó? что?)	*for*
звать (зовýт)	*to call (someone by a name)*
извéстный	*well known*
именно	*specifically, exactly*
информáция	*information*
комáнда	*team*
кончáться (I)	*to be over, come to an end*
лýчше	*better*
лýчше всегó	*best / most of all*
любѝмый	*favorite*
любѝть (II)	*to like, love*
люблю́, любишь; любят	
мéньше	*less*
мéньше всегó	*least of all*
нарóдный	*folk*
настоя́щий	*real, genuine*

начина́ться (I)	*to begin, start* (intransitive)
обяза́тельно	*definitely*
опера	*opera*
обижа́ться (I)	*to be offended*
осо́бенно	*especially*
па́ртия	*role, part*
писа́тель(-ница)	*writer*
по́мощь (ж.)	*help* (noun)
прекра́сный	*wonderful, marvelous*
псевдони́м	*pseudonym*
расска́з	*story*
коро́ткий расска́з	*short story*
расстро́ен, -а, -о; -ы	*upset, disturbed*
сати́рик	*satirist*
склоня́ться (I)	*to be declined* (grammatical term)
смотре́ть (II)	*to watch*
смотрю́, смо́тришь; смо́трят	
тако́й, -а́я, -о́е; -и́е	*such (a), one like this*
телеви́зор	*television*
удиви́тельный	*amazing, marvelous*
уме́ть (I)	*to know how, to be able, "can"*
ую́тно	*comfortable, cozy*
футбо́льный матч	*football game*
ху́же	*worse*
ху́же всего́	*worst of all*
юмори́ст	*humorist*

Коне́ц двена́дцатого уро́ка.

Тринáдцатый урóк

ДИАЛÓГ
Алексéй Сергéевич летáл в Сочи

Дарья Степáновна: Алексéй Сергéевич, мне сказáли, что вы были на Кавкáзе.

Алексéй Сергéевич: Да, я недáвно летáл в Сочи в отпуск.[1]

Дарья Степáновна: Сколько времени вы там были?

Алексéй Сергéевич: Недéлю. Я езжу тудá в отпуск почти кáждый год. В Сочи красúво и интерéсно.

Darya Stepanovna: Aleksei Sergeyevich, I was told that you were in the Caucasus.

Aleksei Sergeyevich: Yes, I recently flew to Sochi on vacation.

Darya Stepanovna: How long were you there?

Aleksei Sergeyevich: A week. I go there on vacation almost every year. It's beautiful and interesting in Sochi.

---

[1]**Отпуск** *leave, vacation from* **work**; **канúкулы** *vacation from school*. **Ехать/ездить, летéть/летáть в отпуск/на канúкулы** *to go on vacation.*

Дарья Степáновна: А я обы́чно езжу в Ялту и прекрáсно провожý время: лежý на пляже, загорáю, купáюсь, много хожý пешкóм.

Darya Stepanovna: I usually go to Yalta and have a wonderful time. I lie on the beach, sunbathe, swim, and do a lot of walking.

Алексéй Сергéевич: Вы ездите тудá на машúне?

Aleksei Sergeyevich: Do you go there by car?

Дарья Степáновна: Нет, на поезде.

Darya Stepanovna: No, by train.

Алексéй Сергéевич: Почемý же вы не летáете?

Aleksei Sergeyevich: Why in the world don't you fly?

Дарья Степáновна: Честно говоря, я боюсь летáть.

Darya Stepanovna: To be honest, I'm afraid of flying.

Алексéй Сергéевич: Ну, летáть теперь совсéм неопáсно.

Aleksei Sergeyevich: Oh, flying isn't dangerous at all now.

На пляже в Сочи

ТЕКСТ ДЛЯ ЧТЕНИЯ
Америкáнский турúст в Москвé

Америкáнский студéнт, Джон Хемингуэй, 2 года изучáл русский язы́к в университéте в Калифóрнии. Потóм он решúл[2], что емý порá ехать в

---
[2]решúл *decided*

Сове́тский Сою́з, чтобы посмотре́ть страну́ и разгова́ривать только по-ру́сски.

В Пари́ж Джон лете́л на самолёте, а отту́да в Ленингра́д он ехал на поезде через Берли́н, Варша́ву[3], Гродно и Вильнюс. В Гродно[4] поезд стоя́л 2 часа́. Там, на грани́це, меня́ют колёса[5], и пассажи́ры прохо́дят через тамо́жню.

В СССР Джон всё время лета́л на самолёте, хотя́ он бои́тся лета́ть. Он больше любит ездить на поезде, на авто́бусе или на маши́не. Ему́ кажется, что любо́й спóсоб передвиже́ния лучше, чем самолёт, но, к сожале́нию, надо было лета́ть.

Джон был в СССР 5 неде́ль: неде́лю в Ленингра́де, 2 неде́ли в Москве́, 3 дня в Киеве, 5 дней в Ялте и неде́лю на Кавка́зе. В Москве́ у негó был хорóший экскурсовóд—Ната́лья Жукóвская. Ната́лья соверше́нно свобóдно говори́т по-англи́йски, но в первый же день Джон сказа́л:

—Слу́шайте, Ната́ша. Я знаю, что вы говори́те по-англи́йски горáздо лучше, чем я по-ру́сски, но я здесь только потому́, что хочу́ разгова́ривать по-ру́сски. Пожа́луйста, не говори́те по-англи́йски, хорошó?

—Ладно, —отвеча́ет Ната́лья. —Скажи́те, пожа́луйста, куда́ вы хоти́те пойти́ сегóдня утром? На Красную площадь, в Третьякóвскую галере́ю, в Лужники́, на ВДНХ, в Кремль?

—Мне сказа́ли, что москóвское метрó самое краси́вое в мире, —отвеча́ет Джон. —Можно посмотре́ть его?

—Хорошó, —говори́т Ната́лья. —Пойдёмте снача́ла в метрó, а потóм в Кремль.

—Договори́лись, —отвеча́ет Джон. —Пойдёмте.

ВЫРАЖЕ́НИЯ

1. ехать/ездить (лете́ть/лета́ть) в отпуск (на кани́кулы)	to go on vacation
2. проводи́ть время (отпуск, кани́кулы, и т.д.)	to spend (one's) time (vacation, etc.)
3. хорошó проводи́ть время	to have a good time
4. почему́ же	why in the world
5. честно говоря́	to be honest

---

[3] Варша́ва *Warsaw*

[4] «Гродно» не склоня́ется.

[5] Soviet railroad tracks are 8.5 centimeters wider than those of most European countries; consequently, the wheels (actually the trucks) of all railway cars must be changed at the border.

6. Мне (тебе́, ему́, ей и т.д.) пора́ (+ инфинити́в)	*It's time for me (you, him, her, etc.) (to…)*
7. проходи́ть через тамо́жню	*to go through customs*
8. в пе́рвый же день	*on the very first day*
9. ка́жется,…	*apparently*
10. Мне ка́жется, что…	*It seems to me that…*

ПРИМЕЧА́НИЯ

1. **Кра́сная пло́щадь.** Red Square is located in the center of Moscow. The Kremlin, Lenin's Tomb, St. Basil's Cathedral, and the Historical Museum all are located on Red Square.
2. **Третьяко́вская галере́я.** The Tretyakov Gallery is a famous gallery of Russian art. It was founded by P. U. Tretyakov and donated by him to the city of Moscow in 1892.
3. **Центра́льный стадио́н и́мени Ле́нина.** The Central Stadium named for Lenin is located at a large bend in the Moscow River. The area, called **Лужники́**, also contains a park and exhibition grounds.
4. **Вы́ставка достиже́ний наро́дного хозя́йства (ВДНХ).** The Exhibition of the Accomplishments of the Peoples' Economy is a 540 acre park in Moscow. There each of the 15 Soviet republics maintains a pavilion, Usually **ВДНХ** is referred to simply as **Вы́ставка.** Use the preposition **на**, not **в** with the noun **вы́ставка.**

> Мы сего́дня идём **на** вы́ставку.
> Они́ вчера́ бы́ли **на** вы́ставке.

ДОПОЛНИ́ТЕЛЬНЫЙ МАТЕРИА́Л

В како́й день?

Когда́ они́ там бы́ли? (в + вини́тельный паде́ж)

> Они́ там бы́ли в понеде́льник.
> во вто́рник.
> в сре́ду.
> в четве́рг.

в пя́тницу.
в суббо́ту.
в воскресе́нье.

Спосо́бы передвиже́ния

маши́на

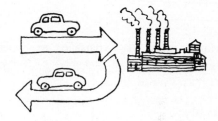

Ива́н едет на маши́не на рабо́ту.

Анто́н ка́ждый день ездит на рабо́ту на маши́не.

мотоци́кл

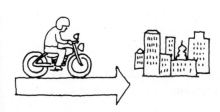

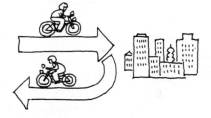

Павел едет на мотоци́кле в центр.

Саша часто ездит в центр на мотоци́кле.

велосипе́д

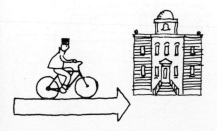

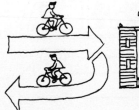

Миша едет на велосипе́де в школу.

Аня всегда́ ездит в школу на велосипе́де.

трамва́й

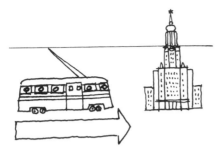

Ма́ша едет на трамва́е в университе́т.

Эти студе́нты иногда́ ездят в университе́т на трамва́е.

авто́бус

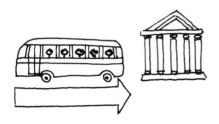

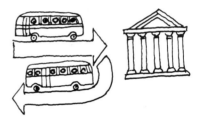

Мы едем на авто́бусе в теа́тр.

Они́ обы́чно ездят в теа́тр на авто́бусе.

тролле́йбус

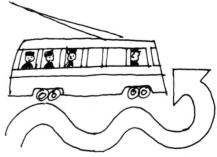

Эти дети едут на тролле́йбусе домо́й.

Дети любят ездить на тролле́йбусе.

грузови́к

Этот колхо́зник едет на грузовике́ в го́род.

Колхо́зники ча́сто е́здят на грузовике́.

самолёт

Этот самолёт лети́т в Москву́.

Самолёты ка́ждый день лета́ют отсю́да в Москву́.

метро́ и такси́ не склоня́ются

Эти москвичи́ едут на метро́ на рабо́ту.

Москвичи́ ча́сто е́здят на метро́. Оно́ о́чень удо́бное.

Эти тури́сты е́дут в гости́ницу на такси́.

Этот тури́ст сего́дня е́здил на такси́ на ВДНХ.

УПРАЖНЕ́НИЯ

А. Соста́вьте предложе́ния по образца́м.

Образе́ц: **Мне** ка́жется, что **он** уста́л.   *It seems to me that he is tired.*

1. Мы/она́   3. Она́/они́
2. Они́/вы   4. Он/я

Образе́ц: **Он** неда́вно е́здил в   *He recently went (by vehicle)* **Москву́.**   *to Moscow.*

1. Она́/Ленингра́д   3. Я/Но́вая А́нглия
2. Они́/Оде́сса   4. Мы/Брита́нская Колу́мбия

Образе́ц: **Она́** неда́вно лета́ла в   *She recently flew to England.* **А́нглию.**

1. Мы/Пари́ж   3. На́дя и Са́ша/Сиби́рь
2. Мои́ роди́тели/Я́лта   4. Я/Но́вая Зела́ндия

Образе́ц: **Он** обы́чно ходи́л на рабо́ту   *He usually walked to work,* пешко́м, а **они́** е́здили на   *but they went by subway.* метро́.

1. Они́/мы   3. Вы/я
2. Да́рья/Андре́й   4. Воло́дя/Ната́ша

Образе́ц: **Мы** там бу́дем че́рез **неде́лю.**   *We'll be there in a week.*

1. Бори́с Петро́вич/2 неде́ли   3. Ва́ши де́ти/5 неде́ль
2. Да́рья Степа́новна/4 неде́ли   4. Я/6 неде́ль

Б. Переведи́те слова́ в ско́бках.

1. Как вы е́здите на рабо́ту?
   Я е́зжу *(by bus).*　　　　*(by streetcar).*
   　　　(by trolley bus).　　*(by bicycle).*
   　　　(by subway).　　　*(by motorcycle).*
   Я на рабо́ту не е́зжу, а *(go on foot).*

2. Как вы е́здили в Со́чи?
   Я е́здил(а) *(by train).*　　*(by bus).*
   　　　(by car).　　　*(by truck).*
   Я туда́ не е́здил(а), а *(went by plane).*

В. Вме́сто многото́чия поста́вьте ну́жные по смы́слу однокра́т-
ные/неоднокра́тные глаго́лы движе́ния.

	Идти́		*Ходи́ть*

Идти́

1. —Ва́ня! Куда́ ты … ?
   —Я … в библиоте́ку. Ты
   то́же?
   —Нет, я … домо́й.
2. —Вы … в кино́?
   —Нет, я … на футбо́л.

3. —Ва́ши друзья́ … в о́перу?
   —Нет, они́ … в кино́.

4. —Вы … на стадио́н?
   —Нет, мы … на рабо́ту.

5. —Куда́ … ва́ши де́ти? На
   пляж?
   —Нет, они́ … в парк.

Ходи́ть

1. —Ты ча́сто … в библиоте́ку?
   Нет, я ре́дко … туда́.
   —А я … ка́ждое воскре-
   се́нье.
2. —Вы ча́сто … в кино́?
   —Нет, ре́дко, но я ча́сто …
   на футбо́л.
3. —Серёжа почти́ ка́ждую
   неде́лю … в о́перу.
   —Да, зна́ю, а его́ жена́
   никогда́ никуда́ не …
4. —Вы обы́чно … на рабо́ту
   пешко́м?
   —Нет, мы ре́дко … на
   рабо́ту пешко́м.
5. —Ва́ши де́ти ча́сто … в
   парк?
   —Да, они́ ка́ждую суббо́ту…
   и́ли в парк, и́ли на пляж.

Ехать

1. —Ты … на рабо́ту?
   —Нет, я … на да́чу. Сего́дня
   выходно́й.
2. —Куда́ вы … ?
   —Мы … в центр.

Е́здить

1. —Ты ча́сто … в Москву́?
   —Нет, я ре́дко … туда́.

2. —Вы обы́чно … в центр на
   авто́бусе?
   —Нет, обы́чно мы … на
   метро́.

3. —Воло́дя сего́дня ... в Ялту?
Нет, он ... за́втра.

4. —Куда́ ... ва́ши роди́тели в отпуск?
—Они́ послеза́втра ··· на Чёрное мо́ре.

Лете́ть

1. —Скажи́, куда́ ты ... ?
—Я ... в Москву́.

2. —Вы то́же ... в Тбили́си?
—Нет, мы ... в Ерева́н.

3. —Та́ня сего́дня ... домо́й?
—Нет, она́ ... за́втра.

4. Мне сказа́ли, что твои́ де́ти ... в сре́ду в Со́чи.

3. —Мне ка́жется, что Са́ша обы́чно ... в о́тпуск на Кавка́з.

4. —Куда́ обы́чно ... ва́ши роди́тели в о́тпуск?
—Обы́чно они́ ... на Кавка́з.

Лета́ть

1. —Ты ча́сто ... в Москву́?
—Я ... туда́ ка́ждый год.

2. —Вы ча́сто ... на Кавка́з?
—Да, мы ка́ждый ме́сяц ... туда́.

3. —Та́ня иногда́ ... домо́й?
—Да, она́ ... о́сенью и весно́й.

4. —Твои́ де́ти лю́бят ...?
—Да, о́чень.

Г. Отве́тьте на вопро́сы.

Образе́ц: —Где вы бы́ли вчера́? (библиоте́ка)
—Я ходи́л(а) в библиоте́ку.

—*Where were you yesterday?*
—*I went to the library (and came back).*

1. Где был Ива́н вчера́? (Третьяко́вская галере́я)
2. Где была́ Та́ня вчера́? (Вы́ставка)
3. Где бы́ли э́ти студе́нты вчера́? (Центра́льный стадио́н)

Образе́ц: —Где была́ Мари́на? (Сан-Франци́ско)
—Она́ е́здила в Сан-Франци́ско

—*Where was Marina?*
—*She went to San Francisco (and came back).*

1. Где был ваш оте́ц? (Москва́)
2. Где бы́ли ва́ши роди́тели? (дере́вня)
3. Где вы бы́ли? (Чёрное мо́ре)

Образе́ц: —Вы бы́ли в Сиби́ри? (Ирку́тск)

—*Were you in Siberia?*

—Да, я неда́вно лета́л(а)   — *Yes, I recently flew to Irkutsk*
в Ирку́тск.   *(and came back).*

1. Вы бы́ли на Кавка́зе? (Тбили́си)
2. Вы бы́ли в Австра́лии? (Канберра)
3. Вы бы́ли на ю́ге? (Ялта)

Д. Соста́вьте предложе́ния по образца́м.

Образе́ц: —Куда́ он шёл, когда́ вы   — *Where was he going*
его́ ви́дели? (библиоте́ка)   *when you saw him?*
—Он шёл в библиоте́ку.   — *He was going to the*
     library.

1. Куда́ шла Да́рья, когда́ вы её ви́дели? (шко́ла)
2. Куда́ шли де́ти, когда́ вы их ви́дели? (столо́вая)
3. Куда́ е́хал профе́ссор, когда́ вы его́ ви́дели? (дом)

Е. Переведи́те слова́ в ско́бках.

1. Вот Бо́ря. Интере́сно, куда́ он *(is walking)*?
2. Мои́ роди́тели не лю́бят *(to fly)*.
3. —Вы ча́сто *(drive)* на Чёрное мо́ре?
—Нет, я никогда́ не *(drive)* туда́.
4. —Куда́ *(is flying)* э́тот самолёт?
—В Москву́.
5. Я ре́дко *(ride)* на рабо́ту, обы́чно я *(walk)* пешко́м.
6. Я не люблю́ *(to walk)* пешко́м.
Лу́чше *(to ride)* на метро́.
7. На́ши ро́дственники ча́сто *(fly)* в США.
8. Мы собира́емся в пя́тницу *(to go / drive)* на да́чу.
9. Я так хочу́ *(to go / walk)* на э́тот конце́рт!

Ж. В и́ли на?

Образе́ц: Пора́ идти́ (конце́рт) Пора́ идти́ **на конце́рт.**

Пора́ идти́ (ле́кция).	(шко́ла).
(рабо́та).	(фильм).
(библиоте́ка).	(по́чта).
(теа́тр).	(университе́т).
(бале́т).	(аудито́рия).
(галере́я).	(о́пера).

3. Отве́тьте на вопро́сы.

   1. Како́й уро́к вы сего́дня прохо́дите?
     Сего́дня мы прохо́дим *(first)* уро́к.
                        (second) уро́к.
                        (third) уро́к.
                        (sixth) уро́к.
                        (eleventh) уро́к.
                        (thirteenth) уро́к.
                        (twentieth) уро́к.

   2. Каку́ю страни́цу вы чита́ете?
     Я чита́ю (пе́рвая страни́ца).
             (тре́тья страни́ца).
             (четвёртая страни́ца).
             (два́дцать шеста́я страни́ца).

   3. Како́е упражне́ние вы пи́шете?
     Я пишу́ *(second)* упражне́ние.
            (third) упражне́ние.
            (thirty-seventh) упражне́ние.

И. Запо́лните про́пуски.

   Образе́ц: рабо́тать: **Рабо́тай! Рабо́тайте!**

1. кури́ть: Не…!	6. опа́здывать на ле́кцию: Не…!
2. слу́шать: …!	7. занима́ться ве́чером: …!
3. говори́ть по-ру́сски: …!	8. идти́ сюда́: …!
4. обижа́ться: Не …!	9. гото́вить уро́ки: …!
5. писа́ть дикта́нт: …!	10. сади́ться на авто́бус: …!

Вопро́сы

1. Како́й уро́к вы прохо́дите?
2. Како́й сего́дня день неде́ли? А како́й день был вчера́?
3. Как вам нра́вится пого́да сего́дня?
4. Когда́ вы обы́чно занима́етесь: у́тром, днём, ве́чером или но́чью?
5. Вы когда́-нибудь смотре́ли бале́т? Где вы смотре́ли его́?
6. Куда́ вы собира́етесь пое́хать на кани́кулы?
   Как вы бу́дете там проводи́ть вре́мя?
7. Куда́ вы обы́чно е́здите на кани́кулы?
   Как вы там прово́дите вре́мя?
8. Вы лю́бите лета́ть? Вы ча́сто лета́ете?
9. Вы лю́бите ходи́ть пешко́м? Вы ча́сто хо́дите пешко́м?
10. Вы лю́бите купа́ться? Вы ча́сто купа́етесь?

11. Вы лю́бите загора́ть на пля́же?
12. Вы в университе́т е́здите и́ли хо́дите пешко́м?
13. Ско́лько сейча́с вре́мени?
14. Во ско́лько начина́ется ва́ша пе́рвая ле́кция в понеде́льник? А во ско́лько она́ конча́ется?
15. Вы бои́тесь е́здить на мотоци́кле? Почему́? Вы ду́маете, что э́то опа́сно?

Перево́д

1. Hello. Are you an American?
2. No, I'm a Canadian.
3. Are your parents Russian?
4. Yes, but they don't speak Russian. My family has lived in Canada for a long time. I studied Russian at the university.
5. How many years did you study Russian?
6. Three years. My sister has been studying Russian only half a year and already speaks Russian much better than I do.
7. What do you want to see (**посмотре́ть**) in Moscow?
8. I very much want to see Red Square, the Kremlin, and the Tretyakov Gallery.
9. Have you already been in the south of the USSR?
10. Yes, I was six days in Yalta. I like Yalta much more than Sochi.
11. Did you go there by plane?
12. No, I went by train. I'm afraid of flying.
13. It seems to me that Vadim likes Tanya very much.
14. I always try to speak only Russian.
15. My family often goes to the Black Sea on vacation. We always have a good time there. We lie on the beach, sunbathe, swim and walk a lot.
16. Oh, here comes (**вот идёт**) my bus.
17. Where are you going?
18. To Red Square.
19. How are you spending (your) time in Moscow?
20. I'm having a wonderful time here.

ГРАММА́ТИКА

ОДИ́Н/ОДНА́/ОДНО́/ОДНИ́; ПОЛТОРА́/ПОЛТОРЫ́; ДВА/ДВЕ

The number *one* in Russian has a masculine, a feminine, a neuter, and a plural form; *one and a half* and *two* have a masculine/neuter and a feminine form. All other numbers have one form for all genders and numbers.

оди́н день   два часа́/дня/ме́сяца/го́да

одна́ неде́ля   **две** неде́ли

одно́ окно́   полтора́ часа́/дня/ме́сяца/го́да

одни́ часы́   полторы́ неде́ли

ЧАС/ДЕНЬ/НЕДЕ́ЛЯ/МЕ́СЯЦ/ГОД

Learn the forms of **день** and **неде́ля** that are used with numbers. They follow the same pattern as **час/ме́сяц/год**.

1	21	час	**день**	**неде́ля**	ме́сяц	год
2	22					
3	23	часа́	**дня**	**неде́ли**	ме́сяца	го́да
4	24					
5	25					
↓	↓	часо́в	**дней**	**неде́ль**	ме́сяцев	лет
20	30					

Note also:

½ (полови́на):	полчаса́	**полдня́**	...	полме́сяца	полго́да
1½ (полтора́/ы́):	часа́	**дня**	**неде́ли**	ме́сяца	го́да

Полдень means *noon*; **полночь** means *midnight*. As a week consists of an odd number of days, it is not used with **пол-**.

СКО́ЛЬКО ВРЕ́МЕНИ ВЫ…?

In answering questions about the length of time an activity lasted, Russians express the period of time in the accusative case. In practice, this effects only **неде́ля** (*week*), as **час, ме́сяц,** and **год** are masculine *inanimate* nouns.

> —Ско́лько вре́мени они́ там рабо́тали?
>
> —Они́ там рабо́тали час/день/неде́лю/ме́сяц/год.

Note also:

> —Попроси́те, пожа́луйста, к телефо́ну Ма́шу.
>
> —Одну́ мину́точку.

COMMANDS (THE IMPERATIVE MOOD)
Повели́тельное наклоне́ние

To form the imperative of Russian verbs, drop the ending of the third person plural (**они́**) form of the verb. Then:

1. If the stem of the **они́** form ends in a vowel, add **-й** for the **ты** command, **-йте** for the **вы** command:

они́	слуша	ют
Слуша	й![6]	
Слуша	йте![6]	} *Listen!*

2. If the stem ends in a consonant, add **-и** for the **ты** command, **-ите** for the **вы** command:

они́	говор	я́т
Говор	и́!	
Говор	и́те!	} *Speak!*

3. The stressed syllable of the commands is the same as that of the first person singular (**я**) form of the verb:

я посмотрю́—они́	посмо́тр	ят
Посмотр	и́!	
Посмотр	и́те!	} *Take a look!*

я пишу́—они́	пиш	ут
Пиш	и́!	
Пиш	и́те!	} *Write!*

4. When the *stem* of the **я** form of the verb is *stressed* and the **они́** form stem ends in a *single consonant*, add **-ь** for the **ты** command, **-ьте** for the **вы** command:

я гото́влю—они́	гото́в	ят
Гото́в	ь![6]	
Гото́в	ьте![6]	} *Prepare!*

я бу́ду—они́	буд	ут
Буд	ь[6] здоро́в(а)!	
Буд	ьте[6] здоро́вы!	} *Gesundheit! Bless you!*

---

[6] The letters **-ь** and **-й** are separated here only to indicate the correct *spelling* of these command forms; they are not endings, as **-ь** is an integral part of the preceding consonant, and **-й** cannot be separated from the vowel with which it represents a diphthong.

5. Reflexive verbs add **-ся** to consonants and **-сь** to vowels.

я сажу́сь—они́	сад	я́тся
	Сад	и́сь!
	Сад	и́тесь!

} *Sit down! Have a seat!*

THE PREPOSITIONS В/НА/ЧЕРЕЗ

In answering a "**куда́**-question" or in making a statement of any kind concerning directed motion or destination, the prepositions **в** *to, into* and **на** *on, onto* require that their objects be in the accusative case. **Через** *across, through, over* always takes the accusative.

Я иду́ в шко́лу.	*I am going to school.*
Я иду́ на ле́кцию.	*I am going to class.*
Я иду́ че́рез у́лицу.	*I am going across the street.*
Я иду́ че́рез парк.	*I am walking through the park.*

Certain words require that **на**, not **в** be used for *to*. **На** usually is employed when the destination is a place where people can or do gather, for example, performances (ballet, football, concert). Sometimes there is no apparent reason for using **на**, so it is best to learn the following words together with the preposition **на**.

Я иду́/еду на вокза́л	*railroad station*
выставку	*exhibition*
станцию	*station*
почту	*post office*
фа́брику	*factory*
заво́д	*large factory, plant*
пло́щадь	*square*
заня́тие	*class*
уро́к	*class*
ле́кцию	*class*
рабо́ту	*work*
стадио́н	*stadium*
футбо́л	*soccer*
у́лицу	*street ("outside")*
двор	*yard ("outside")*
собра́ние	*meeting*
съезд	*congress*
конце́рт	*concert*
бале́т	*ballet*

фильм	*film*
да́чу	*dacha, summer house*
пляж	*beach*
мо́ре	*sea*
о́зеро	*lake*
грани́цу	*border*
Кавка́з	*Caucasus*
Ура́л	*Urals*
се́вер	*north*
юг	*south*
восто́к	*east*
за́пад	*west*

Most Russians say **Я иду́ в о́перу**; however, **на** is used when the name of the opera is given: **Я иду́ на о́перу «Бори́с Годуно́в».**

ПРОВОДИ́ТЬ ВРЕМЯ

To have a good time in Russian is **хорошо́ проводи́ть вре́мя**.

—Как вам нра́вится Москва́?

—О́чень. Я здесь прекра́сно провожу́ вре́мя.

— *How do you like Moscow?*

— *Very much. I'm having a wonderful time here.*

Note also the expression **проводи́ть о́тпуск** (*vacation from work*) and **кани́кулы** (*vacation from school*).

—Где вы прово́дите о́тпуск (кани́кулы)?

—Я обы́чно е́зжу в Ялту.

— *Where do you spend your vacations?*

— *I usually go to Yalta.*

UNIDIRECTIONAL/MULTIDIRECTIONAL VERBS OF MOTION
Однокра́тные и неоднокра́тные глаго́лы движе́ния

The verbs **идти́, е́хать**, and **лете́ть** are referred to as "*unidirectional verbs of motion*" because they are used to describe motion to a single specified destination or in a single direction only. Consequently, the most accurate equivalent in English often is *to be on the way to ...* or *to be walking, driving, or flying to ...*

To express motion without a specified destination or direction or in more than a single direction (*there and back* **туда́ и обра́тно**), Russians use "*multidirectional verbs of motion.*"

Однокра́тные глаго́лы	*Неоднокра́тные глаго́лы*
идти́	ходи́ть (хожу́, ходишь; ходят)
ехать	ездить (езжу, ездишь; ездят)
лете́ть	лета́ть (лета́ю, лета́ешь; лета́ют)

Multidirectional verbs often occur with such adverbs and phrases as **часто, редко, иногда́, никогда́, каждый день**, because if an action occurs more than once, a round trip (**туда́ и обра́тно**) must be involved. (It would be impossible to go a second time without returning from the first trip.)

Я часто хожу́ в теа́тр.
Они́ каждое лето ездят на Чёрное море.
Мы никогда́ не лета́ем в Челя́бинск.

If no destination or direction is given, obviously the multidirectional verb must be used.

> Я о́чень люблю́ ходи́ть пешко́м.
> Он бои́тся е́здить на мотоци́кле.
> Мы лю́бим лета́ть.

The past tense of the unidirectional verbs is not used very often. When used, it usually is to describe two simultaneous actions.

—Куда́ вы е́хали, когда́ я вас ви́дел(а)?	—*Where were you going when I saw you?*
—Я е́хал домо́й.	—*I was going home.*
Когда́ они́ шли домо́й, они́ гро́мко пе́ли пе́сни.	*While they were walking home, they were loudly singing songs.*

Films, rain, snow and hail go in one direction only and thus are used only with **идти́**.

> Идёт (шёл) фильм/дождь/снег/град.

In the past tense, if someone went somewhere and returned, a multidirectional verb must be used, as a unidirectional verb would mean only: *was/were on the way to* .... Thus there are two possible answers to the question **Где вы бы́ли?**

Где вы бы́ли вчера́?	Я **был(а́)** в кино́.
	Я **ходи́л(а)** в кино́.
Где он был вчера́?	Он **был** в Москве́.
	Он **е́здил** в Москву́.
Где они́ бы́ли весно́й?	Они́ **бы́ли** на Кавка́зе.
	Они́ **лета́ли** на Кавка́з.

Remember that when used with an auxiliary verb, the verb forms **пойти́, пое́хать, полете́ть** normally are used instead of **идти́, е́хать, лете́ть**.

> Я хочу́ пойти́ в теа́тр.
> Вы мо́жете пое́хать сего́дня в дере́вню?
> Мы собира́емся за́втра полете́ть в То́кио.

ORDINAL NUMBERS
Поря́дковые числи́тельные

If you learned the chapter numbers as we came to them, you already know the ordinal numbers (masculine form) from *first* to *thirteenth*. In Russian, as in English, these numbers are adjectives; thus they must agree with the word modified in gender, case, and number.

The numbers listed here are given in the masculine form. Note the special endings of *third*.

	Masc.	*Fem.*	*Neuter*	*Plural*
Nom.	третий	третья	третье	третьи
Acc.	{ третий { третьего	третью	третье	третьи (*inan.*)

первый	*1st*	восемна́дцатый	*18th*
второ́й	*2nd*	девятна́дцатый	*19th*
тре́тий, -ья, -ье, -ьи	*3rd*	двадца́тый	*20th*
четвёртый	*4th*	двадцать пе́рвый	*21st*
пя́тый	*5th*	тридца́тый	*30th*
шесто́й	*6th*	тридцать второ́й	*32nd*
седьмо́й	*7th*	сороково́й	*40th*
восьмо́й	*8th*	сорок тре́тий	*43rd*
девя́тый	*9th*	пятидеся́тый	*50th*
деся́тый	*10th*	пятьдеся́т четвёртый	*54th*
оди́ннадцатый	*11th*	шестидеся́тый	*60th*
двена́дцатый	*12th*	шестьдеся́т пя́тый	*65th*
трина́дцатый	*13th*	семидеся́тый	*70th*
четы́рнадцатый	*14th*	восьмидеся́тый	*80th*
пятна́дцатый	*15th*	девяно́стый	*90th*
шестна́дцатый	*16th*	со́тый	*100th*
семна́дцатый	*17th*	сто се́мьдесят седьмо́й	*177th*

СЛОВА́РЬ

авто́бус	*bus*
боя́ться (II)	*to be afraid (of), fear*
вокза́л (на)	*train station*
вы́ставка (на)	*exhibition*
галере́я	*gallery*
гора́здо (бо́льше / ме́ньше / лу́чше / ху́же)	*much (more / less / better / worse)*
грани́ца (на)	*border*
грузови́к (мн.ч. -и́)	*truck*
дово́льно	*rather, quite*

е́здить (II)	*to ride, drive, go*
е́зжу, е́здишь; е́здят	*(multidirectional)*
заво́д (на)	*factory, plant*
загора́ть (I)	*to sunbathe*
ка́ждый	*each, every*
ка́жется	*apparently*
Мне (тебе́, ему́, ей	*It seems to me (you, him,*
и т.д.) ка́жется, что …	*her, etc.) that …*
кани́кулы (мн.ч.)	*vacation (from school)*
колесо́ (мн.ч. колёса)	*wheel*
кра́сный	*red*
Кремль (м.)	*the Kremlin*
купа́ться (I)	*to swim, go bathing*
ла́дно	*O.K.*
лета́ть (I)	*to fly (multidirectional)*
любо́й	*any*
меня́ть (I)	*to change*
метро́ (не склоня́ется)	*subway*
на метро́	*by subway*
мотоци́кл	*motorcycle*
неде́ля, неде́ли, неде́ль	*week*
обра́тно	*back*
о́тпуск	*vacation (from work)*
опа́сно	*dangerous*
отту́да	*from there*
пассажи́р	*passenger*
пляж (на)	*beach*
по́езд (мн.ч. -а́)	*train*
Пора́ (+ инфинити́в)	*It's time (to …)*
Мне (тебе́, ему́, ей,	*It's time for me (you,*
и т.д.) пора́ (+ инфинити́в)	*him, her, etc.) to …*
по́чта (на)	*post office*
проводи́ть (II)	*to spend (not money)*
провожу́, прово́дишь;	
прово́дят	
—вре́мя / о́тпуск /	*— time / one's vacation*
кани́кулы	
проходи́ть (II) (че́рез что?)	*to cover, go over / walk (through)*
прохожу́, прохо́дишь;	
прохо́дят	
собра́ние (на)	*meeting*

совершённо	*completely, entirely*
способ передвижéния	*means of transportation*
стадиóн (на)	*stadium*
стáнция (на)	*station*
страни́ца	*page*
такси́	*taxi*
на такси́	*by taxi*
тамóжня	*customs*
трамвáй	*streetcar, tram*
тринáдцатый	*thirteenth*
троллéйбус	*trolleybus*
тури́ст	*tourist*
удóбный	*comfortable, convenient*
фáбрика (на)	*factory*
фильм (на)	*film*
ходи́ть (II)	*to go, walk* (multidirectional)
хожу́, хóдишь; хóдят	
центрáльный	*central*
чéстно говоря́	*to be honest (honestly speaking)*
экскурсовóд	*tour guide*

Конéц тринáдцатого урóка.

Четы́рнадцатый уро́к

ДИАЛО́Г
Встре́ча в гости́нице
« Оста́нкино »

Алексе́й: Дава́йте познако́мимся. Меня́ зову́т Алексе́й.

Aleksei: Let's get acquainted. My name is Aleksei.

Светла́на: А меня́ Светла́на.

Svetlana: And mine is Svetlana.

Алексе́й: Вы москви́чка?

Aleksei: Are you from Moscow?

Светла́на: Нет, ленингра́дка.

Svetlana: No, Leningrad.

Алексе́й: А я сибиря́к. Я живу́ в ма́леньком го́роде о́коло Ула́н-Удэ́[1].

Aleksei: And I'm a Siberian. I live in a small town near Ulan-Ude.

Светла́на: Вы в Сиби́ри родили́сь?

Svetlana: Were you born in Siberia?

---

[1] **Ула́н-Удэ́**, the capital of the Buriat Autonomous Republic, is located just east of Lake Baikal.

Алексéй: Да, в Иркýтске.

Светлáна: А в Москвý вы чáсто éздите?

Алексéй: Нет, я здесь в пéрвый раз.

Светлáна: Скажúте, Алексéй, вы в Кремлé ужé бы́ли?

Алексéй: Да, и в Кремлé, и в Третьякóвской галерéе, и на ВДНХ[2].

Светлáна: Я вчерá тóже былá на Вы́ставке, а сегóдня я собирáюсь пойтú в Парк культýры и óтдыха.

Алексéй: А вы не хотéли бы пойтú вмéсте?

Светлáна: Хорошó, пойдёмте.

Алексéй: Знáете что? Давáйте перейдём на «ты».

Светлáна: С удовóльствием.

Алексéй: Ну что ж, пойдём.

Aleksei: Yes, in Irkutsk.

Svetlana: And do you travel to Moscow often?

Aleksei: No, I'm here for the first time.

Svetlana: Say, Aleksei, have you already been in the Kremlin?

Aleksei: Yes, in the Kremlin, and at the Tretyakov Gallery, and at VDNX.

Svetlana: Yesterday I was at the Exhibition, too, and today I'm planning to go to the Park of Culture and Rest.

Aleksei: Would you like to go together?

Svetlana: Fine, let's go.

Aleksei: Say, why don't we switch to ты?

Svetlana: With pleasure.

Aleksei: Well, let's go.

ТЕКСТ ДЛЯ ЧТЕНИЯ
Центрáльный парк культýры и óтдыха

Почтú в кáждом большóм гóроде в Совéтском Союзе есть[3] парк культýры и óтдыха. Сáмый извéстный из них[4] нахóдится в Москвé. Это «Центрáльный парк культýры и óтдыха имени Горького[5]».

В этом чудéсном большóм пáрке есть теáтры и ресторáны, библиотéка, шáхматный клуб и дéтский городóк. Весь день в пáрке спортсмéны игрáют в тéннис, в волейбóл, в баскетбóл, в футбóл. Другúе игрáют в

---

[2] **ВДНХ**—Выставка достижéний нарóдного хозя́йства (*The Exhibition of the Accomplishments of the Peoples' Economy*)

[3] **Есть** здесь значит *There is / there are...*

[4] **Из них** значит *of them.*

[5] **Имени Горького** [góṛkəvə] значит *named for Gorky.*

Фонта́н на ВДНХ

ша́хматы, в ша́шки, в ка́рты, слу́шают конце́рты и́ли про́сто сидя́т и чита́ют, отдыха́ют. В па́рке есть иску́ственное о́зеро, где мо́жно ката́ться на ло́дке, но там нельзя́ купа́ться.

Сего́дня на ста́нции метро́ в Москве́ молодо́й инжене́р Дми́трий Мака́ров встреча́ет ста́рую прия́тельницу Лари́су Па́влову. Дми́трий и Лари́са зна́ли друг дру́га в То́мске, но они́ не ви́дели друг дру́га с тех пор, как они́ учи́лись вме́сте в шко́ле. Э́то бы́ло 4 го́да наза́д. Тепе́рь Дми́трий живёт в Но́вгороде, а Лари́са живёт на ю́ге, в Ки́еве. Они́ в Москве́ на экску́рсии.

Дмитрий был ужé на Красной площади, в Кремлé, в Третьякóвской галерéе, в Истори́ческом музéе и на ВДНХ. Лари́са былá на собрáнии в Москóвском госудáрственном университéте (МГУ), где онá слушала интерéсную лекцию о жизни и прирóде в Сиби́ри.

Сейчáс Дмитрий и Лари́са иду́т в Парк культу́ры и отдыха, а вечером они́ собирáются пойти́ или на оперу в Большóй теáтр, или в Зал Чайкóвского на симфони́ческий концéрт.

ВЫРАЖÉНИЯ

1. Давáй(те) { познакóмимся. / перейдём на «ты». }   *Let's* { *get acquainted.* / *switch to «ты».* }
2. с тех пор — *since then*
3. с тех пор, как — *since the time that*
4. друг о друге — *about one another*
5. слушать лекцию — *to attend a lecture*
6. (тому́) назáд — *ago*
7. на экску́рсии — *on an excursion*

ПРИМЕЧÁНИЕ

Истори́ческий музéй. The Historical Museum is the red brick gothic building that faces St. Basil's Cathedral on Red Square.

ДОПОЛНИ́ТЕЛЬНЫЙ МАТЕРИÁЛ

Спорт

To play (*a game*) in Russian is **игрáть в** + accusative case.

> игрáть в бадминтóн [bədmintón]
> в баскетбóл [bəsḳidból]
> в бейсбóл [ḅizból]
> в волейбóл [vəḷiból]

в гольф
в пинг-по́нг
в теннис
в футбо́л [fudból]
в хокке́й
в карты (*cards*)
в ша́хматы (*chess*)
в ша́шки (*checkers*)

ката́ться на ло́дке	*to go boating*
на велосипе́де	*to go bicycling*
на лы́жах	*to ski*
на конька́х	*to ice skate*

купа́ться (I) *to bathe* (do anything in the water)
пла́вать (I) *to swim* (actually swim, not just splash around)

Како́е сего́дня число́?

The date in Russian is expressed in ordinal numbers. Since the number modifies the neuter word **число́**, the neuter singular of the date is used (but **число́** is not stated in the answer to **Како́е сего́дня число́?**).

Сего́дня первое.	деся́тое.
второе.	пятна́дцатое.
третье.	двадца́тое.
четвёртое.	двадцать шесто́е.

УПРАЖНЕ́НИЯ

A. Соста́вьте предложе́ния по образца́м.

Образе́ц: **Мы** видели друг друга   *We saw one another two*
     2 года наза́д.   *years ago.*

1. Они́/8/год
2. Мы/3/месяц
3. Они́/6/месяц
4. Мы/4/день
5. Они́/7/день
6. Мы/2/неде́ля

Образе́ц: С тех пор они́ не   *Since that time they hadn't*
     слы́шали друг о друге.   *heard about one another.*

1. думать   2. говори́ть

Образе́ц: Мне ка́жется, что **он** *It seems to me that he*
бы́л на **вокза́ле** *was at the railroad*
вчера́ ве́чером. *station last night.*

1. она́/конце́рт/Зал Чайко́вского
2. они́/бале́т/Большо́й теа́тр
3. Влади́мир/собра́ние в МГУ

Б. Слова́ в ско́бках поста́вьте в предло́жном падеже́.

1. Они́ говоря́т об **э́том челове́ке.**
(э́тот профе́ссор).
(э́тот мужчи́на).
(э́тот учи́тель).
2. Они́ ча́сто ду́мали об **э́той де́вушке.**
(э́та же́нщина).
(э́та учи́тельница).
3. Я ничего́ не зна́ю об **э́той лаборато́рии.**
(э́та консервато́рия).
(э́та пло́щадь).
4. Студе́нты говори́ли об **э́том упражне́нии.**
(э́то зда́ние).
(э́то общежи́тие).
5. На ле́кции профе́ссор Ивано́в говори́л о **Моде́сте Мусоргском.**
(Фёдор Миха́йлович
Достое́вский).
(Дми́трий
Шостако́вич).
(Макси́м Го́рький).
(Пётр Ильи́ч
Чайко́вский).
(Никола́й Андре́евич
Ри́мский-
Ко́рсаков).
6. Экскурсово́ды говоря́т об **э́том америка́нце.**
(э́тот не́мец).
(э́тот кана́дец).

В. Слова́ в ско́бках поста́вьте в предло́жном падеже́.

1. Каранда́ш лежи́т на (стол).
2. Кни́га лежи́т на (каранда́ш).
3. Бума́га лежи́т в (слова́рь).
4. Учителя́ говори́ли об э́том (учени́к).

5. Лу́чше об э́том не говори́ть при (врач).
6. Мы вчера́ бы́ли в (Кремль).
7. Колхо́зники всегда́ говоря́т о (дождь).

Г. Отве́тьте на вопро́сы.

1. О како́м профе́ссоре они́ говоря́т?
   (профе́ссор Алексе́й Жуко́вский)
2. В како́м университе́те вы у́читесь?
   (Моско́вский госуда́рственный университе́т)
3. О како́й пло́щади говори́т экскурсово́д? (Кра́сная пло́щадь)

Д. Отве́тьте на вопро́сы.

1. Куда́ вы вчера́ ходи́ли? }
   Где вы вчера́ бы́ли? } (Кремль)
2. Куда́ они́ вчера́ ходи́ли? }
   Где они́ вчера́ бы́ли? } (Большо́й теа́тр)
3. Куда́ он вчера́ ходи́л? }
   Где он вчера́ был? } (Центра́льный стадио́н)
4. Куда́ она́ вчера́ ходи́ла? }
   Где она́ вчера́ была́? } (Третьяко́вская галере́я)
5. Куда́ ты вчера́ ходи́л(а)? }
   Где ты вчера́ был(а́)? } (Кра́сная пло́щадь)
6. Куда́ ходи́ли э́ти рабо́чие? }
   Где бы́ли э́ти рабо́чие? } (столо́вая при заво́де)

Е. Отве́тьте на вопро́сы.

Образе́ц: Вы слу́шали о́перу   Да, я слу́шал(а) «**Бори́са**
      «Бори́с Годуно́в»?   **Годуно́ва**».

1. Вы чита́ли рома́н «Война́ и мир»?
2. Вы лю́бите рома́н «А́нна Каре́нина»?
3. Вы смотре́ли бале́т «Роме́о и Джулье́тта»?
4. Вы слу́шали о́перу «Евге́ний Оне́гин»?

Образе́ц: Сего́дня на ле́кции   Сего́дня на ле́кции
      профе́ссор говори́л   профе́ссор говори́л
      о рома́не «Война́ и мир».   о «**Войне́ и ми́ре**».

1. Сего́дня на ле́кции профе́ссор говори́л о рома́не «Преступле́ние
   и наказа́ние».
2. Сего́дня на ле́кции профе́ссор говори́л об о́пере «Бори́с
   Годуно́в».

3. Сегóдня на лекции профéссор говорил об опере «Евгéний Онéгин».

4. Сегóдня на лекции профéссор говорил о балéте «Лебединое озеро»[6].

Ж. Заполните пропуски.

Образéц: **Он** мой хорóший друг. Я часто думаю о **нём**.

1. **Они** наши хорóшие друзья. Мы часто думаем о...
2. **Я** тепéрь в Москвé. Вы иногдá думаете обо...?
3. **Ты**, значит, тепéрь в Сибири. Я часто думаю о...
4. **Она** очень любила Ивáна. Ивáн всегдá говорил о...
5. **Вы** не знаете меня, но я много знаю о...

Образéц: О ком вы говорите? (никтó)
    Мы **ни о ком** не говорим.

1. О ком вы думаете? (никтó)
2. О ком вы спрáшиваете? (никтó)
3. О чём ты говоришь? (ничтó)
4. О чём ты думаешь? (ничтó)

З. Отвéтьте на вопрóсы.

1. В какóй странé вы **живёте**? (Канáда)
2. В какóй странé вы рáньше **жили**? (Совéтский Союз)
3. Ваши родители ещё **живýт** в СССР? (Нет, Германия, Франкфурт)
4. В какóм гóроде в СССР вы **жили**? (Еревáн)
5. Где нахóдится этот гóрод, на сéвере? (Нет, юг, Армéния)
6. Где нахóдится Армéния? (Кавкáз)
7. На какóй улице вы **жили**? (Пýшкинская улица)
8. В какóм дóме? (четвёртый дом)
9. В какóй квартире? (квартира нóмер 8)
10. В какýю шкóлу вы ходили? (шкóла нóмер 4)
11. Где вы там рабóтали? (большóй стáрый завóд)
12. Вы иногдá летáли в Москвý? (кáждая веснá)

---

[6]*"Swan Lake"* by Chaikovsky.

И. Отве́тьте на вопро́сы.

Образе́ц: Где роди́лся Бори́с? (Москва́)
   Он роди́лся в Москве́.

1. Где родила́сь Ната́ша? (Ленингра́д)
2. Где роди́лись ва́ши роди́тели? (Я́лта)
3. Где роди́лся Джон? (А́нглия)

К. Соста́вьте предложе́ния по образцу́.

Образе́ц: Они́ **хотя́т** рабо́тать,   Они́ **хоте́ли бы** рабо́тать,
   но не мо́гут.   но не мо́гут.

1. Влади́мир хо́чет игра́ть в ша́хматы, но не уме́ет.
2. Ма́ша хо́чет пойти́ на конце́рт, но ей на́до занима́ться.
3. Мы хоти́м посмотре́ть э́тот фильм, но говоря́т, что нельзя́.

Л. Запо́лните про́пуски.

1. (э́тот хоро́ший но́вый теа́тр)
   а. ...нахо́дится на у́лице Го́рького.
   б. Вчера́ ве́чером мы ходи́ли в ...
   в. Вы уже́ бы́ли в ...?
   г. Экскурсово́д говори́т об...

2. (э́тот молодо́й челове́к)
   а. ...—хоро́ший коммуни́ст.
   б. Оле́г сказа́л, что он не лю́бит ...
   в. Они́ ничего́ не зна́ют об ...

3. (э́та хоро́шая больша́я гости́ница)
   а. ...нахо́дится на у́лице Смирно́ва.
   б. Вы ви́дели ...?
   в. Моя́ сестра́ рабо́тает в ...
   г. Наш экскурсово́д ничего́ не зна́ет об ...

4. (Каспи́йское мо́ре)
   а. Вы зна́ете, где нахо́дится ...?
   б. Вы бы́ли на ...?
   в. Вы ви́дите ...на э́той ка́рте?
   г. На ле́кции говори́ли о ...

М. Составьте вопросы по образцу.

Образец: Спросите вашего соседа/вашу соседку, где он/она живёт.—**Где ты живёшь?**

Спросите вашего соседа/вашу соседку,

1. где он родился/она родилась.
2. где он/она учится.
3. куда он/она ездит летом на каникулы.
4. как он/она там проводит время.
5. куда он/она хотел(а) бы поехать летом.
6. о чём или о ком он/она сейчас думает.
7. занимается ли он/она много.
8. любит ли он/она классическую музыку.
9. нравятся ли ему/ей опера и балет.
10. знает ли он/она, где в Москве можно слушать оперу и смотреть балет.
11. умеет ли он/она играть в шахматы.
12. любит ли он/она играть в волейбол.
13. знает ли он/она, какое сегодня число.
14. знает ли он/она, какой сегодня день недели.
15. катается ли он/она иногда на лодке/на велосипеде/на лыжах.

Перевод

1. In Hotel Minsk in Moscow, Ivan Makarov meets an old acquaintance, Nikolai Kirov.
2. Nikolai was born in the Soviet Union, but now he lives in Minneapolis.
3. He likes Minnesota, because the winter there is long and cold, and he likes cold weather.
4. Three years ago he was in the west, in California.
5. In California in the fall, winter and spring one can (можно) lie on the beach and swim in the sea.
6. Nikolai often flies to California, because his brothers live there.
7. Nikolai and Ivan studied together at Moscow University 25 years ago.
8. Nikolai likes opera very much, but Ivan prefers the ballet.
9. Ivan often goes to the ballet at (to) the Bolshoi Theater.
10. Nikolai would like to go to the opera tonight, but Ivan doesn't want to.
11. Ivan says, "To be honest, I'm afraid that I'll be bored."
12. They go to a concert at (to) Chaikovsky Concert Hall.
13. I don't know anyone in Moscow.
14. We're not talking about anyone.
15. I'm not thinking about anything.

ГРАММА́ТИКА

THE PREPOSITIONAL CASE
Предло́жный паде́ж: о ком? о чём?

The prepositional case is used after the following prepositions.

в (во)	*in, inside, at*
на	*on, on top of, at, in*
о (об/обо)	*about*
при	*in the presence of, during the reign/administration of, associated with/on the property of*

Мы живём в Сове́тском Сою́зе.	*We live in the Soviet Union.*
Мы бы́ли на интере́сной ле́кции.	*We were at an interesting lecture.*
·Они́ говори́ли о жи́зни в СССР.	*They talked about life in the U.S.S.R.*
Не говори́те так при них!	*Don't talk like that in their presence.*
Это бы́ло при Ива́не Гро́зном.	*That was during the reign of Ivan the Terrible.*
Мы обе́дали в столо́вой при заво́де.	*We had lunch in the lunch room at the factory.*

Об is used instead of **о** when the word that follows begins with a vowel *sound* (represented by the letters **а, о, у, э, и**). Note that the letters **я, е, ё, ю** have an initial consonant sound [й-]; they thus are preceded by **о**, not **об**. **Обо** is used with **мне** (обо мне) and **всё** (обо всём).

Они́ говори́ли о Бори́се.	*They were talking about Boris.*
об э́том.	*about that.*
обо мне	*about me.*
обо всём.	*about everything.*

The prepositional case is used after the prepositions **в** and **на** in statements about location. The prepositional case sometimes is referred to as the *locative case.*

Nouns that require **на** (*to*)+the accusative when telling about directed motion or destinations also are used with **на**, not **в**, in statements about location.

Я ходи́л на ле́кцию.
Светла́на была́ на ле́кции.

When it precedes a word that begins with the letter **в** or **ф** plus another consonant, the preposition **в** becomes **во**.

во **Ф**ранции	*in France*
во **В**ладивостóке	*in Vladivostok*
во **Ф**лорúде	*in Florida*

NOUN ENDINGS IN THE PREPOSITIONAL CASE

1. Review the prepositional case noun endings introduced in Lesson 8.
2. To the group of nouns that take the prepositional ending **-и**, add *nouns* that end in **-ий**. (*First* names that end in **-ий** are *nouns*; *last* names with this ending are *adjectives*.)

площа**дь**: Турúсты стоя́т на площади.
геогра́**фия**: Ваня много знает о геогра́фии.
общежú**тие**: Мы живём в общежúтии.
Дмитр**ий**: Онú говорúли о Дмитрии.

3. Nouns that end in **-мя** drop **-я** and add **-ени**.

имя	имени
время	времени
знамя	знамени

4. The prepositional case of **мать** and **дочь** is identical to the nominative plural.

мать	матери
дочь	дочери

5. Nouns of foreign derivation that end in **-о**, **-е** or any letter that is atypical of Russian nouns never change in any way. Nouns of this type are:

пальтó	бюрó	Сан-Франци́ско
кинó	кенгуру́	Токио
метрó	шимпанзé	Колора́до

When a foreign geographical name ends in **-о**, etc., the gender of the noun is determined by the nature of the entity. For example:

Рекá Колора́до—онá.
Штат Колора́до—он.
Гóрод Токио—он.
Óзеро Тахо—онó.

6. Fleeting о/е/ё (бе́глое о/е/ё)

не́мец	Что вы зна́ете об э́том не́мце?
городо́к	Мы живём в прия́тном городке́.

7. Some masculine nouns have the stress on the ending in all oblique cases and in the plural. Practice saying them out loud.

врач	о враче́	рюкза́к	о рюкзаке́
дождь	о дожде́	слова́рь	о словаре́
каранда́ш	о карандаше́	стол	о столе́
Кремль	о Кремле́	учени́к	об ученике́
москви́ч	о москвиче́	язы́к	о языке́
Пётр Ильи́ч	о Петре́ Ильиче́		

Note also:

городо́к	о городке́
оте́ц	об отце́
потоло́к	о потолке́

ADJECTIVES

1. Adjectives that modify *masculine* or *neuter nouns* have the ending -**ом** or -**ем** (Spelling Rule 3).

э́тот большо́й хоро́ший дом	Они́ живу́т в э́том большо́м хоро́шем до́ме.
э́то ску́чное собра́ние	Они́ бы́ли на э́том ску́чном собра́нии.

2. Adjectives that modify *feminine nouns* have the ending -**ой** or -**ей** (Spelling Rule 3).

э́та хоро́шая у́мная де́вушка	Он говори́т об э́той хоро́шей у́мной де́вушке.

3. Don't forget that family names (**фами́лии**) that end in -**ий**, -**ой**, -**ая** are adjectives and are declined as such.

> Достое́вск**ий**: Сего́дня мы бу́дем говори́ть о Достое́вск**ом**.

4. The ordinal number **тре́тий** is irregular.

	Masc.	Fem.	Neuter
Nom.	тре́тий	тре́тья	тре́тье
Acc.	тре́тьего / тре́тий	тре́тью	тре́тье
Prep.	тре́тьем	тре́тьей	тре́тьем

PRONOUNS

Nom.	я	ты	он	она́	оно́	мы	вы	они́
Prep.	обо мне	о тебе́	о нём	о ней	о нём	о нас	о вас	о них

Nom.	кто	что	никто́	ничто́
Prep.	о ком	о чём	ни о ко́м	ни о чём

Nom.	мой	моя́	моё	твой	твоя́	твоё
Prep.	моём	мое́й	моём	твоём	твое́й	твоём

Nom.	наш	наша	наше	ваш	ваша	ваше
Prep.	нашем	нашей	нашем	вашем	вашей	вашем

Его́, её, and их never change.

APPOSITIVES

When a word or phrase is placed beside another in order that the second word or phrase might explain or in some way clarify the first, it is referred to as an *appositive*. In Russian, appositives must be in the same case as the word or words with which they are in apposition:

Кто?	Вы зна́ете, где **Ива́н, мой брат**?
Кого́?	Вы зна́ете **Ива́на, моего́ брата**?
О ком?	Он говори́т об **Ива́не, моём брате**.

The names of books, plays, operas, songs, ballets, etc., must always be declined (put in the proper case) just like any other noun. If, however, they are used as appositives and are enclosed in quotes, they are then not declined:

Я чита́ю «Войну́ и мир».   Я чита́ю рома́н «Война́ и мир».

THE SUBJUNCTIVE
Сослага́тельное наклоне́ние

The subjunctive in Russian is formed by adding **бы** to the past tense of any verb. In its simplest form in English, this is the equivalent of *would* (*be*) or *would have* (*been*).

Это хорошо́.	*That is good.*
Это бы́ло хорошо́.	*That was good.*
Это бы́ло бы хорошо́.	*That **would be** good.*
	*That **would have been** good.*
Он **хоте́л бы** пойти́ на балéт, но не мо́жет.	*He **would like** to go to the ballet, but can't.*
Онá **хоте́ла бы** сего́дня рабо́тать, но не мо́жет.	*She **would like** to work today, but can't.*
Они́ **хоте́ли бы** пое́хать сего́дня в дере́вню, но не мо́гут.	*They **would like** to drive to the country today, but they can't.*
Мы хоте́ли бы пойти́ в кино́, но не могли́.	*We **would have liked** to go the movies, but couldn't.*

ДРУГ ДРУ́ГА AND НИКТО́/НИЧТО́ WITH PREPOSITIONS

When the expression **друг дру́га** or the negative pronouns **никто́/ничто́** are used with a preposition, the preposition occurs in between the words' or expression's components.

Они́ не зна́ют друг дру́га.	Они́ не говоря́т друг о дру́ге.
Они́ никого́ не зна́ют.	Они́ ни о ком не говоря́т.
Они́ ничего́ не зна́ют.	Они́ ни о чём не говоря́т.

ТАБЛИ́ЦЫ

NOUNS

MASCULINE NOUNS

	-	-й	-ь	-(и)й
Nom.	студе́нт	Серге́ й	учи́тел ь	Дми́три й
Acc.	студе́нт а стол -	Серге́ я музе́ й	учи́тел я портфе́л ь	Дми́три я санато́ри й
Prep.	студе́нт е	Серге́ е	учи́тел е	Дми́три и

FEMININE NOUNS

	-а[7]	-я[7]	(и)-я	-ь
Nom.	комнат **а**	галере́ **я**	лаборато́ри **я**	тетра́д **ь**
Acc.	комнат **у**	галере́ **ю**	лаборато́ри **ю**	тетра́д **ь**
Prep.	комнат **е**	галере́ **е**	лаборато́ри **и**	тетра́д **и**

NEUTER NOUNS

	-о	-е	(и)-е	(м)-я
Nom.	окн **о́**	пол **е**	здани **е**	им **я**
Acc.	окн **о́**	пол **е**	здани **е**	им **я**
Prep.	окн **е́**	пол **е**	здани **и**	им **ени**

ADJECTIVES AND PRONOUNS

MASCULINE ADJECTIVES

	Regular	*Stressed Ending*	*Spelling Rules*
Nom.	нов **ый**	молод **о́й**	хоро́ш **ий** (1)
Acc.	нов { ого / ый }	молод { о́го / о́й }	хоро́ш { его (3) / ий (1) }
Prep.	нов **ом**	молод **о́м**	хоро́ш **ем** (3)

FEMININE ADJECTIVES

	нов	молод	хоро́ш
Nom.	нов **ая**	молод **а́я**	хоро́ш **ая**
Acc.	нов **ую**	молод **у́ю**	хоро́ш **ую**
Prep.	нов **ой**	молод **о́й**	хоро́ш **ей** (3)

---

[7]*Masculine nouns* ending in -**а** or -**я** are declined as *feminine nouns*. Their *modifiers*, however, are *masculine*:

> Э́то—мой де́душка.
> Вы зна́ете моего́ де́душку?
> Они́ говоря́т о моём де́душке.

NEUTER ADJECTIVES

Nom.	нов ое	молод ое	хоро́ш ее (3)
Acc.	нов ое	молод ое	хоро́ш ее (3)
Prep.	нов ом	молод о́м	хоро́ш ем (3)

DEMONSTRATIVE ADJECTIVES/ PRONOUNS

	Masculine	*Feminine*	*Neuter*
Nom.	э́тот	э́та	э́то
Acc.	э́того / э́тот	э́ту	э́то
Prep.	э́том	э́той	э́том

PERSONAL PRONOUNS

Nom.	я	ты	он	она́	оно́	мы	вы	они́
Acc.	меня́	тебя́	его́	её	его́	нас	вас	их
Prep.	(обо) мне	(о) тебе́	(о) нём	(о) ней	(о) нём	(о) нас	(о) вас	(о) них

POSSESSIVE ADJECTIVES/PRONOUNS

Nom.	мой	моя́	моё	твой	твоя́	твоё
Acc.	моего́ / мой	мою́	моё	твоего́ / твой	твою́	твоё
Prep.	моём	мое́й	моём	твоём	твое́й	твоём
Nom.	наш	наша	наше	ваш	ваша	ваше
Acc.	нашего / наш	нашу	наше	вашего / ваш	вашу	ваше
Prep.	нашем	нашей	нашем	вашем	вашей	вашем

СЛОВА́РЬ

баскетбо́л (на)	*basketball*
бейсбо́л (на)	*baseball*
волейбо́л (на)	*volleyball*

встреча (на)	*meeting, encounter*
встречáть (I)	*to meet (someone, something)*
гольф	*golf*
городóк (мн.ч. -дкú)	*(little) town*
Давáй(те)!	*Let's!*
детский	*children's*
друг о друге	*about one another*
жизнь (ж.)	*life*
искýсственный	*artificial; artistic*
карты	*cards*
катáться (I)	*to go for a ride / drive*
—на велосипéде	*to go bicycle riding*
—на конькáх	*to ice skate*
—на лодке	*to go boating*
—на лыжах	*to ski*
—на машúне	*to go for a ride in a car*
—на мотоцúкле	*to go for a motorcycle ride*
ленингрáдец (мн.ч. -дцы; ж. -дка)	*Leningrader*
лодка	*boat*
москвúч (мн.ч. -ú; ж. -ка)	*Muscovite*
назáд	*ago*
нельзя́	*not permitted / allowed; not possible*
около	*near*
парк культýры и отдыха	*park of culture and rest*
по путú (кудá?)	*on the way (to)*
прирóда	*nature*
прия́тель (м.) (ж. -ница)	*friend, acquaintance*
пруд	*pond*
родúться (II)	*to be born*
он родúлся[8]	
онá родúлась[8]	
онú родúлись[8]	
с тех пор	*since then*
с тех пор, как	*since the time that*
симфонúческий	*symphonic*
сосéд (мн.ч. -и; ж. -ка)	*neighbor*
спорт	*sport, sports*
спортúвный	*sport (adj.)*
спортсмéн (ж. -ка)	*sportsman, (-woman)*
теннис (на)	*tennis*

---

[8]Also: родился́, -лáсь, -лúсь.

тому́ наза́д	*ago*
хокке́й (на)	*hockey*
число́	*date, number*
чуде́сный	*marvelous*
ша́хматы	*chess*
ша́хматный клуб	*chess club*
ша́шки	*checkers*
экску́рсия (на)	*excursion*

Коне́ц четы́рнадцатого уро́ка.

Пятна́дцатый уро́к

ДИАЛО́Г А
Вот Кра́сная пло́щадь

Экскурсово́д: Вот Кра́сная пло́-
щадь. Нале́во ГУМ, напра́во
Кремль, а позади́ нас—
Истори́ческий музе́й.

Тури́ст: А что э́то за зда́ние там,
напра́во, у стены́ Кремля́? Там
дли́нная о́чередь.

Экскурсово́д: Это—Мавзоле́й
Ле́нина.

Тури́ст: Мо́жно там фотографи́-
ровать?

*Guide: Here's Red Square. On the
left is GUM, on the right is the
Kremlin, and to our rear is the
Historical museum.*

*Tourist: And what is that building
there on the right at the Kremlin
wall? There's a long line there.*

Guide: That's Lenin's Tomb.

*Tourist: Is picture taking allowed
there?*

Экскурсово́д: Здесь на пло́щади мо́жно, а в Мавзоле́е—нельзя́.

Тури́ст: Скажи́те, пожа́луйста, как называ́ется це́рковь посреди́ пло́щади?

Экскурсово́д: Храм Васи́лия Блаже́нного.

Тури́ст: А высо́кая ба́шня спра́ва[1] от него́?

Экскурсово́д: Спа́сская ба́шня. Спа́сские воро́та—гла́вный вход в Кремль.

Guide: Here on the square you may, but it's not allowed in the mausoleum.

Tourist: Tell me, please, what's the name of the church in the middle of the square?

Guide: St. Basil's Cathedral.

Tourist: And the tall tower to its right?

Guide: The Tower of the Savior. The Savior Gates are the main entrance to the Kremlin.

ДИАЛО́Г Б
Сме́на карау́ла

Джон: Скажи́те, Ната́ша, часы́ на Спа́сской ба́шне иду́т пра́вильно?

Ната́ша: Да, коне́чно! Э́то ведь знамени́тые кремлёвские кура́нты. Ви́дите, уже́ почти́ 11 часо́в. Сейча́с бу́дет сме́на карау́ла.

Джон: Да, мы попа́ли сюда́ как раз во́время!

Ната́ша: Вот посмотри́те. Часовы́е прохо́дят че́рез воро́та. Ме́жду про́чим, их мо́жно фотографи́ровать, е́сли хоти́те.

Джон: Я о́чень хоте́л бы, но у меня́ нет фотоаппара́та. Я оста́вил его́ в гости́нице.

Ната́ша: Ничего́. Мо́жно пото́м.

John: Say, Natasha, does the clock on the Tower of the Savior keep good time?

Natasha: Yes, of course! After all, that's the famous Kremlin chime clock. See, it's already almost 11 o'clock. They're just about to change the guard.

John: Yes, we got here just in time!

Natasha: Look there. The guards are coming through the gates. By the way, you can photograph them if you wish.

John: I'd like to very much, but I don't have a camera. I left it in the hotel.

Natasha: That doesn't matter. You can do it later.

---

[1]**Спра́ва/сле́ва** are used instead of **напра́во/нале́во** when something or someone is located *immediately* to the right/left.

Смена караула

ТЕКСТ ДЛЯ ЧТЕНИЯ
Столица Советского Союза

Москва, столица Советского Союза и РСФСР,[2] находится в центре европейской части СССР. Население этого большого интересного культурного города приблизительно 8 миллионов. Круглый год туристы осматривают достопримечательности Москвы: Кремль, Красную площадь, Парк культуры и отдыха, ВДНХ, старинные соборы, прекрасные театры и музеи, новые жилые дома.

Красная площадь находится в центре столицы. Выражение «Красная площадь» теперь переводят как *Red Square*. На самом деле слово

[2][эрэсэфэсэр] Российская Советская Федеративная Социалистическая Республика

«красный» раньше значило не *red*, а *beautiful*, но на современном русском языке слово «красный» значит *red*, а *beautiful* будет «красивый». На Красной площади находятся: храм Василия Блаженного, Мавзолей Ленина, Исторический музей, Лобное место и ГУМ.

И советские люди, и иностранные туристы часто посещают Кремль. Это ведь самый интересный музей столицы. Историческое сердце Кремля—Соборная площадь. Здесь находятся: колокольня Ивана Великого, Царь-пушка, Царь-колокол и кремлёвские соборы. В Кремле также находятся и административные здания советского правительства.

(1) Красная площадь	(9) Благовещенский собор
(2) Храм Василия Блаженного	(10) Архангельский собор
(3) Мавзолей Ленина	(11) Грановитая палата
(4) Спасская башня	(12) Царь-колокол
(5) Спасские ворота	(13) Дворец съездов
(6) Колокольня Ивана Великого	(14) Кутафья башня
(7) Соборная площадь	(15) Боровицкая башня
(8) Успенский собор	

ВЫРАЖЕ́НИЯ

1. Что это за…?	*What sort of… is that?*
2. Как называ́ется/называ́ются…?	*What is/are the name(s) of…?* (inanimate things)

3. Я/ты/он попа́л
Я/ты/она́ попа́ла } сюда́ как раз вовремя.
Мы/вы/они́ попа́ли

*I/you/he
I/you/she } got here just in time.
We/you/they*

4. Это мо́жно пото́м.	*You (we, I) can do that later.*
5. осма́тривать достопримеча́тельности	*to take in the sights*
6. переводи́ть как	*to translate as*
7. на самом деле	*actually*
8. та́кже/то́же… и	*also*

ПРИМЕЧА́НИЯ

1. **Храм Васи́лия Блаже́нного.** The Temple of Vasily the Blessed (St. Basil's Cathedral), completed in 1561, originally was called **Покро́вский собо́р**. Under one of its nine chapels lie the remains of **Васи́лий Блаже́нный**, a simple holy man. Legend has it that Ivan the Terrible (**Ива́н Гро́зный**) had the architect blinded so that he could not build another one like it.

2. **Ло́бное ме́сто.** The Place of Execution (*Forehead Place*) is the circular structure on Red Square, between St. Basil's and GUM.

3. **Госуда́рственный универса́льный магази́н (ГУМ).** Originally called **Ве́рхние торго́вые ряды́**, this huge store on Red Square was built in 1888 to accommodate approximately 1000 shops under one roof.

4. **Колоко́льня Ива́на Вели́кого.** The Bell Tower of Ivan the Great (**Ива́н Вели́кий**) was completed in 1600 and named for the grandfather of Ivan the Terrible.

5. **Спа́сская ба́шня.** The Tower of the Savior is the tallest structure in the Kremlin wall. It is topped by a large red star and the Kremlin Chime Clock (**кремлёвские кура́нты**).

6. **Спа́сские воро́та.** The Gates of the Savior are the main entrance to the Kremlin off Red Square. This entrance is reserved for the use of government officials and the guards (**часовы́е**) of Lenin's Tomb.

7. **Царь-ко́локол.** The Czar Bell weighs 200 tons. During a fire in 1737, it fell to the ground and was broken.

8. **Царь-пу́шка**. The Czar Cannon was constructed in 1586. It weighs 40 tons and required 1000 pounds of powder to fire each two-ton cannon ball.

9. **Собо́ры на Собо́рной пло́щади**: **Успе́нский собо́р** (*Cathedral of the Assumption*), **Благове́щенский собо́р** (*Cathedral of the Annunciation*), and **Арха́нгельский собо́р** (*Archangel Cathedral*).

ДОПОЛНИ́ТЕЛЬНЫЙ МАТЕРИА́Л

Ме́сяцы	*Когда́ вы роди́лись?*	*Како́е сего́дня число́?*
янва́рь	В январе́.	Пе́рвое января́.
февра́ль	В феврале́.	Второ́е февраля́.
март	В ма́рте.	Тре́тье ма́рта.
апре́ль	В апре́ле.	Четвёртое апре́ля.
май	В ма́е.	Пя́тое ма́я.
ию́нь	В ию́не.	Шесто́е ию́ня.
ию́ль	В ию́ле.	Седьмо́е ию́ля.
а́вгуст	В а́вгусте.	Восьмо́е а́вгуста.
сентя́брь	В сентябре́.	Девя́тое сентября́.
октя́брь	В октябре́.	Деся́тое октября́.
ноя́брь	В ноябре́.	Оди́ннадцатое ноября́.
дека́брь	В декабре́.	Двена́дцатое декабря́.

УПРАЖНЕ́НИЯ

A. Соста́вьте предложе́ния по образца́м.

Образе́ц: Как называ́ется **это зда́ние**? *What's the name of that*
             (Bolshoi Theater)   *building?*
          Это—**Большо́й теа́тр**   *That's the Bolshoi Theater.*

1. собо́р/(*St. Basil's*)
2. газе́та/(*Pravda*)
3. ба́шня/(*Tower of the Savior*)
4. воро́та/(*Gates of the Savior*)

Образе́ц: В э́том **зда́нии игра́ть**   *You can't play cards*
            в ка́рты нельзя́.   *in this building.*

1. ко́мната/игра́ть в ша́шки
2. библиоте́ка/говори́ть гро́мко
3. собо́р/фотографи́ровать

Образе́ц: **Мы** попа́ли **на собра́ние**   *We got to the meeting just*
            как раз во́время.   *in time.*

1. Ма́ша/теа́тр   3. Студе́нты/ле́кция
2. И́горь/гости́ница   4. Тури́сты/Кра́сная пло́щадь

Образе́ц: **Я** оста́вил(а) **фотоаппара́т**   *I left my camera*
            в гости́нице.   *in the hotel.*

1. Бо́ря/кни́га/библиоте́ка
2. Моя́ сестра́/письмо́/по́чта
3. Мои́ роди́тели/де́ньги/маши́на
4. Студе́нт/слова́рь/аудито́рия

Б. Слова́ в ско́бках поста́вьте в пра́вильном падеже́.

Образе́ц: Мо́жно фотографи́ровать в (э́та галере́я)?
             Мо́жно ли фотографи́ровать в **э́той галере́е**?

1. Мо́жно ли фотографи́ровать в (э́та це́рковь)?
2. Мо́жно ли фотографи́ровать в (Мавзоле́й Ле́нина)?
3. Мо́жно ли фотографи́ровать на (э́тот вокза́л)?
4. Мо́жно ли фотографи́ровать в (э́то общежи́тие)?

В. Отве́тьте на вопро́сы.

Образе́ц: Чья э́то маши́на? (Бори́с)
             Э́то маши́на **Бори́са.**

1. Чей э́то слова́рь? (Степа́н Гео́ргиевич)
2. Чьё э́то пальто́? (Андре́й Шаховско́й)
3. Чьи э́то часы́? (учи́тель)
4. Чья э́то ру́чка? (оте́ц)
5. Чей э́то фотоаппара́т? (Татья́на Шаховска́я)
6. Чья э́то ка́рта? (тётя Ка́тя)

Г. Отвéтьте на вопрóсы.

Образéц: У когó есть машúна? (Маша)
У Маши есть машúна.

1. У когó есть словáрь? (Сергéй)
2. У когó есть деньги? (мать)
3. У когó есть бумáга? (Анна)
4. У когó есть карандáш? (дядя Федя)

Образéц: Когó сегóдня здесь нет? (профéссор Бунин)
Нет **профéссора Бунина**.

1. Когó сегóдня здесь нет? (Николáй Михáйлович)
2. Когó сегóдня здесь нет? (Тамáра Алексáндровна)
3. Когó сегóдня здесь нет? (дóктор Франкенштéйн)
4. Когó сегóдня здесь нет? (Леонúд Ильúч)

Образéц: Чегó в этом гóроде нет? (библиотéка)
В этом гóроде нет **библиотéки**.

1. Чегó в этом гóроде нет? (стадиóн)
2. Чегó в этом гóроде нет? (общежúтие)
3. Чегó в этом гóроде нет? (хорóший музéй)
4. Чегó в этом гóроде нет? (хорóшая шкóла)

Образéц: Вы это понимáете?
Нет, **я этого не понимáю**.

1. Вы это хотúте?   3. Вы это слышали?
2. Вы это любите?   4. Вы это знáли?

Образéц: Вы любите и óперу, и балéт?
Нет, я не люблю **ни óперы, ни балéта**.

1. Вы любите и музыку, и литератýру?
2. Вы хотúте и карандáш, и ручку?
3. Вы хотúте и газéту, и журнáл?

Д. Запóлните прóпуски.

Образéц: Где стоúт Владúмир? Владúмир стоúт у…

1. окнó   2. дверь   3. стенá   4. доскá   5. стол

Образéц: Где вы были вчерá? Вчерá мы были у…

1. Натáша   2. дочь   3. Алёна   4. профéссор Павлов

Е. Составьте предложения по образцам.

Образец: галерея—школа: **Из галереи я хочу пойти в школу.**

1. школа—театр   3. музей—библиотека
2. театр—музей   4. библиотека—дом

Образец: почта—концерт: **С почты мы хотим пойти на концерт.**

1. концерт—собрание   3. лекция—работа
2. собрание—лекция   4. работа—балет

Образец: Николай Петрович: **Мы были у Николая Петровича.**
От Николая Петровича мы
пошли домой.

1. врач   2. Борис Сперанский   3. Наташа Жуковская

Ж. Слова в скобках поставьте в правильном падеже.

1. Мы работаем на фабрике недалеко от (большой красивый парк).
2. На концерте я сидел(а) справа от (знаменитый советский пианист Святослав Рихтер).
3. Саша стоял слева от (я).
4. Наша гостиница находится довольно далеко от (Большой театр).

З. Переведите слова в скобках, а русские слова поставьте в правильном падеже.

1. У Ивана есть письмо (*from*) (Борис) (*from*) (Ленинград).
2. У Алексея есть письмо (*from*) (дядя) (*from*) (Советский Союз).
3. У студента есть письмо (*from*) профессор (*from*) (Москва).
4. У меня есть письмо (*from*) (дочь) (*from*) (Кавказ).

И. Ответьте на вопросы.

Образец: У вас есть словарь? **Нет, у меня нет словаря.**

1. У тебя есть стол? Нет, ...
2. У этого школьника есть карандаш? Нет, ...
3. В этом городе есть врач? Нет, ...

Образец: У вашего брата есть машина? **Нет, у брата нет**
машины.

1. У вашего учителя есть велосипед? Нет, ...
2. У вашей бабушки есть мотоцикл? Нет, ...

К. Словá в скобках постáвьте в прáвильном падежé.

  1. Вы знаете фамúлию (этот русский писáтель)?

                           (эта русская писáтельница)?

                           (этот молодóй человéк)?

  2. Мой отéц профéссор (физика).

                       (математика).

                       (филосóфия).

                       (русский язы́к).

  3. Я очень люблю́ музыку (Чайкóвский).

                       (Мусоргский).

                       (Римский–Корсаков).

                       (Прокóфьев).

                       (Глинка).

Л. Переведúте на русский язы́к.

  1. Who has a pen? I have.

  2. Who has a bicycle? I have a bicycle.
     What kind of bicycle do you have?
     I have an old ugly bicycle.

  3. Who has a book? I have a book.
     Who has the book? I have.

  4. Do they have a house? Yes, they do.
     What kind of house do they have?
     They have a small comfortable house.

М. Дáйте прошéдшее врéмя и бýдущее.

  1. У Сергéя есть машúна.

  2. У Андрéя нет машúны.

  3. В собóре нáдо говорúть тихо.

Н. Дáйте полное спряжéние в настоя́щем врéмени. (*Give the complete conjugation in the present tense.*)

фотографúровать собóры Я…

                    Ты…

                    Он…

                    Мы…

                    Вы…

                    Онú…

О. Переведи́те слова́ в ско́бках.

1. (*In January*) мы лета́ли в Москву́. Там бы́ло (*cold*).
2. (*In March*) он лета́л в Сиби́рь. Там (*it was snowing*).
3. (*In May*) Ма́ша лета́ла на восто́к. Там бы́ло (*cool*).
4. (*In July*) мои́ роди́тели бы́ли на (*south*). Там бы́ло (*very hot*).
5. (*In October*) Бори́с Ива́нович был на (*west*). Там (*it was raining*).
6. (*In December*) Та́ня была́ во Владивосто́ке. Там (*it was below zero*).

П. Соста́вьте предложе́ния.

Образе́ц: Како́е сего́дня число́? (12/янва́рь)
Сего́дня двена́дцатое января́.

1. 14/февра́ль   5. 24/ию́нь
2. 30/март   6. 4/ию́ль
3. 1/апре́ль   7. 22/ноя́брь
4. 8/май   8. 25/дека́брь

Р. Запо́лните про́пуски.

1. (э́та но́вая гости́ница)
   а. ... нахо́дится в Ленингра́де.
   б. Мне нра́вится...
   в. Мы ещё не́ бы́ли в...
   г. Тури́сты вчера́ ви́дели...
   д. Недалеко́ от... есть рестора́н.

2. (Госуда́рственный универса́льный магази́н)
   а. Он не зна́ет, где нахо́дится...
   б. Мы вчера́ ходи́ли в...
   в. Мои́ друзья́ рабо́тают в...
   г. Они́ живу́т недалеко́ от...
   д. Экскурсово́д говори́т о...

3. (Каспи́йское мо́ре)
   а. Вы е́здили на...?
   б. Профе́ссор геогра́фии говори́л сего́дня о...
   в. Где нахо́дится...?
   г. Я не ви́жу... на э́той ка́рте.
   д. О́зеро Байка́л нахо́дится далеко́ от...

C. Спроси́те вашего сосе́да/вашу сосе́дку:

1. в како́м ме́сяце он/она́ роди́лся/родила́сь.
2. есть ли у него́/неё фотоаппара́т?
3. како́й у него́/неё фотоаппара́т?
4. иду́т ли его́/её часы́ пра́вильно.

Вопро́сы

1. Како́й уро́к вы прохо́дите?
2. Како́й день неде́ли был позавчера́?
3. Како́е сего́дня число́ (день и ме́сяц)?
4. Како́е число́ бы́ло вчера́? А како́е бу́дет за́втра?
5. Как называ́ется го́род, где вы родили́сь? Э́тот го́род вам нра́вится?
6. Как называ́ется больша́я пло́щадь в це́нтре Москвы́?
7. *У* вас есть маши́на?
   Кака́я у вас маши́на?
8. *У* вас есть велосипе́д?
   Како́й у вас велосипе́д?
9. Как называ́ется университе́т, где вы у́читесь?
10. *У* вас есть телефо́н? Скажи́те но́мер вашего телефо́на.
11. Как называ́ется столи́ца Сове́тского Сою́за?
12. Как называ́ется столи́ца А́нглии?
13. Как называ́ется столи́ца США?
14. На како́м языке́ говоря́т в Герма́нии?
15. На како́м языке́ говоря́т в Австра́лии?

Перево́д

1. Excuse, me, please, do you happen to know where Professor Ivanov's office is?
2. No, but Professor Ivanov's wife's office is there on the left.
3. Thank you very much.
4. Would you like to go to Lenin's Tomb?
5. Does one have (**на́до**) to stand in a long line?
6. Yes, it's necessary (**на́до**) to wait two to three hours.
7. Would you like to go to Red Square now?
8. I don't know. I have to go to a meeting. What time is it?
9. Nine o'clock.
10. All right. Let's go. The meeting begins at 12:00.
11. How do you like Sergei Ivanovich's car?
12. Not very much. His car is old and doesn't run (work) well.
13. You're talking about his old car. He now has a new car. There it is there on the street, to the right of my motorcycle.

14. What's that young man's name?
15. His name is Sasha.
16. Do you like him?
17. Yes, I like him very much.
18. What city were you born in?
19. I was born in Moscow.
20. Are you a Russian?
21. No, American. When I was born, my parents were living in Moscow. My father is a journalist.
22. Stepan, do you happen to know if Nina was at the ballet last night?
23. Even if she was there, I didn't see her.

ГРАММА́ТИКА

VERBS THAT END IN THE SUFFIX -ОВА́ТЬ/-ЕВА́ТЬ
Глаго́лы с суффиксом -овать/-евать

To form the present tense of verbs that end in **-овать**, drop that suffix completely, add **-у-** and add the normal *Conjugation I* endings.

Инфинити́в: фотографи́ровать

Настоя́щее время	*Проше́дшее время*
Я фотографи́рую	он фотографи́ровал
ты фотографи́руешь	она́ фотографи́ровала
он фотографи́рует	они́ фотографи́ровали
мы фотографи́руем	*Бу́дущее время*
вы фотографи́руете	я бу́ду фотографи́ровать (и т.д.)
они́ фотографи́руют	*Повели́тельное наклоне́ние*
	Фотографи́руй(те)!

Verbs that end in the suffix **-евать**, add **-ю-** and *Conjugation I* endings. *Spelling Rule II*, however, must be observed.

Инфинити́в: воева́ть	*Spelling Rule II*: танцева́ть
я вою́ю	я танцу́ю
ты вою́ешь	ты танцу́ешь
он вою́ет	он танцу́ет
мы вою́ем	мы танцу́ем
вы вою́ете	вы танцу́ете
они́ вою́ют	они́ танцу́ют

There are a few verbs in which **-овать/-евать** is not a suffix, but, rather, part of the stem of the verb. Under these circumstances, **-овать/-евать** is not dropped. Attention will be drawn to such verbs as they are introduced.

LANGUAGES PRECEDED BY ADJECTIVES

When the word for a language is preceded by an adjective, it is not possible to use the **по-** form of the language, which is an adverb (**наре́чие**). Instead, **на** + the prepositional case are employed.

—На како́м языке́ они́ говоря́т?   —*What language are they talking?*

—По-кита́йски (или: на кита́йском).   —*Chinese.*

—Как бу́дет «кремль» на   —*How do you say «кремль»*
совреме́нном ру́сском языке́?   *in modern Russian?*

ЕСЛИ или ЛИ?

When in English the word *whether* can be substituted for *if*, in Russian begin the clause with the most important word or phrase, followed by the particle **ли**.

Я не зна́ю, **говоря́т ли** он по-
ру́сски.

*I don't know if (whether) he **speaks** Russian.*

Я не зна́ю, **по-ру́сски ли** она́ говори́т или по-болга́рски.

*I don't know if she speaks **Russian** or Bulgarian.*

Спроси́те их, **лю́бят ли** они́ ру́сскую му́зыку.

*Ask them if they **like** Russian music.*

When *whether* can not be substituted for *if*, use the Russian word **если**, which means *if, in case, in the event that.*

Если он там был, я его́ не ви́дел.   *If he was there, I didn't see him.*

Если ты хоте́ла пойти́ в кино́,   *If you wanted to go to the movies,*
почему́ ты не сказа́ла Мэ́ри?   *why didn't you tell Mary?*

THE GENITIVE CASE
Роди́тельный паде́ж (Кого́? Чего́?)

NOUNS
Существи́тельные

1. *Masculine* (**мужско́й род**): hard ending -а, soft -я[3].

Кто? Что?	студе́нт -	Серге́ й	портфе́л ь
Кого́? Чего́?	студе́нт а	Серге́ я	портфе́л я

---

[3] The genitive case endings of *all* masculine nouns are the same as those of the *accusative* of masculine *animate* nouns.

2. *Feminine* (**женский род**): hard ending -ы, soft -и[4].

Кто? Что?	жен á	комнат а	книг а	галере́ я	тетра́д ь
Кого́? Чего́?	жен ы́	комнат ы	книг и	галере́ и	тетра́д и

3. *Neuter* (**средний род**): hard ending -а, soft -я,[5] -мя -мени.

Кто? Что?	окн ó	мор е	им я
Кого́? Чего́?	окн á	мор я	им ени

Note the following:

1. *Fleeting* o/e/ё (**беглое о/е/ё**)

Кто? Что?	день	немец	городóк	церковь
Кого́? Чего́?	дня	немца	городкá	церкви

2. Мать—дочь

Кто? Что?	мать	дочь
Кого́? Чего́?	матери	дочери

3. Masculine nouns that end in **-а** or **-я** are declined as feminine nouns.

Кто? Что?	мужчи́н а	дяд я	Миш а
Кого́? Чего́?	мужчи́н ы	дяд и	Миш и

4. The following nouns that you know always have the stress on the added ending:

Кто? *Что?*	*О ком?* *О чём?*	*Кого́?* *Чего́?*	*Множественное* *число́*
врач	враче́	врача́	врачи́
грузови́к	грузовике́	грузовика́	грузовики́
дождь	дожде́	дождя́	дожди́
Ильи́ч	Ильиче́	Ильича́	Ильичи́
каранда́ш	карандаше́	карандаша́	карандаши́

---

[4] The *genitive singular* of feminine nouns is the same as the *nominative plural*; however, in the genitive singular there never is a stress shift.

[5] The genitive singular endings -а/-я are the same as those of the nominative plural; however, in the genitive singular there never is a stress shift.

ключ	ключé	ключá	ключú
Кремль	Кремлé	Кремля́	кремлú
москвúч	москвичé	москвичá	московичú
Пётр	Петрé	Петрá	(Петры́)
потолóк	потолкé	потолкá	потолкú
рюкзáк	рюкзакé	рюкзакá	рюкзакú
словáрь	словарé	словаря́	словарú
стол	столé	столá	столы́
ученúк	ученикé	ученикá	ученикú
царь	царé	царя́	царú
язы́к	языкé	языкá	языкú
янвáрь	январé	января́	
феврáль	февралé	февраля́	
сентя́брь	сентябрé	сентября́	
октя́брь	октябрé	октября́	
ноя́брь	ноябрé	ноября́	
декáбрь	декабрé	декабря́	

ADJECTIVES
Прилагáтельные

1. Masculine: **-ого/-его** (Spelling Rule 3)[6]

Кто? **Что?**	эт от	хорóш ий	больш óй	дом
Когó? **Чегó?**	эт ого	хорóш его	больш óго	дома

2. Feminine: **-ой/-ей** (Spelling Rule 3)

Кто? **Что?**	эт а	хорóш ая	больш áя	комната
Когó? **Чегó?**	эт ой	хорóш ей	больш ой	комнаты

3. Neuter: **-ого/-его** (Spelling Rule 3)[6]

Кто? **Что?**	эт о	хорóш ее	больш óе	здание
Когó? **Чегó?**	эт ого	хорóш его	больш óго	здания

4. The final vowel of the oblique case endings of **тот/то** are stressed:

Кто? **Что?**	тот	то
Когó? **Чегó?**	тогó	тогó

---

[6] The **г** in genitive case endings always is pronounced [**в**].

5. Possessive adjectives/pronouns

Кто? Что?	мо й	мо я́	мо ё	тво й	тво я́	тво ё
Кого́? Чего́?	мо его́	мо е́й	мо его́	тво его́	тво е́й	тво его́

Кто? Что?	наш -	наш а	наш е	ваш -	ваш а	ваш е
Кого́? Чего́?	наш его	наш ей	наш его	ваш его	ваш ей	ваш его

> Его́, её, and их are not declined, that is, they do not change in the oblique cases.

PERSONAL PRONOUNS
Ли́чные местоиме́ния

The genitive case of the personal pronouns is identical to the accusative.

Кто? Что?	*Кого́? Чего́?*
я	меня́
ты	тебя́
он	его́
она́	её
оно́	его́
мы	нас
вы	вас
они́	их

When any forms of the personal pronouns which begin with a vowel (он, она́, оно́, они́) directly follow a preposition, they have the prefix н-.

У него́ ⎱
У неё ⎰ есть ру́чка.
У них ⎰

He has ⎱
She has ⎰ a pen.
They have ⎰

Мы сиде́ли спра́ва от него́.
Мы живём недалеко́ от неё.
У меня́ есть письмо́ от них.

This is not true, however, of the possessive adjectives.

У его́ ⎱
У её ⎰ бра́та есть маши́на.
У их ⎰

His ⎱
Her ⎰ brother has a car.
Their ⎰

FAMILY AND GIVEN NAMES
Фами́лии и имена́

Many Russian family names are adjectives and must be declined as such.

Кто? Что?	Толст **о́й**	Достоévск **ий**
Кого́? Чего́?	Толст **о́го**	Достоévск **ого**

Кто? Что?	Толст **а́я**	Достоévск **ая**
Кого́? Чего́	Толст **о́й**	Достоévск **ой**

Given names, however, always are nouns, even those that end in **-ий**.

Кто? Что?	Васи́ли **й**	Евге́ни **й**	Дмитри **й**
Кого́? Чего́?	Васи́ли **я**	Евге́ни **я**	Дмитри **я**

USES OF THE GENITIVE CASE

1. To show ownership.

Чей это блокно́т?	*Whose notebook is this?*
Это—блокно́т Ива́на.	*That's Ivan's notebook.*
Чья это ру́чка?	*Whose pen is this?*
Это—ру́чка мое́й сестры́.	*That's my sister's pen.*
Чьё это пальто́?	*Whose overcoat is this?*
Это—пальто́ на́шего учи́теля.	*That's our teacher's overcoat.*
Чьи это де́ньги?	*Whose money is this?*
Это—де́ньги э́того молодо́го	*That's this young man's*
челове́ка.	*money.*

2. To correspond to the English prepositional phrase *of the / a.*

Парк культу́ры и о́тдыха	*Park of Culture and Rest*
ка́рта Сове́тского Сою́за	*a map of the Soviet Union*

3. To show the absence or lack of something.

В э́том го́роде нет теа́тра.	*There's no theater in this city.*
У меня́ нет ру́чки.	*I don't have a pen.*

4. In giving dates, the month is in the genitive and always follows the day.

Сего́дня 1-ое января́.	*Today's January 1st.*
Вчера́ бы́ло 2-ое февраля́.	*Yesterday was February 2nd.*

5. To form the direct object of a *negated* transitive verb. Sometimes the accusative also may be encountered, but at this stage in your study of Russian, use the genitive.[7]

Positive	Negative
Я это понимаю.	Я этого не понимаю.
Я видел(а) ваш словарь.	Я не видел(а) вашего словаря.
Я люблю эту книгу.	Я не люблю этой книги.
Я люблю и оперу, и балет.	Я не люблю ни оперы, ни балета.

6. The object of the preposition **у** (*next to, by, at, at the home/office of, in the possession of* [*"to have"*]).

Стол стоит у окна.	*The table is by the window.*
Мы были у Игоря и Маши.	*We were at Igor's and Masha's.*
У Нины есть машина.	*Nina has a car.*

7. For objects of the prepositions **из, с, от**, all of which mean *from*.

Из *from* (also, *out of*) is used with places that require the preposition **в** (*in, to*):

Он идёт **в** школу.

Он сейчас **в** школе.

Из школы он пошёл домой.

С *from* (also, *off of*) is used with places that require the preposition **на** (*to, on, at*). When the following word begins with the letters **с, з, ш** or **щ** plus another consonant, **с** becomes **со**.

Он идёт **на** стадион.

Он сейчас **на** стадионе.

Со стадиона он пошёл домой.

От *from* is used when the object of the preposition is a person (see also the next section):

Он был у Ивана.

От Ивана он пошёл домой.

У меня есть письмо **от** Ивана из Москвы!

In the following expressions, **от** is used with *both persons and things*:

далеко от	*far from*
недалеко от	*not far from*
слева/налево от	*on the left of*
справа/направо от	*on the right of*

---

[7]Смотрите: Академия Наук СССР. Институт русского языка: *Русская Грамматика*, Москва, 1980, *Том I*, стр. 614, параграф 1456.

8. After the prepositions **позади** (*to the rear* [*of*]), **впереди** (*in front* [*of*]), and **посреди** (*in the middle* [*of*]).

> Впереди нас—храм Василия Блаженного, позади нас
> Исторический музей.
> Посреди площади стоит собор.

THERE IS A/THERE ARE
Есть

The word **есть** is used to stress the existence or presence of a person or thing and is the approximate equivalent of *there is a / there are* in English. This usage of the word *there* has nothing to do with location and thus may not be translated **там**. When location *is* involved, the Russian sentence will include **здесь, там** or some other word or phrase which answers the question **где?** Note the word order and compare the meaning of the following sentences.

Здесь **есть** театр.	***There is a*** *theater here.*
Театр **здесь**.	*The theater is **here**.*
Там **есть** музей.	***There is a*** *museum there.*
Музей **там**.	*The museum is **there**.*
На этой площади **есть** памятники.	***There are*** *monuments on that square.*
Памятники **на этой площади**.	*The monuments are **on that square**.*

WHO HAS A …?
У Кого Есть …?

The Russian expression for *to have* is **у** followed by the *possessor* in the genitive case and the thing possessed in the nominative. The thing possessed is the subject of the sentence.

У меня		*I have*		
У тебя		*You have*		
У него		*He has*		
У неё	есть книга.	*She has*	*a book*.	
У него		*It has*		
У нас		*We have*		
У вас		*You have*		
У них		*They have*		

У Ивана есть машина.   *Ivan has a car.*

THE OMISSION OF ЕСТЬ

When it is not the existence of a person or thing that is in question, but, rather, its location, type or amount, then the word **есть** is not used. When the thing possessed is not modified and the Russian uses **есть**, the English statement uses the indefinite article *a*; when **есть** is omitted, the definite article *the* usually is used in English.

1. Existence or presence:

У кого́ **есть** слова́рь? *Who has **a** dictionary?* (The person asking the question wants to know if anyone has one.)

У Ива́на **есть** слова́рь. *Ivan has **a** dictionary.*

2. Location or type:

У кого́ слова́рь? *Who has **the** dictionary?* (The person asking the question knows that there is a dictionary present, but he doesn't know who has it.)

Он у Ива́на. *Ivan has it.*
Како́й у него́ слова́рь? *What kind of dictionary does he have?* (You know he has one; you merely want to know what color it is.)

У него́ кра́сный слова́рь. *He has a **red** dictionary.*

It is not necessary to re-name the article in question:

У кого́ есть кни́га?	*Who has a book?*
У Ива́на есть.	*Ivan does.*
Где кни́га?	*Where is the book?*
У меня́.	*I have (it.)*

In the *past tense* **был, была́, бы́ло, бы́ли** are used, and **есть** is dropped. The correct form of the verb **быть** is determined by what is possessed, not who possesses it. The *future tense* is formed with **бу́дет (бу́дут)**:

Present	*Past*	*Future*
У меня́ есть { дом. кни́га. письмо́. очки́.	У меня́ { был дом. была́ кни́га. бы́ло письмо́. бы́ли очки́.	У меня́ { бу́дет дом. бу́дет кни́га. бу́дет письмо́. бу́дут очки́.

If there is no grammatical subject (no noun in the nominative case), then **бы́ло (бу́дет)** is used.

	Present		*Past*		*Future*
У нас нет	дома.	У нас	не́ было дома.	У нас	не бу́дет дома.
	кни́ги.		не́ было кни́ги.		не бу́дет кни́ги.
	письма́.		не́ было письма́.		не бу́дет письма́.

ТАБЛИ́ЦЫ

NOUNS

MASCULINE NOUNS

	—	**-й**	**-ь**	**-ий**
Nom.	студе́нт-	Серге́ й	учи́тел ь	Дми́три й
Gen.	студе́нт а	Серге́ я	учи́тел я	Дми́три я
Acc.	студе́нт а стол -	Серге́ я музе́ й	учи́тел я портфе́л ь	Дми́три я санато́ри й
Prep.	студе́нт е	Серге́ е	учи́тел е	Дми́три и

FEMININE NOUNS

	-а	**-я**	**-ия**	**-ь**
Nom.	ко́мнат а	галере́ я	лаборато́ри я	тетра́д ь
Gen.	ко́мнат ы	галере́ и	лаборато́ри и	тетра́д и
Acc.	ко́мнат у	галере́ ю	лаборато́ри ю	тетра́д ь
Prep.	ко́мнат е	галере́ е	лаборато́ри и	тетра́д и

NEUTER NOUNS

	-о	**-е**	**-ие**	**-мя**
Nom.	окн о́	по́л е	зда́ни е	и́м я
Gen.	окн а́	по́л я	зда́ни я	и́м ени
Acc.	окн о́	по́л е	зда́ни е	и́м я
Prep.	окн е́	по́л е	зда́ни и	и́м ени

ADJECTIVES AND PRONOUNS

MASCULINE ADJECTIVES

	Regular	*Stressed Ending*	*Spelling Rules*
Nom.	нов ый	молод ой	хорош ий (1)
Gen.	нов ого	молод ого	хорош его (3)
Acc.	нов $\begin{cases} \text{ого} \\ \text{ый} \end{cases}$	молод $\begin{cases} \text{ого} \\ \text{ой} \end{cases}$	хорош $\begin{cases} \text{его} \\ \text{ий} \end{cases}$ (3)
Prep.	нов ом	молод ом	хорош ем (3)

FEMININE ADJECTIVES

Nom.	нов ая	молод ая	хорош ая
Gen.	нов ой	молод ой	хорош ей (3)
Acc.	нов ую	молод ую	хорош ую
Prep.	нов ой	молод ой	хорош ей (3)

NEUTER ADJECTIVES

Nom.	нов ое	молод ое	хорош ее (3)
Gen.	нов ого	молод ого	хорош его (3)
Acc.	нов ое	молод ое	хорош ее (3)
Prep.	нов ом	молод ом	хорош ем (3)

DEMONSTRATIVE ADJECTIVES/ PRONOUNS

	Masculine	*Feminine*	*Neuter*
Nom.	этот	эта	это
Gen.	этого	этой	этого
Acc.	$\begin{cases} \text{этого} \\ \text{этот} \end{cases}$	эту	это
Prep.	этом	этой	этом

PERSONAL PRONOUNS

Nom.	я	ты	он	она́	оно́	мы	вы	они́
Gen.	меня́	тебя́	его́	её	его́	нас	вас	их
Acc.	меня́	тебя́	его́	её	его́	нас	вас	их
Prep.	(обо) мне	(о) тебе́	(о) нём	(о) ней	(о) нём	(о) нас	(о) вас	(о) них

POSSESSIVE ADJECTIVES/PRONOUNS

Nom.	мой	моя́	моё	твой	твоя́	твоё
Gen.	моего́	мое́й	моего́	твоего́	твое́й	твоего́
Acc.	{ моего́ мой	мою́	моё	{ твоего́ твой	твою́	твоё
Prep.	моём	мое́й	моём	твоём	твое́й	твоём

Nom.	наш	наша	наше	ваш	ваша	ваше
Gen.	нашего	нашей	нашего	вашего	вашей	вашего
Acc.	{ нашего наш	нашу	наше	{ вашего ваш	вашу	ваше
Prep.	нашем	нашей	нашем	вашем	вашей	вашем

СЛОВА́РЬ

администрати́вный	*administrative*
ба́шня	*tower*
блаже́нный	*blessed*
бли́зко	*near*
(от кого́? от чего́?)	
во́время	*on time*
воева́ть (I)	*to fight, battle*
вою́ю, вою́ешь;	
вою́ют	
воро́та (мн.ч.)	*gate(s)*
впереди́ (кого́? чего́)?	*before, in front (of)*
вход	*entrance*
(во что?)	*(to)*

достопримеча́тельность (ж.)	*sight, point of interest*
е́сли	*if (but **not** "whether")*
жило́й дом	*apartment house*
звезда́ (мн.ч. звёзды)	*star*
иностра́нный	*foreign*
истори́ческий	*historical*
из (кого́? чего́?)	*from*
как раз	*exactly*
карау́л	*guard*
быть (и́ли стоя́ть)	*to be on guard duty, stand guard*
в (и́ли на) карау́ле	
ко́локол (мн.ч. -а́)	*bell*
колоко́льня	*bell tower*
кремлёвский	*Kremlin* (adj.)
кре́пость (ж.)	*fortress*
кру́глый	*round*
кру́глый год	*the year round*
культу́рный	*cultural, cultured*
кура́нты (мн.ч.)	*chime clock*
на са́мом де́ле	*actually, in actuality*
называ́ться (I)	*to be called* (inanimate only)
населе́ние	*population*
оруже́йный	*weapons* (adj.)
оруже́йная пала́та	*arsenal*
осма́тривать (I)	*to see, examine, view*
осма́тривать достопримеча́тельности	*to take in the sights*
оста́вить (use inf. and past)	*to leave (behind)*
от (кого́? чего́?)	*from*
отрица́тельный	*negative*
пала́та	*palace*
переводи́ть (II)	*to translate*
перевожу́, перево́дишь; перево́дят	
с (чего́?) на (что?)	*from...into...*
позади́ (кого́? чего́?)	*to the rear (of), behind*
по́лный	*complete*
положи́тельный	*positive*
попа́сть (use inf. and past)	*to get (to), reach*
посеща́ть (I)	*to visit* (as a tourist or representative)
посреди́ (и́ли посереди́не) (кого́? чего́?)	*in the middle (of)*

прави́тельство	*government*
приблизи́тельно	*approximately*
пу́шка	*cannon*
роди́тельный	*genitive*
с (кого́? чего́?)	*from*
ссрдце	*heart*
Сла́ва Бо́гу!	*Thank God!*
сле́ва (от кого́? от чего́?)	*(immediately) to / on the left (of)*
сме́на	*changing*
совреме́нный	*modern, contemporary*
собо́р	*cathedral*
собо́рный	*cathedral* (adj.)
спра́ва (от кого́? от чего́?)	*(immediately) to / on the right (of)*
столи́ца	*capital*
танцева́ть (I)	*to dance*
танцу́ю, танцу́ешь; танцу́ют	
фотоаппара́т	*camera*
фотографи́ровать (I)	*to photograph, take pictures*
фотографи́рую, фотографи́руешь; фотографи́руют	
храм	*temple*
царь (мн.ч.-и́)	*czar*
це́рковь (мн.ч. -кви)	*church*
часово́й (мн.ч. -ы́е)	*guard, sentry*

Коне́ц пятна́дцатого уро́ка.

Шестна́дцатый уро́к

ДИАЛО́Г А
Пойдём на бале́т!

Люба: Яша, ты уже́ написа́л письмо́ домо́й?

Яша: Ещё нет, но я его́ сейча́с напишу́.

Люба: Хорошо́, то́лько не забу́дь, что мы идём сего́дня ве́чером на бале́т.

Яша: Го́споди! Я уже́ забы́л! На како́й бале́т? «Лебеди́ное озеро»?, «Золушку»?, «Спя́щую краса́вицу»?

Люба: Нет, на «Щелку́нчика». Ну как, пойдём?

Lyuba: Yasha, have you already written the letter home?

Yasha: Not yet, but I'm going to get it written right away.

Lyuba: Fine, just don't forget that we're going to the ballet this evening.

Yasha: Good grief! I'd already forgotten! What ballet are we going to? "Swan Lake"?, "Cinderella"?, "Sleeping Beauty"?

Lyuba: No, to "The Nutcracker." Well, how about it? Shall we go?

Яша: Это зави́сит от того́, кто будет танцева́ть гла́вную па́ртию.

Yasha: *That depends on who is going to dance the leading role.*

Люба: Наде́жда Па́влова. Тебе́ понра́вится.

Lyuba: *Nadezhda Pavlova. You'll like it.*

Яша: Если будет танцева́ть Па́влова, обяза́тельно на́до пойти́.

Yasha: *If Pavlova is going to dance, we really do have to go.*

Люба: Коне́чно. Дава́й пойдём!

Lyuba: *Of course. Let's go!*

Яша: Знаешь что, Люба? Дава́й поу́жинаем в рестора́не «Ара́гви», а после ужина пойдём прямо в Большо́й теа́тр.

Yasha: *Know what, Lyuba? Let's have dinner at the "Aragvi," and after dinner go directly to the Bolshoi Theater.*

Люба: С удово́льствием. Я очень голодна́.

Lyuba: *With pleasure. I'm very hungry.*

Яша: Я тоже голоден. Между прочим, пока́ мы болта́ли, я написа́л письмо́. Хочешь прочита́ть?

Yasha: *I'm hungry, too. By the way, while we were talking, I got the letter written. Want to read it?*

Люба: Хорошо́, я прочита́ю, а пото́м пойдём в рестора́н.

Lyuba: *O.K., I'll read it, and then let's go to the restaurant.*

Яша: Договори́лись.

Yasha: *It's a deal.*

ТЕКСТ ДЛЯ ЧТЕНИЯ
Теа́тры Москвы́

Москвичи́ больши́е люби́тели теа́тра, и теа́тры Москвы́ вообще́ очень хоро́шие. Самые изве́стные драмати́ческие теа́тры столи́цы—это Моско́вский Худо́жественный академи́ческий теа́тр (МХАТ), Малый теа́тр, Теа́тр юного зри́теля, Теа́тр на Тага́нке, теа́тр «Совреме́нник», теа́тр Сати́ры и теа́тр Вахта́нгова.

В Зале Чайко́вского обы́чно быва́ют конце́рты класси́ческой музыки, а в Большо́м теа́тре ставят только оперы и бале́ты. Этот знамени́тый теа́тр нахо́дится недалеко́ от Кремля́, на площади Свердло́ва. Там, на той сцене, где раньше танцева́ли Майя Плисе́цкая и Гали́на Ула́нова, тепе́рь танцу́ют Наде́жда Па́влова, Екатери́на Макси́мова, Влади́мир Васи́льев и други́е изве́стные сове́тские балери́ны и танцо́ры. Там, где

Музыкальные инструменты

до Револю́ции гла́вную па́ртию в о́пере «Бори́с Годуно́в» исполня́л знамени́тый ру́сский бас Фёдор Шаля́пин, тепе́рь пою́т сове́тские арти́сты Веде́рников, Атла́нтов, Архи́пова, Образцо́ва.

Са́мые изве́стные ру́сские бале́ты—э́то бале́ты знамени́того компози́тора девятна́дцатого ве́ка Петра́ Ильича́ Чайко́вского: «Лебеди́ное о́зеро», «Спя́щая краса́вица» и «Щелку́нчик». «Роме́о и Джулье́тту» и «Зо́лушку» Проко́фьева то́же о́чень ча́сто ста́вят не то́лько в Сове́тском Сою́зе, но та́кже и за грани́цей.

Са́мые изве́стные ру́сские о́перы: «Бори́с Годуно́в» Мусоргского, «Евге́ний Оне́гин» и «Пи́ковая да́ма» Чайко́вского, «Садко́» Ри́мского-Ко́рсакова, «Князь И́горь» Бородина́ и «Жизнь за царя́» Гли́нки (тепе́рь э́та о́пера называ́ется «Ива́н Суса́нин»).

Около вхо́да в ка́ждый моско́вский теа́тр почти́ всегда́ стои́т больша́я толпа́.

—У вас нет ли́шнего биле́та? —спра́шивают лю́ди у вхо́да, потому́ что биле́ты почти́ всегда́ распро́даны.

Билеты уже распроданы

ВЫРАЖЕ́НИЯ

1. Ещё нет. (или: Нет ещё.)   *Not yet.*
2. это зави́сит (от кого́? от чего́?)   *that depends (on)*
3. Го́споди!   *Good grief! (Lord!)*
4. Дава́й(те) поза́втракаем   *Let's have breakfast*
   (пообе́даем и т.д.)!   *(lunch, etc.)*

5. Дава́йте!	*Let's!*
6. Я (ты, он) го́лоден.	*I am (you are, he is)* ⎫
Я (ты, она́) голодна́.	*I am (you are, she is)* ⎬ *hungry.*
Мы (вы, они́) го́лодны.	*We (you, they) are* ⎭
7. Биле́ты распро́даны.	*The tickets are sold out.*
8. отвеча́ть / отве́тить на вопро́с / письмо́	*to answer a question / letter*
9. на (и́ли в) э́тот раз	*this time, on this occasion*

ПРИМЕЧА́НИЯ

Знамени́тые ру́сские бале́ты и о́перы

Бале́ты

«Лебеди́ное о́зеро»	*Swan Lake* ⎫	
«Спя́щая краса́вица»	*Sleeping Beauty* ⎬	Чайко́вского
«Щелку́нчик»	*The Nutcracker* ⎭	
«Зо́лушка»	*Cinderella* ⎫	Проко́фьева
«Роме́о и Джулье́тта»	*Romeo and Juliet* ⎭	

О́перы

«Бори́с Годуно́в»	*Boris Godunov*	Мусоргского
«Жизнь за царя́»	*A Life for the Czar*	Гли́нки
«Ива́н Суса́нин»	*(Ivan Susanin)*	
«Князь И́горь»	*Prince Igor*	Бородина́
«Садко́»	*Sadko*	Ри́мского-Ко́рсакова
«Евге́ний Оне́гин»	*Eugene Onegin* ⎫	Чайко́вского
«Пи́ковая да́ма»	*The Queen of Spades* ⎭	

ДОПОЛНИ́ТЕЛЬНЫЙ МАТЕРИА́Л

Музыка́льные инструме́нты

To play an instrument is in Russian **игра́ть на...** with the instrument in the prepositional case: **На како́м инструме́нте вы игра́ете?**

piano	пиани́но	**Я игра́ю на:** пиани́но
grand piano	роя́ль (м.)	роя́ле

violin	скри́пка	скри́пке
viola	альт	альте́
cello	виолонче́ль (ж.)	виолонче́ли
string bass	стру́нный бас	стру́нном ба́се
harp	а́рфа	а́рфе
organ	орга́п	орга́не
French horn	валто́рна	валто́рне
trumpet	труба́	трубе́
trombone	тромбо́н	тромбо́не
clarinet	кларне́т	кларне́те
oboe	гобо́й	гобо́е
flute	фле́йта	фле́йте
bassoon	фаго́т	фаго́те
drum	бараба́н	бараба́не
guitar	гита́ра	гита́ре
balalaika	балала́йка	балала́йке

УПРАЖНЕ́НИЯ

А. Соста́вьте предложе́ния по образца́м.

Образе́ц: Я ду́маю, что **э́тот бале́т**   *I think you will*
     тебе́ понра́вится.   *like that ballet.*

1. э́та о́пера/он   3. э́та пье́са/вы
2. э́ти лю́ди/она́   4. э́ти часы́/они́

Образе́ц: —Дава́йте **поза́втракаем!**   *— Let's have breakfast!*
     —Дава́йте!   *— Let's!*

1. пообе́дать   6. познако́миться
2. поу́жинать   7. взять такси́
3. поговори́ть   8. спроси́ть Ива́на, хочет ли он
4. сде́лать э́то пото́м   пойти́ в кино́
5. написа́ть письмо́ домо́й   9. забы́ть об э́том

Образец: После этого пойдём   *After that let's go*
          обра́тно в **гости́ницу**.   *back to the hotel.*

1. теа́тр   2. рабо́та   3. ле́кция   4. дом

Образец: До **понеде́льника**.   *See you Monday.*

1. вторник   4. пятница
2. среда́   5. суббо́та
3. четве́рг   6. воскресе́нье

Образец: **Он** голоден.   *He's hungry.*

1. Люба   2. Дети   3. Боря   4. Я   5. Вы?

Б. Отве́тьте на вопро́сы.

Образец: —Вы письмо́ уже́ написа́ли?
          —Да, я его́ написа́л(а).

1. Он письма уже́ написа́л?
2. Она́ упражне́ние уже́ написа́ла?
3. Они́ упражне́ния уже́ написа́ли?

Образец: —Когда́ вы напи́шете письмо́ домо́й? (среда́)
          —Я напишу́ его́ **в среду.**

1. Когда́ вы напи́шете это упражне́ние? (четве́рг)
2. Когда́ вы напи́шете этот уро́к? (суббо́та)
3. Когда́ вы напи́шете эти перево́ды? (вторник)

Образец: —Вы уже́ отве́тили на их письмо́?
          —Да, **отве́тил(а).**

1. Маша уже́ отве́тила на его́ письмо́?
2. Ваня уже́ отве́тил на её письмо́?
3. Они́ уже́ отве́тили на ваш вопро́с?

Образец: —Когда́ Оля отве́тит на наше письмо́? (пятница)
          —Она́ отве́тит **в пятницу.**

1. Когда́ Дима отве́тит на наше письмо́? (вторник)
2. Когда́ Саша и Алёша отве́тят на наше письмо́? (суббо́та)
3. Когда́ вы отве́тите на наше письмо́? (среда́)

Образец: —Кира уже́ прочита́ла эту кни́гу?
          —Да, **она́ её прочита́ла.**

1. Оле́г уже́ прочита́л эту кни́гу?
2. Студе́нты уже́ прочита́ли этот рома́н?
3. Вы уже́ прочита́ли эту газе́ту?

Образе́ц: —Когда́ ты прочита́ешь э́тот расска́з? (3 дня)
—Я его́ прочита́ю **за 3 дня.**[1]

1. Когда́ он прочита́ет э́тот расска́з? (2 дня)
2. Когда́ она́ прочита́ет э́тот расска́з? (5 дней)
3. Когда́ они́ прочита́ют э́тот расска́з? (6 дней)

Образе́ц: —Когда́ Ко́стя сде́лал э́тот перево́д? (3/день/наза́д)
—**Он сде́лал его́ три дня наза́д.**

1. Когда́ Ла́ра сде́лала э́тот перево́д? (4/день/наза́д)
2. Когда́ твои́ шко́льники сде́лали э́тот перево́д? (5/день/наза́д)
3. Когда́ вы сде́лали э́тот перево́д? (6/день/наза́д)

Образе́ц: —Когда́ А́ня сде́лает э́ту рабо́ту? (неде́ля)
—**Она́ сде́лает её че́рез неде́лю.**

1. Когда́ Серге́й Ива́нович сде́лает э́ту рабо́ту? (2/неде́ля)
2. Когда́ ва́ши де́ти сде́лают э́ту рабо́ту? (3/неде́ля)
3. Когда́ вы сде́лаете э́ту рабо́ту? (5/неде́ля)

Образе́ц: —Вы спроси́ли Ива́на, где он живёт?
—**Нет, я его́ ещё не спроси́л, но я спрошу́ его́ за́втра.**

1. Вы спроси́ли Алёну, где она́ живёт?
2. Вы спроси́ли Бори́са и Тама́ру, где они́ живу́т?
3. Вы спроси́ли э́того студе́нта, где он живёт?

B. Да́йте снача́ла проше́дшее вре́мя, пото́м повтори́те фра́зу в бу́дущем
вре́мени.

Образе́ц: Ва́ня **сде́лал** перево́д и **пошёл** на заня́тия.
Ва́ня **сде́лает** перево́д и **пойдёт** на заня́тия.

1. **поза́втракать/пое́хать**
   а. Я... и... (заво́д).   в. Мы... и... (да́ча).
   б. На́дя... и... (ле́кция).   г. Они́... и... (Кра́сная
                                       пло́щадь).

2. **пообе́дать/пойти́**
   а. Я... и... (шко́ла).   в. Мы... и... (теа́тр).
   б. Она́... и... (центр).   г. Они́... и... (консервато́рия).

3. **поу́жинать/пойти́**
   а. Мы... и... (конце́рт).   в. Он... и... (футбо́л).
   б. Я... и... (бале́т).   г. Вы... и... (дом).

---

[1]*I'll get it read in three days.* (*It will take me three days to read it.*)

Г. Составьте предложения по образцам.

> *Образец:* мы/они: Пока **мы** разговаривали, **они** написали весь перевод.

1. они/я   2. вы/она   3. мы/он

> *Образец:* он/я: Пока **он** обедал, **я** прочитал(а) всю газету.

1. они/она   2. мы/они   3. она/он

Д. Ответьте на вопросы.

> *Образец:* —Иван ещё читает эту книгу?
> —**Нет, он её уже прочитал.**

1. Студенты ещё читают этот рассказ?
2. Маша ещё читает эту газету?
3. Вы ещё читаете этот журнал?

> *Образец:* —Они всё ещё решают, куда ехать в отпуск? (Кавказ)
> —**Нет, они уже решили. Они едут на Кавказ.**

1. Он всё ещё решает, куда ехать на каникулы? (Москва)
2. Таня всё ещё решает, куда ехать в отпуск? (Ялта)
3. Ваши родители всё ещё решают, куда ехать в отпуск? (Чёрное море)

> *Образец:* —Ваш сын ещё делает этот перевод?
> —**Нет, он его сделал и пошёл в парк.**

1. Ваша дочь ещё делает этот перевод?
2. Ваш ученик ещё делает этот перевод?
3. Ваши студенты ещё делают этот перевод?

Е. Заполните пропуски.

> *Образец:* **Он** иногда забывает такие вещи, но на этот раз **он** не забудет.

1. Я...   2. Мы...   3. Они...

> *Образец:* **Саша** обычно отвечает неправильно. Может быть, на этот раз **он** ответит правильно.

1. Я...   2. Мы...   3. Они...

Ж. Проше́дшее вре́мя. Запо́лните про́пуски.

1. **Чита́ть** или **прочита́ть**?
   а. Мой де́душка ре́дко… журна́лы и газе́ты.
   б. Вот ва́ше письмо́. Ка́жется, И́горь уже́… его́.
   в. Когда́ я был(а́) в Сове́тском Сою́зе, я ка́ждый день… сове́тские газе́ты и журна́лы.

2. **Писа́ть** или **написа́ть**?
   а. Мы обы́чно… дома́шние рабо́ты ве́чером.
   б. Студе́нты уже́… контро́льную рабо́ту. Вот она́.
   в. Когда́ наш сын был в Сиби́ри, он… домо́й ка́ждую неде́лю.

3. **Отвеча́ть** или **отве́тить**?
   а. Мари́на почти́ всегда́ … пра́вильно.
   б. Профе́ссор уже́… на э́тот вопро́с. Ра́зве ты не слы́шал?
   в. —Ты идёшь на заня́тия?—спроси́л Са́ша.
      —Нет, я иду́ домо́й,— …она́.

4. **Говори́ть, поговори́ть** или **сказа́ть**?
   а. Та́ня…, что она́ больна́ и пошла́ домо́й.
   б. Они́ ре́дко… по-ру́сски.
   в. Студе́нты… о контро́льной и пошли́ на другу́ю ле́кцию.
   г. Учи́тель…, что зада́ние на за́втра: диало́г 5-го уро́ка.
   д. Мы поу́жинали,…, а пото́м пошли́ в теа́тр.

5. **Спра́шивать** или **спроси́ть**?
   а. Серёжа меня́…, не хочу́ ли я пойти́ в кино́.
   б. Я не понима́ю, почему́ профе́ссор всегда́… меня́, а не моего́ сосе́да.
   в. Тури́стка… москвича́, где нахо́дится рестора́н «Баку́». Он то́же не знал.

6. **Смотре́ть** или **посмотре́ть**?
   а. На́ши де́ти вчера́ весь день… телеви́зор.
   б. Тури́сты… Ло́бное ме́сто и пошли́ да́льше в Кремль.
   в. Мы пообе́дали,… грузи́нский фильм, а пото́м пошли́ на вы́ставку.

7. **Брать** или **взять**?
   а. Мы ча́сто… кни́ги в библиоте́ке.[2]
   б. А́ня всегда́… мою́ ру́чку, а на э́тот раз она́… ру́чку Са́ши.
   в. Воло́дя… мой слова́рь и пошёл домо́й.

---

[2]**Брать/взять кни́ги в библиоте́ке** зна́чит *to take books out of the library.*

З. **Бу́дущее вре́мя**. Запо́лните пропуски.

1. **Говори́ть, поговори́ть или сказа́ть?**

   а. Когда́ я бу́ду в СССР, я… то́лько по-ру́сски.

   б. Профе́ссора Ивано́ва сейча́с нет, но я ему́…, что вы здесь
   бы́ли.

   в. Дава́йте…, пообе́даем, а по́сле э́того пойдём на собра́ние.

2. **За́втракать или поза́втракать?**

   а. Е́сли вы бу́дете жить в общежи́тии, вы… в столо́вой при
   университе́те.

   б. Они́… сего́дня в 7 часо́в и пое́дут пря́мо в аэропо́рт.

   в. Дава́йте…, поговори́м, а пото́м пое́дем на рабо́ту.

И. Соста́вьте отрица́тельные предложе́ния в повели́тельном
накло́нении.

Образе́ц: Спроси́те Оле́га, где Ле́на!
   Не спра́шивайте Оле́га, где Ле́на!

1. **Скажи́те**, почему́ вы не хоти́те пойти́ в о́перу.
2. **Возьми́те** э́ту кни́гу.
3. **Напиши́те** письмо́ домо́й.
4. **Прочита́й** э́тот журна́л.
5. **Сде́лайте** э́то сего́дня.
6. **Посмотри́те** э́тот фильм.
7. **Пообе́дай** в столо́вой при заво́де.
8. **Отве́тьте** на его́ вопро́с.

К. Отве́тьте на вопро́сы.

1. Что вы де́лали вчера́? (чита́ть кни́гу)
   Вы её прочита́ли? (Да,…)
2. Что вы де́лали вчера́? (писа́ть пи́сьма)
   Вы их написа́ли? (Нет, не…)
3. Что вы де́лали вчера́? (де́лать перево́д)
   Вы его́ сде́лали? (Да, я его́… и пошёл в кино́.)

Л. Слова́ в ско́бках поста́вьте в пра́вильной фо́рме.

1. —Ма́ша неда́вно е́здила в Москву́.
   —Как ей там (понра́виться)?
   —Очень.
2. —Андре́й неда́вно был в Оде́ссе.
   —Как ему́ Оде́сса (понра́виться)?
   —Не о́чень. Всё вре́мя шёл дождь.

3. —Вы были вчера́ в теа́тре?
 —Да.
 —Как спекта́кль вам (понра́виться)?
 —Очень.

4. —Вы смотрели фильм «Дядя Ваня»?
 —Смотре́л(а).
 —Этот фильм вам (понра́виться)?
 —Да, но не очень.

М. Переведи́те предло́г в ско́бках. Пото́м соста́вьте предложе́ния по образцу́.

1. (*After*) **бале́та пойдём в рестора́н**.
  а. обе́д/библиоте́ка   б. ле́кция/парк

2. Мы живём (*near*) **по́чты**.
  а. о́зеро   б. мо́ре

3. Почему́ они́ е́здили туда́ (*without*) **сы́на**?
  а. Серге́й Ива́нович   б. дочь

4. У **меня́** есть кни́га (*for*) **Варва́ры Па́вловны**.
  а. мы/Серге́й Ива́нович   в. она́/этот америка́нец
  б. они́/эта америка́нка   г. он/мой учи́тель

5. Мы здесь бу́дем (*until*) **понеде́льника**.
  а. пя́тница   б. воскресе́нье   в. четве́рг

6. Авто́бус идёт (*past*) **Ки́евского вокза́ла**.
  а. Третьяко́вская галере́я   б. Большо́й теа́тр

7. Отсю́да (*to*) **ва́шего общежи́тия** недалеко́.
  а. Кра́сная пло́щадь   б. Мавзоле́й Ле́нина

8. (*Around*) **теа́тра** стои́т больша́я толпа́.
  а. моя́ маши́на   б. этот америка́нец

9. (*During*) **конце́рта** они́ говори́ли о **ней**.
  а. ле́кция/я   б. собра́ние/контро́льная рабо́та
  в. война́/мир

10. Это—**Парк** (*named for*) **Го́рького**.
  а. Университе́т/Ломоно́сов   б. Стадио́н/Ле́нин
  в. Зал/Чайко́вский

11. Вчера́ все ходи́ли на конце́рт (*except*) **меня́**.
  а. ты   б. он   в. вы   г. они́   д. мы

12. Наша гостиница стоит (*opposite*) **Большого театра**.
  а. Красная площадь   б. новое общежитие

H. Впишите окончания.

  1. Последн_____ дом на этой улице—наш.
  2. Мы не видели последн_____ дома на этой улице.
  3. Ольга живёт в последн_____ доме на этой улице.
  4. Вот Средн_____ Азия.
  5. Мы обычно проводим отпуск в Средн_____ Азии.
  6. Они собираются в пятницу полететь в Средн_____ Азию.
  7. От Москвы до Средн_____ Азии далеко.
  8. Последн_____ окно направо—моё.

O. **Давно или долго**? Переведите с английского на русский.

  1. I have been waiting here for Ivan a long time.
  2. Did you wait for Masha a long time? No, not long.
  3. We lived in Moscow a long time ago.
  4. Are you planning to live in New York a long time?
  5. After the ballet we usually sit for a long time in a cafe and talk about music.
  6. Have you been living in Leningrad long?

Вопросы

  1. Какой урок вы проходите?
  2. Какое сегодня число?
  3. Сколько сейчас времени?
  4. Вы живёте около университета?
  5. Что вы больше любите: балет или оперу?
  6. Какой ваш любимый балет?
  7. Вы играете на музыкальном инструменте? На каком? Вы давно играете на этом инструменте?
  8. Вы уже решили, куда ехать на каникулы летом?
  9. Вы хотели бы сегодня пойти на балет? На какой?
  10. Вы иногда берёте книги в библиотеке?
  11. Вы иногда забываете вещи (*things*) дома? Что вы сегодня забыли?
  12. Что вы вчера делали? А что вы сделали?
  13. Что вы собираетесь завтра делать? А что вы хотели бы сделать?

Перево́д

Переведи́те слова́ в ско́бках.

1. —Ты не зна́ешь, где Воло́дя?
   —Я ду́маю, что он (*has gone*) в университе́т.
2. Когда́ Мари́я (*was walking*) в шко́лу, она́ ду́мала о ма́тери.
3. Пока́ Фе́дя говори́л, я (*was writing*) пи́сьма.
4. Пока́ Ната́ша чита́ла кни́гу, я (*got written*) письмо́.
5. Ива́н (*had lunch*), (*wrote*) письмо́, а по́сле э́того (*went*) на по́чту.
6. Я ча́сто (*forget*) мои́ очки́, но на э́тот раз я их не (*forgot*).
7. Не (*forget*), что за́втра бу́дет контро́льная.
8. Сего́дня ве́чером мы (*will have dinner*) в 6 часо́в, а пото́м (*go*) в теа́тр.
9. —Ско́лько вре́мени вы (*read*) вчера́ ве́чером?
   —Я (*read*) 4 часа́.
   —Вы кни́гу (*got read*)?
   —Да, (*I did*).
10. —Дава́йте (*have a little talk*).
    —Извини́те, я не слы́шал(а). Что вы (*did say*)?
    —Дава́йте (*have a little talk*).
    —Дава́йте!
11. —В ию́не Мэ́ри лета́ла в Москву́.
    —Как ей (*"liked"*) Москва́?
    —Ей о́чень (*"liked"*) и Москва́, и москвичи́.
12. Студе́нты (*asked*) профе́ссора, когда́ бу́дет контро́льная. Он (*answered*), что контро́льная бу́дет че́рез неде́лю.
13. В суббо́ту я (*will answer*) на твоё письмо́.
14. —Тебе́ (*"liked"*) э́тот грузи́нский фильм?
    —Да, мне о́чень (*"liked"*).
15. —Вы уже́ (*have decided*), куда́ и когда́ е́хать в о́тпуск?
    —Да, мы (*have decided*) е́хать на о́зеро Байка́л в а́вгусте.
16. —(*Ask*) Серёжу, хо́чет ли он (*to take*) э́ту кни́гу домо́й.
    —Хорошо́, я его́ (*will ask*).
17. —Вы давно́ (*have lived*) в США?
    —Нет, я здесь (*have lived*) то́лько 3 ме́сяца.
18. Во вре́мя войны́ мы (*lived*) в дере́вне о́коло Ирку́тска.
19. —Вы хоти́те (*to see* [*watch*]) интере́сный фильм?
    —А како́й?
    —В кинотеа́тре «Спу́тник» идёт «Америка́нская траге́дия» Теодо́ра Дра́йзера. Я ду́маю, что она́ вам (*will "like"*).
20. —Ты (*are going*) в о́перу?
    —Э́то (*depends on*), кто (*will be singing*) гла́вную па́ртию.

ГРАММА́ТИКА

THE IMPERFECTIVE AND PERFECTIVE ASPECTS OF VERBS
Несовершённый и совершенный виды глаго́лов

Almost all Russian verbs occur in pairs. The two verbs that constitute a *pair* differ from one another in what is referred to as *aspect* (**вид**). This is the most significant feature of the Russian verb system, which has only three tenses: *present* (**настоя́щее вре́мя**), *past* (**проше́дшее вре́мя**), and *future* (**бу́дущее вре́мя**). Almost all Russian verbs are of one of two aspects: *imperfective* (**несовершённый вид**) or *perfective* (**совершённый вид**).

An *IMPERFECTIVE* verb is used to describe an action that is, was, or will be in progress, continuous, or repeated with some frequency. In the present tense, only the imperfective aspect is used; there is no choice. In the past and future tenses, imperfective verbs are used when the activity (action) itself, not its completion or result, is of main concern.

—Что **де́лал** Ива́н вчера́?	*What did Ivan do yesterday? What was Ivan doing yesterday? What activity was Ivan engaged in yesterday? How did Ivan spend his time yesterday?*
—Он **писа́л** пи́сьма.	*He wrote letters. He was writing letters. He spent his time writing letters.*
—Что **бу́дет** Ива́н за́втра **де́лать**?	*What is Ivan going to do / going to be doing tomorrow?*
—Он **бу́дет писа́ть** пи́сьма.	*He's going to write / going to be writing letters.*

A *PERFECTIVE* verb has only two tenses: *past* and *future*. Perfective verbs are used to tell about the completion or end result of an action. Most often the action occurred or will occur only once. Perfective verbs take the normal past tense endings (**-л, -ла, -ло, -ли**); in the future they take the same Conjugation I or II endings that imperfective verbs take in the present tense.

Many perfective verbs are formed by adding a prefix to the corresponding imperfective verb:

Несоверше́нный вид: писа́ть   *to write, be writing*

Соверше́нный вид: **написа́ть**   *to write, get written*

Настоя́щее время:	*Несоверше́нный вид*	*Соверше́нный вид*

	Я пишу́	
I (etc.) write,	Ты пишешь	Настоя́щего
am writing,	Он пишет	времени
do write	Мы пишем ⎱ письма.	НЕТ!
letters.	Вы пишете	
	Они́ пишут	

Проше́дшее время (несоверше́нный вид):

Я (ты, он) писа́л ⎫
Я (ты, она́) писа́ла ⎬ письма.
Мы (вы, они́) писа́ли ⎭

I (etc.) wrote (repeatedly), was writing, used to write, have written (repeatedly), had been writing... letters.

Проше́дшее время (соверше́нный вид):

Я (ты, он) **написа́л** ⎫
Я (ты, она́) **написа́ла** ⎬ письма.
Мы (вы, они́) **написа́ли** ⎭

I (etc.) wrote, did write, have/had written... the letters. I got the letters written.

Будущее время (несовершённый вид):

Я буду	
Ты будешь	
Он будет	
Мы будем	писа́ть пи́сьма.
Вы бу́дете	
Они́ бу́дут	

I (etc.) will write (repeatedly), will be writing, am going to write (repeatedly), am going to be writing... letters.

Будущее время (совершённый вид):

Я **напишу́**	
Ты **напи́шешь**	
Он **напи́шет**	
Мы **напи́шем**	пи́сьма.
Вы **напи́шете**	
Они́ **напи́шут**	

I (etc.) will write, am going to write, will have written... the letters. I will (am going to) get the letters written.

Given the imperfective form of a verb, there is no sure way to predict what the corresponding perfective verb will be. It therefore is necessary to learn verbs in pairs. However, the following patterns may be observed:

1. *Entirely different roots* (rare).

Несовершённый вид		*Совершённый вид*	
брать (I)		*взять (I)*	
я беру́	(*I* [*etc.*] *take,*	я возьму́	(*I* [*etc.*] *will take,*
ты берёшь	*am taking,*	ты возьмёшь	*am going to take* [*once*],
они́ беру́т	*do take*)	они́ возьму́т	*will have taken*)
Бери́(те)!		Возьми́(те)!	
брал, -ла́, -ло, -ли		взял, -ла́, -ло, -ли	

The verb **говори́ть** (*to speak*, *talk*, *say*, *tell*) has two perfective forms: **сказа́ть** (*to say*, *tell*) and **поговори́ть** (*to talk for a while*, *have a little talk*.)

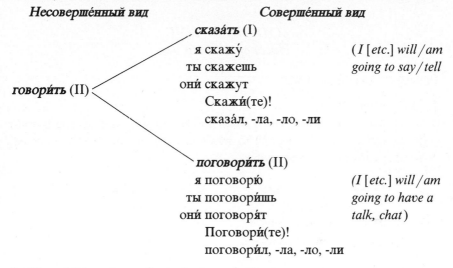

Несоверше́нный вид   *Соверше́нный вид*

говори́ть (II)

сказа́ть (I)

я скажу́   (*I* [*etc.*] *will / am*
ты ска́жешь   *going to say / tell*
они́ ска́жут
Скажи́(те)!
сказа́л, -ла, -ло, -ли

поговори́ть (II)

я поговорю́   (*I* [*etc.*] *will / am*
ты поговори́шь   *going to have a*
они́ поговоря́т   *talk, chat*)
Поговори́(те)!
поговори́л, -ла, -ло, -ли

2. *The addition of a prefix to the imperfective.*

написа́ть	поза́втракать
прочита́ть	пообе́дать
сде́лать	поу́жинать
понра́виться	познако́миться
посмотре́ть	поговори́ть

As verbs of this type are introduced, they will be presented with the perfective prefix in parentheses: (**на**)**писа́ть**.

3. *A different final vowel* (sometimes with alternation of the consonant which precedes it).

Несоверше́нный вид	*Соверше́нный вид*
отвеча́ть (I)	отве́**ти**ть (II) *to answer*
отвеча́ю, -ешь; -ют	отве́чу, отве́тишь; отве́тят
реша́ть (I)	реши́ть (II) *to decide, solve*
реша́ю, -ешь; -ют	решу́, -и́шь; -а́т

4. *Deletion of a suffix* (sometimes with consonant and/or vowel alternation).

Несоверше́нный вид	*Соверше́нный вид*
забыва́ть (I)	забы́ть (I) *to forget*
забыва́ю, -ешь; -ют	забу́ду, -ешь; -ут
спра́шивать (I)	спроси́ть (II) *to ask* (*a question*)
спра́шиваю, -ешь; -ют	спрошу́, спро́сишь, спро́сят

GUIDELINES FOR THE USE OF IMPERFECTIVE AND PERFECTIVE VERBS

IMPERFECTIVE
Несовершённый вид

Imperfective verbs are used:

1. in the present tense.

2. in the past and future tenses when the action was/will be continuous, general, habitual or repeated, in which case the action itself is stressed, not the end result of the action.

Он вчера весь день **писал** письма.	*Yesterday he wrote letters all day.*
Он завтра весь день **будет писать** письма.	*Tomorrow he will be writing letters all day.*

This characteristic of imperfective verbs results in their being used very frequently in clauses which contain adverbs and adverbial phrases like the following:

всегда	долго	весь день	каждый день
часто	иногда	всю ночь	каждую неделю
редко	никогда (не)	всё утро	каждое утро

In most instances, the imperfective is used when a progressive tense (verb ending in *-ing*) or a past tense with *used to* is employed in English.

Володя **раньше** часто **писал** домой, а теперь он пишет редко.	*Volodya **used to write** home often, but now he seldom writes.*
Когда я видел(а) Олега, он **читал** книгу.	*When I saw Oleg, he **was reading** a book.*

3. in giving *negative* commands.

Не делайте этого!
Не отвечайте на этот вопрос!

4. with **нельзя**.

Об этом его спрашивать нельзя.

PERFECTIVE
Соверше́нный вид

Perfective verbs are used:

1. to describe a single completed action (in the past or future).

Ива́н Петро́вич **спроси́л** Борю, где он **живёт**.

Я завтра **спрошу́** Ива́на Петро́вича, когда́ будет контро́льная.

2. when an action was/will be completed and had/will have the desired, expected or possible result.

Он вчера́ **прочита́л** эту книгу.

*He got this book read
  yesterday.*

Она́ завтра **прочита́ет** эту книгу.

*She will get this book read
  tomorrow.*

3. when one action was/will be completed before another action took/will take place.

Мы **поу́жинали**, а пото́м пошли́ на бале́т.

Мы **поу́жинаем** и пойдём в теа́тр.

4. with auxiliary verbs if the action is to take place only once.

Я хочу́ **посмотре́ть** этот фильм.

Ва́ня не может **реши́ть**, куда́ ехать в отпуск.

Мы собира́емся завтра **полете́ть** в Ло́ндон.

However, if the action involved is continuous or repeated, the imperfective is used.

Наши дети могут **чита́ть** весь день.

5. in giving specific positive commands.

Скажи́те, пожа́луйста, отку́да вы?

Прочита́йте этот расска́з.

Отве́тьте, пожа́луйста, на вопро́с.

However, if the command is general in nature, use the imperfective.

Всегда́ **говори́те** правду.

Чита́йте немно́го вслух каждый день.

Пиши́те домо́й часто!

6. in giving negative commands that involve a warning not to do something one might otherwise do unintentionally. Frequently the verb in such commands is **забы́ть**.

Не **забу́дьте**, что завтра будет контро́льная!

THE PERFECTIVE ASPECT OF
VERBS OF MOTION
Совершенный вид глаголов движения

Unidirectional (**однократные**) and multidirectional (**неоднократные**) verbs of motion share a single perfective which is formed by adding the prefix **по-** to the unidirectional verb.

The present tense of *unidirectional* verbs of motion often is used for the future as long as some word, phrase or the context makes the tense clear; however, the perfective future also can be used.

—Ты завтра **идёшь/пойдёшь** на концерт?	*Are you going (going to go) to the concert tomorrow?*
—Нет, я не **иду/пойду**.	*No, I'm not going/going to go.*

The perfective past is used when in English one says *has/have gone* (*to*) or *has/have left* (*for*).

—Где Маша?	*Where's Masha?*
—Она **пошла** в школу.	*She's gone to school.*
—Миша дома?	*Is Misha at home?*
—Нет, он уже **пошёл** на работу.	*No, he's already left for work.*

Remember that the past tense of unidirectional verbs (**шёл/шла/шло/шли, ехал/ехала/ехало/ехали** and **летел/летела/летело/летели**) have the very restrictive meaning *was/were on the way* (*to*).

Когда мы их видели, они **шли/ехали/летели** на юг.	*When we saw them, they were walking/driving/ flying south.*

You also must keep in mind that if the person went and came back, a multidirectional verb must be used whether the action occurred once or often.

Они́ неда́вно ходи́ли/е́здили/лета́ли в Москву́.	*They recently walked/drove/ flew to Moscow (and back).*

A GENERAL COMMENT ON IMPERFECTIVE/PERFECTIVE USAGE IN ANSWERING QUESTIONS

In general, one answers questions with a verb in the same aspect as the one in the question.

—Вы смотре́ли э́тот фильм?
—Да, смотре́л(а). (и́ли: Смотре́л(а).)

—Вы уже́ написа́ли письмо́ домо́й?
—Да, написа́л(а). (и́ли: Написа́л(а).)

Learn the following verb pairs:

брать/взять *to take*
      возьму́, -ёшь, -у́т; взял, -ла́, -ло, -ли

говори́ть/поговори́ть—сказа́ть *to speak, talk, say, tell*
                скажу́, -ешь, -ут

(на)писа́ть	*to write*
(про)чита́ть	*to read*
(с)де́лать	*to do*
(по)нра́виться	*to please, appeal to*
(по)смотре́ть	*to look, watch, see*
(по)за́втракать	*to have breakfast*
(по)обе́дать	*to have lunch*
(по)у́жинать	*to have dinner*
(по)знако́миться	*to get acquainted, meet*

отвеча́ть/отве́тить (II) *to answer*
      отве́чу, отве́тишь, -ят

реша́ть (I)/реши́ть (II) *to decide*
забыва́ть/забы́ть (I) *to forget*
      забу́ду, -ешь, -ут; Забу́дь(те)!

спра́шивать/спроси́ть (II) *to ask (a question)*
      спрошу́, спро́сишь, -ят

ADDITIONAL PREPOSITIONS WHICH TAKE GENITIVE OBJECTS

Objects of the following prepositions always are in the genitive case.

без	*without*
вдоль	*along*
вместо	*instead of*
во врéмя	*during*[3]
вокрýг	*around*
для	*for*
до	*until, as far as, up to, before*
имени	*named for*
кроме	*besides, except*
мимо	*past, by*
напрóтив	*opposite, across from*
около	*near*
после	*after*
против	*against*

Note also the following combinations:

от... до...	*from... to...* (distance between two points)
отсю́да до...	*from here to...*
отту́да до...	*from there to...*

SOFT ADJECTIVES

A relatively small group of adjectives, referred to as "*soft*" adjectives, have endings the first letter of which must be a *softening vowel*. The stem of these adjectives thus always is a soft consonant, in most instances a soft **н**. Soft adjectives introduced in this lesson are:

домáшний, -яя, -ее, -ие	*home, domestic*
лишний, -яя, -ее, -ие	*extra, spare*
послéдний, -яя, -ее, -ие	*last, final*
средний, -яя, -ее, -ие	*middle, central, average*

---

[3] **Во врéмя** значит *during*; **вóвремя** значит *on time*.

Review the regular and "softening" vowel pairs.

Regular	"Softening"
а	я
о	ё
э	е
у	ю
ы	и

As noted above, soft adjective endings begin with the softening equivalent of a regular vowel. Since ё always is stressed, soft adjective endings begin with е, not ё.

	он	**онá**	**онó**	**онѝ**
кто? что?	нов **ый** средн **ий**	нов **ая** средн **яя**	нов **ое** средн **ее**	нов **ые** средн **ие**
когó? чегó?	нов **ого** средн **его**	нов **ой** средн **ей**	нов **ого** средн **его**	
когó? что?	нов **ый** средн **ий** нов **ого** средн **его**	нов **ую** средн **юю**	нов **ое** средн **ее**	
о ком? о чём?	нов **ом** средн **ем**	нов **ой** средн **ей**	нов **ом** средн **ем**	

ДÓЛГО, ДАВНÓ

Both **дóлго** and **давнó** can mean *a long time*. The difference is that **дóлго** denotes a long period of time which has, had or will have a beginning and an end, while **давнó** is used when the action began in the past and continues in the present (for example: *He has been playing the piano a long time.*).

Мой отéц **дóлго** рабóтал на этой фáбрике.	*My father worked at that factory a long time.*
Мы бýдем **дóлго** жить на сéвере.	*We will live in the north a long time.*
Я **давнó** живý в этом гóроде.	*I have lived (have been living) in this city a long time.*

Used with a verb in the past tense, **давнó** means *a long time **ago***.

Мы там были **давнó**.	*We were there a long time ago.*

In the future, only **дóлго** may be used.

СЛОВА́РЬ

академи́ческий	*academic*
аэропо́рт	*airport*
балери́на	*ballerina*
бале́т (на)	*ballet*
биле́т	*ticket*
вдоль (чего́?)	*along*
век	*century*
взять (I)	perfective of **брать**
возьму́, -ёшь, -у́т	
взял, -ла́, -ло, -ли	
во вре́мя (кого́? чего́?)	*during*
война́	*war*
вокру́г (кого́? чего́?)	*around*
всё ещё	*still, yet*
го́лоден (-дна́, -о, -ы)	*hungry*
грани́цей	(See **за грани́цей**)
грузи́нский	*Georgian*
для (кого́? чего́?)	*for*
до (кого́? чего́?)	*until, as far as, up to, before*
дома́шняя рабо́та	*homework*
драмати́ческий	*dramatic*
забыва́ть (I) (сов. забы́ть)	*to forget*
забы́ть (I)	perfective of **забыва́ть**
забу́ду, -ешь, -ут	
забы́л, -ла, -ло, -ли	
за́втрак	*breakfast*
за грани́цей	*abroad*
зри́тель (м.)	*spectator*
и́мени (кого́? чего́?)	*named for*
инструме́нт	*instrument*
исполня́ть (I)	*to perform*
кро́ме (кого́? чего́?)	*besides, except*
ли́шний, -яя, -ее, -ие	*extra, spare*
люби́тель (м.) (чего́?)	*amateur; lover, admirer of*
ми́мо (кого́? чего́?)	*past*
мо́жет быть	*maybe, perhaps*
на (и́ли в) э́тот раз	*(on) that occasion / time*
написа́ть (I)	perfective of **писа́ть**
обе́д	*lunch*

обра́тно	*back*
о́коло (кого́? чего́?)	*near*
отве́тить (II)	*perfective of* **отвеча́ть**
отве́чу, отве́тишь, отве́тят	
поговори́ть (II)	*perfective of* **говори́ть**
поза́втракать (I)	*perfective of* **за́втракать**
понра́виться (II)	*perfective of* **нра́виться**
пообе́дать (I)	*perfective of* **обе́дать**
по́сле (кого́? чего́?)	*after*
после́дний, -яя, -ее, -ие	*last, final*
посмотре́ть (II)	*perfective of* **смотре́ть**
поу́жинать (I)	*perfective of* **у́жинать**
поэ́т	*poet*
про́тив (кого́? чего́?)	*against, opposite*
прочита́ть (I)	*perfective of* **чита́ть**
пря́мо	*straight, direct(ly)*
пьеса	*play, drama (work of literature)*
реша́ть (I) (сов. реши́ть)	*to decide*
реши́ть (II)	*perfective of* **реша́ть**
сде́лать (I)	*perfective of* **де́лать**
сказа́ть (I)	*perfective of* **говори́ть**
скажу́, ска́жешь, ска́жут	
Скажи́ (те)!	
слу́чай	*event, occasion, case*
в тако́м слу́чае	*in that event, in that case*
спекта́кль(м.)	*play (performance)*
спроси́ть (II)	*perfective of* **спра́шивать**
спрошу́, спро́сишь, спро́сят	
сре́дний, -яя, -ее, -ие	*middle, central*
ста́вить (II) (сов. по-)	*to stage, place*
ста́влю, ста́вишь, ста́вят	
сце́на	*stage (of a theater)*
танцо́р	*dancer*
толпа́	*crowd*
у́жин	*dinner*
худо́жественный	*art* (adj.)
ю́ный	*youth(ful)*

Коне́ц шестна́дцатого уро́ка.

Семна́дцатый уро́к

ДИАЛО́Г А
День рожде́ния

Алексе́й: Еле́на Серге́евна, за́втра у сы́на день рожде́ния. Что вы посове́туете мне ему́ подари́ть?

Еле́на: Наступа́ет зима́, и говоря́т, что бу́дет о́чень хо́лодно. Подари́те ему́ мехову́ю ша́пку.

Алексе́й: Пра́вда, у него́ нет ша́пки. Спаси́бо за хоро́ший сове́т.

Еле́на: Ско́лько лет ва́шему сы́ну?

Алексе́й: Оле́гу за́втра бу́дет 24 го́да.

Aleksei: Yelena Sergeyevna, tomorrow is my son's birthday. What would you suggest that I give him for a present?

Yelena: Winter's coming, and they say that it's going to be very cold. Give him a fur cap.

Aleksei: That's right. He doesn't have a cap. Thanks for the good advice.

Yelena: How old is your son?

Aleksei: Oleg will be 24 tomorrow.

Еле́на: А вашей до́чери? На-
ско́лько я по́мню, она́ ещё
совсе́м молода́я.

Алексе́й: Да нет! Ма́ше уже́ 18!

Еле́на: Бо́же! Как вре́мя лети́т!

Алексе́й: Ещё бы! А тепе́рь из-
вини́те, пожа́луйста. Мне на́до
пойти́ в магази́н ша́пку
купи́ть.

*Yelena: And how about your
daughter? As I recall she is still
quite young.*

*Aleksei: No, not at all! Masha's al-
ready 18!*

*Yelena: Good heavens! How time
flies!*

*Aleksei: I'll say! And now please
excuse me. I have to go to the
store to buy the cap.*

ДИАЛО́Г Б
В универма́ге

Продавщи́ца: Пожа́луйста. Что
вам ну́жно?

Алексе́й: Мне нужна́ мехова́я
ша́пка. Ско́лько сто́ит вот э́та,
чёрная?

Продавщи́ца: Она́ дово́льно доро-
га́я—84 рубля́.

Алексе́й: А кори́чневая, сле́ва от
чёрной?

Продавщи́ца: Она́ то́же недешё-
вая—66 рубле́й.

Алексе́й: Покажи́те мне кори́ч-
невую, пожа́луйста.

Продавщи́ца: Вы покупа́ете ша́пку
для себя́?

Алексе́й: Нет, для сы́на.

Продавщи́ца: По-мо́ему [1], ему́ больше понра́вится чёрная.

Алексе́й: Хорошо́, да́йте чёрную.
Я её куплю́.

Продавщи́ца: Пожа́луйста. За-
плати́те в ка́ссу.

*Salesclerk: Yes, please? What do you
need?*

*Aleksei: I need a fur cap. How much
is that one there, the black one?*

*Salesclerk: It's fairly expensive—84
rubles.*

*Aleksei: And the brown one, to the
left of the black one?*

*Salesclerk: It's not cheap either—66
rubles.*

*Aleksei: Show me the brown one,
please.*

*Salesclerk: Are you buying the cap
for yourself?*

Aleksei: No, for my son.

*Salesclerk: I think he'd like the black
one better.*

*Aleksei: All right, give me the black
one. I'll buy it.*

*Salesclerk: Here you are. Pay the
cashier.*

---

[1] **По-мо́ему** зна́чит **Я ду́маю, что**.

ГУМ

ТЕКСТ ДЛЯ ЧТЕНИЯ
Пода́рок ко дню рожде́ния

Завтра бу́дет день рожде́ния мое́й мла́дшей сестры́ На́ди. Ей бу́дет 17 лет. Я не знал, что ей подари́ть и сего́дня у́тром спроси́л бра́та:

—Во́ва, что ты посове́туешь мне подари́ть На́де ко дню рожде́ния?

Во́ва отве́тил:

—У На́ди нет зонта́. Купи́ ей зонт. Э́то бу́дет для неё хоро́ший пода́рок.

Мне тоже показа́лось, что На́де понра́вится зонт, так что[2] я пое́хал в центр на метро́ и пошёл в ЦУМ[3], где спроси́л продавщи́цу:

—Де́вушка, бу́дьте добры́, скажи́те, где у вас зонты́?

Продавщи́ца отве́тила, что отде́л, где продаю́т зонты́, нахо́дится на второ́м этаже́. Я пошёл туда́ и там сказа́л продавщи́це:

—Де́вушка, мне ну́жен пода́рок для сестры́. Покажи́те, пожа́луйста, вот э́тот жёлтый зонт.

Мне показа́лось, что продавщи́ца меня́ и́ли не слы́шала, и́ли не поняла́, потому́ что дала́ мне не жёлтый зонт, а ро́зовый, и сказа́ла:

—Пожа́луйста. 8 рубле́й 50 копе́ек. Заплати́те в ка́ссу.

Я сказа́л:

—Нет, не э́тот, а тот, жёлтый. Сестра́ ро́зового цве́та не лю́бит.

—Что вы, това́рищ! Э́тот зонт—мой ли́чный. Я его́ вам не прода́м.

—Ну хорошо́, да́йте ро́зовый.

Я заплати́л в ка́ссу, верну́лся к продавщи́це, взял зонт и пошёл домо́й. Когда́ я возвраща́лся домо́й, дождь лил, как из ведра́, а мой зонт я оста́вил до́ма. Тепе́рь я зна́ю, что зонт—действи́тельно хоро́ший пода́рок. Я наде́юсь, что он На́де понра́вится, хотя́ он и ро́зовый.

ВЫРАЖЕ́НИЯ

1. Что $\left\{\begin{array}{l}\text{ты посове́туешь} \\ \text{вы посове́туете}\end{array}\right\}$ мне купи́ть/подари́ть…?

What would you recommend that I buy/give…?

2. Наступа́ет зима́/весна́/ ле́то/о́сень.

Winter/spring/summer/ fall is approaching.

3. Наско́лько я по́мню…

As I recall…

4. Да нет!

No, not at all!

5. Ещё бы!

I'll say!

6. Что тебе́/вам ну́жно?

What do you need?

7. Мне (тебе́, ему́ и т.д.)

I (you, he, etc.)

    ну́жен…

    need a (masculine)…

    нужна́…

    need a (feminine)…

    ну́жно…

    need a (neuter)…

    нужны́…

    need (plural)…

8. Ско́лько $\left\{\begin{array}{l}\text{сто́ит э́тот/э́та/э́то…} \\ \text{сто́ят э́ти…}\end{array}\right.$

How much $\left\{\begin{array}{l}\text{is this…?} \\ \text{are these…?}\end{array}\right.$

---

[2] **Так что** зна́чит **поэ́тому**.

[3] ЦУМ (Центра́льный универса́льный магази́н)—большо́й универма́г в Москве́.

9. для себя	*for myself / yourself / himself / herself / our – selves / themselves*
10. По-мо́ему...	*I think that...*
По-тво́ему...	*You think that...*
По-на́шему...	*We think that...*
По-ва́шему...	*You think that...*
11. Заплати́(те) в ка́ссу.	*Pay the cashier (at the cash register).*
12. пода́рок ко дню рожде́ния	*birthday present*
13. Мне показа́лось, что...	*It seemed to me that...*
14. Бу́дьте добры́, скажи́те / покажи́те...	*Please be so kind as to tell / show me...*
15. Дождь льёт / лил, как из ведра́.	*It is / was raining cats and dogs.*
16. Что случи́лось?	*What's wrong? What's up? What happened?*

ПРИМЕЧА́НИЯ

1. Orthodox Russians celebrate, in addition to their birthday (**день рожде́ния**), their *name day* (**имени́ны**). This is the day upon which the saint after whom one is named was born, performed a miracle, died, etc.
2. Salesmen are addressed as **това́рищ продаве́ц**. Although the feminine form of **продаве́ц** is **продавщи́ца**, saleswomen (and waitresses) usually are called **де́вушка**.
3. In Soviet stores, one first selects what one wants to buy, receives a bill (**чек**), takes this to the cashier's desk (**ка́сса**), which may be some distance away, pays for the item, gets a receipt (**квита́нция**), returns to the sales clerk and only then receives the item purchased.

ДОПОЛНИ́ТЕЛЬНЫЙ МАТЕРИА́Л

Цвета́

In Russian, all colors are adjectives and therefore must agree with the nouns they modify in gender, case and number. When a color stands alone, it is masculine, as it modifies **цвет**: **Я люблю́ кра́сный цвет.**

Девушка идёт в магазин купить подарок.

белый цвет	*white*	зелёный цвет	*green*
чёрный цвет	*black*	голубой цвет	*blue*
серый цвет	*grey*	синий цвет	*navy blue*
коричневый цвет	*brown*	лиловый цвет	*purple*
бежевый цвет	*beige*	пёстрый	*variegated,*
красный цвет	*red*		*many-colored*
розовый цвет	*pink*	в клетку	*checkered*
жёлтый цвет	*yellow*	в полоску	*striped*

Note the agreement of the color-adjectives with the nouns they modify:
серый пиджак, серая шапка, серое пальто, серые носки

It also is possible to indicate the color of a thing by placing the color after the item in question, in which case it modifies **цвет** in the genitive case:

серый пиджа́к = пиджа́к серого цвета
серая шапка = шапка серого цвета
серое пальто́ = пальто́ серого цвета
серые носки́ = носки́ серого цвета

When asking the color of a thing, *what color?* must be in the genitive. If a one-word answer is given, it, too, must be in the genitive.

—Како́го цвета ваш пиджа́к?
—Чёрного.
—Он чёрный.

—Како́го цвета ваша шапка?
—Чёрного.
—Она́ чёрная.

—Како́го цвета ваше пальто́?
—Чёрного.
—Оно́ чёрное.

—Како́го цвета ваши носки́?
—Чёрного.
—Они́ чёрные.

Оде́жда

платье	*dress*	костю́м	*suit*
блузка	*blouse*	руба́шка	*shirt*
юбка	*skirt*	брюки	*pants*
шляпа	*hat*	джинсы	*jeans*
сумка	*purse*	носки́	*stockings, socks*
перча́тки	*gloves*	(носо́к)	
(перча́тка)		пиджа́к (мн.ч. -и́)	*(suit) jacket*
чулки́	*women's stockings*	куртка	*informal jacket*
(чуло́к)		пальто́	*overcoat*
зонт (мн.ч. -ы́)	*umbrella*	шуба	*fur coat*
шарф	*scarf*	плащ (мн.ч. -и́)	*raincoat*
купа́льник	*swimming suit*	обувь (ж.)	*footwear*
плавки	*swimming trunks*	туфли	*shoes*
галстук	*necktie*	(туфля)	

свитер	sweater (crew neck	сапоги́	boots
	or turtle neck)	(сапо́г)	
пуло́вер	open-neck sweater	санда́лии	sandals
чемода́н	suitcase	(санда́лия)	

УПРАЖНЕ́НИЯ

A. Соста́вьте предложе́ния по образца́м.

Образе́ц: **Ива́ну ску́чно.** *Ivan is bored.*

1. Серге́й/хо́лодно
2. А́нна/тепло́
3. Мари́я/интере́сно
4. учи́тель/жа́рко

Образе́ц: **Я** возьму́ **эту шля́пу.** *I'll take this hat.*

1. А́ня/э́та ю́бка
2. Мы/э́ти джи́нсы
3. Они́/э́тот костю́м
4. Вы/э́та мехова́я ша́пка?

Образе́ц: **Бори́су 21 год.** *Boris is 21 years old.*

1. Никола́й Ива́нович/42
2. Наш учи́тель/33
3. Э́тот молодо́й челове́к/19
4. Тама́ра Серге́евна/55
5. На́ша преподава́тельница/30
6. Э́та студе́нтка/24

Образе́ц: **Я** хочу́ купи́ть **мехову́ю** ша́пку. *I want to buy a fur cap.*

1. Ми́ша/дорого́й бе́жевый пиджа́к
2. Та́ня/дешёвая бе́лая блу́зка
3. Мы/чёрное пальто́
4. Вы/ку́ртка в кле́тку?
5. Ты/хоро́шая си́няя руба́шка?

Образе́ц: **Я** ду́маю, что куплю́ **ей э́тот плащ.** *I think that I will buy her this raincoat.*

1. она́/э́та ю́бка
2. он/э́та ша́пка
3. они́/э́ти джи́нсы
4. Ма́ша/э́та су́мка
5. Оле́г/э́тот пуло́вер
6. Серге́й/э́та шля́па

Образе́ц: **Мы** вернёмся в **9** часо́в. *We will return at 9 o'clock.*

1. Я/час
2. Ле́на/3
3. Роди́тели/5
4. Вы/11?

Образе́ц: **Она́** не поняла́, что **он** сказа́л. *She didn't understand what he said.*

1. Мы/профе́ссор
2. Студе́нты/преподава́тель
3. Воло́дя/Мари́на
4. Ма́ша/учи́тельница

Б. Совершённый или несовершённый вид?

1. дава́ть/дать

    а. Что (*is giving*) продавщи́ца Светла́не Серге́евне?

    б. Бори́с Васи́льевич всегда́ (*gave*) тру́дные контро́льные рабо́ты.

    в. Ле́том здесь ча́сто ([*they*] *will give*) хоро́шие конце́рты.

    г. Когда́ Аня прочита́ет эту кни́гу, она́ (*will give*) её тебе́.

    д. —Я оста́вил(а) каранда́ш в библиоте́ке. Ты мне не (*will give*) свой каранда́ш, когда́ напи́шешь зада́ние?

    —Хорошо́, я его́ тебе́ (*will give*).

    е. —Та́ня, ты уже́ (*have given*) Андре́ю ключ?

    —Нет, я ему́ его́ ещё не (*have given*).

    ж. У Ва́ни нет ру́чки. (*Give*) ему́ ру́чку, пожа́луйста.

    з. Не (*give*) Серге́ю Петро́вичу этого письма́!

2. продава́ть/прода́ть

    а. В этом отде́ле ([*they*] *sell*) мехо́вые ша́пки.

    б. Мы собира́емся (*to sell*) нашу маши́ну и купи́ть мотоци́кл.

    в. Когда́ я ([*will*] *have sold*) эту кни́гу, я куплю́ хоро́ший ру́сско-англи́йский слова́рь.

    г. (*Sell*) мне эти джи́нсы!

    д. Не (*sell*) этому фарцо́вщику[4] ваши джи́нсы! По-мо́ему, он кагэбэ́шник[5].

3. пока́зывать/показа́ть

    а. Продавщи́ца (*showed*) Ле́не чёрную шля́пу, но она́ ей не понра́вилась.

    б. Если ты ([*will*] *show*) ему́ эту си́нюю руба́шку, я уве́рен, что он её ку́пит.

    в. В этом кинотеа́тре обы́чно ([*they*] *show*) иностра́нные фи́льмы.

    г. —У вас есть зелёный пуло́вер?

    —Есть. Одну́ мину́точку. Я вам сейча́с (*will show*).

4. покупа́ть/купи́ть

    а. Мы ре́дко (*bought*) ве́щи в этом магази́не.

    б. —Что ты (*will buy*) Игорю ко дню рожде́ния?

    —Я ду́маю, что я (*will buy*) ему́ га́лстук.

    в. Сего́дня мы пошли́ в музыка́льный магази́н и (*bought*) гита́ру.

    г. Я хоте́л (а) бы (*to buy*) эту су́мку, но она́ сли́шком дорога́я.

---

[4]*blackmarketeer* (slang)

[5]*KGB agent*

5. **помогáть/помóчь**

   а. (*Help*) мне!

   б. Не (*help*) емý. Емý не нужнá помощь.

   в. Вы не можете это сделать? Минýточку, я вам (*will help*).

   г. —Кто обы́чно (*helps*) Ивáну готóвить урóки?

   —Обы́чно емý (*helps*) Олéг, но на этот раз емý (*will help*) Сáша и Андрю́ша.

6. **понимáть/поня́ть**

   а. Я не (*understand*), почемý он хочет купи́ть такóй дорогóй костю́м.

   б. —Вы (*understood*)?

   —Нет, не (*understood*). Повтори́те, пожáлуйста.

   в. —По-мóему, Бóря не (*understood*), что я сказáл(а).

   —Да, но повтори́те ещё раз, и он (*will understand*).

   г. Когдá экскурсовóд говори́ла медленно, тури́сты (*understood*) всё, что онá говори́ла.

7. **возвращáться/вернýться**

   а. —Во скóлько вы обычно (*return*) домóй с рабóты?

   —Обы́чно я (*return*) в 6 часóв, но сегóдня я (*will return*) в 5.

   б. —Ваши друзья́ ужé (*have returned*) с концéрта?

   —Ещё нет, но они́ скóро (*will return*).

   в. —Когдá ты собирáешься (*to return*) в Москвý?

   —Я (*will return*) через месяц.

   г. Когдá мы (*were returning*) домóй от Ивáна, дождь лил, как из ведрá.

8. **(за)плати́ть**

   а. Я никогдá не (*pay*) за билéты в теáтр. Мой друг игрáет в оркéстре.

   б. —Вы ужé (*have paid*) за эту блузку?

   —Да, (*I have*).

   в. Если Игорь мне сегóдня (*will pay*), то я тебé зáвтра (*will pay*).

9. **(по)дари́ть**

   а. —Что вы обычно (*give*) мáтери ко дню рождéния?

   —Обы́чно я ей (*give*) одéжду, но на этот раз я (*will give*) ей кни́гу.

   б. —Посмотри́те, что мне (*gave*) Вáня! Часы́!

   —Каки́е они́ хорóшие, краси́вые!

   в. —Что ты посовéтуешь мне (*to give*) отцý? Зáвтра у негó день рождéния.

   —(*Give*) емý носки́ или перчáтки.

10. (по)совéтовать

    а. Я вам (*advise*) сейчáс же вернýться домóй!

    б. Мне всегдá (*advised*) брóсить курúть.

    в. Если Ира вас спрóсит об этом, что вы (*will advise*) ей сдéлать?

В. Отвéтьте на вопрóсы.

    1. Комý вы дали книгу? (Борúс Петрóвич)
                        (учúтель)

    2. Комý вы написáли письмó? (Алёна)
                          (Марúя Николáевна)
                          (дядя)

    3. Комý это мешáет? (мать)
                     (дочь)

    4. Комý продавщúца показáла рубáшку? (америкáнец)
                               (инострáнец)

    5. Комý вы это сказáли? (ученúк)
                     (врач)

    6. Комý вы помоглú? (профéссор Павлов)
                     (преподавáтель)

    7. Комý вы посовéтовали купúть этот словáрь?
                          (этот хорóший америкáнский студéнт)
                          (эта хорóшая америкáнская студéнтка)

    8. Комý Боря отвéтил на вопрóс? (я)
                         (онú)
                         (он)
                         (онá)

Г. Словá в скобках постáвьте в прáвильном падежé.

    1. Скажúте (ваш учúтель), что (Ивáн Антóнович) здесь нет.

    2. Скажúте (мой брат), что (Сергéй Алексáндрович) здесь нет.

    3. Покажúте (эта книга) (моя сестрá).

    4. Покажúте (этот словáрь) (моя мать).

Д. Отвéтьте на вопрóсы.

    1. К комý вы идёте сегóдня вéчером? (Васúлий Васúльевич)
                          (товáрищ Жукóвский)

    2. К комý вы ходúли вчерá вéчером? (Натáша)
                          (Марúя)
                         (Анна Жукóвская)

Е. Отве́тьте на вопро́сы.

1. Что вам ну́жно? (каранда́ш)
    (ру́чка)
    (это письмо́)
    (де́ньги)
2. Кому́ ну́жен каранда́ш? (Бори́с)
    Кому́ ну́жен был каранда́ш? (Аня)
    Кому́ ну́жен бу́дет каранда́ш? (учи́тель)
3. Кому́ нужна́ ру́чка? (этот молодо́й челове́к)
    Кому́ нужна́ была́ ру́чка? (этот студе́нт)
    Кому́ нужна́ бу́дет ру́чка? (эта студе́нтка)
4. Кому́ ну́жно пальто́? (мой друг)
    Кому́ ну́жно бы́ло пальто́? (этот тури́ст)
    Кому́ ну́жно бу́дет пальто́? (моя́ жена́)
5. Кому́ нужны́ де́ньги? (я)
    Кому́ нужны́ бы́ли де́ньги? (он)
    Кому́ нужны́ бу́дут де́ньги? (она́)

Ж. Отве́тьте на вопро́с.

Образе́ц: Что вы де́лали вчера́? (Москва́)
            Мы ходи́ли по Москве́.

Что вы де́лали вчера́? (Ленингра́д)
            (го́род)
            (Оде́сса)

З. Чита́йте вслух: (р: рубль/рубля́/рубле́й; к: копе́йку, копе́йки, копе́ек; до́ллар/до́ллара/до́лларов; цент, це́нта, це́нтов).

1. 1 р. 1 к.   3. 7 р. 23 к.   5. $21.32   7. $44.71
2. 3 р. 2 к.   4. 21 р. 40 к.   6. $33.65   8. $59.99

И. Переведи́те слова́ в ско́бках.

1. Како́й краси́вый (*grey*) костю́м!
2. Кака́я краси́вая (*green*) руба́шка!
3. Како́е краси́вое (*black*) пальто́!
4. Каки́е краси́вые (*red*) носки́!
5. Как вам нра́вится этот (*light blue*) пуло́вер?
6. По-мо́ему, Ва́не не понра́вится этот (*pink*) зонт.
7. Тебе́ нра́вятся эти (*brown*) ту́фли?
8. Мое́й ма́тери о́чень нра́вятся (*yellow*) перча́тки.
9. Моему́ му́жу не понра́вились эти (*dark blue*) брю́ки.

К. Составьте предложения.

> *Образец*:   На нём сегодня белая рубашка. (часто)
> **Он часто носит белую рубашку.**

1. На ней сегодня голубая блузка. (редко)
2. На мне сегодня жёлтый галстук. (иногда)
3. На них сегодня синие плавки. (всегда)

Л. Ответьте на вопросы.

> *Образец*:   —Какое сегодня число? (12/февраль)
> —Сегодня двенадцатое февраля.
> —Когда день рождения Виктора? (12/февраль)
> —Двенадцатого февраля.
> —Сколько Виктору лет? (12)
> —Ему двенадцать лет.

1. Какое сегодня число? (21/март)
    Когда день рождения Николая? (21/март)
    Сколько Николаю лет? (21)
2. Какое сегодня число? (24/сентябрь)
    Когда день рождения Наташи? (24/сентябрь)
    Сколько Наташе лет? (24)

М. Дайте полное спряжение глагола (по)**нравиться**.

Настоящее время (нравиться)

По-моему, { я Ивану... ты Ивану... она Ивану... }   По-моему, { мы Ивану... вы Ивану... они Ивану... }

Прошедшее время (понравиться)

1. Этот фильм мне...   3. Это пальто ей...
2. Эта пьеса ему...   4. Эти джинсы им...

Будущее время (понравиться)

Я надеюсь, { что я её матери... что ты её матери... что он её матери... что мы её матери... что вы её матери... что они её матери... }

H. Запо́лните про́пуски.

1. **этот молодо́й челове́к**
   а. … зна́ет моего́ отца́.
   б. Я не зна́ю фами́лии…
   в. Серёжа сказа́л, что он с удово́льствием помо́жет…
   г. Я ду́маю, что понима́ю…
   д. Профессора́ ча́сто говоря́т об…

2. **эта америка́нская студе́нтка**
   а. … живёт в общежи́тии при МГУ.
   б. Мы не хоте́ли идти́ без…
   в. Покажи́те…, где нахо́дится библиоте́ка.
   г. Вы зна́ете…?
   д. Что вы зна́ете об…?

O. **Спроси́те ва́шего сосе́да/ва́шу сосе́дку:**

1. есть ли у него́/неё мехова́я ша́пка.
2. но́сит ли он/она́ иногда́ шля́пу.
3. ско́лько сто́ит хоро́ший костю́м в америка́нском магази́не.
4. како́го цве́та его́/её руба́шка/блу́зка/свитер.
5. ну́жен ли ему́/ей чемода́н.
6. нужна́ ли ему́/ей шу́ба.
7. ну́жно ли ему́/ей пальто́.
8. нужны́ ли ему́/ей де́ньги.

Вопро́сы

1. Како́й уро́к вы прохо́дите?
2. Како́й сего́дня день неде́ли?
3. Како́е сего́дня число́?
4. Ско́лько сейча́с вре́мени?
5. Како́й ваш люби́мый цвет?
6. У вас есть свитер или пуло́вер? Како́го он цве́та?
7. Вы иногда́ но́сите шля́пу?
8. Когда́ ваш день рожде́ния? Ско́лько вам лет?
9. Когда́ день рожде́ния ва́шего отца́? А ва́шей ма́тери? Ско́лько лет ва́шему отцу́/ва́шей ма́тери?
10. Что вы обы́чно да́рите им ко дню рожде́ния?
11. Когда́ день рожде́ния пе́рвого президе́нта США?

12. Как называется самый большой универмаг в вашем городе?
13. Когда люди носят плащ и зонт?
14. Какое время года сейчас наступает?
15. Во сколько вы возвращаетесь домой из университета?
16. Что вам нужно больше всего на свете[6]?

Перевод

1. Please show me that light blue blouse.
   Which one? This one?
   No, on the left of the brown one.
2. Where's Misha?
   He's gone to the store to buy a shirt and a sweater.
   For [his] father?
   No, for [his] brother. He'll return at four o'clock.
3. What do you recommend me to buy for Tamara?
   Buy her a fur cap.
   How much does a good cap cost?
   Ninety rubles.
   That's too expensive.
4. Olga went to the store, there bought a skirt, blouse, and shoes and after that went to a movie.
5. Vanya is helping father today.
6. Have you already paid for these things?
   Not yet. I'll pay right now and after that let's go have lunch.
7. I'm afraid that you're bothering Sergei.
   No, not at all! I'm not bothering him!
8. Let's go see Tanya!
   Let's.
9. We will go to GUM, buy a present and then go to see Ivan Aleksandrovich.
10. Where were you this morning?
    I went to the store.
11. On Wednesday we'll have a quiz on the seventeenth lesson.
12. What happened in class today?
    The professor had a cold and couldn't talk.
13. I would like to give Ivan a fur cap, but they are too expensive.
14. I hope that Ivan will like this scarf.
    Of course, he will. He needs a scarf.

---

[6] свет = мир (*world*)

ГРАММА́ТИКА

TO GIVE: Дава́ть/дать и (по)дари́ть

There are in Russian two verbs that mean *to give*. **Дава́ть/дать** is the general verb for *to give*; **(по)дари́ть** means *to give* (*a present*). Note very carefully the conjugation of **дава́ть** and **дать**.

Несоверше́нный вид	*Соверше́нный вид*
дава́ть	дать
Настоя́щее время	*Настоя́щего времени нет.*
я даю́	—
ты даёшь	—
они́ даю́т	—
Бу́дущее время	*Бу́дущее время*
я буду	я дам мы дади́м
ты будешь ⎫ дава́ть	ты дашь вы дади́те
они́ будут ⎭	он даст они́ даду́т
Проше́дшее время	*Проше́дшее время*
он дава́л	он дал
она́ дава́ла	она́ дала́
оно́ дава́ло	оно́ дало
они́ дава́ли	они́ дали

Повели́тельное наклоне́ние
Дава́й(те)![7]   Дай(те)![7]

—Да́йте мне, пожа́луйста, эту кни́гу.

—Я её ещё не прочита́л, лу́чше я вам дам её за́втра.

—Что ты посове́туешь мне подари́ть Ва́не ко дню рожде́ния?

—Не зна́ю. Я ли́чно собира́юсь подари́ть ему́ шарф.

—А я тогда́ подарю́ ему́ кни́гу.

TO WEAR: Носи́ть и́ли на …?

When referring to the wearing of clothing in general or with some frequency, Russians use the verb **носи́ть** (**ношу́**, **но́сишь**, **но́сят**); to indicate that

---

[7]The command forms of **дава́ть/дать** are formed from the infinitive, not the **они́** stem.

someone is wearing an article of clothing at a specific time, they use **на** + the person wearing the item in the prepositional case.

—На профéссоре Иванóве сегóдня серый костю́м.
—Да, он всегдá носит серый костю́м.

—На Тане сегóдня голубáя блузка.
—Таня редко носит голубу́ю блузку.

—Почему́ на тебé сегóдня белая рубáшка?
—Ну что ты! Я каждый день ношу́ белую рубáшку!

ДОЛЛАР/ДОЛЛАРА/ДОЛЛАРОВ— ЦЕНТ/ЦЕНТА/ЦЕНТОВ РУБЛЬ/РУБЛЯ́/РУБЛЕ́Й— КОПÉЙКА/КОПÉЙКИ/КОПÉЕК

The Russian words for *dollar* and *cent*, *ruble* and *kopek* follow the same pattern after numbers as do *hour*, *day*, *week*, *month*, and *year*. With **недéля** and **копéйка** the feminine of 1 and 2 must be used.

1	час	день	месяц	год	недéля
2 3 4	часá	дня	месяца	года	недéли
5 ↓ 20	часóв	дней	месяцев	лет	недéль

1	доллар	цент	**рубль**	копéйка
2 3 4	доллара	цента	**рубля́**	копéйки
5 ↓ 20	долларов	центов	**рублéй**	копéек

The cost of an item is given in the accusative case. This is significant only when one kopek is involved.

Этот журнáл стоит двадцать одну́ копéйку.

DATES AND THE GENITIVE CASE

In answering the question **Како́е сего́дня число́?** the day is in the nominative.

Како́е сего́дня число́?   Сего́дня пе́рвое января́.

However, in answer to the question **когда́?**, the day is given in the *genitive*.

—Когда́ вы бы́ли в Москве́?   *—When were you in Moscow?*
—Мы там бы́ли **пе́рвого** ма́я.   *—We were there (on) May 1st.*

—Когда́ ваш день рожде́ния?   *—When is your birthday?*
—**Второ́го** ма́рта.   *—(On) March 2nd.*

—Когда́ роди́лся Бори́с?   *—When was Boris born?*
—**Четвёртого** февраля́.   *—(On) February 4th.*

THE DATIVE CASE
Да́тельный паде́ж (Кому́? Чему́?)

NOUNS
Существи́тельные

1. *Masculine* (**мужско́й род**): hard ending -у; soft -ю

Кто? Что?	студе́нт -	Серге́ й	учи́тел ь
Кому́? Чему́?	студе́нт у	Серге́ ю	учи́тел ю

2. *Feminine* (**же́нский род**): а/я become -е; (и)я/ь become -и[8]

Кто? Что?	ко́мнат а	Та́н я	лаборато́ри я	тетра́д ь
Кому́? Чему́?	ко́мнат е	Та́н е	лаборато́ри и	тетра́д и

3. *Neuter* (**сре́дний род**): hard ending -у; soft -ю; -(м)я -ени

Кто? Что?	окн о́	мо́р е	и́м я
Кому́? Чему́?	окн у́	мо́р ю	им ени

---

[8] The feminine dative and prepositional are identical.

4. Мать—дочь

Кто? Что?	мать	дочь
Комý? Чемý?	матери	дочери

ADJECTIVES
Прилагáтельные

1. *Masculine*: **-ому/-ему** (Spelling Rule 3)

Кто? Что?	эт от	хорóш ий	больш óй	дом
Комý? Чемý?	эт ому	хорóш ему	больш óму	дому

2. *Feminine*: **-ой/-ей** (Spelling Rule 3)

Кто? Что?	эт а	хорóш ая	больш áя	комната
Комý? Чемý?	эт ой	хорóш ей	больш óй	комнате

3. *Neuter*: **-ому/-ему** (Spelling Rule 3)

Кто? Что?	эт о	хорóш ее	больш óе	здание
Комý? Чемý?	эт ому	хорóш ему	больш óму	зданию

4. The final vowel of the oblique case endings of **тот/то** always are stressed.

Кто? Что?	тот/то
Комý? Чемý?	томý

5. *Possessive Pronouns/Adjectives*
Указáтельные местоимéния/ прилагáтельные

Кто? Что?	мо й	мо я́	мо ё	тво й	тво я́	тво ё
Комý? Чемý?	мо емý	мо éй	мо емý	тво емý	тво éй	тво емý

Кто? Что?	наш -	наш а	наш е	ваш -	ваш а	ваш е
Комý? Чемý?	наш ему	наш ей	наш ему	ваш ему	ваш ей	ваш ему

PERSONAL PRONOUNS
Личные местоиме́ния

Dative

Кто? Что?	Кому́? Чему́?
я	мне
ты	тебе́
он	ему́
она́	ей
оно́	ему́
мы	нам
вы	вам
они́	им

When any forms of the personal pronouns which begin with a vowel (он, она́, оно́, они́) directly follow a preposition, they have the prefix н-.

Мы вчера́ ходи́ли к ⎰ нему́. ⎱ ней. ⎰ ним. *Yesterday we went to see* ⎰ *him.* ⎱ *her.* ⎰ *them.*

This is not true, however, of the possessive adjectives.

Мы вчера́ ходи́ли к ⎰ его́ сестре́. ⎱ её брату. ⎰ их сыну.

USES OF THE DATIVE CASE

1. *Indirect Objects.* An indirect object, the person to whom something is given, written, said, sent, etc. (the receiver of the direct object), is in the dative case.

   —Что вы дали брату?   — **What** *did you give your brother?*
   —Я дал брату **блокно́т.**   — *I gave my brother* **a notebook.**

   —Кому́ вы дали блокно́т?   — **To whom** *did you give a notebook?*
   —Я дал блокно́т **брату.**   — *I gave* **my brother** *a notebook.*

2. *Verbs That Require Dative Objects.* Direct objects of the following verbs are in the *dative* case, not the accusative.

отвеча́ть/отве́тить	*to answer (someone)*
помога́ть/помо́чь	*to help*
(по)меша́ть	*to bother, disturb, hinder*
(по)сове́товать	*to advise, give advice*

Я завтра отвéчу на ваш вопрóс/на ваше письмó (или: вам на вопрóс/письмó).	*I'll answer your question/letter tomorrow.*
Я помогý вам это сделать.	*I'll help you do that (get that done).*
Этот мальчик мешáет мне.	*This boy is bothering me.*
Что вы мне посовéтуете подарúть маме?	*What would you advise me to give mama?*

The objects of the above verbs are in the dative, even when the verb is negated.

Онú не помогáют Тамáре.	*They're not helping Tamara.*

3. *Age.* You already know how to give a person's age, but only using pronouns. Now practice this construction with nouns.

Скóлько Ивáну лет?	Емý 21 год.
Скóлько Натáше лет?	Ей 22 года.

4. *Impersonal Constructions.*

   а. **Надо/нужно** (*necessary*)

   > Комý надо (нужно) рабóтать?
   > Мне надо (нужно) рабóтать.
   > Отцý надо (нужно) рабóтать.

   б. **Жаль** (*too bad, sorry*)

   > Мне жаль, что он болен.

   в. **(По)казáться** (*to seem, appear*)

   > Борúсу кажется, что вы егó не любите.
   > Нам показáлось, что эта шапка Олéгу не понрáвится.

   г. **Нельзя́** (*not allowed/permitted, forbidden, can't*)

   > Матери сегóдня нельзя́ рабóтать. Онá больнá.
   > Игорю нельзя́ курúть.

   д. **Можно** (*may*)

   > Мóжно мне/нам пойтú в кинó? *May I/we go to the movies?*

   е. *Note also:*

   Ивáну { скучно. интерéсно. весело. жарко. теплó. прохлáдно. холодно. }

The past and future of impersonal sentences are formed with **бы́ло** and **бу́дет**.

Ива́ну бы́ло хо́лодно.

Ма́ше там бу́дет ску́чно.

5. **Ну́жен/нужна́/ну́жно/нужны́** (*to need something or someone*). In Russian, one does not often use a verb for *to need*. Instead, one says: *To me necessary…* The gender and number of *what is needed* determines whether to use **ну́жен, нужна́, ну́жно** or **нужны́** (all of which are short adjectives) for *necessary*.

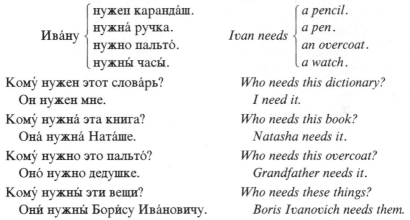

Ива́ну { ну́жен каранда́ш. / нужна́ ру́чка. / ну́жно пальто́. / нужны́ часы́. }

Ivan needs { *a pencil.* / *a pen.* / *an overcoat.* / *a watch.* }

Кому́ ну́жен э́тот слова́рь? — *Who needs this dictionary?*
Он ну́жен мне. — *I need it.*

Кому́ нужна́ э́та кни́га? — *Who needs this book?*
Она́ нужна́ Ната́ше. — *Natasha needs it.*

Кому́ ну́жно э́то пальто́? — *Who needs this overcoat?*
Оно́ ну́жно де́душке. — *Grandfather needs it.*

Кому́ нужны́ э́ти ве́щи? — *Who needs these things?*
Они́ нужны́ Бори́су Ива́новичу. — *Boris Ivanovich needs them.*

Since it is *what is needed*, not who needs it that is the subject, it is that word that determines whether to use **был, была́, бы́ло** or **бы́ли** for the past tense and **бу́дет** or **бу́дут** for the future.

Проше́дшее вре́мя		Бу́дущее вре́мя	
Мне	ну́жен был каранда́ш. / нужна́ была́ ру́чка. / ну́жно бы́ло пальто́. / нужны́ бы́ли де́ньги.	Ему́	ну́жен бу́дет слова́рь. / нужна́ бу́дет бума́га. / ну́жно бу́дет пальто́. / нужны́ бу́дут очки́.

6. **(По)нра́виться** (*to appeal to, be pleasing to*). This verb usually is used in sentences which in English involve the verb *to like*. It is what or whom is liked that in Russian is the subject of the sentence; the person that likes it/them is in the *dative*.

Я нравлю́сь
Ты нра́вишься
Он нра́вится
Мы нра́вимся
Вы нра́витесь
Они́ нра́вятся
} Ива́ну.

Ivan likes {
me.
you.
him.
us.
you.
them.
}

In the past tense, the perfective is used most often, as the use of the imperfective past indicates that a person used to like something or someone, but now has changed his/her mind and no longer likes it/him/her/them.

—Как вам понра́вилась опера?	— How did you like the opera?
—Она́ мне не очень по-нра́вилась.	— I didn't like it very much.
—Как вам понра́вилось на Чёрном море?	— How did you like it at the Black Sea?
—Очень.	— Very much.
—Что вы думаете об Ива́не?	— What do you think of Ivan?
—Ра́ньше он мне нра́вился, а тепе́рь—не зна́ю.	— I used to like him, but now I'm not so sure.

7. *Objects of the Prepositions* **к** *and* **по**.
   a. **К** (*to* [*a person*], *toward, to see..., to ...'s house/office*)

Пойдём к Ната́ше!	*Let's go see Natasha!*
Вчера́ мы ходи́ли к профе́ссору.	*Yesterday we went to see the professor.*

К is the preposition which is used for *to* when the destination is something one can not enter.

Иди́те к доске́.	*Go to the board.*
к окну́.	*to the window.*
к стене́.	*to the wall.*

It also is used in some idiomatic expressions.

к сожале́нию[9]	*unfortunately*
к сча́стью[9]	*fortunately*

Before **мне**, **дню** (dative of **день**) and **всему́** (dative of **всё**), **к** becomes **ко**.

Они́ сего́дня иду́т **ко мне**.	*They're coming to my place today.*
пода́рок **ко дню** рожде́ния	*a birthday present*

   б. **По** (many idiomatic meanings, among which are *around, along, on, upon, by*)

Он обы́чно хо́дит на рабо́ту **по э́той у́лице**.	*He usually goes to work on (along) this street.*

---

[9]**Сожале́ние** значит *regret*; **сча́стье** значит *luck/happiness*.

ходи́ть/е́здить **по го́роду**	*to walk/drive around town*
экза́мен/зачёт/контро́льная рабо́та **по 17-ому уро́ку**	*an exam/test/quiz on lesson 17*
Кто он **по профе́ссии?**	*What's his profession?*
Кто она́ **по национа́льности?**	*What's her nationality?*
ле́кции/заня́тия **по литерату́ре, исто́рии** и т.д.	*classes on literature, history, etc.*

AN ALTERNATIVE FOR ДУМАТЬ

The expressions **по-мо́ему, по-тво́ему, по-на́шему, по-ва́шему** frequently are used instead of **я ду́маю, что; ты ду́маешь, что; мы ду́маем, что; вы ду́маете, что. Он, она́** and **они́** can not be used with this **по-** construction. **По-на́шему** rarely is used.

$$\left.\begin{array}{l}\text{Я ду́маю, что}\\ \text{По-мо́ему,}\end{array}\right\}\text{Мари́на до́ма.}$$

$$\left.\begin{array}{l}\text{Ты ду́маешь, что}\\ \text{По-тво́ему,}\end{array}\right\}\text{Аня бу́дет на ле́кции?}$$

$$\left.\begin{array}{l}\text{Мы ду́маем, что}\\ \text{(По-на́шему,)}\end{array}\right\}\text{Ваня её зна́ет.}$$

$$\left.\begin{array}{l}\text{Вы ду́маете, что}\\ \text{По-ва́шему,}\end{array}\right\}\text{это пра́вда?}$$

ТАБЛИ́ЦЫ

Существи́тельные

Мужско́й род

	-	**-й**	**-ь**	**-(и)й**
Кто? Что?	студе́нт -	Серге́ й	учи́тел ь	Дмитри й
Кого́? Чего́?	студе́нт а	Серге́ я	учи́тел я	Дмитри я
Кому́? Чему́?	студе́нт у	Серге́ ю	учи́тел ю	Дмитри ю

Кого́? Что?	{ студе́нт а
	  стол -
		{ Серге́ я
		  музе́ й
			{ учи́тел я
			  портфе́л ь
				{ Дмитри я
				  санато́ри й

О ком? О чём?	студе́нт е	Серге́ е	учи́тел е	Дмитри и

Женский род

	-а	-я	-(и)я	-ь
Кто? **Что?**	комнат а	галере́ я	лаборато́ри я	тетра́д ь
Кого? **Чего?**	комнат ы	галере́ и	лаборато́ри и	тетра́д и
Кому́? **Чему́?**	комнат е	галере́ е	лаборато́ри и	тетра́д и
Кого? **Что?**	комнат у	галере́ ю	лаборато́ри ю	тетра́д ь
О ком? **О чём?**	комнат е	галере́ е	лаборато́ри и	тетра́д и

Средний род

	-о	-е	-(и)е	-мя
Кто? **Что?**	окн о́	пол е	здани е	им я
Кого? **Чего?**	окн а́	пол я	здани я	им ени
Кому́? **Чему́?**	окн у́	пол ю	здани ю	им ени
Кого? **Что?**	окн о́	пол е	здани е	им я
О ком? **О чём?**	окн е́	пол е	здани и	им ени

Прилага́тельные

Мужско́й род

	Regular	Stressed Ending	Spelling Rules
Кто? **Что?**	нов ый	молод о́й	хоро́ш ий (1)
Кого? **Чего?**	нов ого	молод о́го	хоро́ш его (3)
Кому́? **Чему́?**	нов ому	молод о́му	хоро́ш ему (3)
Кого? **Что?**	нов { ого ый	молод { о́го о́й	хоро́ш { его (3) ий (1)
О ком? **О чём?**	нов ом	молод о́м	хоро́ш ем (3)

Женский род

Кто? Что?	нов ая	молод áя	хорóш ая
Когó? Чегó?	нов ой	молод óй	хорóш ей (3)
Комý? Чемý?	нов ой	молод óй	хорóш ей (3)
Когó? Что?	нов ую	молод ýю	хорóш ую
О ком? О чём?	нов ой	молод óй	хорóш ей (3)

Средний род

Кто? Что?	нов ое	молод óе	хорóш ее (3)
Когó? Чегó?	нов ого	молод óго	хорóш его (3)
Комý? Чемý?	нов ому	молод óму	хорóш ему (3)
Когó? Что?	нов ое	молод óе	хорóш ее (3)
О ком? О чём?	нов ом	молод óм	хорóш ем (3)

Указáтельные местоимéния

Кто? Что?	этот	эта	это
Когó? Чегó?	этого	этой	этого
Комý? Чемý?	этому	этой	этому
Когó? Что?	{ этого { этот	эту	это
О ком? О чём?	этом	этой	этом

Личные местоимения

Кто? Что?	я	ты	он	она́	оно́
Кого́? Чего́?	меня́	тебя́	его́	её	его́
Кому́? Чему́?	мне	тебе́	ему́	ей	ему́
Кого́? Что?	меня́	тебя́	его́	её	его́
О ком? О чём?	(обо) мне́	(о) тебе́	(о) нём	(о) ней	(о) нём

Кто? Что?	мы	вы	они́
Кого́? Чего́?	нас	вас	их
Кому́? Чему́?	нам	вам	им
Кого́? Что?	нас	вас	их
О ком? О чём?	(о) нас	(о) вас	(о) них

Притяжа́тельные местоиме́ния

Кто? Что?	мой	моя́	моё	твой	твоя́	твоё
Кого́? Чего́?	моего́	мое́й	моего́	твоего́	твое́й	твоего́
Кому́? Чему́?	моему́	мое́й	моему́	твоему́	твое́й	твоему́
Кого́? Что?	{ моего́ мой	мою́	моё	{ твоего́ твой	твою́	твоё
О ком? О чём?	моём	мое́й	моём	твоём	твое́й	твоём

Кто? Что?	наш	наша	наше	ваш	ваша	ваше
Кого́? Чего́?	нашего	нашей	нашего	вашего	вашей	вашего
Кому́? Чему́?	нашему	нашей	нашему	вашему	вашей	вашему
Кого́? Что?	{ нашего { наш	нашу	наше	{ вашего { ваш	вашу	ваше
О ком? О чём?	нашем	нашей	нашем	вашем	вашей	вашем

NEW ASPECTUAL PAIRS OF VERBS
Но́вые видовы́е па́ры глаго́лов

If the conjugation is not given, the endings follow the regular Conjugation I or II pattern.

to return, come back	возвраща́ться (I)
	верну́ться (I): верну́сь, -ёшься, -у́тся
to give	дава́ть (I) (кому́? что?): даю́, -ёшь, -ю́т
	дать: дам, дашь, даст, дади́м, дади́те, даду́т; дал, -ла́, -ло, -ли
to hope	надея́тья (II) наде́юсь, -ешься, -ются (no pf.)
to approach, *be on the* *way; attack*	наступа́ть (I)
	наступи́ть (II): наступлю́, насту́пишь, -ят
to wear	носи́ть (II), (use only imperfective) ношу́, но́сишь, -ят
to sell	продава́ть (I) (кому́? что?): продаю́, -ёшь, -ю́т
	продать: прода́м, прода́шь, прода́ст, продади́м, продади́те, продаду́т; про́дал, продала́, про́дало, про́дали
to show	пока́зывать (I) (кому́? что?)
	показа́ть (I): покажу́, пока́жешь, пока́жут Покажи́(те)!

to buy	покупа́ть (I) (кому́? что?)
	купи́ть (II): куплю́, ку́пишь, ку́пят
to help	помога́ть (I) (кому́?)
	помо́чь (I): помогу́, помо́жешь, помо́жет, помо́жем, помо́жете, помо́гут; помог, -ла́, -ло́, -ли́ Помоги́(те)!
to understand	понима́ть (I)
	поня́ть (I): пойму́, -ёшь, -у́т; по́нял, поняла́, по́няло, по́няли Пойми́(те)!
to give (a present)	(по)дари́ть (II) (кому́? что?)
to seem, appear	(по)каза́ться (I) (кому́?)
to bother, disturb	(по)меша́ть (I) (кому́?)
to pay	(за)плати́ть (II) (кому́? за что?) (за)плачу́, (за)пла́тишь, -ят
to advise, give advice	(по)сове́товать (I) (кому́?) (по)сове́тую, -ешь, -ют

СЛОВА́РЬ

For imperfective-perfective verbs, see **НОВЫЕ ВИДОВЫ́Е ПАРЫ ГЛАГО́ЛОВ**. For colors and clothing see **ДОПОЛНИ́ТЕЛЬНЫЙ МАТЕРИА́Л**.

Бо́же!	*God! Good Grief!*
ведро́ (мн.ч. вёдра)	*bucket*
вещь (ж.)	*thing*
действи́тельно	*really*
день рожде́ния	*birthday*
дёшево	*cheap(ly)*
дешёвый	*cheap*
до́ллар/до́ллара/до́лларов	*dollar(s)*
до́рого	*expensive(ly)*
дорого́й	*expensive*
Ещё бы!	*I'll say!*
имени́ны (мн.ч.)	*name day*
к(о) (кому́? чему́?)	*to, toward(s)*

касса	*cash register, ticket office*
касси́р	*cashier*
копе́йка/копе́йки/копе́ек	*kopeck(s)*
ли́чный	*personal, one's own*
магази́н	*store*
ме́сто (мн.ч. места́)	*place; seat*
мех (мн.ч. -а́)	*fur*
мехово́й	*fur (adj.)*
мла́дший	*younger*
ну́жен/нужна́/ну́жно/нужны́ (кому́?)	*necessary, "need"*
обувь (ж.)	*footwear*
оде́жда	*clothing, clothes*
отде́л	*department*
по (кому́? чему́?)	*along, on, upon, by, around, according to*
по-ва́шему	*you think that, in your opinion*
пода́рок (мн.ч. -рки)	*gift, present*
по-мо́ему	*I think that, in my opinion*
по-на́шему	*we think that, in our opinion*
по-тво́ему	*you think that, in your opinion*
разме́р	*size*
рожде́ние	*birth*
рубль, рубля́, рубле́й	*ruble*
сле́ва (от кого́? от чего́?)	*to the left (of)*
случи́ться (сов.)	*to happen, occur*
Что случи́лось?	*What happened?*
сове́т	*advice*
спра́ва (от кого́? от чего́?)	*to the right (of)*
ста́рший	*older*
сто́ить (II)	*to cost*
счёт	*bill*
так что	*so that, therefore*
тако́й	*such a, so*
универма́г	*department store*
универса́льный магази́н	*department store*
цвет (мн.ч. -а́)	*color*
цена́ (мн.ч. це́ны)	*price*
цент / це́нта/це́нтов	*cent(s)*
чемода́н	*suitcase*
эта́ж (мн.ч. -и́)(на)	*floor, story (of a building)*

Коне́ц семна́дцатого уро́ка.

Восемнáдцатый урóк

ДИАЛÓГ А
У врачá

Врач: Здравствуйте. На что вы жáлуетесь?

Пациéнт: Я плóхо себя́ чýвствую. Меня тошни́т и боли́т головá.

Врач: Раздевáйтесь,[1] я вас послýшаю. Так… А гóрло у вас не боли́т?

Пациéнт: Боли́т. Мне бóльно глотáть и дышáть.

Doctor: Hello. What's your complaint?

Patient: I don't feel well. I feel nauseous, and I have a headache.

Doctor: Get undressed. I'll examine you. Umm… Don't you have a sore throat?

Patient: Yes, I do. It hurts me to swallow and breathe.

---

[1] The use of the imperfective in this positive command softens it, making it sound less like an order. **Раздевáйтесь** also can mean *Take off your things* (as used when people enter a house).

Врач: Вы были сегодня на работе?

Пациент: Я не работаю. Я ещё учусь.

Врач: Чем вы занимаетесь?

Пациент: Английским языком и американской литературой.

Врач: Кем вы хотите стать? Экскурсоводом? Преподавателем?

Пациент: Нет, когда я был мальчиком, я хотел стать лётчиком, а теперь я хочу работать на дипломатической службе.

Врач: А когда я была девочкой, я мечтала стать стюардессой.

Пациент: Правда? А вы довольны, что передумали и стали врачом?

Врач: Да, я очень довольна своей профессией.

Doctor: Were you at work today?

Patient: I don't work. I still go to school.

Doctor: What do you study?

Patient: The English language and American literature.

Doctor: What do you want to become? A tour guide? A teacher?

Patient: No, when I was a boy I wanted to become a pilot, but now I want to work in the diplomatic service.

Doctor: And when I was a little girl I dreamed of becoming a stewardess.

Patient: Really? Are you satisfied that you changed your mind and became a doctor?

Doctor: Yes, I'm very satisfied with my profession.

ДИАЛОГ Б
Лучшее лекарство

Врач: Кажется, у вас грипп. Вам нужно отдохнуть.

Пациент: А как вы думаете, мне можно через 4 дня поехать на Чёрное море?

Врач: Для вас это будет самое хорошее лекарство. Вы полетите туда самолётом?

Пациент: Нет, я хотел бы поехать поездом.

Врач: Ну что ж. Вот вам рецепт на лекарство. Поправляйтесь. И счастливого пути.

Пациент: Спасибо, доктор. До свидания.

Doctor: Apparently you've got the flu. You need to get a rest.

Patient: Do you think I'll be able to go to the Black Sea in four days?

Doctor: That will be the best medicine for you. Are you going to go there by plane?

Patient: No, I'd like to go by train.

Doctor: Well. Here's a prescription for medicine. Get well and have a nice trip.

Patient: Thank you, Doctor. Goodbye.

Аэрофлот летает в города Средней Азии.

ТЕКСТ ДЛЯ ЧТЕНИЯ
Будущая учи́тельница

Людми́ла Алекса́ндровна Андре́ева учится на филфа́ке[2] Ленингра́дского госуда́рственного университе́та. Гла́вный предме́т Людми́лы— англи́йский язы́к, но она́ занима́ется не то́лько англи́йским языко́м, а та́кже и педаго́гикой, литерату́рой, филосо́фией и исто́рией. В свобо́дное вре́мя Людми́ла занима́ется спо́ртом, а ве́чером она́ учится води́ть маши́ну.

Людми́ла хо́чет стать учи́тельницей и преподава́ть иностра́нные языки́ в институ́те. Её сестра́, Мари́на, рабо́тает стюарде́ссой в Аэрофло́те и ча́сто лета́ет за грани́цу: в А́нглию, во Фра́нцию, в США. Брат, Анато́лий, был учи́телем англи́йского языка́, но тепе́рь он рабо́тает перево́дчиком в ООН[3] в Нью-Йо́рке. Э́та рабо́та ему́ о́чень нра́вится, и он ча́сто пи́шет сестре́ о свое́й жи́зни в США. Людми́ла наде́ется, что она́, мо́жет быть, пото́м то́же бу́дет име́ть возмо́жность рабо́тать на дипломати́ческой слу́жбе, т.е.[4] в ООН, в Сове́тском ко́нсульстве или посо́льстве.

Ле́том Людми́ла рабо́тает экскурсово́дом. Зараба́тывает она́ немно́го, но э́та рабо́та даёт ей возмо́жность с утра́ до ве́чера разгова́ривать по-англи́йски.

Когда́ Людми́ла была́ де́вочкой, её семья́ жила́ на Украи́не, поэ́тому она́ соверше́нно свобо́дно говори́т и по-украи́нски, и по-ру́сски. Украи́нский и ру́сский—о́ба восто́чнославя́нские языки́, поэ́тому они́ о́чень похо́жи друг на дру́га. Украи́нская культу́ра бога́та, и украи́нцы о́чень лю́бят свою́ культу́ру, литерату́ру, му́зыку и язы́к.

Людми́ла неда́вно была́ больна́. У неё был грипп, и ей на́до было неде́лю лежа́ть в больни́це. По́сле э́того она́ пое́хала в Со́чи, на Чёрное мо́ре, где 2 неде́ли провела́ в до́ме о́тдыха. Людми́ла ходи́ла на пляж, купа́лась и лежа́ла на со́лнце.[5] Она́ хорошо́ отдохну́ла, загоре́ла[6] и верну́лась в Ленингра́д совсе́м здоро́вой.

---

[2] **Филологи́ческий факульте́т** *department of philology*

[3] **Организа́ция Объединённых На́ций** (The United Nations)

[4] **то есть** *that is to say*

[5] **лежа́ть на со́лнце** = **загора́ть**

[6] **Загора́ть/загоре́ть.** The imperfective means *to sunbathe*; the perfective means *to get a tan*.

ВЫРАЖЕ́НИЯ

1. жаловаться (на кого́? на что?)   *to complain (about)*
2. Как { ты себя́ чувствуешь?
      вы себя́ чувствуете?   *How do you feel?*
      Я чувствую себя́ нева́жно.   *I don't feel very well.*
3. Меня́ (тебя́, его́, и т.д.)
      тошни́т.   *I (you, he, etc.) feel
      nauseous.*
4. У меня́ (него́, неё и т.д.)
      боли́т голова́.   *I (he, she, etc.) have
      a headache.*
5. Раздева́йся! Раздева́йтесь!   *Take off your clothes / things.
 This command is used by <br> doctors with their patients.
 Used by a host at home, <br> it simply means "Take off <br> your hat and coat."*
6. Мне (тебе́, ему́ и т.д.)
      больно глота́ть / дыша́ть.   *It hurts me (you, him, etc.)
      to swallow / breathe.*
7. Кем вы хоти́те стать / быть?   *What do you want to become / be?*
8. дово́лен / дово́льна / дово́льно /
      дово́льны (кем? чем?)   *satisfied (with)*
9. Поправля́йся! Поправля́йтесь!   *Get well! Speedy recovery!*
10. Счастли́вого пути́!   *Have a good trip!*
11. води́ть маши́ну   *to drive a car*
12. име́ть возмо́жность   *to have an opportunity, chance*
13. похо́ж / похо́жа / похо́же /
      похо́жи (на кого́? на что?)   *look(s) like…*
      Они́ похо́жи друг на друга.   *They look like one another.*
14. возвраща́ться / верну́ться   *to return completely well*
      совсе́м { здоро́вым
               здоро́вой

ПРИМЕЧА́НИЯ

1. Аэрофло́т—сове́тская авиакомпа́ния.
2. Украи́на—Украи́нская Сове́тская Социалисти́ческая Респу́блика (УССР). Столи́ца Украи́нской ССР—Киев.

ДОПОЛНИТЕЛЬНЫЙ МАТЕРИАЛ

Части человеческого тела

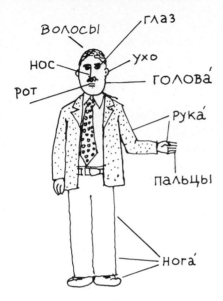

голова	*head*
шея	*neck*
рука (мн.ч. руки)	*arm, hand*
желудок	*stomach*
спина	*back*
нога (мн.ч. ноги)	*leg, foot*
волосы (мн. ч.)	*hair*
глаз (мн.ч. глаза)	*eye*
нос	*nose*
рот (мн.ч. рты)	*mouth*
ухо (мн.ч. уши)	*ear*
зуб	*tooth*
горло	*throat*
палец (мн.ч. пальцы)	*finger, toe*

Боли и болезни

1. **Как вы себя чувствуете?**

   Я чувствую себя хорошо.

                  неважно. (*not so well*)

                  лучше.

                  хуже

                  плохо.

У меня болит голова.	У меня болят зубы.
глаз.	глаза.
ухо.	уши.
зуб.	руки.
горло.	ноги.
желудок.	пальцы.
спина.	
рука.	
нога.	
всё тело.	

Меня́ тошни́т.	*I feel nauseous.*
У меня́ голова́ кружится.	*I feel dizzy.*
Мне бо́льно глота́ть.	*It hurts me to swallow.*
дыша́ть.	*to breathe.*
У меня́ насморк.	*I have a head cold.*
просту́да.[7]	*a cold.*
ка́шель.	*a cough.*
грипп.	*the flu.*
высо́кая температу́ра.	*a high temperature.*

2. Други́е слова́ и выраже́ния

до́ктор (мн.ч. -á)	*Doctor (form of address)*
врач (мн.ч. -и́)	*physician*
зубно́й врач	*dentist*
хиру́рг	*surgeon*
санита́р(ка)	*medical assistant*
фельдшер	*paramedic*
медсестра́	*nurse*
больно́й, -а́я, -ы́е	*patient, sick person*
пацие́нт	*patient*
(из)ме́рить (кому́?) температу́ру	*to take (some one's) temperature*
принима́ть/приня́ть лека́рство	*to take medicine*
(с)де́лать (кому́?) рентге́н	*to take an X-ray*
(с)де́лать (кому́?) опера́цию	*to perform an operation*
(по)щу́пать (кому́?) пульс	*to take (some one's) pulse*
больни́ца	*hospital*
поликли́ника	*clinic*
ско́рая по́мощь	*first aid, ambulance*

УПРАЖНЕ́НИЯ

A. Соста́вьте предложе́ния по образца́м.

Образе́ц: **У меня́** боли́т **голова́.** *I have a headache.*

1. Бори́с/голова́
2. Та́ня/спина́
3. Серге́й/и голова́, и го́рло

4. ты/зуб?
5. вы/нога́?
6. я/ухо

Образе́ц: Как **он** себя́ чу́вствует? *How does he feel?*
1. она́   2. они́   3. ты   4. вы

---

[7]или: Я просту́жен(а).

Образе́ц: **Он ими** дово́лен. *He's satisfied with them.*

1. Он/мы   4. Они́/она́
2. Она́/он   5. Они́/мы
3. Она́/ты   6. Мы/они́

Образе́ц: **Тури́сты** жалуются на *The tourists complain*
          этого экскурсово́да. *about this guide.*

1. Студе́нты/этот профе́ссор
2. Профессора́/этот студе́нт
3. Все/холо́дная пого́да

Образе́ц: **Бори́с** пожа́ловался на *Boris complained about*
          то, **что ему́ ску́чно.** *being bored.*

1. Ваня/что ему́ холодно
2. Маша/что ей жарко
3. Рабо́чие/что надо рабо́тать в вокресе́нье

Образе́ц: **Я** отдохну́, а пото́м *I'll take a rest and*
          пойду́ **в кино́.** *then go to the movies.*

1. Мы/лекция   2. Боря/магази́н   3. Роди́тели/бале́т

Образе́ц: **Влади́мир** похо́ж на **отца́.** *Vladimir looks like his father.*

1. Ива́н/Чехов   4. Мари́на/мать
2. Серге́й/Достое́вский   5. Наш профе́ссор/Ива́н Гро́зный
3. Маша/бабушка   6. Я/дедушка

Б. Соверше́нный или несоверше́нный вид?

1. **станови́ться/стать**
   а. (*It's getting*) жарко.
   б. Наш сын (*become*) инжене́ром.
   в. Наша дочь (*is going to become*) гео́логом.
   г. Кем (*became*) ваши дети?
   д. Когда́ (*it became*) темно́, мы пошли́ домо́й.

2. **отдыха́ть/отдохну́ть**
   а. Я (*will take a rest*) и пойду́ на бале́т.
   б. Вам нужно (*get a rest*).
   в. Мы каждый день (*rested*) 3 часа́.
   г. Когда́ я (*got rested up*), я верну́лся/верну́лась на рабо́ту.
   д. Летом мы 2 неде́ли (*will rest*) на Чёрном море.

3. поправля́ться/попра́виться

   а. Никола́й был о́чень бо́лен, но он тепе́рь (*is recovering*).

   б. А́нна Петро́вна ме́дленно (*was recovering*).

   в. По-мо́ему, е́сли они́ пое́дут в о́тпуск в Я́лту, они́ там (*will recover*).

   г. Я наде́юсь, что вы ско́ро (*will recover*).

4. загора́ть/загоре́ть

   а. В Со́чи вы ка́ждый день (*will sunbathe*) на пля́же, купа́ться в мо́ре и ката́ться на ло́дке.

   б. —Где ты так хорошо́ (*got tanned*)?

   —В Я́лте. Мы там неда́вно провели́ 2 неде́ли.

   в. Ка́ждый день мы 2 часа́ (*sunbathed*) на пля́же.

   г. Наде́юсь, что я до пя́тницы хорошо́ (*will get a tan*).

5. проводи́ть/провести́

   а. Обы́чно я (*spend*) о́тпуск в Со́чи, но на э́тот раз я собира́юсь (*to spend*) его́ в Я́лте.

   б. На́ши де́ти ра́ньше (*spent*) кани́кулы на ю́ге, а тепе́рь они́ е́здят на се́вер.

   в. Мы (*spent*) 5 дней в Со́чи и неде́лю в Я́лте, а по́сле э́того верну́лись домо́й.

   г. —Где вы собира́етесь (*to spend*) ва́ши кани́кулы?

   —Я (*will spend*) неде́лю на Кавка́зе, а пото́м полечу́ в Сре́днюю А́зию.

6. переду́мывать/переду́мать

   а. Э́ти тури́сты хоте́ли пое́хать сего́дня в Су́здаль, но (*changed their minds*) и реши́ли пое́хать в Заго́рск.

   б. Ди́ма сказа́л мне, что хо́чет стать колхо́зником, но ду́маю, что он (*will change his mind*) и ста́нет инжене́ром.

   в. На́дя хоте́ла купи́ть «А́нну Каре́нину», но (*changed her mind*) и купи́ла «Войну́ и мир».

В. Да́йте проше́дшее вре́мя и бу́дущее.

1. Они́ (посиде́ть, поговори́ть, покури́ть и пойти́) в парк погуля́ть.

2. Мы (послу́шать му́зыку, потанцева́ть), а по́сле э́того (пое́хать) домо́й.

Г. Да́йте бу́дущее вре́мя.

1. Дава́йте (поду́мать) об э́том.

2. Дава́йте (полежа́ть) на пля́же, (отдохну́ть).

3. Дава́йте снача́ла (порабо́тать), а пото́м (погуля́ть).

4. Дава́йте здесь (подожда́ть). Ма́ша ско́ро вернётся.

Д. Слова́ в скобках поста́вьте в правильном падеже́.

1. Они́ дово́льны (врач).
               (учи́тель).
               (Серге́й Миха́йлович).
               (словарь).
               (письмо́).
               (упражне́ние).
               (знамя).

2. Она́ недово́льна (книга).
               (учи́тельница).
               (фотогра́фия).
               (семья́).
               (жизнь).

Е. Отве́тьте на вопро́сы.

1. Кем вы хоти́те стать? (шофёр)
                      (води́тель)
2. Кем стала ваша дочь? (физик)
                      (учи́тельница)
                      (стюарде́сса)

Ж. Слова́ в скобка́х поста́вьте в правильном падеже́.

1. Они́ недово́льны (я) и (ты).
2. Профе́ссор дово́лен (они́) и (мы).
3. Он очень интересу́ется (вы).
4. Она́ не интересу́ется (он) и (она́).

З. Отве́тьте на вопро́сы.

1. Чем вы занима́етесь? (неме́цкий язы́к)
2. Чем вы интересу́етесь (русская исто́рия)
3. Каки́м языко́м вы интересу́етесь? (англи́йский язы́к)
4. Каки́м уче́бником вы пользуетесь? (новый уче́бник)
5. Чем вы пишете? (каранда́ш или ручка)
6. А чем пишут на доске́? (мел)

И. Соста́вьте предложе́ния по образцу́.

Образе́ц: Я ездил(а) в Киев **на поезде.**
              Я ездил(а) в Киев **поездом.**

1. Я ездил(а) в город на трамва́е.
2. Ты ехал до Красной площади на тролле́йбусе?
3. Мои роди́тели лета́ли в Евро́пу на самолёте.
4. Пое́дем туда́ на такси́!
5. Пое́дем туда́ на метро́!

К. (Вы́/на)учи́ть, изуча́ть/изучи́ть, (на)учи́ться, занима́ться или преподава́ть?

1. Моя́ ста́ршая сестра́ (*studies*) в МГУ.
2. Я обы́чно (*study, do homework*) в библиоте́ке.
3. Мой ста́рший брат (*has been studying*) неме́цкому языку́ два го́да.
4. Где вы (*learned*) так хорошо́ говори́ть по-ру́сски?
5. Студе́нты сидя́т в ко́мнате и (*are learning*) диало́г.
   Я э́тот диало́г уже́ (*have memorized*).
6. Я о́чень хоте́л бы (*to learn*) води́ть маши́ну.
7. Оте́ц (*is studying*) о́чень интере́сную пробле́му на рабо́те.
8. Мои́ друзья́ (*occupy themselves with*) спо́ртом.
9. Э́тот учи́тель (*teaches*) их францу́зскому языку́.
10. Влади́мир Алекса́ндрович (*teaches*) нам геогра́фию.
11. Я хоте́л бы (*to teach*) в институ́те в Ленингра́де.
12. Ва́ня молоде́ц. Он (*has learned all there is to know about*) алгебру, хи́мию, фи́зику и англи́йский язы́к.
13. —У кого́ ты (*are studying*) америка́нской литерату́рой?
    —У Макси́ма Петро́вича.

Л. Поста́вьте местоиме́ние **свой** в пра́вильном падеже́.

1. Он по́льзуется (*his own*) словарём.
2. Пацие́нты принима́ют (*their own*) лека́рства.
3. Ма́ша за́втра идёт к (*her own*) профе́ссору. *своему́*
4. Я ма́ло зна́ю о (*my own*) де́тстве. *своём*
5. Мы обы́чно рабо́тали в (*our own*) кабине́те. *своём*
6. О́ля продала́ (*her own*) ста́рую маши́ну. *свою́*

М. Переведи́те слова́ в ско́бках.

1. (*How*) вы е́хали сюда́? (*By train*.)
2. (*Tomorrow evening*) мы е́дем на кани́кулы на (*south*).
3. (*Yesterday morning*) я ви́дел её у (*doctor*).
4. (*In the morning*) я (*feel*) ху́же.
5. (*At night*) она́ (*feels*) лу́чше.
6. Здесь (*in the fall, winter and spring*) ча́сто идёт дождь, а (*in the summer*) ре́дко быва́ют дожди́.
7. Вы уме́ете (*to drive*) маши́ну? Да, я (*drive*) и маши́ну, и мотоци́кл, и грузови́к, и тра́ктор.
8. Больны́е сего́дня весь день жа́ловались. Э́то зна́чит, что они́ уже́ (*are recovering*).
9. Кем (*became*) ва́ша дочь? Она́ (*became*) адвока́том.

10. Вы (*are interested in*) химией? Да, коне́чно! (*After all*) химия (*is my major*).

11. Я (*dissatisfied with*) Ива́ном. Он никогда́ не (*studies*).

H. Переведи́те на ру́сский язы́к.

1. Svetlana has an opportunity to study at Moscow University.
2. My father didn't have an opportunity to go to school.
3. One must have money.
4. You don't have the right to talk like that.
5. It's nice (**Хорошо́**…) to have a bicycle.

O. Запо́лните про́пуски.

1. (э́тот профе́ссор)

    а. По-мо́ему, вы＿＿＿＿＿＿понра́вились.

    б. Оле́г о́чень похо́ж на＿＿＿＿＿＿

    в. Студе́нты ча́сто говоря́т об＿＿＿＿＿＿.

    г. Вчера́ ве́чером мы бы́ли у＿＿＿＿＿＿.

    д. Вы зна́ете в како́й кварти́ре живёт＿＿＿＿＿＿.

    е. Студе́нты в о́бщем дово́льны＿＿＿＿＿＿.

2. (э́та студе́нтка)

    а. Я пло́хо зна́ю＿＿＿＿＿＿.

    б. На＿＿＿＿＿＿ сего́дня краси́вое но́вое пла́тье.

    в. ＿＿＿＿＿＿вернётся за́втра ве́чером.

    г. Ми́ша интересу́ется＿＿＿＿＿＿, но он ей не нра́вится.

    д. Мы вчера́ ходи́ли к＿＿＿＿＿＿.

    е. У＿＿＿＿＿＿нет карандаша́.

Вопро́сы

1. Како́й сего́дня день неде́ли?
2. Како́е сего́дня число́?
3. Как вы себя́ чу́вствуете?
4. К кому́ вы идёте, когда́ вы больны́?
5. Вы дово́льны свои́м врачо́м?
6. К кому́ вы идёте, когда́ у вас боли́т зуб?
7. Вы дово́льны свои́м зубны́м врачо́м?
8. Что боли́т у челове́ка, когда́ он просту́жен?
9. Вы дово́льны свое́й жи́знью?
10. Где вы у́читесь?
11. Чем вы занима́етесь?
12. Како́й ваш гла́вный предме́т?

13. Какие предметы вам больше всего нравятся?
14. Кем вы хотите стать?
15. Кем вы хотели стать, когда вы были мальчиком/девочкой?
16. Кем работают ваши родители?
17. Вы умеете водить машину? А мотоцикл?
18. У вас есть грузовик?
19. Когда у вас будут каникулы?
20. Где вы обычно проводите каникулы?
21. Вы любите ездить верхом?
22. В каком американском городе находится Советское посольство? А консульство?
23. Каким учебником вы пользуетесь на уроке русского языка?
24. Чем пишут на доске? А на бумаге?
25. Чем вы занимаетесь в свободное время?

Перевод

1. I hope that you aren't ill.
2. It seems to me that you are recovering.
3. We hope that you are satisfied with your room.
4. The nurse says that it hurts you to breathe and swallow.
5. The doctor says that he's sure that you won't have to stay ("lie") in the hospital.
6. It's too bad that lying on the beach is not allowed (**нельзя**).
7. Take a seat, please.
8. They are afraid that in Moscow they won't have an opportunity to play chess.
9. Do you happen to know on which street the American Embassy is located?
10. Do you happen to know which streetcar goes to the stadium?
11. My brother teaches history at Moscow University.
12. Are you reading my book?
    No, I'm reading my own book.
13. When Vladimir was a boy, he wanted to be a collective farmer.
14. Let's listen to music for a little while.
15. Where did you spend your vacation in September?
    In the Caucasus.
16. Wait here. I'll be right back (will return).
    O.K., I'll wait.
17. Where did you learn to speak Spanish so well?
    I studied Spanish three years in Madrid.
18. I would like to learn to speak Russian well.

ГРАММА́ТИКА

THE INSTRUMENTAL CASE:
Твори́тельный паде́ж (Кем? Чем?)

NOUNS
Существи́тельные.

You already are acquainted with most of the instrumental case noun endings.

вечер	день	лето	утро	весна́	зима́	осень	ночь
ве́чером	днём	ле́том	утром	весно́й	зимо́й	о́сенью	но́чью

1. *Masculine* (**мужско́й род**): hard ending **-ом**; soft **-ем** (if stressed: **-ём**)

Кто? Что?	студе́нт -	Серге́ й	учи́тел ь	слова́р ь
Кем? **Чем?**	студе́нт ом	Серге́ ем	учи́тел ем	словар ём

2. *Feminine* (**же́нский род**): hard ending **-ой**; soft **-ей** (if stressed: **-ёй**); **-ь**: **-ью**

Кто? Что?	ко́мнат а	галере́ я	семь я́	жизнь
Кем? **Чем?**	ко́мнат ой	галере́ ей	семь ёй	жизнь ю

3. *Neuter* (**сре́дний род**): hard ending **-ом**; soft **-ем**; **-мя**: **-енем**

Кто? Что?	окн о́	пол е	им я
Кем? **Чем?**	окн о́м	пол ем	им енем

4. Мать—дочь

Кто? Что? Кем? Чем?	мать ма́терью	дочь до́черью

5. Spelling Rule 3. After **ж, ч, ш, щ, ц** unstressed **о** becomes **е**.

Кто? Что?	не́мец
Кем? Чем?	не́мцем

ADJECTIVES
Прилага́тельные

1. *Masculine*: **-ым/-им** (Spelling Rule 1 and Soft Adjective)

Кто? Что?	эт от	хоро́ш ий	больш о́й	нов ый	дом
Кем? Чем?	эт им	хоро́ш им	больш и́м	нов ым	домом

2. *Feminine*: **-ой/-ей** (Spelling Rule 3 and Soft Adjective)

Кто? Что?	эт а	хоро́ш ая	больш а́я	нов ая	кварти́ра
Кем? Чем?	эт ой	хоро́ш ей	больш о́й	нов ой	кварти́рой

3. *Neuter*: **-ым/-им** (Spelling Rule 1 and Soft Adjective)

Кто? Что?	эт о	хоро́ш ее	больш о́е	нов ое	здание
Кем? Чем?	эт им	хоро́ш им	больш и́м	нов ым	зданием

4. Э́тот/э́та/э́то; тот/та/то

Кто? Что?	эт от	эт а	эт о	тот	та	то
Кем? Чем?	эт им	эт ой	эт им	тем	той	тем

5. *Possessive Pronouns/Adjectives*
Указа́тельные местоиме́ния/прилага́тельные

Кто? Что?	мой	моя́	моё	твой	твоя́	твоё
Кем? Чем?	мои́м	мое́й	мои́м	твои́м	твое́й	твои́м

Кто? Что?	наш	наша	наше	ваш	ваша	ваше
Кем? Чем?	нашим	нашей	нашим	вашим	вашей	вашим

PERSONAL PRONOUNS
Ли́чные местоиме́ния

Кто? Что?	Кем? Чем?
я	мной
ты	тобо́й
он	им
она́	ей (ею)
оно́	им
мы	нами
вы	вами
они́	ими

USES OF THE INSTRUMENTAL CASE
WITHOUT PREPOSITIONS

1. *With* or *by* (*means of*). An instrument which is used to perform an action is in the instrumental case.

$$\text{писа́ть} \begin{cases} \text{карандашо́м} \\ \text{ручкой} \\ \text{мелом} \end{cases} \qquad to\ write\ with \begin{cases} a\ pencil \\ a\ pen \\ chalk \end{cases}$$

To go by vehicle may be expressed either with the instrumental without a preposition or in the prepositional, with the preposition **на**. The instrumental construction generally is used only in reference to public transportation.

$$\text{ехать/ездить/пое́хать} \begin{cases} \text{авто́бус\textbf{ом}} \\ \text{тролле́йбус\textbf{ом}} \\ \text{трамва́\textbf{ем}} \\ \text{поезд\textbf{ом}} \end{cases} \quad \begin{array}{l} \text{(на авто́бусе)} \\ \text{(на тролле́йбусе)} \\ \text{(на трамва́е)} \\ \text{(на поезде)} \end{array}$$

$$\text{лете́ть/лета́ть/полете́ть} \begin{cases} \text{самолётом} \\ \text{вертолётом} \end{cases} \quad \begin{array}{l} \text{(на самолёте)} \\ \text{(на вертолёте)} \end{array}$$

To go by taxi/subway is expressed only with **на**, as **такси́** and **метро́** are indeclinable nouns.

2. *Verbs that Require Instrumental Objects.* Direct objects of the following verbs are in the instrumental case, even if the verb is negated.

> **занима́ться**   *to study, occupy oneself with*
> Я занима́юсь музыкой и испа́нским языко́м.
> **(за)интересова́ться**[8]   *to be interested in*
> Я интересу́юсь спортом.
> **пользоваться**   *to use, make use of*
> Я пользуюсь очень стар**ым** словарём.

3. The Verbs **станови́ться/стать**, **быть**, **рабо́тать**, **возвраща́ться/верну́ться**.

станови́ться/стать	*to become, to get to be*
Несоверше́нный вид	*Соверше́нный вид*
я становлю́сь	я стану
ты стано́вишься	ты станешь
они́ стано́вятся	они́ станут
	стал (-ла, -ло, -ли)

---

[8]**Заинтересова́ться** значит *to get interested in*.

What a person or thing becomes or gets to be is in the instrumental case. Note that one says *Who* (not *what*) *do you want to be?*: **Кем вы хоти́те стать?**

Ста́ло хо́лодно.	*It got cold.*
Пого́да ста́ла холо́дной.	*The weather got cold.*
Э́тот расска́з стано́вится ску́чным.	*This story is getting boring.*
Кем ты хо́чешь стать?	*What do you want to become?*
Я хочу́ стать врачо́м.	*I want to become a doctor.*

Быть *to be*. A profession, state or condition used after the infinitive or future tense forms of the verb **быть** is in the instrumental case.

По-мо́ему, На́дя бу́дет хоро́шим врачо́м.	*I think Nadya will be a good doctor.*
Ната́ша хо́чет быть инжене́ром.	*Natasha wants to be an engineer.*

After the *past tense* of **быть**, the instrumental or the nominative may be used, but the instrumental definitely is preferred if the profession, state, or condition was temporary.

Когда́ То́ля был ма́льчиком, он жил в дере́вне.	*When Tolya was a boy, he lived in the country.*
Достое́вский был вели́кий писа́тель / вели́ким писа́телем.	*Dostoevsky was a great writer.*

In sentences that begin with the word **это**, the noun or pronoun that follows **быть** is the subject and thus is in the nominative.

Э́то был мой друг Вади́м.	*That was my friend Vadim.*
Э́то была́ моя́ сестра́ На́дя.	*That was my sister Nadya.*
Э́то бу́дет на́ша ко́мната.	*This will be our room.*

Рабо́тать *to work* (*as a...*). When this verb is followed by a profession, the latter must be in the instrumental case.

Кем вы там рабо́таете?	*What is your job there?*
Я рабо́таю тракто́ристом.	*I work as a tractor driver.*

Возвраща́ться / верну́ться *to return* ([*as*] *a*)... This verb, when used to indicate a change in condition, requires that the condition be in the instrumental case.

Ма́ша провела́ неде́лю в Я́лте и верну́лась в Ленингра́д совсе́м здоро́вой.	*Masha spent a week in Yalta and returned to Leningrad completely well.*

4. (Не)дово́лен (-льна, -о, -ы) (Кем? Чем?) (*dis*)*satisfied* (*with*). What one is satisfied (or dissatisfied) with is in the instrumental case.

> Я был(á) о́чень дово́лен/ *I was very satisfied*
> дово́льна конце́ртом. *with the concert.*

TO STUDY AND TO TEACH

TO TEACH: Преподава́ть, (на)учи́ть

1. The verb **преподава́ть** has only one meaning: *to teach*. The subject taught is in the accusative (**преподава́ть** [**что?**]) and the person to whom instruction is given is in the dative (**преподва́ть** [**кому́?**]).

> Васи́лий Андре́евич лю́бит *Boris Andreyevich likes to teach.*
> преподава́ть.
>
> Он преподаёт нам англи́йскую *He teaches us English history.*
> исто́рию.

2. When the verbs (**на**)**учи́ть** are used, the subject taught is in the *dative*, and the person taught is in the *accusative* (**учи́ть** [**кого́? чему́?**])

> Анна Бори́совна научи́ла *Anna Borisovna taught*
> нас говори́ть по-неме́цки. *us to speak German.*
>
> Ива́н Ива́нович учит нас *Ivan Ivanovich teaches*
> англи́йскому языку́. *us English.*

TO STUDY/TO LEARN: (Вы́)учи́ть, Изуча́ть/Изучи́ть, (На)учи́ться, Занима́ться Apprendre

1. **Учи́ть** means both *to teach* and *to learn*. It is used in elementary and high schools and sometimes in undergraduate courses, especially those that involve learning a skill. It also is used in the sense of *to do homework* (**учи́ть уро́к, учи́ть дома́шнее зада́ние**) and *to learn/memorize* (**учи́ть диало́г, учи́ть роль в пьесе**). The perfective **вы́учить** means specifically *to memorize*. (**Вы́**)**учи́ть** *cannot be used without a direct object* in the *accusative case*).

> Ва́ня сего́дня сиди́т до́ма *Today Vanya is sitting at*
> и учит уро́ки/диало́г/до- *home studying his lessons/*
> ма́шнее зада́ние. *learning a dialogue/doing*
> *homework.*
>
> На́дя сего́дня учит роль *Today Nadya is learning*
> в пьесе. *a part in the play.*

Мы до́лго учи́ли диало́г и наконе́ц вы́учили его́.	*We worked on the dialogue a long time and finally got it memorized.*
—Како́й язы́к ты у́чишь?	*—What language do you study?*
—Я учу́ францу́зский язы́к.	*— I'm learning French.*

2. Изуча́ть/изучи́ть is used for study on an advanced academic level. It also is used in the sense *to make a detailed examination of a subject, question, issue, phenomenon, problem, etc.* The perfective **изучи́ть** means *to study and learn everything there is to know* about a given subject. Like **(вы́)учи́ть**, **изуча́ть/изучи́ть** *cannot be used without a direct object in the accusative case.*

Э́ти студе́нты изуча́ют астроно́мию и фи́зику.	*These students are studying astronomy and physics.*
Влади́мир на рабо́те изуча́ет интере́сную пробле́му.	*Vladimir is studying an interesting problem at work.*
В университе́те А́ня изучи́ла англи́йский язы́к. Она́ тепе́рь говори́т по-англи́йски совсе́м без акце́нта.	*At the university Anya studied English. She now speaks English without any accent whatsoever.*

3. (На)учи́ться. The imperfective **учи́ться** means *to study, to learn*, but also has the meaning *to be a student, to go to school, to attend classes.* **This verb does not have to be used with an object, but if one is present, it must be in the dative case.** The perfective **научи́ться** means *to have learned.* These verbs also are used in describing learning that does not involve classroom work (*to learn to drive a car*, etc.).

—Что де́лает ваш мла́дший сын?	*—What is your younger son doing?*
—Он у́чится.	*— He's studying (going to school).*
Где вы научи́лись говори́ть по-ру́сски?	*Where did you learn to speak Russian?*
Я учу́сь на инжене́ра/врача́.	*I'm studying to be an engineer/doctor.*
Я учу́сь ру́сскому языку́.	*I'm studying Russian.*
Ната́ша у́чится води́ть маши́ну.	*Natasha is learning to drive a car.*

4. Занима́ться when used without an object means *to study/to do home-work.* **If an object is present, it must be in the instrumental case.** The literal meaning of this verb is *to occupy one's self*; it can be used in reference to academic and nonacademic activities.

Сегóдня вéчером я бýду занимáться.	*This evening I'm going to study (do homework).*
Я занимáюсь америкáнской истóрией, а в свобóдное время—спóртом.	*I'm studying Américan history and in my free time I go in for sports.*

Asked of a person who is not a student, **Чем вы занимáетесь?** is the equivalent of **Кто вы по профéссии?**

—Чем вы занимáетесь?	—*What do you do?*
—Я адвокáт.	—*I'm a lawyer.*

ИМÉТЬ

The verb **имéть** (*"to have"*) is used only when:

1. What is possessed is an abstract noun:

Я рéдко имéю возмóжность говорúть по-рýсски.	*I seldom have an opportunity to speak Russian.*
Вы не имéете прáва так говорúть.	*You don't have the right to talk that way.*

2. The possessor is not expressed:

К сожалéнию, нáдо имéть дéньги.	*Unfortunately, one must ("you have to") have money.*
Там нельзя́ имéть машúну.	*One may not ("you can't") have a car there.*

Under other circumstances use the construction **у…(есть)…**

—У когó есть зонт?	—*Who has an umbrella?*
—У меня́ есть.	—*I do / have.*

СВОЙ/СВОЯ́/СВОЁ/СВОЙ

When a possessive adjective/pronoun refers back to the subject, it is frequently omitted in Russian. This is especially true when the noun modified is a relative, an article of clothing, or a part of the body:

Я жду отцá/сестрý.	*I'm waiting for (my) father/sister.*
У меня́ болúт головá.	*(My) head hurts.*
Я не знáю, где шля́па.	*I don't know where (my) hat is.*

It is also possible to use the possessive adjectives, but only for clarification or emphasis:

Я жду моего отца.	*I'm waiting for my father.*
Я не знаю, где моя шляпа.	*I don't know where my hat is.*

If the subject is **он, она, оно,** or **они,** the possessives **его, её, их** refer to someone other than the subject.

Он ждёт его отца.	*He is waiting for his (someone else's) father.*
Она ждёт её отца.	*She is waiting for her (someone else's) father.*
Они ждут их отца.	*They are waiting for their father (the father of some other people).*

The possessive adjective/pronoun **свой/своя/своё/свой** *always relates back to the subject.* It *may* be used with any subject; it *must* be used (instead of **его, её, их**) if the subject is **он, она, оно,** or **они**; it is similar to the English *my own, your own, his own,* etc. **Свой** has the same declensional forms as **мой** and **твой.**

Я читаю мою/свою книгу.	Мы читаем нашу/свою книгу.
Ты читаешь твою/свою книгу.	Вы читаете вашу/свою книгу.

Он читает
Она читает } свою книгу.
Они читают

ТАБЛИЦЫ

Complete declension tables may be found in the Appendix (Приложение).

НОВЫЕ ВИДОВЫЕ ПАРЫ ГЛАГОЛОВ

to swallow	глотать (I)
	проглотить (II): проглочу, проглотишь, -ят
to sunbathe	загорать (I)
to get a tan	загореть (II)

to earn (money)	зараба́тывать (I)
	заработать (I)
to rest	отдыха́ть (I)
	отдохну́ть (I): отдохну́, -ёшь, -у́т
to reconsider, change one's mind	переду́мывать (I)
	переду́мать (I)
to recover	поправля́ться (I)
	попра́виться (II): попра́влюсь, попра́вишься, -ятся
to take (medicine, advice, etc.)	принима́ть (I)
	приня́ть (I):
	приму́, -ешь, -ут;
	при́нял, -ла́, -ло, -ли
to spend (time, one's vacation, etc.)	проводи́ть (II): провожу́, прово́дишь, -ят
	провести́ (I): проведу́, -ёшь, -у́т
	провёл, провела́, -ло́, -ли́
to get undressed, take off one's things	раздева́ться (I)
	разде́ться (I): разде́нусь, -ешься, -ятся
	Разде́нься! Разде́ньтесь!
to become, get to be	станови́ться (II): становлю́сь, стано́вишься, -ятся
	стать (I): стану, -ешь, -ут
to complain	(по)жа́ловаться (I) (на кого́? на что?):
	(по)жа́луюсь, -ешься, -ются
to be interested (in)	(за)интересова́ться (I) (кем? чем?)
	(за)интересу́юсь, -ешься, -ются
to use	(вос)по́льзоваться (I) (кем? чем?):
	(вос)по́льзуюсь, -ешься, -ются
to learn, study, memorize	(вы́)учи́ть (II) (что?): учу́, -ишь, -ат
	(*Perfective stress always on* вы́-)
to teach	(на)учи́ть (II) (кого́? чему́?): научу́, -ишь, -ат
to study, learn, go to school	(на)учи́ться (II) (чему́?): (на)учу́сь, -ишься, -атся

The following perfective verbs with the prefix **по-** have the meaning *to... for a (little) while*, rather than *to get something accomplished*.

(по)говори́ть (II)	*to talk for a while*
(по)гуля́ть (I)	*to stroll for a while*
(по)ду́мать (I)	*to think for a while*
(по)купа́ться (I)	*to bathe, swim for a while*
(по)кури́ть (II)	*to smoke for a while*
(по)лежа́ть (II)	*to lie, stay in bed for a while*
(по)рабо́тать (I)	*to work for a while*
(по)сиде́ть (II)	*to sit for a while*
(по)слу́шать (I)	*to listen for a while*
(по)стоя́ть (II)	*to stand for a while*
(по)танцева́ть (I)	*to dance for a while*

The same holds true for **подожда́ть** *to wait a while* (I): **подожду́, -ёшь, -у́т**. Actually, one can add the prefix **по-** to most imperfective verbs (which do not add **по-** to form the standard perfective) and obtain a perfective verb which has this meaning.

чита́ть: прочита́ть	*to get read, finish reading*
почита́ть	*to read for a while*
писа́ть: написа́ть	*to get written, finish writing*
пописа́ть	*to write for a while*
ходи́ть: походи́ть	*to walk for a while*

СЛОВА́РЬ

For imperfective–perfective verbs, see **НОВЫЕ ВИДОВЫ́Е ПА́РЫ ГЛАГО́ЛОВ**. For parts of the body and words and expressions that relate to illnesses and health, see **ДОПОЛНИ́ТЕЛЬНЫЙ МАТЕРИА́Л**.

акце́нт	*accent*
Аэрофло́т	*Aeroflot (Soviet Airline)*
бога́тый	*rich, wealthy*
боле́знь (ж.)	*sickness, disease*
боле́ть (II)	*to hurt*
больни́ца	*hospital*
бо́льно	*painful, sore*
ва́ми	*you (instrumental)*
верхо́м	*mounted, on horseback*
ездить верхо́м	*to ride horseback*

вертолёт	*helicopter*
водúтель (м.)	*driver*
водúть (II)	*to drive*
вожý, -ишь, -ят	
водúть машúну	*to drive a car*
возмóжность (ж.)	*possibility, chance*
грозный	*awe-inspiring*
Ивáн Грозный	*Ivan the Terrible*
детство	*childhood*
дипломатúческий	*diplomatic*
дипломатúческая служба	*diplomatic service*
довóлен/довóльна, -о, -ы (кем? чем?)	*satisfied (with)*
дышáть (II)	*to breathe*
дышý, -ишь, -ат	
ей	*her (instrumental)*
им	*him (instrumental)*
имéть (I)	*to have*
имéю, -ешь, -ют	
ими	*them (instrumental)*
кем	*who (instrumental)*
консульство	*consulate*
культýра	*culture*
лекáрство	*medicine*
лётчик	*pilot*
литератýра	*literature*
лучший	*better, best*
медсестрá	*nurse*
мечтáть (I)	*to (day)dream*
нами	*us (instrumental)*
невáжно	*not so well, not important*
ООН	*U.N.*
педагóгика	*pedagogy, teaching, education*
посóльство	*embassy*
похóж, -а, -е, -и (на когó? на что?)	*look(s) like*
предмéт	*subject (in school)*
главный предмéт	*major subject*
преподавáть (I) (комý? что?)	*to teach*
преподаю́, -ёшь, -ю́т	
прогнóз	*prognosis*

путь (м.) (мн.ч. -и́)	*path, way*
по пути́	*on the way*
реце́пт	*prescription*
санато́рий	*sanatorium, health spa*
свобо́дный	*free*
свой, своя́, своё, свои́	*one's own* (see **ГРАММА́ТИКА**)
себя́	*self/selves* (Refers back to the subject of the clause.)
серьёзный	*serious*
служба (на)	*service*
стюарде́сса	*stewardess*
счастли́вый	*happy, lucky*
Счастли́вого пути́!	*Have a good trip!*
так как	*due to the fact that*
т.е. (то есть)	*that is to say*
те́ло	*body*
темно́	*dark(ly)*
тёмный	*dark*
тобо́й	*you* (instrumental)
то́лько что	*just, this very minute*
тошни́ть (II)	*to nauseate*
Меня́ тошни́т.	*I feel sick (to my stomach).*
тра́ктор	*tractor*
тракто́рист	*tractor driver*
Украи́на (на)	*The Ukraine*
факульте́т (на)	*university department*
филологи́ческий	*philological*
филосо́фия	*philosophy*
челове́ческий	*human*
чем	*what* (instrumental)
чу́вствовать себя́ (I)	*to feel* (expressions concerning health)
чу́вствую себя́, -ешь себя́, -уют себя́	
шофёр	*(professional) driver, chauffeur*

Коне́ц восемна́дцатого уро́ка.

Девятна́дцатый уро́к

ДИАЛО́Г
В рестора́не

Юрий: Здесь неза́нято?	*Yuri: Are these places taken?*
Посети́тель: Свобо́дно. Сади́тесь, пожа́луйста.	*Guest: No, they're not. Please sit down.*
Зоя: Спаси́бо.	*Zoya: Thank you.*
Юрий: Наде́юсь, что официа́нтка ско́ро придёт. Мне о́чень хо́чется есть.	*Yuri: I hope that the waitress will come soon. I'm really hungry.*
Зоя: Я то́же голодна́. А, вот она́ идёт.	*Zoya: I'm hungry, too. Oh, here she comes.*
Официа́нтка: Пожа́луйста, вот меню́.	*Waitress: Here's a menu.*
Зоя: Спаси́бо.	*Zoya: Thank you.*

Юрий: На закуску дайте, пожалуйста, икру, салат и сто грамм водки.

Зоя: А на первое—борщ со сметаной.

Официантка: А на второе?

Юрий: —Что вы нам посоветуете?

Официантка: Беф-строганов у нас очень вкусный.

Зоя: Хорошо. Я попробую беф-строганов.

Юрий: А я возьму только борщ и пирожки с мясом.

Официантка: А что вы хотите на сладкое?

Зоя: Мороженое, пожалуйста.

Юрий: А мне компот.

Официантка: Что вы будете пить?

Юрий: Кофе с молоком и бутылку красного вина.

Официантка: Вот ваша закуска. Приятного аппетита.

Yuri: *For appetizers please give us the caviar, salad and 100 grams of vodka.*

Zoya: *And for the first course—borsch with sour cream.*

Waitress: *And for the entrée?*

Yuri: *What would you suggest?*

Waitress: *Our beef Stroganoff is very tasty.*

Zoya: *Fine. I'll try beef Stroganoff.*

Yuri: *And I'll take only borsch and meat pirozhki.*

Waitress: *And what do you want for dessert?*

Zoya: *Ice cream, please.*

Yuri: *And I'll have compote.*

Waitress: *What are you going to drink?*

Yuri: *Coffee with milk and a bottle of red wine.*

Waitress: *Here are your appetizers. Enjoy your meal.*

Горячие пирожки с мясом

ТЕКСТ ДЛЯ ЧТЕ́НИЯ
Рабо́чий день

Инжене́р Юрий Некра́сов рабо́тает на заво́де, а его́ жена́, Зо́я, в ЗАГСе[1]. Они́ живу́т под Москво́й. Ря́дом с до́мом, в кото́ром нахо́дится их кварти́ра, стои́т клуб. Пе́ред клу́бом—большо́й сад, а за ним о́зеро и лес. На их балко́не расту́т цветы́.

Пора́ встава́ть.

Юрий вчера́ ве́чером лёг спать дово́льно по́здно[2], так что сего́дня утром ему́ не хоте́лось встава́ть. Наконе́ц он откры́л глаза́, встал и умы́лся.

За́втрак

Зо́я сего́дня вста́ла ра́ньше, чем муж, и начала́[3] гото́вить за́втрак. Через 20 мину́т она́ сказа́ла:
—Ю́ра! За́втрак гото́в.
  Юрий сел за стол и сказа́л:
—Зо́ечка, дай, пожа́луйста, стака́н кефи́ра.
—Кефи́ра нет, есть сок.
—А како́й?
—Я́блочный. Вот, попро́буй.
—Дава́й.[4]
Зо́я дала́ Ю́рию стака́н со́ка и бутербро́д с колбасо́й.
—Пожа́луйста. А тепе́рь поспеши́, а то опозда́ем.
Сра́зу же по́сле за́втрака Зо́я и Юрий ушли́ на рабо́ту.

Обе́д

Рабо́чий день начина́ется в 8 часо́в, и Юрий сего́дня пришёл на рабо́ту как раз во́время. В 12 часо́в он обе́дал со свои́м това́рищем по рабо́те, Оле́гом, в столо́вой при заво́де. Они́ е́ли борщ со смета́ной, пирожки́ с капу́стой и бу́лочки с ма́ком. После обе́да они́ поговори́ли, покури́ли, а пото́м пошли́ обра́тно[5] на рабо́ту.

Рабо́чий день Зо́и конча́ется в 5 часо́в. После рабо́ты она́ пошла́ в гастроно́м, купи́ла проду́кты, а пото́м пое́хала домо́й на метро́.

---

[1]**ЗАГС—За́пись а́ктов гражда́нского состоя́ния** (*Registry Office*).

[2]**здн** произно́сится «зн».

[3]**Начала́** произно́сится [nəchilá].

[4]**Дава́й(те).** *All right.* (*Let's have it.*)

[5]**идти́/пойти́ обра́тно**—возвраща́ться/верну́ться

Ужин

Сегóдня Некрáсовы ужинали в 7 часóв. Перед ужином Юрий отдохнýл, а потóм помóг женé по хозяйству. После ужина Зоя и Юрий поговорили, посмотрéли передáчу по телевизору и послýшали пластинки, котóрые им недáвно подарили.

Порá спать.

В 11 часóв Юрий посмотрéл на часы и сказáл:

—Порá спать.

—Но ведь завтра выходнóй!

—Правда, я забыл. Знаешь что? Пойдём к Серёже и Натáше, поигрáем с ними в карты, потанцýем, поговорим.

—С удовóльствием. Мне совсéм не хочется спать. Пойдём!

ВЫРАЖÉНИЯ

1. Здесь не зáнято?
   Нет, свобóдно.
   Is this / are these seat(s) taken?
   No, it isn't / they aren't.
2. Мне (очень) хочется есть (пить).
   I'm (really) hungry (thirsty).
3. Приятного аппетита.
   I hope you enjoy your meal.
4. на закýску / первое / вторóе / третье (сладкое или дессéрт)
   for hors d'oeuvres / the first course / second course / dessert
5. под Москвóй / Ленингрáдом
   near Moscow / Leningrad
6. Мне не хочется / хотéлось (+ инфинитив)
   I don't / didn't feel like …
7. садиться / сесть за стол
   to sit down at the table
8. (по)сидéть за столóм
   to be seated at the table
9. …, а то опоздáем.
   …, otherwise (or) we'll be late
10. товáрищ по рабóте / школе
    friend at work / school
11. помогáть / помóчь по хозяйству
    to help with the housework
12. Порá (ложиться) спать.
    It's time to go to bed.

ПРИМЕЧÁНИЯ

1. *I'm hungry* may be expressed in Russian in two ways:

   Я гóлоден / голоднá.

   Мне хочется есть.

There is no word in Russian for *thirsty*. *I'm thirsty* is expressed thus:

Я хочý пить.

or Мне хочется пить.

2. **Пирожкú** (едúнственное числó: **пирожóк**) are small oblong pies stuffed with meat, cabbage, egg, mushrooms, etc.
3. **Сладкое** is the Russian word for *dessert* (also called **третье** or **дессéрт**). The adjective **сладкий** means *sweet*.
4. A **самовáр** is a large metal container which Russians use for boiling water for tea (**чай**). On top of it is a small teapot (**чáйник**) with strong tea which is diluted with boiling water (**кипятóк**) when poured. The word **самовáр** comes from **сам** (*self*) and **варúть** (*to boil, cook*). Most **самовáры** are manufactured in the city of Tula.
5. The verb **есть** may, but does not have to have a direct object; the perfective **съесть** must have a direct object, as it means *to eat* (*and actually consume*) *something*.

Ваня долго сидéл за столóм и ел.

Я ем бутербрóд с сыром.

Я быстро съел пирожóк и пошёл на рабóту.

The command *Eat!* is expressed with either one of two verbs: **есть** or **кушать**. The imperfectivé is used to soften the command.

Ешь(те)! ⎫
⎬ *Have something to eat!*
Кушай(те)! ⎭

ДОПОЛНÚТЕЛЬНЫЙ МАТЕРИÁЛ

Меню́

Первое (закýски и суп)	*First course (hors d'oeuvres and soup)*
гриб (мн.ч. -ы́)	*mushroom*
икрá	*caviar*
осетрúна	*sturgeon*
сыр	*cheese*
ветчинá	*ham*
колбасá	*sausage*
борщ	*borshch*
щи	*shchi*

бульóн	*broth*
салáт	*salad*

Второе	***Main Course***
рыба	*fish*
курица	*chicken*
пельмéни	*pelmeni (Russian ravioli)*
пирожкú (с мясом, с рыбой, с капýстой и т.д.) (sing. пирожóк)	*piroshki (with meat, fish, cabbage, etc.)*
беф–стрóганов	*beef Stroganoff*
шашлы́к	*shishkabob*
котлéта	*hamburger*
бифштéкс	*beefsteak*
шницель (м.)	*cutlet, chop*

Овощи	***Vegetables***
картóфель (м.), картóшка	*potato(s)*
моркóвь (ж.)	*carrot(s)*
капýста	*cabbage*
картóфельное пюрé	*mashed potatoes*
горóх	*pea(s)*

Третье (сладкое)	***Third Course (dessert)***
морóженое	*ice cream*
компóт	*compote*

Разные	***Various Items***
соль (ж.)	*salt*
перец	*pepper*
горчи́ца	*mustard*
сахар	*sugar*
мёд	*honey*
сметáна	*sour cream*
хлеб	*bread*
бублик	*bagel*
булочка	*bun, roll*
масло	*butter*
бутербрóд (с мясом, колбасóй и т.д.)	*sandwich (with meat, sausage, etc.)*
сосúски	*hot dogs*
яйца	*eggs*
яи́чница	*fried egg(s)*

каша	kasha (a dish made of various grains)
мак	poppy seed
семечки	sunflower seeds

Напи́тки	**Drinks**
вода́	water
водка	vodka
молоко́	milk
кефи́р	kefir
чай	tea
кофе	coffee
пиво	beer
вино́	wine
фрукто́вый сок	fruit juice
лимона́д	soft drink, soda
минера́льная вода́	mineral water

Посу́да	**Kitchenware**
кастрю́ля	pot, saucepan
сковоро́дка	frying pan
таре́лка	dish, plate
стака́н	glass
чашка	cup
блюдце	saucer
рюмка	stemmed glass
чайник	tea pot
сахарница	sugar bowl
соло́нка	salt shaker
нож (мн. ч. ножи́)	knife
вилка	fork
ложка	spoon

Надо есть, чтобы жить, а не жить, чтобы есть.

УПРАЖНЕ́НИЯ

A. Соста́вьте предложе́ния по образца́м.

Образе́ц: **Андрею** хочется **есть**.   *Andrei feels like eating.*

1. Пётр/чита́ть
2. Василий/игра́ть в теннис
3. Маша/пойти́ в кино́

Образе́ц: **Мне** не хоте́лось **рабо́тать**. *I didn't feel like working.*

1. Мы/танцева́ть
2. Серге́й/встава́ть
3. Ната́ша/занима́ться

Образе́ц: **Воло́дя** только что ушёл **домо́й**. *Volodya just left for home.*

1. Алёна/рабо́та
2. Оте́ц/лаборато́рия
3. Ваши друзья́/вокза́л

Образе́ц: **Профе́ссор** сего́дня пришёл **на ле́кцию в 10 часо́в**. *The professor came to class today at 10 o'clock.*

1. Студе́нты/университе́т/2
2. Официа́нтка/рестора́н/1
3. Мой сын/дом/4

Образе́ц: —Я попро́бую щи. —*I'll try schi.*
       —А **я** возьму́ **борщ со смета́ной**. —*And I'll take borsch with sour cream.*

1. —Я/икра́
   —А Ваня/грибы́
2. —Мы/пирожки́ с мясом
   —А они́/бифште́кс
3. —Я/рыба
   —А Ося/курица

Образе́ц: Вот **сад**, в кото́ром **игра́ют наши дети**. *Here's the garden, in which our children play.*

1. магази́н/продают меховы́е шапки
2. город/мы раньше жили
3. кварти́ра/жил Достое́вский
4. школа/учатся наши дети

Образе́ц: **Мы** провели́ отпуск на даче под **Москво́й**. *We spent our vacation at our summer home near Moscow.*

1. Игорь/Ленингра́д   3. Мои́ друзья́/Киев
2. Ната́ша/Тула   4. Я/Минск

Образе́ц: Дава́йте **купим буты́лку красного вина́**. *Let's buy a bottle of red wine.*

1. выпить
2. сесть за стол, пообе́дать

3. сейча́с нача́ть рабо́ту
4. сейча́с кончить рабо́ту и пойти́ домо́й
5. закуси́ть, а пото́м пойти́ в теа́тр
6. попро́бовать это сделать сего́дня

Образе́ц: Когда́ переда́ча кончится,   *When the program is over,*
          они́ начну́т **гото́вить**   *they'll start preparing*
          ужин.   *dinner.*

1. Боря/нача́ть делать уро́ки
2. Маша/нача́ть чита́ть эту кни́гу
3. мы/нача́ть рабо́ту
4. я/нача́ть делать перево́д

Образе́ц: **Я** часто ем **пирожки́**   *I often eat pirozhki with*
          с мясом.   *meat.*

1. Ты/пирожки́ с капу́стой?   4. Мы/рыба
2. Вы/овощи?   5. Бори́с/борщ со смета́ной
3. Я/икра́   6. Мои́ роди́тели/грибы́.

Образе́ц: **Мы** съеди́м эти пирожки́,   *We'll eat these pirozhki,*
          вы́пьем чашку чаю и   *drink a cup of tea and*
          пойдём на концёрт.   *go to the concert.*

1. Я   2. Оля   3. Студе́нты

Б. Соста́вьте предложе́ния в настоя́щем времени, прошедшем и будущем.

  1. **открыва́ть/откры́ть** глаза́, **встава́ть/встать, умыва́ться/ умы́ться, (по)за́втракать** и **уходи́ть/уйти́** на рабо́ту
    а. Настоя́щее время: **Я** открыва́ю глаза́, встаю́, моюсь,
                   завтракаю и ухожу́ на рабо́ту.
                   Они́...
    б. Прошёдшее время (несоверше́нный вид) Ива́н ...
                 (соверше́нный вид): Я ...
                       Оле́г ...
                       Таня ...
                       Мы ...
    в. Будущее время (несоверше́нный вид): Я ...
                 (соверше́нный вид): Ты ...
                       Они́ ...

2. **сади́ться/сесть** за стол и **начина́ть/нача́ть** есть

   а. Настоя́щее вре́мя: Я ...

                          Де́ти ...

   б. Проше́дшее вре́мя (несоверше́нный вид): Я ...

                       (соверше́нный вид): Анто́н ...

                                    Ма́ма ...

                                    Роди́тели ...

   в. Бу́дущее вре́мя (несоверше́нный вид): Они́ ...

                       (соверше́нный вид): Я ...

                                    Вы ...

                                    Они́ ...

3. **опа́здывать/опозда́ть** на заня́тия

   а. Настоя́щее вре́мя: Я ...

                      Ва́ня ...

                      Студе́нты ...

   б. Проше́дшее вре́мя (несоверше́нный вид): Мы ...

                       (соверше́нный вид): Я ...

                                    Ива́н ...

                                    Они́ ...

   в. Бу́дущее вре́мя (несоверше́нный вид): Мы ...

                      (соверше́нный вид): Я ...

                                    Ты ...

                                    Они́ ...

В. Отве́тьте на вопро́сы.

   1. С кем вы вчера́ говори́ли? (медсестра́)

   2. С кем Бо́ря разгова́ривает? (учи́тель)

   3. С кем разгова́ривала Ма́ша? (Андре́й Фёдорович)

   4. С кем вы ходи́ли на конце́рт? (ваш брат)

   5. С кем ходи́ли твои́ роди́тели в рестора́н? (твой друг Са́ша)

   6. С чем вы хоти́те бутербро́д? (колбаса́)

   7. С чем ты хо́чешь бутербро́д? (мя́со и сыр)

   8. С чем они́ хотя́т пирожки́? (ры́ба)

   9. С чем вы пьёте чай? (лимо́н и са́хар)

  10. С чем ты пьёшь ко́фе? (молоко́)

Г. Англи́йские слова́ переведи́те на ру́сский язы́к. Ру́сские слова́ поста́вьте в пра́вильном падеже́.

   1. На конце́рте На́дя сиде́ла (*alongside of*) (они́).

   2. Я рабо́тал(а) (*together with*) (э́тот хоро́ший молодо́й челове́к).

   3. Наш дом стои́т (*between*) (о́зеро и лес).

4. Я сиде́л (*between*) (учи́тель и врач).
5. Карти́на висе́ла (*above, over*) (этот дива́н).
   (эта дверь).
   (это окно́).
6. Наш авто́бус будет стоя́ть (*in front of*)(Большо́й теа́тр).
   (Третьяко́вская галере́я).
7. Мы говори́ли об этом (*just before*)(обе́д).
   (лекция).
   (собра́ние).

Д. Слова́ в скобках поста́вьте в правильном падеже́.

1. Я сел(а) за (стол) и начал(а́) есть.
2. Я сиде́л(а) за (стол) и разгова́ривал(а) с сосе́дом.
3. Мы завтра утром пое́дем за́ (город).
4. Мои́ друзья́ живу́т за́ (город).
5. В ию́не мы уезжа́ем за (грани́ца).
6. Роди́тели Ива́на живу́т за (грани́ца).

Е. Слова́ в скобках поста́вьте в правильном падеже́.

Образе́ц: Да́йте, пожа́луйста, (икра́).
(*the caviar*): Да́йте, пожа́луйста, **икру́**.
(*some caviar*): Да́йте, пожа́луйста, **икры́**.

Да́йте, пожа́луйста, (горчи́ца).
(вода́).
(рыба).
(моро́женое).
(суп).
(сыр).
(сахар).
(шокола́д).

Образе́ц: Да́йте, пожа́луйста, стака́н (холо́дное молоко́).
Да́йте, пожа́луйста, стака́н **холо́дного молока́**.

Да́йте, пожа́луйста, стака́н (холо́дная вода́).
(горя́чий[6] чай).
(фрукто́вый сок).

---

[6] Heated things are referred to as being **горя́чий**, not **жа́ркий**.

Образец: Передайте, пожалуйста, (соль).
Передайте, пожалуйста, **соль**.

Передайте, пожалуйста, (сахар).
(горчица).
(сметана).
(перец).
(хлеб и масло).

Ж. Ответьте на вопросы.

Образец: —Почему он ещё не написал письма домой?
—**Ему не хочется писать.**

1. Почему он ещё не встал?
2. Почему она ещё не прочитала этой книги?
3. Почему они ещё не позавтракали?

Образец: —Вы уже закрыли дверь?
—**Нет, но я её сейчас закрою.**

1. Ты уже закрыла окно?
2. Ваня уже закрыл ворота?
3. Дети уже закрыли дверь?

Образец: —Они уже открыли ворота?
—**Нет, но они их сейчас откроют.**

1. Маша уже открыла подарок?
2. Вы уже открыли письмо?
3. Ваня уже открыл дверь?

Образец: —Оля ещё готовит уроки?
—**Да нет, она их уже давно приготовила!**

1. Ты ещё готовишь уроки?
2. Они ещё готовят уроки?
3. Антон ещё готовит уроки?

З. Слова в скобках переведите на русский язык.

1. Я ем суп (*with a spoon*).
2. Студенты пишут на доске (*with chalk*).
3. Я ходил(а) в библиотеку (*with the teacher*).
4. Вася не любит писать (*with a pencil*).
5. Что тебе больше нравится: картошка (*with butter or with sour cream*)?
6. Мясо надо есть (*with a knife and fork*).

7. Катя быстро съела бутербро́д и пошла́ в шко́лу (*with her brother*).

8. —Вы уже́ поговори́ли (*with Anna*)?
   —Нет, но я поговорю́ (*with her*) сего́дня перед ле́кцией.

9. Это интере́сные молоды́е лю́ди. Мы сего́дня до́лго разгова́ривали (*with them*).

10. Наш дом стои́т (*right next to your brother's house*).

И. Соста́вьте предложе́ния по образцу́.

Образе́ц: **Они́** разгова́ривают с **профе́ссором**.
Профе́ссор разгова́ривает с **ни́ми**.

1. **Мы** говори́ли с **учи́телем**.
2. **Я** ходи́л на конце́рт с **Та́ней**.
3. **Он** живёт ря́дом с **Бори́сом Фёдоровичем**.
4. **Она́** разгова́ривает с **ма́терью**.
5. **Ты** бу́дешь сиде́ть ря́дом с **отцо́м**.

К. Запо́лните про́пуски.

Образе́ц: Вот америка́нский студе́нт, ... учи́лся в Москве́.
Вот америка́нский студе́нт, **кото́рый** учи́лся в Москве́.

1. Вот америка́нский студе́нт, ... вы вчера́ помогли́.
   у ... мы бы́ли вчера́ ве́чером.
   ... мы ви́дели на бале́те.
   с ... мы е́здили в Заго́рск.
   о ... профе́ссор сего́дня говори́л.
   к ... мы пойдём сего́дня ве́чером.

2. Они́ говори́ли о студе́нтке, ... живёт ря́дом с на́ми.
   брат ... рабо́тает в ООН.
   ... вы посове́товали изуча́ть матема́тику.
   о ... вы говори́те.
   с ... я то́лько что поговори́л.
   ... мы ви́дели вчера́ у О́льги.

3. О́зеро, ... вы ви́дите вот тут, на э́той ка́рте, са́мое глубо́кое о́зеро в ми́ре.

4. Общежи́тие, в ... живу́т э́ти студе́нты, нахо́дится на у́лице Шевче́нко.

5. Зда́ние, перед ... стои́т на́ша маши́на, ста́рое, некраси́вое.

6. Маши́ны, ... стоя́т ме́жду у́лицей и на́шим до́мом, не на́ши.

Л. Слова́ в ско́бках переведи́те на ру́сский язы́к.

1. Света и Боря хорошо́ понима́ют (*one another*).
2. Эти студе́нты всегда́ помога́ют (*one another*).
3. Мы до́лго разгова́ривали (*with one another*).
4. Они́ ре́дко говоря́т (*about one another*).
5. Кавка́з нахо́дится (*between*) Чёрным мо́рем и Каспи́йским мо́рем.
6. Стол стои́т (*alongside of*) телеви́зором.
7. (*Beneath*) окно́м расту́т цветы́.
8. Гара́ж нахо́дится (*behind*) до́мом.
9. (*Just before*) у́жином дава́й посмо́трим но́вости[7] по телеви́зору.
10. Ле́том мы е́здили в го́ры (*with*) Са́шей и О́лей.
11. (*Above*) телеви́зором виси́т карти́на.
12. Я сейча́с ся́ду (*at*) стол и начну́ писа́ть.
13. Мы до́лго сиде́ли (*at*) столо́м и писа́ли пи́сьма.
14. Мои́ роди́тели тепе́рь живу́т (*abroad*).
15. В ию́не мы уезжа́ем (*abroad*).
16. Де́вочка до́лго спала́ (*under*) столо́м.
17. (*In front of*) э́тим магази́ном была́ о́чередь.

М. Слова́ в ско́бках переведи́те на ру́сский язы́к.

1. уходи́ть/уйти́—приходи́ть/прийти́
   а. Я (*leave*) в университе́т ка́ждое у́тро в 8 часо́в и (*arrive*) в 9.
   б. Сего́дня у́тром я (*left*) на рабо́ту в 7 часо́в и (*arrived*) в 8.
   в. —Во ско́лько вы за́втра (*will leave*) на вы́ставку?
      —За́втра я (*will leave*) дово́льно по́здно, в 11.
      —А во ско́лько вы (*will arrive*) туда́?
      —Я (*will arrive*) часо́в в 12.

2. уезжа́ть/уе́хать—приезжа́ть/прие́хать
   а. Мы обы́чно (*leave*) на рабо́ту в 8.30 и (*arrive*) в 9. Сего́дня мы (*left*) в 9 и (*arrived*) в 9.30.
   в. Мои́ друзья́ ка́ждый год (*departed*) за грани́цу в ию́ле.
   г. —Во ско́лько вы сего́дня (*will leave*) в Москву́?
      —Я (*will leave*) в 4 часа́.
      —А когда́ вы (*will arrive*)?
      —Я (*will arrive*) часо́в в 11.
   д. О́ля сего́дня (*left*) домо́й сра́зу по́сле рабо́ты. Она́ (*arrived*) домо́й в 5 часо́в.

---

[7]Но́вости (но́вость [ж.]) *the news*

Н. Да́йте проше́дшее вре́мя и бу́дущее соверше́нного ви́да.

1. Я ложу́сь спать в 11 часо́в и встаю́ в 6.
2. Бо́ря ложи́тся спать в 12 часо́в и встаёт в 7.
3. Мои́ роди́тели ложа́тся спать в 10 часо́в и встаю́т в 8.
4. Лю́ба ложи́тся спать в 12 часо́в и встаёт в 7.

О. Переведи́те слова́ в ско́бках.

1. Обы́чно о́пера начина́ется в 7 часо́в, а сего́дня (*will begin*) в 6.
   Вчера́ она́ (*began*) та́кже в 6.
2. Обы́чно бале́т начина́ется в 8 часо́в, а сего́дня (*will begin*) в 7.
   Вчера́ он (*began*) та́кже в 7.
3. Обы́чно на́ша ле́кция конча́ется в 9 часо́в, а сего́дня (*will end*) в
   9.15. Вчера́ она́ (*ended*) в 8.50.
4. Обы́чно заня́тия конча́ются в 11 часо́в, а сего́дня (*will end*) в
   11.30. Вчера́ они́ (*ended*) в 11.15.

П. Соста́вьте предложе́ния по образцу́.

Образе́ц: Тру́дно чита́ть э́ту кни́гу.
            Э́та кни́га тру́дно чита́ется.

1. Легко́ э́то де́лать.
2. Интере́сно чита́ть Достое́вского.
3. Ску́чно чита́ть расска́зы Ми́ши Шма́льца.

Вопро́сы

1. С чем вы пьёте ко́фе? А чай?
2. Чем вы пи́шете на бума́ге? А на доске́?
3. Чем вы еди́те суп? А мя́со и карто́шку?
4. Вы лю́бите икру́?
5. Вы пьёте во́дку?
6. Кто сиди́т ря́дом с ва́ми на ле́кции ру́сского языка́?
7. Как зову́т челове́ка, кото́рый сиди́т за ва́ми?
8. Кто сиди́т (и́ли стои́т) пе́ред ва́ми?
9. Как называ́ется университе́т, в кото́ром вы у́читесь?
10. Как называ́ется страна́, в кото́рой вы родили́сь?
11. Как зову́т преподава́теля, кото́рый преподаёт вам ру́сский язы́к?
12. Во ско́лько вы обы́чно ложи́тесь спать? Во ско́лько вы вчера́ легли́?
    Во ско́лько вы сего́дня ве́чером ля́жете?
13. Во ско́лько вы обы́чно встаёте? Во ско́лько вы сего́дня вста́ли? Во
    ско́лько вы за́втра вста́нете?
14. Вы умыва́етесь горя́чей и́ли холо́дной водо́й?

15. Во ско́лько вы сего́дня пришли́ в университе́т?
16. Во ско́лько вы сего́дня уйдёте домо́й из университе́та?
17. Во ско́лько вы за́втра придёте в университе́т?
18. Во ско́лько ва́ши роди́тели ухо́дят на рабо́ту?
    А во ско́лько они́ прихо́дят домо́й с рабо́ты?
19. Во ско́лько начина́ется ва́ша ле́кция ру́сского языка́?
    А во ско́лько она́ конча́ется?
20. Где продаю́т проду́кты?
21. Что тако́е (what is a) «вегетариа́нец/вегетариа́нка»?
22. Как сказа́ть по-ру́сски: this city?
                            in this city?
                            through this city?
                            about this city?
                            without this city?
                            toward this city?
                            above this city?
                            under this city?
                            beyond this city?
                            to this city?
                            near this city?
                            between this city and Moscow?

Перево́д

1. Let's sit down at the table [and] have a little talk.
   Let's.
2. I'm thirsty.
   What do you want to drink?
   Please give me a glass of tea.
   And I want coffee with milk and sugar.
3. What kind of sandwich do you want?
   Do you have cheese?
   Yes, we have both cheese and meat.
   Then give me a cheese sandwich and borsch with sour cream.
4. Is the borsch good (tasty)?
   Yes, very tasty. I like borsch a lot!
5. Please pass the salt and pepper.
   Why aren't you eating your fish?
   It's not tasty. In general I like fish, but I don't like this fish.
6. Excuse me, please, is this place taken?
   No, it's not. Please sit down.
7. The waitress left, but she'll return right away.
8. What do you recommend for the first course?
   Black caviar and salad.

9. I'll take beef Stroganoff and a bottle of red wine.
   And is that all?
   No, for dessert I'll take ice cream.
10. We have to hurry or we'll be late for the concert.
11. Try the pirozhki with meat.
    I'm a vegetarian. I don't eat meat.
12. Try (do your best) to do this well.
    All right. I will.

ГРАММА́ТИКА

НОВЫЕ ГЛАГО́ЛЫ

Встава́ть/встать   *to get up*

Несоверше́нный вид		*Соверше́нный вид*	
вста	ва́ть	вста	ть
я вста	ю	я встан	у
ты вста	ёшь	ты встан	ешь
они́ вста	ют	они́ встан	ут
		встал, -ла, -ло, -ли	
		Встань(те)!	

(Съ)есть   *to eat*

я (съ)ем	мы (съ)еди́м
ты (съ)ешь	вы (съ)еди́те
он (съ)ест	они́ (съ)едя́т

(съ)ел, (съ)ела, (съ)ело, (съ)ели
(Съ)ешь(те)!

The perfective verb **съесть** is used only with a direct object.

Я съем этот пирожо́к и пойду́ домо́й.

Сади́ться/сесть   *to sit down, take a seat*

Несоверше́нный вид		*Соверше́нный вид*	
сад	и́ться	сесть	
я саж	у́сь	я сяд	у
ты сад	и́шься	ты сяд	ешь
они́ сад	я́тся	они́ сяд	ут
		сел, -ла, -ло, -ли	

Сади́сь! Сади́тесь!   Сядь(те)! *(See footnote 8, p. 360.)*

Ложи́ться/лечь   *to lie down, place oneself in a horizontal position.*

Несоверше́нный вид		Соверше́нный вид	
лож	и́ться	лечь	
я лож	у́сь	я ляг	у
ты лож	и́шься	ты ляж	ешь
они́ лож	а́тся	они́ ляг	ут
		лёг, легла́, -ло́, -ли́	
Ложи́сь! Ложи́тесь!		Ляг(те)!⁸	

The verbs **сади́ться/сесть** and **ложи́ться/лечь** most frequently answer
the question **куда́?**; under these circumstances, the prepositions **в, на, под**
and **за** take the accusative case.

Куда́ вы { сядете? / ляжете? }   Я { сяду на стул/в кре́сло/под де́рево/за стол. / ля́гу на дива́н/в посте́ль/под де́рево. }

The verbs (**по)сиде́ть** and **по(лежа́ть)** most frequently answer the question **где?**; when they do, the prepositions **в** and **на** take the prepositional
case and **под** and **за** the instrumental.

Где вы { сиде́ли? / лежа́ли? }   Я { сиде́л(а) на сту́ле/в кре́сле/за столо́м. / лежа́л(а) на дива́не/в посте́ли/под де́ревом. }

RELATIVE PRONOUNS
Кото́рый, -ая, -ое, -ые

The relative pronoun **кото́рый** has the same functions as the English
relative pronouns *who, which, that, whose*. It occurs in a relative clause
(**прида́точное предложе́ние**) and agrees in gender and number with its
antecedent (the noun to which it refers); its case is determined by its use in
the relative clause. If **кото́рый** is the object of a preposition, the preposition
stands before it. Relative clauses are set off from the rest of the sentence by
commas.

Вот студе́нт, {
кото́р**ый** живёт в на́шем до́ме.
кото́р**ого** не́ было сего́дня на ле́кции.
сестра́ кото́р**ого** тепе́рь у́чится в МГУ.
к кото́р**ому** мы ходи́ли вчера́ ве́чером.
кото́р**ого** мы ви́дели вчера́ в рестора́не.
кото́р**ым** профе́ссор Ивано́в недово́лен.
о кото́р**ом** мы то́лько что говори́ли.
}

---

⁸**Сядь(те)!/Ляг(те)**! are used only with animals and with willful children. With anyone else say
Сади́сь! Сади́тесь!/Ложи́сь! Ложи́тесь!

Вот студе́нтка,
{
кото́рая родила́сь в Ки́еве.

для кото́рой я купи́л э́ту кни́гу.

кото́рой Ва́ня помо́г написа́ть уро́к.

кото́рую вы ви́дели вчера́ на конце́рте.

с кото́рой Бо́ря и Та́ня ходи́ли в кино́.

о кото́рой профе́ссор Ивано́в э́то сказа́л.
}

Зда́ние,
{
кото́рое стои́т спра́ва от музе́я, о́чень краси́вое.

о́коло кото́рого нахо́дится больни́ца, о́чень ста́рое.

к кото́рому мы сейча́с идём, мне не нра́вится.

кото́рое вы ви́дели, стои́т там уже́ 250 лет.

кото́рым вы интересу́етесь, постро́или
до Револю́ции.

в кото́ром я рабо́таю, о́чень большо́е.
}

Де́ти, кото́рые живу́т ря́дом с на́ми, нам никогда́ не меша́ют.

If **кото́рый/-ая/-ое/-ые** modifies a noun (in which case it generally means *whose*), it follows that noun.

Они́ говори́ли о молодо́м челове́ке, брат **кото́рого** вчера́ уе́хал в Сиби́рь.	*They were talking about the young man **whose** brother yesterday left for Siberia.*
Вот колхо́зница, сын **кото́рой** стал хиру́ргом.	*There's the collective farmer **whose** son became a surgeon.*

THE PARTITIVE GENITIVE

The *partitive genitive* is used when in English we specify *some* (*of*) a substance, not *all of it*.

Да́йте, пожа́луйста, хлеб.	*Please give me **the** bread.*
Да́йте, пожа́луйста, хле́ба.	*Please give me **some** bread.*
Я возьму́ борщ.	*I'll take **the** borsch.*
Я возьму́ борща́.	*I'll take **some** borsch.*

It also is used when the measure of a substance is indicated:

ча́шка ча́ю/ко́фе	*a cup of tea/coffee*
стака́н воды́/молока́	*a glass of water/milk*
таре́лка су́пу/борща́	*a dish of soup/borsch*

Some masculine nouns have a partitive genitive ending -y or -ю. This ending is used only when the noun is not modified.

чай	чаю
сахар	сахару
суп	супу
сыр	сыру
шоколáд	шоколáду
мёд	мёду

Дáйте стакáн **чаю.**

But:

Дáйте стакáн **горя́чего** ча**я.**

TO BEGIN/TO FINISH AND
THE PASSIVE VOICE

Начинáть/начáть and **кончáть/кончить** are transitive verbs and are used only with a direct object or the infinitive of another verb. If there is a second verb, it must be an *imperfective* infinitive, as perfective verbs never are used in conjunction with the verbs **начинáть/начáть** and **кончáть/кончить.**

$$\text{Ивáн} \left\{ \begin{array}{l} \text{начинáет} \\ \text{начал} \\ \text{начнёт} \end{array} \right\} \left\{ \begin{array}{l} \text{рабóту} \\ \text{рабóтать} \end{array} \right\} \text{в 8 часóв.}$$

$$\text{Ивáн} \left\{ \begin{array}{l} \text{кончáет} \\ \text{кончил} \\ \text{кончит} \end{array} \right\} \left\{ \begin{array}{l} \text{рабóту} \\ \text{рабóтать} \end{array} \right\} \text{в 5 часóв.}$$

If there is no direct object or second verb, then the reflexive forms **начинáться/начáться** and **кончáться/кончиться** must be used. The subject of these reflexive verbs always is an inanimate noun or third person pronoun.

$$\text{Рабóта} \left\{ \begin{array}{l} \text{начинáется} \\ \text{началáсь} \\ \text{начнётся} \end{array} \right\} \text{в 8.} \qquad Work \left\{ \begin{array}{l} begins \\ began \\ will\ begin \end{array} \right\} at\ 8.$$

$$\text{Рабóта} \left\{ \begin{array}{l} \text{кончáется} \\ \text{кончилась} \\ \text{кончится} \end{array} \right\} \text{в 5.} \qquad Work \left\{ \begin{array}{l} ends \\ ended \\ will\ end \end{array} \right\} at\ 5.$$

It is by adding **-ся** to a transitive verb that Russians form the passive voice.

Active:	Трудно чита́ть Достое́вского.	*It's difficult to read Dostoevsky.*
Passive:	Достое́вский тру́дно чита́ется.	*Dostoevsky is difficult to read*

ТВОРИ́ТЕЛЬНЫЙ ПАДЕ́Ж (ПРОДОЛЖЕ́НИЕ)

Предло́ги: **с, ме́жду, над, пе́ред, за, под**

1. **С** (*with*). In Lesson 18, it was pointed out that in statements that involve the use of an instrument, tool or vehicle to perform an action, Russians use a noun in the instrumental case *without* a preposition.

Чем вы пи́шете?	*What do you write with?*
Я пишу́ карандашо́м.	*I write with a pencil.*
Чем вы еди́те суп?	*What do you eat soup with?*
Я ем суп ло́жкой.	*I eat soup with a spoon.*

There is, however, a Russian word for *with*. It is **с**. **С** means *with* in the sense of *along with*, *accompanied by*, *together with*. When **с** means *with*, it is followed by an object in the instrumental case[9].

С кем вы ходи́ли на конце́рт?	*With whom did you go to the concert?*
С Оле́гом, Серге́ем и Анной.	*With Oleg, Sergei and Anna.*
С чем вы пьёте чай?	*What do you take in your tea?*
С лимо́ном и са́харом.	*[I drink it] with lemon and sugar.*
С чем вы хоти́те пирожо́к?	*What kind of pirozhok do you want?*
Или **с** мя́сом, или **с** капу́стой.	*With either meat or cabbage.*

Note also: **ря́дом с** (*right next to*, *alongside of*) and **вме́сте с** (*together with*).

Они́ рабо́тают **вме́сте с на́ми**.	*They work together with us.*
Мы сиде́ли **ря́дом с Ива́ном Бори́совичем**.	*We sat next to Ivan Borisovich.*

Note also: **с акце́нтом, с удово́льствием**.

---

[9]When **с** means *from* it takes the genitive: Я иду́ домо́й **с рабо́ты**.

When **c** is followed by a word which begins with **c/з/ш** plus an additional consonant, it becomes **со**. This also occurs with **мной** and **всем(и)**.

со студе́нтом

со зна́менем

со шко́льником

со мной

со всем

со все́ми

2. **Ме́жду** (*between*). This preposition always takes an object in the instrumental case.

На ле́кции я сиде́л(а)   *In class I sat between*
   ме́жду Ива́ном и Тама́рой.   *Ivan and Tamara.*

3. **Над** (*above*, *over*) also takes the instrumental case only.

Над го́родом лета́ли   *Helicopters were flying*
   вертолёты.   *(around) above the city.*

4. **Пе́ред** (*in front of*, [*right*] *before*) also is used with the instrumental only.

Пе́ред теа́тром больша́я   *There is a large crowd*
   толпа́.   *in front of the theater.*
Пе́ред у́жином мы погo-   *Before dinner we talked*
   вори́ли, закуси́ли.   *and had a bite to eat.*

5. **За** (*behind*, *beyond*) and **под** (*under*, *underneath*, *below*) are used with two cases: the *accusative* when they answer the question **Куда́?** and *instrumental* when they answer the question **Где?**

Куда́ ма́льчик сади́тся?   *Where is the boy taking a seat?*
   Он сади́тся **за стол**.   *He's sitting down at the table.*
Где сиди́т ма́льчик?   *Where is the boy sitting?*
   Он сиди́т **за столо́м**.   *He's sitting at the table.*
Куда́ ложи́тся де́вочка?   *Where is the girl lying down?*
   Она́ ложи́тся **под стол**.   *She is lying down under the table.*
Где де́вочка лежи́т?   *Where is the girl lying?*
   Она́ лежи́т **под столо́м**.   *She's lying under the table.*
Куда́ вы е́дете?   *Where are you going?*
   Мы е́дем **заграни́цу**.   *We're going abroad.*
Где вы живёте?   *Where do you live?*
   Мы живём **заграни́цей**.   *We live abroad.*

Note the following idiomatic uses of the preposition **за**.

сади́ться/сесть за стол   (Куда́?)   *to sit down at the table*
(по)сиде́ть за столо́м   (Где?)   *to sit at the table*

е́хать/е́здить/пое́хать за́ грани́цу	(Куда́?)	*to go abroad*
жить/рабо́тать/быть за грани́цей	(Где?)	*to live/work/be abroad*
е́хать/е́здить/пое́хать за́ город	(Куда́?)	*to go to the suburbs*
жить/рабо́тать/быть за́ го́родом	(Где?)	*to live/work/be in the suburbs*

When followed by **мной** or **всем(и)**, an **о** is added to the prepositions **с**, **над**, **перед** and **под**.

со мно́й	[samnóy]	*with me*
надо мно́й	[nədamnóy]	*above me*
подо мно́й	[pədamnóy]	*under me*
передо мно́й	[pi̦ri̦damnóy]	*in front of me*

НОВЫЕ ВИДОВЫ́Е ПАРЫ ГЛАГО́ЛОВ

to stand/get up	встава́ть (I): встаю́, -ёшь, -ю́т
	встать (I): вста́ну, -ешь, -ут; встал, -ла, -ло, -ли Встань(те)!
to close	закрыва́ть (I)
	закры́ть (I): закро́ю, -ешь, -ют
to have a snack / bite to eat	заку́сывать (I)
	закуси́ть (II): закушу́, заку́сишь, -ят
to finish	конча́ть(ся) (I)
	ко́нчить(ся) (II)
to lie down	ложи́ться (II)
	лечь (I): ля́гу, ля́жешь, ля́гут; лёг, легла́, -ло́, -ли́ Ляг(те)!
to begin	начина́ть(ся) (I)
	нача́ть(ся) (I): начну́, -ёшь, -у́т; начал, -ла́, -ло, -ли

to be late (for)	опа́здывать (на что?) (I)
	опозда́ть (на что?) (I)
to open	открыва́ть (I)
	откры́ть (I): откро́ю, -ешь, -ют
to sit down, take a seat	сади́ться (куда́?) (II): сажу́сь, сади́шься, -я́тся

	сесть (куда́?) (I): ся́ду, -ешь, -ут;
	        сел, -ла, -ло, -ли
	        Сядь(те)!

to eat	(съ)есть (I-II): ем, ешь, ест,
	        еди́м, еди́те, едя́т;
	        ел, ела, ело, ели
	        Ешь(те)!

to drink	(вы́)пить (I): пью, -ёшь, -ют; Пей(те)!
to grow	(вы́)расти́ (I): расту́, -ёшь, -у́т; рос, -ла́, -ло́, -ли́
to sleep	(по)спа́ть (II): сплю, спишь, -ят; спал, -ла́, -ло, -ли
to be in a hurry	(по)спеши́ть (II)
to prepare, cook	(при)гото́вить (II): гото́влю, гото́вишь, -ят Гото́вь(те)!
to arrive, come (on foot)	приходи́ть (II): прихожу́, прихо́дишь, -ят
	прийти́ (I): приду́, -дёшь, -у́т; пришёл, -шла́, -шло́, -шли́
to arrive, come (by vehicle)	приезжа́ть (I)
	прие́хать (I): прие́ду, -ешь, -ут
to depart, leave (on foot)	уходи́ть (II): ухожу́, ухо́дишь, -ят
	уйти́ (I): уйду́, -ёшь, -у́т; ушёл, ушла́, ушло́, ушли́
to depart, leave (by vehicle)	уезжа́ть (I)
	уе́хать (I): уе́ду, -ешь, -ут
to wash up	умыва́ться (I)
	умы́ться (I): умо́юсь, -ешься, -ются

СЛОВА́РЬ

For imperfective-perfective verbs, see **НОВЫЕ ВИДОВЫ́Е ПАРЫ ГЛАГО́ЛОВ**. For foods, etc., see **ДОПОЛНИ́ТЕЛЬНЫЙ МАТЕРИА́Л**.

аппети́т	*appetite*
блюдо	*dish* (specific culinary item)
буты́лка	*bottle*
вилка	*fork*
висе́ть (II)	*to hang* (intransitive)
вишу́, виси́шь, -я́т	
вкусный	*tasty, "good"*
вода́ (мн.ч. воды)	*water*
второ́е	*second course, entrée*
гастроно́м	*grocery store*
горя́чий	*hot, heated*
грамм	*gram*
дива́н	*divan, sofa*
за (кого́? что?—кем? чем?)	*behind, beyond*
за́ город/за́ городом	*to/in the suburbs*
за грани́цу/за грани́цей	*(to/in) abroad*
заку́ска	*appetizers, "zakuska"*
на заку́ску	*for "zakuska"*
карти́на	*picture*
кото́рый, -ая, -ое, -ые	*who, which, that, whose* (rel. pr.)
крепкий	*strong*
кресло (мн.ч. -а)	*armchair*
лес (мн.ч. -а́)	*forest*
ложка	*spoon*
мак	*poppy seed(s)*
с маком	*with poppy seeds*
между (кем? чем?)	*between*
меню́	*menu*
над (кем? чем?)	*above*
новость (ж.)	*news*
нож (мн.ч. -и́)	*knife*
обра́тно	*back*
овощи (мн.ч.)	*vegetables*
официа́нт (ж. -ка)	*waiter (waitress)*
первое	*first course*
перед (кем? чем?)	*in front (of), just before*
переда́ча	*broadcast*

пласти́нка	*(phonograph) record*
под (кого́? что?—кем? чем?)	*under, below*
проду́кты	*groceries*
рабо́чий	*work* (adj.)
ря́дом (с кем? с чем?)	*next to, along side (of)*
с(о) (кем? чем?)	*with*
сад (мн.ч. -ы́)	*garden*
самова́р	*samovar*
сла́дкий	*sweet*
сла́дкое	*dessert*
сок	*juice*
соль (ж.)	*salt*
сра́зу	*immediately*
стака́н	*drinking glass*
тре́тье	*third course, dessert*
фрукт	*fruit*
фрукто́вый	*fruit* (adj.)
хозя́йство	*house work, domestic work*
цвето́к (мн.ч. цветы́)	*flower*
ча́шка	*cup*

Коне́ц девятна́дцатого уро́ка.

Двадца́тый уро́к

ДИАЛО́Г А
Дава́йте познако́мимся

Ко́ля: Дава́йте познако́мимся. Меня́ зову́т Ко́ля.

Мэ́ри: А меня́ Мэ́ри.

Ко́ля: Вы надо́лго прие́хали к нам в Ленингра́д?

Мэ́ри: Нет, всего́[1] на 3 ме́сяца. Я прилете́ла 28-го сентября́, а улета́ю 4-го января́.

Ко́ля: Вы рабо́таете в америка́нском ко́нсульстве?

Kolya: May I introduce myself? My name is Kolya.

Mary: And mine is Mary.

Kolya: Have you come to Leningrad for a long stay?

Mary: No, for only three months. I arrived on September 28th and am leaving on January 4th.

Kolya: Do you work at the American consulate?

---

[1] всего́ = то́лько

Мэри: Нет, я в ЛГУ[2] изучаю русский язык по спецпрограмме.

Коля: Что это за программа?

Мэри: Это программа при филфаке, где студенты-иностранцы изучают русский язык.

Коля: Я даже и не знал, что такая программа у нас есть.

Mary: No, I'm studying Russian in a special program at LGU.

Kolya: What kind of program is it?

Mary: It's a program at the department of philology where foreign students study Russian.

Kolya: I didn't even know that we had a program like that.

ДИАЛОГ Б
Будущие планы

Коля: Вы всё это время провели в Ленинграде?

Мэри: Нет, сначала наша группа была в Москве, а на прошлой неделе мы были в Крыму, на Чёрном море.

Коля: Вам надо посмотреть и Среднюю Азию. Кстати, я сам из Самарканда.

Мэри: Наверно там очень интересно, но через неделю я улетаю обратно в США.

Коля: А вы собираетесь когда-нибудь ещё вернуться в СССР?

Мэри: Да, может быть, в будущем году. Я хотела бы поступить в аспирантуру МГУ.

Коля: Я надеюсь, что у вас это получится.

Мэри: Спасибо. Я тоже надеюсь.

Kolya: Have you spent the whole time in Leningrad?

Mary: No, first our group was in Moscow, and last week we were in the Crimea, on the Black Sea.

Kolya: You ought to take a look at Central Asia, too. I myself, by the way, am from Samarkand.

Mary: It must be very interesting there, but in a week I'm flying back to the U.S.A.

Kolya: And are you planning on returning to the USSR sometime again?

Masha: Yes, Maybe next year. I'd like to enroll in graduate school at MGU.

Kolya: I hope that that works out for you.

Mary: Thanks. I hope so, too.

---

[2] ЛГУ—Ленинградский государственный университет

В свободное время они играют в футбол.

ТЕКСТ ДЛЯ ЧТЕНИЯ:
Письмо́ ру́сскому знако́мому

Санта-Крус, 27/XI/81

Дорого́й Никола́й Анто́нович!

Прости́те за долгое молча́ние. Вы, наве́рно, уже́ слы́шали от моего́ брата Саши, что я в сентябре́ поступи́л в Калифорни́йский университе́т в Санта-Крусе.

Уче́бный год в нашем университе́те разделя́ется не на семе́стры, а на четверти. Каждая четверть продолжа́ется 10 неде́ль. В этой четверти у меня́ лекции по америка́нской исто́рии, геоло́гии и ру́сскому языку́, а в свобо́дное время я занима́юсь сёрфингом и подво́дным плаванием.

На будущей неде́ле мы будем сдава́ть экза́мены. Если я все экза́мены сдам, то в следующей четверти я буду занима́ться и киберне́тикой. Честно говоря́, я бою́сь провали́ться по исто́рии, хотя́ я и интересу́юсь исто́рией, и профе́ссор интере́сно чита́ет лекции, но я ещё должен прочита́ть 3 книги и написа́ть одну́ рабо́ту.[3] Кстати, здесь профессора́ не ставят отме́тки, а пишут для каждого студе́нта характери́стику. Я сам счита́ю, что систе́ма хоро́шая, но это у нас—спорный вопро́с.

Наш университе́т располо́жен в лесу́, недалеко́ от города Санта-Круса. Это—краси́вый прия́тный город-куро́рт с населе́нием в 40 000. Он

---

[3] Слово **рабо́та** здесь обознача́ет *a paper*.

нахо́дится на берегу́ Ти́хого океа́на или, точне́е, Монтере́йского зали́ва, между Монтере́ем и Сан-Франци́ско.

Кли́мат здесь хоро́ший, мо́жно пожа́ловаться то́лько на тума́ны, кото́рые ча́сто быва́ют утром, осо́бенно в ию́не и ию́ле. По́сле обе́да обы́чно све́тит со́лнце, так что мо́жно загора́ть на пля́же и купа́ться, хотя́ вода́ здесь в океа́не холо́дная.

Че́рез 2 го́да я хоте́л бы поступи́ть или в спецпрогра́мму, по кото́рой студе́нты-иностра́нцы изуча́ют ру́сский язы́к в ЛГУ, или в Институ́т и́мени Пу́шкина в Москве́. Когда́ око́нчу университе́т, я ду́маю поступи́ть в аспиранту́ру Га́рвардского, Йе́льского, При́нстонского, Колумби́йского или Мичига́нского университе́та, но об э́том ещё ра́но говори́ть.

В э́том году́ я живу́ в общежи́тии при университе́те. Все студе́нты на пе́рвом ку́рсе должны́ жить в университе́тском городке́, а по́сле пе́рвого го́да мо́жно жить здесь или снима́ть кварти́ру или ко́мнату в го́роде. Я пока́[4] дово́лен жи́знью в общежи́тии. У нас хоро́ший коллекти́в, и ве́чером никогда́ не быва́ет ску́чно.

Переда́йте, пожа́луйста, приве́т жене́ и сы́ну.

> Всего́ до́брого
> Ваш
> *Дави́д*

ВЫРАЖЕ́НИЯ

1. поступа́ть/поступи́ть в университе́т/аспиранту́ру/а́рмию/на рабо́ту	*to enroll at a university/ in graduate school / in the army, to go to work (start a new job)*
2. У меня́ ле́кции/заня́тия (по чему́?) Я хожу́ на ле́кции/заня́тия (по чему́?) Я занима́юсь (чем?)	*I'm taking a class (in)*
3. чита́ть/вести́ ле́кции/ заня́тия (по чему́?)	*to give (offer) a course (on)*
4. прова́ливаться/провали́ться (по чему́?)	*to fail (in)*

---

[4] Сло́во **пока́** здесь обознача́ет *so / thus far.*

5. сдава́ть экза́мен (по чему?)   *to take a test (in)*
   сдать экза́мен (по чему́?)   *to take and pass a test (in)*
6. чита́ть ле́кцию   *to give a lecture*

7. $\left\{\begin{array}{ll} \text{я/ты/он} & \text{до́лжен} \\ \text{я/ты/она́} & \text{должна́} \\ \text{оно́} & \text{должно́} \\ \text{мы/вы/они́} & \text{должны́} \end{array}\right\}$ +инфинити́в $\left.\begin{array}{l} \textit{I / you / he} \\ \textit{I / you / she} \\ \textit{it} \\ \textit{we / you / they} \end{array}\right\}$ $\begin{array}{l}\textit{must /}\\\textit{have to...}\end{array}$

8. (по)ста́вить (кому́?) отме́тку   *to give (someone) a grade*
9. (на)писа́ть характери́стику   *to write an evaluation (or*
   (кому́? или для кого́?)   *letter of recommendation)*
10. го́род с населе́нием в   *a town with a population of*
11. ду́мать поступи́ть (в/на что?)   *to consider enrolling (in / at)*
12. Вы на како́м ку́рсе?   *What is your year in school?*
   На пе́рвом   *I'm a freshman.*
   На второ́м.   *I'm a sophomore.*
   На тре́тьем.   *I'm a junior.*
   На четвёртом.   *I'm a senior.*
   Я аспира́нт(ка).   *I'm a graduate student.*
13. передава́ть/переда́ть   *to say "hello" (to some-*
   приве́т (кому́?)   *one), give (someone)*
                   greetings

ПРИМЕЧА́НИЯ

Сдава́ть/сдать экза́мен. *To take a test* in Russian is **сдава́ть экза́мен.** The perfective **сдать экза́мен** means *to take **and pass** a test*, in other words, it is used to describe the desired end result of taking a test.

На бу́дущей неде́ле мы **бу́дем**   *Next week we are going to take our* **сдава́ть** экза́мены. Я о́чень   *tests. I surely hope I'll pass all* наде́юсь, что я все экза́мены   *the tests.* **сдам.**

—Ты сдал экза́мен по фи́зике?   *Did you pass the physics test?*
—Коне́чно, сдал!   *Of course, I did!*
—Нет, не сдал.   *No, I didn't.*

ДОПОЛНИ́ТЕЛЬНЫЙ МАТЕРИА́Л

В СССР ставят следующие отме́тки:

пятёрку	(5)	*A*
четвёрку	(4)	*B*
тройку	(3)	*C*
двойку	(2)	*D* (« **бана́н**»)
едини́цу	(1)	*F*

УПРАЖНЕ́НИЯ

A. Соста́вьте предложе́ния по образца́м.

Образе́ц: **Мы живём здесь с конца́**   *We've lived here since the end*
          февраля́.   *of February.*

1. Я/март   3. Мои́ друзья́/ию́ль
2. Лю́да/май   4. На́ши роди́тели/а́вгуст

Образе́ц: **Я учу́сь в ЛГУ с**   *I've been studying at LGU since*
          нача́ла сентября́.   *the beginning of September.*

1. Мы/октя́брь   3. Э́та кана́дка/апре́ль
2. Э́ти англича́не/янва́рь   4. На́ши сыновья́/ию́нь

Образе́ц: —**Вы надо́лго прие́хали**   *Have you come to Leningrad*
         к нам в Ленингра́д?   *for a long stay?*
      —Нет, всего́ на **неде́лю.**   *No, for only one week.*

1. Вы/Москва́/   3. Твой знако́мый/Я́лта/
   2 (неде́ля)   5 (неде́ля)
2. Ты/Кавка́з/   4. Э́ти бизнесме́ны/СССР/
   4 (неде́ля)   6 (неде́ля)

Образе́ц: **Вы всё э́то вре́мя провели́**   *Did you spend the entire*
         в Ленингра́де?   *time in Leningrad?*

1. Они́/Сиби́рь
2. Вы/Сре́дняя А́зия
3. Ваш студе́нт/Кавка́з
4. Ва́ша ба́бушка/Сове́тский Сою́з

Образе́ц: Оле́г сам не знает,   *Oleg himself doesn't*
          где **он роди́лся**.   *know where he was born.*

1. Ната́ша/где она́/роди́ться
2. Я/где я/роди́ться
3. Они́/куда́ они́/пойти́ по́сле конце́рта
4. Мы/куда́ мы/пое́хать по́сле собра́ния

Образе́ц: Переда́йте приве́т **жене́**.   *Say "hello" to your wife.*

1. Переда́йте приве́т/оте́ц
2. Переда́йте приве́т/мать
3. Переда́йте приве́т/Серге́й
4. Переда́йте приве́т/Мари́я

Образе́ц: **На про́шлой неде́ле** мы   *Last week we flew*
          лета́ли **на Кавка́з**.   *to the Caucasus.*

1. про́шлая неде́ля/Крым
2. про́шлый ме́сяц/Сре́дняя А́зия
3. про́шлый год/Евро́па
4. про́шлый год/Чёрное мо́ре

Образе́ц: Мы собира́емся в сле́дующем   *We plan to spend our*
          году́ провести́ кани́кулы в   *vacation next year*
          Сиби́ри.   *in Siberia.*

1. сле́дующий год/Крым
2. сле́дующий ме́сяц/Росто́в-на-Дону́
3. сле́дующая неде́ля/Самарка́нд
4. сле́дующая неде́ля/Кавка́з

Образе́ц: Че́рез **2 неде́ли** я улета́ю   *In two weeks I'm flying*
          обра́тно в **Аме́рику**.   *back to America.*

1. неде́ля/Кана́да   3. 5 неде́ль/Австра́лия
2. 3 неде́ли/А́нглия   4. 6 неде́ль/Но́вая Зела́ндия

Образе́ц: Я хоте́л(а) бы поступи́ть в   *I would like to enroll*
          аспиранту́ру **Моско́вского**   *in graduate school at*
          университе́та.   *Moscow University.*

1. Ленингра́дский университе́т
2. Ке́мбриджский университе́т
3. Калифорни́йский университе́т

Образе́ц: Эта **о́пера** продолжа́лась   *That opera lasted two hours.*
   2 часа́.

1. спекта́кль/3/час   4. уро́к/час
2. фильм/4/час   5. собра́ние/5/час

Образе́ц: **Наш университе́т**   *Our university is*
   располо́жен в **лесу́.**   *situated in a forest.*

1. Кремль/центр Москвы́
2. Эта гости́ница/берег Москвы́-реки́
3. Наши общежи́тия/о́чень краси́вое ме́сто
4. Это зда́ние/берег о́зера Байка́л

Б. Соверше́нный и́ли несоверше́нный вид?

1. **передава́ть/переда́ть**
   а. Радиоста́нция «Мая́к» иногда́ (*broadcasts*) интере́сные переда́чи по иску́сству.
   б. —Вы (*conveyed*) приве́т Ива́ну Бори́совичу?
      —Да, (*I did*).
   в. —(*Convey*) приве́т бра́ту и сестре́.
      —Хорошо́, (*I will*).

2. **поступа́ть/поступи́ть**
   а. —В како́й университе́т вы (*are going to enroll*)?
      —Я ду́маю, что (*I will enroll*) в Гарва́рдский университе́т.
   б. Наш сын хо́чет (*to enroll*) в аспиранту́ру Вашингто́нского университе́та.
   в. Бо́ря неда́вно (*enrolled*) в шко́лу.

3. **сдава́ть/сдать**
   а. Че́рез 5 дней мы (*will be taking*) экза́мены.
   б. —Вчера́ я (*took*) экза́мен по филосо́фии.
      —Ты его́ (*passed*)?
      —Ду́маю, что да.
   в. Анато́лий говори́т, что он уве́рен, что он за́втра (*will pass*) контро́льную по англи́йскому языку́.
   г. —Та́ня (*passed*) контро́льную по неме́цкому языку́?
      —(*Passed*). Ей поста́вили «пятёрку».

4. **снима́ть/снять**
   а. —Вы живёте в общежи́тии при университе́те?
      —Нет, я (*rent*) ко́мнату в го́роде.
   б. Воло́дя (*took off*) ша́пку и сел за стол.

в. —Раздева́йтесь, пожа́луйста.

—Нет, я то́лько на мину́тку.

—Ну (*take off*) же пальто́. Здесь жа́рко.

В. Слова́ в ско́бках поста́вьте в правильном падеже́. Пото́м отве́тьте на вопро́сы.

1. Каку́ю отме́тку тебе́ поста́вили по (физика)? (пятёрка)

по (филосо́фия)? (тройка)

по (исто́рия)? (четвёрка)

по (неме́цкий язы́к)? (двойка)

2. Ты на (како́й курс)? (третий)

(четвёртый)

(первый)

(второ́й)

Г. Слова́ в ско́бках поста́вьте в правильном падеже́.

1. Ва́ши кни́ги стоя́т в кни́жном (шкаф).
2. Наш телеви́зор стои́т в (угол).
3. В кото́ром (час) вы обы́чно за́втракаете?
4. Тури́сты стоя́т на (угол) и смо́трят на краси́вое ста́рое зда́ние.
5. Мы живём в ма́леньком до́ме на (берег) о́зера Байка́л.
6. В како́м (год) вы е́здили в Сове́тский Сою́з?
7. Что у э́того ребёнка во (рот)?
8. Что у тебя́ в (глаз)?
9. Де́ти лю́бят сиде́ть на (пол).
10. Стака́н стои́т на (край) стола́.
11. Вчера́ мы до́лго игра́ли в (снег).
12. В (сад) расту́т дере́вья и цветы́.
13. Университе́тский городо́к располо́жен в (лес).
14. Ива́н Фёдорович роди́лся в Росто́ве-на-(Дон).
15. Я́лта и Симферо́поль нахо́дятся в (Крым).
16. Эти солда́ты до́лго бы́ли в (плен).
17. Тури́сты стоя́ли на (мост) и смотре́ли на Кремль.
18. Профе́ссор чита́л интере́сную ле́кцию о (Крым).
19. На́ши до́чери и сыновья́ всё вре́мя говоря́т то́лько о (снег).
20. Что вы зна́ете об э́том (лес)?
21. Мои́ роди́тели ча́сто говоря́т о ва́шем (сад).

Д. Отвéтьте на вопрóсы.

1. Какóе сегóдня числó? а. (13)
   б. (20/янвáрь)
   в. (8/май)
   г. (4/июль)
   д. (15/ноя́брь/1981)
2. Когдá вы были в Ленингрáде? (28/апрéль)
3. Когдá вы улетáете в СССР? (12/сентя́брь)
   А когдá вы прилетáете в Москвý? (14)
4. В какóм годý родúлся Пушкин? (1799)
   А в какóм годý он умер? (1837)
   Сколько лет было Пушкину, когдá он умер?
5. В какóм годý родúлся Толстóй? (1828)
   А в какóм годý он умер? (1910)
   Сколько лет было Толстóму, когдá он умер?
6. В какóм годý Пётр Велúкий стал царём? (1682)
   Если Петрý Велúкому было 10 лет, когдá он стал
   царём, то в какóм годý он родúлся?

Е. Отвéтьте на вопрóсы.

1. Когдá вы были у Васúлия Михáйловича? (прошлая недéля)
2. Когдá вы видели Тамáру Борúсовну? (прошлый месяц)
3. Когдá вы были во Владивостóке? (прошлый год)
4. Когдá вы были в Средней Азии? (В/конéц/ноя́брь)
5. Когдá вы рабóтали на этом завóде? (с/начáло/декáбрь—
   до/конéц/март)
6. Когдá вы учúлись в Ленингрáде? (2 года назáд)
7. Когдá вы рабóтали в Иркýтске? (с/первое/янвáрь—
   до/третье/июнь)
8. Когдá ты должен написáть эту рабóту? (до/пятнúца)
9. Когдá будет концéрт? (пятница)
10. Когдá день рождéния Вани? (август)
    Какóго числá? (15)
11. Когдá в вашем университéте начинáются заня́тия?
    (22/сентя́брь)
12. Когдá вы были у профéссора Сорóкина? (утро)
13. Когдá вы ездили на Кавкáз? (осень)
14. Когдá вы постýпите на рабóту? (веснá)
15. Сколько времени вы рабóтали дома? (недéля)
16. На сколько времени вы сюдá приéхали? (недéля)
17. За сколько времени вы прочитáли эту книгу? (недéля)

Ж. Слова́ в ско́бках поста́вьте в пра́вильном падеже́.

1. Я занима́юсь в библиоте́ке (ка́ждый день).
2. Мы бы́ли (вся неде́ля) в Крыму́.
3. Ма́ша (вся ночь) не спала́.
4. Мои́ роди́тели у́жинают в рестора́не (ка́ждая пя́тница).
5. Мы (весь год) жи́ли в Росто́ве-на-Дону́. ᴀᴄᴄ
6. Студе́нты (всё у́тро) сдава́ли экза́мены. ᴀᴄᴄ

З. Соста́вьте предложе́ния по образцу́.

Образе́ц: Мне на́до написа́ть э́ту рабо́ту сего́дня.
  Я до́лжен/должна́ написа́ть э́ту рабо́ту сего́дня.

1. Вам на́до бо́льше ходи́ть пешко́м.
2. Са́ше на́до ме́ньше пить.
3. О́ле на́до за́втра встать в 6 часо́в.
4. Им на́до бы́ло ко́нчить э́ту рабо́ту сего́дня в 3 часа́.

И. Соста́вьте вопро́сы по образцу́.

Образе́ц: Я ду́маю **о до́чери**.
  О ком вы ду́маете?

1. Мои́ друзья́ живу́т **далеко́ отсю́да**.
2. Бра́тья написа́ли письмо́ **отцу́**.
3. Письмо́ им написа́ли **до́чери**.
4. Мы бы́ли на про́шлой неде́ле **у Ива́на**.
5. Мы бы́ли у Ива́на **на про́шлой неде́ле**.
6. Э́тот паке́т **от ма́тери**.
7. Мы ходи́ли на фильм **с ни́ми**.
8. Я жду **своего́ това́рища**.
9. Они́ купи́ли **но́вую маши́ну**.
10. Студе́нт пи́шет **карандашо́м**.
11. Я хочу́ пирожо́к **с капу́стой**.
12. Э́тот по́езд идёт **в Москву́**.
13. Мы должны́ там быть **в 4 часа́**.
14. Де́ти пошли́ **к врачу́**.
15. Э́ти пи́сьма **из Сове́тского Сою́за**.
16. Э́то—**англо-ру́сские словари́**.
17. По профе́ссии он **инжене́р**.
18. Они́—**англича́не**.
19. Сего́дня **четве́рг**.
20. Я игра́ю **на гита́ре**.
21. Мать помога́ет **сы́ну**.

22. Мы были в Ленингра́де 4-го февраля́.
23. Четвёртого февраля́ мы были в Ленингра́де.
24. Воло́дя занима́ется **францу́зским языко́м**.
25. Это—велосипе́д **И́горя**.
26. Это—маши́на **А́ни**.
27. Это—окно́ **Дми́трия**.
28. Это—**мой** де́ньги.
29. Контро́льная по э́тому уро́ку бу́дет **в сре́ду**.
30. В э́том году́ я провёл кани́кулы **в Крыму́**.
31. Сего́дня ве́чером я ля́гу спать **в 11 часо́в**.
32. Вчера́ бы́ло **5-е декабря́**.
33. Сего́дня **хо́лодно, идёт снег**.
34. Эти пирожки́ пригото́вила **Оле́чка**.
35. Я оста́вил(а) свой ключи́ **до́ма**.
36. Я оста́вил до́ма **свои́ кни́ги**.
37. Когда́ я был ма́льчиком, я хоте́л стать **лётчиком**.

Вопро́сы

1. Когда́ вы око́нчите университе́т, вы собира́етесь поступи́ть в аспиранту́ру и́ли на рабо́ту?
2. Чем вы занима́етесь в э́той че́тверти/в э́том семе́стре?
3. Чем вы занима́етесь в свобо́дное вре́мя?
4. Когда́ вы бу́дете сдава́ть экза́мены?
5. Вы на како́м ку́рсе?
6. Вы живёте в общежи́тии при университе́те и́ли снима́ете кварти́ру в го́роде?
7. Университе́тский городо́к у вас нахо́дится в це́нтре го́рода?
8. Уче́бный год в ва́шем университе́те разделя́ется на че́тверти и́ли на семе́стры? Ско́лько вре́мени у вас продолжа́ется одна́ че́тверть/оди́н семе́стр?
9. Где вы проводи́ли кани́кулы в про́шлом году́?
10. Куда́ вы пое́дете на кани́кулы в сле́дующем году́?
11. Вы хоте́ли бы учи́ться в Ленингра́дском и́ли в Моско́вском университе́те?
12. В како́м году́ вы роди́лись? В како́м ме́сяце? Како́го числа́?
13. В како́м году́ вы поступи́ли в университе́т?
14. Где вы бы́ли на про́шлой неде́ле?
15. Где вы бу́дете на сле́дующей неде́ле?
16. Что вы де́лали в про́шлом ме́сяце?
17. Что вы бу́дете де́лать в сле́дующем ме́сяце?

Перево́д

1. Let's go to the movies!
   I'd like to, but I have to study. After all next week I'll be taking exams!

2. When does the school year begin at your university?
Usually towards the end of September, but this year on October 2nd.
3. And when does it end?
The beginning of June.
4. At what university do you advise me to enroll?
What are you interested in?
5. I'm interested in music and art.
Do you sing or play a musical instrument?
6. I sing and play the flute and piano.
Then I (will) advise you to enroll at a conservatory.
7. Vasya, did you pass the history test?
No, I didn't.
8. Why didn't you? What happened?
I myself don't know. I studied all week, but failed.
9. What year were you born?
1941.
10. Where do your parents live?
Mother lives near Minsk.
11. And your father?
Father died in 1944.
12. When were you in Yalta?
On July 22, 23, and 24.
13. When did Sasha arrive in Moscow?
Last week.
14. And when is he leaving for Leningrad?
In a week. After that he will return to Irkutsk.
15. Do you know how to drive a car?
Of course! I've been driving a car for five years.

ДОПОЛНИ́ТЕЛЬНЫЙ ТЕКСТ ДЛЯ ЧТЕ́НИЯ: Биогра́фия Анто́на Павловича Чехова

Анто́н Павлович Чехов роди́лся 17-го января́ 1860-го года в Таганро́ге. Этот провинциа́льный городо́к нахо́дится на северовосто́чном берегу́ Азо́вского моря, недалеко́ от Росто́ва-на-Дону́.

провинциа́льный *provincial*

Детство Антона Павловича было нелёгким. Дедушка его был бывшим крепостным, а отец, Павел Егорович—купцом. Павел Егорович был суровым, деспотичным человеком. В Таганроге у него была лавка, в которой вся семья должна была день и ночь работать. Антон Павлович позднее говорил, что у него фактически не было детства.

Чехов учился сначала в гимназии в Таганроге, а потом на медицинском факультете Московского унвериситета. В университете он изучал естественные науки и в то же время писал рассказы для юмористического журнала. После окончания университета в 1884-ом году, он служил врачом в больнице недалеко от Москвы. Хотя Антон Павлович очень любил медицину, он в конце концов бросил это дело и стал заниматься только литературой.

До осени 1896-го года Чехов писал и работал то в Москве, то в своей усадьбе «Мелихово», но последние годы жизни великого писателя связаны с Крымом. Чехов страдал туберкулёзом, и врачи решили, что климат на севере для него слишком суров. Поэтому с 1899-го до 1904-го года Антон Павлович должен был жить в Ялте, небольшом, но очень красивом курортном городе на южном побережье Крымского полуострова. Там Чехов скучал по своему любимому Московскому Художественному театру, но артисты этого театра любили Чехова и часто бывали у него в Ялте. К нему приезжали Станиславский, Толстой, Короленко, Горький, и нередко в его

детство	*childhood*
бывший крепостной	*a former serf*
купец	*merchant*
суровый	*strict, stern*
деспотичный	*despotic*
лавка	*shop, store*
позднее = потом	
фактически	*in fact*
гимназия	*college preparatory school*
естественная наука	*natural science*
в то же время	*at the same time*
юмористический	*humorous*
окончание	*completion*
медицина	*medicine*
в конце концов	*finally, in the end*
стал заниматься	*began to occupy himself*
то..., то...	*now..., then...*
усадьба	*estate*
связан (-а, -о, -ы) (с кем? с чем?)	*associated with*
страдать (чем?)	*to suffer (from)*
курортный город	*resort city*
южное побережье	*southern shore*
Крымский полуостров	*Crimean peninsula*
скучать (по кому? по чему?)	*to miss, to be bored (without)*

гости́ной знамени́тый русский бас, Фёдор Шаля́пин, пел арии и наро́дные песни под аккомпанимéнт Сергéя Рахма́нинова. Все хотéли, чтобы Антóн Па́влович не скуча́л в «ссы́лке».

Дом Чéхова в Я́лте тепéрь стал музéем. Осмóтр его́ начина́ется с так называ́емой музéйно-биогра-фи́ческой ко́мнаты. Ря́дом с э́той кóмнатой—кабинéт писа́теля. В кабинéте стои́т пи́сьменный стол, за котóрым Чéхов писа́л пьéсы: «Три сестры́», «Вишнёвый сад», расска́зы «Да́ма с собáчкой», «Невéста» и пóвесть «В овра́ге». Напра́во от пи́сьменного стола́—дверь в спа́льню, отку́да открыва́ется вид в сад, в котóром писа́тель так люби́л рабóтать. В э́том саду́ до сих пор расту́т замеча́тельные кусты́ и дерéвья, котóрые он сам посади́л. О Чéхове Макси́м Гóрький позднéе сказа́л: «Он люби́л украша́ть зéмлю, он чу́вствовал поэ́зию труда́!»

Вели́кий писа́тель у́мер 15-го ию́ня 1904-го гóда в Баденвéйлере, в Герма́нии. Чéрез недéлю его́ похорони́ли на Новодéвичьем кла́дбище в Москвé.

О Чéхове Лев Никола́евич Толстóй одна́жды сказа́л: «Чéхов—худóжник жи́зни. И достóинство его́ твóрчества то, что онó поня́тно… не тóлько ка́ждому ру́сскому, но и вся́кому человéку воóбще».

гости́ная   *living room*

под аккомпанимéнт (когó?)
 accompanied by

ссы́лка   *exile*

осмóтр   *visitation*
так называ́емый   *so-called*

пи́сьменный стол
 writing desk
«Вишнёвый сад»
 The Cherry Orchard
«Да́ма с собáчкой»
 The Lady with the Dog
«Невéста»   *The Bride*
«В овра́ге»   *In the Ravine*
спа́льня   *bedroom*
до сих пор   *until now,*
 to this day
куст (мн.ч. -ы́)   *bush*
сажа́ть/посади́ть
 to plant
украша́ть   *to decorate,*
 to make beautiful
земля́   *the Earth*
Он чу́вствовал поэ́зию труда́.
 He sensed (had a feeling for)
 the poetry of work.
(по)хорони́ть   *to bury*
Новодéвичье кла́дбище
 Novodevichy Cemetery
одна́жды   *once*
худóжник   *artist*
достóинство   *merit*
твóрчество   *creative work*
то, что   *the fact that*
поня́тно   *understandable,*
 comprehensible
вся́кий   *any*

ГРАММА́ТИКА

ОТВЕ́ТЫ НА ВОПРО́СЫ: КАКО́Е СЕГО́ДНЯ ЧИСЛО́? КОГДА́?

Како́е сего́дня число́? In answering this question, the day is given as a neuter ordinal number, the month is in the genitive, and the year is an ordinal number in the genitive.

	число́	ме́сяц	год
	второ́е.		
Сего́дня	второ́е	апре́ля.	
	второ́е	апре́ля	1981-го го́да. [5]

Когда́? Како́го числа́? (*On what date?*) In answering these questions, the day, month, and year all are in the genitive if they progress in that order.

	число́	ме́сяц	год
	второ́го.		
Мы бы́ли в Москве́	второ́го	апре́ля.	
	второ́го	апре́ля	1981-го го́да. [5]

If the order is reversed, a different pattern is observed.

	число́	ме́сяц	год
			в 1981-ом году́. [6]
Са́ша родила́сь		в апре́ле	1981-го го́да. [5]
	второго	апре́ля	1981-го го́да. [5]

Dates normally are written thus:

25/XII/1982	(25-ое декабря́ 1982-го го́да) [7]
1/I/1980	(1-ое января́ 1980-го го́да) [8]

---

[5] ты́сяча девятьсо́т во́семьдесят пе́рвого го́да

[6] в ты́сяча девятьсо́т во́семьдесят пе́рвом году́

[7] ты́сяча девятьсо́т во́семьдесят второ́го го́да

[8] ты́сяча девятьсо́т восьмидеся́того го́да

Други́е отве́ты на вопро́с « Когда́»?

1. Секу́нда/мину́та/час/день: в + вини́тельный паде́ж

в эту секу́нду	*at that second*
в эту мину́ту	*at that minute*
в этот час	*at that hour*
в час	*at one o'clock*
в этот день	*on that day*
в пя́тницу	*on Friday*

2. Неде́ля: на + предло́жный паде́ж

на про́шлой неде́ле	*last week*
на э́той неде́ле	*this week*
на бу́дущей/сле́дующей неде́ле	*next week*

3. Ме́сяц/год/век: в + предло́жный паде́ж

в про́шлом ме́сяце	*last month*
в э́том ме́сяце	*this month*
в бу́дущем/сле́дующем ме́сяце	*next month*
в январе́	*in January*
в про́шлом году́	*last year*
в э́том году́	*this year*
в бу́дущем/сле́дующем году́	*next year*
в 1982-ом году́ [9]	*in 1982*
в 20-ом ве́ке [10]	*in the 20th century*

4. Через + вини́тельный паде́ж

через неде́лю	*in a week, a week from now*
через ме́сяц	*in a month, a month from now*
через 2 го́да	*in two years, two years from now*

5. С + роди́тельный паде́ж — до + роди́тельный паде́ж

с понеде́льника до пя́тницы	*from Monday to Friday*
с а́вгуста до ноября́	*from August to November*
с 1886-го [11] до 1918-го [12] го́да	*from 1886 to 1918*
с нача́ла октября́ до конца́ ноября́	*from the beginning of October to the end of November*

---

[9] в ты́сяча девятьсо́т во́семьдесят второ́м году́

[10] в двадца́том ве́ке

[11] ты́сяча восемьсо́т во́семьдесят шесто́го

[12] ты́сяча девятьсо́т восемна́дцатого

6. (Тому́) наза́д + вини́тельный паде́ж

3 дня (тому́) наза́д	*three days ago*
неде́лю (тому́) наза́д	*a week ago*
4 ме́сяца (тому́) наза́д	*four months ago*
год (тому́) наза́д	*a year ago*
5 лет (тому́) наза́д	*five years ago*

7. Нача́ло/коне́ц + роди́тельный паде́ж

в нача́ле/конце́ ма́рта	*(in) the beginning/end of March*
к концу́ э́той неде́ли	*towards the end of this week*

8. За + вини́тельный паде́ж (the period of time required to complete an action)

Мы э́то сде́лаем за час.   *We'll get that done in an hour.*

9. На + вини́тельный паде́ж (a period of time which will begin/began after another action [usually expressed with a verb of motion] has been completed).

Вы **на до́лго прие́хали** сюда́?	*Have you come here for a long stay?*
Мы **е́дем на неде́лю**	*We are going to Moscow*
в Москву́.	*for a week.*

10. The duration of an action is expressed in the accusative *without a preposition*.

Они́ рабо́тали там весь ве́чер/день/ме́сяц/год.
всю ночь/неде́лю/зи́му/весну́/о́сень.
всё у́тро/ле́то.

11. *In the…* is expressed in the instrumental *without a preposition*.

Мы туда́ е́здили у́тром/днём/ве́чером/но́чью/ле́том/
о́сенью/зимо́й/весно́й.

ДОЛЖЕН/ДОЛЖНА́/ДОЛЖНО́/ДОЛЖНЫ́

The expression **Мне на́до/ну́жно** (+**инфинити́в**) is used to express necessity (*have to…*).

Мне на́до/ну́жно прочита́ть   *I have to get this book*
э́ту кни́гу сего́дня.   *read today.*

To express genuine necessity, an obligation, a requirement to do something, Russians use the expression

Я/ты/он	до́лжен
Я/ты/она́	должна́
Оно́	должно́
Мы/вы/они́	должны́

⎫
⎬ +инфинити́в
⎭

Я до́лжен/должна́ это	*I **have to**/**must** get this*
сде́лать сего́дня.	*done today.* (I have no
	choice in the matter.)

The past tense is formed by placing **был/была́/бы́ло/бы́ли** *after* **до́лжен/должна́/должно́/должны́**.

Я/ты/он	до́лжен был	
Я/ты/она́	должна́ была́	это сде́лать вчера́.
(Оно́	должно́ бы́ло)	
Мы/вы/они́	должны́ бы́ли	

The future tense is formed by placing the appropriate form of **быть** (**бу́ду, бу́дешь** и т.д.) *after* **до́лжен/должна́/должно́/должны́**.

Я до́лжен/должна́	бу́ду	
Ты до́лжен/должна́	бу́дешь	это сде́лать за́втра.
Они́ должны́	бу́дут	

САМ/САМА́/САМО́/САМИ

The pronouns **сам/сама́/само́/сами** (*self*) are used to give added emphasis to the subject of a sentence.

Я сам/сама́ это зна́ю.	*I myself know that.*
Ты сам/сама́ это зна́ешь.	*You yourself know that.*
Он сам это сде́лает.	*He will do that himself.*
Она́ сама́ это сказа́ла.	*She said that herself.*
Мы сами э́того не по́няли.	*We didn't understand that ourselves.*
Они́ сами э́того не хотя́т.	*They don't want that themselves.*

Do not confuse **сам** with **са́мый** (*the most…*) or with the reflexive pronoun **себя́**.

Са́мый: Гора́ Эльбру́с—	*Mount Elbrus is the*
са́мая высо́кая гора́ в	***tallest** mountain in*
Евро́пе.	*Europe.*
Себя́: Я купи́л(а) э́тот	*I bought this umbrella*
зонт **для себя́**.	***for myself**.*

MASCULINE NOUNS THAT HAVE THE ENDING -Ý OR -Ю́ IN THE PREPOSITIONAL CASE

A small group of masculine nouns have the stressed ending -ý (-ю́) in the prepositional case when they occur as the object of the preposition **в** or **на**.

shore	берег	на берегу́
sight, view	вид	в виду́ [13]
eye	глаз	в/на глазу́
year	год	в году́
Don (River)	Дон	на Дону́
edge	край	на краю́
Crimea	Крым	в Крыму́
forest	лес	в лесу́
bridge	мост	на мосту́
nose	нос	в/на носу́
captivity	плен	в плену́ (usually in reference to prisoners of war)
floor	пол	на полу́
port	порт	в порту́
airport	аэропо́рт	в аэропорту́
mouth	рот	во рту́
garden	сад	в саду́
snow	снег	в/на снегу́
corner	угол	в/на углу́
hour	час	в часу́
case, cupboard	шкаф	в/на шкафу́

When these nouns occur as the object of the preposition **о**, they take the normal prepositional case ending **-е**.

Дети игра́ют в снегу́.
Дети говоря́т о снеге.

НО́ВЫЕ ВИДОВЫ́Е ПА́РЫ ГЛАГО́ЛОВ

to finish (school)	ока́нчивать (I)
	око́нчить (II)

---

[13] Note the expression: **Надо име́ть в виду́, что**... (*You have to keep in mind that* ...).

to broadcast convey, transmit	передава́ть (кому́? что?) (I): передаю́, -ёшь, -ю́т
	переда́ть: переда́м, -да́шь, да́ст, -дади́м, -дади́те, -даду́т; пе́редал, -ла́, -ло, -ли
to enroll (at a university, in graduate school; to go to work, start a new job):	поступа́ть (I) (в университе́т, аспиранту́ру; на рабо́ту)
	поступи́ть (II): поступлю́, посту́пишь, -ят
to fail, flunk	прова́ливаться (по чему́?) (I)
	провали́ться (II): провалю́сь, прова́лишься, -ятся
to continue, be continued	продолжа́ться (I): продолжа́ется, -ются
	продо́лжиться (II): продо́лжится, -атся
to be divided, split up (into)	разделя́ться (на что?) (I): разделя́ется, -ются
	раздели́ться (II): разде́лится, -ятся
to take (a test)	сдава́ть (экза́мен / зачёт / контро́льную) (I): сдаю́, -ёшь, -ю́т
	сдать: сдам, сдашь, сдаст, сдади́м, сдади́те, сдаду́т; сдал, -ла́, -ло, -ли
to take off, to rent, take a picture (of)	снима́ть (I)
	снять (I): сниму́, -ешь, -ут; снял, -ла́, -ло, -ли Сними́(те)!
to die	умира́ть (I)
	умере́ть (I): умру́, -ёшь, -у́т; у́мер, -ла́, -ло, -ли
to arrive (by plane)	прилета́ть (I)
	прилете́ть (II): прилечу́, -ти́шь, -я́т
to leave (by plane)	улета́ть (I)
	улете́ть (II): улечу́, -ти́шь, -я́т

СЛОВА́РЬ

For imperfective-perfective verbs, see **НО́ВЫЕ ВИДОВЫ́Е ПАРЫ ГЛАГО́ЛОВ**.

аспира́нт (ка)	*graduate student*
аспиранту́ра	*graduate school*
поступа́ть/поступи́ть	* to enroll in*
в аспиранту́ру	* graduate school*
бе́рег (на берегу́; мн.ч. берега́)	*shore, bank*
вид (в виду́)	*view, sight*
Име́й(те) в виду́, что…	* Keep in mind that…*
всего́	*only*
глаз (в/на глазу́; мн.ч. -а́)	*eye*
гру́ппа	*group*
де́рево (мн.ч. дере́вья)	*tree*
долгий	*long* (not linear measurement)
долгое молча́ние/время	* a long silence/time*
до́лжен, -жна́, -о́, -ы́ (+инф.)	*have to, must*
зали́в	*bay*
иску́сство	*art*
киберне́тика	*cybernetics, computer science*
коллекти́в	*collective, group, community*
студе́нческий коллекти́в	* student body*
край (на краю́)	*edge*
Крым (в Крыму́)	*The Crimea*
кста́ти	*by the way*
куро́рт	*resort*
курс	*year in school*
мину́та	*minute*
молча́ние	*silence*
Монтере́й	*Monterey*
Монтере́йский	*Monterey* (adj.)
мост (на мосту́; мн.ч. -ы́)	*bridge*
наве́рно	*probably*
надо́лго	*for a long time*
нерегуля́рный	*irregular*
нос (в/на носу́)	*nose*
океа́н	*ocean*
оконча́ние	*end, completion*
по оконча́нии (чего?)	* upon finishing*
о́стров (мн.ч. -а́)	*island*

отме́тка	*grade (in school)*
плен (в плену́)	*in captivity, a prisoner of war*
переда́ть приве́т (кому́?)	*to say "hello" (to)*
по кра́йней мере	*at least*
подво́дный	*underwater*
подво́дная лодка	*submarine*
подво́дное плавание	*scuba diving*
пока́	*so / thus far, for the time being*
пол (на полу́; мн.ч. -ы́)	*floor*
получа́ться (I) (сов. получи́ться)	*to work out, turn out*
получи́ться (II)	*perfective of* **получа́ться**
Надéюсь, что полу́чится.	*I hope it works out.*
Получи́лось у него́ хорошо́.	*It turned out fine for him.*
Не получи́лось.	*It didn't work out.*
прошлый	*last; the preceding*
располо́жен, -а, -о, -ы	*situated*
рот (во рту́; мн.ч. рты)	*mouth*
сам, -á, -ó, -и	*my / your / him / her / itself,* *our / themselves*
Вы сами это знаете!	*You know that yourself!*
секу́нда	*second*
семе́стр	*semester*
сёрфинг	*surfing*
занима́ться сёрфингом	*to go in for surfing*
систе́ма	*system*
следующий	*next, the following*
спецпрогра́мма	*special program*
тако́й, -áя, -óе, -и́е	*(one) like this / that*
тихий	*quiet*
Тихий океа́н	*Pacific Ocean*
точне́е	*more exactly*
угол (в / на углу́; мн.ч. углы́)	*corner*
университе́тский городо́к	*university campus*
учéбный год	*school year*
характери́стика	*evaluation, letter of* *recommendation*
цвето́к (мн.ч. цветы́)	*flower*
четверть (ж.)	*quarter*
шкаф (в / на шкафу́; мн.ч. -ы́)	*case, cupboard*
книжный шкаф	*book case*

Коне́ц двадца́того уро́ка.

Двадцать первый урок

ДИАЛОГ А
Кто получает стипендию?

Коля: Скажите, пожалуйста, Маша, сколько студентов в вашей группе?

Маша: Тридцать пять.

Коля: А кто платит за такую поездку?

Маша: Сами студенты. Например, я заплатила за дорогу и за обучение.

Коля: Значит, ваша «спецпрограмма» только для богатых студентов.

Kolya: Tell me, please, Masha, how many students are there in your group?

Masha: Thirty-five.

Kolya: And who pays for a trip like this?

Masha: The students themselves. For example, I paid for my transportation and for instruction.

Kolya: Well, then, your "special program" is only for rich students.

Маша: Да нет! В нашей группе есть и богáтые, и срéдние, и бéдные.

Masha: No, not at all! In our group there are rich, and middle-income and poor (students).

Коля: Привéт! А как люди небогáтые могут заплатúть за такýю поéздку?

Kolya: Oh, sure. And how can people that aren't wealthy pay for a trip like that?

Маша: Подаю́т заявлéние на стипéндию.

Masha: They apply for a scholarship.

Коля: А сколько дéнег можно получúть?

Kolya: And how much money is it possible to get?

Маша: Самая мáленькая стипéндия—дóлларов 200, а самая большáя 2000.

Masha: The smallest scholarship is about $200, and the largest is $2,000.

Коля: А у нас **все** студéнты получáют стипéндию.

Kolya: Our students **all** get a scholarship.

Маша: Это, конéчно, плюс в вáшу пóльзу.

Masha: That, of course, is a point in your favor.

ДИАЛÓГ Б
Пойдём погуля́ть по Нéвскому проспéкту

Маша: Мне óчень хóчется пойтú погуля́ть по Нéвскому проспéкту, вы не прóтив?

Masha: I'd really like to go take a walk on Nevsky Prospect. Do you have any objections?

Коля: Конéчно, нет.

Kolya: Of course not.

Маша: Прекрáсно. Говоря́т, что Нéвский проспéкт—это однá из самых красúвых и интерéсных улиц в мúре.

Masha: Marvelous. They say that Nevsky Prospect is one of the most beautiful and most interesting streets in the world.

Коля: Ну что ж, пошлú. Сначáла я вам покажý Мéдного всáдника[1].

Kolya: Well, let's go. First I'll show you The Bronze Horseman.

Маша: Коля, не обижáйтесь, пожáлуйста, но я хочý прóсто погуля́ть по Нéвскому, а не осмáтривать достопримечáтельности.

Masha: Kolya, please don't be offended, but I simply want to take a walk on Nevsky, not take in the major sights.

---

[1] **Мéдный всáдник**—знаменúтый памятник Петрý Велúкому.

Медный всадник

Коля: Ладно. На Невском много хоро́ших магази́нов, рестора́нов, столо́вых и кафе́. Я уве́рен, что они́ вам понра́вятся.	*Kolya: O.K. On Nevsky there are a lot of good stores, restaurants, cafeterias and cafes. I'm sure you'll like them.*

ТЕКСТ ДЛЯ ЧТЕНИЯ
Письмо́ из Ленингра́да

Ленингра́д, 2/X/82

Здравствуй, Воло́дя!

Вот я и в Ленингра́де. На́ша гру́ппа прилете́ла в Ленингра́д 5 дней наза́д, и я уже́ уви́дела так мно́го интере́сного, встре́тила так мно́го хоро́ших люде́й, что про́сто не зна́ю, с чего́ и нача́ть.

Мы прилете́ли в суббо́ту в 2 часа́ дня, прошли́ через тамо́жню, се́ли на авто́бус и пое́хали пря́мо в общежи́тие, в кото́ром живу́т студе́нты-иностра́нцы. В аэропорту́ нас задержа́ли из-за того́, что у одного́ студе́нта бы́ло 6 Би́блий, у друго́го бы́ло 8 пар джи́нсов и не́сколько «провокацио́нных» книг, а у не́которых бы́ли табле́тки, кото́рые тамо́женники при́няли за[2] нарко́тики. Когда́ вы́яснилось[3], что э́то

---

[2] *took to be, thought were*

[3] *when it was explained*

просто витамúны и аспирúн, т.е., что мы не наркомáны, нас пропустúли, и мы поéхали в город.

Наше общежúтие располóжено на берегу́ Невы́[4], совсéм недалекó от Стрéлки Васúльевского острова и Ленингрáдского университéта. Со Стрéлки вúдно всё: мосты́ над Невóй, Петропáвловская крéпость, Адмиралтéйство, золотáя шáпка Исаáкиевского собóра, а через Неву́, на Дворцóвой нáбережной, Зúмний дворéц, где 26-го октября́ 1917-го года большевикú арестовáли Врéменное правúтельство. В Зúмнем дворцé нахóдится Госудáрственный Эрмитáж, сáмый большóй музéй западноевропéйского искýсства в СССР и одúн из сáмых знаменúтых музéев мúра вообщé.

Ленингрáд нахóдится на той же паралéли, что и Сьюард, на Аля́ске, поэ́тому зимóй здесь дни óчень корóткие, а лéтом, когдá бывáют «бéлые ночи», ленингрáдцы лю́бят всю ночь гуля́ть, никомý спать не хóчется. А сейчáс в 3 часá дня ужé станóвится темнó.

На другóй день у нас былá экскýрсия по гóроду. Мы осмотрéли мнóго интерéсных пáмятников, в том числé Казáнский и Исаáкиевский собóры, Юсýповский дворéц, где убúли Распýтина, и знаменúтый пáмятник Петрý Велúкому «Мéдный всáдник» на плóщади Декабрúстов. В суббóту через недéлю мы поéдем посмотрéть Петродворéц и Пýшкин, а через 2 недéли бýдет поéздка в Эстóнию, Лáтвию и Литвý.[5]

В моéй кóмнате живёт ещё 5 студéнток: 3 америкáнки и 2 рýсские. Кóмната простáя, но удóбная, мóжно пожáловаться тóлько на убóрную, но ко всемý мóжно привы́кнуть.

В слéдующем письмé я напишý тебé об университéте, о филфáке, кáфедре рýсского языкá и о прогрáмме вообщé. Передáй, пожáлуйста, привéт Нáде, Вадúму и Сергéю Михáйловичу.

Целу́ю тебя́.

Твоя́

Мáша

ВЫРАЖÉНИЯ

1. Привéт!/Здравствуйте!	*Expressions of mild surprise and / or disbelief*
2. подавáть/подáть заявлéние (на что?)	*to submit an application / to apply (for)*

---

[4] Рекá Невá течёт через Ленингрáд и впадáет в Фúнский залúв.

[5] Эстóния, Лáтвия и Литвá (*Lithuania*) — это прибалтúйкие респýблики.

3. плюс в твою/вашу пользу   *a point in (your) favor*

4. Ты/вы не против?   *Do you have any objections?*

5. Да что { ты говори́шь! / вы говори́те! }   *Is that a fact! No kidding!*

6. Не { обижа́йся! / обижа́йтесь! }   *Don't be insulted / take offense.*

7. Вот **я и в** ....   *Well, here I am in …*

8. Я не знаю, с чего́ и нача́ть.   *I don't know where to begin.*

9. Из-за того́, что …   *due to the fact that …*

10. тот/та/то/те же …, что и   *the (very) same … as*

11. на друго́й день   *the next day*

12. в том числе́   *including*

13. памятник (кому́?)   *a monument (to)*

14. в общем   *in general, for the most part*

ПРИМЕЧА́НИЯ

1. **Санкт-Петербу́рг—Петрогра́д—Ленингра́д.** Город Ленингра́д два раза меня́л своё назва́ние. При основа́нии он получи́л назва́ние Санкт-Петербу́рг, т.е., город свято́го Петра́. В 1914-ом году́ Петербу́рг был переимено́ван в Петрогра́д, а в 1924-ом году́, после смерти В. И. Ленина,—в Ленингра́д. Петербу́рг был столи́цей Росси́и с 1712-го до 1918-го года. После Револю́ции столи́цей опять стала Москва́.

2. **Эрмита́ж.** Этот замеча́тельный музе́й западноевропе́йского иску́сства нахо́дится в Зимнем дворце́ между Дворцо́вой площадью и Дворцо́вой набережной на реке́ Неве́ (река́ Нева́).

3. **Медный всадник.** Этот знамени́тый памятник Петру́ Вели́кому нахо́дится на площади Декабри́стов, недалеко́ от Невского проспе́кта. Вели́кий русский поэ́т Алекса́ндр Серге́евич Пушкин написа́л поэ́му, кото́рая называ́ется «Медный всадник».

4. **Невский проспе́кт**—главная улица Ленингра́да.

5. **Петродворе́ц** нахо́дится на Финском зали́ве, недалеко́ от Ленингра́да. Здания и сады́ Петродворца́ похо́жи на Верса́ль (знамени́тый дворе́ц во Франции).

6. **Петропа́вловскую крепость** (*The Fortress of Peter and Paul*) постро́или в 1703-м году́. Это—самое старое здание в Ленингра́де.

7. **Стрелка Васи́льевского острова** (*The "Pointer" of Vasilyevsky Island*) нахо́дится напро́тив Эрмита́жа, отку́да открыва́ется прекра́сный вид на город и на Неву́.

8. **Пушкин**. Город Пушкин раньше назывáлся «Цáрское село» (*Czar's Village*). Он нахóдится к югу от Ленингрáда.

9. **Адмиралтéйство**. The Admiralty was Russia's first shipyard on the Baltic Sea. It later was used as the headquarters of the Ministry of Naval Affairs.

10. **Зимний дворéц**. The Winter Palace was designed and constructed by Peterburg's most famous architect **В. В. Растрéлли**, the son of an Italian sculptor.

11. **Исаáкиевский собóр**. St. Isaac's Cathedral now is a museum. A huge church in Roman architectural style, it took 11,000 men an entire year to drive the pilings for the building's foundations.

12. **Казáнский собóр (Музéй истóрии релúгии и атеúзма)**. The Kazan Cathedral now houses a museum of anti-religious propaganda, complete with a replica of a torture chamber of the Spanish Inquisition.

13. **Врéменное правúтельство**. The Provisional Government was formed by the Duma on March 14, 1917, in defiance of an imperial decree ordering the dissolution of the Duma. The principal leader of the Provisional Government was Alexander Kerensky (**Алексáндр Керéнский**). On November 7, 1917, the Bolsheviks (**большевикú**) under Lenin took over the government, and Kerensky fled the country.

14. **Распýтин** (1871–1916). Rasputin's real name was **Новых**, but he was given the name Rasputin by his fellow peasants in Siberia (**распýтство** — *debauchery*). Because of his apparent ability to heal the young Crown Prince Aleksei, who was a hemophiliac, Rasputin came to exercise enormous power in the government of Nicholas II (**Николáй Вторóй**). By 1916, his influence had become so dangerously excessive that three members of the nobility decided to assassinate Rasputin in a late attempt to save the monarchy. Rasputin was given poison. When this had no effect, he was shot twice, and his body was shoved through a hole in the ice of the Neva. The next morning the river unexpectedly thawed, and his body came to the surface. An autopsy indicated that the cause of death was drowning.

ДОПОЛНÚТЕЛЬНЫЙ МАТЕРИÁЛ

Университéтские факультéты

Факультéт	Вы на какóм факультéте?	Кто учится на этом факультéте? Тот, кто хочет стать:
биологúческий (биофáк)	На биологúческом.	биóлогом.

геологи́ческий (геофа́к)	На геологи́ческом.	гео́логом.
истори́ческий (истфак)	На истори́ческом.	исто́риком.
матема́тико-механи́ческий (матме́х)	На матема́тико-механи́ческом.	матема́тиком или инжене́ром.
физи́ческий (физфа́к)	На физи́ческом.	физиком.
филологи́ческий (филфа́к)	На филологи́ческом.	фило́логом.

кафедра английского языка́ ⎫
кафедра русской литерату́ры ⎭ subdivisions of филфа́к

хими́ческий (химфа́к)	На хими́ческом.	химиком.
юриди́ческий (юрфа́к)	На юриди́ческом.	юри́стом / адво-ка́том.

УПРАЖНЕ́НИЯ

A. Соста́вьте предложе́ния по образца́м.

Образе́ц: Если **я** получу́ стипе́ндию, *If I get a scholarship*
я пое́ду учи́ться в *I'll go to England to*
Англию. *study.*

1. мы/СССР   3. эти студе́нты/Москва́
2. Юрий/Ита́лия   4. Вера/Ленингра́д

Образе́ц: В **суббо́ту** через неде́лю *A week from Saturday we're*
мы улета́ем в **Москву́.** *leaving* (by plane) *for*
Moscow.

1. пятница/Ленингра́д   3. среда́/Австра́лия
2. понеде́льник/Ялта   4. вторник/Новая Зела́ндия

Образе́ц: На бу́дущей неде́ле **Боря** *Next week Borya is going to*
пода́ст заявле́ние на *submit an application for a*
стипе́ндию. *scholarship.*

1. я   2. мы   3. Люба и Саша   4. Андрю́ша

Образéц: Никомý **спать** не хóчется.   *No one feels like sleeping.*

1. танцевáть   2. занимáться   3. есть   4. пить

Образéц: **Онú** ужé привýкли к   *They've already gotten used*
          холóдной погóде.   *to the cold weather.*

1. мы/жáркая погóда   3. Люда/жизнь в Срéдней Áзии
2. Сергéй/сухáя погóда   4. я/это

Образéц: Боюсь, что **онú** к этому   *I'm afraid they won't*
          не привýкнут.   *get used to that.*

1. я   2. он   3. мы   4. онá   5. ты   6. вы

Образéц: Мы осмотрéли пáмятник   *We saw the monument*
          Петрý Велúкому.   *to Peter the Great.*

1. Алексáндр Вторóй   3. Чайкóвский
2. Екатерúна Вторáя   4. Лéнин

Б. Совершéнный или несовершéнный вид?

1. **получáть/получúть**

   а. —Скóлько писем ты сегóдня (*received*)?

   —Сегóдня я (*received*) тóлько однó письмó от брáта, но завтра я, навéрно, (*will receive*) 2–3 письмá от свóих друзéй.

   б. Когдá мы были в отпуске на Чёрном мóре, мы кáждый день (*received*) по крáйней мéре однó письмó от родúтелей.

   в. Волóдя в шкóле óчень хорошó ýчится; в университéте он, навéрно, всегдá (*will receive*) хорóшие отмéтки.

2. **встречáть/встрéтить**

   а. Мы сегóдня (*will meet*) свóих друзéй в Лéтнем садý и пойдём гулять по Невскому.

   б. Экскурсовóды обычно (*meet*) инострáнных турúстов или на вокзáле, или в аэропортý.

   в. Мне нáдо (*meet*) Машу здесь в 5 часóв.

   г. Мы обычно (*met* [*celebrated*]) Нóвый год в Москвé у друзéй.

3. **обижáться/обúдеться**

   а. Надéюсь, что вы на это не (*will take offense*).

   б. Саша легкó (*gets offended*).

   в. Люда на меня (*got offended*).

4. **задéрживать/задержáть**

   а. —Я надéюсь, что я вас не (*am detaining*).

   —Нет, вы меня (*aren't detaining*).

б. Извини, что я тебя (*detained*)!

в. —Почему таможенники (*detained*) этих туристов?

—Их ([*they*] *detained*) из-за того, что у них было много джинсов, Библий и «провокационных» журналов.

г. Я надеюсь, что нас на границе (*won't detain*).

5. **замечать/заметить**

а. Дети (*notice*) много[6], чего не (*notice*) их родители.

б. —Ты (*noticed*), что на Ане сегодня лиловая шляпа?

—Конечно, (*I did*). Как не заметить!

в. Если я быстро пройду, может быть, меня ([*they*] won't notice).

6. **(у)видеть**

а. Если Ваня там будет, вы его (*will see*).

б. —Мы вас (*saw*) вчера на площади Декабристов.

—Неужели! А я вас не (*saw*).

—Знаю, но мы вас (*caught sight of*) в толпе, когда вы проходили через площадь.

В. Родительный падеж множественного числа.
Составьте предложения по образцам.

Образец: хорошие магазины: **На этой улице много хороших магазинов.**

1. маленькие рестораны   3. большие заводы
2. новые дома   4. хорошие театры

Образец: хорошие гостиницы: **В этом городе несколько хороших гостиниц.**

1. новые больницы   2. средние школы

Образец: новые здания: **Мы там видели мало новых зданий.**

1. новые общежития   2. новые лаборатории

Образец: красивый город: **Это—один из самых красивых городов Советского Союза.**

1. знаменитый университет   2. хороший институт

Образец: длинная река: **Это—одна из самых длинных рек Советского Союза.**

1. высокая гора   2. хорошая библиотека

---

[6]*a lot*

Образец:　глубо́кое озеро　**Это—одно́ из самых глубо́ких озёр Сове́тского Сою́за.**

1. краси́вое озеро　　2. холо́дное озеро

Образец:　книга:　**Я хочу́ купи́ть несколько книг.**

1. газе́та　　　3. тетра́дь　　　5. слова́рь
2. сувени́р　　4. каранда́ш　　6. вещь

Г. Отве́тьте на вопро́сы.

Образец:　—Сколько у вас братьев? (3)—**У меня́ 3 брата.**
　　　　　　—А у вас сколько? (5)—**У меня́ 5 братьев.**

1. —Сколько у вас сестёр? (2)
　 —А у вас сколько? (6)
2. —Сколько у вас сыновéй? (4)
　 —А у вас сколько? (5)
3. —Сколько у вас дочерéй? (1)
　 —А у вас сколько? (3)
4. —Сколько у вас тётей? (4)
　 —А у вас сколько? (8)
5. —Сколько у вас дядей? (2)
　 —А у вас сколько? (7)

Д. Слова́ в скобках поста́вьте в правильном падеже́.

1. Вы знаете фами́лии (эти врачи́)?
　　　　　　　　　　 (эти москвичи́)?
　　　　　　　　　　 (эти люди)?
　　　　　　　　　　 (эти учителя́)?
　　　　　　　　　　 (эти дети)?
　　　　　　　　　　 (эти това́рищи)?
　　　　　　　　　　 (эти писа́тели)?
2. Тамо́женник принял нас за (кана́дцы).
　　　　　　　　　　　　　　 (англича́не).
　　　　　　　　　　　　　　 (францу́зы).
　　　　　　　　　　　　　　 (русские).

Е. Соста́вьте вопро́сы по образца́м.

Образец:　Вот дома́.　**Сколько там домо́в?**

1. Вот поезда́.　　　　6. Вот острова́.
2. Вот музе́и.　　　　 7. Вот знамёна.
3. Вот иностра́нцы.　 8. Вот дети.
4. Вот ножи́.　　　　 9. Вот стулья.
5. Вот столы́.　　　　10. Вот платья.

Образе́ц: У меня́ то́лько одна́ ча́шка.   **Ско́лько у вас ча́шек?**

1. У меня́ то́лько одна́ ло́жка.
2. У меня́ то́лько одна́ руба́шка.
3. У меня́ то́лько одна́ ру́чка.

Образе́ц: У Ива́на две ша́пки.   **Ско́лько у Ива́на ша́пок?**

1. У Ива́на две пласти́нки.   3. Ива́н сде́лал четы́ре оши́бки.
2. У Ива́на три ви́лки.   4. Ива́н купи́л одну́ ша́пку.

Образе́ц: У ма́мы то́лько одна́ блу́зка.   **Ско́лько у ма́мы блу́зок?**

1. У Ка́ти две су́мки.   2. У А́ни три ю́бки.

Образе́ц: Я купи́л 2 ру́чки.   **Ско́лько ру́чек вы купи́ли?**

1. Я получи́л 2 письма́.
2. В э́том до́ме 4 ко́мнаты.
3. У меня́ 22 копе́йки.
4. У меня́ о́чень ма́ло де́нег.
5. В э́той ко́мнате 3 окна́.
6. В э́той ко́мнате 4 сту́ла.
7. У На́ди 4 сестры́.
8. У э́того ма́льчика 2 дру́га.
9. У нас 3 сосе́да.
10. У челове́ка 2 у́ха.
11. В э́том до́ме живёт 4 челове́ка.
12. Там бы́ло 3 солда́та.
13. Я ему́ э́то сказа́л(а) 2 ра́за.

Ж. Слова́ в ско́бках поста́вьте в пра́вильном падеже́.

1. В э́том году́ у нас не бу́дет (кани́кулы).
2. Э́та де́вочка не мо́жет купи́ть биле́т. У неё нет (де́ньги).
3. У меня́ нет (часы́).
4. К сожале́нию, у нас нет (щи).
5. У Ма́ши нет (очки́).

З. Отве́тьте на вопро́сы отрица́тельно.

Образе́ц: —У вас есть америка́нские   —Нет, у нас нет амери-
   сигаре́ты?   **ка́нских сигаре́т.**

1. У вас есть ру́сские кни́ги?
2. У вас есть после́дние англи́йские пласти́нки?
3. У вас есть горя́чие пирожки́?

И. Соста́вьте предложе́ния по образцу́.

Образе́ц: Я люблю́ джинсы. **Я не люблю́ джинсов.**

1. Я чита́ю газе́ты.   3. Я покупа́ю проду́кты.
2. Я пишу́ пи́сьма.   4. Я изуча́ю языки́.

К. Соста́вьте предложе́ния по образцу́.

Образе́ц: Они́ знают вашего отца́.   **Они́ знают ваших отцо́в.**

1. Я помню вашего брата.
2. Мы завтра встретим вашего друга в аэропорту́ в 3 часа́.
3. Мать очень любит свою дочь.
4. Все учителя́ любят эту шко́льницу.

Л. Слова́ в скобках переведи́те на русский язы́к.

1. Сколько (*people*) было на собра́нии? Утром было 22 (*people*), а после обе́да было (*people*) 35.
2. Сего́дня в магази́не было много (*people*).
3. Мы видели (*these young people*) вчера́ на Стрелке Васи́льевского острова.
4. Они́ были в Эрмита́же много (*times*), а я был(а́) там только 2 (*times*).
5. Мы видели этих интере́сных молоды́х люде́й только 1 (*time*).
6. На карау́ле сего́дня стои́т только 1 (*soldier*).
7. Мне очень понра́вился фильм «Два (*soldiers*)».
8. По площади ходи́ло много (*soldiers*).

М. Отве́тьте на вопро́сы.

Образе́ц: Сколько вы заплати́ли за сумку? (1 р. 71 к.)
       Рубль се́мьдесят одну́ копе́йку.

1. Сколько вы заплати́ли за руба́шку? (4 р. 22 к.)
2. Сколько вы заплати́ли за пиджа́к? (25 р. 50 к.)
3. Сколько вы заплати́ли за джинсы? (131 р. 24 к.)

Образе́ц: Сколько времени вы живёте в Ленингра́де? (год)
       Я живу́ здесь год.

1. Сколько времени вы учите русский язы́к? (2/год)
2. Сколько времени вы рабо́таете в Интури́сте? (6/год)
3. Сколько времени вы проведёте в СССР? (3/месяц)
4. Сколько времени вы учи́лись в Ленингра́де? (5/месяц)
5. Сколько времени вы ездили по Ита́лии? (неде́ля)

6. Сколько времени вы ездили по Советскому Союзу? (2/неделя)
7. Сколько времени вы будете ездить по Европе? (7/неделя)
8. Сколько времени вы провели у бабушки? (4/день)
9. Сколько времени вы проведёте у нас? (8/день)
10. Сколько времени продолжалось собрание? (3/час)
11. На сколько времени вы приехали сюда? (месяц)

Н. Слова в скобках поставьте в родительном падеже.

1. много (вода)
   (водка)
2. мало (хлеб)
   (масло)
3. достаточно (щи)
   (пирожки)
   (деньги)
4. меньше (братья)
   (стулья)
   (платья)
5. больше (карандаши)
   (ножи)
   (профессора)
   (дома)

6. сколько (молоко)
   (сметана)
   (борщ)
   (время)
   (люди)
   (книги)
   (музеи и галереи)
   (друзья)
   (мужья)
   (сыновья)
   (площади)
   (словари)
   (имена)
   (отчества)

О. Вставьте окончания.

1. 1 хорош_____ молод__´__ студент
   2 хорош_____ молод__´__ студент_____
   5 хорош_____ молод__´__ студент_____
   эти хорош_____ молод__´__ студент_____

2. 1 хорош_____ молод__´__ студентка
   3 хорош_____ молод__´__ студентк_____
   6 хорош_____ молод__´__ студент_____
   эти хорош_____ молод__´__ студентк_____

3. 1 хорош_____ нов_____ общежитие
   4 хорош_____ нов_____ общежити_____
   7 хорош_____ нов_____ общежити_____
   эти хорош_____ нов_____ общежити_____

Вопросы

1. Сколько студентов и студенток сегодня на лекции русского языка?
2. Сколько иностранных языков вы знаете?

3. Сколько окон в аудитории, в которой вы сейчас сидите? А сколько в ней столов, стульев и досок?
4. Сколько месяцев вы изучаете русский язык?
5. В каком месяце вы начали изучать русский язык?
6. Сколько минут в часу?
7. Сколько дней в неделе?
8. Сколько недель в году?
9. Сколько месяцев в году?
10. Сколько раз вы летали на самолёте?
11. Сколько чашек кофе вы пьёте в день?
12. Сколько стаканов молока или воды вы пьёте в день?
13. Сколько у вас братьев и сестёр?
14. У вас много хороших друзей?
15. Вы когда-нибудь[7] подавали заявление на стипендию?
16. Вы когда-нибудь[7] получали стипендию?
17. Когда вы говорите по-русски, вас иногда принимают за русского/русскую?
18. В котором часу у вас теперь становится темно?

Перевод

1. In this city (there are) many old cathedrals, museums and theaters.
2. In this store (there are) a lot of interesting things.
3. On this street (there are) very few good restaurants, cafeterias and cafes.
4. Today on Nevsky Prospect I met your friends Sergei and Natasha.
5. Well, here I am in Moscow. I'd like to write a letter home, but I don't know where to begin.
6. Anton said that he already had gotten accustomed to that.
7. —Did you receive our letters from Leningrad?
   —Yes, I received five letters from you and four letters from Lena.
8. —I don't want to detain you.
   —You aren't detaining me. I'm not busy today.
9. —Did you notice that that tourist had a Bible in (his) suitcase?
   —Yes, I did, but I want only "provocative" books.
10. —How many Russian books (are there) in this library?
    —Unfortunately, we have only 10 Russian books, but we have a lot of Soviet newspapers and magazines.
11. —Are you planning to submit an application for a scholarship?
    —I've already submitted an application.
    —How much money did you receive?
    —800 dollars.

---

[7]In questions which include the adverb **когда-нибудь**, an imperfective verb is used.

12. Next week we're flying to Moscow for three weeks.
13. —Do you have friends in the Crimea?
    —Yes, I do. I have several very good friends there.
14. —When did you receive my letter from the Caucasus?
    —On May 24.
15. —What year did you fly to Central Asia?
    —1981.

ГРАММА́ТИКА

НОВЫЕ ГЛАГО́ЛЫ

Уви́деть. The past tense of this verb, especially if it has an animate object, has the meaning *to catch sight of*; thus the imperfective verb **видеть** generally is used in the past tense even when the action occurred only once.

Я ви́дел(а) его́ вчера́.	*I saw him yesterday.*
Я уви́дел(а) его́ в толпе́.	*I caught sight of him in the crowd.*

The future follows the normal imperfective/perfective patterns.

Я ду́маю, что я его́ уви́жу за́втра.	*I think that I'll see him tomorrow.*
Я бу́ду его́ ви́деть ка́ждый день.	*I will see him every day.*

Привыка́ть/привы́кнуть (к кому́? к чему́?) *to get used/accustomed (to)*. In the past tense, the perfective verb **привы́кнуть** drops the suffix **-нуть**. This occurs with verbs that have this suffix if the stress falls on the stem.

Он уже́ привы́к		*He/she/it/they already*
Она́ уже́ привы́кла	к э́тому.	*has/have gotten used*
Оно́ уже́ привы́кло		*to this/that.*
Они́ уже́ привы́кли		

РОДИ́ТЕЛЬНЫЙ ПАДЕ́Ж МНОЖЕСТВЕННОЕ ЧИСЛО́

NOUN ENDINGS

There are seven genitive plural noun endings:

1. **-ов**

Nouns that end in any hard consonant other than **ж** or **ш**:

Кто? Что?	час -	стол -	студе́нт -	оте́ц -
Кого́? Чего́?	час о́в	стол о́в	студе́нт ов	отц о́в

2. -ев

a. Nouns that end in **-ц** and do not have the stress on the ending (Spelling Rule 3):

Кто? Что?	немец -	америкáнец -
Когó? Чегó?	немц ев	америкáнц ев

б. Nouns that end in **-й**:

Кто? Что?	музé й	санатóри й
Когó? Чегó?	музé ев	санатóри ев

3. -ей

a. Nouns that end in **-ж, -ч, -ш, -щ, -ь**, or **-ья́**:

Кто? Что?	нож -	врач -	карандáш -	товáрищ -
Когó? Чегó?	нож éй	врач éй	карандаш éй	товáрищ ей

Кто? Что?	учи́тел ь	двер ь	сем ья́
Когó? Чегó?	учител éй	двер éй	сем éй

б. **Мóре** and **пóле**:

Кто? Что?	мор е	пол е
Когó? Чегó?	мор éй	пол éй

4. -й

Nouns that end in **-ие, -ия, -ея**:

Кто? Что?	здани е	лекци я	галерé я
Когó? Чегó?	здани й	лекци й	галерé й

5. -ён

Nouns that end in **-мя**

Кто? Что?	знам я	им я	врем я
Когó? Чегó?	знам ён	им ён	врем ён

6. -

Nouns that end in -a, -o, or -e preceded by a consonant (except **мо́ре/по́ле**) take the so-called "zero ending" (namely, the dropping of the final vowel):

Кто? Что?	ко́мнат а	о́тчеств о	жили́щ е
Кого́? Чего́?	ко́мнат -	о́тчеств -	жили́щ -

Nouns that end in **-анин/-янин** also take the "zero ending."

Кто? Что?	англича́нин	крестья́нин
Кого́? Чего́?	англича́н-	крестья́н-

7. **-ь** or **-ей**

Most nouns that end in **-я** preceded by any consonant other than **м**, drop **-я** and add **-ь**. However a few nouns in this category take the ending **-ей** (notably **дя́дя** and **тётя**):

Кто? Что?	неде́л я	ми́л я	дя́д я	тёт я
Кого́? Чего́?	неде́л ь	ми́л ь	дя́д ей	тёт ей

Stress. The majority of nouns that have a stress shift in the nominative plural maintain that stress position in all cases in the plural:

Nom. Sing.	дом	учи́тель	дождь	мо́ре	о́зеро	жена́
Nom. Pl.	дома́	учителя́	дожди́	моря́	озёра	жёны
Gen. Pl.	домо́в	учителе́й	дожде́й	море́й	озёр	жён

Some nouns that end in **-ь** have a stress shift to the ending in all cases in the plural except the nominative and the *inanimate* accusative (which is the same as the nominative).

Nom. Sing.	вещь	гость	дверь	ночь	пло́щадь	це́рковь
Nom. Pl.	ве́щи	го́сти	две́ри	но́чи	пло́щади	це́ркви
Gen. Pl.	веще́й	госте́й	двере́й	ноче́й	площаде́й	церкве́й

Fleeting o, e, ё. When a final **-a** or **-o** is dropped from the end of a noun and the resulting stem ends in two consonants, a fleeting **o, e,** or **ё** (**бегло́е o/e/ё**) quite frequently is inserted between them. This almost inevitably occurs if the final consonant is **к**:

Nom. Sing.	Gen. Pl	Nom. Sing.	Gen. Pl.
блузка	блузок	девушка	девушек
вилка	вилок	дедушка	дедушек
выставка	выставок	пушка	пушек
доска́	досо́к	руба́шка	руба́шек
остано́вка	остано́вок	чашка	чашек
оши́бка	оши́бок	ручка	ручек
пласти́нка	пласти́нок	ложка	ложек
площа́дка	площа́док		
студе́нтка	студе́нток	число́	чисел
сумка	сумок	сестра́	сестёр
шапка	шапок		
юбка	юбок		
окно́	окон		

As may be seen from the preceding list, a fleeting **e** is used in conformity with Spelling Rule 3.

Three commonly used nouns that seem to fit into the above category do *not* have a fleeting vowel:

> буква букв   карта карт   лампа ламп

When **-a** or **-o** is dropped from the end of a noun and the final consonant is preceded by **-й** or **-ь**, those letters become **-e-**:

балала́йка	балала́ек
копе́йка	копе́ек
письмо́	писем

Note also: деньги денег.

The irregularities that occur in the nominative plural usually may be noted in the remaining cases in the plural:

Nom. Sing.	Nom. Pl.	Gen. Pl.
брат	братья	братьев
дерево	дере́вья	дере́вьев
платье	платья	платьев
стул	стулья	стульев
палец	пальцы	пальцев
друг	друзья́	друзе́й
муж	мужья́	муже́й
сын	сыновья́	сынове́й

ухо	уши	ушéй
сосéд	сосéди	сосéдей
дочь	дочери	дочерéй
мать	матери	матерéй
ребёнок	дети	детéй
человéк	люди	людéй

Nouns with no singular form:

Nom. Pl.	*Gen. Pl.*	*Nom. Pl.*	*Gen. Pl.*
брюки	брюк	очки́	очко́в
воро́та	воро́т	роди́тели	роди́телей
деньги	денег	щи	щей
черни́ла	черни́л	кани́кулы	кани́кул

The genitive plural of a few masculine nouns is the same as the nominative singular:

	солда́т	раз	глаз	грузи́н
много:	солда́т	раз	глаз	грузи́н

Челове́к (*man / person*) has two forms for the genitive plural. After numbers, **ско́лько** and **не́сколько**, use **челове́к**; in all other instances, use **людéй**:

> **Ско́лько** там бы́ло **челове́к**?
> Там бы́ло **не́сколько челове́к**.
> Там бы́ло **5 челове́к**.
> На собра́нии бы́ло много (мало) **людéй**.
> Я **этих людéй** не знаю.

ADJECTIVE ENDINGS

The genitive plural ending of all adjectives, regardless of the gender of the noun they modify, is **-ых** (Spelling Rule 2 and soft adjectives: **-их**).

> Там много краси́вых парков, озёр, рек и площадéй.
> У меня́ две пары хоро́ших синих джинсов.

Он не любит { свои́х / мои́х / твои́х / его́ / её / его́ / наших / ваших / их } друзéй.

USES OF THE GENITIVE PLURAL

Review the usage of the genitive case in Lessons 15 and 16 and in the Appendix on pages 575–577. Then become familiar with the following new (or not previously discussed) usages:

1. *Verbs.* Direct objects of the following verbs are in the genitive, not the accusative, regardless of whether the verb is negated or not:

бояться (*to be afraid of*):   Я бою́сь этого фарцо́вщика.
жела́ть (*to wish*):   Я жела́ю вам всего́ хоро́шего.
                            всего́ до́брого.
                            успе́ха.
                            счастли́вого пути́.

Ждать (*to wait* [*for*]) takes an accusative object if it is a specific identified person or thing; otherwise, the object is in the genitive.

Я жду авто́бус.	*I'm waiting for the bus.*
Я жду авто́буса.	*I'm waiting for a (any) bus.*
—Кого́ ты ждёшь?	*—Who are you waiting for?*
—Я жду Та́ню / му́жа / жену́.	*— I'm waiting for Tanya / my husband / my wife.*

2. *Direct Objects of Negated Verbs.* The direct object of a negated verb usually is in the genitive, rather than the accusative. The genitive definitely is preferred when the object is **это**, an abstract noun, or a noun that is general in nature.

Они́ ви́дели это.	Он име́л возмо́жность учи́ться.	Я чита́ю журна́лы.
Они́ не ви́дели этого.	Он не име́л возмо́жности учи́ться.	Я не чита́ю журна́лов.

3. *Adverbs of Quantity.* The following commonly used adverbs of quantity require that what is measured be in the genitive:

(не)доста́точно	*(not) enough*
ма́ло	*few, little, not enough*
мно́го	*many, much, a lot (of)*
немно́го	*a little, not much*
па́ра	*a couple / pair (of)*
ско́лько	*how many / much*
сто́лько	*so many / much*
не́сколько	*several*
бо́льше	*more*

меньше	*less*
большинство́	*the majority (of)*
меньшинство́	*the minority (of)*

If the noun is singular, use the genitive singular; if it is plural, use the genitive plural:

Ско́лько хле́ба вам ну́жно?	*How much bread do you need?*
В э́том о́зере тепе́рь ма́ло воды́.	*There isn't much water in this lake now.*
Не на́до спеши́ть, у нас мно́го вре́мени.	*You don't have to hurry. We have a lot of time.*
Я хочу́ купи́ть па́ру **книг**.	*I want to buy a couple of books.*
Ско́лько у вас **ру́чек**?	*How many pens do you have?*
У меня́ ма́ло **де́нег**.	*I don't have much money.*
Большинство́ **студе́нтов** у нас получа́ет стипе́ндию.	*The majority of our students receive a scholarship.*

4. *Numbers.* As you already know, after any number that ends in the word **оди́н/одна́/одно́** the *nominative singular* of the noun is used; after any number that ends in the word **два/две, три**, or **четы́ре** the *genitive singular* is used; and after 5 through 20 and any number that ends in 0, 5, 6, 7, 8 or 9 the *genitive plural* is employed.

1	час	день	неде́ля	год	стол	кни́га	зда́ние
2 3 4	часа́	дня	неде́ли	го́да	стола́	кни́ги	зда́ния
5 ↓ 20	часо́в	дней	неде́ль	лет	столо́в	книг	зда́ний

Полови́на (пол-) and **полтора́/полторы́** take the genitive singular.

Adjectives that stand between a number and a noun are in the nominative singular after **оди́н/одна́/одно́**; after any other number they are in the *genitive plural*:

1	нов**ый** стол	нов**ая** книга	нов**ое** окно́
2 3 4	нов**ых** стола́	нов**ых**[8] книги	нов**ых** окна́
5 ↓ 20	нов**ых** столо́в	нов**ых** книг	нов**ых** окон

ВИНИ́ТЕЛЬНЫЙ ПАДЕ́Ж
МНОЖЕСТВЕННОЕ ЧИСЛО́

The accusative plural of *inanimate* nouns and their modifiers is the same as the nominative plural:

> Я люблю́ чита́ть коро́ткие расска́зы.

> Я возьму́ эти мехо́вы́е шапки.

The accusative plural of all *animate* nouns (regardless of their gender) is the same as the genitive plural:

$$\text{Вы знаете этих} \begin{cases} \text{мальчиков?} \\ \text{девушек?} \\ \text{живо́тных?[9]} \end{cases}$$

НОВЫЕ ВИДОВЫ́Е ПАРЫ
ГЛАГО́ЛОВ

to arrest	аресто́вывать (I)
	арестова́ть (I) аресту́ю, -ешь, -ют
to flow (into)	впадать (I) (во что?)
	впасть (I): впаду́, -ёшь, -у́т
to meet	встреча́ть (I)
	встретить (II): встречу, встретишь, встретят Встреть(те)!

---

[8] An adjective between 2/3/4 and a feminine noun also may have the ending -**ые**.

[9] **Живо́тное** (*animal*) is a neuter adjective used as a noun. The singular is inanimate; the plural is animate.

to detain, hold (someone) up	заде́рживать (I)
	задержа́ть (II): задержу́, -ишь, -ат
to notice	замеча́ть (I)
	заме́тить (II): заме́чу, заме́тишь, заме́тят
to take offense (at), be offended (by)	обижа́ться (I) (на кого́? на что?)
	оби́деться (II): оби́жусь, оби́дишься, оби́дятся
to see, take in (the sights)	осма́тривать (I)
	осмотре́ть (II): осмотрю́, -ишь, -ят
to submit (an application)	подава́ть (I) (заявле́ние): подаю́, -ёшь, -ют
	пода́ть: подам, пода́шь, подаст, подади́м, подади́те, подаду́т; по́дал, -ла́, -ло, -ли
to receive, get	получа́ть (I)
	получи́ть (II): получу́, -ишь, -ат
to get accustomed (to)	привыка́ть (I) (к кому́? к чему́?)
	привы́кнуть (I): привы́кну, -ешь, -ут; привы́к, -ла, -ло, -ли
to let through, allow to pass	пропуска́ть (I)
	пропусти́ть (II): пропущу́, пропу́стишь, -ят
to kill	убива́ть (I)
	уби́ть (I): убью́, -ёшь, -ю́т
to change (into), exchange (for)	(по)меня́ть (I) (на что)
to kiss	(по)целова́ть (I): целу́ю, -ешь, -ют
to see, catch sight of	(у)ви́деть (II): (у)ви́жу, ви́дишь, -ят

СЛОВА́РЬ

For new imperfective-perfective verb pairs, see **НО́ВЫЕ ВИДОВЫ́Е ПА́РЫ ГЛАГО́ЛОВ**.

аспири́н	*aspirin*
бе́дный	*poor*
Библия	*Bible*

большевúк (мн.ч. -ú)	bolshevik
буква (мн.ч. род. букв)	letter (of the alphabet)
виден (виднá, -о, -ы́)	visible, to be seen
в общем	in general, for the most part
временный	provisional
в том числé	including
дворéц (мн.ч. дворцы́)	palace
дорóга	road
по дорóге (кудá?)	on the way (to)
желáть (I) (комý? чегó?)	to wish (someone something)
западноевропéйский	Western European
заявлéние	application
подавáть/подáть заявлéние	to submit an application
зимний, -яя, -ее, -ие	winter (adj.)
золотóй	gold(en)
из-за (когó? чегó?)	due to, on account / because of
кафедра (на)	university academic department
комúссия	committee
набережная	embankment
наркомáн	narcotics addict
наркóтик	narcotic
обучéние	instruction
основáние	founding
при основáнии	when founded
памятник (комý?)	monument (to)
пара (чегó?)	pair, a couple (of)
переименóван (-а, -о, -ы) (в + асс.)	renamed
плюс	plus
поéздка (мн.ч. род. -док)	trip, journey
польза	favor
плюс в пользу (когó?)	a point in …'s favor
провокацióнный	provocative
простóй	simple
святóй (ж. -áя; мн.ч. -ы́е)	saint
следующий	next, the following
смерть (ж.)	death
специáльный	special
стипéндия	scholarship, grant
таблéтка (мн.ч. род. та-блéток)	tablet
тамóженик	customs official
темнó	dark(ly)

тёмный	*dark*
течь (I)	*to flow*
Река́ течёт.	*The river flows.*
Реки теку́т.	*The rivers flow.*
тот/та/то/те же, что и	*the same as*
убо́рная	*bathroom*
удо́бный	*comfortable, convenient*
факульте́т (на)	*university department*
фи́нский	*Finnish*
черни́ла (мн.ч.)	*ink*

Коне́ц двадцать первого уро́ка.

Двадцать второй урок

ДИАЛОГ А
В бюро обслуживания

Мистер Картер: Извините, пожалуйста, я где-то потерял бумажник. Вам его не передавали?

Девушка: По-моему, нет. Вы у дежурной спрашивали?

Мистер Картер: Да, мы с ней вместе всюду искали.

Mister Carter: Excuse me, please, I've lost my wallet somewhere. It hasn't been turned in to you, has it?

Receptionist: I don't believe so. Did you check with the woman in charge of your floor?

Mister Carter: Yes, she and I together searched everywhere.

Девушка: Вы—руководи́тель америка́нской гру́ппы, кото́рая живёт на пя́том этаже́?

Ми́стер Ка́ртер: Да, мы то́лько вчера́ прие́хали из Ленингра́да.

Девушка: И вы всё у́тро бы́ли у себя́ в но́мере?

Ми́стер Ка́ртер: Нет, мы в полови́не девя́того пошли́ гуля́ть по го́роду.

Девушка: И где вы бы́ли?

Ми́стер Ка́ртер: В Алекса́ндровском саду́ и в Лужника́х. Там мы встре́тились с молоды́ми людьми́, кото́рые вчера́ пообеща́ли мои́м студе́нтам показа́ть нам стадио́н, бассе́йн и вы́ставку.

Receptionist: Are you the leader of the American group that is staying on the fifth floor?

Mister Carter: Yes, we arrived from Leningrad only yesterday.

Receptionist: And were you in your room all morning?

Mister Carter: No, at eight-thirty we went for a walk around the city.

Receptionist: And where were you?

Mister Carter: At the Alexandrovsky Garden and Luzhniki. We met with some young people there who yesterday promised my students to show us the stadium, the swimming pool, and the exhibition.

ДИАЛО́Г Б
У нас не краду́т

Девушка: Что э́то бы́ли за лю́ди? Как они́ вы́глядели? В джи́нсах, с дли́нными волоса́ми?

Ми́стер Ка́ртер: Вы ду́маете, что э́то они́ укра́ли мой бума́жник?

Девушка: Нет, у нас в Сове́тском Сою́зе не краду́т, но вам всё равно́ лу́чше избега́ть встреч с таки́ми людьми́.

Ми́стер Ка́ртер: Я с ва́ми согла́сен, но э́то бы́ли не хулига́ны, а о́чень прия́тные молоды́е лю́ди.

(Звоно́к)

Receptionist: What sort of people were they? How did they look? Were they in jeans? Did they have long hair?

Mister Carter: Do you think that they are the ones who stole my wallet?

Receptionist: No, people don't steal here in the Soviet Union, but it would be best for you to avoid meeting people like that anyway.

Mister Carter: I agree with you, but they weren't hooligans; they were very pleasant young people.

(Bell)

Девушка: Алё. Бюро́ обслу́жива-ния. Да...да... Хорошо́, пере-да́м. Мистер Ка́ртер, вам по-везло́. Вы урони́ли бума́жник в коридо́ре. Когда́ горни́чная убира́ла, она́ его́ там нашла́.	*Receptionist: Hello. Service Office. Yes... yes... Fine, I'll tell him. Mr. Carter, you're in luck. You dropped your wallet in the hall. When the maid was cleaning, she found it there.*
Мистер Ка́ртер: Прекра́сно. Боль-шо́е вам спаси́бо!	*Mister Carter: Marvelous. Thank you very much!*
Девушка: Пожа́луйста. Кста́ти, в че́тверть пя́того ва́ша гру́ппа встреча́ется со студе́нтами МГУ в До́ме дру́жбы.	*Receptionist: You're welcome. By the way, at 4:15 your group is meet-ing with students of MGU at the House of Friendship.*
Мистер Ка́ртер: В тако́м слу́чае, мы бу́дем ждать у вхо́да без че́тверти четы́ре.	*Mister Carter: In that case, we will be waiting at the entrance at 3:45.*
Девушка: По-мо́ему, мо́жно да́же в четы́ре. Авто́бус всё равно́ не придёт ра́ньше.	*Receptionist: I think you even could make it 4:00. The bus won't arrive earlier than that anyway.*
Мистер Ка́ртер: Ла́дно, до четы-рёх.	*Mister Carter: O.K. See you at 4:00.*

ТЕКСТ ДЛЯ ЧТЕНИЯ
Боги Правды, Лжи и Диплома́тии

За гора́ми, за леса́ми жил да был[1] вели́кий ора́кул, у кото́рого бы́ло три бо́га: бог Пра́вды, бог Лжи и бог Диплома́тии. К ним лю́ди приходи́ли за сове́том.

Об э́тих бога́х говори́ли, что они́ всегда́ с удово́льствием отвеча́ли на любы́е вопро́сы, кото́рые им задава́ли, но так как они́ бы́ли о́чень похо́жи друг на дру́га, никто́ не знал, кто из бого́в говори́т: бог Пра́вды, кото́рый говори́т то́лько пра́вду, бог Лжи, кото́рый всегда́ говори́т одну́[2] непра́вду, и́ли бог Диплома́тии, кото́рый говори́т, что ему́ захо́чется[3]. Несмотря́ на э́то, лю́ди в о́бщем бы́ли дово́льны бога́ми, счита́ли их о́чень у́мными и де́лали всё, что они́ им говори́ли.

---

[1] Англи́йский эквивале́нт бу́дет *Once upon a time there was a...*

[2] только

[3] *whatever he feels like* (и́ли пра́вду, и́ли непра́вду)

Молодые советские туристы перед храмом Василия Блаженного

Однажды пришёл к ним Умный Человек, который хотел узнать, какой из богов говорит. Он долго стоял перед ними и потом спросил того бога, который стоял слева:

—Кто стоит рядом с тобой?

—Бог Правды, —был ответ.

Потом он спросил среднего бога:

—Кто ты?

Тот ответил:

—Я бог Дипломатии.

Последний вопрос он задал богу, который стоял справа:

—Кто стоит рядом с тобой?

—Бог Лжи.

—Теперь мне всё понятно, —сказал Умный Человек и пошёл домой. Что же он понял из ответов богов?

ВЫРАЖЕ́НИЯ

1. у себя дома/в кабинете/ в номере

   in / at my / your / his / her / our / their home / office / hotel room

2. мы с (кем?)…

   …and I

3. спрашивать/спросить у (кого?)

   to check with, inquire of, ask

4. согласен, согласна, -о, -ы (с кем? с чем?/в чём?)

   agree (with someone / something) (about something)

5. Мне/тебе/ему/ей/нам/ вам/им повезло.

   I / you / he / she / we / you / they are / were in luck.

6. До часа/двух/трёх/четырёх/ пяти/шести/семи/восьми/ девяти/десяти/одиннадцати/ двенадцати.

   See you at 1, 2, 3, 4, 5, 6, 7, 8, 9, 10, 11, 12 o'clock.

7. задавать/задать вопрос (кому?) *to ask a question (of whom?)*

8. несмотря на (кого? что?)

   несмотря на то, что…

   in spite of

   in spite of the fact that…

ПРИМЕЧА́НИЯ

1. **Александровский сад** расположен у стен Кремля. В Александровском саду находится Могила Неизвестного солдата.
2. **Лужники**—район около Москвы-реки. В Лужниках находятся Центральный стадион имени Ленина, выставка и большой спортивный комплекс.
3. **Дом дружбы** в Москве находится на Калининском проспекте. Там организуют кинофестивали, принимают делегации гостей и друзей. Оттуда направляют (*send*) выставки в зарубежные страны.

ДОПОЛНИ́ТЕЛЬНЫЙ МАТЕРИА́Л

Время

You have learned to answer the questions

Ско́лько вре́мени? (Кото́рый час?)

Во ско́лько? (В кото́ром часу́?)

in this way:

Ско́лько вре́мени? (Кото́рый час?)

1.00	Час.	
2.15	Два пятна́дцать.	(2 часа́ 15 мину́т)
3.21	Три два́дцать одна́.	(3 часа́ 21 мину́та)
4.32	Четы́ре три́дцать две.	(4 часа́ 32 мину́ты)
5.45	Пять со́рок пять.	(5 часо́в 45 мину́т)

Во ско́лько? (В кото́ром часу́?)

(At) 6:00	В шесть.	(В шесть часо́в.)
(At) 7:10	В семь де́сять.	(В 7 часо́в 10 мину́т.)
(At) 8:30	В во́семь три́дцать.	(В 8 часо́в 30 мину́т.)
(At) 9:53	В де́вять пятьдеся́т три.	(В 9 часо́в 53 мину́ты.)

In conversation, Russians are more likely to express time in a different way. They regard the period of time between an hour and half past that hour as being the *next* hour expressed as an *ordinal* number.

перви́й час

второ́й час

тре́тий час

четвёртый час

пя́тый час

шесто́й час

Сколько времени? (Который час?)

Уже второй час.	*It's already after one.*
Начало третьего.	*It's a bit after two.*
Одна минута четвёртого.	*3:01 (1 minute of the 4th [hour])*
Две минуты пятого.	*4:02 (2 minutes of the 5th)*
Десять минут шестого.	*5:10 (10 minutes of the 6th)*
Четверть седьмого.	*6:15 (quarter of the 7th)*
Двадцать одна минута восьмого.	*7:21 (21 minutes of the 8th)*
Двадцать три минуты девятого.	*8:23 (23 minutes of the 9th)*
Двадцать пять минут десятого.	*9:25 (25 minutes of the 10th)*
Половина одиннадцатого.	*10:30 (half of the 11th)*

Time expressions which involve the second half of the hour are expressed *without two*, *three*, *four*, *etc.* This requires that you learn the genitive case of the numbers. Refer to **ГРАММА́ТИКА**.

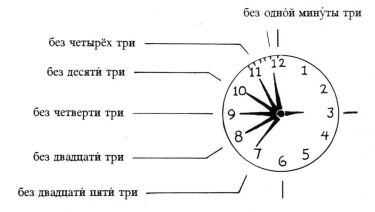

Сколько времени? (Который час?)

1.31	Без двадцати девяти два (without 29 two).
2.32	Без двадцати восьми три.
3.39	Без двадцати одной минуты четыре.
4.45	Без **четверти** пять.
5.55	Без пяти шесть.
6.56	Без четырёх семь.
7.57	Без трёх восемь.
8.58	Без двух девять.
9.59	Без одной минуты десять.
10.00	Десять часов.

Во ско́лько (в кото́ром часу́) вы сего́дня пришли́ на рабо́ту?
(In time expressions with the preposition **без**, **в** is omitted.)

В семь (часо́в).	*(At) 7:00.*
В пять мину́т восьмо́го.	*(At) 7:05.*
В че́тверть восьмо́го.	*(At) 7:15.*
В полови́не восьмо́го.	*(At) 7:30.*
Без двадцати́ во́семь.	*(At) 7:40.*
Без че́тверти во́семь.	*(At) 7:45.*
Без четырёх во́семь.	*(At) 7:56.*
Без одно́й мину́ты во́семь.	*(At) 7:59.*
В во́семь (часо́в).	*(At) 8:00.*

Approximate time is expressed by placing **часа́/часо́в** in front of **в**.
Во ско́лько (в кото́ром часу́) вы встаёте?

Часо́в в во́семь.   *(At) about 8:00.*

A.M. is **но́чи** or **утра́**; P.M. is **дня** or **ве́чера**. For Russians, *night* (**ночь**) does not begin until around 11 P.M.

Я вчера́ лёг/легла́ в час **но́чи**.	*(1 A.M.)*
Сего́дня я встал(а) в 4 часа́ **утра́**.	*(4 A.M.)*
Мы обе́дали в 2 часа́ **дня**.	*(2 P.M.)*
На́ши го́сти прие́дут в 7 часо́в **ве́чера**.	*(7 P.M.)*

Note also:

по́лдень	*noon*
по́лночь	*midnight*

УПРАЖНЕ́НИЯ

A. Соста́вьте предложе́ния по образца́м.

Образе́ц: Кто нашёл **мой чемода́н**? *Who found my suitcase?*
         Его́ нашёл э́тот ма́льчик. *That boy found it.*

1. мой слова́рь/э́тот студе́нт
2. моя́ ру́чка/э́ти де́ти
3. ва́ше письмо́/го́рничная
4. ваш па́спорт/дежу́рная

Образе́ц: **Бори́с** потеря́л **свой портфе́ль**, *Boris lost his briefcase,*
         но я уве́рен, что его́   *but I'm sure that it*
         ско́ро найду́т.   *will be found soon.*

1. На́ша дочь/своя́ су́мка
2. Мой сын/свой фотоаппара́т
3. Тури́сты/свои́ де́ньги
4. Роди́тели/свои́ де́ти

Образец: **Мы** долго искали **профес-** We looked for the professor
сора, но не могли его a long time, but couldn't
найти. find him.

1. Мама/папа   2. Миша/свои друзья   3. Дежурная/горничная

Образец: **Мне** кажется, что **вы** It seems to me that
меня избегаете. you are avoiding me.

1. Иван/вы/он   3. Наташа/ты/она
2. Сергей Иванович/мы/он   4. Саша и Маша/я/они

Образец: **Мы** только вчера прилетели We arrived from
из **Ленинграда**. Leningrad only
yesterday.

1. Эти туристы/Москва
2. Этот молодой человек/Болгария
3. Эта группа/Кавказ

Образец: Мы с **Олегом** ходили в Oleg and I went to Luzhniki.
Лужники.

1. Я + Борис/ходить/Александровский сад
2. Я + Сергей Петрович/ходить/опера
3. Я + Анна Борисовна/ходить/балет
4. Я + Аня/ходить/кино
5. Я + родители/ездить/Чёрное море
6. Я + друзья/ездить на каникулы/Москва
7. Я + товарищи/летать в отпуск/Кавказ
8. Я + дети/летать/бабушка/Сибирь

Образец: В каких **странах** вы были? What countries were you in?

1. города   2. парки   3. республики   4. музеи

Образец: **Антон** несогласен со своими Anton disagrees with his
родителями. parents.

1. Аня/свои сёстры
2. Туристы/свои руководители
3. Профессор/свои коллеги

Образец: Там мы встретились с **этими** We met with these people
людьми. there.

1. эти американские туристы
2. эти хорошие мальчики и девочки
3. эти русские преподаватели

Образе́ц: **Вади́м** пообеща́л **свои́м** *Vadim promised his friends*
         друзья́м, что вернётся   *he would return*
         в **че́тверть пя́того.**   *at 4:15.*

1. О́ля/роди́тели/6:30.
2. Шко́льники/учителя́/9:45.
3. Экскурсово́д/тури́сты/10:55.

Образе́ц: На **вокза́ле** укра́ли мою́ *My book was stolen at the*
         кни́гу.   *railroad station.*

1. выставка/паспорт   3. кино́/фотоаппара́т
2. стадио́н/сумка   4. собра́ние/де́ньги

Образе́ц: **Вам** повезло́.   *You were lucky.*

1. Я   2. Мы   3. Они́   4. Ты   5. Она́
6. Он   7. Ива́н   8. Ната́ша   9. Серге́й

Образе́ц: **Вы** урони́ли **бума́жник** в *You dropped your wallet in*
         коридо́ре.   *the hall.*

1. Ми́ша/кни́га/библиоте́ка
2. А́ня/сумка/аудито́рия
3. Профе́ссор/слова́рь/столо́вая

Б. Соверше́нный и́ли несоверше́нный вид?

  1. **(по)иска́ть**
     а. —Что ты (*are looking for*)?
         —Я (*am looking for*) свою́ ша́пку.
         —(*Look*) в сосе́дней ко́мнате.
         —Хорошо́, я (*will look*) там.
     б. —Вы свою́ шля́пу нашли́?
         —Нет, я до́лго (*searched*), но не нашёл/нашла́.
     в. Да́же е́сли они́ до́лго ([*will*] *search for*), они́ Вади́ма не найду́т.

  2. **находи́ть/найти́**
     а. —Где вы (*found*) мой портфе́ль?
         —В столо́вой, за телеви́зором.
     б. —Ты (*found*) свою́ сумку?
         —Ещё нет, но я уве́рена, что я её ско́ро (*will find*).
     в. На́дя ча́сто теря́ет ве́щи, но она́ их в конце́ концо́в всегда́
        (*finds*).

3. (по)теря́ть

    а. —Вы что-нибудь (*did lose*)?

       —Да, я (*have lost*) мои́ часы́.

    б. —Вася часто (*loses*) свои́ очки́?

       —Нет, но вчера́ он (*lost*) и очки́, и часы́.

    в. —Я не хочу́ брать твою́ кни́гу. Я бою́сь, что я её (*will lose*).

       —Ну что ты! Ты её не (*will lose*).

       —Нет, я всегда́ всё (*lose*).

4. задава́ть/зада́ть (вопро́сы)

    а. Этот студе́нт всегда́ (*asks*) интере́сные вопро́сы.

    б. —Мо́жно (*ask*) ещё не́сколько вопро́сов?

       —Пожа́луйста, я люблю́, когда́ студе́нты (*ask*) у́мные во-
про́сы.

    в. Анто́н всегда́ (*asked*) глу́пые вопро́сы.

    г. Ната́ша сего́дня (*asked*) Сегре́ю Анто́новичу о́чень
интере́сный вопро́с о сле́дствиях[4] диалекти́ческого материа-
ли́зма[5].

    д. По-мо́ему, е́сли вы ([*will*] *ask*) ему́ этот вопро́с, он на него́ не
отве́тит.

5. убира́ть/убра́ть

    а. —Здесь ещё ([*they*] *are cleaning up*)?

       —Нет, го́рничная уже́ (*has cleaned up*) эти ко́мнаты и пошла́
на тре́тий эта́ж.

    б. —Почему́ здесь ещё не ([*they*] *have cleaned up*)?

       —Одну́ мину́точку. Я сейча́с (*will clean up*). Го́рничная,
кото́рая обы́чно здесь (*cleans up*), сего́дня больна́.

    в. —Кто (*will be cleaning*) на этом этаже́?

       —Фёкла. Когда́ она́ ко́нчит (*cleaning*) на четвёртом этаже́,
она́ придёт сюда́ к нам.

6.   { узнава́ть/узна́ть   *to recognize*
      { (у)зна́ть   *to know/to find out*

    а. —Когда́ мы (*will find out*), кто сдал контро́льную?

       —Это вы (*will find out*) за́втра у́тром, в полови́не восьмо́го.

    б. Е́сли Са́ша бу́дет на собра́нии, вы его́ (*will recognize*).

    в. Как вы (*found out*), что я потеря́л свой бума́жник?

    г. Как вы (*recognized*) их в толпе́?

    д. Этот профе́ссор никогда́ никого́ не (*recognizes*).

---

[4] сле́дствие = результа́т

[5] **диалекти́ческий материали́зм** *dialectical materialism*

7. встреча́ться/встре́титься

    а. В про́шлом году́ мы ча́сто (*met*) со свои́ми друзья́ми, а тепе́рь мы с ни́ми ре́дко (*meet*).

    б. Дава́йте (*meet*) на Кра́сной пло́щади в полови́не двена́дцатого.

    в. Когда́ вы бу́дете в Москве́, вы ка́ждый день (*will meet*) с москвича́ми. Москвичи́ о́чень общи́тельные лю́ди.

    г. Без че́тверти два мы (*met*) с на́шими друзья́ми в Алекса́ндровском саду́.

В. Соста́вьте предложе́ния во мно́жественном числе́.

    Образе́ц: Мы уже́ бы́ли в э́том музе́е.
                  Мы уже́ бы́ли в **э́тих музе́ях**.

    1. Мы уже́ бы́ли в **э́том общежи́тии**.
    2. Мой роди́тели провели́ неде́лю в **э́том санато́рии**.
    3. Тури́сты до́лго смотре́ли карти́ны в **э́той галере́е**.

    Образе́ц: Что сказа́ла экскурсово́д об **э́той широ́кой у́лице**?
                  Что она́ сказа́ла об **э́тих широ́ких у́лицах**?

    1. Что сказа́ла экскурсово́д об **э́том но́вом университе́те**?
    2. Что сказа́ла го́рничная об **э́той сове́тской газе́те**?
    3. Что сказа́ла дежу́рная об **э́том ста́ром рестора́не**?

Г. Отве́тьте на вопро́сы.

    Образе́ц: О ком они́ говоря́т? (э́ти молоды́е лю́ди)
                  Они́ говоря́т об э́тих молоды́х лю́дях.

    1. О ком они́ говоря́т? (э́ти сове́тские врачи́)
                          (э́ти америка́нские де́ти)
                          (твои́ сосе́ди)
                          (мои́ бра́тья)
                          (ва́ши сёстры)
                          (его́ друзья́)
                          (э́ти англича́не)
    2. О чём они́ говоря́т? (э́ти больши́е краси́вые города́)
                          (э́ти прекра́сные ста́рые дере́вья)

Д. Слова́ в ско́бках поста́вьте в пра́вильном падеже́.

    1. Мы сего́дня бы́ли на (все пло́щади) Москвы́.
    2. Са́ша говори́т, что он всегда́ ду́мает то́лько о (ва́жные ве́щи).
    3. Э́ти лю́ди всегда́ говоря́т то́лько о (свои́ до́чери).
    4. На (две́ри) вися́т плака́ты.

Е. Дайте множественное числó.

Образéц: Я помогáю **брату**.   Я помогáю братьям.

1. Дети мешáют **этому человéку** рабóтать.
2. Маша пообещáла **сестрé**, что онá пойдёт с **ней** на лекцию.
3. Что вы посовéтуете **этому турúсту** взять на первое?
4. Я должен завтра отвéтить **своему товáрищу** на письмó.
5. Я позвонúл(а) **этой девушке** сегóдня утром.
6. Ваня подарúл **своемý другу** книги.
7. Завтра у нас будет контрóльная рабóта по **этому урóку**.
8. Сегóдня вечером мы идём к **своемý приятелю**.

Ж. Состáвьте предложéния во множественном числé.

Образéц: Студéнты в общем довóльны **свойм профéссором**.
         Студéнты в общем довóльны **свойми профессорáми**.

1. В Лужникáх мы познакóмились с **русским студéнтом**.
2. **Какúм словарём** вы пользуетесь на занятиях?
3. Мы ходúли в теáтр с **этой красúвой русской балерúной**.
4. Турúсты интересовáлись **этим старым зданием**.
5. Все считáют **этого студéнта умным человéком**.

З. Отвéтьте на вопрóсы.

Образéц: Кем онú стали? (учителя́)
         Онú стали учителя́ми.

1. Кем стали ваши дети? (хулигáны)
2. Кем стали Рокфéллеры? (богáтые капиталúсты)
3. Кем станут твоú сыновья́? (врачú)
4. С чем вы хотúте пирожóк? (грибы́)
5. С кем вы ходúли в Кремль? (эти молоды́е люди)
6. С кем игрáли ваши дети? (эти русские дети)
7. С кем вы соглáсны? (мой друзья́)
8. **Чем вы недовóльны**? (мой новые очкú)

И. Отвéтьте на вопрóсы.

Образéц: Ваня, ты не можешь мне одолжúть[6] два рубля́?
         К сожалéнию, нет. У меня́ нет двух рублéй.

1. Саша, ты не можешь мне одолжúть три рубля́?
2. Маша, ты не можешь мне одолжúть четы́ре рубля́?
3. Миша, ты не можешь мне одолжúть пять рублéй?
4. Гриша, ты не можешь мне одолжúть двадцать шесть рублéй?

---

[6]**одолжúть**   *to lend / loan*

Образец: Мама, дай мне, пожалуйста, две копейки.
              У меня нет двух копеек.

1. Папа, дай мне, пожалуйста, три копейки.
2. Бабушка, дай мне, пожалуйста, тридцать шесть копеек.
3. Саня, дай мне, пожалуйста, сорок восемь копеек.
4. Юрочка, дай мне, пожалуйста, пятьдесят пять копеек.

К. Ответьте на вопросы.

Образец: Вы были только в одном городе? (2)
              Нет, мы были в двух городах.

1. Вы были только в одном доме? (3)
2. Вы были только в одной стране? (4)
3. Вы были только в одном музее? (5)
4. Вы были только в одной школе? (6)

Л. Поставьте **один/одна/одно** в правильном падеже.

1. Сегодня на занятии профессор говорил только об (один) уроке.
2. Я читал (а) об этом только в (одна) газете.
3. Мы жили в (одно) общежитии, а они—в другом.
4. Я вчера вечером прочитал(а) только (одна) книгу.
5. Я знаю здесь только (один) человека.
6. У нас была контрольная только по (один) уроку.
7. Мы видели только (одно) озеро, но там много озёр.

М. Сколько времени? (Который час? Сколько на ваших?)

Н. В котором часу (во сколько) вы прилетели в Москву?

О. Слова в скобках переведите на русский язык.

1. Если вы (*see*) Ивана Антоновича, скажите ему, что я приду сегодня в 2 часа.
2. Если ты ему это (*tell*), он поймёт, что ему надо сделать.
3. Если Наташа (*comes* [*on foot*]) в два часа, мы с ней пойдём гулять по улице Горького.
4. Если вы (*return*) до двух часов, давайте пообедаем вместе.
5. —Если ты (*read*) эту книгу сегодня вечером, скажи мне об этом завтра.
   —Хорошо, если я её (*read*), я тебе скажу.
6. —Если вы (*find*) мой паспорт, скажите, пожалуйста, дежурной.
   —Хорошо, если я его (*find*), я ей скажу.
7. Когда (*comes*) мистер Картер, скажите ему, что его паспорт нашли.
8. —Когда я (*am*) в Сочи, я буду лежать на пляже, загорать и купаться каждый день.
9. Когда (*arrives*) такси, скажите мне, пожалуйста. Я буду у себя в номере.

П. Прилагательные в скобках поставьте в правильном падеже.

1. Я очень люблю (зимняя) погоду.
2. Мы 2 часа гуляли по (Летний) саду.
3. Колхозники говорят о (весённие) дождях.
4. В этом году я очень доволен/довольна (осённие) розами.
5. Дайте, пожалуйста, (вчерашний) номер этой газеты.
6. У нас нет (вчерашний) номера.
7. Что там сказали о (лишние) билетах?
8. (Лишние) билетов, к сожалению, у нас нет.
9. Вы уже прочитали (сегодняшняя) «Правду»?

P. Запо́лните про́пуски.

1. **кто-нибудь**

   а. _____ звони́л мне?

   б. Вы спроси́ли _____ об э́том?

   в. Вы сказа́ли _____, что вы бы́ли больны́?

   г. Вы там рабо́тали с _____?

   д. Да́йте э́ту кни́гу _____! Она́ мне бо́льше не нужна́.

   е. Они́ писа́ли вам о _____?

2. **кто-то**

   а. Вам _____ звони́л, когда́ вы бы́ли в го́роде.

   б. Мы ви́дели вас с _____ на конце́рте.

   в. Они́ е́дут в Сан-Франци́ско. Они́ _____ там зна́ют.

   г. —Где ва́ша жена́? —Она́ пошла́ к _____.

   д. Студе́нты говоря́т о _____.

3. **что-нибудь**

   а. Вы хоти́те, что́бы я купи́л _____ для него́?

   б. Купи́те ему́ _____ ко дню рожде́ния.

   в. Вы бы́ли _____ о́чень за́няты?

   г. Когда́ я бу́ду в Оде́ссе, я куплю́ вам _____; ещё не зна́ю что.

   д. Вы хоти́те _____?

4. **что-то**

   а. Он сказа́л _____ и ушёл.

   б. За́втра я расскажу́ вам о _____ о́чень интере́сном.

   в. Я, ка́жется, _____ не по́нял.

   г. Вы, по-ви́димому, _____ недово́льны.

   д. _____ ему́ здесь не нра́вится.

C. Запо́лните про́пуски.

1. **где-нибудь, где-то; куда́-нибудь, куда́-то**

   а. —Они́ вчера́ е́здили _____?

      —Да, они́ е́здили _____ и купи́ли све́жие абрико́сы.

   б. —Он тепе́рь _____ рабо́тает?

      —Да, он рабо́тает _____ на заво́де.

   в. —Наш бы́вший профе́ссор тепе́рь преподаёт _____ в Сре́дней А́зии.

   г. —Где ва́ша сестра́? Она́ ушла́ _____?

      —Да, она́ сего́дня у́тром ушла́ _____ и сказа́ла, что вернётся дово́льно по́здно.

2. **отку́да-нибудь, отку́да-то**

   а. Он вчера́ получи́л откры́тку _____ .

   б. Он _____ узна́л, что она́ тепе́рь живёт в Оде́ссе.

   в. Он иногда́ _____ получа́ет письма?

3. **как-нибудь, как-то**

   а. —Вы думаете, что вы это _____ сделаете?

   —Да, всё можно сделать _____ .

   б. Он плохо знает русский язы́к, но он _____ написа́л мне это письмо́ по-ру́сски.

4. **когда́-нибудь, когда́-то**

   а. —Вы бы́ли _____ в Сове́тском Сою́зе?

   —Да, я был там прошлым летом.

   б. —Вы _____ пое́дете в Кана́ду?

   —Да, я _____ пое́ду туда́, может быть, ещё в этом году́.

   в. —Вы _____ учи́лись русскому языку́?

   —Да, я _____ учи́лся, но потом забы́л.

   г. —Вы _____ ви́дели этот бале́т?

   —Да, я _____ ви́дел, но это было давно́.

   д. —Вы знаете этого челове́ка?

   —Да, мы где-то, _____ познако́мились.

5. **почему́-нибудь, почему́-то**

   а. —Вы пое́дете с нами за́ город?

   —Нет, му́жу _____ не хо́чется.

   б. —Ваши дети пошли́ в парк?

   —Нет, они́ _____ реши́ли, что лучше оста́ться дома.

   в. Если вы _____ не сможете пойти́ в церковь, позвони́те мне.

   г. —Где Ваня?

   —Не знаю. Он _____ ещё не пришёл.

6. **чей (-ья, -ьё, -ьи)-нибудь, чей (-ья, -ьё, -ьи)-то**

   а. _____ маши́на стои́т перед вашим домом?

   б. —Вы нашли́ _____ вещи?

   —Да, нашёл.

   в. —Вы видели _____ книгу в этой комнате?

   —Да, _____ книга лежи́т там, на столе́.

7. **како́й (-а́я, -о́е, -и́е)-нибудь, како́й (-а́я, -о́е, -и́е)-то**

   а. —Кто-нибудь мне звони́л сегодня?

   —Да, звони́л _____ молодой челове́к. Он хоте́л что-то узна́ть о _____ вечере.

6. —Ваш брат будет сегодня дома?

—Нет, он идёт к _____ студентам играть в шахматы.

Вопросы

1. Вы когда-нибудь теряли паспорт?
2. Вы на лекциях часто задаёте вопросы?
3. Вы часто носите джинсы?
4. У вас длинные или короткие волосы?
5. Вы думаете, что все молодые люди с длинными волосами—хулиганы?
6. Вам везёт?
7. Сколько лет вашим родителям?
8. Вы когда-нибудь встречались с советскими людьми? Где вы с ними встречались?
9. Вы часто встречаетесь с друзьями?
10. В каких странах вы уже были?
11. У вас есть часы? Вы довольны своими часами? Они идут правильно?
12. Вы когда-нибудь пробовали пирожки с грибами?
13. Вы думаете, что Рузвельт, Кеннеди и Никсон были хорошими президентами?
14. Вы интересуетесь иностранными языками?
15. Какими языками вы занимаетесь (или занимались)?
16. В каких больших американских городах вы были?
17. Какой из этих городов вам больше всего нравится? Почему?
18. Как выглядит ваш профессор русского языка сегодня?

Перевод

1. If you lose your passport, tell the *dezhurnaya*.
2. Where are your (hotel) rooms?
   On the sixth floor.
3. Do you happen to know what time it is?
   Nine-thirty.
   Oh (**Ax**), if I don't hurry, I'll be late for the concert.
4. We searched for our friends all morning, but couldn't find them.
5. Excuse me, please, have you already cleaned our room?
   Yes, I have.
6. With whom did you go to the ballet?
   With my parents and their friends.
7. Where did you get acquainted with these people?
   At Luzhniki.
8. Leonid Ilich thinks that all young people with long hair are hooligans.

9. I'm so glad that (they) found my camera!
   Yes, you were lucky.
10. What time will our bus arrive?
    I think at eight-twenty.
    No, it will come at quarter to nine.
    When it comes, we will tell you.
11. You dropped a book.
    Thanks very much.
12. In spite of the bad weather, my friends and I went to the stadium.
13. Did you find my wallet?
    No, but if I find it, I'll tell you.
14. What did you give your friends?
    I gave them books and records.
15. Is the borsch tasty?
    Yes, very. Try it. You'll like it!
16. Did anyone call me?
    Yes, someone called three times.
17. I'm going to Moscow tomorrow. I'll buy something there for my parents.
18. Someone told me that you lost your passport.
    Yes, I did. I hope someone finds it.

ГРАММА́ТИКА

THE DATIVE, INSTRUMENTAL
AND PREPOSITIONAL PLURAL
Дательный, твори́тельный и предло́жный падежи́
Мно́жественное число́

Оконча́ния существи́тельных

Дательный паде́ж:	**-ам** (*hard*), **-ям** (*soft*)
Твори́тельный паде́ж:	**-ами** (*hard*), **-ями** (*soft*)
Предло́жный паде́ж:	**-ах** (*hard*), **-ях** (*soft*)

Кто? Что?	студе́нт ы	комнат ы	окн а
Кому́? Чему́?	студе́нт ам	комнат ам	окн ам
Кем? Чем?	студе́нт ами	комнат ами	окн ами
О ком? О чём?	студе́нт ах	комнат ах	окн ах

Кто? Что?	музе́ и	портфе́л и	тетра́д и	мор я́
Кому́? Чему́?	музе́ ям	портфе́л ям	тетра́д ям	мор я́м
Кем? Чем?	музе́ ями	портфе́л ями	тетра́д ями	мор я́ми
О ком? О чём?	музе́ ях	портфе́л ях	тетра́д ях	мор я́х

In the instrumental plural, the nouns **лю́ди, де́ти,** and **до́чери** take the endings **-ьми́**.

Мы ходи́ли на вы́ставку с э́тими $\left\{\begin{array}{l}\text{людьми́.}\\ \text{детьми́.}\end{array}\right.$

Роди́тели согла́сны со свои́ми дочерьми́.

The nouns **дверь** and **ло́шадь** may take either of these endings: **-я́ми, -ьми́**.

дверь $\left\{\begin{array}{l}\text{дверя́ми}\\ \text{дверьми́}\end{array}\right.$ ло́шадь $\left\{\begin{array}{l}\text{лошадя́ми}\\ \text{лошадьми́}\end{array}\right.$

Оконча́ния прилага́тельных

Да́тельный паде́ж: **-ым** (hard), **-им** (soft) (Sp. Rule 1)
Твори́тельный паде́ж: **-ыми** (hard), **-ими** (soft) (Sp. Rule 1)
Предло́жный паде́ж: **-ых** (hard), **-их** (soft) (Sp. Rule 1)

Кто? Что?	хоро́ш ие	но́в ые	си́н ие	брю́ки
Кому́? Чему́?	хоро́ш им	но́в ым	си́н им	брю́кам
Кем? Чем?	хоро́ш ими	но́в ыми	си́н ими	брю́ками
О ком? О чём?	хоро́ш их	но́в ых	си́н их	брю́ках

Кто? Что?	мо й	тво й	наш и	ваш и
Кому́? Чему́?	мо и́м	тво и́м	наш им	ваш им
Кем? Чем?	мо и́ми	тво и́ми	наш ими	ваш ими
О ком? О чём?	мо и́х	тво и́х	наш их	ваш их

Кто? Что?	э́ти	те	все
Кому́? Чему́?	э́тим	тем	всем
Кем? Чем?	э́тими	тсми	все́ми
О ком? О чём?	э́тих	тех	всех

To the verbs that take objects in the dative case, add:

Как я вам завúдую!

(по)звонúть (по телефóну)   *to call (on the telephone)*

Я вам позвоню сегóдня вéчером.

(по)обещáть   *to promise*

Вадúм пообещáл нам, что он вернётся через час.

ADDITIONAL COMMENTS ON THE INSTRUMENTAL CASE

1. *...and I* is expressed in Russian *We with...*

Мы с Ивáном и Тамáрой вчерá ходúли в óперу.	*Ivan, Tamara and I went to the opera yesterday.*

2. Note that the expression **довóлен, -льна, -о, -ы (кем? чем?**) does not employ the preposition **с**, but **соглáсен, -сна, -о, -ы (с кем? с чем?)** does.

Родúтели довóльны мной.	*My parents are satisfied with me.*
Профéссор соглáсен **со** студéнтами.	*The professor agrees with the students.*

3. To the verbs that take objects in the instrumental case, add **считáть (когó? что? кем? чем?)**:

Онú считáют Вадúма óчень **хорóшим инженéром.**	*They consider Vadim to be a very good engineer.*

STRESS SHIFTS AND IRREGULARITIES IN THE PLURAL

The stress shifts and irregularities of the nominative plural for the most part carry through in the oblique cases (with some variations in the genitive plural).

Кто? Что?	брáтья	лю́ди	англичáне	сёстры	именá
Когó? Чегó?	брáтьев	людéй	англичáн	сестёр	имён
Комý? Чемý?	брáтьям	лю́дям	англичáнам	сёстрам	именáм
Когó? Что?	брáтьев	людéй	англичáн	сестёр	именá
Кем? Чем?	брáтьями	людьмú	англичáнами	сёстрами	именáми
О ком? О чём?	брáтьях	лю́дях	англичáнах	сёстрах	именáх

Some nouns that end in -ь have stressed endings in all plural cases except the nominative and the inanimate accusative. The following are commonly used nouns of this type.

Единственное число

Кто? Что?	дверь дочь мать площадь вещь гость

Множественное число

Кто? Что?	двери	дочери	матери
Кого? Чего?	дверей	дочерей	матерей
Кому? Чему?	дверям	дочерям	матерям
Кого? Что?	двери	дочерей	матерей
Кем? Чем?	дверями	дочерьми	матерями
О ком? О чём?	дверях	дочерях	матерях

Кто? Что?	площади	вещи	гость
Кого? Чего?	площадей	вещей	гостей
Кому? Чему?	площадям	вещам	гостям
Кого? Что?	площади	вещи	гостей
Кем? Чем?	площадями	вещами	гостями
О ком? О чём?	площадях	вещах	гостях

THE ACCUSATIVE, GENITIVE AND PREPOSITIONAL CASES OF CARDINAL NUMBERS
Винительный, родительный и предложный падежи числительных

Cardinal numbers are declined in all cases. Since the genitive, accusative, and prepositional are most frequently used, only these cases are introduced in this first-year course; however, the dative and instrumental forms may be found in the Appendix.

1: Only the masculine *inanimate*/feminine/neuter/and *inanimate* plural accusative forms do not take adjectival endings.

Кто? Что?	Кого? Что?	Кого? Чего?	О ком? О чём?
один	{ один одного	одного	об одном
одна	одну́	одно́й	об одно́й
одно́	одно́	одного́	об одно́м
одни́	{ одни́ одни́х	одни́х	об одни́х

2–4: The genitive, the *animate* accusative, and the prepositional are identical, as are the nominative and the *inanimate* accusative.

Кто? Что?	Кого? Что?	Кого? Чего? О ком? О чём?
два/две	{ два/две двух	двух
три	{ три трёх	трёх
четы́ре	{ четы́ре четырёх	четырёх

5–10: Since numbers that end in **-ь** are feminine, they do not change in the accusative. Note the stress shift to the ending in the genitive and prepositional.

Кто? Что? Кого? Что?	Кого? Чего? О ком? О чём?
пять	пяти́
шесть	шести́
семь	семи́
восемь	восьми́
девять	девяти́
десять	десяти́

11–19: There is no stress shift in the genitive and prepositional.

Кто? Что? Кого? Что?	Кого? Чего? О ком? О чём?
оди́ннадцать	оди́ннадцати
двена́дцать	двена́дцати
трина́дцать	трина́дцати
четы́рнадцать	четы́рнадцати

20–80: Note the stress shift in 50, 60, 70, 80 and the substitution of -**и**- for -**ь**-.

Кто? Что? Кого? Что?	Кого? Чего? О ком? О чём?
двадцать	двадцати́
тридцать	тридцати́
сорок	сорока́
пятьдеся́т	пяти́десяти
шестьдеся́т	шести́десяти
семьдесят	семи́десяти
восемьдесят	восьми́десяти

90–100: There is no stress shift.

Кто? Что? Кого? Что?	Кого? Чего? О ком? О чём?
девяно́сто	девя́носта
сто	ста

200–400: Note the stress shift.

Кто? Что? Кого? Что?	Кого? Чего?	О ком? О чём?
двести	двухсо́т	двухста́х
триста	трёхсо́т	трёхста́х
четы́реста	четырёхсо́т	четырёхста́х

500–1000: There is no stress shift.

Кто? Что? Кого? Что?	Кого? Чего?	О ком? О чём?
пятьсо́т	пятисо́т	пятиста́х
шестьсо́т	шестисо́т	шестиста́х
семьсо́т	семисо́т	семиста́х
восемьсо́т	восьмисо́т	восьмиста́х
девятьсо́т	девятисо́т	девятиста́х
тысяча	тысячи	тысяче

When a noun is modified by a number in an oblique case (one that differs from the nominative), that noun (and its modifiers) are in the same case as the number. If the number is not or does not end in **один/одна/одно**, the plural of the noun (and its modifiers) is used.

У меня один рубль.

У меня два рубля.

У меня пять рублей.

На собрании было три русских инженера.

Мы видели три новых театра.

У меня нет *одного рубля.*

У меня нет *двух рублей.*

У меня нет *пяти рублей.*

Я там встретил *трёх русских инженеров.*

Мы были в *трёх новых театрах.*

INDEFINITE PRONOUNS, ADJECTIVES, AND ADVERBS

Certain pronouns, adjectives, and adverbs may be made indefinite by the addition of the particles **-то** or **-нибудь** (**-нибудь** conveys a more indefinite feeling than **-то**):

кто-то	*someone*	кто-нибудь	*someone (or other), anyone*
что-то	*something*	что-нибудь	*something (or other), anything*

1. In *questions* and *commands* use **-нибудь**:

Кто-нибудь мне звонил?

Дайте мне **что-нибудь** почитать.

*Did **anyone** phone me?*

*Give me **something** to read.*

2. In statements in the *past tense* use **-то**:

Кто-то мне сказал, что вы скоро уедете.

Студент подошёл к профессору и сказал ему **что-то**.

***Someone** told me that you are leaving soon.*

*The student walked up to the professor and said **something** to him.*

3. In statements in the *present tense* use **-то** unless a repeated action is involved:

Кто-то хочет с вами поговорить.

Когда я очень занят, **кто-нибудь** всегда хочет со мной поговорить.

***Someone** wants to speak with you.*

*Whenever I am very busy, **someone** always wants to speak with me.*

4. In statements in the *future tense*, **-нибудь** is most often used, but **-то** is possible when the person or thing involved is known:

Сюда́ должен **кто-нибудь** прийти́.	**Someone (or other)** is supposed to come.
—Знаешь, к нам сего́дня **кто-то** придёт.	You know, **someone** is coming to see us today.
—Да? Кто?	Really? Who?
—Сам уви́дишь.	You'll see for yourself.

Кто-то (-нибудь) and **что-то (-нибудь)** are declined regularly (**-то** and **-нибудь** remain constant, however):

Nominative:	кто-то (-нибудь)	что-то (-нибудь)
Genitive:	кого́-то (-нибудь)	чего́-то (-нибудь)
Dative:	кому́-то (-нибудь)	чему́-то (-нибудь)
Accusative:	кого́-то (-нибудь)	что-то (-нибудь)
Instrumental:	кем-то (-нибудь)	чем-то (-нибудь)
Prepositional:	о ком-то (-нибудь)	о чём-то (-нибудь)

Other words that are commonly used with the particles **-то** and **-нибудь** are:

где	*where (at)*
где-то	*somewhere*
где-нибудь	*somewhere (or other), anywhere*
куда́	*where (to)*
куда́-то	*somewhere*
куда́-нибудь	*somewhere (or other), anywhere*
отку́да	*where (from)*
отку́да-то	*from somewhere*
отку́да-нибудь	*from somewhere (or other), from anywhere*
как	*how*
как-то	*somehow, in some way*
как-нибудь	*somehow, someway (or other), (in) any way*
когда́	*when*
когда́-то	*sometime*
когда́-нибудь	*sometime (or other), any time*

почему́	*why*
почему́-то	*for some reason*
почему́-нибудь	*for some reason (or other), for any reason*

чей	*whose*
чей-то	*someone's, somebody's*
чей-нибудь	*someone's, somebody's, anyone's, anybody's*

како́й	*which, what kind of*
како́й-то	*some kind (sort) of*
како́й-нибудь	*some kind (sort) of, any kind (sort) of*

FUTURE TENSE STATEMENTS THAT BEGIN WITH ЕСЛИ/КОГДА́

In English, when the dependent clause of a complex sentence begins with the words *if* or *when* and the time of the activity in both the dependent and the independent clause is in the future, we use the present tense in the dependent clause (even though the meaning clearly is future) and the future tense in the independent clause only.

> *If* I *see* him tomorrow, I *will tell* him that you were here.
>
> *When* he *arrives*, I *will show* him these papers.

Obviously in the first sentence the person has not yet seen the person in question; the meaning therefore must be future, yet we use a verb in the present tense. In the second example it is clear that the person in question has not yet arrived; therefore, the meaning once again must be future, but the verb is in the present tense. It is only in the second (independent) clause that the tense is made obvious.

In Russian, the verbs in *BOTH* clauses of this type are in the *FUTURE*.

Если я его́ завтра **уви́жу**, я ему́ **скажу́, что вы** бы́ли здесь.	*If I (will) see him tomorrow, I'll tell him that you were here.*
Когда́ он **придёт**, я ему́ **покажу́** э́ту фотогра́фию.	*When he comes (will come), I'll show him this photograph.*

SOFT ADJECTIVES
Прилага́тельные с мя́гкими оконча́ниями

Adjectives derived from the seasons, **сего́дня**, **вчера́**, and **за́втра** are soft.

о́сень	осе́нний, -яя, -ее, -ие
зима́	зи́мний, -яя, -ее, -ие
весна́	весе́нний, -яя, -ее, -ие
ле́то	ле́тний, -яя, -ее, -ие
сего́дня	сего́дняшний, -яя, -ее, -ие
вчера́	вчера́шний, -яя, -ее, -ие
за́втра	за́втрашний, -яя, -ее, -ие

НО́ВЫЕ ВИДОВЫ́Е ПА́РЫ ГЛАГО́ЛОВ

to meet (with)	встреча́ться (I) (с кем?)
	встре́титься (II): встре́чусь, встре́тишься, -ятся
to ask questions	задава́ть (I) вопро́сы: задаю́, -ёшь, -ю́т
	зада́ть (I–II) вопро́сы: зада́м, -да́шь, -да́ст, задади́м, задади́те, зададу́т; за́дал, -ла́, -ло, -ли
to avoid	избега́ть (I) (кого́? чего́?)
	избежа́ть (II) (кого́? чего́?): избегу́, избежи́шь, избегу́т
to find	находи́ть (II): нахожу́, нахо́дишь, -ят
	найти́ (I): найду́, -ёшь, -у́т; нашёл, -шла́, -шло́, -шли́
to clean, tidy up	убира́ть (I)
	убра́ть (I): уберу́, -ёшь, -у́т; убра́л, -ла́, -ло, -ли
to recognize (perfective also means *to find out*)	узнава́ть (I): узнаю́, -ёшь, -ю́т
	узна́ть (I): узна́ю, -ешь, -ют

to drop	роня́ть (I)
	урони́ть (II)
to be lucky	(по)вести́ (I) (кому́?): Мне (по)везёт /(по)везло́.
to call (on the phone)	звони́ть (II) (кому́?)
to search / look for	(по)иска́ть, (I): (по)ищу́, -ешь, -ут
to promise	(по)обеща́ть (I) (кому́? что?)
to lose	(по)теря́ть (I)
to steal	(у)кра́сть (I): (у)краду́, -ёшь, -у́т
	укра́л, -ла, -ло, -ли

СЛОВА́РЬ

For imperfective-perfective verb pairs, see **НОВЫЕ ВИДОВЫ́Е ПАРЫ ГЛАГО́ЛОВ**.

бассе́йн	*swimming pool*
Бог	*God*
бума́жник	*wallet*
бюро́	*office*
бюро́ обслу́живания	*Service Office*
в конце́ концо́в	*finally, in the end*
Всё равно́.	*It doesn't matter. Any way*
Мне (тебе́ и т.д.) всё равно́	*I (you, etc.) don't care.*
всю́ду	*everywhere*
вы́глядеть (II) (сов. вида нет.)	*to look, appear*
вы́гляжу, вы́глядишь, -ят	
Как вы хорошо́ вы́глядите!	*How nice you look!*
горничная	*maid, cleaning woman*
дежу́рная	*woman in charge of a floor in a hotel*
диплома́тия	*diplomacy*
дру́жба	*friendship*
зарубе́жный	*foreign*
звоно́к (мн.ч. -нки́)	*bell*
ина́че	*otherwise*
кинофестива́ль (м.)	*film festival*

коллéга (м.)	*colleague*
конгрéсс	*congress, assembly, meeting*
коридóр	*corridor*
крýглый	*round*
крýглый год	*the year round*
ложь (ж.) (Мн.ч. нет.)	*lie*
наúвный	*naive*
несмотря́ (на когó? на что?)	*in spite (of)*
несмотря́ на то, что…	*in spite of the fact that…*
нóмер (мн.ч. -á)	*hotel room; number*
обслýживание	*service*
общúтельный	*sociable*
орáкул	*oracle*
организовáть (I)	*to organize*
(несов. и сов. вид)	
организýю, -ешь, -ют	
половúна	*half*
потéря	*loss*
проспéкт	*avenue*
руководúтель (м.) (ж. -ница)	*leader*
случúться (II) (сов.)	*to happen* (perfective)
Что случúлось?	*What happened?*
соглáсен, соглáсна, -о, -ы	*agree (with someone / about*
(с кем? с чем? / в чём?)	*something)*
сосéдний, -яя, -ее, -ие	*neighboring, next door*
съезд (на)	*meeting, congress*
фестивáль (м.)	*festival*
хулигáн	*hooligan, juvenile delinquent*
что-нибудь	*something, anything*
ширóкий	*wide, broad*
эквивалéнт	*equivalent*

Конéц двадцать вторóго урóка.

Двадцать третий урок

ДИАЛО́Г А
Встреча на улице Руставе́ли в Тбили́си

Грузи́н: Вы урони́ли плёнку.	*Georgian: You dropped your film.*
Тури́стка: Ах, да. Спаси́бо большо́е.	*Tourist: Oh, yes. Thank you very much.*
Грузи́н: Вы из Приба́лтики[1]?	*Georgian: Are you from one of the Baltic republics?*
Тури́стка: Нет, я из Кана́ды.	*Tourist: No, I'm from Canada.*
Грузи́н: Пра́вда?	*Georgian: Really?*
Тури́стка: Да, но роди́тели мои́х роди́телей ро́дом с Кавка́за.	*Tourist: Yes, but my parents' parents were born in the Caucasus.*

---

[1]Приба́лтика—Эсто́ния, Латвия и Литва́.

Грузи́н: Зна́чит, вы грузи́нка!

Тури́стка: Нет, я ру́сского происхожде́ния.

Грузи́н: Но у вас грузи́нские глаза́... тёмные, заду́мчивые ...

Тури́стка: Спаси́бо за комплиме́нт, но дава́йте поговори́м о бо́лее интере́сных веща́х, чем мои́ глаза́.

Georgian: So you're a Georgian!

Tourist: No, I'm of Russian descent.

Georgian: But you have Georgian eyes... dark, pensive...

Tourist: Thanks for the compliment, but let's talk about more interesting things than my eyes.

ДИАЛО́Г Б
Мо́жно вас пригласи́ть в рестора́н?

Грузи́н: Мо́жно вас пригласи́ть в рестора́н, вон там, над го́родом? Там мо́жно поговори́ть, закуси́ть. И по пути́ я покажу́ вам моги́лу ма́тери Ста́лина.

Тури́стка: Спаси́бо за приглаше́ние, но не могу́. Экскурсово́д сказа́ла, чтобы мы верну́лись в гости́ницу не по́зже полови́ны двена́дцатого, а уже́ че́тверть двена́дцатого.

Грузи́н: А вы не хоте́ли бы ещё раз встре́титься ве́чером?

Тури́стка: К сожале́нию, не могу́. Я пообеща́ла, что пойду́ сего́дня ве́чером к друзья́м, с кото́рыми я познако́милась вчера́ в Ботани́ческом саду́.

Грузи́н: Ну что ж, я наде́юсь, что вы хорошо́ проведёте вре́мя у нас в Тбили́си.

Тури́стка: Большо́е спаси́бо. До свида́ния.

Грузи́н: Счастли́во.

Georgian: Could I invite you to the restaurant over there above the city? You can talk and have a bite to eat there. And on the way I'll show you Stalin's mother's grave.

Tourist: Thanks for the invitation, but I can't. The tour guide told us to return to the hotel no later than 11:30, and it's already 11:15.

Georgian: Would you like to meet again in the evening?

Tourist: Unfortunately, I can't. I promised that tonight I would go to see some friends whom I met yesterday at the Botanic Garden.

Georgian: Well, I hope that you will have a good time here in Tbilisi.

Tourist: Thanks very much. Goodbye.

Georgian: So long.

Грузинская семья

ТЕКСТ ДЛЯ ЧТЕНИЯ
Кавка́з

Кавка́з—это горная страна́ на юге Сове́тского Сою́за, между Каспи́й-ским и Чёрным моря́ми. Кавка́з во многих отноше́ниях похо́ж на Калифóрнию. На верши́нах высо́ких гор ещё лежи́т глубо́кий снег, в то время как в тёплых доли́нах уже́ созрева́ют фрукты и овощи. На Кавка́зе расту́т не только яблоки, груши, сливы, абрико́сы и персики, но также и апельси́ны, лимо́ны, грейпфру́ты и мандари́ны. На виногра́дниках собира́ют зелёный, розовый и чёрный виногра́д, из кото́рого делают замеча́тельные кавка́зские вина.

Люди на Кавка́зе очень гостеприи́мные. Они́ часто приглаша́ют госте́й к себе́ домо́й и угоща́ют их вино́м, шампа́нским, коньяко́м и экзо-ти́ческими кавка́зскими блюдами.

Террито́рия Кавка́за включа́ет в себя́ три сове́тских социалис-ти́ческих респу́блики: Грузи́нскую, Армя́нскую и Азербайджа́нскую[2]. Грузи́нская ССР (или просто Грузия)—это краси́вая горная страна́ с населе́нием приблизи́тельно в 6 миллио́нов челове́к, из кото́рых 900 тысяч живёт в столи́це—Тбили́си. Главная улица этого живопи́сного

---

[2] Грузи́нская, Армя́нская и Азербайджа́нская ССР

дре́внего го́рода но́сит и́мя грузи́нского поэ́та-гумани́ста 12-го ве́ка Шота́ Руставе́ли[3].

Го́род Баку́, столи́ца Азербайджа́на,—кру́пный[4] центр нефтяно́й промы́шленности[5], располо́жен пря́мо на берегу́ Каспи́йского мо́ря. Большинство́ азербайджа́нцев—мусульма́не. Они́ при́няли эту рели́гию в 7-о́м ве́ке, когда́ находи́лись под ара́бским госпо́дством.

Арме́ния—это дре́вняя страна́ с населе́нием приблизи́тельно в 2 миллио́на челове́к. Ерева́н, столи́ца Арме́нии, нахо́дится недалеко́ от грани́цы СССР с Ту́рцией и Ира́ном. В Эчмиадзи́не, бы́вшей столи́це Арме́нии, мо́жно уви́деть одну́ из са́мых ста́рых церкве́й христиа́нского ми́ра. Эту це́рковь постро́или в 4-м ве́ке.

Армя́нский анекдо́т

Одна́жды грузи́н реши́л доказа́ть армяни́ну превосхо́дство культу́ры своего́ наро́да.

—Вот к нам в Гру́зию прие́хали архео́логи. Копа́ли, копа́ли, копа́ли и нашли́ кусо́чек про́волоки.

—Что ж из э́того?[6]—спроси́л армяни́н.

—Как «что»? Ты́сячу лет наза́д у нас в Гру́зии был телегра́ф, а ты говори́шь: «Что ж из э́того»?

—Пустяки́[7],—сказа́л армяни́н.—У нас то́же копа́ли, копа́ли и … ничего́ не нашли́. Во![8]

—Ну вот ви́дишь!—обра́довался[9] грузи́н.

—Что «ви́дишь»?—сказа́л армяни́н.—У нас в то вре́мя уже́ был беспро́волочный телегра́ф![10]

ВЫРАЖЕ́НИЯ

1. ро́дом из/с (чего́?)   *were born in*
2. Счастли́во.   *So long.*

---

[3]**Шота́ Руставе́ли** не склоня́ется.

[4]кру́пный = большо́й, ва́жный

[5]нефтяна́я промы́шленность   *crude oil industry*

[6]*So what?*

[7]*That's nothing.*

[8]*How about that!*

[9]*said happily*

[10]*the wireless*

3. во мнóгих отношéниях — *in many respects / ways*

4. в то врéмя, как (или: когдá) — *while, during the time that, when*

5. угощáть/угостить (когó?) (чем?) — *to treat (someone)(to)*

6. включáть/включить в себя — *to include*

7. носить имя (когó?) — *to bear the name of*

8. докáзывать/доказáть (комý?) превосхóдство (чегó?) — *to prove (to someone) the superiority (of)*

ПРИМЕЧÁНИЕ

Могила мáтери Стáлина нахóдится на клáдбище на склóне горы́ мéжду цéнтром гóрода Тбилиси и пáмятником «Мать-Грýзия». Стáлин (егó настоя́щее имя Иóсиф Виссариóнович Джугашвили) был грузин. Он родился в 1879-ом годý в Тбилиси и ýмер в 1953-ем годý в Москвé. Совéтские лю́ди Стáлина никогдá не забýдут.

ДОПОЛНИТЕЛЬНЫЙ МАТЕРИÁЛ

Фрýкты

абрикóс	*apricot*
ананáс	*pineapple(s)*
апельсин	*orange*
банáн	*banana(s)*
виногрáд	*grape(s)*
вишня	*cherry*
грейпфрýт	*grapefruit*
грýша	*pear*
лимóн	*lemon*
мандарин	*tangerine*
пéрсик	*peach*
слива	*plum*
я́блоко (мн.ч. я́блоки)	*apple*

Овощи

баклажа́н	*eggplant*
боб (мн.ч. -ы́)	*bean(s)*
горо́х	*pea(s)*
капу́ста	*cabbage*
карто́шка (карто́фель [м.])	*potato(es)*
лук	*onion(s)*
морко́вь (ж.)	*carrot(s)*
огуре́ц (мн.ч. огурцы́)	*cucumber*
помидо́р	*tomato(es)*
сала́т	*lettuce*
свёкла	*beet(s)*

Ягоды

земляни́ка	*wild strawberries*
клубни́ка	*strawberries*
черни́ка	*blueberries*
мали́на	*raspberries*

Хлеб

пшени́ца	*wheat*
рожь (ж.)	*rye*
ячме́нь (м.)	*barley*
кукуру́за	*corn*
гречи́ха	*buckwheat*

Други́е

огоро́д	*vegetable garden*
фрукто́вый сад	*orchard*
виногра́дник (на)	*vineyard*
тачка	*wheelbarrow*
лопа́та	*shovel*
(вс)паха́ть (I) (трактором)	*to plow (with a tractor)*
пашу́, -ешь, -ут	
(вы́)копа́ть (I) (лопа́той)	*to dig (up) (with a shovel)*
полива́ть (I)/поли́ть (II)	*to water*
полью́, -ёшь, -ю́т	
выра́щивать (I)	*to raise, cultivate*
урожа́й	*harvest, crop*
неурожа́й	*crop failure*

УПРАЖНЕНИЯ

A. Составьте предложения по образцам.

Образец: Мои родители родом с   *My parents were born in the*
Кавказа.   *Caucasus.*

1. Урал   2. Крым   3. Сибирь   4. Прибалтика

Образец: Я **русского** происхождения.   *I'm of Russian descent.*

1. украинское   2. польское   3. чешское   4. белорусское

Образец: **Анатолий** пригласил   *Anatole invited Natasha*
Наташу на **балет, и**   *to the ballet, and she*
она согласилась.   *agreed (to go).*

1. Надя/своя приятельница/   3. Петровы/эти амери-
концерт   канские туристы/обед
2. Мои родители/свои друзья/   4. Мои друзья/я/футбол
ужин

Образец: Экскурсовод сказал, чтобы   *The guide told us to return*
мы вернулись в **гостиницу**   *to the hotel at 5:10.*
в **десять минут шестого.**

1. я/автобус/5.15
2. эта туристка/ресторан/5.25
3. все/Красная площадь/5.30
4. водитель/сюда/5.45

Образец: Я пообещал(а), что **пойду к**   *I promised I would go see*
своим друзьям.   *my friends.*

1. Мы/быть дома без двадцати восемь
2. Они/вернуться сюда через 20 минут
3. Я/показать этим туристам могилу Достоевского
4. Экскуросовод/угостить нас мороженым
5. Ты/остаться здесь до пяти

Образец: Я останусь в **Тбилиси**   *I'll stay in Tbilisi until*
до четверга.   *Thursday.*

1. Москва/пятница   3. Кавказ/понедельник
2. Ленинград/воскресенье   4. Крым/среда

Образе́ц: **Кавка́з** во мно́гих отноше́ниях   *The Caucasus in many*
похо́ж на **Калифо́рнию**.   *respects is similar to*
California.

1. Кавка́з/Нева́да
2. Калифо́рния/Ита́лия
3. Ру́сские/америка́нцы
4. Озеро Та́хо/о́зеро Байка́л

Образе́ц: Нас угоща́ли **вино́м**.   *They treated us to wine.*

1. шампа́нское
2. пи́во
3. лимона́д
4. квас
5. моро́женое
6. пирожки́ с гриба́ми
7. пельме́ни
8. заку́ски

Образе́ц: **Э́ту це́рковь** постро́или   *This church was built*
в **четвёртом** ве́ке.   *in the fourth century.*

1. Э́тот собо́р/шестна́дцатый
2. Э́та галере́я/девятна́дцатый
3. Э́то зда́ние/двадца́тый

Б. Соверше́нный и́ли несоверше́нный вид?

1. **остава́ться/оста́ться**
   а. На́ша гру́ппа (*will stay*) в Тбили́си до вто́рника.
   б. Мы (*stayed*) на конце́рте до полови́ны девя́того, а пото́м
   пошли́ к свои́м друзья́м.
   в. Обы́чно я (*stay*) в Москве́ бо́льше неде́ли, но в э́тот раз я
   (*stayed*) то́лько 3 дня.

2. **приглаша́ть/пригласи́ть**
   а. Мы ча́сто (*invite*) свои́х друзе́й на у́жин.
   б. Е́сли ты ([*will*] *invite*) На́дю в теа́тр, я уве́рен(а), что она́
   согласи́тся.
   в. Ма́ша (*invited*) меня́ на да́чу, но я не мог(ла́) пое́хать.
   г. Дава́йте (*invite*) Са́шу пойти́ с на́ми в о́перу.

3. **соглаша́ться/согласи́ться**
   а. Когда́ меня́ приглаша́ют на у́жин, я всегда́ (*agree*).
   б. Ва́ня пригласи́л э́ту америка́нскую студе́нтку на бале́т, и она́
   (*agreed*).
   в. Я сказа́л, что Ми́ша ненорма́льный, и все со мной (*agreed*).

4. **собира́ть/собра́ть**
   а. На Кавка́зе уже́ в сентябре́ ([*they*] *are picking*) виногра́д.

    б. —Вы ещё (*are picking*) яблоки?

       —Нет, яблоки мы ужé (*have picked*).

    в. —Когдá вы (*will be picking*) абрикóсы и персики?

       —Абрикóсы мы ужé (*are picking*), а персики (*will pick*) через две недéли.

5. (по)стрóить

    а. —В прошлом годý мы (*built*) дачу в лесý.

       —Сколько времени вы её (*were building*)?

       —Пять месяцев.

    б. В будущем годý я собирáюсь (*get built*) и дачу, и гарáж.

    в. —Чем занимáется Волóдя?

       —Он (*builds*) домá.

В. Что он сказáл/онá сказáла/онú сказáли?

    а. —Я завтра улетáю в Тбилúси.

       Он сказáл, что он…

    б. —Я вернýсь в гостúницу без пятú восемь.

       Онá сказáла, что онá…

    в. —Я остáнусь в Тбилúси до суббóты.

       Он сказáл, что…

    г. —Мы родилúсь и выросли в колхóзе недалекó от Еревáна.

       Онú сказáли, что онú…

    д. —Я всё утро буду копáть картóфель в огорóде.

       Онá сказáла, что онá…

    е. —Мы помóжем вам найтú ключ.

       Онú сказáли, что онú…

    ж. —Я хотéл бы пригласúть вас в ресторáн.

       Он сказáл, что он…

    з. —Мы уронúли плёнку.

       Онú сказáли, что онú…

Г. Состáвьте предложéния по образцáм.

    Образéц: Вы должны́ здесь быть в половúне девя́того.

              Я хочý, чтобы вы здесь были в половúне девя́того.

1. Ты должен здесь быть в четверть первого.
2. Онú должны́ вернýться к автóбусу через 15 минýт.
3. Онá должнá мне помóчь это сделать.
4. Ты должнá как можно скорéе уйтú.
5. Олéг должен сам мне это сказáть.

Образе́ц: прочита́ть эту кни́гу:
Скажи́те Саше, чтобы он прочита́л эту кни́гу.

1. написа́ть роди́телям письмо́
2. пойти́ в шко́лу как мо́жно скоре́е
3. купи́ть буты́лку молока́
4. никому́ ничего́ об этом не говори́ть

Д. Соста́вьте предложе́ния по образца́м.

Образе́ц: Этот портфе́ль **но́вый**. Этот портфе́ль **нове́е**.

1. Эта река́ **дли́нная**.
2. Это упражне́ние **тру́дное**.
3. Этот пирожо́к **вку́сный**.
4. Сего́дня пого́да **холо́дная**.
5. Эта кни́га **тяжёлая**.
6. Эти де́ти **у́мные**.
7. Этот пацие́нт **здоро́вый**.

Образе́ц: Этот уро́к **трудне́е**, чем два́дцать пе́рвый.
Это—**бо́лее тру́дный** уро́к, чем два́дцать пе́рвый.

1. Эта кварти́ра **краси́вее**, чем на́ша.
2. Это общежи́тие **старе́е**, чем то, в кото́ром живу́ я.
3. Эти часы́ **доро́же**, чем те.
4. Этот расска́з **скучне́е**, чем тот, кото́рый ты чита́л.

Образе́ц: Ива́н ста́рше, **чем** Бори́с.   Ива́н ста́рше **Бори́са**.

1. Влади́мир моло́же, чем Серге́й.
2. Река́ Во́лга ши́ре, глу́бже и длинне́е, чем Дон.
3. Этот уро́к ле́гче, чем два́дцать второ́й.
4. Ва́ши очки́ деше́вле, чем мой.
5. Вы говори́те по-францу́зски лу́чше, чем Анато́лий Ива́нович.

Е. Запо́лните про́пуски.

Образе́ц: Вы пи́шете **бы́стро**, но вы могли́ бы писа́ть **побыстре́е**.

1. Вы чита́ете гро́мко, но вы...
2. Они́ говоря́т ти́хо, но они́...
3. Беф-стро́ганов вку́сный, но он...
4. Пого́да сего́дня тёплая, но она́...

Образец: Ваня говори́т **хорошо́**, но Маша говори́т ещё **лу́чше**.

1. Миша чита́ет пло́хо, но Маша…
2. Ты живёшь далеко́ от мо́ря, но мы…
3. Я встаю́ ра́но, но Оле́г…
4. Мы рабо́таем мно́го, но они́…
5. Здесь жа́рко, но в пусты́не…
6. На́дя ест о́чень ма́ло, но Та́ня…

Ж. Соста́вьте предложе́ния по образцу́.

Образец: Вади́му 24 го́да. Мне 23 го́да.
  Вади́м **ста́рше меня́ на́ год.**

1. Отцу́ 46 лет. Ма́тери 41 год.
2. Серге́ю 28 лет. Андре́ю 18 лет.
3. А́нне 22 го́да. Мари́и 17 лет.

З. Запо́лните про́пуски.

Образец: Маша поёт **хорошо́**, но Пе́тя поёт **гора́здо лу́чше Маши.**

1. Серге́й рабо́тает ме́дленно, но Анато́лий…
2. Чёрное мо́ре глубо́кое, но о́зеро Байка́л…
3. Монбла́н высо́кая гора́, но Эвере́ст…
4. Ри́чард Ни́ксон бога́тый челове́к, но Рокфе́ллер…

И. Запо́лните про́пуски.

1. **бо́лее дешёвые ве́щи**
   а. Я хочу́ купи́ть…
   б. У вас нет…?
   в. Вы говори́те о…
   г. Я не интересу́юсь…

2. **бо́лее тру́дные уро́ки**
   а. В э́том уче́бнике нет…, чем 22-ой.
   б. На сле́дующей неде́ле у вас бу́дет контро́льная по…, чем 21-ый.
   в. На про́шлой неде́ле вы прошли́…, чем на э́той неде́ле.
   г. На э́той неде́ле Ива́н Анто́нович говори́л о…, чем 19-ый.
   д. Мы тепе́рь занима́емся…, чем ра́ньше.

3. лучшие студéнты

а. В этом университéте нет..., чем Волóдя и Саша Куропáткины.

б. Профессорá говорили о... нашего университéта.

в. Вчерá мы ходили к... нашего университéта.

г. Я хочý познакóмиться с... нашего университéта.

д. Сегóдня на собрáнии я встретил... нашего университéта.

К. Переведите словá в скобках.

1. Тóля хорошó игрáет в карты, он ещё лучше игрáет в шашки, но (*best of all*) он игрáет в шахматы.

2. Миша говорит по-английски хорошó, Оля говорит ещё лучше, но (*best of all*) говорит Алёна.

Вопрóсы

1. Вы были когдá-нибудь в горáх? Если да, то где вы были?

2. Какóго вы происхождéния?

3. Кто стáрше: ваша мать или ваш отéц?

4. Кто молóже: вы или Роберт Рéдфорд?

5. Что дорóже: Роллс-Ройс или Форд?

6. Что дешéвле: пиво или шампáнское?

7. Какóй язык прóще: итальянский или русский?

8. Где жáрче: на Аляске или на Гавáйях?

9. Где бывáет зимóй холоднéе: в Сибири или во Франции?

10. Где надо говорить тише: на стадиóне или в библиотéке?

11. Кто говорит грóмче: вы или ваш преподвáтель/ваша преподавáтельница?

12. Кто богáче: Рокфéллер или Миша Шмальц?

13. Что бóльше: лимóн или грейпфрýт?

14. Что мéньше: абрикóс или яблоко?

15. Какáя рекá длиннéе: Вóлга или Дон?

16. Какóе óзеро глубже: Мичигáн или Байкáл?

17. Какáя горá выше: Эверéст или Эльбрýс?

18. Скóлько штатов включáют в себя Соединённые Штаты Амéрики?

19. Какие фрýкты вы бóльше всегó любите?

20. Когдá собирáют яблоки, сливы, персики и абрикóсы?

21. Где растёт виногрáд?

22. В каких штатах в США хорошó растýт лимóны, апельсины, грейпфрýты и мандарины?

23. Где вы родились и выросли?

Перевóд

1. Boris Petrovich promised us that he would come no later than two o'clock.
2. Vanya always treats me to ice cream.
3. Let's go to a cafe.
4. The saleswoman showed my parents a black fur cap, but they didn't like it.
5. Don't bother those people! Do you mean to say you don't see that they're busy?
6. I want you to do that as soon as possible.
7. They want me to stay here until Saturday.
8. Tell Vadim to be here at two thirty.
9. Give Masha the bigger pirozhok.
10. Why did you give me the smaller apple?
11. We work in a newer factory than they do.
12. Vanya is healthier than Oleg.
13. Katya arrived at class later than we did.
14. Work a bit faster!
15. My parents are much smarter than I formerly thought.
16. I am three years older than my brother.
17. The Don River is long, but the Volga is even longer.
18. When will you leave? The sooner the better!

Письменное задáние

Напишúте крáткую (корóткую) автобиогрáфию. Расскажúте о себé, о вашей семьé и о мéсте, где вы родилúсь и выросли.

ГРАММÁТИКА

НÓВЫЕ ГЛАГÓЛЫ

(вы́)растú (I) *to grow*. This verb is used only when one refers to someone/something getting older, larger, etc. It does not mean *to grow* in the sense of *to cultivate*, which is **выра́щивать**.

<table>
<tr><td colspan="2">*растú (I)*</td><td>*Прошéдшее время*</td></tr>
<tr><td>я растý</td><td>мы растём</td><td>он рос</td></tr>
<tr><td>ты растёшь</td><td>вы растёте</td><td>онá рослá</td></tr>
<tr><td>он растёт</td><td>онú растýт</td><td>онó рослó</td></tr>
<tr><td></td><td></td><td>онú рослú</td></tr>
</table>

$$\left.\begin{array}{l}\text{угоща́ть (I)}\\ \overline{\text{угости́ть (II)}}\end{array}\right\}\text{(кого? чем?) } \textit{to treat (someone)(to something)}$$

What one is treated to is in the instrumental case.

Грузи́ны угости́ли америка́нцев шашлыко́м и вино́м.	*The Georgians treated the Americans to shishkabob and wine.*

INDIRECT SPEECH
Ко́свенная речь

In Russian, when one person tells what another person has said, he/she reports what was said *in the same tense* as the original statement. In English, if one says, "Alfred *said*" (in other words, uses the past tense "said") and quotes the person indirectly, then what was said also must be in the past tense.

Original Statement	*Direct Quote*	*Indirect Quote*
Я сего́дня **рабо́таю**.	Он сказа́л: —Я сего́дня **рабо́таю**.	Он сказа́л, что он сего́дня **рабо́тает**.
I am working today.	*He said, "I am working today."*	*He **said** that he **was working** today.*
Я за́втра **куплю́** кни́гу.	Она́ сказа́ла: —Я за́втра **куплю́** кни́гу.	Она́ сказа́ла, что она́ за́втра **ку́пит** кни́гу.
*I'm **going to buy** a book tomorrow.*	*She said, "I'm **going to buy** a book tomorrow."*	*She said she **was going to buy** a book tomorrow.*

ЧТОБЫ

When one person wants another person to do something or asks someone to tell another person to do something, the request clause begins with **чтобы**, and the verb is in the past tense (actually in the subjunctive, but they are identical to one another).

Я хочу́, **чтобы** вы **рабо́тали** за́втра.	*I want **you** to work tomorrow.*
Они́ хотя́т, **чтобы** вы здесь **бы́ли** в час.	***They** want **you** to be here at one o'clock.*
Переда́йте Анто́ну, **чтобы** он **помо́г** мне э́то сде́лать.	*(**You**) tell **Anton** to help me get this done.*
Скажи́те Ната́ше, **чтобы** она́ **пришла́** в 7 часо́в.	*(**You**) tell **Natasha** to come at seven o'clock.*

THE COMPARATIVE DEGREE OF ADJECTIVES AND ADVERBS
Сравнительная степень прилагательных и наречий

A. Adjectives and adverbs have three "degrees": positive, comparative, and superlative.

Positive	Comparative	Superlative
good	better	best
pretty	prettier	prettiest
much/many	more	most
interesting	more interesting	most interesting
easily	easier	easiest

You already know how to form the superlative degree of adjectives (with **самый, -ая, -ое, -ые**). The comparative degree of adjectives is formed by placing **более** (*more*) or **менее** (*less*) directly before the adjective. **Более** and **менее** never change their form and are used with nouns of any gender in any case.

Борис Иванович живёт в **более новом** доме, чем мы.	Boris Ivanovich lives in a **newer** house than we do.
Я хочу купить **более красивую** блузку, чем эта.	I want to buy a **prettier** blouse than this one.
У нас нет **более дешёвого** словаря.	We don't have a **cheaper** dictionary.
Это **менее трудный** урок, чем двадцать первый.	This is a **less difficult** lesson than 21.

Four commonly used adjectives cannot be used with **более** or **менее**. They have a special comparative form (which also serves as the superlative).

хороший	**лучший**	*good — better/best*
плохой	**худший**	*bad — worse/worst*
большой	**больший**	*big — bigger/biggest*
маленький	**меньший**	*small — smaller/smallest*

Это **лучший** театр города.	*This is the city's best theater.*
Это **худшие** ученики в этом классе.	*These are the worst pupils in this class.*
Бóльшую часть времени он дома.	*Most of the time he is at home.*
Ваня дал мне **меньший** кусок.	*Vanya gave me the smaller/smallest piece.*

After a comparative adjective with **более** or **менее**, *than* is in Russian **чем**.

<blockquote>

Киев—более краси́вый
город, **чем** Таганро́г.

Kiev is a more beautiful
city than Taganrog.

</blockquote>

Б. The comparative degree of *adverbs* and *predicate adjectives* (those that follow the noun they modify) is formed by dropping the positive degree ending and adding **-ee**. This ending is used for adjectives of all genders, both singular and plural. This "simple" comparative adjective form may *not* stand before the noun it modifies and never is used with a noun in any case but the *nominative*. The ending **-ee** sometimes is shortened to **-ей**.

Positive	но́вый, -ая, -ое, -ые	*new*
Comparative	нове́е	*newer*
Positive	тёплый, -ая, -ое, -ые	*warm*
Comparative	тепле́е	*warmer*
Positive	бы́стро	*quickly*
Comparative	быстре́е	*more quickly*
Positive	интере́сный, -ая, -ое, -ые	*interesting*
Comparative	интере́снее	*more interesting*

Notes on stress:

1. Adjectives and adverbs with a monosyllabic stem have a stress shift to the ending **-ée** (see **нов-, тёпл-, быстр-** above).
2. Adjectives with a polysyllabic stem normally do not have a stress shift (see **интере́сный** above).
3. A small group of adjectives/adverbs have an irregular stress pattern. Practice saying the following words out loud.

Positive Degree *Adjectives*	*Positive Degree* *Adverbs*	*Comparative* *Degree*	
весёлый	ве́село	веселе́е	*happier*
здоро́вый	здо́рово	здорове́е	*healthier*
тяжёлый	тяжело́	тяжеле́е	*heavier*
холо́дный	хо́лодно	холодне́е	*colder*

Examples

На́ша маши́на но́вая, а ва́ша **нове́е**.	*Our car is new, but yours is newer.*
Их дом краси́вый, а ваш **краси́вее**.	*Their house is beautiful, but yours is more beautiful.*
На́дя расска́зывает **интере́снее**, чем Ната́ша.	*Nadya tells stories in a more interesting way than Natasha.*

Some "simple" comparative adjectives/adverbs are irregular and must be memorized. You already know a few of them, specifically хорошó/*лучше*, плохо/*хуже*, много/*больше*, мало/*меньше*, рано/*раньше*, тихо/*тише*, громко/*громче*.

Adjective	Adverb or Neuter Short Adjective	Comparative	
высóкий	высокó	выше	*higher*
низкий	низко	ниже	*lower*
ширóкий	широкó	шире	*wider, broader*
узкий	узко	уже	*narrower*
корóткий	коротко	корóче	*shorter*
лёгкий	легкó	легче	*easier*
глубóкий	глубокó	глубже	*deeper*
дорогóй	дорого	дорóже	*more expensive*
дешёвый	дёшево	дешéвле	*cheaper*
большóй	много	больше	*more*
маленький	мало	меньше	*less*
хорóший	хорошó	лучше	*better*
плохóй	плохо	хуже	*worse*
молодóй	молодо	молóже	*younger*
старый	старо	{ старше	*older*
		{ старéе	*more decrepit*
богáтый	богáто	богáче	*richer*
далёкий	далекó	дальше	*farther*
близкий	близко	ближе	*nearer*
тихий	тихо	тише	*quieter*
громкий	громко	громче	*louder*
жаркий	жарко	жарче	*hotter*
простóй	просто	проще	*simpler*
толстый	толсто	толще	*fatter, thicker*
ранний	рано	раньше	*earlier*
поздний	поздно	{ позже	*later*
		{ позднéе	

The "simple" comparative may be followed by a **чем**-clause, or the noun, pronoun or adjective in the second part of the comparison may occur in the genitive. Under these circumstances, the genitive construction is the more common.

Киев красѝвее, **чем** Таганрóг.
Киев красѝвее Таганрóга.

Kiev is more beautiful
than Taganrog.

Горá Эльбрýс выше, **чем**
Монблáн.
Горá Эльбрýс выше Монблáна.

Mt. Elbrus is taller
than Mt. Blanc.

Надя говори́т по-англи́йски лу́чше, **чем** вы.	*Nadya speaks English better than you do.*
Надя говори́т по-англи́йски лу́чше **вас.**	
Аня сказа́ла, что́бы мы верну́лись не позже, **чем** полови́на двена́дцатого.	*Anya told us to return no later than eleven-thirty.*
Аня сказа́ла, что́бы мы верну́лись не позже полови́ны двена́дцатого.	

To prevent ambiguity, a **чем**-clause *must* be used instead of the genitive whenever the second part of the comparison involves a third-person personal or possessive pronoun. This is necessary because the genitive of **он/она́/оно́/они́** and the possessive pronouns **его́/её/его́/их** are identical. It thus would be impossible to distinguish between *him* and *his*, *her* and *hers*, *it* and *its*, and *their* and *theirs*.

Мой брат ста́рше, чем он.	*My brother is older than **he** is.*
Мой брат ста́рше, чем его́.	*My brother is older than **his***

Adverbs have the simple comparative form *only*; with predicate adjectives, either the simple or the compound form with **бо́лее** may be used. When both items being compared are named, **бо́лее**... is used only with a **чем**-clause, never with the genitive.

Са́ша говори́т по-англи́йски хорошо́.
Ма́ша говори́т по-англи́йски **лу́чше**, чем Са́ша.
Ваш пуло́вер **бо́лее тёплый**, чем мой.
Ваш пуло́вер тепле́е $\begin{cases} \text{моего́.} \\ \text{, чем мой.} \end{cases}$

B. Supplementary information about the comparative:

1. *A (little) bit...er* in Russian is expressed by adding the prefix **по-** to the comparative, just as it is added to verbs to obtain *to...a little while*: **пора́ботать, почита́ть, пописа́ть** и т.д.

побыстре́е	*a (little) bit faster*
поновее	*a (little) bit newer*
полу́чше	*a (little) bit better*

2. *Much...er* is constructed by placing **гора́здо** (*not* **мно́го**) before the comparative.

гора́здо ху́же	*much worse*
гора́здо вы́ше	*much taller*

3. *As...as possible* is **как мо́жно** (+comparative).

как мо́жно скоре́е	*as soon as possible*
как мо́жно быстре́е	*as quickly as possible*
как мо́жно деше́вле	*as cheap(ly) as possible*

4. *Even /still...er* is expressed with **ещё.**

ещё ши́ре	*even wider*
ещё ста́рше	*even older*

5. *The...er the...er* is **чем..., тем...**

чем бо́льше, тем лу́чше	*the bigger (more) the better*
чем скоре́е, тем лу́чше	*the sooner the better*

6. *Better/worse than any**one** else* is **лу́чше/ху́же всех**; *better/worse than any**thing** else* is **лу́чше/ху́же всего́.**

Ната́ша поёт лу́чше всех.	*Natasha sings best of all (better than anyone else).*
Бо́ря игра́ет в те́ннис лу́чше всего́.	*Borya plays tennis best of all (better than he plays any other game).*

НО́ВЫЕ ВИДОВЫ́Е ПА́РЫ ГЛАГО́ЛОВ

to include	включа́ть (I) в себя́
	включи́ть (II) в себя́
to prove	дока́зывать (I)
	доказа́ть (I): докажу́, -ешь, -ут
to stay, remain	остава́ться (I): остаю́сь, -ёшься, -ю́тся
	оста́ться (I): оста́нусь, -ешься, -утся
to invite	приглаша́ть (I)
	пригласи́ть (II): приглашу́, -си́шь, -я́т
to pick, gather, harvest	собира́ть (I)
	собра́ть (I): соберу́, -ёшь, -у́т; собра́л, -ла́, -ло, -ли

to agree (with)	соглашáться (I) (с кем? в чём?)
	согласúться (II) (с кем? в чём?)
	соглашýсь, -сúшься, -я́тся
to ripen	созревáть (I)
	созрéть (I)
to treat	угощáть (I) (когó? чем?)
	угостúть (II) (когó? чем?)
	угощý, -стúшь, -я́т
to dig	(вы́)копáть
to grow (get bigger), develop	(вы́)растú (I): растý, -ёшь, -ýт; рос, -лá, -лó, -лú
to promise	(по)обещáть (I) (комý)
to build	(по)стрóить (II)

СЛОВА́РЬ

For imperfective-perfective verb pairs, see **НОВЫЕ ВИДОВЫ́Е ПАРЫ ГЛАГО́ЛОВ**. For fruits and vegetables, see **ДОПОЛНИ́ТЕЛЬНЫЙ МАТЕРИА́Л**.

азербайджáнец (мн.ч. -нцы; ж. -нка, мн.ч. род. -нок)	*Azerbaijanian*
армянúн (мн.ч. армя́не; ж. -армя́нка, мн.ч. род. -нок)	*Armenian (n.)*
археóлог	*archeologist*
белорýсский	*White Russian*
бóлее	*more* (See **ГРАММА́ТИКА**)
ботанúческий	*botanical*
бы́вший	*former*
вершúна	*top, peak, summit*
виногрáдник (на)	*vineyard*
вы́ше	*higher*
гóрный	*mountainous*
госпóдство	*rule, domination*
гостеприúмный	*hospitable*

гостеприи́мство	*hospitality*
грузи́н (мн.ч. род. грузи́н ж. -ка, мн.ч. род. -нок)	*Georgian*
гумани́ст	*humanist*
доли́на	*valley*
дре́вний, -яя, -ее, -ие	*ancient*
живопи́сный	*picturesque*
заду́мчивый	*thoughtful, pensive*
замеча́тельный	*marvelous*
Ира́н	*Iran*
кла́дбище (на)	*cemetery*
комплиме́нт	*compliment*
конья́к (мн.ч. -и́)	*cognac*
красота́	*beauty*
кусóчек (мн.ч. -чки)	*little piece*
моги́ла	*grave*
мусульма́нин (мн.ч. -ма́не; ж. -ма́нка, мн.ч. род. -нок)	*Moslem*
навсегда́	*forever*
наро́д	*people, ethnic group*
ненорма́льный	*abnormal, insane, crazy*
огорóд	*vegetable garden*
отношéние	*respect, regard, sense, way*
в этом отношéнии	*in this regard / respect*
во многих отношéниях	*in many ways / respects*
плёнка (мн.ч. род. -нок)	*film, cartridge, reel of tape*
позже	*later*
превосхóдство	*superiority*
Приба́лтика	*Baltic region*
приглашéние	*invitation*
проволока	*wire*
происхождéние	*descent, origin*
русского происхождéния	*of Russian descent*
родом (из/с)	*by birth, "was / were born (in)"*
связь (ж.)	*connection*
склон	*slope*
социалисти́ческий	*socialist*
Счастли́во.	*Good-bye. So long.*
телегра́ф	*telegraph*
террито́рия	*territory*

Турция	*Turkey*
христиáнский	*Christian*
чешский	*Czech*
шампáнское	*champagne*
экзотúческий	*exotic*
[egzaţichisķiy]	

Конéц двадцать третьего урóка.

Двадцать четвёртый урок

ДИАЛОГ А
Здесь ничего нет

Анатолий: Дайте буты́лку минера́льной, пожа́луйста.

Девушка: Минера́льная кончилась.

Анатолий: Ничего́, да́йте стака́н фрукто́вого сока.

Девушка: И сок кончился.

Анатолий: Если бы я знал, что здесь ничего́ нет, я бы пошёл в другу́ю столо́вую.

Anatole: Give me a bottle of mineral water, please.

Waitress: We're out of mineral water.

Anatole: All right, give me a glass of fruit juice.

Waitress: We're out of juice, too.

Anatole: If I had known that there was nothing here, I'd have gone to a different cafeteria.

Девушка: Как «ничего нет»? Есть кофе, чай, лимонад.	*Waitress: What do you mean "There's nothing"? There's coffee, tea, and soft drinks.*
Анатолий: Тогда я возьму стакан[1] чаю и порцию сыру с хлебом.	*Anatole: Then I'll take a glass of tea and an order of cheese with bread.*
Девушка: С собой?	*Waitress: To go?*
Анатолий: Да, с собой.	*Anatole: Yes, to go.*
Девушка: Ещё что-нибудь?	*Waitress: Anything else?*
Анатолий: Нет, это всё. Сколько с меня?	*Anatole: No, that's all. How much do I owe?*
Девушка: Сорок две копейки.	*Waitress: Forty-two kopecks.*
Швейцар: Молодой человек, ты куда несёшь еду?	*Doorman: Young man, where are you taking the food?*
Анатолий: На улицу. Хочу поесть вон там, в парке, на свежем воздухе. Это можно?	*Anatole: Outside. I want to eat there in the park, in the fresh air. Is that allowed?*
Швейцар: Можно, можно.	*Doorman: Yes, it is.*
Анатолий: Спасибо	*Anatole: Thanks.*

ДИАЛОГ Б
Сколько лет, сколько зим!

Ольга: Толя! Сколько лет, сколько зим!	*Olga: Tolya! It's been years since I last saw you!*
Анатолий: Олечка, здравствуй! Что ты делаешь в Самарканде?	*Anatole: Olechka, hello! What are you doing in Samarkand?*
Ольга: Работаю в поликлинике врачом. А ты?	*Olga: I work at a clinic as a doctor. How about you?*
Анатолий: Я здесь в командировке. Вот сыр и хлеб. Возьми кусочек.	*Anatole: I'm here on official business. Here's some cheese and bread. Have a piece.*
Ольга: Спасибо, Толя, я только что позавтракала. Ах, как приятно здесь, на скамейке под деревьями!	*Olga: No, thanks, Tolya, I just had breakfast. Oh, how pleasant it is here, on a bench under the trees!*

---

[1]Русские обычно пьют чай не из чашки, а из стакана.

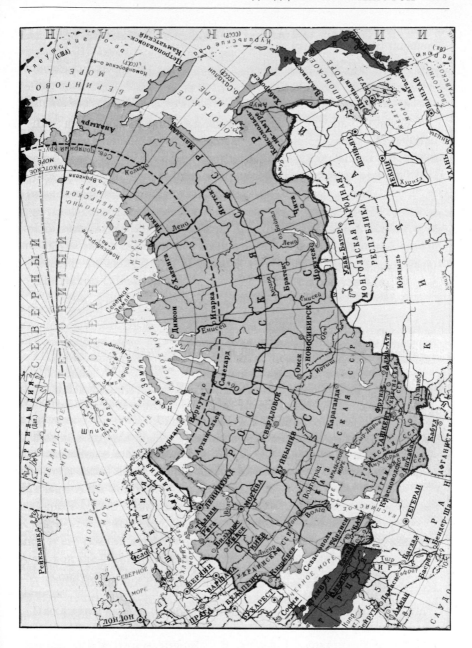

Анато́лий: Оле́чка, посмотри́, вон туда́. Интере́сно, куда́ веду́т э́тих тури́стов? Ви́дишь? В тёмных очка́х, с фотоаппара́тами.

Ольга: Наве́рно, в Гур-Эми́р.

Anatole: Olechka, look over there. I wonder where they're taking those tourists. See? The ones in dark glasses and with cameras.

Olga: Probably to Gur-Emir.

Анато́лий: Нет, вон они́ иду́т к авто́бусу.	*Anatole: No, they're walking towards the bus.*
Ольга: Тогда́ их повезу́т в обсервато́рию Улугбе́ка. Ой! Уже́ четверть девя́того! Мне на́до бежа́ть, а то опозда́ю на рабо́ту!	*Olga: Then they're going to take them to Ulugbek's observatory. Oh! It's already eight-fifteen! I have to run, or else I'll be late to work.*
Анато́лий: Я тоже бегу́. У меня́ собра́ние в полови́не девя́того.	*Anatole: I have to run, too. I have a meeting at eight-thirty.*
Ольга: А дава́й встре́тимся здесь ве́чером, без че́тверти семь.	*Olga: Let's meet here this evening at six forty-five.*
Анато́лий: Дава́й. Ну пока́.	*Anatole: Let's. Well, so long.*
Ольга: Счастли́во.	*Olga: Good-bye.*

ТЕКСТ ДЛЯ ЧТЕНИЯ
Сове́тская Сре́дняя Азия

Сою́з Сове́тских Социалисти́ческих Респу́блик занима́ет бо́льшую террито́рию, чем США, Кана́да и Ме́ксика вме́сте. Ра́зница во вре́мени между Москво́й и Владивосто́ком—7 часо́в, а на Да́льнем Восто́ке со́лнце всхо́дит и захо́дит[2] на 11 часо́в ра́ньше, чем на за́паде. На Кра́йнем Се́вере Сове́тского Сою́за нахо́дится ту́ндра, к ю́гу от ту́ндры начина́ется огро́мная зо́на лесо́в—тайга́, а к ю́гу от тайги́ простира́ются от Алта́я на за́пад безграни́чные сте́пи Сре́дней Азии.

Сове́тская Сре́дняя Азия—страна́ гор, доли́н и пусты́нь. В пусты́нях, кото́рые начина́ются к восто́ку от Каспи́йского мо́ря, кли́мат жа́ркий и сухо́й, но в оа́зисах Узбекиста́на, где мо́жно паха́ть и ороша́ть зе́мли, выра́щивают хло́пок (так называ́емое «бе́лое зо́лото»), виногра́д, рис, арбу́зы. В Туркме́нии разво́дят верблю́дов и прекра́сных лошаде́й, а на скло́нах гор Кирги́зии и Таджикиста́на пасу́тся[3] всё ле́то ло́шади, коро́вы, о́вцы.

Столи́ца Узбекиста́на—Ташке́нт. В Ташке́нте мно́го но́вых зда́ний, так как в 1966-о́м году́ больша́я часть этого го́рода была́ разру́шена землетрясе́нием. Дре́вние столи́цы Узбекиста́на—Самарка́нд и Бухара́. Это—замеча́тельные города́-музе́и, кото́рые посеща́ют тури́сты из всех

---

[2] **всходи́ть и заходи́ть**   *to rise and set*

[3] **пасу́тся**   *graze*

Гур-Эмир

стран мира. В Самарка́нде они́ осма́тривают Гур-Эми́р—это мавзоле́й Тиму́ра[4] и его́ вну́ка Улугбе́ка, вели́кого узбе́кского учёного-астроно́ма. В 1449-ом году́ Улугбе́ка уби́ли за то, что он бо́льше люби́л учи́ться и наблюда́ть звёзды, чем воева́ть. Други́е достопримеча́тельности Самарка́нда: Региста́н, Шахи-Зинда́ и обсервато́рия Улугбе́ка, кото́рая была́ разру́шена по́сле сме́рти её созда́теля, что́бы в Самарка́нде бо́льше не «теря́ли вре́мени» на наблюде́ние звёзд.

Узбе́кская зага́дка

Умира́л ста́рый узбе́к, у кото́рого бы́ло 3 сы́на. Сыновья́ стоя́ли вокру́г отца́ и слу́шали его́ после́днюю во́лю[5].

---

[4] **Тиму́р**   *Tamerlane*

[5] **после́дняя во́ля**   *final request, last will and testament*

—Оста́влю вам семна́дцать верблю́дов, —сказа́л стари́к.—Раздели́те насле́дство так[6]: полови́на насле́дства—ста́ршему сы́ну, треть—сре́днему, девя́тая часть—мла́дшему.

Сказа́л и у́мер. И пе́ред сыновья́ми ста́ла зада́ча. Семна́дцать нельзя́ раздели́ть ни на́ два, ни на́ три, ни на де́вять часте́й.

В э́то вре́мя проезжа́л ми́мо[7] них де́рвиш. Де́рвиш—э́то мусульма́нский мона́х. Он спроси́л, в чём де́ло[8]. Сыновья́ ему́ рассказа́ли. Де́рвиш посове́товал:

—Возьми́те моего́ верблю́да. Тепе́рь у вас не семна́дцать верблю́дов, а восемна́дцать. Полови́на насле́дства—де́вять верблю́дов, треть—шесть, а девя́тая часть—два. А тепе́рь сложи́те чи́сла[9]:

полови́на	9
треть	6
девя́тая часть	2
	17

—Что тако́е?[10] —сказа́л де́рвиш. —Остаётся оди́н верблю́д. Ка́жется, мой верблю́д вам не ну́жен. Ка́ждый из вас и без него́ полу́чит свою́ часть насле́дства.

Сыновья́ бы́ли дово́льны реше́нием де́рвиша, кото́рый улыбну́лся[11] и пое́хал да́льше.

ВЫРАЖЕ́НИЯ

1. …ко́нчился/-лась/-лось/ -лись.   *There isn't any…left.*
2. С собо́й?   *"To go?"* (said in restaurants)
3. на све́жем во́здухе   *in the fresh air*
4. Ско́лько лет, ско́лько зим!   *I haven't seen you for ages!*
5. Ой!   *Oh!*
6. ра́зница во вре́мени   *the time difference*

---

[6]*Divide the inheritance in this way.*

[7]**проезжа́ть ми́мо**   *to ride past*

[8]**В чём де́ло?**   *What's up? What's the problem? What's going on?*

[9]**Сложи́те чи́сла**.   *Add the figures.*

[10]**Что тако́е?**   *What's this?*

[11]**улыба́ться/улыбну́ться**   *to smile*

Молодой узбек готовит шашлыки.

7.	(по)терять время (на кого? на что?)	*to waste time (on)*
8.	разделять/разделить (на кого? на что?)	*to divide (into)*
9.	В чём дело?	*What's up?*
10.	Что такóе?	*What's this?* (expression of surprise)

ПРИМЕЧА́НИЯ

1. Респу́блики Сове́тской Сре́дней А́зии и их столи́цы:

Респу́блики	*Столи́цы*
Таджи́кская ССР (Таджикиста́н)	Душанбе́
Кирги́зская ССР (Кирги́зия)	Фру́нзе
Узбе́кская ССР (Узбекиста́н)	´Ташке́нт
Туркме́нская ССР (Туркме́ния)	Ашхаба́д

2. **Самарка́нд**—дре́вняя столи́ца Узбекиста́на.
3. **Гур-Эми́р**—мавзоле́й Тиму́ра и Улугбе́ка в Самарка́нде.
4. **Региста́н**—медресе́ Улугбе́ка. Медресе́—э́то мусульма́нская шко́ла. На узбе́кском языке́ «**региста́н**» значит «**песча́ное ме́сто**» (*sandy place*).
5. **Шахи-Зинда́**—гру́ппа мавзоле́ев 14-го—15-го веко́в в Самарка́нде.
6. На узбе́кском языке́ сло́во **узбе́к** значит «**сам себе́ хозя́ин**» (*one's own master*). «**Стан**» значит «**ме́сто**».
7. **Алта́й.** Алта́йские го́ры нахо́дятся на грани́це СССР с Монго́лией и Кита́ем (**Кита́й**: *China*). На кита́йском языке́ сло́во «**алта́й**» значит «**зо́лото**».

ДОПОЛНИ́ТЕЛЬНЫЙ МАТЕРИА́Л

Дома́шние живо́тные

соба́ка	*dog*
щено́к (мн.ч. щеня́та)	*puppy*
ко́шка	*cat*
кот	*tomcat*
котёнок (мн.ч. котя́та)	*kitten*
ло́шадь (ж.)	*horse*
жеребе́ц (мн.ч. -бцы́)	*stallion*
жеребёнок (мн.ч. жеребя́та)	*colt*
осёл (мн.ч. ослы́)	*donkey*
коро́ва	*cow*
бык	*bull*
телёнок (мн.ч. теля́та)	*calf*
свинья́ (мн.ч. сви́ньи)	*pig*
поросёнок (мн.ч. порося́та)	*piglet*
овца́ (мн.ч. о́вцы)	*sheep*
ягнёнок (мн.ч. ягня́та)	*lamb*

Домáшние птицы

курица (мн.ч. куры)	*chicken*
петýх (мн.ч. -и́)	*rooster*
цыплёнок (мн.ч. цыплята)	*chick*
утка	*duck*
утёнок (мн.ч. утя́та)	*duckling*
индю́шка	*turkey*
индю́к	*gobbler*
индéйка	*turkey meat*
гусь (м.)	*goose*
гусёнок (мн.ч. гуся́та)	*gosling*

Note: Words that denote the young of animals end in -енок or -ёнок. The plural ending is -я́та and the genitive plural is -я́т: котёнок/котя́та; 2/3/4 котёнка; 5 котя́т.

УПРАЖНÉНИЯ

A. Состáвьте предложéния по образцáм.

Образéц: **Минерáльная** кончилась.   *We're out of mineral water.*

1. Борщ   2. Пельмéни   3. Морóженое

Образе́ц: Éсли бы **он** знал, что   *If he had known that*
здесь **ничего́ нет**,   *there was nothing here,*
он бы пошёл в другу́ю.   *he would have gone to a*
столо́вую   *different cafeteria.*

1. она́/рестора́н   2. они́/кафе́   3. я/библиоте́ка

Образе́ц: Куда́ **вы** несёте еду́?   *Where are you taking (carrying)*
                                    the food?

1. Ты/эта кни́га   2. Они́/эти ве́щи   3. она́/таре́лка

Образе́ц: Куда́ везу́т этих **тури́стов**?   *Where are they taking (by*
                                     vehicle) those tourists?

1. лю́ди   4. америка́нцы
2. де́ти   5. англича́не
3. ло́шади   6. рабо́чие

Образе́ц: **Мне** надо бежа́ть, а то   *I have to run or else*
я опозда́ю на **рабо́ту**.   *I'll be late for work.*

1. Ива́н/ле́кция   3. Эти тури́сты/ужин
2. Ната́ша/конце́рт   4. Эти де́вушки/о́пера

Образе́ц: **Экскурсово́д** ведёт   *The guide is taking (leading*
нас в Гур-Эми́р.   *[on foot]) us to Gur-Emir.*

1. Экскурсово́д/они́/Региста́н
2. Экскурсово́ды/мы/Шахи-Зинда́
3. Я/ты/гости́ница
4. Мы/вы/обсервато́рия

Б. Соверше́нный и́ли несоверше́нный вид?

1. **возвраща́ть/верну́ть**
   а. Коля всегда́ во́время (*returns*) кни́ги в библиоте́ку.
   б. —Вы уже́ (*have returned*) таре́лки в столо́вую? —Ещё нет, но
   я их сейча́с (*will return*).
   в. —Когда́ ты (*will return*) мне мою́ кни́гу? —Ну что ты! Я тебе́
   её (*returned*) на про́шлой неде́ле!

2. **расска́зывать/рассказа́ть**
   а. Васи́лий Ива́нович всегда́ (*was telling*) о свое́й пое́здке в
   Кана́ду.
   б. —Вы хоти́те, чтобы я вам (*told*) о свое́й опера́ции?
   —Нет, не (*tell*).
   в. —(*Tell*), пожа́луйста, об о́пере, кото́рую вы слу́шали в
   Большо́м теа́тре.
   —Хорошо́, я вам (*will tell*).

В. Отвéтьте на вопрóсы.

1. **нести-носить/понести**

Образéц: Кудá вы несёте эти книги? (библиотéка)
    Я несý их в библиотéку.

а. Кудá вы (*are taking*) эти тетрáди? (лéкция)
б. Кудá ты (*are taking*) эти письма? (почта)
в. Кудá (*is taking*) мáльчик эти яблоки? (дом)
г. Кудá (*are taking*) дети эти вéщи? (школа)

Образéц: Вы обычно носите свои книги в портфéле? (рюкзáк)
    Нет, обычно я ношý их в рюкзакé.

а. Вы обычно (*carry*) свои книги в портфéле? (в рукáх)
б. Ты обычно (*carry*) свои книги в рукáх? (портфéль)
в. Мáша обычно (*carries*) свои книги в рюкзакé? (в рукáх)
г. Шкóльники обычно (*carry*) свои книги в рукáх? (рюкзáк)

Образéц: Когдá **Сáша** нёс яблоки домóй, **он** их уронил.

а. Нáдя   б. дети   в. мы   г. я

Образéц: **Я** понесý эти письма на почту, а потóм пойдý в Гур-
    Эмир.

а. Коля   б. Мы   в. Туристы

2. **везти-возить/повезти**

Образец: Куда́ вы везёте эти фру́кты? (база́р)
 Я везу́ их на база́р.

а. Куда́ ты (*are taking*) эти о́вощи? (дом)
б. Куда́ (*is taking*) колхо́зник арбу́зы? (го́род), (база́р)
в. Куда́ (*are taking*) роди́тели дете́й? (шко́ла)

Образец: Вы обы́чно во́зите тури́стов в аэропо́рт на авто́бусе?
  (маши́на)
 Нет, обы́чно я их вожу́ на маши́не.

а. Ты обы́чно (*take*) проду́кты на база́р на маши́не? (грузови́к)
б. Оте́ц обы́чно (*takes*) сы́на в шко́лу на маши́не? (мотоци́кл)
в. Экскурсово́ды обы́чно (*take*) тури́стов в Шахи-Зинду́ на
 трамва́е? (авто́бус)

Образец: Когда́ **колхо́зники** везли́ абрико́сы и пе́рсики в го́род,
  шёл си́льный дождь.

а. Мы   б. я   в. Ната́ша   г. Ди́ма

Образец: **Я** повезу́ дете́й в шко́лу, а пото́м пое́ду на рабо́ту.

а. Све́та   б. Роди́тели   в. Мы

3. вести́-води́ть/повести́

Образец: Куда́ вы ведёте э́тих дете́й? (парк)
 Я веду́ их в парк.

а. Куда́ ты (*are taking*) э́тих лошаде́й? (к реке́)
б. Куда́ (*is taking*) экскурсово́д э́тих люде́й? (музе́й)
в. Куда́ (*are taking*) роди́тели дете́й? (Кра́сная пло́щадь)

Образец: Вы ча́сто во́дите свои́х дете́й в шко́лу? (ка́ждый день)
 Да, я вожу́ их в шко́лу ка́ждый день.

а. Ты ча́сто (*take*) тури́стов по го́роду? (ка́ждая суббо́та) б. Бабушка часто (*takes*) ваших детéй в цéрковь? (кáждое воскресéнье)

в. Учителя́ часто (*take*) шкóльников в музéй? (кáждая недéля)

Образéц: Когдá **экскурсовóд** вёл тури́стов в музéй, бы́ло большóе движéние на у́лицах.

а. я   б. мы   в. Вади́м   г. Натáша

Образéц: **Мы** поведём детéй в кинó, а потóм пойдём в кафé.

а. Я   б. Наши друзья́   в. Алёша

Г. Переведи́те словá в скóбках.

1. —Кудá ты (*are running*)?
   —Я (*am running*) домóй.
2. Вáня всегдá (*runs*). Он óчень лю́бит (*to run*).
3. Я (*will run*) на пóчту, а оттýда пойдý на заня́тия.
4. Когдá они́ (*were running*) в магази́н, они́ встрéтили Нáдю и Пáшу.
5. Мы всё у́тро (*ran*) по гóроду.

Д. Состáвьте предложéния по образцáм.

Образéц: Я óчень рад(а), что вы   Я был(á) бы óчень рад(а),
здесь.   если бы вы бы́ли здесь.

1. Они́ óчень рáды, что вы здесь.
2. Мне жаль, что э́то так.
3. Натáше жаль, что вы так дýмаете.

Образéц: Éсли он полýчит деньги,   Éсли бы он получи́л деньги,
он кýпит э́ту кни́гу.   он купи́л бы э́ту кни́гу.

1. Éсли ты мне напи́шешь, я срáзу отвéчу на твоё письмó.
2. Éсли я его́ сегóдня встрéчу, я емý скажý, что вы здесь.
3. Éсли вы интересýетесь живóтными, я покажý вам нáших лошадéй.
4. Éсли у меня́ бýдет врéмя, я вам помогý сдéлать э́тот перевóд.
5. Éсли тебé нужны́ деньги, я их тебé дам.

Е. Словá в скóбках переведи́те на рýсский язы́к.

1. Бори́с Ивáнович покупáет э́тот арбýз для (*himself*).
2. Я покупáю э́ту шáпку для (*myself*).
3. Тáня сли́шком мнóго говори́т о (*herself*).
4. Я возьмý пирожки́ с (*myself*) [*"with me"*].
5. Дéти готóвят (*themselves*) обéд.

Вопро́сы

1. Вы бы́ли когда́-нибудь в колхо́зе, совхо́зе или на фе́рме?
2. Вы лю́бите рабо́тать на све́жем во́здухе?
3. Вы лю́бите минера́льную во́ду?
4. Вы лю́бите живо́тных?
5. Како́е живо́тное вы лю́бите бо́льше всего́?
6. Каки́е фру́кты и о́вощи выра́щивают в ва́шем шта́те/в ва́шей прови́нции?
7. В ва́шей стране́ быва́ют землетрясе́ния?
8. Вы бои́тесь землетрясе́ний?
9. Вы лю́бите наблюда́ть звёзды?
10. Вы лю́бите бе́гать?
11. Кака́я ра́зница во вре́мени ме́жду Нью-Йо́рком и Сан-Франци́ско? А ме́жду Владивосто́ком и Москво́й?
12. Вы хоте́ли бы полете́ть в Сре́днюю А́зию?
13. Е́сли бы у вас бы́ло мно́го де́нег, что бы вы купи́ли?
14. Е́сли бы у вас бы́ло мно́го де́нег и мно́го свобо́дного вре́мени, что бы вы де́лали?
15. Вы хоте́ли бы стать други́м челове́ком? Е́сли да, кем вы хоте́ли бы быть?

Перево́д

1. Please give me a bottle of champagne.
   We're out of champagne.
2. I'll take a cup of coffee and poppy seed bun.
   To go?
   No, I'm going to eat here in the cafeteria.
3. Where are you carrying the bread?
   I'm taking it home.
4. Every day Boris takes books, notebooks, and dictionaries to class.
5. Our friends drove us around Samarkand.
6. Where are [they] taking the tourists, who are sitting in that bus?
   [They're] taking them to Gur-Emir and then to Ulugbek's observatory.
7. All day the tour guide conducts tourists around Tashkent.
8. Where is that old woman taking those children?
   Probably to church.
9. What are you doing?
   I'm watching television.
   Don't waste time! Let's go the the ballet.
10. Volodya! I haven't seen you for ages!
11. If the weather were good, I would go with you to the park.

12. If I had known that you were going to the concert, I also would have gone.
13. If I had a lot of money, I would fly to Sochi.

Письменное задание

> Напишите краткое сочинение о вашем университете, о ваших профессорах и друзьях.

ГРАММА́ТИКА

THE CONDITIONAL-SUBJUNCTIVE MOOD
Сослага́тельное наклоне́ние

You already know that the subjunctive mood of Russian verbs is formed with the past tense of the verb plus the particle **бы**.

Я хочу́ пойти́ в кино́.	*I want to go to the movies.*
Я хоте́л(а) бы пойти́ в кино́.	*I would like to go to the movies.*

Actually, **бы** can follow the subject, the verb or a modifying word, but it always refers to the verb, regardless of its position.

Я **бы** о́чень хоте́л(а)
Я **о́чень бы** хоте́л(а) } пойти́!   *I would like to go very much!*
Я **о́чень** хоте́л(а) **бы**

The use of **чтобы** with the past tense of the verb also is a subjunctive construction, but **бы** is attached to **что**, and the two clauses have different subjects.

Я хочу́, **чтобы** он **пришёл** в 2 часа́.	*I want him to come at two o'clock.*
Переда́йте ей, **чтобы** она́ **верну́лась** в 7 часо́в.	*Tell her to return at seven o'clock.*

In complex conditional-subjunctive sentences, the conditional clause begins with **е́сли бы** and has a verb in the past tense; the subjunctive clause has a past tense verb + **бы**.

Note that English has two subjunctive constructions, while Russian has only one.

Если бы погода была хорошая, дети пошли бы играть в парк.	*If the weather **were** good, the children **would go** to the park to play (but it's not, so they won't).*
	*If the weather **had been** good, the children **would have** gone to the park to play (but it wasn't, so they didn't).*
Если бы я знал, где она, я бы вам сказал(а).	*If I **knew** where she was, I **would tell** you (but I don't, so I can't).*
	*If I **had known** where she was, I **would have** told you (but I didn't, so I couldn't).*

Note that in the second sentence above in English one says *where she **was***, while in Russian one says *where she **is*** (где она). This occurs because где она is not a part of the conditional-subjunctive clauses; it is a repetition of an implied question, which in Russian is repeated in the tense in which it originally was posed. English "agreement of tenses" requires *where she **was***, as *knew* is a past tense verb form.

Armed with the above information, English speakers tend to want to use бы in every sentence which begins with *if* (если) and/or includes the verb "would." Do not do so unless it is a true conditional-subjunctive statement, namely one which is contrary to fact. When a conditional statement can be fulfilled or one at least believes it can be fulfilled, the verbs in both clauses may be in any tense, but *not* in the conditional-subjunctive. Compare the following sentences.

Если он **купил** эту книгу, он мне **даст** её почитать.	*If he **bought** that book, he **will give** it to me to read.*
Если он **купит** эту книгу, он мне **даст** её почитать.	*If he **buys** that book, he **will give** it to me to read.*
Если бы он **купил** эту книгу, он мне **дал бы** её почитать.	*If he **bought** that book, he **would give** it to me to read (but he isn't going to, so he won't).*
	*If he **had bought** that book, he **would have given** it to me to read (but he didn't, so couldn't).*

ОДНОКРА́ТНЫЕ/НЕОДНОКРА́ТНЫЕ ГЛАГО́ЛЫ ДВИЖЕНИЯ

Review the unidirectional and multidirectional "verbs of going" in Lessons 8, 13, and 16. To those you already know, add *to run*: **бежа́ть/бегать—побежа́ть.**

Однокра́тный	*Неоднокра́тный*	*Сов. вид*	*По-англи́йски*
идти́	ходи́ть	пойти́	*to go, walk*
ехать	ездить	пое́хать	*to go, ride, drive*
лете́ть	лета́ть	полете́ть	*to fly*
бежа́ть (II)	бегать (I)	побежа́ть	*to run*
бегу́, бежи́шь,			
бегу́т			
Беги́(те)!			

"VERBS OF TAKING/BRINGING/ CARRYING/LEADING"

The Russian "verbs of taking/bringing/carrying/leading" follow the same pattern as the "verbs of going." Collectively these unidirectional/multidirectional verbs are referred to as the "Verbs of Motion" (**глаго́лы движе́ния**).

1. Нести́—носи́ть   *to carry* (*take, bring*) *on foot*

Однокра́тный	*Неоднокра́тный*	*Сов. вид*
нести́	**носи́ть**	**понести́**
несу́	ношу́	понесу́
несёшь	носишь	понесёшь
несу́т	носят	понесу́т

Прошедшее время

нёс	носил	понёс
несла	носила	понесла
несло	носило	понесло
несли	носили	понесли

Note the following sentences:

Куда вы **несёте** этот пакёт?	*Where are you taking that package?*
Я **несу** его на почту.	*I'm taking it to the post office.*
Вы часто **носите** книги в портфёле?	*Do you often carry books in your briefcase?*
Нет, обы́чно я **ношу** свой книги просто в руках.	*No, usually I simply carry my books in my arms.*

2. Везти́—вози́ть   *to take (bring, transport) by conveyance*

Однокра́тный	Неоднокра́тный	Сов. вид
везти́	**вози́ть**	**повезти́**
везу́	вожу́ [13]	повезу́
везёшь	возишь	повезёшь
везу́т	возят	повезу́т

Прошёдшее время

вёз	возил	повёз
везла	возила	повезла
везло	возило	повезло
везли	возили	повезли

Note the following sentences:

Куда вы **везёте** эти пакёты?	*Where are you taking those packages?*
Я **везу** их на почту.	*I'm taking them to the post office.*
Экскурсовод **возит** туристов по городу.	*The tour leader takes the tourists around town.*
Я **вожу** родителей в город каждый день.	*I take my parents to town every day.*

---

[13] The first person singular of both **вози́ть** and **води́ть** is **вожу́**.

3. Вести—води́ть *to lead* (*conduct, bring along, take on foot*)

Однокрáтный	*Неоднокрáтный*	*Сов. вид*
вести	**води́ть**	**повести**
ведý	вожý[13]	поведý
ведёшь	водишь	поведёшь
ведýт	водят	поведýт

Прошéдшее время

вёл	води́л	повёл
велá	води́ла	повелá
велó	води́ло	повелó
вели́	води́ли	повели́

Note the following sentences:

Кудá **вы ведёте** этих детéй? *Where are you taking those children?*

Я **ведý** их на выставку. *I'm taking them to the exhibition.*

Вы чáсто **вóдите** их тудá? *Do you often take them there?*

Нет, обы́чно **я вожý** их в парк. *No, usually I take them to the park.*

СЕБЯ́

The reflexive pronoun **себя́** (*self*) is used with any animate subject, has no nominative form and is declined as follows.

Когó? Чегó?	себя́
Комý? Чемý?	себé
Когó? Что?	себя́
Кем? Чем?	собóй
О ком? О чём?	о себé

Note that *for one's self* may be expressed in the dative or with the preposition **для** (*for*).

Ивáн покупáет себé пулóвер и шарф. *Ivan is buying himself a sweater and a scarf.*

Ивáн покупáет пулóвер и шарф для себя́. *Ivan is buying a sweater and a scarf for himself.*

НОВЫЕ ВИДОВЫ́Е ПАРЫ ГЛАГО́ЛОВ

to return (*something*)	возвраща́ть (I)
	верну́ть (I): верну́, -ёшь, -у́т
to tell, relate	расска́зывать (I)
	рассказа́ть (I): расскажу́, расска́жешь, -ут

СЛОВА́РЬ

For imperfective-perfective verb pairs, see **НОВЫЕ ВИДОВЫ́Е ПАРЫ ГЛАГО́ЛОВ**; however, unidirectional and multidirectional "Verbs of Motion" are included in the **слова́рь**. For domestic animals and birds refer to **ДОПОЛНИ́ТЕЛЬНЫЙ МАТЕРИА́Л**.

база́р (на)	*bazaar, marketplace*
бегать (I) (однокра́тный: бежа́ть; сов. побежа́ть)	*to run* (multidirectional)
бежа́ть (II) (неоднокра́тный: бегать; сов. по-) бегу́, бежи́шь, бегу́т	*to run* (unidirectional)
безграни́чный	*endless, limitless*
везти́ (I) (неоднокра́тный: вози́ть; сов. по-) везу́, -ёшь, -у́т; вёз, везла́, -ло́, -ли́	*to take, haul, carry, convey (by conveyance)* (unidirectional)
верблю́д	*camel*
вести́ (I) (неоднокра́тный: води́ть; сов. по-) веду́, -ёшь, -у́т; вёл, вела́, -ло́, -ли́	*to take, lead, conduct (on foot)* (unidirectional)
внук	*grandson*
внучка (мн.ч. род. -чек)	*granddaughter*
води́ть (II) (однокра́тный: вести́; сов. повести́) вожу́, водишь, -ят	*to take, lead, conduct (on foot)* (multidirectional)
воева́ть (I) вою́ю, -ешь, -ют	*to wage war, battle*

воздух	*air*
возúть (II) (однокрáтный: везтú; сов. повезтú)	*to take, haul, carry, convey (by conveyance)*
вожý, возишь, -ят	*(multidirectional)*
вырáщивать (I)	*to raise, cultivate*
движéние	*motion, movment, traffic*
едá	*food*
живóтное (мн.ч. -ые) (sing. inanimate, pl. animate)	*animal*
загáдка (мн.ч. род. -док)	*puzzle*
занимáть (I) (когó? что?)	*to occupy; cover*
землетрясéние	*earthquake*
земля́ (мн.ч. земли; мн. ч. род. земéль)	*land, earth*
зóлото	*gold*
зóна	*zone*
командирóвка	*official trip, visit*
быть в командирóвке	*to be (somewhere) in an official capacity*
ехать в командирóвку	*to go on an official trip*
крайний, -яя, -ее, -ие	*extreme*
лимонáд	*soft drink (any flavor)*
минерáльная водá	*mineral water*
монáх	*monk*
наблюдáть (I)	*to observe*
наблюдéние	*observation, observing*
нестú (I) (неоднокрáтный: носúть; сов. по-)	*to carry, take, bring, bear (on foot) (unidirectional)*
несý, -ёшь, -ýт; нёс, неслá, -лó, -лú	
носúть (II) (однокрáтный: нестú; сов. понестú)	*to carry, take, bring, bear, (on foot) (multidirectional)*
ношý, носишь, -ят	
оáзис	*oasis*
Ой!	*Oh!*
орошáть (I)	*to irrigate*
пахáть (I)	*to plow*
пашý, -ешь, -ут	
плодорóдный	*fertile*
побежáть	perfective of **бежáть–бегать**
повезтú	perfective of **везтú—возúть**
повестú	perfective of **вестú—водúть**

поесть	*to eat a bit* (a perfective of **есть**)
понести́	*perfective of* **нести́—носи́ть**
порция	*portion, serving*
почва	*soil*
простира́ться (I)	*to extend*
разводи́ть (II)	*to raise, breed (animals)*
развожу́, разво́дишь, -ят	
разница (между кем? чем?) (в чём?)	*difference (between) (in)*
разру́шен, -а, -о, -ы (кем? чем?)	*destroyed (by)*
реше́ние	*decision, solution*
рис	*rice*
свежий	*fresh*
скаме́йка	*bench*
смерть (ж.)	*death*
собо́й	*self* (instrumental)
созда́тель (м.)	*creator, founder, originator*
стари́к	*old man*
стару́шка (мн.ч. род. -шек)	*old woman*
степь (ж.) (мн.ч. степи, -е́й, -я́м, -и, -я́ми, -я́х)	*steppe*
так называ́емый	*so-called*
таре́лка (мн.ч. род. -лок)	*dish, plate*
тундра	*tundra*
узбе́к (ж. узбе́чка)	*Uzbek*
уменши́тельный	*diminutive*
урожа́й	*harvest*
учёный, -ая, -ые	*scholar*
хлопок	*cotton*

Коне́ц двадцать четвёртого уро́ка.

Двадцать пятый урок

ДИАЛÓГ A
Как пройти́ к Печéрской лавре?

Турист: Прости́те, я заблуди́лся. Как мне пройти́ к Печéрской лавре?

Tourist: Pardon me, I've gotten lost. How can I get to the Pechersky Monastery?

Киевля́нка: Иди́те в ту сто́рону. Но отсю́да до Печéрской лавры далекó. Вам лу́чше сесть и́ли на метрó, и́ли на автóбус.

Kievite: Go in that direction. But it's a long way from here to the Pechersky Monastery. It would be best for you to take the subway or the bus.

Турист: А где ближáйшая автóбусная останóвка?

Tourist: Where's the nearest bus stop?

Киевля́нка: Иди́те пря́мо по э́той у́лице. Когда́ дойдёте до газе́тного кио́ска, поверни́те напра́во. Там вы уви́дите остано́вку.

Тури́ст: Благодарю́ вас.[1]

Киевля́нка: Не́ за что.

Kievite: Go straight down this street. When you get to the newspaper stand, turn right. You'll see the stop there.

Tourist: Thank you.

Kievite: Don't mention it.

ДИАЛО́Г Б
На́до пересе́сть на тролле́йбус

Тури́ст: Вы не ска́жете, како́й авто́бус дохо́дит до Пече́рской ла́вры?

Стару́шка: Восьмо́й. Вот он подхо́дит к остано́вке. На́до спеши́ть, а то он отойдёт без вас!

Тури́ст: Спаси́бо.

Стару́шка: Пожа́луйста. Беги́те скоре́й!

Пассажи́ры: Проходи́те, това́рищи, проходи́те. Две́ри закрыва́-ются!

Тури́ст: Кому́ на́до заплати́ть за прое́зд?

Стари́к: Бро́сьте 5 копе́ек в ка́ссу и оторви́те биле́т.

Тури́ст: Мне в Пече́рскую ла́вру. Вы не ска́жете, на како́й остано́вке мне на́до вы́йти?

Стари́к: Вы се́ли не на тот авто́бус. Восьмо́й не дохо́дит до ла́вры.

Тури́ст: А что мне де́лать?

Стари́к: Вам на́до вы́йти на сле́дующей остано́вке и пересе́сть на седьмо́й тролле́йбус.

Tourist: Could you tell me which bus goes as far as the Pechersky Monastery?

Old woman: Number 8. There it is approaching the stop. You'll have to hurry, or it will drive off without you!

Tourist: Thank you.

Old woman: You're welcome. Run (quicker)!

Passengers: Walk on through, comrades, walk on through. The doors are closing!

Tourist: Whom should I pay for the ride?

Old man: Toss five kopecks into the box and tear off your ticket.

Tourist: I want to go to the Pechersky Monastery. Could you tell me which stop I need to get out at?

Old man: You got on the wrong bus. Number 8 doesn't go as far as the monastery.

Tourist: What should I do?

Old man: You need to get out at the next stop and transfer to a number 7 trolleybus.

---

[1] Благодарю́ тебя́/вас. = Спаси́бо.

Турист: Спасибо.

Tourist: Thank you.

Старик: Пожалуйста.

Old man: You're welcome.

Турист: Извините, пожалуйста, я выхожу на следующей.

Tourist: Excuse me, please. I'm getting out at the next stop.

В автобусе

ТЕКСТ ДЛЯ ЧТЕНИЯ
Письмо́ из Киева

Киев, 27/VI/82

Дороги́е друзья́!

Если вы получи́ли мою́ откры́тку из Москвы́, вы знаете, что я этим летом путеше́ствую по Сове́тскому Сою́зу. Я вылетел из Сан-Франци́ско 15-го ию́ня, через 14 часо́в самолёт прилете́л в Ло́ндон. Отту́да я полете́л в Хе́льсинки, где пересе́л на поезд, на кото́ром дое́хал до Ленингра́да.

Тепе́рь я в Киеве. Я прие́хал вчера́ вечером на поезде, дое́хал на авто́бусе до гости́ницы «Театра́льная», вошёл в гости́ницу, офо́рмился и сразу же пошёл в свой номер спать.

Сего́дня утром мы с одно́й девушкой реши́ли погуля́ть по городу до за́втрака. Мы вышли из гости́ницы, перешли́ через улицу, прошли́ через парк, обошли́ вокру́г памятника и наконе́ц дошли́ до Креща́тика, главной улицы Киева. На Крещáтике мы **заходи́ли в магази́ны**, в котóрых покупáли значки́, откры́тки и другúе маленькие сувени́ры.

В однóм магази́не **к нам подошёл** пожилóй человéк, котóрый узнáл в нас америкáнцев, и спроси́л, не знаем ли мы егó родственников в Миннеáполисе? Он дал нам их áдрес и нóмер телефóна, и мы пообещáли передáть им от негó привéт, если будем когдá-нибудь в этом гóроде.

Когдá мы **вышли из магази́на**, я посмотрéл на часы́: было ужé без чéтверти двенáдцать. Значит, мы пропусти́ли зáвтрак, и до обéда оставáлось тóлько 15 мину́т. Мы **добежáли до ближáйшей останóвки**, сéли на троллéйбус и спроси́ли, где нам нáдо **сойти́**. К счáстью, не нáдо было пересáживаться. Поéздка продолжáлась 10 мину́т, и мы **пришли́ в гости́ницу** как раз вóвремя. Мы **вошли́ в ресторáн**, нашли́ свои́х товáрищей, сéли за стол и пообéдали.

В 2 часá у нас будет экскýрсия по гóроду. По расписáнию мы осмóтрим Печéрскую лáвру, Софи́йский собóр и ски́фские нахóдки. Вéчером пойдём на концéрт нарóдной мýзыки, а после этого будет встрéча со студéнтами Ки́евского университéта.

Итáк, это всё. Надéюсь, что у вас всё в порядке, и что мы уви́димся в сентябрé, когдá я вернýсь домóй.

Сердéчный привéт, крéпко жму ваши руки[2].

Ваш

Виктор

ВЫРАЖÉНИЯ

1. Как пройти́ (к комý? к чемý?)	*How can I (one) get to…?*
2. Иди́те в эту/ту стóрону.	*Go in this/that direction*
3. Нé за что.	*Don't mention it.*
4. Вы не скáжете,…?	*Could you tell me…?*
5. Беги́(те) скорéй!	*Hurry!*
6. (за)плати́ть за проéзд	*to pay the fare (for a ride)*
7. Мне в/на/к…	*I want to go to…*
8. выходи́ть/вы́йти на останóвке	*to get out at a stop*
9. сходи́ть/сойти́ на останóвке	*to get off at a stop*
10. Что мне дéлать?	*What shall I do?*
11. пересáживаться/пересéсть (на что?)	*to transfer (to)*
12. путешéствовать (по чсмý?)	*to travel (in)*
13. узнавáть/узнáть (когó? что?) (в ком? в чём?)	*to recognize (someone/ something as being…)*

---

[2]Крéпко жму вашу руку/ваши руки. *I firmly shake your hand(s).*

14. пропускать/пропустить — to miss/skip breakfast/
    завтрак/урок/лекцию — class/lecture
15. к счастью — fortunately
16. по расписанию — according to the schedule
17. Всё в порядке. — Everything's in order.

ПРИМЕЧАНИЯ

1. **Печёрская лавра.** В пещерах (катакомбах) этого монастыря находятся останки[3] монахов и мощи[4] слявянских святых.
2. **Софийский собор** («София Киевская»)—это самый старый собор в Киеве. Его построили в 11-ом веке и реставрировали в 17-ом и 18-ом веках.
3. **Скифы** жили в украинских степях, в Крыму и на Кавказе с 7-го до 2-го веков до нашей эры[5]. *The Scythian findings/treasures* (скифские находки) are a collection of Scythian artifacts discovered during archeological excavations in the southern plains. Not much is known about the Scythians, but they were excellent goldsmiths, and some of their gold jewelry is truly exquisite.

ДОПОЛНИТЕЛЬНЫЙ МАТЕРИАЛ

Полезные выражения для туристов

1. Покажите, пожалуйста, — Please show me on
   на схеме, где я нахожусь. — the map where I am.
2. Каким автобусом можно — What bus can I take
   доехать до…? — to get to…?
3. Мне надо сделать пересадку? — Do I have to transfer?
4. Вы проехали свою остановку. — You missed your stop.
5. Какая следующая станция? — What's the next (subway) stop?
6. Такси свободно? — Is this taxi free?
7. Остановитесь здесь, пожалуй- — Please stop here.
   ста.

---

[3] **останки** *remains*

[4] **мощи** *relics*

[5] **до нашей эры** B.C.; **нашей эры** A.D.

Киево-печерская лавра

8. Подождите меня, пожалуйста.   *Please wait for me.*
9. Не прислоняться!   *Don't lean (on this)!*
10. ИДИ́ТЕ! СТОЙТЕ!   *Go! Stop!*
11. ВХОД   *Entrance*
12. ВЫХОД   *Exit*
13. НЕТ ВХОДА   *No entrance*
14. Закрыт (-а, -о, -ы) на ремонт   *Closed for repairs*

УПРАЖНÉНИЯ

А. Сост́авьте предложéния по образц́ам.

Образéц: Как мне пройти́ к   *How can I get to the*
Печéрской лавре?   *Pechersky Monastery?*

1. гости́ница «Днепр́о»   3. Крещ́атик
2. Соф́ийский соб́ор   4. америќанское пос́ольство

Образéц: Когд́а дойдёте до **газéтного**   *When you reach the*
ки́оска, перейди́те через   *newspaper stand, cross*
улицу.   *the street.*

1. Больш́ой те́атр   3. Невский проспéкт
2. гости́ница «Днепр́о»   4. библиотéка

Образéц: **Авт́обус** подх́одит к **остан́овке**.   *The bus is approaching*
the stop.

1. Трамв́ай/парк   3. Мы/Красная площадь
2. Я/Больш́ой те́атр   4. Троллéйбусы/мост

Образéц: **Мне** надо выйти на   *I have to get out at*
следующей остан́овке.   *the next stop.*

1. Этот мальчик   3. Эти люди
2. Эта стар́ушка   4. Мои́ друзь́я

Образéц: **Я** выхож́у на следующей   *I'm getting out at*
остан́овке.   *the next stop.*

1. Мы   2. Вы?   3. Ты?   4. Он   5. Он́а

Образéц: **Я** сойд́у на следующей   *I'm going to get off at the*
и перес́яду на **метр́о**.   *next stop and transfer to the*
subway.

1. Ив́ан/троллéйбус   3. Вы/авт́обус
2. Мы/трамв́ай   4. Они́/такси́

Образéц: **Я** путешéствую по   *I'm traveling around*
Совéтскому Со́юзу.   *the Soviet Union.*

1. Мы/Евр́опа   3. Папа/Соединённые Штаты
2. Мои́ роди́тели/Кан́ада   4. Нат́аша/Австр́алия

Образе́ц: **Мы** обошли́ **памятник** и   *We walked around the monu-*
пошли́ да́льше по   *ment and went on down*
проспе́кту.   *the avenue.*

1. Я/де́рево 3. Мы/маши́на
2. Тури́ст/о́зеро 4. Они́/авто́бус

Образе́ц: Я наде́юсь, что у **вас** *I hope that everything is fine*
всё в поря́дке. *with you.*

1. ты 2. Ива́н 3. Та́ня 4. роди́тели

Б. Соверше́нный и́ли несоверше́нный вид?

1. **броса́ть/бро́сить**
   а. —Мне сказа́ли, что вы (*have quit*) кури́ть.
      —Я (*am quitting*), но ещё не (*have quit*).
   б. Я вошёл/вошла́ в ко́мнату, (*threw*) ша́пку на дива́н и сел(а)
      за стол.
   в. Когда́ ты ся́дешь на авто́бус, (*toss*) 5 копе́ек в ка́ссу и оторви́
      биле́т.

2. **переса́живаться/пересе́сть**
   а. Мы сошли́ с трамва́я и (*transferred*) на авто́бус.
   б. Я вы́йду на сле́дующей остано́вке и (*will transfer*) на
      тролле́йбус.
   в. Они́ всегда́ (*transfer*) на э́той остано́вке.

3. **пропуска́ть/пропусти́ть**
   а. Ми́ша ча́сто (*missed*) ле́кции, а Ма́ша никогда́ не (*missed*).
   б. Мы ре́дко (*miss*) уро́ки, но сего́дня мы (*missed*) уро́к
      францу́зского языка́.
   в. Я наде́юсь, что профе́ссор меня́ извини́т, е́сли я сего́дня
      ([*will*] *miss*) его́ ле́кцию.

4. **повора́чивать/поверну́ть**
   а. Когда́ дойдёшь до Креща́тика (*turn*) нале́во.
   б. Мы вы́шли из па́рка и (*turned*) напра́во.
   в. Трамва́й выхо́дит из тунне́ля и (*turns*) нале́во.

В. Глаго́лы в ско́бках поста́вьте в бу́дущем вре́мени; други́е слова́
поста́вьте в пра́вильном падеже́.

1. Я (зайти́) за (вы) о́коло (семь).
   а. Мы_____ (ты)_____ (во́семь).
   б. Мои́ друзья́_____ (она́)_____ (пять).

2. Я (вы́йти) на сле́дующей и (пересе́сть) на (трамва́й).
   а. Они́ _____(метро́).
   б. Эта стару́шка _____(авто́бус).

3. Я (обойти́) (это озеро) и (пойти́) дальше.
   а. Мы_____ (этот парк)_____.
   б. Они́_____ (эта больни́ца)_____.

4. Я (пройти́) мимо (теа́тр) и (уви́деть) (маленькая гости́ница).
   а. Ты_____ (гости́ница)_____ (больша́я
      площадь).
   б. Вы_____ (площадь)_____ (наш дом).

5. Я (перейти́) через (улица) и (зайти́) в (эта лавка).
   а. Он_____ (проспе́кт)_____ (этот магази́н).
   б. Они́_____ (мост)_____ (эта библиоте́ка).

6. Я (подойти́) к (этот челове́к) и (спроси́ть) его, как пройти́ к
   (университе́т).
   а. Мы_____ (этот молодо́й челове́к)_____
      (Киевский вокза́л).
   б. Они́_____ (этот стари́к)_____ (Софи́йский
      собо́р).

7. Я думаю, что я (прое́хать) сего́дня больше (сто) киломе́тров.
   а. Миша_____ он_____ (двести)_____.
   б. Экскурсово́д_____ мы_____ (триста)_____.

8. Я (сойти́) вниз и (выйти) на улицу.
   а. Мы_____.
   б. Они́_____.

9. Я (войти́) в комнату и (сесть) за стол.
   а. Мы_____.
   б. Саша_____.

10. Если Леони́д сейча́с не кончит говори́ть, я (сойти́) с ума́!
    а. _____, мы_____!
    б. _____, все_____!

11. Я (уйти́) в (школа) сего́дня в восемь (час).
    а. Мы_____ на (рабо́та)_____ семь_____.
    б. Ната́ша_____ на (заня́тия)_____ два_____.

Г. Соста́вьте предложе́ния по образцу́.

Образе́ц: Наши това́рищи уже́   Наши това́рищи уже́
             прие́хали в Москву́.   **уе́хали из** Москвы́.

а. Этот поезд **прихо́дит** в Киев в 6 часо́в.
б. Автобус **подхо́дит к** остано́вке.

в. **Подойди́те ко мне!**

г. Мы **въезжа́ем в** тунне́ль.

д. Они́ должны́ сейча́с **улете́ть в** Бухару́.

е. Кто **вошёл в** комнату?

ж. Самолёты **подлета́ют к** аэропо́рту.

з. Тури́сты **отхо́дят от** памятника.

и. Мы **отъезжа́ем от** Красной площади.

к. Эти студе́нты только что **вы́шли из** аудито́рии.

л. У нас самолёты всегда́ **прилета́ют** вовремя.

Д. Переведи́те предло́ги в скобках.

1. Приходи́те (*to*) нам поча́ще!

2. Папа вошёл (*into*) столо́вую и сел за стол.

3. Не подходи́те (*to*) окну́!

4. Вади́м вышел (*out of*) теа́тра и сел на авто́бус.

5. Доезжа́йте (*as far as*) площади, а пото́м поверни́те нале́во.

6. Этот поезд обы́чно прихо́дит (*to*) Киев точно в 8 часо́в.

7. Мой друг сего́дня прие́хал (*from*) Ленингра́да.

8. Мы пришли́ (*to*) стадио́н рано утром.

9. Наши дети пришли́ домо́й (*from*) конце́рта в полови́не оди́ннадцатого.

10. (*From*) Вади́ма мы пошли́ (*to*) Андре́ю.

11. Я зае́ду (*for*) тобо́й часо́в в 7.

12. По пути́ домо́й мы зашли́ (*into*) магази́н за сигаре́тами.

13. Мы каждый день проезжа́ем (*past*) этой церкви.

14. Самолёты долете́ли (*as far as*) Челя́бинска и верну́лись в Москву́.

15. По-мо́ему, здесь можно перейти́ (*across*) реку.

16. Тури́сты обошли́ (*around*) памятника и верну́лись к авто́бусу.

17. Мы перее́хали (*across*) мост и пое́хали дальше.

18. Мои́ друзья́ неда́вно перее́хали (*from*) Минска (*to*) Пинск.

19. Грузовики́ прошли́ (*between*) гаражо́м и нашим домом и останови́лись (*stopped*).

20. Дети сбежа́ли (*down*) горы́ и побежа́ли дальше.

21. Бума́га слета́ла (*off*) стола́.

Е. Переведи́те слова́ в скобках.

1. Вы (*missed*) вашу остано́вку.

2. Как только (*pass*) эти маши́ны, мы перейдём через улицу.

3. Мы (*made the rounds of*) все пивны́е (пивна́я *pub*) в Лондо́не.

4. Они́ сего́дня (*drove*) пятьсо́т киломе́тров.

5. Мы уже́ (*have covered*) 24 уро́ка.

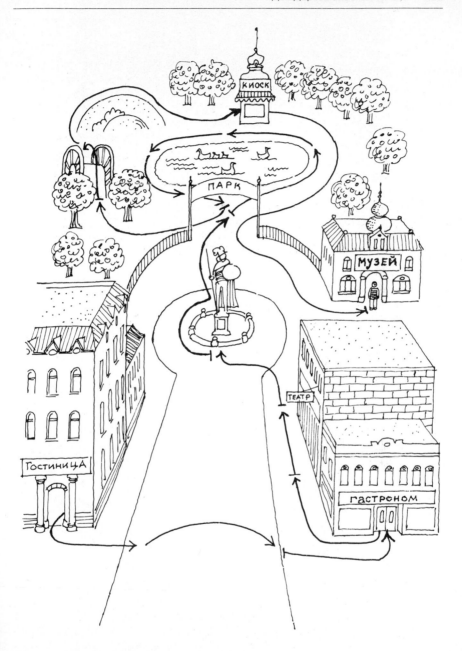

1. Что делает этот турист? Он выхо́дит из гости́ницы,...
2. Что сделал этот турист? Он вышел из гости́ницы,...
3. Что сделает этот турист? Он выйдет из гости́ницы,...

1. Что делает Леонид Ильич? Он выезжа́ет из гаража́,...
2. Что сделал Леонид Ильич? Он вы́ехал из гаража́,...
3. Что сделает Леонид Ильич? Он вы́едет из гаража́,...

Не надо иметь родственников

Два дня Тимофей Васильевич искал своего племянника, Серёгу Власова. А на третий день, нашёл. В трамвае встретил.

Сел Тимофей Васильевич в трамвай, вынул гривенник, хотел подать кондуктору... Посмотрел Тимофей Васильевич —да! Кондуктор—его племянник!

—Ну,—закричал Тимофей Васильевич.
—Серёга! Ты ли это, друг ситный? Кондуктор сконфузился.

—Сейчас, дядя...
—Ладно!—радостно сказал дядя. —Я подожду.

Тимофей Васильевич засмеялся и начал рассказывать пассажирам:

—Это мой родной родственник, Серёга Власов, сын брата Петра... Я его семь лет не видел.

Потом Тимофей с радостью посмотрел на племянника и закричал ему:

—А я тебя, Серёга, друг ситный, два дня ищу. А ты вон где! Кондуктором... Я по адресу ходил. Нету, отвечают, переехал. Куда, отвечаю, переехал, ответьте, говорю, мне. Я его родной дядя. Не знаем, говорят. А ты вон где—кондуктором, что ли?

—Кондуктором,—тихо ответил племянник.

Пассажиры начали с любопытством рассматривать родственников. Дядя смеялся и с любовью смотрел на племянника, а племянник конфузился и не знал, что ему говорить.

—Так,—опять сказал дядя.
—Кондуктором... Ну, я же рад... Ну, я же доволен.

племянник сын брата или сестры

вынимать / вынуть *to take out*

гривенник 10 копеек

(за)кричать сказать очень громко

друг ситный *old buddy*

(с)конфузиться *to be(come) confused*

радостно *happily, cheerfully*

(за)смеяться *to laugh*

родной родственник *dear relative*

радость (ж.) *joy*

по адресу в дом, где жил его племянник

Нету. Его нет. (Slang)

Кондуктором, что ли? *So you're a conductor, are you?*

любопытство *curiosity*

рассматривать / рассмотреть *to scrutinize, consider*

Кондýктор вдруг сказáл:—Платúть, дядя, нужно. Билéт взять... Далекó ли вам?

Дядя счастлúво засмеялся.

—Заплатúл бы! Ей-Бóгу! Если бы я сел в другóй трамвáй, я бы заплатúл. Я еду, Серёга, друг ситный, до вокзáла.

—Две стáнции,—унúло сказáл кондýктор.

—Нет, ты это что?—удивúлся Тимофéй Васúльевич.

—Платúть, дядя, надо,—тихо сказáл кондýктор.

—Ты это что же? Дядю грáбишь?

Кондýктор тосклúво смотрéл в окнó.

—Я тебя, свинью такýю,—сказáл дядя,—семь лет не вúдел, а ты деньги трéбуешь за проéзд? Ты не махáй на меня рукáми, не делáй вéтра перед пассажúрами.

—Что же это такóе?—обратúлся он к пýблике.—Две, говорúт, стáнции... А?

—Вы, товáрищ дядя, не сердúтесь. Трамвáй не мой, а госудáрственный. Нарóдный.

—Нарóдный,—сказáл дядя.—Меня это не касáется. Ты бы мог сказáть, спрячьте, дядя, ваш грúвенник. И не развáлится от этого трамвáй. А так, не бýдет тебé дéнег.

Кондýктор вдруг официáльно сказáл:

—Сойдúте, товáрищ дядя.

—Нет, не могý. Не могý тебé, соплякý, заплатúть. Я лýчше сойдý.

Тимофéй Васúльевич торжéственно встал и пошёл к выходу. Я тебя, соплякá... Я тебя, сукинова сына... Я тебя

счастлúво *радостно*
Ей-Бóгу! *Honest to God!*

унúло *dejectedly*

удивляться/удивúться
to be surprised

грáбить *to rob, plunder, loot*
тосклúво *longingly, miserably*
(по)смотрéть в окнó *to look out the window*
(по)трéбовать (когó? чегó?) *to demand*
махáть/махнýть рукáми
to wave
вéтер *wind*
обращáться/обратúться
(к комý?) *to turn (to), address oneself (to)*
(рас)сердúться *to be/get angry*
Меня это не касáется.
That doesn't concern me. That's not my problem.
спрячь(те) *hide, put away*
развáливаться/развалúться
(от чегó?) *to fall apart (because of)*
сопляк *snot*
торжéственно
portentously, triumphantly
выход *exit*
сýкин сын *S.O.B.*

расстреля́ть за это могу́. У меня́ много концо́в в Смо́льном.

По Зощенко, 1923

расстреля́ть/расстре́ливать
to shoot
у меня́ мно́го концо́в я зна́ю ва́жных люде́й
В Смо́льном институ́те в Петрогра́де находи́лось революцио́нное управле́ние *(administration)*.

Перево́д

1. Petya walked up to the professor and told him that he had to miss the lecture today.
2. I walked into the room, sat down at the table and began to eat.
3. We came out of the theater, got on a bus and left for home.
4. Your plane already has left. The next (one) will leave in three weeks.
5. I hope that we get as far as Minsk today.
6. Natasha came downstairs, walked into the dining room and said "hello" to the guests.
7. I'll pick you up at ten minutes to eight.
8. Where's Vanya?
   He's gone to the store for bread and meat.
9. We walked around the library and met Nadya on the square.
10. May I come in?
    Please do.
11. I'm getting out at the next stop.
12. Today we drove more than 400 kilometers.
13. The bus passed by him, and he crossed the street.
14. The streetcar is driving away from the stop.
15. Last year we moved from Irkutsk to Vladivostok.
16. I hope that I soon get accustomed to the weather here.

ГРАММА́ТИКА

PREFIXED VERBS OF MOTION
Приста́вочные глаго́лы движе́ния

As already has been explained in previous lessons, the perfective aspect of verbs of motion is formed by adding the prefix **по-** to the *unidirectional* verb. This perfective serves for both the multidirectional and the unidirectional imperfective verbs.

Однокра́тный	*Неоднокра́тный*	*Соверше́нный вид*
идти́	ходи́ть	пойти́
е́хать	е́здить	пое́хать
лете́ть	лета́ть	полете́ть
бежа́ть	бе́гать	побежа́ть

You also already are acquainted with the use of the prefixes **у-** (departure) and **при-** (arrival).

Несоверше́нный вид	*Соверше́нный вид*	*По-англи́йски*
уходи́ть	уйти́	*to leave (on foot)*
уезжа́ть	уе́хать	*to leave (by vehicle)*
улета́ть	улете́ть	*to leave (by air)*

There are a number of other prefixes which may be added to multidirectional and to unidirectional verbs of motion. These prefixes alter the meaning of the verbs to which they are added and make of them normal imperfective/perfective pairs. The prefixed multidirectional verb remains imperfective; the prefixed unidirectional verb becomes perfective. Thus, *when prefixed, verbs of motion lose their* multidirectional-unidirectional characteristics and functions.

Несоверше́нный вид		*Соверше́нный вид*
Неоднокра́тный	*Однокра́тный*	
ходи́ть	идти́	пойти́
е́здить	е́хать	пое́хать
лета́ть	лете́ть	полете́ть
бе́гать	бежа́ть	побежа́ть

ПРИ-

Несоверше́нный вид	*Соверше́нный вид*	*По-англи́йски*
приходи́ть	прийти́[6]	*to arrive (on foot)*
приезжа́ть[7]	прие́хать	*to arrive (by vehicle)*
прилета́ть	прилете́ть	*to arrive (by air)*
прибега́ть	прибежа́ть	*to come running*

The following prefixes commonly are used with verbs of motion.

при-	*arrival, coming*	**под-**	*approaching, going up to*
у-	*departure, leaving, going away*	**от-**	*leaving, going away from*
в-	*entering, going in*	**до-**	*reaching, going as far as*
вы-	*exiting, going out*	**про-**	*traversing, going through*

---

[6] The **-й-** in **прийти́** is present in the infinitive only: **приду́, придёшь, приду́т; пришёл, пришла́, пришло́, пришли́.**

[7] When prefixed, **е́здить** becomes **-езжа́ть.**

пере-	*crossing, going across or over*
с-	*descending, coming down or getting off*
за-	*going behind, dropping in*
об-	*circling, going around, detouring around*

In the following examples, only **-ходи́ть/-йти** and **-езжа́ть/-ехать** will be used to demonstrate the use of all prefixed verbs of motion. The prepositions given are the ones that can be used with the prefix in question.

1. ПРИ- $\boxed{\text{из}/\text{с}/\text{от}} \rightarrow \boxed{\text{в}/\text{на}/\text{к}}$

Несовершённый вид	*Предлóги*	*Совершенный вид*
приходи́ть	$\left.\begin{array}{l}\text{в}\\\text{на}\\\text{от}\end{array}\right\}\begin{array}{l}\text{(place)}\\\\\text{(person)}\end{array}\left\{\begin{array}{l}\text{из}\\\text{с}\\\text{к}\end{array}\right.$	прийти
приезжа́ть		приéхать

Несовершённый вид

Они́ всегда́ $\left\{\begin{array}{l}\text{прихóдят/приезжа́ют}\\\text{приходи́ли/приезжа́ли}\\\text{будут приходи́ть/приезжа́ть}\end{array}\right\}$ на рабóту вóвремя.

Совершённый вид

Они́ $\left\{\begin{array}{l}\text{сегóдня пришли́/приéхали}\\\text{завтра придýт/приéдут}\end{array}\right\}$ на рабóту вóвремя.

2. у- $\boxed{\text{из}/\text{с}/\text{от}} \rightarrow \boxed{\text{в}/\text{на}/\text{к}}$

Несовершённый вид	*Предлóги*	*Совершённый вид*
уходи́ть	$\left.\begin{array}{l}\text{из}\\\text{с}\\\text{от}\end{array}\right\}\begin{array}{l}\text{(place)}\\\\\text{(person)}\end{array}\left\{\begin{array}{l}\text{в}\\\text{на}\\\text{к}\end{array}\right.$	уйти́ *to leave (on foot)*
уезжа́ть		уéхать *to leave (by vehicle)*

Несовершённый вид

Он всегда́ $\left\{\begin{array}{l}\text{ухóдит}\\\text{уходи́л}\\\text{будет уходи́ть}\end{array}\right\}$ в шкóлу в семь часóв.

Совершённый вид

Он сегóдня $\left\{\begin{array}{l}\text{уйдёт}\\\text{ушёл}\end{array}\right\}$ на рабóту в 7 часóв.

3. в- ——→ в

Несовершённый вид	*Предлог*	*Совершённый вид*	
входи́ть	в	войти́	*to come in*
въезжа́ть		въехать	*to drive in*

Несовершённый вид

Мы $\begin{Bmatrix} \text{въезжа́ем} \\ \text{въезжа́ли} \\ \text{будем въезжа́ть} \end{Bmatrix}$ в город.

Совершённый вид

Мы $\begin{Bmatrix} \text{скоро въедем} \\ \text{только что въехали} \end{Bmatrix}$ в город.

Note: If the prefix ends in a consonant, **-о-** is inserted between the prefix and **-йти**, and **-ъ-** between the prefix and **-езжа́ть/-ехать**:

войти́: войду́, войдёшь, войду́т; вошёл, вошла́, вошло́, вошли́

въезжа́ть: въезжа́ю, въезжа́ешь, въезжа́ет

въехать: въеду, въедешь, въедут

This occurs because **й** cannot directly follow a consonant, and the **е** in **ехать** and **-езжа́ть** has a *y*-glide, which would not be present if it were preceded directly by a consonant. If you refer to Lesson Д, you will find that this is the basic function of **ъ**: to indicate that a softening vowel has a *y*-glide when preceded by a *prefix* that ends in a consonant.

4. вы- | из ——→ | в/на/к

Несовершённый вид	*Предлоги*	*Совершённый вид*	
выходи́ть	$\begin{Bmatrix} \text{из} \\ \text{в, на} \end{Bmatrix}$	вы́йти	*to go out*
выезжа́ть		вы́ехать	*to drive out*

Несовершённый вид

Я всегда́ $\begin{Bmatrix} \text{выхожу́} \\ \text{выходи́л} \\ \text{буду выходи́ть} \end{Bmatrix}$ и́з дому[8] в 7 часо́в утра́.

Совершённый вид

Сего́дня я $\begin{Bmatrix} \text{вы́йду} \\ \text{вы́шел} \end{Bmatrix}$ и́з дому[8] в 8 часо́в.

---

[8]*To go out of **a** house* по-ру́сски бу́дет **выходи́ть/вы́йти из до́ма**. *To go out of **one's own** house* по-ру́сски бу́дет **выходи́ть/вы́йти и́з дому**.

Note: The prefix **вы-** is always stressed when added to unidirectional verbs:

идти́: **вы́**йти   бежа́ть: **вы́**бежать
      вы́йду   **вы́**бегу
      вы́шел   **вы́**бежал

ехать: **вы́**ехать   лете́ть: **вы́**лететь
      вы́еду   **вы́**лечу
      вы́ехал   **вы́**летел

5. под--→| к |

Несовершéнный вид	*Предлóг*	*Совершéнный вид*	
подходи́ть	к	подойти́	*to walk up to*
подъезжа́ть		подъéхать	*to drive up to*

Несовершéнный вид

Мы { подъезжа́ем / подъезжа́ли / будем подъезжа́ть } к Красной площади.

Совершéнный вид

Мы { подъéдем / подъéхали } к Красной площади.

6. от- | от |--→

Несовершéнный вид	*Предлóг*	*Совершéнный вид*	
отходи́ть	от	отойти́	*to walk away*
отъезжа́ть		отъéхать	*to drive away*

Несовершéнный вид

Автóбусы { отхóдят / отходи́ли / будут отходи́ть } от станции.

Совершéнный вид

Автóбусы сейчáс { отойду́т / отошли́ } от станции.

Note: The prefixes **при-**, **в-**, and **под-** denote arrival and may be paired with **у-**, **вы-**, and **от-** which denote departure:

Мы **прилетéли в** Ленингрáд в два часá.
Мы **улетéли из** Ленингрáда в три часá.

Мы **въехали в** гарáж и **вышли из** маши́ны.
Мы **выехали из** гаражá и **уéхали в** центр.

Мы **подошли́ к** доскé и начали писáть.
Мы **отошли́ от** доски́ и сели за парту.

7. до- → | до |

Несовершённый вид	*Предлог*	*Совершённый вид*	
доходи́ть	до	дойти́	*to go as far as, reach*
доезжа́ть		дое́хать	*to drive as far as, reach*

Несовершённый вид

Он доезжа́ет до вокза́ла на авто́бусе и переса́живается на по́езд.

Он дохо́дит до на́шего до́ма пешко́м и е́дет да́льше с на́ми на маши́не.

Доезжа́йте до четвёртой остано́вки и переса́живайтесь на метро́.

Совершённый вид

Вчера́ мы дое́хали до Ки́ева и реши́ли там оста́ться на не́сколько дней.

Сего́дня у́тром температу́ра дошла́ до 40°.

Наде́юсь, что мы сего́дня дое́дем до Пско́ва.

8. про- *to go through*; *to pass by* (*between*); *to miss*; *to cover*; *to get to*

Несовершённый вид	*Предлоги*	*Совершённый вид*	
проходи́ть	через	пройти́	*to go through, cross, etc.*
проезжа́ть	мимо	прое́хать	*to drive through, cross, etc.*
	между		
	до		

to go through: | через | →

Мы ча́сто проходи́ли через э́тот лес.

to pass by: ├──────→
| мимо |

Авто́бусы прохо́дят мимо Большо́го теа́тра.

to pass between:

между ──────→

Мы прохо́дим между гаражо́м и до́мом.

to go past, miss, leave behind: (*acc.* without *prep.*)

Я прое́хал свою́ остано́вку.

to cover a given distance:

Сего́дня мы прое́хали 400 киломе́тров.

Как прое́хать к Пече́рской ла́вре?

to cover a lesson or unit of work:

Мы ужé прошлú 24 урока.

9. пере-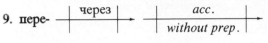

Несовершéнный вид	*Предлóги*		*Совершéнный вид*	
переходúть	через		перейтú	*to go across or over*
переезжáть	из / в, на, к		переéхать	*to drive across or over*

Несовершéнный вид: Онú { перехóдят / переходúли / будут переходúть } через улицу.

Совершéнный вид: Мы { перейдём / перешлú } через мост и { пойдём дальше. / пошлú дальше. }

Note: The verbs **переезжáть**/**переéхать** also mean *to move* (*from one place of residence to another*):

Мы скоро переéдем на новую квартúру.

Мы переéхали из дерéвни в город.

Родúтели переéхали к сыну.

10. с- *to go down* or *off*; *to get off*

Несовершéнный вид	*Предлóги*		*Совершéнный вид*	
сходúть	с		сойтú	*to go off, come down, etc.*
съезжáть	в, на, к		съéхать	*to drive down, off, etc.*

to go (come) down, descend:

Турúсты сходят с горы́.

Ваня сошёл вниз и вышел на улицу.

to go off:

Машúна съезжáет с дорóги.

to get off:

Пассажúры сходят с поезда.

Мне здесь надо сойтú.

Note the following expression:

сходи́ть/сойти́ с ума́ *to go crazy*

> Ты с ума́ сошёл/сошла́? *Are you out of your mind?*
>
> Я с ума́ схожу́ от рабо́ты. *I'm losing my mind over my work.*

11. за- *to go behind*; *to drop in*; *to stop by for*, *pick up* (*person or thing*).

Несовершённый вид	*Предло́ги*	*Совершённый вид*	
заходи́ть	в, на	зайти́	*to go behind, etc.*
заезжа́ть	к за	зае́хать	*to drive behind, etc.*

to go behind; *to set* (*the sun*): за ⎡(*acc.*)⎤

> Тури́сты захо́дят за памятник.
>
> Тепе́рь лето. Со́лнце захо́дит около восьми́.

to drop in, stop by: в, на, к

> Заходи́те, когда́ у вас будет свобо́дное время!
>
> Тури́сты зашли́ в лавку и купи́ли сувени́ры.
>
> После концéрта мы зайдём к Андре́ю Бори́совичу.
>
> **Я** каждый день захожу́ на почту.

to stop by for, *pick up* (*a person or thing*):

за (*inst.*)

> Я зае́ду за вами около восьми́.
>
> Я хочу́ зайти́ в этот гастроно́м за проду́ктами.

12. об- *to go around*, *make the rounds*

Несовершённый вид	*Предло́ги*	*Совершённый вид*	
обходи́ть	вокру́г	обойти́	*to go around*
объезжа́ть		объе́хать	*to drive around*

to go around an obstacle and continue on one's way:

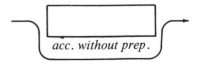

acc. without prep.

> Мы объе́хали памятник и пое́хали дальше.
>
> Нам надо обойти́ это озеро.

to go completely around an obstacle:

Турúсты обхóдят вокрýг памятника.

Онú объéхали вокрýг стадиóна и поéхали дáльше.

to make the rounds (*of stores, etc.*):

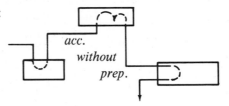

Онá обошлá все магазúны.

Он обошёл весь райóн.

The following is a list of some general information about prefixed verbs of "going" and "taking":

1. The command forms of **ехать** are never used. Instead, Russians use prefixed forms of **ездить (-езжáть)**:

Поезжáй(те)!	*Go!*
Приезжáй(те)!	*Do come!*
Уезжáй(те)!	*Leave!*

2. When inviting someone to pay a visit, Russians always use the imperfective commands:

Приезжáй(те) \
Приходú(те) } к нам!   *Come see us!*

Заезжáй(те) \
Заходú(те) } к нам!   *Drop in (to see us)!*

3. The present tense of *imperfective prefixed verbs of "going" and "taking"* may be used to imply the future if the context makes the tense clear.

Он приезжáет (уезжáет) завтра.

Когдá вы уезжáете?

4. The prefixes discussed above also are used with the "verbs of taking/bringing." Since their usage is rather limited, special attention will not be devoted to them in this text.

ПРИСТА́ВОЧНЫЕ ГЛАГО́ЛЫ ДВИЖЕ́НИЯ

Несоверше́нный вид:		*Соверше́нный вид:*		
в	ходи́ть	**в**	ойти́	to enter, go (walk) in
	ъезжа́ть		ъехать	to enter, drive in
	лета́ть		лете́ть	to fly in
	бега́ть		бежа́ть	to run in
вы	ходи́ть	**вы**	йти	to exit, go (walk) out
	езжа́ть		ехать	to exit, drive out
	лета́ть		лететь	to fly out
	бега́ть		бежать	to run out
до	ходи́ть	**до**	йти́	to reach, go (walk) as far as
	езжа́ть		ехать	to reach, drive as far as
	лета́ть		лете́ть	to fly as far as
	бега́ть		бежа́ть	to run as far as
за	ходи́ть	**за**	йти́	to go (walk) behind, drop in, stop by for, pick up
	езжа́ть		ехать	to drive behind, drop in, stop by for, pick up
	лета́ть		лете́ть	to fly behind; to fly (burst) in
	бега́ть		бежа́ть	to run behind; to drop in "for a second"
об	ходи́ть	**об**	ойти́	to go (walk) around, make the rounds
	ъезжа́ть		ъехать	to drive around, make the rounds
	лета́ть		лете́ть	to fly around (something)
	бега́ть		бежа́ть	to run around (something)
от	ходи́ть	**от**	ойти́	to go (walk) away (from)
	ъезжа́ть		ъехать	to drive away (from)
	лета́ть		лете́ть	to fly away (from)
	бега́ть		бежа́ть	to run away (from)
пере	ходи́ть	**пере**	йти́	to cross (on foot), go over, switch to
	езжа́ть		ехать	to cross (by vehicle); to move (change one's place of residence)
	лета́ть		лете́ть	to fly across
	бега́ть		бежа́ть	to run across
под	ходи́ть	**под**	ойти́	to approach, walk up to
	ъезжа́ть		ъехать	to approach, drive up to
	лета́ть		лете́ть	to approach, fly up to
	бега́ть		бежа́ть	to run up to

при	ходи́ть	при	йти́	to arrive, come (on foot)
	езжа́ть		е́хать	to arrive, come (by vehicle)
	лета́ть		лете́ть	to arrive, come (by plane)
	бега́ть		бежа́ть	to come running

про	ходи́ть	про	йти́	to go (walk) through, walk past, cover a given distance or unit
	езжа́ть		е́хать	to drive through, drive past, drive a given distance
	лета́ть		лете́ть	to fly through, fly past, fly a given distance
	бега́ть		бежа́ть	to run through, run past

с	ходи́ть	с	ойти́	to get off, walk down
	ъезжа́ть		ъехать	to drive down
	лета́ть		лете́ть	to fly down
	бега́ть		бежа́ть	to run down

у	ходи́ть	у	йти́	to leave, depart, go (walk) away
	езжа́ть		е́хать	to leave, depart, go (drive) away
	лета́ть		лете́ть	to fly away
	бега́ть		бежа́ть	to run away

НОВЫЕ ВИДОВЫ́Е ПАРЫ ГЛАГО́ЛОВ

to throw, toss, quit, carouse	броса́ть (I)
	броси́ть (II): бро́шу, бро́сишь, -ят
to tear off	отрыва́ть (I)
	оторва́ть (I): оторву́, -ёшь, -у́т; оторва́л, -ла́, -ло, -ли
to register (at a hotel)	оформля́ться (I)
	офо́рмиться (II): офо́рмлюсь, офо́рмишься, -ятся
to transfer	переса́живаться (I) (на что?)
	пересе́сть (I): переся́ду, -ешь, -ут; пересе́л, -ла, -ло, -ли
to miss, skip	пропуска́ть (I)
	пропусти́ть (II): пропущу́, пропу́стишь, -ят

СЛОВА́РЬ

For prefixed verbs of motion, see the section directly preceding **НОВЫЕ ВИДОВЫ́Е ПА́РЫ ГЛАГО́ЛОВ.**

ближа́йший	*nearest*
заблуди́ться (II) (сов.)	*to get lost*
заблужу́сь, заблу́дишься, -ятся	
значо́к (мн.ч. -чки́)	*small souvenir badge*
лавра	*large important monastery*
наро́дный	*folk* (adj.)
остано́вка (мн.ч. род. -вок)	*stop (streetcar, bus, etc.)*
откры́тка (мн.ч. род. -ток)	*post card*
пеще́ра	*cave*
пивна́я	*pub, bar (beer only)*
пожило́й	*elderly*
прое́зд	*ride (on a bus, etc.)*
путеше́ствовать (I) (по чему́?)	*to travel (in)*
путеше́ствую, -ешь, -ют	
расписа́ние	*schedule*
по расписа́нию	*according to the schedule*
реставри́ровать (I)	*to restore*
реставри́рую, -ешь, -ют	
свет	*world; light*
серде́чный	*hearty, warm*
скиф	*Scythian*
скифские нахо́дки	*Scythian treasures*
Скоре́й!	*Hurry! Quickly!*
сторона́	*side*
в эту / ту сторону	*in this / that direction*
сувени́р	*souvenir*
тунне́ль (м.)	*tunnel*

Коне́ц двадцать пятого уро́ка.

Двадцать шестой урок

ДИАЛОГ А
Аня и Володя поженились

Олег: Ты слышала, что Аня Николаева вышла замуж?

Лена: Нет, за кого она вышла?

Олег: За Володю Иванова.

Лена: Вот как! Когда они поженились?

Олег: На прошлой неделе. Они уже устроились на новой квартире.

Лена: Как им удалось так быстро получить квартиру?

Олег: Наверно по блату. Кстати, они нас пригласили на новоселье.

Oleg: *Did you hear that Anya Nikolaeva got married?*

Lena: *No, whom did she marry?*

Oleg: *Volodya Ivanov.*

Lena: *Oh, really! When did they get married?*

Oleg: *Last week. They've already gotten settled in their new apartment.*

Lena: *How did they manage to get an apartment so quickly?*

Oleg: *Probably through connections. By the way, they've invited us to their housewarming.*

Лена: А оно́ когда́ бу́дет?

Оле́г: 25-го. Ты хо́чешь?

Лена: Коне́чно, хочу́. По́сле обе́да я пойду́ в центр, куплю́ им что-нибу́дь.

Lena: When is it going to be?

Oleg: The 25th. Do you (want to go)?

Lena: Of course, I do. After lunch I'll go downtown and buy them something.

ДИАЛО́Г Б
Ма́ша произвела́ на Воло́дю хоро́шее впечатле́ние

Воло́дя: Ты собира́ешься пригласи́ть Ма́шу на новосе́лье?

Аня: Да. Я ей сего́дня звони́ла, но её не́ было. Я позвоню́ ещё раз сего́дня ве́чером. Ма́ша тебе́ нра́вится?

Воло́дя: Да. Когда́ я с ней познако́мился у Па́вловых, она́ произвела́ на меня́ о́чень хоро́шее впечатле́ние.

Аня: Во́ва, мне на́до пойти́ в гастроно́м за проду́ктами. Ты не уйдёшь?

Воло́дя: Нет, я оста́нусь здесь, пока́ ты не вернёшься.

Аня: Хорошо́. Ах, куда́ я положи́ла аво́ську? А, вот она́. Пока́, Во́ва.

Воло́дя: Пока́.

Volodya: Are you planning to invite Masha to the housewarming?

Anya: Yes. I called her today, but she wasn't home. I'll call her again this evening. Do you like Masha?

Volodya: Yes. When I met her at the Pavlov's she made a very good impression on me.

Anya: Vova, I have to go to the store for groceries. You aren't going to leave, are you?

Volodya: No, I'll stay here until you come back.

Anya: Fine. Oh, where did I put my shopping bag? Ah, here it is. So long, Vova.

Volodya: So long.

ДИАЛО́Г В
Па́вловы за Ма́шей зае́дут

Ма́ша: Алло́, слу́шаю.

Аня: Ма́ша, э́то Аня. Мы с Воло́дей хоти́м пригласи́ть тебя́ на новосе́лье.

Masha: Hello.

Anya: Masha, this is Anya. Volodya and I want to invite you to our housewarming.

Маша: В какой день?

Аня: В субботу вечером, часов в 8. Придёшь?

Маша: С удовольствием приду. А как найти вас?

Аня: Не надо будет искать. Олег и Лена Павловы заедут за тобой без четверти восемь.

Маша: Отлично! Значит, до субботы.

Аня: До субботы. Всего хорошего.

Masha: What day?

Anya: Saturday evening around eight o'clock. Will you come?

Masha: I'd be delighted to come. How can I find your place?

Anya: You won't have to look for it. Oleg and Lena Pavlov will drop by for you at quarter to eight.

Masha: Marvelous! Well, see you Saturday.

Anya: See you Saturday. All the best.

Они поженились.

ТЕКСТ ДЛЯ ЧТЕНИЯ
Новоселье

Аня и Володя Ивановы недавно поженились. К счастью им удалось сразу получить квартиру в новом микрорайоне, полчаса от центра.

Устроившись на новом месте, они пригласили своих друзей Олега и Лену Павловых и американскую знакомую Машу Саффо на новоселье.

Зная, что у Маши нет маши́ны, Аня попроси́ла Павловых заéхать за ней.

В пятницу после заня́тий Маша реши́ла пойти́ в магази́н «Берёзка» купи́ть Ивано́вым пода́рок. Проходя́ через Летний сад, она́ видела, как игра́ли дети, замеча́ла, как люди относи́лись друг к другу, и поду́мала о том, как люди во всех странах мира во многих отноше́ниях похо́жи друг на друга.

Дойдя́ до гости́ницы «Сове́тская», Маша вошла́ в «Берёзку». Там она́ выбрала палехскую шкату́лку и буты́лку грузи́нского вина́. Заплати́в в кассу, она́ вышла из магази́на, села на трамва́й и поéхала обра́тно в общежи́тие.

Вечером за Машей заéхали Павловы. Войдя́ в кварти́ру Ивано́вых, Павловы поздоро́вались с хозя́евами, а Маша отдала́ им пода́рок. Шкату́лка Ивано́вым очень понра́вилась. Поста́вив буты́лку на стол, Воло́дя сказа́л:

—Дава́йте выпьем, а пото́м заку́сим.

Все сели за стол, и Воло́дя нали́л им вина́.

Сидя за столо́м, они́ разгова́ривали обо всём. Пото́м Олéг спроси́л Машу:

—Скажи́, Маша, како́е у тебя́ впечатле́ние о жизни в Сове́тском Сою́зе?

Маша отве́тила:

—У меня́ оста́лось очень хоро́шее впечатле́ние почти́ обо всех людях, с кото́рыми я здесь познако́милась.

А пото́м Лена захоте́ла узна́ть, где люди живу́т лучше: в СССР или в США.

Маша сказа́ла:

—Очень трудно сравнивать вашу жизнь с нашей. У вас, как и у нас, есть и положи́тельные, и отрица́тельные стороны.

Услы́шав это, Воло́дя улыбну́лся и сказа́л, встава́я:

—Прошу́ внима́ния. Я хочу́ предложи́ть тост. Дава́йте выпьем за встречу.

Все выпили до дна.

—Я тоже хочу́ предложи́ть тост,—сказа́ла Маша. —Дава́йте выпьем за ваше счастье.

Все опя́ть выпили.

В час ночи друзья́ попроща́лись. Павловы подвезли́ Машу до общежи́тия. Выйдя из маши́ны, Маша сказа́ла:

—Большо́е спаси́бо, что подвезли́.

—Дава́йте встретимся ещё раз в будущую суббо́ту,—сказа́ла Лена. —Мы тебя́ приглаша́ем на вечер. Ты познако́мишься у нас с интере́сными людьми. Сможешь?

—Смогу́. Большо́е спаси́бо за приглаше́ние. Споко́йной ночи.

—Споко́йной ночи. До суббо́ты,—отве́тили Па́вловы и, попроща́вшись, пое́хали домо́й.

ВЫРАЖЕ́НИЯ

1.	выходи́ть/вы́йти за́муж (за кого́?)	*to get married (to) (This expression is used only by and about women.)*
2.	жени́ться (на ком?)	*to get married (This is the expression used by and about men.)*
3.	пожени́ться	*to get married (used in the past and future about couples)*
4.	мне/тебе́ (и т.д.) удало́сь (+инфинити́в)	*I/you (etc.) managed (to…)*
5.	по бла́ту	*by means of (good) connections*
6.	производи́ть/произвести́ хоро́шее/плохо́е впечатле́ние (на кого́?)	*to make a good/bad impression (on…)*
7.	приглаша́ть/пригласи́ть (кого́?):	*to invite (someone):*
	в го́сти	*to your/his/her, etc. house*
	в теа́тр	*to the theater*
	на футбо́л	*to a soccer game*
	на новосе́лье	*to a housewarming*
	на ве́чер	*to a party*
	на день рожде́ния	*to a birthday party*
8.	относи́ться друг к дру́гу	*to treat one another, to behave towards one another*
9.	како́е у тебя́/вас впечатле́ние (о ком? о чём?)	*What's your impression (of…)*
10.	У меня́ оста́лось хоро́шее впечатле́ние (о ком? о чём?)	*I have a good impression (of…)*
11.	сра́внивать/сравни́ть (кого́? что?) (с кем? с чем?)	*to compare*
12.	Прошу́ внима́ния.	*May I have your attention.*
13.	предлага́ть/предложи́ть тост	*to propose a toast*
14.	(вы́)пить (за кого́? за что?) (вы́)пить до дна	*to drink (to) to drink "to the bottom" (empty the glass)*

15. Пусть (он/она́/оно́/они́) (+глаго́л)	*Let him/her/it/them (+verb)*
Пусть бу́дет…	*Let there be…*
16. Спаси́бо, что подвезли́.	*Thanks for the lift/ride.*

ПРИМЕЧА́НИЯ

1. **Аво́ська**–это сетчатая[1] су́мка для проду́ктов. Сло́во **аво́сь** значит **может быть** (я что-нибудь найду́ и куплю́).

2. «**Берёзка**»—так называ́ются специа́льные магази́ны в гости́ницах Интури́ста, где иностра́нцы мо́гут покупа́ть сувени́ры, оде́жду, кни́ги, сигаре́ты, часы́, магнитофо́ны, фотоаппара́ты, во́дку, вино́, конья́к, шампа́нское и т.д. В э́тих магази́нах рубле́й не принима́ют, продаю́т то́лько за ту иностра́нную валю́ту, кото́рая нужна́ сове́тскому прави́тельству.

3. **Палехские шкату́лки** де́лают худо́жники, кото́рые живу́т в дере́вне Палех. На э́тих шкату́лках пи́шут на чёрном фоне[2] замеча́тельные карти́ны, осно́ванные[3] на те́мах из ру́сских ска́зок[4]. До Револю́ции худо́жники в Палехе писа́ли ико́ны[5]. Шкату́лки де́лают и в други́х дере́внях, наприме́р, в Федо́скине, Мстёре, Хохломе́, но палехские счита́ются са́мыми лу́чшими.

ДОПОЛНИ́ТЕЛЬНЫЙ МАТЕРИА́Л

Любо́вь—брак—разво́д

1. уха́живать (за кем?)   *to court, date*

                Оле́г уха́живает за Надей.

---

[1] **Сетча́тый** значит *net* (прилага́тельное).

[2] **фон** *background*

[3] **осно́ванный (на чём?)** *based on*

[4] **сказка** *fairy tale*

[5] **ико́на** *icon*

2. (по)целова́ть(ся)   *to kiss (one another)*

> Оле́г целу́ет На́дю.
> На́дя поцелова́ла Оле́га.
> Они́ поцелова́лись.

3. влюбля́ться/влюби́ться   *to fall in love*
   (в кого́?)   *(with)*

4. влюблён/влюблена́/влюблены́   *in love (with)*
   (в кого́?)

5. (с)делать предложе́ние   *to propose*
   (кому́?)

6. На ру́сском языке́ есть несколько глаго́лов для английского выраже́ния *to get married*:

   а. **выходи́ть/вы́йти за́муж (за кого́?)**   —said by or about a woman

   $$
   \text{На́дя}
   \left\{
   \begin{array}{l}
   \text{выхо́дит} \\
   \text{вы́шла} \\
   \text{вы́йдет}
   \end{array}
   \right\}
   \text{ за́муж за Оле́га.}
   $$

   б. **жени́ться (на ком?)**   —said by or about a man. In this context, the verb has no special perfective form.

   $$
   \text{Оле́г}
   \left\{
   \begin{array}{l}
   \text{же́нится} \\
   \text{жени́лся}^{6} \\
   \text{же́нится}^{6}
   \end{array}
   \right\}
   \text{ на На́де.}
   $$

   в. **(по)жени́ться**   —This imperfective/perfective verb pair is used by and about couples only.

   $$
   \text{Оле́г и На́дя}
   \left\{
   \begin{array}{l}
   \text{же́нятся сего́дня.} \\
   \text{пожени́лись вчера́.} \\
   \text{поже́нятся за́втра.}
   \end{array}
   \right\}
   $$

Note also the words for *married*.

> На́дя за́мужем **за** Оле́гом.
> Оле́г жена́т **на** На́де.
> Оле́г и На́дя жена́ты.

7. брак   *marriage (the institution)*
8. жени́тьба   *marriage (the event)*
9. сва́дьба   *wedding ceremony*
10. супру́г(а)   *spouse*

---

[6] Used by or in reference to a man, there is no special form for the perfective.

11. развод   *divorce*
12. разводи́ться/развести́сь   *to get a divorce*
    (с кем?)

           Оле́г развёлся с На́дей.   *Oleg got divorced from Nadya.*
           На́дя развела́сь с Оле́гом.   *Nadya got divorced from Oleg.*
           Оле́г и На́дя развели́сь.   *Nadya and Oleg got divorced.*

УПРАЖНЕ́НИЯ

   A. Соста́вьте предложе́ния по образца́м.

       Образе́ц: **Ма́ша** вы́шла за́муж за   *Masha married Igor*
               И́горя Петро́ва.   *Petrov.*

       а. Све́та/Са́ша Соколо́в   в. Лю́ба/Влади́мир Жуко́вский
       б. Ла́ра/Оле́г Кузнецо́в   г. Ма́йя/Андре́й Шаховско́й

       Образе́ц: **Ва́ня** же́нится на   *Vanya is getting married*
               А́не Куропа́ткиной.   *to Anya Kuropatkina.*

       а. Шу́ра/Та́ня Ивано́ва   в. Воло́дя/Мари́я Жуко́вская
       б. Са́ня/Ната́ша Па́влова   г. Ве́ня/Лари́са Шаховска́я

       Образе́ц: Па́вел и Ната́ша пожени́лись   *Pavel and Natasha got*
               на про́шлой неде́ле.   *married last week.*

       а. про́шлый ме́сяц   г. 1981
       б. про́шлый год   д. февра́ль/1981
       в. янва́рь   е. 8/V/81

       Образе́ц: Как **им** удало́сь так бы́стро   *How did they manage to*
               получи́ть **кварти́ру**?   *get an apartment so*
                                 quickly?

       а. Бори́с Петро́в/телеви́зор
       б. А́нна Петро́ва/телефо́н
       в. Петро́вы/рабо́та

       Образе́ц: Я хочу́ пригласи́ть **тебя́**   *I'd like to invite you to the*
               на футбо́л.   *soccer match.*

       а. вы/ве́чер   в. Та́ня/день рожде́ния
       б. они́/новосе́лье   г. Па́вел/го́сти

Образец: Я **Маше** звони́ла, но её не́   *I phoned Masha, but*
            было.   *she wasn't there.*

а. Оле́г/он   в. Анна Павлова/она́
б. Ната́лья/она́   г. Никола́евы/они́

Образец: Я сего́дня позвони́л(а)   *I phoned Natasha today. She*
            Ната́ше. Она́ сказа́ла,   *said she was going to the*
            что тоже идёт к   *Petrov's, too.*
            Петро́вым.

а. Надя/Никола́евы   в. Андре́й/Петро́вы
б. Оле́г/Ивано́вы   г. Петро́вы/Каре́нины

Образец: Мне надо пойти́ в **гаст-**   *I have to go to the store for*
            роно́м за **проду́ктами**.   *groceries.*

а. библиоте́ка/книги   в. кио́ск/газе́та
б. магази́н/пода́рок   г. лавка/сигаре́ты

Образец: **Ольга** произвела́ па **меня́**   *Olga made a good impression*
            хоро́шее впечатле́ние.   *on me.*

а. Вади́м/Бори́с Петро́вич   в. Ваши друзья́/мы
б. Ната́ша/мой роди́тели   г. Твой друг/Никола́евы

Образец: Я оста́нусь здесь, пока́   *I'll stay here until you*
            ты не вернёшься.   *return.*

а. Дети/роди́тели   в. Этот студе́нт/профе́ссор
б. Мы/вы   г. Ваня/папа

Образец: Пусть **Ива́н** заедет за   *Let Ivan drop by for Masha.*
            Машей.

а. Надя/Оле́г   в. Павловы/Андре́й
б. Пётр/Анна   г. Саша/Ивано́вы

Образец: Мы долго смотре́ли, как   *For a long time we watched*
            дети игра́ли в парке.   *the children play in the park.*

а. колхо́зники/рабо́тать в поле
б. отдыха́ющие/купа́ться в море
в. сосе́ди/строить дачу
г. спортсме́ны/игра́ть в воллейбо́л

Б. Совершённый или несовершённый вид?

1. (по)звони́ть
   а. Я сего́дня *(phoned)* Ольге Никола́евой. Она́ попроси́ла меня́ переда́ть вам приве́т.
   б. Я ка́ждый день (*phoned*) роди́телям.
   в. Я вам (*will phone*) сра́зу по́сле обе́да.
   г. Я сего́дня (*phoned*) Андре́ю, но его́ не́ было до́ма.

2. (по)проща́ться
   а. Друзья́ до́лго *(said good-bye)*.
   б. Мы *(said good-bye)* с Петро́выми и пое́хали домо́й.
   в. Как то́лько я ([*will*] *say good-bye*) с Никола́евыми, я тебя́ подвезу́ домо́й.

3. (у)слы́шать
   а. Мы сиде́ли на горе́ и (*heard*), как шуме́л го́род.
   б. Когда́ Воло́дя (*heard*), что сказа́ла Ма́ша, он улыбну́лся.
   в. Когда́ Ва́ня придёт, вы его́ (*will hear*).

4. предлага́ть/предложи́ть
   а. Я (*suggest*) пойти́ сего́дня в Третьяко́вскую галере́ю.
   б. Экскурсово́д (*suggested*) пое́хать сего́дня в Заго́рск.
   в. Я хочу́ (*to propose*) тост.
   г. А́ня наве́рно (*will suggest*) пое́хать на да́чу не сего́дня, а за́втра.

5. налива́ть/нали́ть
   а. (*Pour*) Ива́ну Ива́новичу ещё вина́.
   б. Не (*pour*) Ми́ше бо́льше шампа́нского! Он уже́ напи́лся[7].
   в. Оле́г всем (*poured*) коньяка́, и мы вы́пили за дру́жбу.
   г. У вас нет вина́? Мину́точку, я вам (*will pour*).

6. улыба́ться/улыбну́ться
   а. Са́ша всегда́ (*smiles*).
   б. Ива́н ча́сто (*smiled*).
   в. А́ня (*smiled*) и сказа́ла, что ей прия́тно э́то слы́шать.

7. выбира́ть/вы́брать
   а. Мои́ роди́тели всегда́ (*select*) хоро́шие пода́рки.
   б. Бори́с (*selected*) са́мую хоро́шую и дорогу́ю шкату́лку в магази́не, и, заплати́в за неё, вы́шел на у́лицу и пошёл к А́не.
   в. На вы́борах[8] в 1980-ом году́ америка́нцы (*chose*) Ро́нальда Рэ́йгена.

---

[7] **Он напи́лся** зна́чит *He's had too much to drink.*

[8] Сло́во **вы́боры** зна́чит *elections.*

8. (за)хотéть

    а. Услы́шав это, Пётр (*wanted*) узнáть, откýда я.

    б. Вася (*wants*) предложи́ть тост.

    в. Если вы ([*will*] *want*) емý позвони́ть, я вам дам его́ номер телефóна.

9. (с)мочь

    а. Я думаю, что я (*will be able*) тебé сказáть завтра, пойдý ли я на этот вечер.

    б. Скажи́те нам завтра, (*if you will be able*) поéхать на дачу.

    в. —Мы хоти́м тебя́ пригласи́ть на день рожде́ния в воскресéнье. (*Will you be able*) прийти́?

      —(*I will.*)

В. Переведи́те словá в скобках.

    1. Говоря́т, что Надéжда (*will get married*) на будущей недéле.

    2. Катя (*got married*) за Веню Николáева две недéли назáд.

    3. Ваня, когдá ты собирáешься (*to get married*)?

    4. Алексéй (*got married*) на Наде Ивано́вой на прошлой недéле.

    5. Саша и Маша наконéц (*got married*)!

Г. Класть/положи́ть или (по)стáвить?

    1. —Кудá ты (*put* [*present tense*]) деньги?

      —Я (*put*) их в бумáжник.

    2. —Кудá ты (*put* [*past tense*]) бумáгу?

      —Я (*put*) её на стол.

    3. —Кудá вы (*put* [*present tense*]) буты́лки?

      —Я их (*put*) на стол, в кухне.

    4. —Кудá вы (*put* [*past tense*]) лампу?

      —Я её (*put*) на стол, в столóвой.

Д. Состáвьте предложéния по образцáм.

    Образéц: Я не хочý ей это говори́ть. (Ивáн)

                 Пусть Ивáн ей скажет.

    1. Я не хочý писáть емý письмó. (Натáша)

    2. Я не хочý звони́ть Николáевым. (Петя)

    3. Я не хочý идти́ в магази́н. (дети)

    4. Я не хочý это делать. (Боря)

    Образéц: Саша/Таня: **Пусть Саша заéдет за Таней.**

    1. Натáша/Саша   3. Олéг и Надя/Бори́с

    2. Ивáн/Анна Бори́совна   4. Петро́вы/Андрéй

Образец: я/это сделать: **Дава́йте я это сде́лаю.**

1. я/написа́ть Ива́ну
2. я/вы́брать Ма́ше пода́рок
3. я/прочита́ть это предложе́ние
4. я/поста́вить ла́мпу туда́

E. Переведи́те слова́ в ско́бках.

Образец: Мы смотре́ли (*the children play*).
Мы смотре́ли, как де́ти игра́ли.

1. Мы смотре́ли (*the engineers work*).
2. Они́ смотре́ли (*us dance*).
3. Ва́ня ви́дел (*the airplanes fly over the lake*).
4. Мы слы́шали (*her sing*).
5. Вы слы́шали (*them playing the guitar and singing*)?

Ж. Соста́вьте предложе́ния по образца́м:

Образец: Та́ня/мы/рассказа́ть/она́/путеше́ствовать по Евро́пе
Та́ня нам рассказа́ла **о том, как** она́ путеше́ствовала по Евро́пе.

1. Воло́дя/она́/рассказа́ть/он/заблуди́ться в лесу́.
2. Петро́вы/им/рассказа́ть/они́/лета́ть в Сре́днюю А́зию

Образец: Лев/поза́втракать/он/пойти́ на рабо́ту
По́сле того́, как Лев поза́втракал, он пошёл на рабо́ту.

1. А́нна/написа́ть письмо́/она́/понести́ его́ на по́чту
2. Алексе́евы/прочита́ть газе́ту/они́/дать её мне

Образец: де́ти/сесть посмотре́ть переда́чу по телеви́зору/
они́/съесть пирожки́ и пельме́ни
Пе́ред тем, как де́ти се́ли посмотре́ть переда́чу по теле-
ви́зору, они́ съе́ли пирожки́ и пельме́ни.

1. О́льга Никола́евна/нача́ть петь/она́ вы́пить стака́н воды́
2. Са́ша/тебе́ позвони́ть/он вы́пить 200 грамм во́дки

Образец: вы/купи́ть Петру́ пода́рок/поговори́ть с его́ роди́-
телями
До того́, как вы ку́пите Петру́ пода́рок, поговори́те
с его́ роди́телями.

1. Вы/нача́ть рабо́тать/сказа́ть Фёдору Никола́евичу, что вы здесь
2. Ты/меня́ подвезти́/домо́й/позвони́ть/роди́телям

З. Фамилии в скобках поставьте в правильном падеже.

1. Сегодня на вокзале я встретил(а) Олега (Николаев).
2. Сегодня вечером мы идём к Олегу (Николаев).
3. Это машина Олега (Николаев).
4. На вечере мы познакомились с Олегом (Николаев).
5. Какое у вас впечатление об Олеге (Николаев)?
6. Вы знаете Наташу (Иванова)?
7. Вчера вечером мы были в гостях у Наташи (Иванова).
8. Мы купили Наташе (Иванова) палехскую шкатулку.
9. Я согласен/согласна с Наташей (Иванова).
10. Ты не знаешь, где живёт Наташа (Иванова)?
11. Мне кажется, что они говорят о Наташе (Иванова).
12. По-моему, вы (Каренины) очень понравились.
13. Соседи недовольны (Каренины).
14. У меня очень хорошее впечатление о (Каренины).
15. Я попросил(а) Ивана подвезти (Каренины) в театр.
16. У (Каренины) большая новая квартира.

И. От данных глаголов образуйте деепричастия. Переведите деепричастия на английский язык.

	1. *Несовершённый вид*	2. *Совершённый вид*
	читать	сказать
	говорить	встать
	вставать	попрощаться
	проходить	пройти
	слышать	выйти

К. Замените предложения со словами «когда», «так как» (потому что) деепричастными оборотами. *Substitute verbal adverb clauses for those which begin with* когда *or* так как (потому что).

Образец: **Когда туристы проходили через Красную площадь, они** фотографировали храм Василия Блаженного.

Проходя через Красную площадь, туристы фотографировали храм Василия Блаженного.

1. **Когда мы покупали продукты, мы** разговаривали с друзьями.
2. **Так как Лена знала,** что у Маши нет машины, **она** попросила Павловых заехать за ней.
3. **Когда я путешествовал(а) по Советскому Союзу, я** знакомился со многими хорошими людьми.
4. **Когда мы возращаемся домой с работы, мы** обычно говорим о своих детях.

5. Когда́ де́вушка продава́ла шкату́лки, она́ ни с кем не разгова́ривала.

6. Когда́ вы бу́дете в Москве́, вы уви́дите мно́го интере́сного и краси́вого.

Л. Замени́те предложе́ния со слова́ми «по́сле того́, как»; «когда́» и т.д. дееприча́стными оборо́тами.

Образе́ц: Когда́ Ла́ра э́то сказа́ла, она́ попроща́лась с на́ми и ушла́.

Сказа́в э́то, Ла́ра попроща́лась с на́ми и ушла́.

1. Когда́ Воло́дя прочита́л э́ту кни́гу, он дал её мне.
2. По́сле того́, как я верну́лся домо́й, я лёг спать.
3. Когда́ Ми́ша меня́ уви́дел, он убежа́л.
4. По́сле того́, как Ма́ша заплати́ла за шкату́лку, она́ вы́шла из магази́на.
5. Когда́ мы вы́шли из гости́ницы, мы заме́тили, что идёт дождь.
6. По́сле того́, как Та́ня научи́лась води́ть маши́ну, она́ купи́ла себе́ ста́рый Кадилла́к.

Вопро́сы

1. Вы ча́сто хо́дите к друзья́м в го́сти?
2. Вы иногда́ приглаша́ете друзе́й на вечера́?
3. В како́м году́ пожени́лись ва́ши роди́тели?
4. Како́е у вас впечатле́ние о ру́сской литерату́ре?
5. Како́е у вас впечатле́ние о профессора́х в ва́шем университе́те?
6. У вас есть аво́ська?
7. Вы когда́-нибудь бы́ли на новосе́лье? Е́сли да, то у кого́ вы бы́ли? Как вы провели́ вре́мя?
8. По-ва́шему, бы́ло бы хорошо́, е́сли бы был мир во всём ми́ре?
9. Как отно́сятся студе́нты друг к дру́гу на ва́шей ле́кции ру́сского языка́?

Перево́д

1. We listened to the children sing.
2. We saw Ivan and Oleg play chess.
3. We watched the collective farmers pick grapes.
4. They were talking about how cold they were in Irkutsk.
5. Just before you walked up to us, we were talking about the Petrovs.
6. After Pasha left, we started to drink champagne.
7. Until Robert learned to speak Russian, no one invited him to parties and housewarmings.

8. Mstislav Rostapovich made a good impression on my mother.
9. I'd like to invite you to the ballet. Will you be able to (come)?
   No, I won't. Unfortunately I'm very busy.
10. Mama asked Vova to go to the store for bread and sausage.
11. Let's drink!
12. Let Nadya help Ivan find a good present for the Nikolaevs.
13. I think that Vladimir will get married in September.
14. Natasha is planning to get married next year.
15. Venya and Sveta will get married in three weeks.
16. I think they will get divorced in a month.
17. Having greeted the Pavlovs, Olya walked out of the kitchen.

Письменное задáние

> Напишѝте крáткое сочинéние на тéму: «Почемý я хочý (или не хочý) женѝться/выйти замуж».

ГРАММÁТИКА

ПУСТЬ ОН (ОНÁ, ОНÓ, ОНѝ)...

The expression **пусть он (онá, онó, онѝ)**... is the equivalent of the English *Let him* (*her*, *it*, *them*) (+verb). **Пусть** is followed by a noun or third person (singular or plural) pronoun *in the nominative case*, and the verb may be either imperfective present or perfective future:

Пусть Ивáн отвéтит на э́тот вопрóс.	***Let Ivan answer*** *that question.*
Пусть онá самá это сдéлает.	***Let her do*** *that herself.*
Пусть эти студéнты говорѝт то́лько по-рýсски.	***Have these students speak*** *only Russian.*

Colloquially, Russians frequently say **пускáй** instead of **пусть**:

Пускáй Вáня ей об э́том **расскáжет.**   ***Let Vanya tell*** *her about that.*

If the subject is omitted, the resulting exclamation is brusque (or even impolite):

—А что, éсли Борѝс об э́том узнáет?	*And what if Boris finds out about this?*
—**Пусть узнáет!** Мне всё равнó!	***Let him find out!*** *I don't care!*

ВИ́ДЕТЬ/СМОТРÉТЬ/ЗАМЕЧÁТЬ/ СЛЫ́ШАТЬ/СЛУ́ШАТЬ, КАК…

Infinitive phrases with accusative subjects are commonplace in English; Russians use instead two clauses joined by the conjunction **как**.

Роди́тели **смотре́ли, как** игра́ли **де́ти**.	*The parents watched the children play.*
Я **ви́дел, как она́** вошла́ в комнату.	*I saw her come into the room.*
Мы **слу́шали, как она́** пела.	*We listened to her sing.*
Мы **слы́шали, как она́** игра́ла на роя́ле.	*We heard her play the piano.*

КЛАСТЬ/ПОЛОЖИ́ТЬ (ПО)СТА́ВИТЬ

There are two pairs of Russian verbs which mean *to put* or *to place*:

1.

ста́вить:	ста́влю, ста́вишь, ста́вят	*to put (place) in a*
поста́вить:	поста́влю, поста́вишь, поста́вят	*vertical position*

Я всегда́ ста́влю стака́ны сюда́.	*I always put the glasses here.*
Поста́вьте ла́мпу на стол!	*Put the lamp on the table!*
Кто поста́вил буты́лку в шкаф?	*Who put the bottle in the cupboard?*

2.

класть:	кладу́, кладёшь, кладу́т	*to put (place) in a*
положи́ть:	положу́, поло́жишь, поло́жат	*horizontal position*

Я кладу́ ножи́, ви́лки и ло́жки на стол.	*I put the knives, forks, and spoons on the table.*
Положи́те письмо́ на стол.	*Put the letter on the table!*
Я положу́ газе́ту на пи́сьменный стол.	*I'll put the newspaper on the desk.*

Both **ста́вить/поста́вить** and **класть/положи́ть** show directed motion and thus answer the question **куда́?**

Куда́ вы поста́вили ча́шки?	*Where did you put the cups?*
Куда́ вы положи́ли ло́жки?	*Where did you put the spoons?*
Я поста́вил ча́шки сюда́, а ло́жки положи́л туда́.	*I put the cups here and the spoons there.*

THE CONNECTIVE PHRASES
ТО, КАК—ТО, ЧТО

In Russian, prepositions must have a noun or pronoun object; thus the connective pharases **то**, **как** or **то**, **что** are used in sentences which in English have a dependent clause serving as the object of the preposition. **То** and **что** must be in the appropriate case.

Маша рассказа́ла **о том, как она́ путеше́ствовала** по СССР.

*Masha told **about how she traveled** around the USSR.*

После того́, как Паша **кончил** рабо́ту, он пошёл домо́й.

After Pasha had finished work, he went home.

Перед тем, как Оле́г **вышел** на у́лицу, он попроща́лся с Ива́ном.

Just before Oleg went outside, he said good-bye to Ivan.

До того́, как переехали сюда́ вы, мне здесь бы́ло ску́чно.

Until you moved here, I was bored (here).

Напиши́те Бори́су **о том, что вы будете делать** летом.

*Write to Boris **about what you will be doing** this summer.*

Мы уже́ привы́кли **к тому́, что** надо оста́ться здесь ещё одну́ неде́лю.

We have already become accustomed to the fact that we have to stay here another week.

ADDITIONAL INFORMATION ABOUT
PERFECTIVE/IMPERFECTIVE VERBS

When an action does not have the desired or expected result, an imperfective verb is used. Thus when you call someone on the phone, but they don't answer or are not at home, use the imperfective even though the action occurred only once.

Вчера́ я **звони́л(а)** Ива́ну, но его́ не́ было.

Yesterday I called Ivan, but he wasn't in.

If the call went through and you spoke with the person you were calling, then the perfective should be used.

Вчера́ я **позвони́л(а)** Ива́ну и сказа́л(а) ему́, что зае́ду за ним в 7 часо́в.

Yesterday I called Ivan and told him that I'd drop by for him at seven.

THE VERBAL ADVERB
Дееприча́стие

1. *Imperfective.* An imperfective verbal adverb is a verb form which may be used (especially in the written language) to describe an action which occurs simultaneously with another action, provided both clauses have the same subject.

Most imperfective verbal adverbs are formed by dropping the present tense ending from the third person plural (они́) form the verb and adding -я (-а if the stem of the verb ends in ж, ч, ш, щ):

чита́	ют	
чита́	**я**	*(while) reading*
говор	я́т	
говор	**я́**	*(while) speaking*
слыш	ат	
слыш	**а**	*(while) hearing*

The verb **дава́ть** and any verb which ends in **-дава́ть**, **-знава́ть**, or **-става́ть** form the imperfective verbal adverb by dropping **-ть** and adding **-я**:

дава́	ть	
дава́	**я**	*(while) giving*
узнава́	ть	
узнава́	**я**	*(while) finding out*
встава́	ть	
встава́	**я**	*(while) getting up, arising*

The verb **быть** has a special form:

будучи   *being*

Reflexive verbs have the ending **-ясь** or **-ась**:

возвраща́	ются	
возвраща́	**ясь**	*(while) returning*
лож	а́тся	
лож	**а́сь**	*(while) lying down*

The stress is not completely predictable; usually it is the same as that of the infinitive, but sometimes it shifts to the first syllable:

леж	а́ть	
леж	а́т	
лёж	а	*(while) lying*

сид	éть		сто	я́ть	
сид	я́т	*(while) sitting*	сто	я́т	*(while) standing*
си́д	я		сто́	я	

The main verb may be in the present, past, or future tense, and the sentence may begin with either of the two clauses involved:

Си́дя у окна́,
$$\left\{ \begin{array}{l} \text{я чита́ю газе́ту.} \\ \text{я чита́л газе́ту.} \\ \text{я бу́ду чита́ть} \\ \text{газе́ту.} \end{array} \right\}$$
While sitting at the window
$$\left\{ \begin{array}{l} \textit{I read a} \\ \textit{newspaper.} \\ \textit{I was reading} \\ \textit{a newspaper.} \\ \textit{I will read a} \\ \textit{newspaper} \end{array} \right.$$

Я сиде́л у окна́, **чита́я** газе́ту.   *I was sitting at the window, **reading** a newspaper*

Here are some other examples of the use of verbal adverbs, together with comparable constructions:

With Imperfective Verbal Adverbs	More Usual Construction in the Spoken Language	English
Возвраща́ясь домо́й, мы не говори́ли ни сло́ва.	Когда́ **мы возвраща́лись** домо́й, мы не говори́ли ни сло́ва.	***(While) returning*** home, we didn't say a word.
По пра́вде **говоря́**,[9] Ива́н мне не нра́вится.	**Е́сли говори́ть** по пра́вде, Ива́н мне не нра́вится.	***To tell*** the truth, I don't like Ivan.
Идя́ по э́той у́лице, ты, наве́рно, встре́тишь Та́ню.	**Е́сли ты бу́дешь идти́** по э́той у́лице, ты, наве́рно, встре́тишь Та́ню.	***If you walk*** along this street, you will surely meet Tanya.
Не **зна́я** но́мера его́ телефо́на, я не могу́ ему́ позвони́ть.	**Так как я** не зна́ю но́мера его́ телефо́на, я не могу́ ему́ позвони́ть.	***Since I don't know*** his telephone number, I can't call him.

A few verbs do not have an imperfective verbal adverb form, notably:

бежа́ть	мочь
есть	петь
е́хать	писа́ть
ждать	хоте́ть
звать	
каза́ться	Any verb with the suffix **-нуть**.

---

[9] **По пра́вде говоря́** (или **че́стно говоря́**) is a fairly common expression in spoken Russian, too.

2. *Perfective.* A *perfective verbal adverb* is used to denote an action that was or will be completed before another action begins, began or will begin.

Most perfective verbal adverbs are formed by dropping the past tense ending of the perfective verb and adding **-в**. Reflexive verbs add **-вшись**:

увúде	л	
увúде	в	*having caught sight of*
кончи	л	
кончи	в	*having finished*
вернý	лся	
вернý	вшись	*having returned (come back)*
попрощá	лся	
попрощá	вшись	*having said "good-bye"*

Perfective (prefixed) forms of **идтú, везтú, вестú, нестú** form the verbal adverb by dropping the third person plural ending of the future tense and adding **-я** (or **-а**), instead of **-в**:

прид	ýт	
прид	я́	*having arrived, come*

The main verb may be in the past or future tense, and the perfective verbal adverb clause normally precedes the main clause:

With Perfective Verbal Adverbs	More Usual Construction in the Spoken Language	English
Прочитáв эту газéту, он вернýл её мне.	Когдá он прочитáл эту газéту, он вернýл её мне.	*When he had read* this newspaper, he returned it to me.
Прочитáв эту газéту, он вернёт её мне.	Когдá он прочитáет эту газéту, он вернёт её мне.	*When he has read* this newspaper, he will return it to me.
Придя́ домóй, я позвонúл по телефóну Ивáну.	Когдá я пришёл домóй, я позвонúл по телефóну Ивáну.	*When I arrived* home, I called Ivan on the phone.
Попрощáвшись, он вышел.	Он попрощáлся и вышел.	*Having said "good-bye,"* he left.

Remember: No subject is expressed with verbal adverbs; their subject is always that of the main clause. The same is true in English:

Having said good-bye, *we* went home.

THE DECLENSION OF LAST NAMES
THAT END IN -ОВ/-ЕВ/-ЁВ/-ИН

Last names that end in **-ов/-ев/-ёв/-ин** are declined in some cases as nouns, in others as adjectives.

	Он	*Она́*	*Они́*
Кто? Что?	Ивано́в	Ивано́ва	Ивано́вы
Кого́? Чего́?	Ивано́ва	Ивано́вой	Ивапо́вых
Кому́? Чему́?	Ивано́ву	Ивано́вой	Ивано́вым
Кого́? Что?	Ивано́ва	Ивано́ву	Ивано́вых
Кем? Чем?	Ивано́вым	Ивано́вой	Ивано́выми
О ком? О чём?	Ивано́ве	Ивано́вой	Ивано́вых

НОВЫЕ ВИДОВЫ́Е ПАРЫ ГЛАГО́ЛОВ

to choose, select	выбира́ть (I)
	вы́брать (I): вы́беру, -ешь, -ут

to put, place (not in upright position)	класть (I): кладу́, -ёшь, -у́т
	положи́ть (II): положу́, поло́жишь, -ат

to pour	налива́ть (I)
	нали́ть (I): налью́, -ёшь, -ю́т

to suggest, propose	предлага́ть (I) (кому́? что?)
	предложи́ть (I): предложу́, предло́жишь, -ат

to make, create, manufacture	производи́ть (II): произвожу́, произво́дишь, -ят
	произвести́ (I): произведу́, -ёшь, -у́т; произвёл, -вела́, -ло́, -ли́

to get divorced	разводи́ться (II) (с кем?): развожу́сь, разво́дишься, -ятся
	развести́сь (I): разведу́сь, -ёшься, -у́тся; развёлся, -ла́сь, -ли́сь

to compare	сравнивать (I) (кого? что?) (с кем? с чем?)
	сравни́ть (II)
to smile	улыба́ться (I)
	улыбну́ться (I): улыбну́сь, -ёшься, -у́тся
to get settled	устра́иваться (I)
	устро́иться (II)
to get married	(по)жени́ться (II): женю́сь, -ишься, -ятся
to want	(за)хоте́ть (I–II): хочу́, -ешь, -ет, хоти́м, -и́те, -я́т
to say good-bye	(по)проща́ться (I) (с кем?)
to say hello, greet	(по) здоро́ваться (I): поздоро́ваюсь, -ешься, -ются
to be able, "can"	(с)мочь (I): могу́, можешь, могут, можем, можете, могут; мог, могла́, могло́, могли́
to hear	(у) слы́шать (II)
to place, put (in an upright position)	(по)ста́вить (II): ставлю, ставишь, -ят

СЛОВА́РЬ

For imperfective-perfective verb pairs, see **НО́ВЫЕ ВИДОВЫ́Е ПА́РЫ ГЛАГО́ЛОВ**.

аво́ська	*net shopping bag*
берёза	*birch tree*
«Берёзка»	*"Beryozka" (Soviet "foreign currency store")*
блат	*(good) connections*
брак	*marriage*
валю́та	*currency*

вечер (на)	*party*
внимáние	*attention*
впечатлéние	*impression*
производи́ть/произвести́ впечатлéние (на когó?)	*to make a an impression (on)*
выходи́ть/вы́йти замуж (за когó?)	*to get married (to a man)*
дно	*bottom*
пить до дна	*to drink to the last drop*
жени́ться (II) (на ком?) женю́сь, -ишься, -ятся	*to get married* (used by and about men only)
жени́ться (II) (сов. по-)	*to get married* (used by and about couples only)
к счастью	*fortunately*
любóвь (ж.) (любви́, любóвью)	*love*
магнитофóн	*tape recorder*
микрорайóн	*neighborhood*
новосéлье (на)	*housewarming*
отдыхáющий, -ая, -ие	*vacationer*
относи́ться (II) (к комý? к чемý?)	*to treat (someone in a certain way), to behave (towards)*
палехский	*of or from Palekh*
покá не	*until*
птица	*bird*
пусть он/онá/онó/они́ (+ глагóл)	*let him/her/it/them (+ verb)*
Пусть он это сделает.	*Let him do that.*
развóд	*divorce*
счастье	*happiness*
товáр	*goods, merchandise*
тост	*toast (at a party, dinner, etc.)*
удáться	*to manage to, be successful in*
Мне удалóсь/удáстся (+ инфинити́в)	*I managed / will manage (to)*
хозя́ин (мн.ч. хозя́ева; ж. хозя́йка)	*host (hostess), owner*
худóжник (ж. худóжница)	*artist*
шкату́лка (мн.ч. род. -лок)	*decorative box*
шум	*noise*

Конéц двадцать шестóго урóка.

Двадцать седьмой урок

ДИАЛОГ А
В книжном магазине

Покупа́тель: Скажи́те, пожа́луйста, у вас есть стихи́ Ахма́товой?

Продавщи́ца: Да, неда́вно получи́ли. Двухто́мник[1].

Покупа́тель: Мо́жно посмотре́ть?

Продавщи́ца: Пожа́луйста. О́чень хоро́шие стихи́.

Customer: Tell me, please, do you have poems by Akhmatova?

Saleswoman: Yes, we recently received (some). A two-volume set.

Customer: May I take a look at it?

Saleswoman: Here you are. They're very fine poems.

---

[1] Двухто́мник — кни́га в двух тома́х.

Покупáтель: Да, хорóшие.

Customer: *Yes, they are.*

Продавщи́ца: А вы ви́дели э́тот сбóрник расскáзов Шукшинá? Э́то ужé послéдний экземпля́р.

Saleswoman: *Have you seen this collection of Shukshin's stories? This is the last copy.*

Покупáтель: Прекрáсно. Берý и то, и другóе. А «Живи́ и помни́» у вас есть?

Customer: *Marvelous. I'll take both of them. And do you have "Live and Remember."*

Продавщи́ца: Распýтина? Нет, у нас нет.

Saleswoman: *By Rasputin? No, we don't.*

Покупáтель: А когдá вы полýчите?

Customer: *And when will you get it?*

Продавщи́ца: Бог егó знáет. А éсли полýчим, через 2 часá не остáнется ни однóго экземпля́ра.

Saleswoman: *Lord knows. And if we do get it, within two hours there won't be a single copy left.*

ДИАЛÓГ Б
Где продаю́т ма́рки?

Покупáтель: Покажи́те, пожáлуйста, кни́жку[2] скáзок с хорóшими иллюстрáциями.

Customer: *Please show me a book of fairy tales with good illustrations.*

Продавщи́ца: Посмотри́те вот э́ту.

Saleswoman: *Take a look at this one.*

Покупáтель: Хорошó, берý. А откры́тки у вас где? Я хочý послáть семьé откры́тку из Москвы́.

Customer: *Fine, I'll take it. And where do you have postcards? I want to send my family a card from Moscow.*

Продавщи́ца: Откры́тки вы найдёте наверхý, ря́дом с плакáтами.

Saleswoman: *You'll find postcards upstairs, next to the posters.*

Покупáтель: А ма́рки здесь продаю́тся?

Customer: *And are stamps sold here?*

Продавщи́ца: Да, внизý, на пéрвом этажé, но там закры́то на

Saleswoman: *Yes, downstairs, on the first floor, but that area is closed*

---

[2] **Кни́жка**—тóже, что кни́га.

ремо́нт. Когда́ вы вы́йдете из магази́на, вы уви́дите через у́лицу кио́ск. Там продаю́т и ма́рки, и конве́рты, и откры́тки.

for repairs. When you walk out of the store, you'll see a news stand across the street. They sell stamps and envelopes and postcards there.

Покупа́тель: Большо́е спаси́бо.

Customer: Thanks very much.

Продавщи́ца: Пожа́луйста. Пять рубле́й 86 копе́ек. Заплати́те в ка́ссу.

Saleswoman: You're welcome. Five rubles, 86 kopecks. Pay the cashier.

Покупа́тель: Хорошо́. Я сейча́с заплачу́ за кни́ги и пойду́ наве́рх посмотре́ть плака́ты.

Customer: Fine. I'll pay right now for the books and go upstairs to look at the posters.

Кни́жный магази́н

СТИХИ́

Ты и вы

Пусто́е **вы** серде́чным **ты**
Она́, обмо́лвясь, замени́ла,
И все счастли́вые мечты́
В душе́ влюблённой возбуди́ла

пусто́й   *empty, impersonal*
обмо́лвиться   *to say accidently*
замени́ть   *to substitute*
   (one thing for another)
мечта́   *(day)dream*
влюблённая душа́   *soul in love*
возбуди́ть   *to excite*

Пред ней задумчиво стою;
Свести очей с неё нет силы;
И говорю ей: как **вы** милы!
А мыслю: как **тебя** люблю!

        А. С. Пушкин
           1828

пред перед
свести с (кого? чего) *to take off*
очи глаза
сила *strength*
милый *dear, sweet*
мыслить думать

А. О. Смирновой

Без вас хочу сказать вам много,
При вас я слушать вас хочу;
Но молча вы глядите строго,
И я в смущении молчу.
Что ж делать?… Речью неискусной
Занять ваш ум мне не дано…
Всё это было бы смешно,
Когда бы не было так грустно…

        М. Ю. Лермонтов

молча не говоря ни слова
глядеть смотреть
строго *severely, strictly*
смущение *confusion*
речь *speech, talk*
неискусный *unskilled*
ум *intellect, mind*
мне не дано *I am not able*
смешно *funny, humorous*
грустно *sad*

Возвращение

Все души милых на высоких звёздах.
Как хорошо, что некого терять
И можно плакать. Царскосельский воздух
Был создан, чтобы песни повторять.

возвращение *return*
душа *soul*
милые *dear ones*
некого *there is no one*
плакать *to cry*
Царское село *village near Leningrad where Pushkin studied*
создан *created*
песня *song (here— poem)*

У берега серебряная ива
Касается сентябрьских ярких вод.
Из прошлого восставши, молчаливо
Ко мне навстречу тень моя идёт.

серебряный *silver*
ива *willow*
касаться *to touch*
яркий *bright*
прошлое *the past*
восставши *having arisen*
молчаливо *silently*
идти навстречу *to meet, walk up to*
тень *shadow*

Здесь столько лир повешено на ветки,
Но и моей как будто место есть.
А этот дождик, солнечный и редкий,
Мне утешенье и благая весть.

                    Анна Ахматова
                         1941

столько	*so many*
лира,	*lyre*
повешено	*hung*
ветка	*branch*
как будто	*apparently*
дождик	*shower*
солнечный	*sunny*
редкий	*occasional, intermitant*
утешенье	*comfort, consolation*
благая весть	*good news*

...

Много видевший, много знавший,
Знавший ненависть и любовь,
Всё имевший, всё потерявший
И опять всё нашедший вновь.

Вкус узнавший всего земного
И до жизни жадный опять,
Обладающий всем и снова
Всё боящийся потерять.

                    Дмитрий Кедрин
                         1945

ненависть (ж.)	*hatred*
вновь	*again*
вкус	*taste*
земной	*earth(ly)*
жадный до (кого? чего?)	*eager, thirsting for*
обладать (кем? чем?)	*to possess*
снова	*again*

ВЫРАЖЕНИЯ

1.	и то, и другое	*both of them*
2.	однотомник	*a one volume book*
	двухтомник	*a two-volume book*
	трёхтомник	*a three-volume book*
	четырёхтомник	*a four-volume book*
3.	наверх (куда?)	*upstairs, above (directed motion)*
	неверху (где?)	*upstairs, above (location)*

4. вниз (куда?)   *downstairs, below* (directed motion)
   внизу́ (где?)   *downstairs, below* (location)
5. через у́лицу   *across the street*
6. то же, что…   *the same as…*

ПРИМЕЧА́НИЯ

1. **Валенти́н Григо́рьевич Распу́тин** роди́лся в 1937-ом году́ в Сиби́ри. Снача́ла он рабо́тал журнали́стом, а по́зже стал профессиона́льным писа́телем. Его́ по́вести отлича́ются глубо́ким психологи́змом и актуа́льностью. Са́мые изве́стные сбо́рники: «Де́ньги для Мари́и» (1967) и «Живи́ и по́мни» (1974). В. Распу́тин живёт в Ирку́тске.

2. **Алекса́ндр Серге́евич Пу́шкин** роди́лся в 1799-ом году́ в Москве́. Когда́ ему́ бы́ло 12 лет, он поступи́л в то́лько что откры́вшийся Царскосе́льский лице́й и там написа́л свои́ пе́рвые стихи́. Са́мое люби́мое и значи́тельное произведе́ние Пу́шкина—рома́н в стиха́х «Евге́ний Оне́гин». За свою́ коро́ткую жизнь Пу́шкин написа́л мно́жество прекра́сных стихо́в, поэ́м, драм, расска́зов, повесте́й и други́х литерату́рных произведе́ний. В 1837-ом году́ вели́кий ру́сский поэ́т А. С. Пу́шкин, как и Ле́нский в «**Евге́нии Оне́гине**», был уби́т на дуэ́ли.

3. **Михаи́л Ю́рьевич Ле́рмонтов** (1814–1841) роди́лся в Москве́. В 1830-ом году́ Ле́рмонтов поступи́л в Моско́вский университе́т, но через 2 го́да он перее́хал в Петербу́рг и поступи́л в кавалери́йскую шко́лу[3]. Око́нчив э́ту шко́лу, Ле́рмонтов служи́л офице́ром[4] под Петербу́ргом—в Ца́рском селе́. Из-за стихо́в, напи́санных о сме́рти Пу́шкина и не понра́вившихся царю́ Никола́ю I, Ле́рмонтов был аресто́ван и переведён[5] на Кавка́з. Там он написа́л свои́ прекра́сные романти́ческие по́вести и стихи́ о жи́зни, приро́де и леге́ндах кавка́зских гор. Ле́рмонтов, как и Пу́шкин, был уби́т на дуэ́ли.

4. **А́нна Ахма́това** (настоя́щая фами́лия—Горе́нко) родила́сь в 1888-ом году́. Она́ писа́ла лири́ческие стихи́, кото́рые о́чень люби́ла и лю́бит ру́сская интеллиге́нция.

---

[3] **кавалери́йская шко́ла** *cavalry school*

[4] **служи́ть офице́ром**   *to serve as an officer*

[5] **аресто́ван и переведён** *arrested and transferred*

В 1946-ом году́ Ахма́това, вме́сте с Зо́щенко, была́ исключена́[6] из Сою́за писа́телей. По́сле сме́рти Ста́лина её опя́ть на́чали публикова́ть. Её гла́вные произведе́ния: «**Реквием**», «**Аполло́н**» и «**Белая стая**» (*White Flock*). Анна Ахма́това умерла́ в 1965-ом году́.

ДОПОЛНИ́ТЕЛЬНЫЙ МАТЕРИА́Л

Поэ́зия

стих (мн.ч. стихи́)	*verse*
стихотворе́ние	*poem*
поэ́ма	*long poem*, *major poetic work*
метр	*meter*
ри́фма	*rhyme*
ритм	*rhythm*
поэ́т	*poet*

ГРАММА́ТИКА И УПРАЖНЕ́НИЯ

This final lesson is concerned only with conveying a *passive* knowledge of Russian participles (**прича́стия**). Participles are adjectives that are derived from verbs. They frequently are encountered in written Russian, especially in newspapers, scholarly publications, official speeches, scientific articles and Russian literary works that are not written in a conversational style. When you continue your study of Russian, you will learn to use participles actively; in this first course, you need only learn to recognize them and know what they mean. In the following section, there are short exercises after the discussion of each kind of participle.

---

[6]**исключена́**   *expelled*

PARTICIPLES
Причáстия

PRESENT ACTIVE PARTICIPLES

A. *FORMATION*

Present active participles may be formed from imperfective verbs only. They are used to replace a phrase or clause which consists of **котóрый** + *a verb in the present tense*:

Котóрый + *Present tense*	*Participle*	*English*
Студéнт, **котóрый** **рабóтает** здесь, учится в институ́те.	Студéнт, **рабóтающий** здесь, учится в институ́те.	*The student, **who works** here, studies at the institute.*

Present active participles are formed by dropping the **-т** of the present tense third person plural (**они́**) form of the verb and adding the endings **-щий, -щая, -щее, -щие**:

они́	рабóтаю	т			
	рабóтаю	щий	=	котóрый рабóтает	= who works
	рабóтаю	щая	=	котóрая рабóтает	
	рабóтаю	щее	=	котóрое рабóтает	
	рабóтаю	щие	=	котóрые рабóтают	

они́	говоря́	т			
	говоря́	щий	=	котóрый говори́т	= who speaks
	говоря́	щая	=	котóрая говори́т	
	(говоря́	щее	=	котóрое говори́т)	
	говоря́	щие	=	котóрые говоря́т	

они́	иду́	т			
	иду́	щий	=	котóрый идёт	= who is going
	иду́	щая	=	котóрая идёт	
	иду́	щее	=	котóрое идёт	
	иду́	щие	=	котóрые иду́т	

Reflexive verbs add **-ся** to the regular participial ending:

они́	занима́ю	тся			
	занима́ю	щийся	=	кото́рый занима́ется	= *who studies*
	занима́ю	щаяся	=	кото́рая занима́ется	
	(занима́ю	щееся	=	кото́рое занима́ется)	
	занима́ю	щиеся	=	кото́рые занима́ются	

Present active participles are declined like the adjective **хоро́ший**. They agree in gender, number, and case with the noun they modify. **Кото́рый**, on the other hand, agrees with its antecedent in gender and number only; its case is determined by its function in the relative clause:

Кото́рый + *Present Tense*	*Participle*
Студе́нт, **кото́рый рабо́тает** здесь, живёт у Ивано́вых.	Студе́нт, **рабо́тающий** здесь, живёт у Ивано́вых.
Переда́йте это студе́нту, **кото́рый рабо́тает** здесь.	Переда́йте это студе́нту, **рабо́тающему** здесь.
Вы зна́ете студе́нтов, **кото́рые рабо́тают** здесь?	Вы зна́ете студе́нтов, **рабо́тающих** здесь?
Они́ говоря́т о студе́нтке, **кото́рая рабо́тает** здесь.	Они́ говоря́т о студе́нтке, **рабо́тающей** здесь.

When a participle alone modifies a noun, it must stand before that noun; a participial phrase, however, may be placed either before or after the noun (in which case it is set off from the rest of the sentence by commas):

Кото́рый-clause	*Participle*
Здесь сидя́т рабо́чие, **кото́рые отдыха́ют**.	Здесь сидя́т **отдыха́ющие** рабо́чие.

Кото́рый-clause	*Participial Phrase*
Студе́нт, **кото́рый рабо́тает** у Ивано́вых, у́чится англи́йскому языку́.	Студе́нт, **рабо́тающий** у Ивано́вых, у́чится англи́йскому языку́.
	Рабо́тающий у Ивано́вых студе́нт у́чится англи́йскому языку́.

Б. УПРАЖНЕ́НИЕ

Substitute a **кото́рый**-clause for each participial phrase. Translate each sentence into English.

а. Профе́ссор, **чита́ющий эту ле́кцию**, знамени́тый сове́тский учёный.

б. Студе́нтка, **живу́щая в на́шем до́ме**, зна́ет 5 иностра́нных языко́в.

в. Студе́нты, **занима́ющиеся ру́сским языко́м**, ма́ло гуля́ют и отдыха́ют.

г. Де́рево, **стоя́щее пе́ред на́шим до́мом**, тако́е высо́кое, краси́вое!

д. Лю́ди, **входя́щие сейча́с в теа́тр**, зара́нее купи́ли биле́ты.

е. Шко́льники, **уча́щиеся в э́той шко́ле**, все у́чат англи́йский язы́к.

ж. Вы зна́ете молодо́го челове́ка, **стоя́щего вон там, у окна́**?

з. Ты познако́мился с америка́нцами, **проща́ющимися с Ивано́выми**?

и. **Спя́щий в кре́сле студе́нт** не зна́ет, что ле́кция уже́ ко́нчилась.

к. **Уезжа́ющие тури́сты** уже́ осмотре́ли все достопримеча́тельности на́шего го́рода.

PAST ACTIVE PARTICIPLES

A. FORMATION

Past active participles are formed by dropping **-л** from the masculine past tense form of the verb and adding **-вший, -вшая, -вшее, -вшие**:

он	чита́	л				
	чита́	вший	=	кото́рый чита́л	=	*who was reading*
	чита́	вшая	=	кото́рая чита́ла		
	(чита́	вшее	=	кото́рое чита́ло)		
	чита́	вшие	=	кото́рые чита́ли		

он	прочита́	л				
	прочита́	вший	=	кото́рый прочита́л	=	*who read*

он	говори́	л				
	говори́	вший	=	кото́рый говори́л	=	*who was speaking*

он	сказа́	л				
	сказа́	вший	=	кото́рый сказа́л	=	*who said*

Past active participles may be formed from imperfective or perfective verbs. They are used to replace a phrase which consists of **кото́рый** *plus a verb in the past tense*:

Кото́рый + *Past Tense*	*Participle*	*English*
Студе́нт, **кото́рый чита́л** ва́шу кни́гу, то́лько что ушёл.	Студе́нт, **чита́вший** ва́шу кни́гу, то́лько что ушёл.	*The student **who was reading** your book just left.*
Студе́нт, **кото́рый про-чита́л** ва́шу кни́гу, то́лько что ушёл.	Студе́нт, **прочита́вший** ва́шу кни́гу, то́лько что ушёл.	*The student **who read** (**has finished read-ing, had finished reading**) your book just left.*

If the verb does not have **-л** in the masculine form of the past tense, there is no **в** in the participial ending:

он	нёс	—				
	нёс	ший	=	кото́рый нёс	=	*who was carrying*
	нёс	шая	=	кото́рая несла́		
	нёс	шее	=	кото́рое несло́		
	нёс	шие	=	кото́рые несли́		

он	привы́к	—				
	привы́к	ший	=	кото́рый привы́к	=	*who got accustomed*

The past active participle of **идти́** is **ше́дший**. All prefixed forms of **идти́** have this same participial form:

он	шё	л				
	ше	дший	=	кото́рый шёл	=	*who was walking*
	ше	дшая	=	кото́рая шла		
	ше	дшее	=	кото́рое шло		
	ше	дшие	=	кото́рые шли		

он	воше́	л			
	воше́	дший	=	кото́рый вошёл	=	*who entered*

Reflexive verbs add **-ся** to the regular participial endings:

он	возвраща́	лся				
	возвраща́	вшийся	=	кото́рый возвраща́лся	=	*who was*
	возвраща́	вшаяся	=	кото́рая возвраща́лась		*returning*
	возвраща́	вшееся	=	кото́рое возвраща́лось		
	возвраща́	вшиеся	=	кото́рые возвраща́лись		

он	верну́	лся			
	верну́	вшийся	=	кото́рый верну́лся	=	*who returned*

он	улыба́	лся			
	улыба́	вшийся	=	кото́рый улыба́лся	=	*who was smiling*

он	улыбну́	лся			
	улыбну́	вшийся	=	кото́рый улыбну́лся	=	*who smiled*

Past active participles are declined like **хоро́ший** and agree in gender, number, and case with the noun they modify:

Кото́рый + *Past Tense*	*Participle*
Тури́сты, **кото́рые** вчера́ **прие́хали** из Аме́рики, сего́дня осмо́трят Эрмита́ж.	Тури́сты, **прие́хавшие** вчера́ из Аме́рики, сего́дня осмо́трят Эрмита́ж.
Экскурсово́д то́лько что уе́хал с **тури́стами, кото́рые прие́хали** вчера́ из Аме́рики.	Экскурсово́д то́лько что уе́хал с **тури́стами, прие́хавшими** вчера́ из Аме́рики.
Ленингра́дцы разгова́ривают о **тури́стах, кото́рые прие́хали** вчера́ из Аме́рики.	Ленингра́дцы разгова́ривают о **тури́стах, прие́хавших** вчера́ из Аме́рики.

Past active participles are rarely used as simple adjectives. A notable exception is:

он	бы	л
	бы	вший
	бы	вшая
	бы	вшее
	бы	вшие

Это—мой **бы́вший** студе́нт.   *This is my **former** student*.

When a participle alone modifies a noun, it must stand before that noun; a participial phrase, however, may be placed either before or after the noun (in which case it is set off from the rest of the sentence by commas):

Кото́рый-clause	*Participle*
Студе́нты, **кото́рые опозда́ли**, не по́няли вопро́са.	**Опозда́вшие** студе́нты не по́няли вопро́са.

Кото́рый-clause	*Participial Phrase*
Студе́нты, **кото́рые опозда́ли** на ле́кцию, не по́няли вопро́са.	Студе́нты, **опозда́вшие** на ле́кцию, не по́няли вопро́са.
	Опозда́вшие на ле́кцию студе́нты не по́няли вопро́са.

Б. УПРАЖНЕ́НИЕ

Substitute a **кото́рый**-clause for each participial phrase. Translate each sentence into English.

а. Ма́льчик, **чита́вший э́ту кни́гу**, встал и вы́шел из библиоте́ки.

б. Студе́нты, **прочита́вшие э́ти кни́ги**, получи́ли «пятёрку» по контро́льной.

в. Тури́сты, **возраща́вшиеся из музе́я в гости́ницу**, реши́ли зайти́ в кафе́ вы́пить ча́шку ко́фе.

г. Только что **верну́вшиеся в гости́ницу тури́сты** пошли́ в рестора́н закуси́ть.

д. Учи́тельницы, **выходя́щие из шко́лы**, гро́мко говори́ли о свои́х шко́льниках.

е. Учи́тельница, **вы́шедшая из шко́лы**, се́ла на тролле́йбус и уе́хала в центр.

ж. Вы зна́ете де́вушку, **прода́вшую мне э́ту маши́ну?**

PRESENT PASSIVE PARTICIPLES

A. FORMATION

Present passive participles may be formed from *imperfective transitive* verbs only. Present passive participles are used to replace a phrase which consists of **кото́рый** *plus a transitive verb in the present tense.* In the participial construction, however, the object of the active sentence becomes the subject, and the person who performs the action is in the instrumental case:

Кото́рый + *Present Tense*	*Participle*	*English*
Ива́н Петро́вич—челове́к, **кото́рого все лю́бят.**	Ива́н Петро́вич—челове́к, **люби́мый все́ми.**	*Ivan Petrovich is a person who is liked by everyone.*

Present passive participles are formed by adding regular adjective endings to the first person plural form of the verb.

мы	изуча́ем	—		
	изуча́ем	ый	= кото́рый изуча́ется	= *which is being studied*
	изуча́ем	ая	= кото́рая изуча́ется	
	изуча́ем	ое	= кото́рое изуча́ется	
	изуча́ем	ые	= кото́рые изуча́ются	

The present passive participles of the verb **дава́ть** and all of its prefixed forms are formed from the infinitive stem:

дава́	ть			
дава́	емый	= кото́рый даётся	= *which is being given*
дава́	емая	= кото́рая даётся	
дава́	емое	= кото́рое даётся	
дава́	емые	= кото́рые даю́тся	

продавá	ть
продавá	емый = котóрый продаётся = *which is being sold*

A few present passive participles have come into common usage as adjectives, notably:

любимый (*favorite*): Это—мой **любимый** ромáн.

так называемый (*so-called*): В Узбекистáне вырáщивают **так называемое** «белое золото».

In general, present tense passive voice statements are not much used in spoken Russian. Note the substitution of the active voice in the sentence below.

Книга, читáемая этими студéнтами, очень интерéсная.

Книга, котóрая читáется этими студéнтами, очень интерéсная.

More conversational:

Книга, **котóрую читáют эти студéнты**, очень интерéсная.

Some verbs do not have a present passive participial form, for example: **петь**, **писáть** and any verb with an infinitive that ends in **-ся**.

Present passive participles have both long and short forms. The short form can be used only predicatively.

любимый, -ая, -ое, -ые: любим, -а, -о, -ы

Вот идёт мой **любимый** писáтель. Кáжется, он всеми **любим**.

Б. УПРАЖНÉНИЕ

Substitute an active voice **котóрый**-clause for each present passive participial phrase. Translate each sentence into English.

а. На столé лежит книга, **читáемая студéнтами** третьего курса.

б. Дети иногдá замечáют вещи, **не замечáемые взрослыми**[7].

в. Вот идёт учительница, **любимая всеми школьниками этой школы**.

г. Концéрт, **передавáемый сегóдня по телевизору**, нам очень нрáвится.

PAST PASSIVE PARTICIPLES

Past passive participles may be formed from transitive verbs only; the vast majority are formed from verbs of the perfective aspect. There are both short and long form past passive participles; the former are commonly used in conversational Russian; the latter, for the most part, are used only in the written language.

---

[7]**взрослый**, **-ая**, **-ые**   *adult(s)*

A. *SHORT PAST PASSIVE PARTICIPLES*

Formation. Short past passive participles ("SPPP's") are used to render such English constructions as "is (has been, was, had been, will be, will have been) written." They are formed in the following ways.

a. Most verbs that end in **-ать**, **-ять**, or **-еть** form the SPPP by dropping **-л** from the perfective past of the verb and adding **-н**, **-на**, **-но**, **-ны**:

прочита́	л		
прочи́та	н	=	*read*
прочи́та	на		
прочи́та	но		
прочи́та	ны		

потеря́	л		
поте́ря	н	=	*lost*
поте́ря	на		
поте́ра	но		
поте́ря	ны		

виде	л		
вид	ен	=	*seen, visible, in sight*
вид	на́		(This imperfective verb is used because
вид	но		it is the normal form to use in the
вид	ны́		past tense unless one wants to say
			"*have caught sight of* ".)

б. If the infinitive of the verb ends in **-ить** or **-ти́**, the ending **-у (-ю)** is dropped from the 1st person singular (perfective future) of the verb, and **-ен (-ён)**, **-ена**, **-ено**, **-ены** are added. If the masculine ending is **-ён**, the stress will be on the final vowel of the feminine, neuter, and plural. The masculine usually is **-ён** if all the endings of the perfective future are stressed. An exception to this rule is **найти́**: **найден**.

получи́ть		реши́ть	
я получ	у́	**я реш**	у́
ты получ	и́шь	ты реш	и́шь
получ	ен	реш	ён
получ	ена	реш	ена́
получ	ено	реш	ено́
получ	ены	реш	ены́

в. A small number of Conjugation I verbs have the SPPP ending **-т**. It is best to memorize them.

взять	взят, -á, -о, -ы	*taken*
забы́ть	забы́т, -а, -о, -ы	*forgotten*
заня́ть	занят, -á, -ы	*busy, occupied*
закры́ть	закры́т, -а, -о, -ы	*closed*
нача́ть	на́чат, -á, -о, -ы	*begun*
откры́ть	откры́т, -а, -о, -ы	*open(ed)*
уби́ть	уби́т, -а, -о, -ы	*killed*

Short passive participles and short adjectives have a great deal in common: both may be used as *predicate adjectives* only and both agree in gender and number with the noun or pronoun to which they refer. The verb **быть** is used to form the past and future tenses of such constructions.

Short Adjective	*SPPP*
Они́ **больны́**.	Пи́сьма **напи́саны**.
Они́ **бы́ли больны́**.	Пи́сьма **бы́ли напи́саны**.
Они́ **бу́дут больны́**.	Пи́сьма **бу́дут напи́саны**.

Russian has only three passive constructions, while English has six:

Дверь откры́та.
{ *The door is open.*
{ *The door has been opened.*

Дверь была́ откры́та.
{ *The door was open.*
{ *The door had been opened.*

Дверь бу́дет откры́та.
{ *The door will be open.*
{ *The door will have been opened.*

The person by whom the action is performed in a passive voice sentence is in the *instrumental*.

Active:	Кто написа́л это письмо́?	*Who wrote this letter?*
	Это письмо́ написа́л Олéг.	*Oleg wrote this letter.*
Passive:	**Кем** бы́ло напи́сано это письмо́?	*By whom was this letter written?*
	Это письмо́ бы́ло напи́сано Олéгом.	*This letter was written by Oleg.*

Б. УПРАЖНЕ́НИЯ

a. Change from the active voice to the passive, using a short past passive participle in each sentence.

Образе́ц: Кто написа́л эту кни́гу?   **Кем была́ напи́сана эта**
      (Турге́нев)   **кни́га? Турге́невым.**

   1. Кто написа́л этот расска́з? (Толсто́й)
   2. Кто написа́л это письмо́? (Тама́ра)
   3. Кто написа́л эти пи́сьма? (Де́ти)

Образе́ц: Ива́н сде́лал эту рабо́ту.   **Эта рабо́та была́ сде́лана**
                                 Ива́ном.

   1. Я потеря́л эту кни́гу.
   2. Тама́ра продала́ эту маши́ну.
   3. Андре́й сде́лал этот перево́д.

Образе́ц: Здесь постро́ят большо́й дом.   **Здесь бу́дет постро́ен**
                                   большо́й дом.

   1. Здесь постро́ят но́вую библиоте́ку.
   2. Здесь постро́ят но́вое общежи́тие.
   3. Здесь постро́ят но́вые дома́.

  б. Переведи́те слова́ в ско́бках.

   1. Почему́ эта дверь (*is closed*)?
   2. Мой бума́жник, к сча́стью (*has been found*).
   3. По-мо́ему, библиоте́ка вчера́ (*was open*).
   4. Моя́ рабо́та ещё не (*finished*).
   5. Пробле́ма уже́ (*solved*).

  в. Переведи́те слова́ в ско́бках.

   1. Вы зна́ете, кем (*was killed*) Распу́тин?
   2. Ва́ше письмо́ (*was received*) вчера́.
   3. Ма́ша сего́дня о́чень (*busy/occupied*).

В. *LONG PAST PASSIVE PARTICIPLES*

1. Formation. Long past passive participles ("*LPPP's*") are formed by adding **-ный, -ная, -ное, -ные** to SPPP's ending in **-н**, and **-ый, -ая, -ое, -ые** to those ending in **-т**:

напи́сан	ный
	ная
	ное
	ные

откры́т	ый
	ая
	ое
	ые

LPPP's *may not be used predicatively*. They may stand before or after the noun they modify and must agree with it in gender, number, and case. The person who performs the action is in the instrumental case.

Active	*SPPP*	*LPPP*	*LPPP*
В те́ксте, **кото́рый мы прочита́ли,** нé бы́ло незнакóмых слов.	В те́ксте, **кото́рый был прочи́тан нами,** нé бы́ло незнакóмых слов.	В те́ксте, **прочи́танном нами,** нé бы́ло незнакóмых слов.	В **прочи́танном нами** те́ксте нé бы́ло незнакóмых слов

2. *Упражнéние*. Change from the short past passive participial construction to the corresponding long construction.

Образéц: Вы нашли́ кни́гу,   Вы нашли́ кни́гу,
   кото́рая была́ забы́та   забы́тую вами
   вами в библиотéке?   в библиотéке?

1. Студéнты говоря́т о расскáзе, **кото́рый был прочи́тан вчерá в кла́ссе.**
2. Тури́ст и́щет очки́, **кото́рые бы́ли потéряны им в собóре.**
3. Почемý ты не читáл мне пи́сьмá, **кото́рое бы́ло полýчено тобóй вчерá от Ивáна?**
4. Я не знакóм со все́ми людьми́, **кото́рые бы́ли приглашены́ к Петрóвым на вечер.**

НОВЫЕ ВИДОВЫ́Е ПАРЫ ГЛАГÓЛОВ

to be distinguished (by), differ (from) (in)	отличáться (I) (от когó? от чегó?) (чем?)
	отличи́ться (II): отличýсь, -и́шься, -áтся
to send, mail	посылáть (I) (комý? что?)
	послáть (I): пошлю́, -ёшь, -ю́т

SUMMARY OF PARTICIPLES AND VERBAL ADVERBS

NONREFLEXIVE VERBS

	Participles	Который	
Pres. Active Part.	они читáю / читáю | т / щий	котóрый читáет	who reads, is reading, does read
Past Active Part. *Impf.*	он читá | л / вший	котóрый читáл	who read, was reading
Past Active Part. *Pf.*	он прочитá / прочитá | л / вший	котóрый прочитáл	who read, did read, has (had) read
Pres. Passive Part. *Short Form* *Long Form*	мы читáем / читáем | читáем | мый (кем?)	котóрый { читáют / читáется }	which is being read (by)
Past Passive Part. *Short Form* *Long Form*	Он прочитá / прочитá / был прочитá / будет прочитá | л / н / н / н / нный (кем?)	котóрый прочитáли / прочитáют / котóрый прочитáли	which is (was, has been, had been, will be) read (by)
Impf. Verbal Adv.	они читá / читá | ют / я	когдá (они) (читáют, читáли, бýдут читáть)	while reading
Pf. Verbal Adv.	он прочитá / прочитá | л / в	когдá (они) прочитáли, прочитáют	(after) having read

REFLEXIVE VERBS

	Participles	Который…	
Pres. Active Part.	они возвраща́ю	тся щийся возвраща́ю	кото́рый возвраща́ется	*who returns,* *is returning,* *does return*
Past Active Part. *Impf.*	он возвраща́	лся вшийся возвраща́	кото́рый возвраща́лся	*who returned,* *was returning*
Pf.	он верну́	лся вшийся верну́	кото́рый верну́лся	*who returned,* *did return, has* *(had) returned*
Pres. Passive Part.	*None*		
Past Passive Part.	*None*		
Impf. Verbal Adv.	они возвраща́	ются ясь возвраща́	когда́ (они́) возвраща́ют- ся, возвраща́- лись, бу́дут возвраща́ться	*while returning*
Pf. Verbal Adv.	он верну́	лся вшись верну́	когда́ (они́) верну́лись, верну́тся	*(after) having* *returned*

СЛОВА́РЬ

актуа́льность (ж.)	*actuality*
вниз (куда́?)	*down, downstairs, below*
внизу́ (где?)	*down, downstairs, below*
двухто́мник	*two-volume book*
дуэ́ль (ж.)	*duel*
значи́тельный	*significant*
иллюстра́ция	*illustration*
кио́ск	*kiosk*
кни́жка (мн.ч. род. кни́жек)	*book (diminutive)*
конве́рт	*envelope*
котёнок (мн.ч. котя́та; мн. ч. род. котя́т)	*kitten*
леге́нда	*legend*
литерату́рный	*literary*
лице́й	*lyceum*
ма́рка (мн.ч. род. ма́рок)	*stamp*
наве́рх (куда́?)	*up, upstairs, above*
наверху́ (где?)	*up, upstairs, above*
не́который	*some*
плака́т	*poster*
по́весть (ж.)	*tale, short story*
поэ́зия	*poetry*
произведе́ние	*work (of literature, music)*
профессиона́льный	*professional*
психологи́зм	*psychologism*
романти́ческий	*romantic*
сбо́рник	*collection*
ска́зка (мн.ч. род. ска́зок)	*fairy tale*
стих (мн.ч. -и́)	*verse*
том (мн.ч. -а́)	*volume*
уби́т, -а, -о, -ы (кем? чем?)	*killed (by)*
экземпля́р	*copy (of a book, etc.)*

Коне́ц двадцать седьмо́го уро́ка.

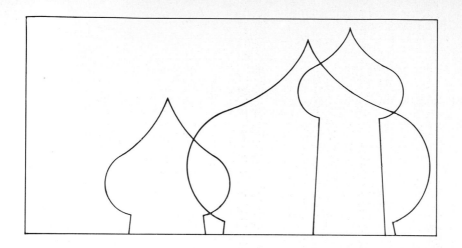

Appendix
Приложе́ние

DECLENSION OF NOUNS

MASCULINE NOUNS

	-consonant	-й	-ь
Nom.	студе́нт -	музе́ й	портфе́л ь
Gen.	студе́нт а	музе́ я	портфе́л я
Dat.	студе́нт у	музе́ ю	портфе́л ю
Acc.[1]*	{ студе́нт а / стол -	{ музе́ й / геро́ я	{ портфе́л ь / учи́тел я
Inst.[2]	студе́нт ом	музе́ ем	портфе́л ем
Prep.	(о) студе́нт е	(о) музе́ е	(о) портфе́л е
Nom.	студе́нт ы	музе́ и	портфе́л и
Gen.[3]	студе́нт ов	музе́ ев	портфе́л ей
Dat.	студе́нт ам	музе́ ям	портфе́л ям
Acc.[1]	{ студе́нт ов / стол ы́	{ музе́ и / геро́ ев	{ портфе́л и / учител е́й
Inst.	студе́нт ами	музе́ ями	портфе́л ями
Prep.	(о) студе́нт ах	(о) музе́ ях	(о) портфе́л ях

---

*All footnotes are on page 562.

	-**и й**	*Fleeting* **о, е, ё**
Nom.	санато́ри й	оте́ц -
Gen.	санато́ри я	отц а́
Dat.	санато́ри ю	отц у́
Acc.[1]	{ санато́ри й / гени я	{ отц а́ / ве́тер -
Inst.[2]	санато́ри ем	отц о́м
Prep.	(о) санато́ри и	(об) отц е́
Nom.	санато́ри и	отц ы́
Gen.[3]	санато́ри ев	отц о́в
Dat.	санато́ри ям	отц а́м
Acc.[1]	{ санато́ри и / гени ев	{ отц о́в / ветр ы́
Inst.	санато́ри ями	отц а́ми
Prep.	(о) санато́ри ях	(об) отц а́х

FEMININE NOUNS

	-**а**	*Spelling Rule* 1	-**я**
Nom.	комнат а	книг а	галере́ я
Gen.	комнат ы	книг и	галере́ и
Dat.	комнат е	книг е	галере́ е
Acc.	комнат у	книг у	галере́ ю
Inst.[2]	комнат ой	книг ой	галере́ ей
Prep.	(о) комнат е	(о) книг е	(о) галере́ е
Nom.	комнат ы	книг и	галере́ и
Gen.[3]	комнат -	книг -	галере́ ей
Dat.	комнат ам	книг ам	галере́ ям
Acc.[1]	{ комнат ы / же́нщин -	{ книг и / де́воч ек	{ галере́ и / тёт ей
Inst.	комнат ами	книг ами	галере́ ями
Prep.	(о) комнат ах	(о) книг ах	(о) галере́ ях

---

[1] The accusative case (singular and plural) of masculine animate nouns and the accusative *plural* of feminine animate nouns are the same as the genitive; the accusative of all other nouns is the same as the nominative.

[2] When stressed, -**ем** becomes -**ём** and -**ей** becomes -**ёй**: **словарём, семьёй**.

[3] See Lesson 21 for a detailed discussion of the genitive plural.

	-и я	*-ь*	мать/дочь
Nom.	лекци я	тетра́д ь	мат ь
Gen.	лекци и	тетра́д и	мат ери
Dat.	лекци и	тетра́д и	мат ери
Acc.	лекци ю	тетра́д ь	мат ь
Inst.[2]	лекци ей	тетра́д ью	мат ерью
Prep.	(о) лекци и	(о) тетра́д и	(о) мат ери
Nom.	лекци и	тетра́д и	мат ери
Gen.[3]	лекци й	тетра́д ей	мат ерей
Dat.	лекци ям	тетра́д ям	мат еря́м
Acc.[1]	лекци и	тетра́д и	мат ерей
Inst.	лекци ями	тетра́д ями	мат еря́ми
Prep.	(о) лекци ях	(о) тетра́д ях	(о) мат еря́х

NEUTER NOUNS

	-о	*-е*	*-и е*	*-м я*
Nom.	окн о́	пол е	здани е	им я
Gen.	окн а́	пол я	здани я	им ени
Dat.	окн у́	пол ю	здани ю	им ени
Acc.	окн о́	пол е	здани е	им я
Inst.	окн о́м	пол ем	здани ем	им енем
Prep.	(об) окн е́	(о) пол е	(о) здани и	(об) им ени
Nom.	окн а[4]	пол я́	здани я	им ена́
Gen.	окон -[5]	пол е́й	здани й	им ён
Dat.	окн ам	пол я́м	здани ям	им ена́м
Acc.	окн а	пол я́	здани я	им ена́
Inst.	окн ами	пол я́ми	здани ями	им ена́ми
Prep.	(об) окн ах	(о) пол я́х	(о) здани ях	(об) им ена́х

[4] Bissyllabic neuter nouns ending in -о or -е (with the exception of кресло) have a stress shift in the plural. The following neuter nouns have the plural ending -и: коле́но (*knee*)—коле́ни, плечо́ (*shoulder*)—плечи, ухо (*ear*)—уши, яблоко (*apple*)—яблоки. Небо (*sky, heaven*) has the plural небеса́.

[5] Note also the fleeting е in письмо́—письма—писем.

FAMILY NAMES ENDING IN
-ын(а), -ин(а), -ов(а), -ев(а), -ёв(а)

	Masculine	*Feminine*	*Plural*
Nom.	Петро́в -	Петро́в а	Петро́в ы
Gen.	Петро́в а	Петро́в ой	Петро́в ых
Dat.	Петро́в ў	Петро́в ой	Петро́в ым
Acc.	Петро́в а	Петро́в у	Петро́в ых
Inst.	Петро́в ым	Петро́в ой	Петро́в ыми
Prep.	(о) Петро́в е	(о) Петро́в ой	(о) Петро́в ых

A. The masculine noun **путь** (*path*, *way*) has characteristics of both masculine and feminine declension patterns

Nom.	пут ь (м.)
Gen.	пут и́
Dat.	пут и́
Acc.	пут ь
Inst.	пут ём
Prep.	пут и́

B. Some peculiarities in the declension of nouns in the plural
1. Nouns with the ending **-анин/-янин**

Nom. Sing.	**гражданӣн** (*citizen*)
Nom. Pl.	граждан е
Gen. Pl.	граждан -
Dat. Pl.	граждан ам
Acc. Pl.	граждан -
Inst. Pl.	граждан ами
Prep. Pl.	(о) граждан ах

2. Nouns with the ending **-о́нок/-ёнок**

Nom. Sing.	**котёнок** (*kitten*)
Nom. Pl.	котя́т а
Gen. Pl.	котя́т -
Dat. Pl.	котя́т ам
Acc. Pl.	котя́т -
Inst. Pl.	котя́т ами
Prep. Pl.	(о) котя́т ах

3. A few masculine nouns have no ending in the genitive plural; thus their genitive plural and nominative singular are identical:

Nom. Sing.	Nom. Pl.	Gen. Pl.
глаз	глаза́	глаз
грузи́н	грузи́ны	грузи́н
раз	разы́	раз
солда́т	солда́ты	солда́т
чуло́к	чулки́	чуло́к

C. Nouns with completely irregular plural forms

Nominative Singular	*Nominative Plural*
господи́н	господа́
ребёнок	дети[6]
сосе́д	сосе́ди[7]
челове́к	лю́ди[8]

D. Nouns with no singular form

брю́ки	*pants*	су́тки	*day (24 hour*
воро́та	*gates*		*period)*
де́ньги	*money*	часы́	*clock, watch*
кани́кулы	*vacation(s)*	черни́ла	*ink*

---

[6] The neuter singular noun **дитя́** is archaic. The plural **ребя́та** is in common use in reference to young people (boys, boys and girls, fellows, "guys"); *inst. pl.* **детьми́.**

[7] Сосе́д is "hard" in the singular, but "soft" in the plural: сосе́д, сосе́да, сосе́ду, сосе́да, сосе́дом, сосе́де; сосе́ди, сосе́дей, сосе́дям, сосе́дей, сосе́дями, сосе́дях.

[8] The singular noun **люд** is archaic. **Челове́к** is used with numerals and the words **ско́лько** and **не́сколько** rather than **люде́й**. Ско́лько там бы́ло челове́к? Там бы́ло не́сколько (де́сять, два́дцать) челове́к (два, три, четы́ре челове́ка); *inst. pl.* **людьми́.**

очки́	*eyeglasses*	шахматы	*chess*
роди́тели[9]	*parents*	щи	*shchi (vegetable soup)*

E. Nouns with a partitive genitive ending in **-y** or **-ю**

Nominative Singular	Partitive Genitive	
мёд	мёду	*(some) honey*
рис	рису	*(some) rice*
сахар	сахару	*(some) sugar*
суп	супу	*(some) soup*
сыр	сыру	*(some)cheese*
чай	чаю	*(some) tea*
шокола́д	шокола́ду	*(some) chocolate*

F. Masculine nouns that have the prepositional case ending **-ý** or **-ю́** when they occur as the object of the prepositions **в/на**

берег	на берегу́	*on the shore*
вид	име́йте в виду́	*keep in mind (sight)*
глаз	в глазу́	*in (one's) eye*
год	в (како́м) году́	*in (which) year*
Дон	на Дону́	*on the Don River*
дым	в дыму́	*in the smoke*
край	во (на) краю́	*in the region (on the edge)*
Крым	в Крыму́	*in the Crimea*
лес	в лесу́	*in the forest*
лёд	во (на) льду	*in (on) the ice*
лоб	на лбу	*on (one's) forehead*
луг	на лугу́	*on the meadow*
мёд	в меду́	*in the honey*
мост	на мосту́	*on the bridge*
нос	в (на) носу́	*in (on) (one's) nose*
плен	в плену́	*in captivity*
пол	на полу́	*on the floor*
порт	в порту́	*in the port*
пруд	в (на) пруду́	*in (on) the pond*
рот	во рту	*in (one's) mouth*
ряд	в ряду́	*in a line*
сад	в саду́	*in the garden*
снег	в (на) снегу́	*in (on) the snow*

---

[9]**Роди́тель** (*father*) and **роди́тельница** (*mother*) exist but are seldom used.

угол	в (на) углу́	*in (on) the corner*
час	в (кото́ром) часу́	*at what hour*
шкаф	в (на) шкафу́	*in (on) the cupboard, case*

G. Nouns with a stress shift to plural endings in oblique cases

бровь	кре́пость	ночь	степь
вещь	ло́шадь	о́чередь	це́рковь
дверь	мать	пло́щадь	часть
дочь	но́вость	по́весть	че́тверть

	Inanimate	*Animate*
Nom.	ве́щи	ло́шади
Gen.	веще́й	лошаде́й
Dat.	веща́м	лошадя́м
Acc.	ве́щи	лошаде́й
Inst.	веща́ми	лошадьми́ (*или* лошадя́ми)
Prep.	(о) веща́х	(о) лошадя́х

DECLENSION OF PRONOUNS

PERSONAL PRONOUNS

			Singular		
Nom.	я	ты	он	она́	оно́
Gen.	меня́	тебя́	его́ (у него́)	её (у неё)	его́ (у него́)
Dat.	мне	тебе́	ему́ (к нему́)	ей (к ней)	ему́ (к нему́)
Acc.	меня́	тебя́	его́ (на него́)	её (на неё)	его́ (на него́)
Inst.	мной (мно́ю)	тобо́й (тобо́ю)	им (с ним)	ей, е́ю (с ней, с не́ю)	им (с ним)
Prep.	(обо) мне	(о) тебе́	(о) нём	(о) ней	(о) нём

		Plural	
Nom.	мы	вы	они́
Gen.	нас	вас	их (у них)
Dat.	нам	вам	им (к ним)
Acc.	нас	вас	их (на них)
Inst.	на́ми	ва́ми	и́ми (с ни́ми)
Prep.	(о) нас	(о) вас	(о) них

THE REFLEXIVE PRONOUN *СЕБЯ*

Nom.	—		
Gen.	себя́	Я нашёл **у себя́** на столе́ кни́гу.	*I found a book on the table in my room.*
Dat.	себе́	Я купи́л **себе́** кни́гу.	*I bought myself a book.*
Acc.	себя́	Он не знает **себя́**.	*He has no understanding of himself.*
Inst.	собо́й	Возьми́те эту кни́гу **с собо́й**.	*Take this book with you.*
Prep.	(о) себе́	Они́ рассказа́ли **о себе́** мно́го интере́сного.	*They told a lot of interesting things about themselves.*

POSSESSIVE PRONOUNS/ADJECTIVES[10]

	Singular					
Nom.	мо й	мо я́	мо ё	тво й	тво я́	тво ё
Gen.	мо его́	мо е́й	мо его́	тво его́	тво е́й	тво его́
Dat.	мо ему́	мо е́й	мо ему́	тво ему́	тво е́й	тво ему́
Acc.	мо его́ / мо й	мо ю́	мо ё	тво его́ / тво й	тво ю́	тво ё
Inst.	мо и́м	мо е́й	мо и́м	тво и́м	тво е́й	тво и́м
Prep.	(о) мо ём	(о) мо е́й	(о) мо ём	(о) тво ём	(о) тво е́й	(о) тво ём

Nom.	наш -	наш а	наш е	ваш -	ваш а	ваш е
Gen.	наш его	наш ей	наш его	ваш его	ваш ей	ваш его
Dat.	наш ему	наш ей	наш ему	ваш ему	ваш ей	ваш ему
Acc.	наш его / наш -	наш у	наш е	ваш его / ваш -	ваш у	ваш е
Inst.	наш им	наш ей	наш им	ваш им	ваш ей	ваш им
Prep.	(о) наш ем	(о) наш ей	(о) наш ем	(о) ваш ем	(о) ваш ей	(о) ваш ем

	Plural			
Nom.	мо и́	тво и́	наш и	ваш и
Gen.	мо и́х	тво и́х	наш их	ваш их
Dat.	мо и́м	тво и́м	наш им	ваш им
Acc.	мо и́х / мо и́	тво и́х / тво и́	наш их / наш и	ваш их / ваш и
Inst.	мо и́ми	тво и́ми	наш ими	ваш ими
Prep.	(о) мо и́х	(о) тво и́х	(о) наш их	(о) ваш их

---

[10] Его́, её, and **их** never change.

INTERROGATIVE PRONOUNS

Nom.	кто?	что?
Gen.	кого́?	чего́?
Dat.	кому́?	чему́?
Acc.	кого́?	что?
Inst.	кем?	чем?
Prep.	(о) ком?	(о) чём?

NEGATIVE PRONOUNS

Nom.	никто́	ничто́
Gen.	никого́	ничего́
Dat.	никому́	ничему́
Acc.	никого́	ничто́
Inst.	никем	ничем
Prep.	ни о ком	ни о чём

САМ, САМА́, САМО́, САМИ

Nom.	сам	сама́	само́	сами	Он пришёл **сам**.
Gen.	самого́	самой	самого́	самих	Ещё нет его́ **самого́**.
Dat.	самому́	самой	самому́	самим	Я переда́л ему́ **самому́**.
Acc.	самого́	самý / самоё	само́	самих	Я ви́дел его́ **самого́**.
Inst.	самим	самой	самим	самими	Я говори́л с ним **самим**.
Prep.	(о) само́м	самой	само́м	самих	Мы говори́ли о нём **само́м**.

ВЕСЬ, ВСЯ, ВСЁ, ВСЕ

Nom.	весь	вся	всё	все
Gen.	всего́	всей	всего́	всех
Dat.	всему́	всей	всему́	всем
Acc.	всего́ / весь	всю	всё	всех / все
Inst.	всем	всей	всем	всеми
Prep.	(обо) всём	(обо) всей	(обо) всём	(обо) всех

ЧЕЙ, ЧЬЯ, ЧЬЁ, ЧЬИ

Nom.	чей	чья	чьё	чьи
Gen.	чьего́	чьей	чьего́	чьих
Dat.	чьему́	чьей	чьему́	чьим
Acc.	{ чьего́ / чей	чью	чьё	{ чьих / чьи
Inst.	чьим	чьей	чьим	чьими
Prep.	(о) чьём	(о) чьей	(о) чьём	(о) чьих

DECLENSION OF ADJECTIVES

MASCULINE ADJECTIVES

	Regular	Stressed Ending	Spelling Rules	Soft Adjective
Nom.	нов ый	молод о́й	хоро́ш ий (1)	син ий
Gen.	нов ого	молод о́го	хоро́ш его (3)	син его
Dat.	нов ому	молод о́му	хоро́ш ему (3)	син ему
Acc.	{ нов ого / нов ый	{ молод о́го / молод о́й	{ хоро́ш его (3) / хоро́ш ий (1)	{ син его / син ий
Inst.	нов ым	молод ы́м	хоро́ш им (1)	син им
Prep.	нов ом	молод о́м	хоро́ш ем (3)	син ем

FEMININE ADJECTIVES

	Regular	Stressed Ending	Spelling Rules	Soft Adjective
Nom.	нов ая	молод а́я	хоро́ш ая	син яя
Gen.	нов ой	молод о́й	хоро́ш ей (3)	син ей
Dat.	нов ой	молод о́й	хоро́ш ей (3)	син ей
Acc.	нов ую	молод у́ю	хоро́ш ую	син юю
Inst.	нов ой	молод о́й	хоро́ш ей (3)	син ей
Prep.	нов ой	молод о́й	хоро́ш ей (3)	син ей

NEUTER ADJECTIVES

	Regular	Stressed Ending	Spelling Rules	Soft Adjective
Nom.	нов ое	молод óе	хорóш ее (3)	син ее
Gen.	нов ого	молод óго	хорóш его (3)	син его
Dat.	нов ому	молод óму	хорóш ему (3)	син ему
Acc.	нов ое	молод óе	хорóш ее (3)	син ее
Inst.	нов ым	молод ы́м	хорóш им (1)	син им
Prep.	нов ом	молод óм	хорóш ем (3)	син ем

PLURAL ADJECTIVES

	Regular	Stressed Ending	Spelling Rules	Soft Adjective
Nom.	нов ые	молод ы́е	хорóш ие (1)	син ие
Gen.	нов ых	молод ы́х	хорóш их (1)	син их
Dat.	нов ым	молод ы́м	хорóш им (1)	син им
Acc.	нов ых / нов ые	молод ы́х / молод ы́е	хорóш их (1) / хорóш ие (1)	син их / син ие
Inst.	нов ыми	молод ы́ми	хорóш ими (1)	син ими
Prep.	нов ых	молод ы́х	хорóш их (1)	син их

SHORT ADJECTIVES

Short adjectives may be used predicatively only. The masculine form has no ending, the feminine has the ending **-a**, the neuter has the ending **-o**, and the plural has **-ы** or **-и** (Spelling Rule 1). If the stem of the adjective ends in two consonants, a vowel (**-e**, **-ё-**, or **-o-**) frequently is inserted between them in the masculine short form (sometimes replacing **-ь-**):

	Short Adjectives				
Masc.	здорóв -	полон -	интерéсен -	умён -	болен -
Fem.	здорóв а	полн á	интерéсн а	умн á	больн á
Neuter	здорóв о	полн ó	интерéсн о	у́мн ó	больн ó
Pl.	здорóв ы	полн ы́	интерéсн ы	у́мн ы́	больн ы́

Most short adjectives may be used interchangeably with long form predicate adjectives. However, some short adjectives are used to describe only a temporary state or condition, while the corresponding long adjective denotes a state or condition that is essentially permanent:

Он **больно́й**.	*He is a sick(ly) person.*
Он **бо́лен**.	*He is sick (temporarily).*

The short form of the following adjectives denotes a condition that is temporary, the long form, one that is essentially permanent:

Masculine Long Form	*All Short Forms*	
благода́рный	благода́рен, благода́рна (о, ы)	*grateful, thankful*
больно́й	бо́лен, больна́ (о́, ы́)	*sick*
гото́вый	гото́в (а, о, ы)	*ready*
до́брый	добр (а́, о́, ы́)	*kind, good*
занято́й	за́нят (а́, о, ы)	*busy*
здоро́вый	здоро́в (а, о, ы)	*well, healthy*
любе́зный	любе́зен, любе́зна (о, ы)	*kind*
свобо́дный	свобо́ден, свобо́дна (о, ы)	*free*

The following short adjectives (some are actually short passive participles) are frequently used:

винова́т (а, о, ы)	*guilty, "to blame"*
дово́лен, дово́льна (о, ы)	*satisfied*
жив (а́, о, ы)	*alive*
закры́т (а, о, ы)	*closed*
знако́м (а, о, ы)	*acquainted*
ну́жен (нужна́, о, ы́)	*necessary*
откры́т (а, о, ы)	*open*
просту́жен (а, о, ы)	*have (has) a cold*
рад (а, о, ы)	*happy, glad*
располо́жен (а, о, ы)	*situated*
согла́сен, согла́сна (о, ы).	*agreed, in accord*
уве́рен (а, о, ы)	*sure*
уби́т (а, о, ы)	*killed*

NUMERALS

A. The declension of cardinal numerals

ОДИ́Н, ОДНА́, ОДНО́, ОДНИ́

	Masc.	Neuter	Fem.	Pl.
Nom.	оди́н	одно́	одна́	одни́
Gen.	одного́	одного́	одно́й	одни́х
Dat.	одному́	одному́	одно́й	одни́м
Acc.	оди́н, одного́	одно́	одну́	одни́, одни́х
Inst.	одни́м	одни́м	одно́й	одни́ми
Prep.	(об) одно́м	(об) одно́м	(об) одно́й	(об) одни́х

The plural **одни́** is used only with nouns having no singular form. Under other circumstances it means *some*.

ДВА, ДВЕ (2); ТРИ (3); **ЧЕТЫ́РЕ** *(4)*

	Masc. and Neuter	Fem.	For All Three Genders[11]	
Nom.	два	две	три	четы́ре
Gen.	двух	двух	трёх	четырёх
Dat.	двум	двум	трём	четырём
Acc.	два, двух	две, двух	три, трёх	четы́ре, четырёх
Inst.	двумя́	двумя́	тремя́	четырьмя́
Prep.	(о) двух	(о) двух	(о) трёх	(о) четырёх

	Пять (5)	**Шесть** (6)	**Семь** (7)	**Во́семь** (8)	**Де́вять** (9)	**Де́сять** (10)
Nom.	пять	шесть	семь	во́семь	де́вять	де́сять
Gen.	пяти́	шести́	семи́	восьми́	девяти́	десяти́
Dat.	пяти́	шести́	семи́	восьми́	девяти́	десяти́
Acc.	пять	шесть	семь	во́семь	де́вять	де́сять
Inst.	пятью́	шестью́	семью́	восьмью́	девятью́	десятью́
Prep.	(о) пяти́	(о) шести́	(о) семи́	(о) восьми́	(о) девяти́	(о) десяти́

---

[11]Beginning with the number 3, no distinction is made for gender.

	Пятна́дцать (15)	*Два́дцать (20)*	*Три́дцать (30)*	*Со́рок (40)*
Nom.	пятна́дцать	два́дцать	три́дцать	со́рок
Gen.	пятна́дцати	двадцати́	тридцати́	сорока́
Dat.	пятна́дцати	двадцати́	тридцати́	сорока́
Acc.	пятна́дцать	два́дцать	три́дцать	со́рок
Inst.	пятна́дцатью	двадцатью́	тридцатью́	сорока́
Prep.	(о) пятна́дцати	(о) двадцати́	(о) тридцати́	(о) сорока́

	Пятьдеся́т (50)[12]	*Во́семьдесят (80)*	*Девяно́сто (90)*	*Сто (100)*
Nom.	пятьдеся́т	во́семьдесят	девяно́сто	сто
Gen.	пяти́десяти	восьми́десяти	девяно́ста	ста
Dat.	пяти́десяти	восьми́десяти	девяно́ста	ста
Acc.	пятьдеся́т	во́семьдесят	девяно́сто	сто
Inst.	пятью́десятью	восемью́десятью	девяно́ста	ста
Prep.	(о) пяти́десяти	(о) восьми́десяти	(о) девяно́ста	(о) ста

	Две́сти (200)	*Три́ста (300)*	*Четы́реста (400)*
Nom.	две́сти	три́ста	четы́реста
Gen.	двухсо́т	трёхсо́т	четырёхсо́т
Dat.	двумста́м	трёмста́м	четырёмста́м
Acc.	две́сти	три́ста	четы́реста
Inst.	двумяста́ми	тремяста́ми	четырьмяста́ми
Prep.	(о) двухста́х	(о) трёхста́х	(о) четырёхста́х

	Пятьсо́т (500)	*Ты́сяча (1000)*	*Миллио́н (1,000,000)*
Nom.	пятьсо́т	ты́сяча	миллио́н
Gen.	пятисо́т	ты́сячи	миллио́на
Dat.	пятиста́м	ты́сяче	миллио́ну
Acc.	пятьсо́т	ты́сячу	миллио́н
Inst.	пятьюста́ми	ты́сячей	миллио́ном
Prep.	(о) пятиста́х	(о) ты́сяче	(о) миллио́не

---

[12] **Шестьдеся́т** (60), **се́мьдесят** (70) are declined in the same way as **пятьдеся́т**.

B. **Полтора́, полторы́** (1½) follow a unique pattern:

> Nominative/Accusative: **полтора́, полторы́** (fem.)
> Genitive/Dative/Instrumental/Prepositional: **полу́тора**

C. **Полови́на** (½) is a feminine noun:

Nom.	полови́на
Gen.	полови́ны
Dat.	полови́не
Acc.	полови́ну
Inst.	полови́ной
Prep.	полови́не

D. **О́ба, о́бе** (*both*) are collective numerals:

	Masc., Neuter	*Fem.*
Nom.	о́ба	о́бе
Gen.	обо́их	обе́их
Dat.	обо́им	обе́им
Acc.	{ обо́их / о́ба	{ обе́их / о́бе
Inst.	обо́ими	обе́ими
Prep.	(об) обо́их	(об) обе́их

THE USE OF CASES WITHOUT PREPOSITIONS

A. The ***nominative case*** is used to express the following:

1. Subject

> **Студе́нт чита́ет.**   *The student reads.*

2. Predicate nominative

> **Па́влов—студе́нт.**   *Pavlov is a student.*

B. The ***genitive case*** is used

1. To denote possession:

> **кни́га ученика́**   *the pupil's book*
> **де́ти сестры́**   *(my) sister's children*

2. When in English one says *of*

профе́ссор ру́сского языка́	*a professor of Russian*
парк культу́ры и о́тдыха	*park of culture and rest*
буты́лка вина́	*a bottle of wine*

3. In combination with numerals:
With the numbers 2, 3, 4 (genitive singular):[13]

два стола́	*two tables*
три кни́ги	*three books*

With the numbers 5, 6, 7, etc. (genitive plural):[13]

пять столо́в	*five tables*
шесть книг	*six books*

4. In combination with words expressing an indefinite quantity.
Nouns denoting countable objects are in the genitive plural:

сто́лько ⎫
мно́го ⎬ столо́в, книг
ма́ло ⎭

how many ⎫
many ⎬ *tables*, *books*
few ⎭

Nouns denoting uncountable objects or abstract notions are in the genitive singular:

сто́лько ⎫
мно́го ⎬ све́та, воды́
ма́ло ⎭

how much ⎫
much ⎬ *light*, *water*
little ⎭

5. In combination with the comparative degree of adjectives (without the conjunction **чем**):

Океа́н бо́льше, чем мо́ре. ⎫
Океа́н бо́льше мо́ря. ⎬ *The ocean is bigger than the sea.*

6. For direct objects of negated verbs.

Я э́того не говори́л(а).	*I didn't say that.*
Па́па не име́л возмо́жности учи́ться.	*Papa didn't have an opportunity to go to school.*
Я не чита́ю газе́т.	*I don't read newspapers.*

7. For the direct objects of some verbs:

жела́ть *to wish*   Жела́ю вам всего́ хоро́шего.   *I wish you all the best.*

---

[13] With compound numerals the case required by the last digit is used:

два́дцать два стола́	*twenty-two tables*
два́дцать пять книг	*twenty-five books*

требовать *to demand*	Учи́тель требует тишины́.	*The teacher demands silence.*
избега́ть *to avoid*	Он избега́ет люде́й.	*He avoids people.*
боя́ться *to be afraid of*	Я бою́сь хо́лода.	*I am afraid of the cold.*

8. When a person or thing is not present or does not exist:

Сестры́ нет до́ма.	*My sister is not at home.*
Учи́теля не́ было до́ма.	*The teacher was not at home.*
За́втра у́тром его́ не бу́дет до́ма.	*He will not be at home tomorrow morning.*
У меня́ нет словаря́.	*I don't have a dictionary.*
Здесь нет врача́.	*There's no doctor here.*

C. The ***dative case*** is used

1. For indirect objects:

| **дава́ть**/**дать** *to give* | Да́йте сестре́ кни́гу. | *Give the book to your sister.* |
| **пока́зывать**/**показа́ть** *to show* | Покажи́те гостя́м карти́ны. | *Show the pictures to your guests.* |

2. With the following verbs.

помога́ть/**помо́чь** *to help*	Помоги́те де́тям!	*Help the children!*
отвеча́ть/**отве́тить** *to answer*	Я отве́тил бра́ту на письмо́.	*I answered my brother's letter.*
меша́ть/**помеша́ть** *to prevent, bother*	Не меша́йте отцу́ рабо́тать.	*Do not prevent father from working.*
зави́довать *to envy*	Я вам не зави́дую.	*I don't envy you.*
сочу́вствовать *to sympathize with*	Я Ната́ше сочу́вствую.	*I sympathize with Natasha.*
обеща́ть *to promise*	Я вам обеща́ю.	*I promise you.*
сове́товать/**посове́товать** *to advise*	Что вы посове́туете мне купи́ть?	*What do you advise me to buy?*
учи́ться/**научи́ться** *to study, learn*	Я учу́сь ру́сскому языку́.	*I'm learning Russian.*
нра́виться, **понра́виться** *to please*	Ма́тери нра́вится но́вая о́пера.	*My mother likes the new opera.*

3. In impersonal sentences:

| **хо́чется**, **хоте́лось** *to want* | Сестре́ хо́чется петь. | *My sister wants to sing (feels like singing).* |

удаётся, удалóсь to succeed (in); to manage	Дéвушке не удалóсь пойти погуля́ть.	*The girl did not manage to go for a walk.*
кáжется, казáлось to seem	Мáтери кáжется, что ребёнок нездорóв.	*It seems to the mother that the child is unwell.*
хорошó nice, fine	Мне хорошó здесь.	*I feel fine here.*
прия́тно pleasant	Учи́телю прия́тно это услы́шать.	*It is pleasant for the teacher to hear this.*
хóлодно cold	Ребёнку бы́ло хóлодно.	*The child was cold.*
трýдно difficult	Старикý трýдно ходи́ть.	*It's hard for the old man to walk.*
вéсело fun	Молодёжи бы́ло вéсело.	*The young people had a good time.*
мóжно may	Мóжно Петрý войти́?	*May Peter come in?*
нýжно (I, he, she, it, etc.) need(s); must	Шкóльникам нýжно серьёзно занимáться.	*The schoolchildren must study seriously.*
порá it is time	Сестрé порá бы́ло идти́ на рабóту.	*It was time for sister to go to work.*
нельзя́ (I, he, she, it, etc.) must not, should not	Ей нельзя́ кури́ть.	*She must not smoke.*
нáдо it is necessary; must	Моемý товáрищу нáдо мнóго занимáться.	*My friend has to study a great deal.*
жаль it is a pity; sorry; too bad	Отцý жаль, что вы не мóжете прийти́.	*Father is sorry you cannot come.*
рад(а, ы) happy (about)	Мы рáды вáшим успéхам	*We are happy about your success.*

D. The *accusative case* is used

1. For direct objects of transitive verbs:

Я читáю кни́гу.	*I am reading a book.*
Я ви́жу людéй на у́лице.	*I see people in the street.*

2. With intransitive verbs to denote
The period of time an action continues:

Мы там бы́ли недéлю.	*We were there a week.*

A distance or amount of material covered:

Тури́сты прошли́ зá три дня сóрок киломéтров.	*The tourists covered forty kilometers in three days.*
Мы ужé прошли́ **дéсять** урóков.	*We've already covered ten lessons.*

The amount something costs:

Маши́на сто́ит **ты́сячу** рубле́й.   *The car costs a thousand rubles.*

With the expression (тому́) **наза́д**:

Мы бы́ли в Москве́ **неде́лю** (тому́) наза́д.   *We were in Moscow a week ago.*

E. The *instrumental case* is used

1. In combination with verbs

To denote the performer or the instrument of an action:

Мы еди́м суп **ло́жкой**.   *We eat soup with a spoon.*

Я пишу́ **карандашо́м**.   *I write with a pencil.*

Э́то письмо́ напи́сано **бра́том**.   *This letter was written by my brother.*

2. For objects of certain verbs:

по́льзоваться *to make use of*	Мы по́льзуемся библиоте́кой.	*We make use of the library.*
занима́ться *to study*	Я занима́юсь ру́сским языко́м.	*I study Russian.*
интересова́ться *to be interested (in)*	Она́ интересу́ется му́зыкой.	*She is interested in music.*
горди́ться *to be proud of*	Он мо́жет горди́ться свои́м сы́ном.	*He has a right to be proud of his son.*

3. With certain intransitive verbs that show a state or condition:

быть *to be*	Мой оте́ц был врачо́м.	*My father was a doctor.*
	Бори́с бу́дет хоро́шим инжене́ром.	*Boris will be a good engineer.*
станови́ться/стать *to become*	Он стал учи́телем.	*He became a teacher.*
возвраща́ться/ верну́ться *to return*	Он верну́лся из Со́чи здоро́вым.	*He returned from Sochi well.*
остава́ться/оста́ться *to remain*	Он оста́лся мои́м дру́гом.	*He remained my friend.*

4. For the means of transportation employed:

Мы е́хали по́ездом (на по́езде).   *We went by train.*

5. With certain adjectives:

Профéссор довóлен свои́ми студéнтами.	*The professor is satisfied with his students.*
Русский язы́к богáт послóвицами.	*The Russian language is rich in proverbs.*

F. The **prepositional case** is used after the prepositions в, на, о, and при.

PREPOSITIONS AND THE CASES THEY GOVERN

A. GENITIVE

без	*without*	напрóтив	*against*
вдоль	*along*	óколо	*near*
вмéсто	*instead (of)*	от	*from*
вокрýг	*around*	(не)далекó от	*(not) far from*
впереди́	*to the front of*	позади́	*to the rear of*
для	*for*	пóсле	*after*
до	*until, as far as*	посреди́	*in the middle of*
из	*from*	прóтив	*against*
из-за	*up from, on account of*	ради	*for the sake of*
из-под	*up from under*	с	*from*
крóме	*besides, in addition to*	у	*at, alongside of, at the home / office of, "have"*
ми́мо	*past*	от/с…до	*from… to*

B. DATIVE

благодаря́	*thanks to*
к	*to, toward(s)*
по	*according to, on, around*

C. ACCUSATIVE

в	*to, into*
за	*for, behind (directed motion)*
на	*to, onto* (sometimes "for": Мы éдем в Москвý на недéлю.)
под	*under* (directed motion)
про	*about*
чéрез	*through, across*

D. INSTRUMENTAL

за	*behind* (location)
мéжду	*between*
над	*above, over*
пéред	*in front of, just before*

под	*under* (location), *near* (a city)
с	*with*
рядом с	*right next to*
согласен с	*in agreement with*

E. PREPOSITIONAL

в	*in, at, inside of*
на	*on, at, on top of*
о	*about*
при	*in the presence of, during the reign / administration of, at (on the grounds of another structure or institution)*

VERBS

A. Conjugation I Verbs

IMPERFECTIVE ASPECT

Infinitive: **читáть** to read		
Indicative Mood		
Present	*Past*	*Future*
я читáю ты читáешь [14] он онá } читáет онó мы читáем вы читáете они читáют	я читáл, -а ты читáл, -а он читáл онá читáла онó читáло мы вы } читáли они	я бу́ду ты бу́дешь он онá } бу́дет } читáть онó мы бу́дем вы бу́дете они бу́дут
Imperative Mood	*Conditional-Subjunctive Mood*	
Читáй! Читáйте!	я читáл(а) бы, ты читáл(а) бы, etc.	
Participles		
	Active	*Passive*[15]
Present *Past*	читáющий читáвший	читáемый[16] читанный
Verbal Adverb: **читáя**		

[14] Stressed -ё-: поёшь, поёт, etc.

[15] Intransitive verbs have no passive participles.

[16] Present passive participles cannot be formed from **петь, писáть** and reflexive verbs.

PERFECTIVE ASPECT

Infinitive: **прочита́ть** to read		
Indicative Mood		
Present	*Past*	*Future*
	я прочита́л, -а	я прочита́ю
	ты прочита́л, -а	ты прочита́ешь
	он прочита́л	он ⎫
	она́ прочита́ла	она́ ⎬ прочита́ет
	оно́ прочита́ло	оно́ ⎭
	мы ⎫	мы прочита́ем
	вы ⎬ прочита́ли	вы прочита́ете
	они́ ⎭	они́ прочита́ют
Imperative Mood	*Conditional-Subjunctive Mood*	
Прочита́й! Прочита́йте!	я прочита́л(а) бы, ты про-чита́л(а) бы, etc.	
Participles		
	Active	*Passive*
Present	—	—
Past	прочита́вший	прочи́танный
Verbal Adverb: **прочита́в(ши)**		

B. Conjugation II Verbs

IMPERFECTIVE ASPECT

Infinitive: **стро́ить** to build		
Indicative Mood		
Present	*Past*	*Future*
я строю	я строил, -а	я буду
ты строишь	ты строил, -а	ты будешь
он ⎫	он строил	он
она́ ⎬ строит	она́ строила	она́ ⎬ будет ⎫
оно́ ⎭	оно́ строило	оно́ ⎭ строить
мы строим	мы ⎫	мы будем
вы строите	вы ⎬ строили	бы будете
они́ строят	они́ ⎭	они́ будут
Imperative Mood	*Conditional-Subjunctive Mood*	
Строй! Стройте!	я строил(а) бы, ты строил(а) бы, etc.	
Participles		
	Active	*Passive*
Present	строящий	*not used*
Past	строивший	*not used*
Verbal Adverb: **строя**		

PERFECTIVE ASPECT

Infinitive: **постро́ить** *to build*		
Indicative Mood		
Present	*Past*	*Future*
—	я постро́ил, -а ты постро́ил, -а он постро́ил она́ постро́ила оно́ постро́ило мы ⎫ вы ⎬постро́или они́ ⎭	я постро́ю ты постро́ишь он ⎫ она́ ⎬постро́ит оно́ ⎭ мы постро́им вы постро́ите они́ постро́ят
Imperative Mood	*Conditional-Subjunctive Mood*	
Постро́й! Постро́йте!	я постро́ил(а) бы, ты постро́ил(а) бы, etc.	
Participles		
	Active	*Passive*
Present	—	—
Past	постро́ивший	постро́енный
Verbal Adverb: **постро́ив(ши)**		

REFLEXIVE VERBS

Conjugation I Verbs

IMPERFECTIVE ASPECT

Infinitive: **одева́ться** *to dress oneself*		
Indicative Mood		
Present	*Past*	*Future*
я одева́юсь ты одева́ешься он ⎫ она́ ⎬ одева́ется оно́ ⎭ мы одева́емся вы одева́етесь они́ одева́ются	я одева́лся, -лась ты одева́лся, -лась он одева́лся она́ одева́лась оно́ одева́лось мы ⎫ вы ⎬одева́лись они́ ⎭	я бу́ду ⎫ ты бу́дешь ⎪ он ⎪ она́ ⎬ бу́дет ⎬ одева́ться оно́ ⎪ мы бу́дем ⎪ вы бу́дете ⎪ они́ бу́дут ⎭
Imperative Mood	*Conditional-Subjunctive Mood*	
Одева́йся! Одева́йтесь!	я одева́лся (одева́лась) бы, etc.	
Participles		
	Active	*Passive*
Present	одева́ющийся	—
Past	одева́вшийся	—
Verbal Adverb: **одева́ясь**		

CONJUGATION OF THE VERB БЫТЬ

Infinitive: **быть** to be		
Indicative Mood		
Present[23]	*Past*	*Future*
я ты он она́ есть оно́ мы вы они́	я был, -а́ ты был, -а́ он был она́ была́ оно́ было мы вы были они́	я буду ты будешь он она́ будет оно́ мы будем вы будете они́ будут
Imperative Mood	*Conditional-Subjunctive Mood*	
Будь! Будьте!	я был(а́) бы, ты был(а́) бы, etc.	
Participles		
	Active	*Passive*
Present *Past*	будущий бывший	— —
Verbal Adverb: **будучи**		

INTERCHANGE OF CONSONANTS IN VERB FORMS

б—бл	люби́ть	—люблю́, любишь, любят
в—вл	гото́вить	—гото́влю, гото́вишь, гото́вят
ж—г	бежа́ть	—бегу́, бежи́шь, бегу́т
д—ж	ходи́ть	—хожу́, ходишь, ходят
з—ж	вози́ть	—вожу́, возишь, возят
к—ч	плакать	—плачу, плачешь, плачут
п—пл	купи́ть	—куплю́, купишь, купят
с—ш	носи́ть	—ношу́, носишь, носят
ст—щ	чистить	—чищу, чистишь, чистят
т—ч	шути́ть	—шучу́, шутишь, шутят

RUSSIAN-ENGLISH VOCABULARY

The following abbreviations are used in this vocabulary:

м.	masculine
ж.	feminine
мн.ч.	plural
мн.ч. род.	genitive plural
сов.	perfective aspect

Verb conjugations are given in parentheses: (I) or (II). If the verb is irregular or has a stress shift or consonant alternation, the necessary forms are given (usually the first and second persons singular and the third person plural: **могу́, мо́жешь, мо́гут; люблю́, лю́бишь, -ят; учу́сь, у́чишься, -атся**). If given, the past tense is presented thus: **был, -á, -о, -и (был, была́, бы́ло, бы́ли)**. In some instances, the imperative also is given: **Забу́дь(те)!**

Short adjectives which have stress shifts or fleeting vowels are presented in this way: **за́нят, -á, -о, -ы; го́лоден, -дна́, -о, -ы.**

The cases governed by verbs (if other than the accusative) and by prepositions are indicated as follows:

(кого́? чего́?)	genitive
(кому́? чему́?)	dative
(кого́? что?)	accusative
(кем? чем?)	instrumental
(…ком? …чём?)	prepositional

The lesson in which the word was introduced is given in brackets: **вода́** [19]. If this information is not present, this means that the word occurred in the text in a different form than the one given (such as the imperfective, but not the perfective) and it is included merely for the student's information.

Immediately following the Russian-English vocabulary there is an English-Russian vocabulary for use in translation exercises.

РУССКО-АНГЛИ́ЙСКИЙ СЛОВА́РЬ

A

а and, but instead/rather [1]

абрико́с apricot [23]

а́вгуст August [15]

аво́ська net bag for groceries [26]

австрали́ец (*мн.ч.* -ли́йцы; *ж.* -ли́йка, *мн.ч. род.* -ли́ек) Australian

авто́бус bus [13]

авто́бусный   bus (*adj.*)
   авто́бусная остано́вка   bus stop
агроно́м   agronomist [8]
адвока́т   lawyer [8]
администрати́вный   administrative
   [15]
а́дрес (*мн. ч.* -а́)   address [8]
а́збука   alphabet [Review Lesson]
азиа́тский   Asian [10]
академи́ческий   academic [16]
аккура́тный   punctual [10]
акце́нт   accent [18]
   с акце́нтом   with an accent [6]
   без акце́нта   without an accent [16]
Алло́. (или: Алё.)   Hello. (*used on
   the phone*) [26]
альт (*мн. ч.* -ы́)   viola [16]
америка́нец (*мн. ч.* -нцы; *ж.* -нка, *мн. ч.*
   род. -нок)   American [1]
англи́йский   English [4]
англича́нин (*мн. ч.* -а́не, *мн. ч. род.* -а́н;
   ж. -нка, *мн. ч. род.* -нок)   Englishman (woman) [1]
анекдо́т   anecdote [23]
антра́кт   intermission [16]
апельси́н   orange [23]
аппети́т   appetite [19]
   Прия́тного аппети́та.   Have a good
   meal. Bon appétit.
апре́ль (*м.*)   April [15]
арбу́з   watermelon [24]
арестова́ть (I)   *perfective of* арес-
   то́вывать
   аресту́ю, -у́ешь, -у́ют
аресто́вывать (I) (*сов.* арестова́ть)
   to arrest [21]
аркти́ческий   Arctic (*adj.*) [10]
а́рмия   army [20]
   поступа́ть/поступи́ть в а́рмию   to
   join the army
армяни́н (*мн. ч.* -я́не, *мн. ч. род.* -я́н;
   ж. -я́нка, *мн. ч. род.* -я́нок)
   Armenian [23]
а́рфа   harp [16]
археоло́г   archeologist [23]
архитекту́ра   architecture [21]

аспира́нт   graduate student [20]
аспиранту́ра   graduate school/pro-
   gram [20]
аспири́н   aspirin [21]
астроно́м   astronomer [8]
астроно́мия   astronomy [8]
аудито́рия   classroom (*university*) [5]
Ах!   Oh! [2]
аэропо́рт (в аэропорту́)   airport (at
   the airport) [16]
Аэрофло́т   Aeroflot (Soviet Airline)
   [18]

Б

ба́бушка (*мн. ч. род.* -шек)   grandmother [8]
база́р (на)   bazaar [24]
балала́йка (*мн. ч. род* -ла́ек)   balalaika
   [16]
балери́на   balerina [16]
бале́т (на)   ballet [16]
бараба́н   drum [16]
бас   bass [12]
баскетбо́л   basketball [14]
   игра́ть в баскетбо́л   to play
   basketball [14]
бассе́йн   swimming pool [22]
ба́шня (*мн. ч. род.* -шен)   tower [15]
бе́гать (I) (*сов.* побежа́ть)   to run
   (*multidirectional*) [24]
бе́дный   poor [21]
бежа́ть (II) (*сов.* по-)   to run (*unidirectional*) [24]
   бегу́, бежи́шь, бегу́т
бе́жевый   beige [17]
без (кого́? чего́?)   without [16]
безграни́чный   endless, limitless [24]
бейсбо́л   baseball [14]
   игра́ть в бейсбо́л   to play baseball
белору́сский   White Russian [23]
бе́лый   white [17]
бе́рег (*мн. ч.* -а́; на берегу́)   shore,
   bank [20]
берёзка (diminutive of берёза)   birch
   tree

«Берёзка»   Foreign Currency Store [26]

бесе́да   conversation [7]

беф-стро́ганов   beef Stroganoff [19]

библиоте́ка   library [2]

Би́блия   Bible [21]

бизнесме́н   businessman [20]

биле́т   ticket [16]

бифште́кс   beefsteak [19]

блаже́нный   blessed [15]

блат   (good) connections [26]

ближа́йший   nearest [25]

бли́же   nearer [23]

бли́зкий   near, close [15]

бли́зко (от кого́? от чего́?)   near, close (to) [15]

блокно́т   notebook [5]

блу́зка (мн.ч. род. -зок)   blouse [16]

блю́до   dish, specific culinary item such as beef Stroganoff [19]

боб (мн.ч. -ы́)   bean [23]

Бог   God [22]

бога́тый   rich [18]

бога́че   richer [23]

Бо́же!   Good God! Good grief! [17]

бо́лее   more (used with adj. only) [23]

боле́знь (ж.)   sickness, illness [18]

бо́лен, -льна́, -о́, -ы́   sick [6]

боле́ть (II) (сов. за-)   to hurt [18]
  У меня́ боли́т голова́.   I have a headache.

больни́ца   hospital [18]

бо́льно   painful [18]
  Мне бо́льно.   I hurt. It hurts me.

бо́льше   more [9]
  бо́льше не   no longer, not anymore
  не бо́льше   not more
  бо́льше всего́   most of all [12]

большеви́к (мн.ч. -и́)   bolshevik [21]

бо́льший   the larger, greater [23]

большинство́   the majority [20]

большо́й   large, big [10]
  большо́е спаси́бо   thanks very much [5]

борщ (-а́, -у́, -о́м, -е́)   borsch [19]

ботани́ческий   botanic [23]

боя́ться (II) (кого́? чего́?)   to be afraid of) [13]

брак   marriage [26]

брат   brother [8]

брать (I) (сов. взять)   to take [7]
  беру́, -ёшь, -у́т;
  брал, -ла́, -ло, -ли

броса́ть (I) (сов. бро́сить)   to throw, toss; quit [25]

бро́сить (II)   perfective of броса́ть [9]
  бро́шу, бро́сишь, -ят
  Брось(те)!   Stop it!
  бро́сить кури́ть   to quit smoking

брю́ки (мн.ч.)   pants [17]

бу́дет   will be (infinitive быть) [4]

бу́дущий   future [8]

бу́ква (мн.ч. род. букв)   letter (of the alphabet) [21]

бу́лочка (мн.ч. род. -чек)   bun, roll [19]

бума́га   paper [5]

бума́жник   wallet [22]

бутербро́д (с чем?)   sandwich (kind) [19]

буты́лка (мн.ч. род. -лок)   bottle [19]

бухга́лтер   accountant

бы   Subjunctive particle ("would") [14]

быва́ть (I)   to occur (with some frequency) [10]

бы́вший   former, previous [23]

бы́стро   fast, quick(ly) [6]

быть (I) (no present tense)   to be [11]
  бу́ду, -ешь, -ет, -ем, -ете, -ут   will be
  был, была́, бы́ло, бы́ли   was/were

бюро́   office [11]
  бюро́ обслу́живания   service office [22]

бюрокра́т   burocrat [18]

В

в(о)   to [2]; in [3]
  в восто́рге (от кого́? от чего́?)   delighted with, taken (by) [11]
  в кле́тку   checkered [17]

в(о) *continued*

в концé концóв finally, in the end [22]

в óбщем in general, for the most part [21]

в полóску striped [17]

в такóм слýчае in that case

в том числé including [21]

в- *For verbs of motion with this prefix, see Lesson 25.*

вáжный important

валтóрна French horn [16]

валю́та currency [26]

вам (to) you (*dat.*) [9]

вáми (with) you (*inst.*) [18]

вáнная bathroom [27]

вас you (acc. [1]; gen. [7]; prep. [14])

ваш, -а, -е, -и your(s) [8]

вдоль (когó? чегó?) along, down the … [16]

вдруг suddenly [12]

вегетариáнец (*мн. ч.* -нцы; *ж.* -нка, *мн.ч. род.* -нок) vegetarian [19]

ведрó (*мн.ч.* вёдра) bucket [17]

Дождь льёт/лил, как из ведрá. It is/was pouring.

ведь after all, you know [9]

вездé everywhere

везти́ (I) (*сов.* **по-**) to convey, transport, take, bring (by vehicle) (*unidirectional*) [24]

везý, -ёшь, -ýт; вёз, везлá, -ó, -и́

Мне везёт/повезлó. I am/was lucky.

век (*мн.ч.* á) century [16]

вели́кий great [11]

велосипéд bicycle [10]

на велосипéде by bicycle

верблю́д camel [24]

вéрить (I) (**комý? чемý?**) (*сов.* **по-**) to believe [23]

вернýть (I) *pf. of* **возвращáть вернý, -ёшь, -ýт** [24]

вернýться (I) *pf. of* **возвращáться вернýсь, -ёшься, -ýтся** [16]

вертолёт helicopter [18]

на вертолёте by helicopter

верхóм on horseback [18]

верши́на summit, top of a mountain [23]

вéсело happy

Мне вéсело. I'm happy.

весёлый happy [14]

весéнний, -яя, -ее, -ие spring (*adj.*) [21]

веснá spring [10]

веснóй in the spring(time)

вести́ (I) (**когó?**) (*сов.* **по-**) to take, lead, conduct (on foot) (*unidirectional*) [24]

ведý, -ёшь, -ýт; вёл, велá, -ó, -и́

весь, вся, всё, все all, the entire [11]

вéтер (*мн.ч.* вéтры) wind [10]

вéчер (*мн.ч.* -á) evening [3], party [26]

вечерá Р.М.

вéчером in the evening

вещь (*ж.*) (*мн.ч. род.* -éй) thing [17]

взгляд glance [23]

взять (I) *pf. of* **брать** [16]

возьмý, -ёшь, -ýт; взял, -á, -о, -и

вид (**в видý**) view [20]

Имéйте в видý, что… Keep in mind that…

вúден, виднá, -о, -ы́ visible, seen [21]

вúдеть (II) (*сов.* **у-**) to see [6]

вúжу, -дишь, -ят

вúлка (*мн.ч. род.* -лок) fork [19]

винó (*мн.ч.* вина) wine [19]

виновáт, -а, -о, -ы (в чём?) guilty (of), to blame (for) [11]

виногрáд (*мн.ч. нет*) grape(s) [23]

виногрáдник (на) vineyard [23]

виолончéль (*ж.*) cello [16]

висéть (II) (*сов.* **по-**) to hang [19]

вишý, висúшь, -ят

вúшня (*мн.ч. род.* -шен) cherry [23]

включáть (I) **в себя́** (*сов.* **включи́ть**) to include (within itself) [23]

включи́ть (II) *pf. of* **включáть** [23]

вкýсный tasty, good [19]

влюби́ться (II) *pf. of* влюбля́ться [26]
  влюблю́сь, -и́шься, -я́тся

влюблён, -ена́, -о́, -ы́ (в кого́?) in love
  (with) [26]

влюбля́ться (I) (в кого́?) (*сов.*
    влюби́ться)   to fall in love (with)
    [26]

вме́сте together [7]

вме́сто (кого́? чего́?) instead of [16]

вниз (куда́?); внизу́ (где́?) downstairs,
  down, below [27]

внима́ние attention [26]
  обраща́ть/обрати́ть внима́ние (на
    кого́/ на что́?)   to pay attention
    (to)

внима́тельный attentive [10]

внук grandson [24]

вну́чка (*мн.ч. род.* -чек) granddaughter [24]

во in [14]
  во вре́мя (чего́?) during [16]
  во вся́ком слу́чае in any event,
    any way
  во ско́лько? at what time? [11]

во́время on time [15]
  как раз во́время right on time

вода́ (*мн.ч.* во́ды) water [19]

води́ть (II) (*сов.* повести́) to drive
    a vehicle [18], to conduct (on foot),
    lead, take, bring (*multidirectional*)
    [24]
  вожу́, -дишь, -ят

во́дка vodka [19]

воева́ть (I) to fight, battle, wage war
    [15]
  вою́ю, -ешь, -ют

возвраща́ть (I) (*сов.* верну́ть) to
  return, *bring* back [24]

возвраща́ться (I) (*сов.* верну́ться) to
  return, *come* back [17]

во́здух air [24]
  на све́жем во́здухе in the fresh air

вози́ть (II) (*сов.* повезти́) to convey,
    transport, take, bring (by vehicle)
    (*multidirectional*) [24]
  вожу́, -зишь, -ят

возмо́жно possible

возмо́жность (ж.) possibility [18]

война́ war

войти́ (I) *pf. of* входи́ть [5]
  войду́, -ёшь, -у́т;
  вошёл, -шла́, -ло́, -ли́

вокза́л (на) railroad station [13]

вокру́г (кого́? чего́?) around [16]

волейбо́л volleyball [14]
  игра́ть в волейбо́л to play volley-
    ball

во́лос (*мн.ч.* во́лосы, воло́с,
    волоса́м, во́лосы, волоса́ми,
    волоса́х) hair [18]

вон there [23]
  вон там over there

вообще́ in general, generally [10]

вопро́с question [2]

воро́та (*мн.ч.*) (*мн.ч. род.* воро́т)
    gate(s) [15]

восемна́дцать eighteen [7]

во́семь eight [6]

во́семьдесят eighty [8]

воскресе́нье Sunday [12]

восто́к (на) east [10]

восто́рг delight [23]
  в восто́рге (от кого́? от чего́?)
    delighted (with)

восточнославя́нский East Slavic [18]

восто́чный eastern [23]

восьмо́й eighth [8]

вот here, there (pointing) [2]
  Вот вам… Here's a…for you.
  Вот как. Oh. Oh, is that so. Oh,
    really?

впада́ть (I) (во что́?) (*сов.* впасть)   to
    flow (into) [21]

впасть (I) *pf. of* впада́ть [21]
  впаду́, -ёшь, -у́т

впереди́ (кого́? чего́?) ahead, in front
    of, before [15]

впечатле́ние impression [26]
  производи́ть/произвести́
  впечатле́ние (на кого́?) to make an
    impression (on)

врач (*мн.ч.* -и́) doctor, physician [8]

временный provisional, temporary [21]

время (*мн. ч.* **времена**) time, tense [5]

все all, everyone [6]

всё all, everything [2]

  всё время all the time

  всё ещё still, yet [16]

  Всё равно. It doesn't matter. [22] anyway [22]

  Мне всё равно. I don't care. [22]

всегда always [6]

всего only [20]

  Всего доброго. All the best. [19]

  Всего хорошего. All the best. [2]

вслух outloud, aloud [7]

вспахать (I) *pf. of* **пахать**

вставать (I) (*сов.* **встать**) to stand up, get up

  встаю, -ёшь, -ют

  вставать/встать из-за стола to get up from the table

встать (I) *pf. of* **вставать**

  встану, -ешь, -ут;

  встал, -а, -о, -и

  Встань(те)!

встретить (II) *pf. of* **встречать**

  встречу, -тишь, -ят

встретиться (II) *pf. of* **встречаться** [22]

  встречусь, -тишься, -ятся

встреча meeting, encounter [14]

встречать (I) (*сов.* **встретить**) to meet [14]

встречаться (I) (*сов.* **встретиться**) (**с кем?**) to meet (one another) [22]

всюду everywhere [22]

вторник Tuesday [12]

второе second course, entrée [19]

второй second [2]

вуз (**высшее учебное заведение**) institution of higher learning [14]

вход entrance [15]

вчера yesterday [11]

вчерашний, -яя, -ее, -ие yesterday's [22]

въ- *For verbs of motion with this prefix, see Lesson 25.*

вы you [1]

вы- *For verbs of motion with this prefix, see Lesson 26.*

выбирать (I) (*сов.* **выбрать**) to select, choose [26]

выбрать (I) *pf. of* **выбирать** [26]

  выберу, -ешь, -ут

выглядеть (II) (*Сов. вида нет.*) to look, appear [22]

  выгляжу, -дишь, -ят

  Вы хорошо/плохо выглядите. You look nice/bad.

выйти (I) *pf. of* **выходить** [25]

  выйду, -ешь, -ут;

  вышел, -шла, -о, -и

выкопать (I) *pf. of* **копать** [23]

выпить (I) *pf. of* **пить** [19]

  выпью, -ешь, -ют

выражение expression [3]

вырасти (I) *pf. of* **расти** [23]

  вырасту, -ешь, -ут

выращивать (I) (*сов.* **вырастить**) to cultivate, raise [24]

высокий tall, high [10]

выставка (*мн. ч. род.* **-вок**) (**на**) exhibition [13]

выучить *pf. of* **учить** [18]

  Выучи(те) наизусть. Memorize. [3]

выход exit [16]

выходить (II) (*сов.* **выйти**) to exit, walk out [25]

  выходить/выйти замуж to get married [26]

выходной день day off, day of rest [11]

выше higher [23]

выясниться (II) *pf. of* **выясняться** [21]

выясняться (I) (*сов.* **выясниться**) to be explained [21]

Г

газе́та newspaper [9]

галере́я gallery [8]

га́лстук necktie [17]

гара́ж (*мн.ч.* **-и́**) garage [19]

гастроно́м grocery store [19]

где where (at) [3]

    Где же…? Where in the world…?

геогра́фия geography [8]

гла́вный main, leading, principal [12]

глаго́л verb [5]

глаз (в/на глазу́; *мн.ч.* **-а́**) eye [18]

гла́сный (*мн.ч.* **-ые**) vowel [1]

глота́ть (I) (*сов.* **проглоти́ть**) to swallow [18]

глу́бже deeper [23]

глубо́кий deep [10]

глу́пый stupid [10]

говори́ть (II) (*сов.* **сказа́ть/по-**) to speak, talk, say, tell [6]

год, го́да, лет year(s) [8]

голова́ (*мн.ч.* **го́ловы**) head [18]

го́лоден, -дна́, -о, -ы hungry [16]

голубо́й blue [17]

гольф golf [14]

    игра́ть в гольф to play golf

гора́ (*мн.ч.* **го́ры**) mountain [10]

гора́здо much (*plus comparative*) [23]

го́рло throat [18]

го́рничная (*мн.ч.* **-ые**) maid [22]

го́рный mountainous [23]

го́род (*мн.ч.* **-а́**) city [2]

городо́к (*мн.ч.* **-дки́**) small city, town [14]

горо́х pea(s) [23]

горчи́ца mustard [19]

горя́чий hot, heated [19]

господи́н (*мн.ч.* **господа́**) Mr. [6]

госпожа́ Mrs., Miss, Ms. [6]

гостеприи́мство hospitality [23]

гости́ная (*мн.ч.* **-ые**) living room [26]

гости́ница hotel [11]

гость (*м.*) guest [7]

госуда́рственный governmental [5]

госуда́рство government [20]

гото́в, -а, -о, -ы ready, prepared [11]

гото́вить (II) (*сов.* **при-**) to prepare [13]

    гото́влю, -вишь, -ят

    Гото́вь(те)!

грамм (*мн.ч. род.* **грамм или граммов**) gram [19]

грамма́тика grammar [5]

грани́ца border [13]

    за грани́цу abroad (destination)

    за грани́цей abroad (location)

гре́йпфрут grapefruit [23]

гриб (*мн.ч.* **-ы́**) mushroom [19]

грипп the flu [18]

гро́зный awe-inspiring [18]

    Ива́н Гро́зный Ivan the Terrible

гро́мкий loud [10]

гро́мко loudly [11]

гро́мче louder [1]

грузи́н (*мн.ч. род.* **грузи́н**; *ж.* **-ка**, *мн.ч. род.* **-нок**) Georgian (*noun*) [21]

грузи́нский Georgian (*adj.*) [16]

грузови́к (*мн.ч.* **-и́**) truck [13]

гру́ппа group [20]

гру́стно sad

    Мне что-то гру́стно I feel sad.

гру́ша pear [23]

губа́ (*мн.ч.* **гу́бы**) lip [18]

гу́бка (*мн.ч. род.* **-бок**) sponge [5]

гуля́ть (I) (*сов.* **по-**) to stroll, go for a walk (also "to carouse") [14]

гумани́ст humanist [23]

Д

да yes [4]

Дава́й(те)! Let's! [14]

дава́ть (I) (*сов.* **дать**) to give [12]

    даю́, -ёшь, -ю́т

давно́ a long time, a long time ago [6]

да́же even [6]

далеко́ far, far away [10]

да́льше farther; Continue. [1]

да́нный   given (*adj.*) [4]

дари́ть (II) (кому́? что?) (*сов.* по-)   to give (a present) [17]

дать (кому́? что?)   *pf. of* дава́ть [17]
дам, дашь, даст,
дади́м, дади́те, даду́т; дал, -ла́, -ло, -ли
Дай(те)!

да́ча (на)   vacation house [11]

два, две   two [6]

два́дцать   twenty [8]

двена́дцать   twelve [8]

дверь (ж.)   door [5]

движе́ние   motion, movement, traffic [24]

дво́йка   "D" (grade) [20]

двор (на)   yard
на дворе́   outside (in the country)

дворе́ц (мн.ч. -рцы́)   palace [21]

двухто́мник   book in two volumes [27]

де́вочка (мн.ч. род. -чек)   little girl [8]

де́вушка (мн.ч. род. -шек)   girl, young woman [8]

девяно́сто   ninety [8]

девя́тый   ninth [9]

де́вять   nine [6]

де́душка (мн.ч. род. -шек)   grandfather [7]

дееприча́стие   verbal adverb [26]

дежу́рная (мн.ч. -ые)   woman in charge of a floor in a hotel [22]

действи́тельно   really, truly [17]

декабрь (м.) (декабря́)   December [15]

де́лать (I) (*сов.* с-)   to do, make [5]

де́ло (мн.ч. -а́)   thing, matter, business [2]
Как дела́?   How are things?
де́ло вку́са   a matter of taste [12]

день (м.) (мн.ч. дни)   day [4]
До́брый день.   Good day. [4]
днём   during the day, in the afternoon [11]
дня   p.m. [22]
день рожде́ния   birthday [17]

пода́рок ко дню рожде́ния   birthday present [17]

С днём рожде́ния!   Happy birthday! [17]

де́ньги (де́нег, де́ньга́м, де́ньги, деньга́ми, деньга́х)   money (*plural only*) [7]

дере́вня (мн.ч. род. дереве́нь)   village [8]

де́рево (мн.ч. дере́вья; мн.ч. род. дере́вьев)   tree [23]

десятиле́тка (мн.ч. род. -ток)   ten-year school [5]

деся́тый   tenth [10]

де́сять   ten [6]

де́ти   children [9]

де́тский   children's [14]

де́тство   childhood [20]

деше́вле   cheaper [23]

дёшево   cheap(ly) [17]

дешёвый   cheap, inexpensive [17]

джи́нсы (мн.ч.)   jeans [17]

диало́г   dialog [1]

дива́н   couch [18]

дикта́нт   dictation [2]

дипломати́ческий   diplomatic [18]

диплома́тия   diplomacy [22]

дирижёр   conductor (of an orchestra) [16]

дифто́нг   diphthong [1]

дли́нный   long [10]

для (кого́? чего́?)   for [16]

днём   during the day/afternoon [11]

дно   bottom
пить до дна   to drink to the last drop [26]

до-   *For verbs of motion with this prefix, see Lesson 26.*

до (кого́? чего́?)   until, as far as, up till [16]
До свида́ния.   Good-bye. [2]
До ско́рого.   See you soon. [4]

до́брый   good, kind [17]
добр, -а́, -о́, -ы́
До́брое у́тро.   Good morning. [1]
До́брый день.   Good day/afternoon. [4]

До́брый ве́чер. Good evening. [3]

дово́лен, -льна, -о, -ы (кем? чем?) satisfied (with) [18]

дово́льно rather, somewhat, quite [13]

Договори́лись. Agreed. It's a deal. [12]

дождь (*м.*) (*мн. ч.* **-и́**) rain [10]
  Идёт/шёл дождь. It is/was raining.

доказа́ть (I) *pf. of* **дока́зывать** [23]
  докажу́, -ешь, -ут

дока́зывать (I) (кому́? что?) (*сов.* **доказа́ть**) to show [23]

до́ктор (*мн. ч.* **-а́**) Doctor (form of address) [18]

до́лгий long (not a linear measurement)
  до́лгое вре́мя a long time
  до́лгое молча́ние a long silence

до́лго long, long time [9]

до́лжен, -жна́, -о́, -ы́ (+ инфинити́в) must, have to, obligated to [20]
  должно́ быть undoubtedly

доли́на valley [23]

до́ллар, -а, -ов dollar [21]

дом (*мн. ч.* **-а́**) house, home [5]
  до́ма at home [6]
  домо́й (to) home [2]
  в до́ме in the house [14]

дома́шний, -яя, -ее, -ие domestic, home (*adj.*) [16]
  дома́шняя рабо́та homework

дополни́тельный supplementary [6]

дореволюцио́нный prerevolutionary [17]

доро́га road [21]
  по доро́ге (куда́?) on the way (to)

до́рого expensive(ly) [17]

дорого́й expensive [17]

доро́же more expensive [23]

доска́ (*мн. ч.* **до́ски, досо́к, доска́м, до́ски, доска́ми, доска́х**) board [5]
  Иди́(те) к доске́! Go to the board! [2]

доста́точно enough, sufficient [21]

достиже́ние accomplishment [13]

достопримеча́тельность (*ж.*) sight, point of interest [15]

дочь (*ж.*)(*мн. ч.* **до́чери, дочере́й, дочеря́м, дочерьми́ (дочеря́ми), дочеря́х**) daughter [8]

драмати́ческий dramatic [16]

дре́вний, -яя, -ее, -ие ancient [23]

друг (*мн. ч.* **друзья́,** *мн. ч. род.* **друзе́й**) friend [7]
  друг дру́га one another (*acc./gen.*) [12]
  друг дру́гу one another (*dat.*) [17]
  друг с дру́гом with one another (*inst.*) [19]
  друг о дру́ге about one another (*prep.*) [14]

друго́й other, different [10]

дру́жба friendship [22]

дружи́ться (II) (*сов.* **по-**) to become friends [26]

дру́жный friendly [12]

ду́мать (I) (*сов.* **по-**) to think [5]

дуэ́ль (*ж.*) duel [27]

дыша́ть (II) to breathe [18]

дя́дя (*мн. ч. род.* **дя́дей**) uncle [7]

Е

евре́й (*ж.* **-ка**) Jew, Hebrew

Евро́па Europe [10]

европе́йский European [10]

его́ his, its, him, it [6]

еда́ food [24]

едини́ца unit; "F" (grade) [20]

её her(s) [6]

е́здить (II) (*сов.* **пое́хать**) to drive, ride, go (by vehicle) (*multidirectional*) [13]
  е́зжу, е́здишь, -ят

ей her (*dat.*) [9], (*inst.*) [18]

ему́ him, it (*dat.*) [9]

е́сли if, in the event that [15]

есть exists ("to have") [7]
  У меня́ есть кни́га. I have a book.

есть (*сов.* **съ-,** **по-**) to eat [19]
  ем, ешь, ест, еди́м, еди́те, едя́т; ел, е́ла, е́ло, е́ли

есть *continued*
Ешь(те)! Eat! Have something to eat!
ехать (I) (*сов.* **поéхать**) to drive, ride, go (by vehicle) (*unidirectional*) [8]
éду, -ешь, -ут
Поéдем! (Поéхали!) Let's go!
Поезжáй(те)! Go!
ещё still, yet [1]
ещё раз again, once more
ещё бóльше even more

Ж

жáловаться (I) (**на когó? на что?**) (*сов.* **по-**) to complain (about) [18]
жáлуюсь, -ешься, -ются
жаль too bad, a pity [6]
Мне Ивáна жаль. I feel sorry for Ivan.
жáркий hot [10]
жáрче hotter [23]
ждать (I) (**когó? что?**) (*сов.* **подо-**) to wait (for) [7]
жду, -ёшь, -ут;
ждал, -á, -о, -и
Подожди́(те)! wait (a bit)!
желáть (I) (**комý? чегó?**) to wish
жёлтый yellow [17]
желýдок (*мн. ч.* -**дки**) stomach [18]
женá (*мн. ч.* **жёны**) wife [8]
женáт(ы) married (man or couple) [8]
жени́ться (II) (**на ком?**) (*сов.* **по-**) to get married (to) [26] (The *pf.* **пожен—и́ться** is used only by and about couples.)
женю́сь, -ишься, -ятся
жéнщина woman [8]
живопи́сный picturesque [23]
живóтное (*мн. ч.* -**ые**) animal (*sg. inanimate, pl. animate*) [24]
жизнь (*ж.*) life [7]
жилóй дом apartment house [15]
жить (I) to live [8]
живý, -ёшь, -ýт;
жил, -á, -о, -и

журнáл magazine [9]
журнали́ст (*ж.* -**ка**, *мн. ч. род.* -**ток**) journalist, reporter [8]

З

за- *For verbs of motion with this prefix, see Lesson 26.*
за (**когó? что?**) for [12]; behind [19]
зá город to the suburbs
за (**кем? чем?**) behind [19]
зá городом in the suburbs
заблуди́ться (II) *pf. of* **терять дорóгу**
заблужýсь, заблýдишься, -ятся
заболéть (I) *pf. of* **болéть**
забывáть (I) (*сов.* **забы́ть**) to forget [16]
забы́ть (I) *pf. of* **забывáть** [11]
забýду, -ешь, -ут
Забýдь(те)!
завóд (**на**) factory, plant [13]
зáвтра tomorrow [7]
зáвтра утром/днём/вéчером tomorrow morning/afternoon, evening
зáвтрак breakfast [16]
зáвтракать (I) (*сов.* **по-**) to have breakfast [2]
зáвтрашний tomorrow's [22]
загáдка (*мн. ч. род.* -**док**) riddle [24]
загорáть (I) (*сов.* **загорéть**) to get a tan [13]
загорáть на сóлнце to sunbathe
загорéть (II) *pf. of* **загорáть**
за грани́цей abroad (location)
за грани́цу abroad (destination)
ЗАГС (**Зáпись áктов граждáнского состоя́ния**) ZAGS (Registry Office) [26]
задавáть (I) (**комý?**) **вопрóсы** (*сов.* **задáть**) to ask/pose questions [22]
задаю́, -ёшь, -ю́т
задáние assignment [7]
задáние на зáвтра/пя́тницу the assignment for tomorrow/Friday

зада́ть *pf. of* задава́ть [22]
зада́м, зада́шь, зада́ст,
задади́м, задади́те, зададу́т;
за́дал, -а́, -о, -и
зада́ча problem, goal [16]
заду́мчивый thoughtful, pensive [23]
заинтересова́ться (I) *pf. of*
интересова́ться
закрыва́ть (I) (*сов.* закры́ть) to close
[19]
закры́т, -а, -о, -ы closed [11]
закры́ть (I) *pf. of* закрыва́ть [19]
закро́ю, -ешь, -ют
Закро́й(те)!
заку́ска (*мн. ч. род.* -сок) snack, hors
d'oeuvres [19]
закуси́ть (II) *pf. of* заку́сывать [19]
закушу́, заку́сишь, -ят
заку́сывать (I) (*сов.* закуси́ть) to
have a snack [19]
зал hall, auditorium [11]
зали́в bay [20]
замерза́ть (I) (*сов.* замёрзнуть) to
freeze [10]
замёрзнуть (I) *pf. of* замерза́ть [10]
замёрзну, -ешь, -ут;
замёрз, -ла, -ло, -ли
заме́тить (II) *pf. of* замеча́ть
заме́чу, заме́тишь, -ят
замеча́тельный wonderful, marvelous
[23]
замеча́ть (I) (*сов.* заме́тить) to notice
[21]
за́мужем (за кем?) married (used by
and about women) [8]
занима́ть (I) (кого́? что?) (*сов.* заня́ть)
to occupy [24]
занима́ться (I) (кем? чем?) (*сов.*
заня́ться) to study, do homework
[9]
за́нят, -а́, -о, -ы busy, occupied [11]
заня́тие (на) class, lesson [5]
заня́тия (на) studies, classes [9]
заня́ть (I) *pf. of* занима́ть [9]
займу́, -ёшь, -у́т;
за́нял, -а́, -о, -и

заня́ться (I) *pf. of* занима́ться
займу́сь, -ёшься, -у́тся;
заня́лся, -ла́сь, -ло́сь, -ли́сь
за́пад (на) west [10]
западноевропе́йский western
European [10]
за́падный western [10]
заплати́ть (II) *pf. of* плати́ть [17]
запята́я (*мн. ч.* -ые) comma [5]
зараба́тывать (I) (*сов.* зарабо́тать)
to earn [18]
зарабо́тать (I) *pf. of* зараба́тывать
[18]
зате́м then, after that [25]
захоте́ть *pf. of* хоте́ть [26]
зачёт test, quiz
заявле́ние application [21]
подава́ть/пода́ть заявле́ние (кому́?
на что?) to submit an application
звать (I) to call (someone by a name)
[1]
зову́, -ёшь, -у́т
Как тебя́/вас зову́т? What's your
name?
Меня́ зову́т… My name is…
звезда́ (*мн. ч.* звёзды) star [15]
звони́ть (II) (кому́?) (*сов.* по-) to
phone [22]
звоно́к (*мн. ч.* -нки́) bell [22]
зда́ние building [7]
здесь here [5]
здоро́в, -а, -о, -ы well, healthy [11]
здоро́ваться (I) (*сов.* по-) to greet,
say "hello" [26]
здоро́вый healthy [18]
здра́вствуй(те) hello [1]
зелёный green [17]
землетрясе́ние earthquake [24]
земля́ (*вин.* зе́млю; *мн. ч.* зе́мли, *род.*
земе́ль) earth, land [24]
зима́ winter [10]
зимо́й in the wintertime, during
the winter
зи́мний, -яя, -ее, -ие winter (*adj.*)
[21]
знак sign [4]

знако́миться (II) (*сов.* **по-**) to get acquainted [7]

знако́млюсь, знако́мишься, -ятся

Познако́мься! Познако́мьтесь! I'd like you to meet one another. ("Get acquainted!")

знако́мый, -ая, -ые acquaintance [19]

знамени́тый famous [11]

зна́мя (*мн.ч.* **знамёна**) banner [7]

знать (I) to know [5]

значи́тельный significant [27]

зна́чить (II) to mean (*used only in the* 3*rd person*)

Что это значит? What does this mean?

значо́к (*мн.ч.* **-чки́**) badge [25]

зову́т (See **звать**.)

зо́лото gold [24]

золото́й gold(en) [21]

зо́на zone [24]

зонт (*мн.ч.* **-ы́**) umbrella [17]

зуб tooth [18]

зубно́й врач dentist [8]

И

и and [1]; too, also

и…, и… both… and … [7]

и так далее (и т.д.) and so forth (etc.)

игра́ть (I) (*сов.* **сыгра́ть**) to play [9]

на гита́ре/роя́ле (пиани́но) to play the guitar/piano

игру́шка (*мн.ч. род.* **-шек**) toy [17]

идти́ (I) (*сов.* **пойти́**) to go [5]. *(unidirectional) For prefixed forms of this verb, see Lesson 25.*

иду́, -ёшь, -у́т;

шёл, шла, шло, шли

Иди́(те)! Go! [2]

из (кого́? чего́?) from [15]

избега́ть (кого́? чего́?) (*сов.* **избежа́ть**) to avoid [22]

избежа́ть (II) *pf. of* **избега́ть**

избегу́, избежи́шь, избегу́т

изве́стный well-known [14]

извини́ть (II) *pf. of* **извиня́ть** [17]

извиню́, -и́шь, -я́т

Извини́(те)! Excuse me! [1]

извиня́ть (I) (*сов.* **извини́ть**) to excuse

из-за (кого́? чего́?) due to, on account of [21]

встава́ть/встать из-за стола́ to get up from the table

из-под (кого́? чего́?) up from below/under [19]

изуча́ть (I) (*сов.* **изучи́ть**) to study (a specified subject) [5]

изучи́ть (II) *pf. of* **изуча́ть** [18]

икра́ caviar [19]

и́ли or [4]

и́ли…, и́ли… either… or…

иллюстра́ция illustration [27]

им them (*dat.*) [9]; him/it (*inst.*) [18]

и́мени (кого́? чего́?) named for [16]

имени́ны (*мн.ч.*) name day [17]

и́менно specifically, exactly [12]

име́ть (I) to have (*used only with abstract nouns*) [18]

име́ю, -ешь, -ют

и́ми them (*inst.*) [18]

и́мя (*мн.ч.* **имена́**, *род.* **имён**) (first) name [8]

ина́че otherwise [22]

индю́к turkey (gobbler) [24]

индю́шка (*мн.ч. род.* **-шек**) turkey (hen) [24]

инжене́р engineer [8]

иногда́ sometimes [7]

иностра́нец (*мн.ч.* **-нцы**; *ж.* **-нка**) foreigner [6]

иностра́нный foreign [15]

институ́т institute

инструме́нт instrument [16]

интере́сно interesting [10]

Мне интере́сно. I'm interested.

интере́сный interesting [10]

интересова́ться (I) (**кем? чем?**) (*сов.* **за-**) to be interested (in) [18]

интересу́юсь, -ешься, -ются

интона́ция intonation [5]

Интури́ст Intourist (Soviet travel agency) [8]

инфинити́в infinitive [5]

информа́ция information [12]

Ира́н Iran [23]

иска́ть (I) (*сов.* **по-**) to look/search (for)

  ищу́, и́щешь, -ут

иску́сственный artificial [15]

иску́сство art [20]

испа́нец (*мн. ч.* **испа́нцы;** **ж.** **-нка,** *мн. ч. род.* **-нок)** Spaniard [8]

испа́нский Spanish [4]

испо́лнить (II) *pf. of* **исполня́ть** [16]

исполня́ть (I) (*сов.* **испо́лнить**) to perform [16]

истори́ческий historical [15]

исто́рия history; story [8]

италья́нец (*мн. ч.* **-нцы; ж. -нка,** *мн. ч. род.* **-нок)** Italian (person) [8]

италья́нский Italian (*adj*). [4]

их them [6], their(s) [8]

ию́ль (*м.*) July [15]

ию́нь (*м.*) June [15]

К

к (**кому́? чему́?**) to, toward(s) [17]

  к сожале́нию unfortunately [11]

  к сча́стью fortunately [26]

кабине́т office, study [6]

Кавка́з (**на**) Caucasus [10]

ка́ждый every, each [13]

каза́ться (I) (*сов.* **показа́ться**) to seem, appear [13]

  кажу́сь, -ешься, -утся

  Мне ка́жется, что… It seems to me that…

  ка́жется apparently

как how [1]

  как раз exactly, just [15]

  как то́лько as soon as

како́й what, which, what a [3]

кана́дец (*мн. ч.* **-дцы; ж. -дка,** *мн. ч. род.* **-док)** Canadian (person) [1]

кани́кулы (**на**) vacation (from school) [13]

  е́хать/е́здить на кани́кулы to go on vacation

  быть на кани́кулах to be on vacation

  проводи́ть/провести́ кани́кулы to spend one's vacation

капу́ста cabbage [19]

каранда́ш (*мн. ч.* **-и́**) pencil [5]

карау́л guard, watch [15]

ка́рта (*мн. ч. род.* **карт**) card, map [5]

карти́на picture [19]

карто́фель (*м.*) potato(es)

карто́шка potato(es)

ка́сса cashier, cash box, cashier's desk [17]

  (за)плати́ть в ка́ссу to pay the cashier

ката́ться (I) (*сов.* **по-**) to go for a ride [14]

  —на конька́х to ice skate

  —на ло́дке to go boating

  —на лы́жах to ski

кафе́ cafe [7]

кафедра (**на**) university department [21]

ка́чество quality

ка́шель (*м.*) cough [18]

кварти́ра apartment [8]

кем who(m) (*inst.*) [18]

кефи́р kefir [19]

киберне́тика cybernetics [20]

киевля́нин (*мн. ч.* **-я́не,** *род.* **-я́н; ж.** **-я́нка,** *мн. ч. род.* **-нок)** Kievite [25]

кино́ movie [2]

кинотеа́тр movie theater

кинофестива́ль (*м.*) film festival [26]

кио́ск kiosk, newspaper stand [27]

кита́ец (*мн. ч.* **кита́йцы; ж. китая́нка,** *мн. ч. род.* **-нок)** Chinese (person) [8]

Кита́й China

кита́йский Chinese [4]

кладбище (на) cemetery [23]

кларнет clarinet [16]

класс classroom (pre-university) [5]

классический classical [11]

класть (I) **(куда?)** (*сов.* **положить**) to put, place (in any position other than upright) [26]

    кладу, -ёшь, -ут;

    клал, -а, -о, -и

климат climate [10]

клуб club [9]

ключ (*мн. ч.* **-й**) key [5]

книга book [5]

книжка (*мн. ч. род.* **-жек**) book (*diminutive*) [27]

книжный book (*adj*). [27]

когда when [6]

когда-нибудь ever, sometime [11]

кого who(m) (*acc. / gen.*) [6]

колбаса sausage [19]

колесо (*мн. ч.* **колёса**) wheel [13]

количество quantity

коллега (*м.*) colleague

коллектив community, association, group [20]

    студенческий коллектив student body

коллективный collective

колокол (*мн. ч.* **-а**) bell [15]

колокольня (на) bell tower [15]

колхоз collective farm [8]

колхозник (*ж.* **-ница**) collective farm worker [8]

команда team [12]

командировка official business [24]

    ехать/ездить в командировку to go on (a) business (trip)

    быть в командировке to be on (a) business (trip)

комиссия commission, committee [21]

коммунист (*ж.* **-ка,** *мн. ч. род.* **-ток**) communist

комната room [5]

комплимент compliment [23]

композитор composer [11]

компот compote [19]

кому (to) whom [9]

конгресс congress [22]

конец (в конце) end [1]

конечно of course [5]

консерватория conservatory [8]

консульство consulate [18]

континентальный continental [10]

контрольная работа quiz, short test [9]

концерт (на) concert [11]

кончать (I) (*сов.* **кончить**) to finish [19]

кончаться (I) (*сов.* **кончиться**) to finish, be over, end [12]

кончить (II) *pf. of* **кончать** [19]

кончиться (II) *pf. of* **кончаться** [19]

коньяк (*мн. ч.* **-й**) cognac [23]

копать (I) (*сов.* **вы-**) to dig [23]

копейка (копейки, копеек) kopeck [17]

коридор corridor [22]

коричневый brown [17]

корова cow [24]

короткий short [10]

короче shorter [23]

костюм suit [17]

котёнок (*мн. ч.* **котята**) kitten [24]

котлета ground meat, chopped steak [19]

который who, which, that [19]

кофе (*м.*) coffee [19]

кошка (*мн. ч. род.* **-шек**) cat [24]

край (в/на краю) edge [20]

крайний, -яя, -ее, -ие extreme [24]

красивый beautiful, pretty [10]

красный red [13]

красота beauty [23]

красть (I) (*сов.* **у-**) to steal [22]

    краду, -ёшь, -ут

краткий short [4]

кремлёвский Kremlin (*adj.*)

Кремль (*м.*) **(в Кремле)** Kremlin [13]

крепкий strong [19]

крепость (*ж.*) fortress [15]

крепче stronger [23]

кре́сло (*мн. ч.* кре́сла) arm chair [19]

крести́ть (II) to baptize [25]

    крещу́, крести́шь, -ят

крестья́нин (*мн. ч.* -я́не, *род.* -я́н; *ж.*
    -я́нка, *мн. ч. род.* -нок) peasant
    [9]

кро́ме (кого́? чего́?) besides, except
    (for) [16]

    кро́ме того́ besides that, in addition
    [10]

кру́глый round [22]

    кру́глый год the year round

кружи́ться (II) (*сов.* за-) to spin,
    revolve [18]

    У меня́ голова́ кру́жится. I feel
    dizzy.

Крым (в Крыму́) Crimea [20]

кста́ти by the way [20]

кто who [5]

куда́ where (to) [2]

куда́-нибудь somewhere, anywhere
    [11]

культу́ра culture [18]

культу́рный cultural, cultured [15]

купа́льник (woman's) bathing suit
    [17]

купа́ться (I) to bathe, swim [13]

купе́ compartment (in a train) [25]

купи́ть (II) *pf. of* покупа́ть [17]

    куплю́, ку́пишь, -ят

кура́нты (*мн. ч.*) chime clock [15]

кури́ть (II) to smoke [9]

    курю́, -ишь, -ят

ку́рица (*мн. ч.* ку́ры, *мн. ч. род.* кур)
    chicken [24]

куро́рт resort [20]

курс year in school, year course [20]

кусо́к piece [23]

    кусо́чек little piece

ку́хня (*мн. ч. род.* -хонь) kitchen,
    cooking, cuisine [16]

Л

лаборато́рия laboratory [2]

ла́вка (*мн. ч. род.* -вок) shop, small
    store

ла́вра large monastery [25]

ла́дно O.K., allright [9]

ла́мпа (*мн. ч. род.* ламп) lamp [5]

Ла́твия Latvia [21]

леге́нда legend [27]

лёгкий easy, light [8]

ле́гче easier [23]

лежа́ть (II) to lie, be lying down [11]

    лежу́, -и́шь, -а́т

лека́рство medicine [18]

ле́кция (на) lecture, class [2]

ленингра́дец (*мн. ч.* -дцы; *ж.* -дка, *мн. ч.*
    род. -док) Leningrader [14]

лес (в лесу́) forest [19]

лет summers, years (*gen. pl. of*
    ле́то)

лета́ть (I) (*сов.* полете́ть) to fly
    (*multidirectional*) [13] *For prefixed*
    forms of this verb, see Lesson 25.

лете́ть (II) (*сов.* по-) to fly (*undirec-*
    tional) [8] *For prefixed forms of*
    this verb, see Lesson 25.

    лечу́, лети́шь, -я́т

ле́тний, -яя, -ее, -ие summer (*adj.*)
    [21]

ле́то summer (*noun*) [10]

    ле́том in the summer(time)

лётчик flier, pilot [18]

лечь (I) *pf. of* ложи́ться [19]

    ля́гу, ля́жешь, ля́гут;

    лёг, легла́, -о́, -и́

    Ляг(те)!

ли *interrogative particle* [6]

лило́вый violet, purple [17]

лимо́н lemon [19]

лимона́д soft drink [24]

лингафо́нный кабине́т language
    laboratory [2]

лингви́ст linguist [23]

лист (*мн. ч.* ли́стья) leaf [20]

лист (*мн. ч.* листы́) piece of paper,
    page [20]

Литва́ Lithuania [21]

литерату́ра literature [8]

литерату́рный literary [27]

ли́чный own, personal [17]

лицей   lyceum [27]

лицо (*мн. ч.* ли́ца)   face [18]

ли́шний, -яя, -ее, -ие   extra, spare [16]

лодка (*мн. ч. род.* -док)   boat [14]

ложи́ться (II) (*сов.* лечь)   to lie down [19]

ложи́ться/лечь спать   to go to bed

ложь (ж.)   lie [22]

ложка (*мн. ч. род.* ложек)   spoon [18]

лошадь (ж.)   horse [24]

лучше   better [1]

лу́чший   better, best [18]

люби́мый   favorite [12]

люби́тель (м.)   admirer, amateur [16]

люби́ть (II)   to like, love [12]

люблю́, лю́бишь, -ят

любо́вь (ж.)   love [26]

любо́й   any [13]

лю́ди   people (*pl. of* челове́к)

М

мавзоле́й   mausoleum [11]

магази́н   store [17]

магнитофо́н   tape recorder [17]

май   May [15]

мак   poppy seed [19]

ма́ленький   small [10]

ма́ло   not much, a little [9]

ма́льчик   (little) boy [8]

мандари́н   tangerine [23]

ма́рка (*мн. ч. род.* -рок)   stamp [27]

март   March [15]

ма́сло   butter [19]

мать (ж.)   mother [7]

маши́на   car [8]

маши́ной/на маши́не   by car

машини́стка (*мн. ч. род.* -ток)   typist [8]

МГУ (Моско́вский госуда́рственный университе́т)   MGU (Moscow Governmental University) [5]

ме́бель (ж.)   furniture [17]

мёд (*partitive gen.* мёду)   honey [19]

ме́дленно   slow(ly) [5]

медсестра́ (*мн. ч.* медсёстры, *род.* медсестёр)   nurse [18]

между (кем? чем?)   between [19]

между про́чим   by the way [18]

мексика́нец (*мн. ч.* -нцы; ж. -нка, *мн. ч. род.* -нок)   Mexican (person) [8]

мел   chalk [5]

ме́ньше   less [17]

меню́   menu [19]

меня́   me (*gen./acc.*) [1]

меня́ть (I) (*сов.* по-)   to change [13]

ме́сто (*мн. ч.* -а́)   place [17]

ме́сяц (ме́сяца, ме́сяцев)   month(s) [8]

метро́   subway [13]

на метро́   by subway

мех (*мн. ч.* -а́)   fur (*noun*)

меха́ник   mechanic

мехово́й   fur (*adj.*) [17]

мечта́ть (I)   to (day)dream [18]

меша́ть (I)   to bother, disturb, stir [17]

микрорайо́н   neighborhood [26]

ми́мо (кого? чего?)   past [16]

минера́льный   mineral [24]

ми́нус   minus

мину́та (мину́ты, мину́т)   minute [20]

Мину́точку.   Just a minute.

мир   peace, world [10]

Ми́ру мир.   Peace to the world.

мла́дший   younger [17]

мне   (to) me [9]

мне́ние   opinion [17]

мно́го   many, much, a lot [9]

мной   (with) me (*inst.*) [18]

моги́ла   grave [23]

мо́жет быть   perhaps, maybe [16]

мо́жно   one can/may, it's possible (to) [8]

мой, моя́, моё, мои́   my [8]

мо́крый   wet [17]

молодёжь (ж.)   youth, young people [8]

молоде́ц (*мн. ч.* -дцы́)   smart person [9]

Молоде́ц!   Good for you!

молодо́й   young [10]

молодо́й челове́к   young man [8]

моло́же   younger [23]

молоко́   milk [19]

молча́ние   silence [20]

молча́ть(II)(*сов.* за-)   to be silent [6]

монасты́рь (*м.*) (*мн. ч.* -и́)   monastery [26]

мона́х   monk [24]

Монтере́й   Monterey [20]

монтере́йский   Monterey (*adj.*) [20]

мо́ре (*мн. ч.* -я́)   sea [10]

морко́вь (*ж.*)   carrot(s) [23]

моро́женое   ice cream [19]

моро́з   freezing weather [10]

   моро́з с инеем   frost [10]

москви́ч (*мн. ч.* -и́; *ж.* -чка, *род.* -чек)   Muscovite [14]

моско́вский   Moscow (*adj.*) [5]

мост (*мн. ч.* -ы́; в/на мосту́)   bridge [20]

мотоци́кл   motorcycle [13]

мочь (I) (*сов.* с-)   to be able, can, may [7]

   могу́, мо́жешь, мо́гут;
   мог, могла́, -о́, -и́

мо́щи (*мн. ч.*)   relics [25]

муж (*мн. ч.* -ья́, *род.* муже́й)   husband [8]

мужско́й род   masculine gender [7]

мужчи́на   man [7]

музе́й   museum [7]

му́зыка   music [8]

музыка́нт   musician [16]

мусульма́нский   Moslem (*adj.*) [23]

мы   we [5]

мы́ться (*сов.* по-)   to wash (oneself) [19]

   мо́юсь, -ешься, -ются

мя́гкий   soft [4]

мя́гче   softer [23]

мя́со   meat [19]

Н

на   to, onto; on, at, on top of [2]
   на рабо́те   at work [6]
   на (*или* в) э́тот раз   this time, on this occasion [16]

на са́мом де́ле   actually

набережная   embankment [21]

наблюда́ть (I)   to observe [24]

наблюде́ние   observation [24]

наве́рно   undoubtedly, surely [20]

наверняка́   for sure, without doubt [19]

наве́рх   up, upstairs (destination) [27]

наверху́   above, upstairs (location) [27]

навсегда́   forever [23]

над (кем? чем?)   over, above [19]

наде́яться (I)   to hope [17]

   наде́юсь, -ешься, -ются

на́до   (it is) necessary [9]

надо́лго   for a long time [20]

наза́д   ago, back [14]

назва́ние   name (*inanimate only*) [15]

называ́ться (I)   to be called (*inanimate only*) [15]

наи́вный   naive [22]

найти́ (I)   *pf. of* находи́ть [22]

   найду́, -ёшь, -у́т;
   нашёл, -шла́, -о́, -и́

наконе́ц   finally [7]

нале́во   left, to/on the left [5]

налива́ть (I) (*сов.* нали́ть)   to pour [26]

нали́ть (II)   *pf. of* налива́ть [26]

   налью́, -ёшь, -ю́т;
   нали́л, -а́, -о, -и
   Нале́й(те)!

нам   (to) us (*dat.*) [9]

на́ми   (with) us (*inst.*) [18]

написа́ть   *pf. of* писа́ть [16]

напра́во   right, to/on right [5]

наприме́р   for example [8]

напро́тив (кого́? чего́?)   opposite [16]

наркома́н   drug addict [21]

нарко́тик   narcotic [21]

наро́д   people, ethnic group [23]

наро́дный   folk [12]

нас   us (*gen./acc.*) [6]

населе́ние   population [15]

наско́лько   as far as (+ verb) [17]

   Наско́лько я по́мню,...   As I recall,...

насморк head cold [18]

настоящий real, genuine [5]

    настоящее время present tense

наступать (I) (*сов.* **наступить**) to be on the way, approach, attack [17]

    Наступает зима. Winter is approaching.

наука science [21]

научить (II) (**кого? чему?**) *pf. of* **учить** [18]

научиться (II) (**чему?**) *pf. of* **учиться**

находить (II) (*сов.* **найти**) to find, locate [22]

    нахожу, находишь, -ят

находиться (II) (*сов.* **найтись**) to be found, located [10]

    нахожусь, находишься, -ятся

национальность (ж.) nationality

начать (I) *pf. of* **начинать** [19]

    начну, -ёшь, -ут;

    начал, -а, -о, -и

    Начни(те)!

начаться (I) *pf. of* **начинаться** [19]

    начнётся, начнутся;

    начался, -лась, -лось, -лись

начинать (I) (*сов.* **начать**) to begin, start [19]

начинаться (I) (*сов.* **начаться**) to begin, start (*intransitive*) [12]

наш, -а, -е, -и our [8]

не not [2]

    Не за что. You're welcome. [26]

неважно unimportant, not very well [18]

    Я себя чувствую неважно. I don't feel very well.

невидимый invisible [27]

невозможно impossible [11]

него, неё, них See **его, её, их.**

недавно recently, not long ago, not a long time [6]

недалеко not far [10]

неделя (**недели, недель**) week [13]

недоволен, -льна, -о, -ы (**кем? чем?**) dissatisfied (with) [18]

некоторые some

нелёгкий not easy [8]

нельзя not allowed, not possible [15]

немец (*мн. ч.* **-мцы;** ж. **-мка,** *мн. ч. род.* **-мок**) German (person) [8]

немецкий German (*adj.*) [4]

немного a little [4]

неплохо not bad (*adv.*) [4]

неплохой not bad (*adj.*) [10]

неправильно incorrect [2]

неприятный unpleasant [10]

нерегулярный irregular [20]

несколько several, a few [21]

несмотря (**на кого? на что?**) in spite (of) [22]

нести (I) (*сов.* **по-**) to take, carry (on foot) (*unidirectional*) [24]

    несу, -ёшь, -ут;

    нёс, несла, -о, -и

нет no [1]

    нет ещё not yet

ни..., ни... neither... nor... [7]

нигде nowhere [9]

ниже lower [23]

низкий low [10]

никак (in) no way [9]

никакой no, not a single [9]

никогда never [9]

никто no one [7]

никуда no where [9]

ничего nothing [6]

    ничего особенного nothing special [14]

но but, however [4]

новоселье (**на**) house-warming [26]

новость (ж.) news [19]

новый new [10]

нога (*мн. ч.* **ноги**) leg, foot [18]

нож (*мн. ч.* **-и**) knife [19]

ноль See **нуль.**

номер (*мн. ч.* **-а**) number [5]; hotel room [22]

нормально normal, O.K. [9]

нос (**в/на носу**) nose [18]

носить (II) (*сов.* **понести**) to carry, take, bear, wear (*multidirectional*) [24]

    ношу, носишь, -ят

носо́к (*мн. ч.* носки́) sock, stocking [17]

ночь (*ж.*) night [11]

 но́чью during the night, at night

 Споко́йной но́чи. Good night.

ноя́брь (ноября́, в ноябре́) November [15]

нра́виться (II) (кому́? чему́?) (*сов.* по-) to appeal to ("like") [10]

 нра́влюсь, нра́вишься, -ятся

ну well,...

 Ну ла́дно. Well, O.K.

ну́жен, нужна́, -о, -ы́ necessary [17]

нуль (*м.*) zero [6]

О

о (об, обо) about [14]

оа́зис oasis [24]

об- *For verbs of motion with this prefix, see Lesson 25.*

о́ба (*ж.* о́бе) both [18]

обе́д (на) lunch [16]

 Что у нас бу́дет на обе́д? What are we going to have for lunch?

обе́дать (I) (*сов.* по-) to have lunch [2]

обеща́ть (I) (кому́? что?) (*pf.* по-) to promise [22]

оби́деться (II) *pf. of* обижа́ться [21]

обижа́ться (I) (на кого́? на что?) (*сов.* оби́деться) to take offense (at) [21]

обо *See* о.

обо- *For verbs of motion with this prefix, see Lesson 25.*

образе́ц (*мн. ч.* образцы́) example [6]

обра́тно back, backward [19]

обслу́живание service (restaurant, hotel, etc.) [22]

обслу́живать (I) (*сов.* обслужи́ть) to serve [19]

обслужи́ть (II) *pf. of* обслу́живать [19]

 обслужу́, обслу́жишь, -ат

обрати́ть внима́ние (на кого́? на что?) *pf. of* обраща́ть [5]

обраща́ть внима́ние (на кого́? на что?) to pay attention (to) [5]

о́бувь (*ж.*) footwear [17]

обуче́ние instruction [21]

общежи́тие dormitory [9]

общи́тельный sociable [22]

обы́чно usually [9]

объ- *For verbs of motion with this prefix, see Lesson 25.*

объясни́ть (II) *pf. of* объясня́ть

объясня́ть (I) (*сов.* объясни́ть) to explain

обяза́тельно definitely, absolutely, essential [12]

о́вощь (*м.*) vegetable [19]

овца́ (*мн. ч.* о́вцы, *род.* ове́ц) sheep [24]

огуре́ц (*мн. ч.* -рцы́) cucumber [23]

огро́мный huge [10]

оде́жда clothing, clothes [17]

оде́т, -а, -о, -ы dressed [27]

оди́н, одна́, одно́, одни́ one [6]

оди́ннадцатый eleven [11]

одна́ко however [6]

одни́м сло́вом in a word [17]

Одну́ мину́точку. Just a minute. [9]

одолжа́ть (I) (*сов.* одолжи́ть) to loan [22]

одолжи́ть (II) (кому́? что?) *pf. of* одолжа́ть [22]

 одолжу́, одо́лжишь, -ат

о́зеро (*мн. ч.* озёра, *род.* озёр) lake [10]

Ой! Oh, my! Oh, dear! [24]

океа́н ocean [20]

окно́ (*мн. ч.* о́кна, *род.* о́кон) window [5]

о́коло (кого́? чего́?) near [16]

оконча́ние end, conclusion, completion [20]

 по оконча́нии (чего́?) upon finishing

октя́брь (*м.*) (октября́, в октябре́) October [15]

октя́брьский October (*adj.*) [15]

он he [5]

она́ she [5]

онó   it [5]

онú   they [5]

ООН (Организáция Объединённых Нáций)   U.N. (United Nations) [18]

опáздывать (I) (на что?) (*сов.* опоздáть)   to be late (to) [5]

опáсно   dangerous (*adv.*) [13]

опáсный   dangerous (*adj.*)

опера   opera [12]

опоздáние   tardiness [17]

опоздáть (I)   *pf. of* опáздывать [19]

опять   again [6]

орáкул   oracle [22]

оргáн   organ [16]

организовáть   to organize [26]
организýю, -ешь, -ют

оркéстр   orchestra [16]

оросúть (II)   *pf. of* орошáть [24]
орошý, оросúшь, -ят

орошáть (I) (*сов.* оросúть)   to irrigate [24]

осéнний, -яя, -ее, -ие   fall (*adj.*) [21]

óсень (*ж.*)   fall, autumn [10]
óсенью   in the fall

осмáтривать (I) (*сов.* осмотрéть)   to examine, see, inspect [15]

осмотрéть (II)   *pf. of* осмáтривать
осмотрю́, осмóтришь, -ят

осóбенно   especially [12]

оставáться (I) (*сов.* остáться)   to stay, remain [23]
остаю́сь, -ёшься, -ю́тся

остáвить (II)   *pf. of* оставля́ть [15]
остáвлю, остáвишь, -ят

оставля́ть (I) (*сов.* остáвить)   to leave (behind) [15]

остáнки (*мн. ч.*)   remains [25]

останóвка (*мн. ч. род.* -вок)   stop (bus, streetcar, etc.) [25]

остáться (I)   *pf. of* оставáться [23]
остáнусь, -ешься, -утся

óстров (*мн. ч.* -á)   island [20]

от (когó? чегó?)   from [16]

от-   *For verbs of motion with this prefix, see Lesson 25.*

отвéт   answer [2]

отвéтить (II)   *pf. of* отвечáть [16]
отвéчу, отвéтишь, -ят
Отвéть(те)!

отвечáть (I) (комý? на что?) (*сов.* отвéтить)   to answer [6]

отдéл   department [17]

отдохнýть (I)   *pf. of* отдыхáть [18]
отдохнý, -ёшь, -ýт

отдыхáть (I) (*сов.* отдохнýть)   to rest [11]

отдыхáющий, -ая, -ие   vacationer [26]

отéц (*мн. ч.* отцы́)   father [5]

открывáть (I) (*сов.* откры́ть)   to open [19]

откры́т, -а, -о, -ы   open (*adj.*) [11]

откры́тка (*мн. ч. род.* -ток)   post card [25]

откры́ть (I)   *pf. of* открывáть [19]
откро́ю, -ешь, -ют
Откро́й(те)!

откýда   from where, where from [3]

отличáться (I) (от когó? от чегó?) (чем?) (*сов.* отличúться)   to differ from [27]

отличúться (II)   *pf. of* отличáться
отличýсь, -úшься, -áтся

отлúчник   an excellent student [9]

отлúчно   excellent [9]

отмéтка (*мн. ч. род.* -ток)   grade ("А," "В," "С," и т.д.) [20]

отнестúсь (I)   *pf. of* относúться [26]
отнесýсь, -ёшься, -ýтся;
отнёсся, отнеслáсь, -лóсь, -лúсь

относúться (II) (к комý? к чемý?) (*сов.* отнестúсь)   to relate (to), behave (toward) treat (someone in a certain way) [26]
отношýсь, относúшься, -ятся
—друг к дрýгу   to treat one another

отношéние   relation, regard, sense [23]
в этом отношéнии   in this/that regard
во мнóгих отношéниях   in many respects, ways

ото- *For verbs of motion with this prefix, see Lesson 25.*

оторва́ть (I) *pf. of* отрыва́ть [25]
оторву́, -ёшь, -у́т;
оторва́л, -а́, -о, -и

о́тпуск leave, vacation from work [13]
е́хать/е́здить/пое́хать в о́тпуск to go on vacation
быть в о́тпуске (*или* отпуску́) to be on vacation

отрица́тельный negative [15]

отрыва́ть (I) (*сов.* оторва́ть) to tear off [25]

отсю́да from here [10]

отту́да from there [13]

о́тчество patronymic [8]

официа́нт (*ж.* -ка, *мн. ч. род.* -ток) waiter (waitress) [19]

оформля́ться (I) (*сов.* офо́рмиться) to register (at a hotel) [25]

офо́рмиться (II) *pf. of* оформля́ться [25]
офо́рмлюсь, офо́рмишься, -ятся

о́чень very [1]
О́чень прия́тно. Pleased to meet you.

о́чередь (*ж.*) line, queue [11]
стоя́ть в о́череди to stand in line

очки́ (*мн. ч.*) (eye)glasses [9]

оши́бка (*мн. ч. род.* -бок) mistake [2]
(с)де́лать оши́бку to make a mistake

П

пала́та palace [15]

пале́хский made in/from Palekh [26]

па́лец (*мн. ч.* -льцы) finger, toe [18]
па́лец на руке́ finger (specific)
па́лец на ноге́ toe (specific)

пальто́ (*мн. ч.* пальто́) overcoat [10]

па́мятник (кому́?) monument [21]

папиро́са cigarette [9]

па́ра (+ *род. паде́ж мн. ч.*) two, a pair, a couple (of) [22]

па́рень (*м.*) (*мн. ч.* -рни, *род.* парне́й) boy, fellow, guy [8]

парк park [9]

парк культу́ры и о́тдыха park of culture and rest [14]

парохо́д steamship [25]
на парохо́де by steamship

па́рта (*мн. ч. род.* парт) school desk [5]

па́ртия role (in an opera, play, etc.) [12]

па́смурно overcast [10]

па́спорт passport [8]

пассажи́р passenger [13]

паха́ть (I) (*сов.* вс-) to plow [23]
пашу́, -ешь, -ут

певе́ц (*мн. ч.* -вцы́; *ж.* певи́ца) singer [16]

педаго́гика pedagogy, education [18]

пельме́ни (*мн. ч.*) pelmeni (Siberian ravioli) [19]

пе́рвое first course (dinner) [19]

пе́рвый first [1]

пере- *For verbs of motion with this prefix, see Lesson 25.*

перевести́ (I) *pf. of* переводи́ть
переведу́, -ёшь, -у́т;
перевёл, -вела́, -о́, -и́

перево́д translation [6]

переводи́ть (II) (*сов.* перевести́) to translate [15]
—с ру́сского на англи́йский
—from Russian to English
перевожу́, -во́дишь, -ят

перево́дчик (*ж.* -чица) translator, interpreter [8]

пе́ред (кем? чем?) (just) before, in front of [19]

передава́ть (I) (кому́? что?) (*сов.* переда́ть) to transmit, convey, broadcast [20]
передаю́, -ёшь, -ю́т

переда́ть *pf. of* передава́ть [20]
переда́м, -да́шь, -да́ст,
-дади́м, -дади́те, -даду́т;
пе́редал, -а́, -о, -и
Переда́й(те) приве́т (кому́?) Say "hello" (to)

переда́ча broadcast [19]

передвиже́ние movement (from one place to another) [26]

  спо́соб передвиже́ния means of transportation

переду́мать (I) *pf. of* **переду́мывать** [18]

переду́мывать (I) (*сов.* **переду́мать**) to change one's mind [18]

перейти́ (I) *pf. of* **переходи́ть** [21]

  перейду́, -ёшь, -у́т;

  перешёл, -шла́, -о́, -и́

перепи́сываться (I) (**с кем?**) to correspond (with) [25]

переса́живаться (I) (**на что?**) (*сов.* **пересе́сть**) to transfer (from one vehicle to another) [25]

пересе́сть (I) *pf. of* **переса́живаться** [25]

  переся́ду, -ешь, -ут;

  пересе́л, -а, -о, -и

переходи́ть (II) (*сов.* **перейти́**) to cross, go across, switch [21]

  перехожу́, -хо́дишь, -ят

  переходи́ть/перейти́ на «ты» to switch to [ti]

перец (**перца, перцу, перцем, перце**) pepper [19]

перо́ (*мн. ч.* **перья**) quill, feather [7]

персик peach [23]

перча́тка (*мн. ч. род.* **-ток**) glove [17]

песня (*мн. ч. род.* **песен**) song

пёстрый multicolored [17]

петь (I) (*сов.* **с-**) to sing [9]

  пою́, -ёшь, -ю́т

печа́ть (**ж.**) press, printer's [27]

пешко́м on foot [8]

пеще́ра cave [25]

пиани́но piano [9]

  игра́ть на пиани́но to play the piano

пиани́ст pianist [11]

пивна́я (*мн. ч.* **-ы́е**) bar, pub [25]

пиджа́к (*мн. ч.* **-и́**) jacket [17]

пирожо́к (*мн. ч.* **-жки́**) pirozhok [19]

писа́тель (**м.**) (**ж. -ница**) writer, author [12]

писа́ть (I) (*сов.* **на-**) to write [9]

  пишу́, -ешь, -ут

письмо́ (*мн. ч.* **письма**, *род.* **писем**) letter [7]

пить (II) (*сов.* **вы́-**) to drink [19]

  пью, -ёшь, -ют

  Пей(те)!

пишется is written [3]

пла́вание swimming [20]

пла́вать (I) (*сов.* **поплы́ть**) to swim (*multidirectional*) [20]

пла́вки (*мн. ч.*) (*мн. ч. род.* **плавок**) swimming trunks [17]

плака́т poster [27]

план plan [20]

пласти́нка (*мн. ч. род.* **-нок**) phonograph record [19]

плати́ть (II) (**кому́? за что?**) (*сов.* **за-**) to pay [17]

  плачу́, пла́тишь, -ят

пла́тье (*мн. ч. род.* **-ьев**) dress [17]

плащ (*мн. ч.* **-и́**) raincoat [17]

племя́нник (**ж. -ница**) nephew (niece) [8]

плёнка (*мн. ч. род.* **-нок**) cartridge, film, recording tape [23]

плодоро́дный fertile [24]

пло́хо bad(ly) [1]

плохо́й bad [10]

пло́щадь (**ж.**) (**на**) (*мн. ч. род.* **-е́й**) square (in a city) [9]

плыть (I) (*сов.* **по-**) to swim (*unidirectional*) [24]

  плыву́, -ёшь, -у́т

плюс plus [21]

пляж (**на**) beach [13]

по (**кому́? чему́?**) along, on, upon, by, around, according to [17]

  по кра́йней мере at least [20]

  по пути́/доро́ге on the way [14]

по-англи́йски in English [4]

побежа́ть *pf. of* **бежа́ть/бегать**

по-ва́шему you think that… [17]

повезти́ *pf. of* **везти́/вози́ть** [22]

повели́тельное наклоне́ние imperative mood

пове́рить *pf. of* ве́рить [23]

поверну́ть (I) *pf. of* повора́чивать [26]
поверну́, -ёшь, -у́т
Поверни́(те)!

повести́ *pf. of* вести́/води́ть [24]

по́весть (*ж.*) (*мн. ч. род.* -е́й) tale [27]

повора́чивать (I) (*сов.* поверну́ть)
to turn [26]

повтори́ть (II) *pf. of* повторя́ть [1]

повторя́ть (I) (*сов.* повтори́ть) to
repeat

поговори́ть *pf. of* говори́ть [16]

пого́да weather [10]

погуля́ть *pf. of* гуля́ть [18]

под (кем? чем?/кого́? что?) under,
beneath, below [19]

под- *For verbs of motion with this
prefix, see Lesson 25.*

подава́ть (I) (кому́? что? на что?) to
submit [21]
подаю́, -ёшь, -ю́т
подава́ть/пода́ть заявле́ние на
стипе́ндию to submit an application for a scholarship

подари́ть *pf. of* дари́ть [17]

пода́рок (*мн. ч.* -рки) present [17]
—ко дню рожде́ния birthday
present

пода́ть *pf. of* подава́ть [21]
пода́м, -да́шь, -да́ст,
-дади́м, -дади́те, -даду́т

подво́дный underwater [20]
подво́дная ло́дка submarine
подво́дное пла́вание scuba diving

подожда́ть *pf. of* ждать [18]

подо- *For verbs of motion with this
prefix, see Lesson 25.*

подписа́ть (I) *pf. of* подпи́сывать [16]
подпишу́, -пи́шешь, -ут

подпи́сывать (I) (*сов.* подписа́ть) to
sign [16]

подру́га (woman) friend [11]

поду́мать *pf. of* ду́мать [18]

по́езд (*мн. ч.* -а́) train [13]

пое́здка (*мн. ч. род.* -док) trip,
journey [21]

пое́сть *pf. of* есть [24]

пое́хать *pf. of* е́хать/е́здить [8]
Пое́хали! Let's go! (Also: Let's
drink!)

пожа́ловаться *pf. of* жа́ловаться [18]

пожа́луйста please, you're welcome,
here you are [1]

пожени́ться *pf. of* жени́ться [26]

пожило́й elderly [25]

поза́втракать *pf. of* за́втракать [16]

позавчера́ day before yesterday [11]

позади́ (кого́? чего́?) to the rear (of),
behind [15]

позвони́ть *pf. of* звони́ть [22]

по́здно [pozna] late [9]

поздоро́ваться *pf. of* здоро́ваться [26]

по́зже later [23]

познако́миться *pf. of* знако́миться
[1]
Рад(а) познако́миться. Glad to
meet you. [1]
Познако́мься! Познако́мьтесь! I'd
like you to meet one another. [7]

поиска́ть *pf. of* иска́ть [22]

по-испа́нски in Spanish [4]

по-италья́нски in Italian [4]

пойти́ *pf. of* идти́/ходи́ть [8]
Пойдём! Let's go! [7]
Пошли́! Let's go!
Пошёл/пошла́/пошли́ вон! Get
out off here! Get lost!

Пока́. So long. [4]

пока́ for the present, for now, so far,
thus far [20]

пока́ не (+ *сов. вид*) until [26]

показа́ть (I) (кому́? что?) *pf. of*
пока́зывать [17]
покажу́, пока́жешь, -ут
Покажи́(те)!

показа́ться (I) *pf. of* каза́ться [17]
покажу́сь, пока́жешься, -утся

пока́зывать (кому́? что?) (*сов.*
показа́ть) to show [17]

поката́ться *pf. of* ката́ться

покупа́ть (I) (кому́?/для кого́? что?)
(*сов.* купи́ть) to buy [17]

покупа́ться   *pf. of* купа́ться [18]

покури́ть   *pf. of* кури́ть [18]

пол (на полу́)   floor [5]

пол   half [26]

   полмину́ты   half a minute

   полчаса́   half an hour

   полме́сяца   half a month

   полго́да   half a year

   по́лдень (*м.*)   noon

   по́лночь (*ж.*)   midnight

по́ле (*мн. ч.* -я́)   field [9]

полежа́ть   *pf. of* лежа́ть [18]

полете́ть   *pf. of* лете́ть/лета́ть [8]

по́лный   full

полови́на   half [26]

положи́тельный   positive [15]

положи́ть (II)   *pf. of* класть [26]

   положу́, поло́жишь, -ат

полтора́ (*ж.* полторы́)   one and a half
[6]

получа́ть (I) (*сов.* получи́ть)   to
receive, get [24]

получа́ться (I) (*сов.* получи́ться)   to
work out, turn out [20]

   Как получи́лось?   How did it work
out?

   Очень хорошо́ получи́лось.   It
worked out fine.

   Не получи́лось.   It didn't work out.

   Я наде́юсь, что у вас это полу́чится.
I hope that that works out for you.

получи́ть (II)   *pf. of* получа́ть [24]

   получу́, полу́чишь, -ат

получи́ться (II)   *pf. of* получа́ться
[20]

по́льза   favor, benefit [21]

   плюс в по́льзу (кого́? чего́?)   a point
in…'s favor

по́льзоваться (I) (кем? чем?) (*сов.*
вос-)   to use, make use of [18]

   по́льзуюсь, -ешься, -ются

по́льский   Polish [11]

помидо́р   tomato [23]

по́мнить (II) (*сов.* вс-)   to remember
[17]

помога́ть (I) (кому́? чему́?) (*сов.*
помо́чь)   to help [17]

по-мо́ему   I think that…[17]

помо́чь (I)   *pf. of* помога́ть [17]

   помогу́, помо́жешь, помо́гут

   помо́г, -ла́, -о́, -и́

помы́ться   *pf. of* мы́ться [19]

по-на́шему   We think that…[17]

понеде́льник   Monday [12]

по-неме́цки   in German [4]

понести́   *pf. of* нести́/носи́ть [24]

понима́ть (I) (*сов.* поня́ть)   to understand [5]

понра́виться   *pf. of* нра́виться [16]

поня́тно   understandable, understood
[10]

поня́ть (I)   *pf. of* понима́ть [17]

   пойму́, -ёшь, -у́т;

   по́нял, -а́, -о, -и

пообе́дать   *pf. of* обе́дать [16]

пообеща́ть [I]   *pf. of* обеща́ть [22]

попада́ть (I) (*сов.* попа́сть)   to get
(to)

попа́сть (I) (куда́?)   *pf. of* попада́ть
[15]

   попаду́, -ёшь, -у́т;

   попа́л, -а, -о, -и

поплы́ть   *pf. of* плыть/пла́вать [24]

по-португа́льски   in Portuguese [4]

попра́виться (II)   *pf. of* поправля́ться
[18]

   попра́влюсь, попра́вишься, -ятся

поправля́ться (I) (*сов.* попра́виться
to recover, get better/well [18]

попро́бовать (I)   *pf. of* про́бовать

попроси́ть (II)   *pf. of* проси́ть [9]

   попрошу́, попро́сишь, -ят

попроща́ться   *pf. of* проща́ться [26]

пора́ (+ *инфинити́в*)   It's time (to)
[13]

   Мне пора́ идти́.   It's time for me
to go.

порабо́тать   *pf. of* рабо́тать [18]

порт (в порту́)   port [10]

портфе́ль (*м.*)   briefcase [5]

по-ру́сски   in Russian [2]

по́рция   portion, serving [24]

поря́док (*мн. ч.* -дки)   order [25]
  Всё в поря́дке.   Everything's in
  order.

по-сво́ему   in one's own way [8]

посереди́не (чего́?)   in the middle [5]

посети́ть (II)   *pf. of* посеща́ть [18]
  посещу́, посети́шь, -я́т

посеща́ть (I) (*сов.* посети́ть)   to visit
  (officially) [15]

посиде́ть   *pf. of* сиде́ть [18]

посла́ть (I)   *pf. of* посыла́ть [27]
  пошлю́, -ёшь, -ю́т

по́сле (кого́? чего́?)   after [16]

после́дний, -яя, -ее, -ие   last (in a
  series) [16]

послеза́втра   day after tomorrow
  [11]

послу́шать   *pf. of* слу́шать [18]

посмотре́ть   *pf. of* смотре́ть [11]

посо́льство   embassy [18]

поспа́ть   *pf. of* спать [19]

поспеши́ть   *pf. of* спеши́ть [19]

посреди́ (кого́? чего́?)   in the middle
  (of) [15]

поста́вить   *pf. of* ста́вить [16]

постара́ться   *pf. of* стара́ться

посте́ль (*ж.*)   bedding, bed [11]
  лежа́ть в посте́ли   to stay/lie in
  bed

постоя́ть   *pf. of* стоя́ть [18]

постро́ить   *pf. of* стро́ить [23]

поступа́ть (I) (в/на что?)   to enroll
  (in/at) [20]

поступи́ть (II)   *pf. of* поступа́ть [20]
  поступлю́, посту́пишь, -ят

посыла́ть (I) (*сов.* посла́ть)   to send,
  mail [27]

потанцева́ть   *pf. of* танцева́ть [18]

по-тво́ему   You think that…[17]

поте́ря   loss [22]

потеря́ть   *pf. of* теря́ть [22]

потоло́к (*мн. ч.* -лки́)   ceiling [5]

пото́м   then, after that, later on [7]

потому́ что   because [6]

потряса́юще   magnificent, "great" [11]

поу́жинать   *pf. of* у́жинать [16]

по-францу́зски   in French [4]

похо́ж, -а, -е, -и (на кого́? на что?)
  similar (to), looks (like) [18]

поцелова́ть   *pf. of* целова́ть [21]

по́чва   soil [24]

почему́   why [6]

по́чта (на)   post office [13]

почти́   almost [9]

Пошли́!   Let's go! [21]

поэ́зия   poetry [27]

поэ́ма   epic or other long poem [7]

поэ́т   poet [16]

поэ́тому   therefore [7]

пра́вда   true, truth [3]

пра́вильно   correct, right [2]

прави́тельство   government [15]
  Вре́менное прави́тельство   The
  Provisional Government [20]

превосхо́дство   superiority [23]

предлага́ть (I) (кому́? что?) (*сов.*
  предложи́ть)   to suggest, propose
  [26]

предло́г   preposition [13]

предложе́ние   sentence, proposition,
  proposal [13]

предложи́ть (II)   *pf. of* предлага́ть
  [26]
  предложу́, предло́жишь, -ат

предме́т   subject [18]

преиму́щественно   primarily [23]

прекра́сно   wonderful(ly) [12]

прекра́сный   wonderful (*adj.*) [12]

преподава́тель (*м.*) (*ж.* -ница)
  teacher, instructor [5]

преподава́ть (I) (кому́? что?)   to teach
  [18]
  преподаю́, -ёшь, -ю́т

при-   *For verbs of motion with this
  prefix, see Lesson 25.*

при (ком? чём?)   in the presence of,
  during the reign/administration
  of, on the grounds of [14]

Приба́лтика   the Baltic region (Latvia, Estonia, Lithuania) [23]

приблизи́тельно   approximately [15]

приве́т   greeting, "hi" [2]

привыка́ть (I) (к кому́? к чему́?) (*сов.* привы́кнуть)   to get used/accustomed (to) [21]

привы́кнуть (I)   *pf. of* привыка́ть [21]
привы́кну, -ешь, -ут;
привы́к, -ла, -о, -и

пригласи́ть (II)   *pf. of* приглаша́ть [23]
приглашу́, пригласи́шь, -я́т

приглаша́ть (I) (кого́? в/на что?) (*сов.* пригласи́ть)   to invite [23]

приглаше́ние   invitation [23]

пригото́вить   *pf. of* гото́вить [19]

приезжа́ть (I) (*сов.* прие́хать)   to arrive (by vehicle) [19]

прие́хать (I)   *pf. of* приезжа́ть [19]
прие́ду, -ешь, -ут

призна́ться   to tell the truth,…[13]

прийти́   *pf. of* приходи́ть [19]
приду́, -ёшь, -у́т;
пришёл, -шла́, -о́, -и́

примеча́ние   note [2]

принима́ть (I) (*сов.* приня́ть)   to receive (customers, patients, etc.) [6]
принима́ть/приня́ть (за кого́? за что?)   to take for a…

приня́ть (I)   *pf. of* принима́ть [21]
приму́, -ешь, -ут;
при́нял, -а́, -о, -и

приро́да   nature [14]

приходи́ть (II) (*сов.* прийти́)   to come, arrive (on foot) [19]
прихожу́, прихо́дишь, -ят

прия́тель (*м.*) (*ж.* -ница)   friend [14]

прия́тно   pleasant [1]

прия́тный   pleasant (*adj.*) [10]

про (кого́? что?)   about

про-   *For verbs of motion with this prefix, see Lesson 25.*

про́бовать (I) (*сов.* по-)   to try (something out), give (something)

a try, taste [18]
про́бую, -ешь, -ют

прова́ливаться (I) (*сов.* провали́ться)   to fail, fall through [20]
—на экза́мене (по чему́?)   to fail a test (in)

провали́ться (II)   *pf. of* прова́ливаться [20]
провалю́сь, прова́лишься, -ятся

провести́ (I)   *pf. of* проводи́ть [18]
проведу́, -ёшь, -у́т;
провёл, -вела́, -о́, -и́

проводи́ть (II) (*сов.* провести́)   to lead through, to spend (time) [13]
провожу́, прово́дишь, -ят
—о́тпуск (кани́кулы)   to spend one's vacation
—вре́мя   to spend time

провокацио́нный   provocative [21]

про́волока   wire [23]

проглоти́ть (I)   *pf. of* глота́ть

програ́мма   program [20]

продава́ть (I) (кому́? что?) (*сов.* прода́ть)   to sell
продаю́, -ёшь, -ю́т

продаве́ц (*мн. ч.* -вцы́) (*ж.* -вщи́ца)   salesperson [8]

прода́ть   *pf. of* продава́ть [17]
прода́м, -да́шь, -да́ст,
-дади́м, -дади́те, -даду́т;
про́дал, -а́, -о, -и

продолжа́ть (I) (*сов.* продо́лжить)   to continue (*transitive*)

продо́лжить (II)   *pf. of* продолжа́ть

продолжа́ться (I) (*сов.* продо́лжиться)   to continue (*intransitive*) [20]

продолже́ние   continuation [6]

продо́лжиться   *pf. of* продолжа́ться [20]

проду́кты (*мн. ч.*)   groceries, produce [19]

прое́зд   ride (on a bus, etc.)

произведе́ние   work (of literature, etc.) [27]

произвести́ (I)   *pf. of* производи́ть [26]

произведу́, -ёшь, -у́т;
произвёл, -вела́, -о́, -и́
производи́ть (II) (*сов.* произвести́)
to create, make, produce [26]
произвожу́, произво́дишь, -ят
—впечатле́ние (на кого́?) to make
an impression (on)
произнести́ (I) *pf. of* произноси́ть
[26]
произнесу́, -ёшь, -у́т;
произнёс, произнесла́, -о́, -и́
произноси́ть (II) (*сов.* произнести́)
to pronounce
произношу́, произно́сишь, -ят
произно́сится, -ятся is/are pronounced [3]
произноше́ние pronunciation [1]
происхожде́ние descent [23]
Я ру́сского происхожде́ния. I'm
of Russian descent.
пройти́ (I) *pf. of* проходи́ть [21]
пройду́, -ёшь, -у́т;
прошёл, -шла́, -о́, -и́
пропуска́ть (I) (*сов.* пропусти́ть) to
miss, skip [21]
—ле́кцию/уро́к/стро́чку to miss
a lecture/class/skip a line
пропусти́ть (II) *pf. of* пропуска́ть [21]
пропущу́, пропу́стишь, -ят
проси́ть (II) (*сов.* по-) to ask (a favor)
прошу́, про́сишь, -ят
просла́виться *pf. of* сла́виться [23]
проспе́кт avenue [22]
простира́ться to stretch, extend [24]
прости́ть (II) *pf. of* проща́ть
Прости́(те) (за что?) Forgive me
(for) [7]
про́сто simple, simply [9]
просто́й simple (*adj.*) [21]
просту́да cold [18]
просту́жен, -а, -о, -ы has/have a cold
[11]
про́тив (кого́? чего́?) against [16]
профессиона́льный professional [27]
профе́ссия profession [8]
по профе́ссии by profession

профе́ссор (*мн. ч.* -а́) professor [5]
прохла́дный cool [10]
проходи́ть (II) (*сов.* пройти́) to go
through, cover [13]
прочита́ть *pf. of* чита́ть [16]
про́шлое the past
про́шлый last (the one before the
present one, not last in a series)
[20]
проща́ть (I) (*сов.* прости́ть) to
forgive, pardon
проща́ться (I) (с кем?) (*сов.* по-) to
say good-bye (to)
про́ще simpler [23]
пруд (в пруду́; *мн. ч.* -ы́) pond [14]
пря́мо straight, directly [16]
прямо́й straight (*adj.*)
пти́ца bird [24]
пульс pulse [18]
(по)щу́пать (кому́?) пульс to feel
(someone's) pulse
пусты́ня desert [10]
пусть let [26]
Пусть он/она́ это сде́лает. Let
him/her do that.
пустяки́ trifles [10]
Пустяки́! It's (that's) nothing!
путеше́ствовать (I) (по чему́?) to
travel [25]
путеше́ствую, -ешь, -ют
пу́шка (*мн. ч. род.* -шек) cannon [15]
пшени́ца wheat [23]
пье́са play (drama) [16]
пятёрка "А" (grade) [20]
пятна́дцать fifteen [8]
пя́тница Friday [12]
пять five [5]
пя́тый fifth [5]
пятьдеся́т fifty [8]

Р

рабо́та (на) work [8]; paper (school
assignment) [20]
рабо́тать (I) (*сов.* по-) to work [5]
рабо́чий (*мн. ч.* -ие; *ж.* рабо́тница)
worker [8]; work (*adj.*) [19]

равнó equal, level
  Мне всё равнó. I don't care. [22]
рад, -а, -о, -ы (за когó? чемý?) happy,
  glad (for…about…) [1]
  Я óчень рад(а) за вас. I'm very
  happy for you
  Я óчень рад вáшему приéзду. I'm
  very pleased about your arrival.
  Рад(а) познакóмиться. I'm glad
  to meet you.
раз time, once [5]
  Ещё раз. Once more. Again [1]
Разве? Really? Do you mean to say
  that…?
развестú (I) *pf. of* разводúть [24]
  разведý, -ёшь, -ýт;
  развёл, развелá, -ó, -ú
развестúсь (I) *pf. of* разводúться [26]
  разведýсь, -ёшься, -ýтся;
  развёлся, развелáсь, -óсь, -úсь
развóд divorce [10]
разводúть (II) (*сов.* развестú) to raise
  (animals), breed [24]
  развожý, развóдишь, -ят
разводúться (II) (с кем?) (*сов.*
  развестúсь) to get divorced [26]
  развожýсь, развóдишься, -ятся)
разговáривать (I) (с кем? о ком? о
  чём?) to converse [9]
разговóр conversation [9]
  —по телефóну telephone conversation
раздевáться (I) (*сов.* раздéться) to
  get undressed, take off one's things
  [18]
разделúться (II) *pf. of* разделя́ться
  [20]
разделя́ться (I) (на что?) (*сов.*
  разделúться) to be divided, split
  up (into) [20]
раздéться (I) *pf. of* раздевáться [18]
  раздéнусь, -ешься, -утся;
  раздéлся, -лась, -ось, -ись
размéр size [17]
  Какóй ваш размéр? What's your
  size?

разница difference [24]
  Какáя разница между (кем? чем?)
  What's the difference between…?
рáзный various [17]
разочарóван, -а, -о, -ы (кем? чем?)
  disappointed (by, at) [18]
разрýшен, -а, -о, -ы (кем? чем?)
  destroyed (by) [24]
рáно early [9]
рáньше earlier [23]; formerly [11]
расписáние schedule [25]
располóжен, -а, -о, -ы situated [20]
рассéянный absentminded [7]
расскáз story, tale [12]
  корóткий расскáз short story
рассказáть (I) *pf. of* расскáзывать
  [24]
  расскажý, расскáжешь, -ут
расскáзывать (I) (комý? что? о чём?)
  to tell, relate [24]
растú (I) (*сов.* вы́-) to grow (not
  "cultivate") [23]
  растý, -ёшь, -ýт;
  рос, рослá, -ó, -ú
расстрóен (-а, -о, -ы) disturbed, upset
  [12]
ребёнок (ребёнка; *мн.ч.* дети) child
  [9]
ребя́та (*мн.ч. род.* ребя́т) boys and
  girls, guys, fellows [13]
револю́ция revolution
рéдко seldom [9]
рéже less often [23]
рекá (*мн.ч.* рéки) river [10]
респýблика republic [10]
реставрúровать (I) to restore [25]
  реставрúрую, -ешь, -ют
ресторáн restaurant [11]
решáть (I) (*сов.* решúть) to decide
  [16]
решéние decision [24]
решúть (II) *pf. of* решáть [13]
рис rice [24]
рóдина (на) native land
родúтели (*мн.ч.*) parents [8]
родúтельный падéж genitive case [15]

роди́ться *pf. of* рожда́ться

родно́й native, one's own from birth [8]

ро́дом (**из/с чего́**) by birth (from) [23]

ро́дственник (**ж.** -**ница**) relative (member of one's family) [9]

рожда́ться (I) (*сов.* роди́ться) to be born

рожде́ние birth [17]
день рожде́ния birthday
С днём рожде́ния! Happy birthday!

рожь (**ж.**) rye [23]

ро́зовый pink [17]

роль (**ж.**) role, part (in an opera, etc.)

рома́н novel (book) [7]

романти́ческий romantic [27]

роня́ть (I) (*сов.* урони́ть) to drop [22]

рот (**во рту́; мн.ч. рты**) mouth [18]

роя́ль (**м.**) (grand) piano [16]
игра́ть на роя́ле to play the piano

руба́шка (**мн.ч. род.** -**шек**) shirt [17]

рубль (**м.**) (**рубля́, рубле́й; мн.ч. рубли́**) ruble [17]

рука́ (**мн.ч. ру́ки**) arm, hand [18]

руководи́тель (**м.**) (**ж.** -**ница**) leader, person in charge [22]

ру́сский (**ж. ру́сская; мн.ч. ру́сские**) Russian (person) [1]; (*adj.*) [10]

Русь (**ж.**) Rus' [25]

ру́чка (**мн.ч. род.** -**чек**) pen [5]

ры́ба fish [19]

ры́нок (**мн.ч.** -**нки**) (**на**) market place [17]

рюкза́к (**мн.ч.** -**и́**) rucksack, backpack [26]

ря́дом (**с кем? с чем?**) (right) next to, alongside of [19]

С

с (**кого́? чего́?**) from [15]
с тех пор since then
с тех пор, как… since the time that…

с (**кем? чем?**) with [19]
с акце́нтом with an accent [6]

с трудо́м with difficulty [4]

с удово́льствием with pleasure [7]

с- *For verbs of motion with this prefix, see Lesson 25.*

сад (**в саду́; мн.ч.** -**ы́**) garden [19]

сади́ться (II) (**куда́?**) (*сов.* сесть) to sit down, take a seat [19]
сажу́сь, сади́шься, -я́тся
Сади́сь! Сади́тесь! Have a seat! Sit down!

сала́т salad, lettuce [19]

сам, -á, -ó, -и my/your/him/herself; our/your/themselves (for emphasis) [20]
Вы са́ми э́то зна́ете. You yourself know that.

самова́р samovar [19]

самолёт airplane [8]
на самолёте by plane

са́мый the most [10]

санато́рий sanatorium [18]

сати́рик satirist [12]

са́хар sugar [19]

сбо́рник collection (of stories, etc.) [27]

сва́дьба (**мн.ч. род.** сва́деб) marriage ceremony [26]

све́жий fresh [24]
на све́жем во́здухе outside, in the fresh air

свет world; light [25]

сви́тер sweater [17]

свобо́да freedom [26]
—**передвиже́ния** right to travel

свобо́дно free(ly), fluent(ly) [14]

свобо́дный free [18]

свой, своя́, своё, свои́ one's own [18]

связь (**ж.**) connection [23]

свято́й (**ж.** -**а́я; мн.ч.** -**ы́е**) saint [25]

сдава́ть (I) экза́мен/зачёт/контро́льную (*сов.* сдать) to take an examination/test/quiz [20]
сдаю́, -ёшь, -ю́т

сдать экза́мен/зачёт/контро́льную to take *and pass* an examination/test/quiz (*pf. of* сдава́ть) [20]

сдать экзáмен *continued*
сдам, сдашь, сдаст,
сдадим, сдадите, сдадут;
сдал, -á, -о, -и
сделать *pf. of* делать [16]
себя́ my/your/him/herself;
our/your/themselves [18]
север (на) north [10]
северо-востóк north-east
северо-зáпад north-west
северный northern
сегóдня today [6]
сегóдня утром this morning [11]
сегóдня вечером this evening [11]
седьмóй seventh [7]
сейчáс now, right now [6]
секретáрь (м.) secretary [8]
секýнда second [20]
семéстр semester [20]
семечко (мн.ч. род. -чек) sunflower
seed [20]
семнáдцать seventeen [8]
семь seven [6]
семьдесят seventy [8]
семья́ (мн.ч. сéмьи; род. семéй)
family [8]
сердéчный hearty, warm [25]
сердце heart [15]
сёрфинг surfing [20]
занимáться сёрфингом to go in
for surfing
серый grey [17]
серьёзно serious(ly)
серьёзный serious (*adj.*)
сéссия session [20]
сестрá (мн.ч. сёстры, род. сестёр)
sister [8]
сесть (I) *pf. of* сидéть [19]
ся́ду, -ешь, -ут;
сел, -а, -о, -и
Сядь(те)!
Сибирь (ж.) Siberia [10]
сибиря́к (мн.ч. -и́: ж. -я́чка, мн.ч. род.
-чек) Siberian [10]
сигарéта cigarette [9]

сидéть (II) (*сов.* по-) to sit [7]
сижý, сиди́шь, -я́т
сильный strong [10]
симпати́чный nice [6]
симфони́ческий symphony (*adj.*),
symphonic [13]
синий, -яя, -ее, -ие navy blue [17]
систéма system [20]
сказáть (I) *pf. of* говори́ть (to
say/tell) [4]
скажý, -ешь, -ут
Скажи́(те)! Tell me! [3]
сказка (мн.ч. род. -зок) fairytale
скамéйка (мн.ч. род. скамéек) bench
[24]
скиф Scythian [25]
скифский Scythian (*adj.*) [25]
склон slope [23]
склоня́ться (I) to be declined [12]
скобка (мн.ч. род. -бок) parenthesis
[7]
в скобках in parentheses
скóлько how much/many [8]
скóлько времени how long [8]
Скóлько времени? What time is
it? [11]
скорая пóмощь first aid, ambulance
[18]
Скорéй! (Скорéе!) Hurry! [25]
скоро soon [10]
скрипка (мн.ч. род. -пок) violin [16]
скучно boring [10]
Мне скучно. I'm bored.
скучный boring (*adj.*) [10]
слабый weak [10]
слáвиться (II) (кем? чем?) (*сов.* про-)
to be famous for [23]
слáвлюсь, слáвишься, -ятся
сладкий sweet [19]
сладкое dessert [19]
слева (от когó? от чегó?) on the left
(of) [17]
следующий next, the following [21]
слива plum, prune [23]
слишком too (+ *adj.* or *adv.*) [11]

слова́рь (*м.*) (*мн. ч.* -**и́**) dictionary [5]

сло́во (*мн. ч.* -**á**) word [3]

слу́жба (**на**) service [18]

вое́нная слу́жба military service

слу́чай event, occurrence [16]

в тако́м слу́чае in that case

во вся́ком слу́чае in any event

случа́ться (I) (*сов.* **случи́ться**) to happen, occur

случи́ться (II) *pf. of* случа́ться [17]

Что случи́лось? What happened?

слу́шать (I) (*сов.* **по-**) to listen (to) [7]

слы́шать (II) (*сов.* **у-**) to hear [11]

сме́на change, changing [15]

смерть (*ж.*) death [24]

смета́на sour cream [19]

смея́ться (I) (**над кем? над чем?**) (*сов.* **за-**) to laugh (at)

смешно́ funny, comical (*adv.*) [9]

смешно́й funny, comical (*adj.*)

смотре́ть (II) to see, look, watch [12]

смотрю́, -ишь, -ят

смотре́ть (**на кого́? на что?**) to look at

смочь (I) *pf. of* мочь [26]

снача́ла first, first of all [7]

снег (**в/на снегу́**; *мн. ч.* -**á**) snow [10]

снима́ть (I) (*сов.* **снять**) to take off, to rent, to photograph [20]

снять (I) *pf. of* снима́ть [20]

сниму́, -ешь, -ут;

снял, -á, -о, -и

Сними́(те)!

со See с.

со- *For verbs of motion with this prefix, see Lesson 25.*

соба́ка dog [24]

собира́ть (I) (*сов.* **собра́ть**) to gather, pick, harvest [23]

собира́ться (I) (*сов.* **собра́ться**) to plan to [11], to gather together [23]

Все собрали́сь на пло́щади. Everyone gathered on the square.

Мы собира́емся пойти́ в кино́. We're planning to go to the movies.

собо́й self (*inst.*) [24]

с собо́й to go (food in a restaurant) [24]

собо́р cathedral [15]

собо́рный cathedral (*adj.*) [15]

собра́ние (**на**) meeting, gathering [13]

собра́ть (I) *pf. of* собира́ть [23]

соберу́, -ёшь, -у́т;

собра́л, -á, -о, -и

собра́ться (I) *pf. of* собира́ться

соберёмся, -ётесь, -у́тся;

собра́лся, -ла́сь, -о́сь, -и́сь

соверше́нно completely, perfectly [13]

сове́т advice [17]

сове́товать (I) (**кому́? о чём?**) (*сов.* **по-**) to advise [17]

сове́тую, -ешь, -ют

сове́тский Soviet [10]

совреме́нный modern [15]

совсе́м entirely, completely [4]

не совсе́м not quite

совсе́м не not at all

согла́сен, -сна, -о, -ы (**с кем? с чем? в чём?**) agree, agreed (with, about) [22]

согласи́ться (II) *pf. of* соглаша́ться [23]

соглашу́сь, согласи́шься, -я́тся

согла́сный (**звук**) (*мн. ч.* -**ые**) consonant [1]

соглаша́ться (I) (**с кем? с чем? в чём?**) to agree (with, about)

созда́тель (*м.*) creator, founder [24]

созрева́ть (I) (*сов.* **созре́ть**) to ripen [23]

созре́ть (I) *pf. of* созрева́ть [23]

созре́ю, -ешь, -ют

сок juice [19]

солда́т (*мн. ч. род.* **солда́т**) soldier [21]

со́лнце sun [10]

Со́лнце све́тит. The sun shines.

соль (*ж.*) salt [19]

сорок forty [8]

сосе́д (*мн. ч.* сосе́ди, сосе́дей, сосе́дям, сосе́дями, сосе́дях) neighbor [14]
—**по комнате** roommate

сосе́дний, -яя, -ее, -ие neighboring [22]

соста́вить (II) *pf. of* **составля́ть**
соста́влю, соста́вишь, -ят
Соста́вьте предложе́ния. Construct sentences. [4]

составля́ть (I) (*сов.* **соста́вить**) to compose, form, make up, construct

социалисти́ческий socialist(ic) [23]

сою́з union [10]

спаси́бо thank you [2]

спать (II) (*сов.* **по-**) to sleep [19]
сплю, спишь, -ят; спал, -а́, -о, -и

спекта́кль (*м.*) play, performance [16]

спе́лый ripe [23]

специа́льный special [21]

спецпрогра́мма special program [20]

спеши́ть (II) (*сов.* **по-**) to hurry, be in a hurry [9]

спина́ back, spine [18]
У меня́ боли́т спина́. I have a backache.

споко́йно peaceful(ly) [9]

споко́йный peaceful
Споко́йной ночи. Good night. [4]

спо́рный controversial, contentious [8]

спорт sport(s) [14]

спорти́вный sport (*adj.*) [14]
спорти́вная встреча sports meet, track meet

спортсме́н (*ж.* -ка, *мн. ч. род.* -нок) sportsman [14]

спо́соб передвиже́ния means of transportation [13]

спосо́бный capable [10]

справа (от кого́? от чего́?) on the right (of) [17]

спра́шивать (I) (*сов.* **спроси́ть**) to ask (a question) [6]

спроси́ть (II) *pf. of* **спра́шивать** [16]
спрошу́, спро́сишь, -ят
Спроси́(те)! Ask! [6]

спряже́ние conjugation [5]

сра́внивать (I) (*сов.* **сравни́ть**) to compare [26]

сравни́ть (II) *pf. of* **сра́внивать** [26]

сра́зу immediately [19]

среда́ (в среду) Wednesday [12]

среднеазиа́тский Central Asian [10]

сре́дний central, middle, average [16]

СССР USSR [3]

ста́вить (II) (что? куда́?) to place, put (in an upright position) [20]; to produce [16]
ста́влю, ста́вишь, -ят
Ставь(те)!
(по)ста́вить отме́тку to give a grade [20]

стадио́н (на) stadium [13]

стака́н (drinking) glass [19]

станови́ться (II) (кем? чем?) (*сов.* **стать**) to become [18]
становлю́сь, стано́вишься, -ятся

ста́нция (на) station [13]

стара́ться (I) (*pf.* **по-**) to try (hard), do one's best [9]

стари́к (*мн. ч* -и́) old man [24]

стари́нный ancient [10]

стару́шка (*мн.ч. род.* -шек) old woman

ста́рше older [23]

ста́рший older (*adj.*) older, elder [17]

ста́рый old [10]

стать (I) (кем? чем?) *pf. of* **станови́ться** [18]
ста́ну, -ешь, -ут
Стань(те)!

стена́ wall [5]

степь (*ж.*) (*мн. ч. род.* степе́й) steppe [24]

стипе́ндия scholarship [21]
подава́ть/пода́ть заявле́ние на стипе́ндию to submit an application for a scholarship
получа́ть/получи́ть стипе́ндию to receive a scholarship

стих (*мн. ч.* -и́) verse [27]

сто one hundred [8]

сто́ить (II) to cost [17]

стол (*мн. ч.* -ы́) table [5]

столи́ца capital city [15]

столо́вая (*мн. ч.* -ые) dining room, cafeteria [2]

сторона́ side [25]

  в эту/ту сто́рону in this/that direction

стоя́ть (II) (*сов.* по-) to stand [11]

  Стои́т хоро́шая пого́да. The weather is nice.

страна́ country [8]

страни́ца page

стра́шный terrible, frightening

  Мне стра́шно. I'm frightened.

стре́лка (*мн. ч. род.* -лок) pointer [21]

стро́ить (II) (*сов.* по-) to build [23]

стру́нный бас string bass [16]

студе́нт (*ж.* -ка, *мн. ч. род.* -ток) student [5]

стул (*мн. ч.* -ья) chair [5]

стюарде́сса stewardess, flight attendant [18]

суббо́та Saturday [12]

субтропи́ческий subtropical [10]

сувени́р souvenir [25]

су́мка (*мн. ч. род.* -мок) purse [17]

суп soup [19]

су́тки (*мн. ч.*) (*род.* -ток) 24 hours [27]

сухо́й dry [24]

су́ше drier [23]

сце́на (на) stage [16]

Счастли́во. Good-bye. So long. [23]

счастли́вый happy [18]

  Счастли́вого пути́. Have a good/nice trip.

сча́стье happiness, good fortune [26]

счёт bill [17]

счита́ть (I) to consider, think [8]

счита́ться (I) (-кем? чем?) to be considered (to be) [26]

США U.S.A. [5]

съ- *For verbs of motion with this prefix, see Lesson 25.*

съезд (на) meeting, congress [13]

съесть *pf. of* **есть** [19]

сын (*мн. ч.* -овья́, *род.* сынове́й) son [8]

сыр cheese [19]

сы́ро damp [10]

сыро́й damp (*adj.*) [10]

Т

табле́тка (*мн. ч. род.* -ток) tablet, pill (*med.*) [21]

тайга́ taiga [24]

так so, thus, this way, like this [3]

  так как since, due to the fact that [18]

  так называ́емый so-called [24]

  так что so, therefore [17]

та́кже also, too [8]

тако́й such a, (one) like this/that [17]

такси́ (*м.*) taxi [13]

  на такси́ by taxi

там there [5]

тамо́женник customs official [21]

тамо́жня customs [13]

  проходи́ть/пройти́ через тамо́жню to go through customs

танцева́ть (I) to dance [16]

  танцу́ю, -ешь, -ют

танцо́р dancer [16]

таре́лка (*мн. ч. род.* -лок) plate, dish [24]

твёрдый hard [4]

твой, твоя́, твоё, твои́ your [8]

теа́тр theater [2]

тебе́ (to) you (*dat.*) [9]

т.е. (то есть) that is to say [18]

текст для чте́ния reading text [6]

телеви́зор television (set) [12]

  смотре́ть телеви́зор to watch television

  програ́мма по телеви́зору television program

телегра́ф telegraph [23]

те́ло (*мн. ч.* тела́) body [18]

темно́ dark(ly) [21]

тёмный dark [21]

температу́ра temperature [18]

теннис   tennis [14]
   играть в теннис   to play tennis
теперь   (and) now, (but) now [7]
тепло   warm(ly) [10]
тёплый   warm (*adj.*) [10]
территория   territory [23]
терять (I) (*сов.* по-)   to lose [22]
тетрадь (*ж.*)   notebook, copybook
   [5]
тётя (*мн.ч. род.* -ей)   aunt [8]
течь (I)   to flow [21]
   Эта река течёт на юг.   This river
     flows to the south.
   Эти реки текут на север.   These
     rivers flow to the north.
тихий   quiet, calm [20]
   Тихий океан   Pacific Ocean
тихо   quiet(ly) [9]
тише   quieter [1]
тобой   (with) you (*inst.*) [18]
товар   goods, merchandise [26]
товарищ   comrade, friend [9]
   —**по работе**   friend at work
   —**по школе**   schoolmate
   —**по университету**   friend at the
     university
тогда   then, in that event [9]
тоже   also, too [4]
толпа   crowd [16]
только   only [6]
том (*мн.ч.* -а)   volume (book) [27]
тому (**назад**)   ago [14]
торговаться (I) (*сов.* по-)   to bargain
   [24]
   торгуюсь, -ешься, -ются
тост   toast (words of praise) [26]
тот/та/то/те   that (one), those
   [10]
   тот/та/то/те же, что и…   the
     same as… [21]
точка (*мн.ч. род.* -чек)   period, point
точнее   more precisely [25]
тошнить (II)   to nauseate [18]
   Меня тошнит.   I feel nauseous.
трактор   tractor [18]
трамвай   streetcar [13]
   на трамвае   by streetcar

третий, -ья, -ье, -ьи   third [3]
третье   dessert [19]
три   three [6]
тридцать   thirty [8]
тринадцатый   thirteenth [13]
тринадцать   thirteen [8]
тройка   "C" (grade), "troika" (a sleigh
   hitched to three horses) [20]
троллейбус   trolleybus, electric bus
   [13]
   на троллейбусе   by trolleybus
тромбон   trombone [16]
   играть на тромбоне   to play the
     trombone
труба   trumpet [16]
   играть на трубе   to play the trumpet
трудный   difficult, hard [4]
тряпка (*мн.ч. род.* -пок)   rag, cloth
   [5]
туман   fog [10]
тундра   tundra [24]
туннель (*м.*)   tunnel [25]
турецкий   Turkish [23]
турист   tourist [13]
Турция   Turkey [23]
тут   (right) here
туфля (*мн.ч. род.* **туфель**)   shoe [17]
ты   you [1]
тысяча   thousand

У

у (**кого? чего?**)   next to, by, at,
   alongside, at the home/office of
   [15]; to have [7]
   У меня есть ручка.   I have a pen.
убивать (I) (*сов.* **убить**)   to kill [21]
убирать (I) (*сов.* **убрать**)   to clean
   (up) [22]
убит, -а, -о, -ы   killed [27]
убить (I)   *pf. of* **убивать** [21]
   убью, -ёшь, -ют
уборная (*мн.ч.* -ые)   bathroom, restroom [21]
убрать (I)   *pf. of* **убирать** [22]
   уберу, -ёшь, -ут;
   убрал, -а, -о, -и

уве́рен, -а, -о, -ы (в чём?) sure, certain (about) [11]

уви́деть *pf. of* ви́деть [21]

Уви́димся. See you later.

у́гол (в/на углу́; *мн. ч.* углы́) corner [20]

угости́ть (II) *pf. of* угоща́ть [23]
угощу́, угости́шь, -я́т

угоща́ть (I) (кого́? чем?) (*сов.* угости́ть) to treat (someone to something) [23]

ударе́ние stress, accent

уда́ться (I) to manage (to), be successful (in) [26]
Мне уда́стся/удало́сь (+ *инфинити́в*) I manage(d) to…

удо́бный comfortable [21], convenient [13]

удово́льствие pleasure
с удово́льствием with pleasure [7]

уезжа́ть (I) (*сов.* уе́хать) to depart, leave [19]

уе́хать (I) *pf. of* уезжа́ть [19]
уе́ду, -ешь, -ут

уже́ already [5]

у́же narrower [23]

у́жин dinner [16]

у́жинать (I) (*сов.* по-) to have dinner [2]

узбе́к (*ж.* узбе́чка, *мн. ч. род.* -чек) Uzbek [24]

узнава́ть (I) (*сов.* узна́ть) to recognize [25]
узнаю́, -ёшь, -ю́т

узна́ть (I) *pf. of* узнава́ть *or* знать ("to find out") [25]

уйти́ (I) *pf. of* уходи́ть [19]
уйду́, -ёшь, -у́т;
ушёл, -шла́, -шло́, -шли́

Украи́на (на) Ukraine [18]

украи́нец (*мн. ч.* -нцы; *ж.* украи́нка, *мн. ч. род.* -нок) Ukrainian (person) [18]

укра́сть *pf. of* красть [22]

у́лица (на) street [8]
выходи́ть/вы́йти на у́лицу to go outside

улыба́ться (I) (*сов.* улыбну́ться) to smile [26]

улыбну́ться (I) *pf. of* улыба́ться [26]
улыбну́сь, -ёшься, -у́тся

уменьши́тельный diminutive [24]

умере́ть (I) *pf. of* умира́ть [20]
умру́, -ёшь, -у́т;
у́мер, -ла́, -о, -и

уме́ть (I) to know how (to), "can" [12]

умира́ть (I) (*сов.* умере́ть) to die [20]

у́мный smart, intelligent [7]

умыва́ться (I) (*сов.* умы́ться) to wash up [19]

умы́ться (I) *pf. of* умыва́ться
умо́юсь, -ешься, -ются

универма́г department store [17]

универса́льный магази́н department store [17]

университе́т university [3]
в университе́те at the university

университе́тский university (*adj.*) [20]
—городо́к (*мн. ч.* -дки́) campus

упражне́ние exercise [1]

Ура́л (на) Urals [10]

урожа́й harvest [24]

уро́к lesson
на уро́ке in class (below college level)

урони́ть (II) *pf. of* роня́ть [22]

услы́шать *pf. of* слы́шать [26]

успе́х success

успе́хи progress [9]

уста́л, -а, -о, -и tired [11]

устра́иваться (I) (*сов.* устро́иться) to get settled in [26]

устро́иться (II) *pf. of* устра́иваться [26]

у́тка (*мн. ч. род.* у́ток) duck [24]

утоми́тельный tiring, exhausting [25]

у́тро morning [1]
у́тром in the morning [11]

у́хо (*мн. ч.* у́ши) ear [18]

уходи́ть (II) (*сов.* уйти́) to depart, leave (on foot) [19]
ухожу́, ухо́дишь, -ят

уче́бник textbook [5]

уче́бный год school year [20]

учени́к (*мн.ч.* -и́; *ж.* учени́ца) pupil [5]

учёный (*ж.* -ая; *мн.ч.* -ые) scholar [24]

учи́тель (*м.*) (*мн.ч.* учителя́; *ж.* -ница) teacher [5]

учи́ть (II) (кого́? чему́?) (*сов.* на-) to teach [18]

   учу́, -ишь, -ат

учи́ть (II) (что?) (*сов.* вы́-) to learn, study, memorize [18]

учи́ться (II) to go to school, be a student [6]

   учу́сь, -ишься, -атся

учи́ться (II) (*сов.* на-) to learn (how to) [18]

   Где вы научи́лись так хорошо́ говори́ть по-ру́сски? Where did you learn to speak Russian so well?

   Ма́ша у́чится води́ть маши́ну. Masha is learning to drive a car.

учи́ться (II) (чему́?) to study [18]

ую́тно comfortable, cozy [12]

Ф

фа́брика (на) factory [13]

фаго́т bassoon [16]

   игра́ть на фаго́те to play the bassoon

факульте́т (на) (college/university) department [21]

фами́лия last (family) name [8]

   Как твоя́/ва́ша фами́лия? What's your (family) name?

февра́ль (*м.*) February [15]

   в феврале́ in February

фе́рма (на) farm

фе́рмер farmer

фестива́ль (*м.*) festival [22]

фи́зик physicist [8]

фи́зика physics [8]

филосо́фия philosophy [8]

филфа́к (на) department of philology [18]

фильм (на) film [13]

фи́нский Finnish [21]

фле́йта flute [16]

   игра́ть на фле́йте to play the flute

фотоаппара́т camera [15]

фотографи́ровать (I) (*сов.* с-) to photograph, take pictures [15]

   фотографи́рую, -ешь, -ют

францу́з (*ж.* -пу́женка, *мн.ч. род.* -нок) French (person) [8]

францу́зский French (*adj.*) [4]

фрукт fruit [19]

фрукто́вый fruit (*adj.*) [19]

футбо́л (на) soccer [14]

   игра́ть в футбо́л to play soccer

футбо́льный матч soccer game [12]

Х

характери́стика evaluation, letter of recommendation [20]

хвата́ть (I) (*сов.* хвати́ть) to suffice, be enough [27]

хи́мик chemist [8]

хи́мия chemistry [8]

хлеб bread [19], grain [23]

хло́пок cotton [24]

ходи́ть (II) (*сов.* пойти́) to go, walk (*multidirectional*) [13]

   хожу́, хо́дишь, -ят

хозя́ин (*мн.ч.* хозя́ева; *мн.ч. род.* хозя́ев) host, owner [26]

хозя́йка (*мн.ч. род.* хозя́ек) hostess, owner [26]

хозя́йство economy, housework [19]

   помога́ть/помо́чь по хозя́йству to help with the housework

хокке́й hockey [14]

   игра́ть в хокке́й to play hockey

хо́лодно cold [10]

   Мне хо́лодно. I'm cold.

холо́дный cold (*adj.*) [10]

хоро́ший good, fine, nice [10]

хорошо́ good, well, fine, nice, all right [1]

хоте́ть (I-II) to want [7]

   хочу́, хо́чешь, хо́чет;
   хоти́м, хоти́те, хотя́т

хотя́ although [9]

храм temple [15]

христиа́нский Christian (*adj.*) [23]

худо́жественный art (*adj.*) [16]

худо́жник (ж. -жница) artist [26]

ху́же worse [6]

хулига́н (ж. -ка) hooligan, delinquent person [22]

Ц

царь (*м.*) (*мн.ч.* -й) czar [15]

цвет (*мн.ч.* -á) color [17]

цвето́к (*мн.ч.* цветы́, цветки́) flower [19]

целова́ть (I) (кого́?) (*сов.* по-) to kiss (someone) [21]

целу́ю, -ешь, -ют

целова́ться (I) (*сов.* по-) to kiss (one another)

целу́емся, -етесь, -ются

це́лый whole, entire [21]

цена́ (*мн.ч.* це́ны) price [17]

цент (-а, -ов) cent [17]

центр center, downtown [10]

центра́льный central [13]

це́рковь (*ж.*) (це́ркви, це́ркви, це́рковь, це́рковью, це́ркви; *мн.ч.* це́ркви, церкве́й, церква́м, це́ркви, церква́ми, церква́х, church [15]

Ч

чай tea [7]

час (часá, часо́в; *мн.ч.* -ы́) hour [11]

часово́й guard [15]

ча́сто often [7]

часть (ж.) part [10]

часы́ (*мн.ч.*) watch, clock [9]

ча́шка (*мн.ч.* -шек) cup [19]

ча́ще more often [23]

чей, чья, чьё, чьи whose [8]

челове́к (*мн.ч.* лю́ди; *мн.ч. род.* люде́й/челове́к) man, person [6]

молодо́й челове́к young man [8]

челове́ческий human, humane [18]

чем than [6]; what (*inst.*) [18]

чемода́н suitcase [17]

че́рез (кого́? что?) through, across [8]

черни́ла (*мн.ч.*) ink [21]

чернозём chernozyom, black earth [24]

чёрный black [17]

че́стно honest(ly) [13]

че́стно говоря́ to be honest, to tell the truth

Че́стное сло́во! Honest!

четве́рг Thursday [12]

четвёрка "B" (grade) [20]

четвёртый fourth [4]

че́тверть (ж.) quarter, one fourth [20]

четы́ре four [6]

четы́рнадцать fourteen [8]

че́шский Czech [23]

число́ (*мн.ч.* чи́сла) number, date [14]

чита́ть (I) (*сов.* про-) to read [5]

Чита́й(те)! Read! [2]

что what [3]; that [4]

что́бы in order to [11]

что́-нибудь anything, something [22]

чу́вствовать себя́ (I) to feel (in reference to health) [18]

чу́вствую себя́, чу́вствуешь себя́, чу́вствуют себя́

чуде́сный marvelous, wonderful [14]

чуло́к (*мн.ч.* -лки́; *мн.ч. род.* -ло́к) silk stocking [17]

чуть не almost, nearly, came close to [27]

Ш

шампа́нское champagne [23]

ша́пка (*мн.ч. род.* -пок) cap [17]

шарф scarf [17]

ша́хматы (*мн.ч.*) chess [14]

игра́ть в ша́хматы to play chess

ша́хматный chess (*adj.*) [14]

ша́шки (*мн.ч.* -шек) checkers [14]

игра́ть в ша́шки to play checkers

шашлы́к (*мн.ч.* -и́) shishkabob [19]

шестна́дцать sixteen [8]

шесто́й sixth [6]

шесть   six (6)

шестьдеся́т   sixty [8]

ше́я   neck [18]

ши́ре   wider, broader [23]

широ́кий   wide, broad [22]

шкату́лка (*мн. ч. род.* -лок)   little box [26]

шкаф (в/на шкафу́; *мн. ч.* -ы́)   case, cupboard [20]

   кни́жный шкаф   bookcase

шко́ла   school [2]

шко́льник (*ж.* -льница)   pupil, schoolboy/girl [5]

шля́па   hat [17]

шокола́д   chocolate [19]

штаны́ (*мн. ч.*)   trousers [17]

шу́ба   fur coat [17]

шум   noise [26]

шути́ть (II) (*сов.* по-)   to joke [2]

   шучу́, шу́тишь, -ят

шу́тка   joke

Щ

щи (*мн. ч. род.* щей)   schi (a vegetable soup) [19]

Э

эквивале́нт   equivalent [22]

экза́мен (по чему́?)   examination (in) [11]

   сдава́ть экза́мен   to take an examination [20]

сдать экза́мен   to pass an examination [20]

прова́ливаться/провали́ться на экза́мене   to fail an examination [20]

экземпля́р   copy (of a book) [27]

экску́рсия (на)   excursion [14]

экскурсово́д   tour guide [13]

Эсто́ния   Estonia [21]

эта́ж (на) (*мн. ч.* -и́)   floor (story of a building) [17]

э́то   this/that/these/those is/are [1]

э́тот, э́та, э́то; э́ти   this/that; these/those [10]

Ю

ю́бка (*мн. ч. род.* ю́бок)   skirt [17]

юг (на)   south [10]

   ю́го-восто́к   south east

   ю́го-за́пад   south west

ю́жный   southern

юмори́ст   humorist [12]

ю́ноша   boy (teenager) [8]

юри́ст   lawyer [8]

Я

я   I [1]

я́блоко (*мн. ч.* -и)   apple [23]

я́года   berry [23]

язы́к (*мн. ч.* -и́)   language [3]; tongue [18]

янва́рь (в январе́)   January [12]

я́сно   clear(ly)

я́сный   clear (*adj.*)

ENGLISH-RUSSIAN VOCABULARY

The English-Russian vocabulary includes all the words needed in preparing English to Russian translation exercises; however, only the imperfective form of verbs are given. If the perfective form is required, look it up in the Russian-English vocabulary.

АНГЛО-РУ́ССКИЙ СЛОВА́РЬ

A

a lot мно́го

able, capable спосо́бный; спосо́бен, -бна, -о, -ы

  to be able (can, may) мочь (I) могу́, мо́жешь, мо́гут; мог, могла́, могло́, могли́

  to be able (know how to) уме́ть (I)

about о (*before words which begin with a vowel sound:* об; *before* мне *or* всём: обо)

approximately приблизи́тельно

above, over над (*inst., acc.*)

abroad за грани́цу (destination); за грани́цей (location)

absent-minded рассе́янный; рассе́ян, -а, -о, -ы

absolutely абсолю́тно; соверше́нно; обяза́тельно

academic академи́ческий

accent акце́нт

  with an accent с акце́нтом

to accept принима́ть (I)

  The doctor is receiving patients. До́ктор принима́ет.

accomplishment достиже́ние

according to по (*dat.*)

accustomed

  to get accustomed привыка́ть

achievement достиже́ние

to acquaint (with) знако́мить (II) знако́млю, знако́мишь, знако́мят (с *inst.*)

  to get acquainted (with) знако́миться (с *inst.*)

acquaintance, friend знако́мый (*fem.* знако́мая; *pl.* знако́мые)

acquaintance(ship) знако́мство

across через (*acc.*)

actually на са́мом де́ле

address а́дрес (*pl.* адреса́)

adjective прилага́тельное

administrative администрати́вный

admirer люби́тель

to admit, confess признава́ться (I) признаю́сь, признаёшься, признаю́тся

  I must admit that I... Призна́ться, я...

adult взро́слый

adverb наре́чие

advice сове́т

to advise сове́товать (I) (*dat.*) сове́тую, сове́туешь, сове́туют

Aeroflot Аэрофло́т

affair, matter, business де́ло (*pl.* дела́)

to be afraid боя́ться (*gen.*)

after по́сле (gen.); по́сле того́, как

  after all... ведь...

  after that пото́м, по́сле э́того

afternoon день
  in the afternoon после обéда, днём
again опя́ть, снóва, ещё раз
against прóтив (*gen.*); напрóтив
  (*gen.*)
ago (томý) назáд (*acc.*)
  a week ago недéлю (томý) назáд
to agree (with, about) соглашáться
  (I) (с *inst.*, о *prep.*)
  agree(d) соглáсен, -сна, -о, -ы (с
  inst., о *prep.*)
  Agreed! Договори́лись!
agronomist агронóм
ahead (of), before впереди́ (*gen.*),
  пéред (*inst.*)
air вóздух
  in the fresh air на свéжем вóздухе
airplane самолёт
airport аэропóрт (в аэропортý)
alive жив, -á, -о, -ы
all весь, вся, всё, все
  All the best! Всегó хорóшего! Всегó
  дóброго!
  all right ничегó, лáдно
  all the time всё врéмя
not allowed нельзя́
almost почти́
along вдоль (*gen.*); по (*dat.*)
alongside (of) ря́дом (с *inst.*)
  near, at у (*gen.*)
aloud вслух
alphabet алфави́т
already ужé
also тáкже, тóже, и
although хотя́
always всегдá
amateur люби́тель (*м.*)
ambassador посóл (*pl.* послы́)
American (*noun*) америкáнец (*pl.*
  америкáнцы: *fem.* америкáнка,
  gen. pl. -нок)
  American (*adj.*) америкáнский
among среди́ (*gen.*)
ancient дрéвний, -яя, -ее, -ие; ста-
  ри́нный

and и; а
  and so forth и так далее (и т.д.)
anecdote анекдóт
animal живóтное (*pl.* живóтные)
  wild animal, beast зверь (*м.*)
another (a different one) другóй
  another (one more) ещё оди́н (однá,
  однó)
answer отвéт
  to answer (a person) отвечáть (I)
  (*dat.*)
  to answer a question отвечáть на
  вопрóс
any вся́кий; любóй
  not anymore бóльше не
  any way, in any event во вся́ком
  слýчае
anybody, anyone ктó-нибудь
anything чтó-нибудь
anyway во вся́ком слýчае, всё рáвно
anywhere кудá-нибудь (*destination*);
  гдé-нибудь (*location*)
apartment кварти́ра
  apartment house жилóй дом
apparently кáжется; как бýдто
to appeal to (“like”) нрáвиться (II)
  (*dat.*)
  нрáвлюсь, нрáвишься, нрáвятся
  I like Ivan. Ивáн мне нрáвится.
to appear, look вы́глядеть (II)
  вы́гляжу, вы́глядишь, вы́глядят
  You look very well. Вы óчень
  хорошó вы́глядите.
  to appear to be казáться
appetite аппети́т
to applaud аплоди́ровать (I) ап-
  лоди́рую, аплоди́руешь,
  аплоди́руют
apple я́блоко (*pl.* я́блоки)
apple tree я́блоня (*gen. pl.* я́блонь)
application заявлéние
to apply (for) подавáть (I) (на *acc.*)
to approach, walk up to подходи́ть
  (к *dat.*)
  подхожý, подхóдишь, подхóдят

to **approach, drive up to** подъезжа́ть
(I) (к *dat.*)

to **be on the way** наступа́ть (I)
Spring is on the way. Наступа́ет
весна́.

approximately, about приблизи́тель-
но; о́коло (*gen.*)

apricot абрико́с

April апре́ль (*м.*)

archeologist архео́лог

architecture архитекту́ра

to **arise** встава́ть (I) встаю́, встаёшь,
встаю́т

arm рука́ (*pl.* ру́ки)

armchair кре́сло (*gen. pl.* кре́сел)

Armenia Арме́ния

Armenian (*noun*) армяни́н (*pl.*
армя́не; *fem.* армя́нка; *gen. pl.*
армя́нок)

Armenian (*adj.*) армя́нский

around вокру́г (*gen.*); по (*dat.*)

to **arrest** аресто́вывать (I)

arrival (by vehicle) прие́зд

to **arrive** (on foot) приходи́ть (II) при-
хожу́, прихо́дишь, прихо́дят

to **arrive** (by vehicle) приезжа́ть
(I); прибыва́ть (I) to **arrive**
(by plane) прилета́ть

art (*noun*) иску́сство

art (*adj.*) худо́жественный

artificial иску́сственный

artist худо́жник (*fem.* худо́жница)

artistic худо́жественный, иску́сст-
венный

as так

as…as так…, как…

as far as, up to до (*gen.*)

as soon as как то́лько

as though как бу́дто

Asia А́зия

Asian (*noun*) азиа́т (*fem.* азиа́тка;
gen. pl. азиа́ток)

Asian (*adj.*) азиа́тский

to **ask a** (a question) спра́шивать (I);
задава́ть (I) вопро́с

to **ask** (a favor), **beg** проси́ть (II)
прошу́, про́сишь, про́сят

aspirin аспири́н

assignment зада́ние

astronomer астроно́м

astronomy астроно́мия

at при (*prep.*), в, на (*prep.*)

at the home or office of у (*gen.*)

not at all совсе́м не

at least по кра́йней ме́ре

at present сейча́с

at the, near у (*gen.*)

to **attend a lecture** слу́шать ле́кцию
(по *dat.*)

attention внима́ние.

to **pay attention** обраща́ть внима́ние

attentive внима́тельный

audience зри́тели

auditorium зал

August а́вгуст

aunt тётя (*gen. pl.* тётей)

Australian австрали́ец; (*pl.* австра-
ли́йцы; *fem.* австрали́йка)

author писа́тель (*м.*) (*fem.* писа́тель-
ница); а́втор

avenue проспе́кт

average сре́дний, -яя, -ее, -ие

to **avoid** избега́ть (*gen.*)

B

back (spine) спина́

back (return) обра́тно

on the way back на обра́тном пути́

backwards наза́д

backpack рюкза́к

bad плохо́й; плох, -а́, -о, -и

not bad неплохо́й; непло́х, -а́, -о,
-и

too bad жаль

badge значо́к (*pl.* значки́)

bag мешо́к (*pl.* мешки́)

balalaika балала́йка (*gen. pl.*
балала́ек)

ballerina балери́на

ballet бале́т (на)

bank (of a river, etc.) берег (в, на берегу) (*pl.* берега)
bank (for money) банк
banner знамя (*pl.* знамёна; *gen. pl.* знамён)
to baptize крестить (II) крещу, крестишь, крестят
bar буфет; бар
barley ячмень (*м.*)
baseball бейсбол (на)
   to play baseball играть в бейсбол
bashful застенчивый
basketball баскетбол (на)
   to play basketball играть в баскетбол
bass (singer) бас
bassoon фагот
to bathe, swim купаться (I)
   to bathe, take a bath принимать ванну
bathroom ванная (комната)
to battle воевать (I)
bay залив
bazaar базар
to be быть (I)
   future: буду, будешь, будут; *past:* был, была, было, были
beach пляж (на)
bean боб, фасоль
to bear носить (II)
beautiful красивый
beauty красавица (girl); красота
because потому что; так как
   because of из-за (*gen.*)
to become становиться (II) (*inst.*) становлюсь, становишься, становятся
bed кровать (*ж.*)
   bedding постель (*ж.*)
   to stay in bed лежать в постели
bedroom спальня (*gen. pl.* спален)
beefsteak бифштекс
beef Stroganov беф-строганов
beet свёкла
before до (*gen.*); впереди (*gen.*)
   right (just) **before** перед (*inst.*)

to begin начинать (I); начинаться (I)
beginner начинающий
beginning начало
to behave, act вести (I) себя (веду, ведёшь, ведут; вёл, вела, вело, вели)
to behave towards относиться к (*dat.*)
behind за (*destination: acc.; location: inst.*); позади (*gen.*)
beige бежевый
to believe верить (II) (кому? чему?)
believer верующий
bell звонок (*pl.* звонки); колокол (*pl.* колокола)
belltower колокольня (*gen. pl.* колоколен)
below, underneath под (*destination: acc.; location: inst.*)
   below, downstairs вниз (*destination*); внизу (*location*)
berry ягода
besides, in addition to кроме (*gen.*)
   besides that, in addition to that кроме того
best лучший; самый хороший; самый лучший
   All the best. Всего хорошего/ доброго.
better лучший; лучше
between между (*inst.*)
Bible Библия
Biblical библейский
bicycle велосипед
big большой
bigger больший; больше
biggest больший; самый большой
bill (money owed) счёт (*pl.* счета)
birch tree берёза
bird птица
birth рождение
birthday день рождения
   Happy birthday! С днём рождения!
   by birth (from) родом из/с
black чёрный
blackboard доска (*pl.* доски; *gen. pl.* досок)

to blame винова́т, -а, -о, -ы
blat ("pull," "connections") блат
blessed блаже́нный
board доска́ (*pl.* доски; *gen. pl.* досо́к)
blouse блузка (*gen. pl.* блузок)
blue голубо́й (light); синий, -яя, -ее, -ие (navy)
boat лодка (*gen. pl.* лодок)
to go boating ката́ться (I) на лодке
body тело (*pl.* тела́)
Bolshevik большеви́к (*pl.* большевики́)
book книга; книжный (*adj.*)
bookcase книжный шкаф
bookstore книжный магази́н
border, frontier грани́ца
border, edge край (*pl.* края́; в / на краю́)
to be bored скуча́ть (I)
boring скучный; скучен, -чна́, -о, -ы
to be born рожда́ться (I)
borsch борщ
botanic ботани́ческий
botanist бота́ник
botany бота́ника
both оба (*m. and n.*); обе (*fem.*)
both ... and ... и ..., и ...
to bother меша́ть (I) (*dat.*)
bottle буты́лка (*gen. pl.* буты́лок)
bottom дно
box (ornamental) шкату́лка
boy (little) мальчик;
boy (teen-aged) парень (*м.*) юноша; молодо́й челове́к
bread хлеб (*pl.* хлебы)
breakfast завтрак
to have breakfast завтракать (I)
to breathe дыша́ть (II) дышу́, дышишь, дышат
to breed, raise разводи́ть (II) развожу́, разво́дишь, разво́дят
bridge мост (*pl.* мосты́; на мосту́)
briefcase портфе́ль (*м.*)
bright светлый (светел, -тла́, -о, -ы); яркий (ярок, -рка́, -о, -и)

brighter светле́е; ярче
to bring (on foot), **carry** приноси́ть (II) приношу́, прино́сишь, прино́сят
to bring, lead, conduct приводи́ть (II) привожу́, приво́дишь, приво́дят
to bring (by vehicle) привози́ть (II) привожу́, приво́зишь, приво́зят
to bring back (return) возвраща́ть
broad широ́кий; широ́к, -ка́, -о́, -и́
broadcast (radio, TV) переда́ча
broader шире
brother брат (*pl.* братья)
brown кори́чневый
to build строить (II)
building здание; дом
bun булочка
bureaucrat бюрокра́т
bus авто́бус
bus stop авто́бусная остано́вка (*gen. pl.* остано́вок)
bush куст (*pl.* кусты́)
business дело (*pl.* дела́); командиро́вка (official)
businesslike деловой
businessman бизнесме́н
busy занято́й; занят, -а́, -о, -ы
but а, но
butter масло
to buy покупа́ть (I)
by (past) мимо (*gen.*)
by car (bus, etc.) на маши́не (на авто́бусе и т. д.); маши́ной (авто́бусом и т. д.)
by the way между прочим; кстати

C

cabbage капу́ста
cafe столо́вая; кафе́
cafeteria кафе́; столо́вая
to call (give a person a name) звать (I) зову́, зовёшь, зову́т
What's your name? Как вас (тебя́) зову́т? Как ваше (твоё) имя?
to call (on the phone) звони́ть (II)

called называемый
  so-called так называемый
  to be called (things and places)
    называться (I)
  What's the name of this city? Как
    называется этот город?
camel верблюд
camera фотоаппарат
camp лагерь (*м.*) (*pl.* лагеря)
can, may, it is permitted можно
  can't, may not, it isn't permitted
    нельзя
  to know how to уметь (I)
Canada Канада
Canadian (*noun*) канадец (*pl.* ка-
    надцы; *fem.* канадка, *gen. pl.*
    канадок)
  Canadian (*adj.*) канадский
cannon пушка (*gen. pl.* пушек)
cap шапка (*gen. pl.* шапок)
  fur cap меховая шапка
capable, able способный; способен,
    -бна, -о, -ы
capital (city) столица
car машина
card карта
(don't) care (*dat.*) всё равно
  I don't care. Мне всё равно.
carrot(s) морковь (*ж.*)
to carry (on foot) носить (II) (*multidi-
    rectional*)
  ношу, носишь, носят
  нести (I) (*unidirectional*)
  несу, несёшь, несут; нёс, несла,
    несло, несли
  to carry (by vehicle) возить (II)
    (*multidirectional*)
  вожу, возишь, возят
  везти (I) (*unidirectional*)
  везу, везёшь, везут; вёз, везла,
    везло, везли
case, cabinet шкаф (*pl.* шкафы; в,
    на шкафу)
  bookcase книжный шкаф
case, event случай
  in any event во всяком случае

  in that event в таком случае
cassette кассета
  —recorder кассетофон
cashier's desk касса
cat кошка (*gen. pl.* кошек)
  tomcat кот (*pl.* коты)
to catch sight of увидеть (II) (*perf.*)
  увижу, увидишь, увидят
cathedral (*noun*) собор
  cathedral (*adj.*) соборный
Caucasian Кавказский
Caucasus Кавказ (на)
cave пещера
caviar икра
cello виолончель (*ж.*)
cemetery кладбище (на)
cent цент
center центр
central центральный; средний, -яя,
    -ее, -ие
  Central Asia Средняя Азия
century век
certain, sure уверен, -а, -о, -ы
  certainly, definitely обязательно
  for sure наверняка
chair стул (*pl.* стулья)
  armchair кресло (*pl.* кресла; *gen.
    pl.* кресел)
chairman председатель (*м.*) (*fem.*
    председательница)
chalk мел
chalkboard доска (*pl.* доски; *gen.
    pl.* досок)
champagne шампанское
chance возможность (*ж.*).
change, changing смена
to change менять (I)
  to change clothes переодеваться (I)
  to change one's mind передумывать
    (I)
chapter глава (*pl.* главы)
cheap дешёвый
  cheaply дёшево
  cheaper дешевле; более дешёвый,
    более дёшево
check чек

to check, correct проверя́ть (I)
to check (luggage, etc.) сдава́ть (I)
(в бага́ж)
сдаю́, сдаёшь, сдаю́т
checkered в клетку
checkers ша́шки (*pl.*)
cheese сыр
chemist хи́мик
chemistry хи́мия
cherry ви́шня (*gen. pl.* ви́шен)
chess ша́хматы (*pl. only*)
to play chess игра́ть в ша́хматы
chicken ку́рица (*pl.* ку́ры; *gen. pl.*
кур)
child ребёнок (*pl.* де́ти; *gen. pl.*
дете́й)
child's, children's де́тский
childhood де́тство
chime clock кура́нты (*pl.*)
China Кита́й
Chinese кита́ец (*pl.* кита́йцы; *fem.*
китая́нка, *gen. pl.* -нок)
Chinese (*adj.*) кита́йский
chocolate шокола́д
Christian (*noun*) христиани́н (*pl.*
христиа́не, *gen. pl.* христиа́н: *fem.*
христиа́нка, *gen. pl.* христиа́нок)
Christian (*adj.*) христиа́нский
church (*noun*) це́рковь (ж.) (це́рковь,
це́ркви, це́ркви, це́рковь,
це́рковью, це́ркви; *pl.* це́ркви,
церкве́й, церква́м, це́ркви,
церква́ми, церква́х)
church (*adj.*) церко́вный
cigarette папиро́са, сигаре́та
citizen граждани́н (*pl.* гра́ждане;
gen. pl. гра́ждан; *fem.* гражда́нка,
gen. pl. гражда́нок)
city го́род (*pl.* города́)
civilized челове́ческий
clarinet кларне́т
class заня́тие (на); уро́к (на); класс
в; ле́кция (на)
classical класси́ческий
classroom класс; кла́ссная ко́мната;
аудито́рия

clean, pure чи́стый; чист, -а́, -о, -ы
to clean чи́стить (II) чи́щу, чи́стишь,
чи́стят
to clean up (a room, etc.) убира́ть
clear я́сный; я́сен, -сна́, -о, -ы
climate кли́мат
clock, watch часы́ (*pl. only*)
close бли́зкий; бли́зок, -зка́, -о, -и
closer бли́же; бо́лее бли́зкий,
to close закрыва́ть (I) (*transitive*);
закрыва́ться (I) (*intransitive*)
closed закры́тый; закры́т,
-а, -о, -ы
cloth мате́рия; ткань (ж.)
clothes, clothing оде́жда
club клуб
coat пальто́
fur coat шу́ба
coffee ко́фе
cognac конья́к
cold холо́дный; хо́лоден, -дна́, -о,
-ы
cold (illness) просту́да; на́сморк
(*head cold*)
ill with a cold просту́жен, -а, -о, -ы
I have a cold. Я просту́жен(а).
У меня́ просту́да (на́сморк).
colleague колле́га (masc.)
collective коллекти́вный
collective farm колхо́з
collective farmer колхо́зник (*fem.*
колхо́зница)
color цвет (*pl.* цвета́)
to come (on foot) приходи́ть (II)
прихожу́, прихо́дишь, прихо́дят
to come (by vehicle) приезжа́ть (I)
to come back (return) возвраща́ться
Come in! Войди́(те)! Заходи́(те)!
comfortable удо́бный
comma запята́я (*pl.* запяты́е)
communism коммуни́зм
communist (*noun*) коммуни́ст (*fem.*
коммуни́стка; *gen. pl.* ком-
муни́сток)
communist (*adj.*) коммунисти́-
ческий

community коллекти́в

companion спутник (fem. спутница)

to compare сравнивать

comparison сравне́ние (между inst.)

    in comparison with, when compared to по сравне́нию с (inst.)

compartment купе́ [купэ́]

to complain жа́ловаться (I) (на acc.) жа́луюсь, жа́луешься, жа́луются

to complete, finish ока́нчивать (I)

completed око́нченный; око́нчен, -а, -о, -ы

completely, entirely совсе́м; соверше́нно

    not completely, not entirely не совсе́м

complicated сло́жный; сло́жен, -жна́, -о, -ы

compliment комплиме́нт

    to pay a compliment де́лать комплиме́нт

composer композитор

composition сочине́ние, рабо́та

compote компо́т

comrade това́рищ

to be concerned беспоко́иться (II) (о prep.)

concert конце́рт (на)

condition, state состоя́ние

    in good condition в хоро́шем состоя́нии

to conduct, lead (on foot) води́ть (II) (multidirectional) вожу́, во́дишь, во́дят вести́ (I) (unidirectional) веду́, ведёшь, веду́т; вёл, вела́, вело́, вели́

to conduct (lead) through проводи́ть (II) провожу́, прово́дишь, прово́дят

conductor (orchestra) дирижёр

conductor (railroad) конду́ктор

to congratulate поздравля́ть (I)

    Congratulations! Поздравля́ю!

congress съезд (на); конгре́сс

conjugation спряже́ние

connection связь (ж.)

connections блат

conservatory консервато́рия

to consider (someone or something) to be... счита́ть (I) (acc., inst.)

    to be considered to be... счита́ться (inst.)

to construct стро́ить (II)

construction стро́ительство

consul ко́нсул

consulate ко́нсульство

contemporary, modern совреме́нный

contentious спо́рный

continental континента́льный

continual постоя́нный

continuation продолже́ние

to continue продолжа́ть (I) (transitive); продолжа́ться (intransitive)

    Continue! Да́льше!

controversial спо́рный

conversation разгово́р; бесе́да

    telephone conversation разгово́р по телефо́ну

to converse разгова́ривать (I)

to convey (by vehicle) вози́ть (multidirectional) вожу́, во́зишь, во́зят везти́ (I) (unidirectional) везу́, везёшь, везу́т; вёз, везла́, везло́, везли́

to convey (a greeting, etc.) передава́ть (I) (приве́т) передаю́, передаёшь, передаю́т

    Say "hello" to Ivan for me. Переда́йте Ива́ну (от меня́) приве́т.

cool прохла́дный; прохла́ден, -дна, -о, -ы

copybook тетра́дь (ж.)

corn кукуру́за

corner угол (pl. углы́; в/на углу́)

correct пра́вильный; пра́вильно

    to correct проверя́ть (I)

to correspond (to) соотве́тствовать (I) (dat.) соотве́тствую, соотве́тствуешь, соотве́тствуют

to correspond (with), write (to)
перепи́сываться (с *inst.*)

correspondence course зао́чный курс
  correspondence student зао́чник
    (*fem.* зао́чница)

corridor коридо́р

to cost сто́ить (II)

cotton хло́пок (*gen.* хло́пка и т.д.)

couch дива́н

cough ка́шель (*м.*)
  to cough ка́шлять (I)

to count счита́ть (I)

country (outside the city), **village**
  дере́вня

country (U.S.S.R., U.S.A., etc.) страна́
  (*pl.* стра́ны)

  in the country в дере́вне, за́ го́родом

a couple of па́ра (+ *gen. pl.*)

course (on) курс/ле́кции/заня́тия
  (по + *dat.*)

to court, go out with уха́живать (I)
  (за *inst.*)

to cover, go over проходи́ть

cow коро́ва

cozy ую́тный

cradle колыбе́ль (*ж.*)

creator созда́тель (*м.*)

Crimea Крым

to cross, go over переходи́ть

crowd толпа́

cucumber огуре́ц (*pl.* огурцы́)

to cultivate, raise выра́щивать (I)
  to cultivate, plow паха́ть (I) пашу́,
    па́шешь, па́шут

cultural, cultured культу́рный

culture культу́ра

cup ча́шка (*gen. pl.* ча́шек)

cupboard шкаф (*pl.* шкафы́; в/на
  шкафу́)

currency валю́та

customer покупа́тель (*м.*) (*ж.*
  покупа́тельница)

customs official тамо́женник

customs тамо́жня
  to go through customs проходи́ть
    че́рез тамо́жню

cybernetics киберне́тика

czar царь (*ж.*) (*pl.* цари́)

Czech чех (*ж.* че́шка)

D

dacha, summer house да́ча на

damp сыро́й, сы́ро

to dance танцева́ть (I) танцу́ю,
  танцу́ешь, танцу́ют

dancer танцо́р (*fem.* танцо́рка)

dangerous опа́сный; опа́сен, -сна,
  -о, -ы

dark тёмный, темно́

darker темне́е

date, day of the month число́ (*pl.*
  чи́сла)

  date, appointment свида́ние

  What's the date today? Како́е
    сего́дня число́?

daughter дочь (*pl.* до́чери; *gen. pl.*
  дочере́й)

day день (*м.*) (*pl.* дни)

  day (24 hours) су́тки (*gen. pl.*
    су́ток)

  day after tomorrow послеза́втра

  day before yesterday позавчера́

  in the daytime, during the day днём

  day off выходно́й день

  day of birth день рожде́ния

dear, expensive дорого́й; до́рог,
  дорога́, до́рого, -и

  dear (used in salutations) дорого́й;
    многоуважа́емый (*formal*)

  dearer, more expensive доро́же;
    бо́лее дорого́й, бо́лее до́рого

death смерть (*ж.*)

December дека́брь (*м.*) (декабря́ и
  т.д.)

to decide реша́ть (I)

decision реше́ние

deep глубо́кий; глубо́к, -а́, -о́, -и

  deeper глу́бже; бо́лее глубо́кий,
    бо́лее глубоко́

definitely обяза́тельно

degree, title зва́ние

degree, title *continued*
  Bachelor of Arts (B.A.) степень
  бакалáвра
  Master of Arts (M.A.) магис-
  тéрская степень
  Doctor of Philosophy (Ph.D.) док-
  торская степень
  honorary degree почётное звание
delight востóрг
  to be delighted (about, with) быть
  в востóрге (от *gen.*)
delinquent хулигáн
dentist зубнóй врач
to depart (on foot) уходи́ть (II)
  ухожу́, ухóдишь, ухóдят
  to depart (by vehicle) уезжáть (I)
department (at a university) факультéт
  (на)
  department (in a store) отдéл
  department store универмáг
to depend (on) зави́сеть (II) (от *gen.*)
  зави́шу, зави́сишь, зави́сят
depressed в уны́нии
descent происхождéние
  He's of Russian descent. Он русского происхождéния.
to describe опи́сывать (I)
desert пусты́ня
desk (at school) парта
  writing desk пи́сьменный стол
dessert слáдкое; трéтье
  for dessert на слáдкое; на трéтье
destroyed разру́шен, -а, -о, -ы
devil чёрт
dezhurnaya дежу́рная
dialect диалéкт
dialog диалóг
dictation диктáнт
dictionary словáрь (*м.*) (*pl.* словари́)
to die умирáть (I)
difference рáзница
  What's the difference? Какáя
  рáзница?
  What's the difference between...
  and...? Какáя рáзница мéжду...
  (*inst.*) и... (*inst.*)?

different, another другóй
  different, various рáзные
difficult трýдный; трýден, -днá, -о,
  -ы
to differ (from) (by) отличáться (от
  когó? от чегó?) (чем?)
to dig копáть (I)
diminutive уменьши́тельный
to dine ýжинать (I)
dining car вагóн-рсторáн
dining room столóвая
dinner ýжин
  for dinner на ýжин
  to have dinner ýжинать
diphthong дифтóнг
diplomacy дипломáтия
diplomatic дипломати́ческий
direct, straight прямóй; прям, -á, -о,
  -ы
  to direct attention (to) обращáть
  внимáние (на *acc.*)
direction направлéние, сторонá
  in a northerly direction в северном
  направлéнии
dirty грязный; грязен, -знá, -о, -ы
disappointed (with) разочарóван, -а,
  -о, -ы; огорчён, -á, -ó, -ы́ (*instr.*)
dish, plate тарéлка (*gen. pl.* тарéлок)
  dish, food блюдо
dissatisfied (with) недовóльный;
  недовóлен, -льна, -о, -ы (*inst.*)
dissertation диссертáция
  to defend a dissertation защищáть
  диссертáцию
distinct ясный; ясен, -снá, -о, -ы
district райóн
to disturb мешáть (I) (*dat.*)
divan дивáн
to divide разделáть (I)
  to be divided (into) разделáться
  (на *acc.*)
divorce развóд
  to get a divorce (from) разводи́ться
  (II) (с *inst.*)
  развожу́сь, разводишься, развóдятся
I'm dizzy У меня́ головá кружится.

to **do, make** де́лать (I)

doctor до́ктор

   doctor, physician врач (*pl.* врачи́)

   doctor, surgeon хиру́рг

dog соба́ка

   watchdog пёс (*pl.* псы)

dollar до́ллар

domestic дома́шний, -яя, -ее, -ие

door дверь (ж.)

dormitory общежи́тие

to **doubt** сомнева́ться (I)

down (from, off) с (*gen.*)

downstairs вниз (*destination*); внизу́
    (*location*)

drama дра́ма

dramatic драмати́ческий

to **draw** рисова́ть (I)

drawing, picture рису́нок (*pl.*
    рису́нки)

drawing, art рисова́ние

dream сон

to **dream** ви́деть сон

   I dreamed that... Мне сни́лось,
    что...

   to **dream (of doing something)**
    мечта́ть (I)

dress пла́тье

   to **dress** (someone or something)
    одева́ть (I)

   to **get dressed** одева́ться (I)

dressed оде́тый; оде́т, -а, -о, -ы

drier су́ше; бо́лее сухо́й, бо́лее сухо

drink напи́ток (*pl.* напи́тки)

   soft drink лимона́д

to **drink** пить (I) пью, пьёшь, пьют

   to **do some drinking, to tipple**
    выпива́ть (I)

drive, ride езда́, прое́зд

   to **drive, ride** е́здить (II) (*multidirec-*
    tional)

   е́зжу, е́здишь, е́здят

   е́хать (I) (*unidirectional*)

   е́ду, е́дешь, е́дут

   to **drive a car** води́ть маши́ну

to **drop** роня́ть (I)

drug нарко́тик

drug addict наркома́н

drum бараба́н

dry сухо́й; сух, -а́, -о, -и

duck у́тка (*gen. pl.* у́ток)

due to the fact that так как

   due to the из-за (*gen.*)

dumb, stupid глу́пый; глуп, -а́, -о,
   -ы

during во вре́мя (*gen.*)

   during the reign (administration) **of**
    при (*prep.*)

E

each, every ка́ждый

ear у́хо (*pl.* у́ши; *gen. pl.* уше́й)

earlier ра́ньше; бо́лее ра́нний,

early ра́нний, -яя, -ее, -ие; ра́но

to **earn** (a salary) зараба́тывать (I)

   to **earn** (have coming) заслу́живать
    (I) (*perf.* заслужи́ть II)

   He had that coming. Он э́то за-
    служи́л.

earth земля́

earthquake землетрясе́ние

easier ле́гче; бо́лее лёгкий,

east восто́к (на)

eastern восто́чный

easy лёгкий; лёгок, легка́,
   -о́, -и́

to **eat** есть

   ем, ешь, ест, еди́м, еди́те, едя́т; ел,
    е́ла, е́ло, е́ли; Ешь(те)!

   to **eat dinner** обе́дать (I)

   to **eat supper** у́жинать (I)

economics эконо́мика

edge край (*pl.* края́; на краю́)

education образова́ние

   education (field of study)
    педаго́гика

   to **get an education** получи́ть
    образова́ние

educated образо́ванный

eight во́семь

eighteen восемна́дцать

eighth восьмо́й

eighty восемьдесят

either…or… или…, или

elderly пожилой

elevator лифт

eleven одиннадцать

embankment набережная

embassy посольство

to empty (into) впадать (I) (в *acc.*)

encounter, meet(ing) встреча

   to encounter, meet встречать (I)

end конец, окончание

to endeavor, try стараться (I)

endless бесконечный; безграничный

engaged (to be married) обручён,
   обручена, обручены (с *inst.*)

   to get engaged (to) обручаться (I)
   (с *inst.*)

engineer инженер

English английский

   in English по-английски

Englishman англичанин (*pl.*
   англичане; *gen. pl.* англичан)

Englishwoman англичанка (*gen. pl.*
   англичанок)

to enlist, enroll (in) поступать (I) (в
   acc.)

enough достаточно (*gen.*)

to enroll, enlist (in) поступать (I) (в
   acc.)

ensemble ансамбль (*м.*)

to enter (on foot) входить (II) вхожу,
   входишь, входят

   to enter (by vehicle) въезжать (I)

entire, whole целый

the entire весь, вся, всё, все

entirely совсем

   not entirely не совсем

entrance (to) вход (в *acc.*)

to envy завидовать (I) (кому?)
   завидую, -ешь, -ют

equal эквивалентный, равный

equivalent эквивалент (*noun*),
   эквивалентный (*adj.*)

eraser (pencil) резинка (*gen. pl.*
   резинок)

especially особенно

essential необходимый; необходим,
   -а, -о, -ы; обязательно

essentially преимущественно

Europe Европа

European европейский

evaluation, letter of recommendation
   характеристика

even (*adj.*) равный; равен, -вна, -о,
   -ы

   I don't care. Мне всё равно.

even (*adv.*) даже

evening вечер (*pl.* вечера)

   in the evening вечером

   Good evening. Добрый вечер.

   this evening сегодня вечером

event, case случай

   at any event во всяком случае

ever когда-нибудь

every каждый

everybody, everyone все

everything всё

everywhere всюду; везде

exact точный; точен, -чна, -о, -ы

exactly точно; ровно; как раз

   exactly like that точно так; именно
   так

   Exactly so. Точно так.

   at exactly 2 o'clock ровно в два
   часа

examination, test экзамен; зачёт;
   контрольная (работа)

   examination (medical) осмотр

   to fail (an examination)
   проваливаться (на экзамене
   [зачёте])

   to take an examination сдавать (I)
   экзамен (зачёт)
   сдаю, сдаёшь, сдают

to examine осматривать; делать
   осмотр (*med.*)

example пример

   for example например

excellent прекрасный; прекрасен,
   -сна, -о, -ы

except (for) кроме (*gen.*)

exception исключение

with the exception of, except for за исключе́нием (*gen.*)

excursion экску́рсия (на)

to excuse прости́ть, извини́ть

Excuse me, please. Извини́те, пожа́луйста.

exercise упражне́ние

exhausting утоми́тельный

exhibition вы́ставка (на) (*gen. pl.* вы́ставок)

exile ссы́лка

exit вы́ход

expensive дорого́й; до́рог, дорога́, до́рого, до́роги

more expensive доро́же; бо́лее дорого́й, бо́лее до́рого

to explain объясня́ть (I)

to be explained, clarified, made clear выясня́ться

expression выраже́ние

to extend тяну́ться (I), тяну́сь, тя́нешься, тя́нутся

to extend, stretch out (for) простира́ться (I) (на)

extra, spare ли́шний, -яя, -ее, -ие

extraction происхожде́ние

He's of Russian extraction. Он ру́сского происхожде́ния.

extreme кра́йний, -яя, -ее, -ие

eye глаз (*pl.* глаза́; в/на глазу́)

F

face лицо́ (*pl.* ли́ца)

fact факт

A fact's a fact. Факт остаётся фа́ктом.

factory фа́брика (на), заво́д (на)

to fail (a test) прова́ливаться (на экза́мене [зачёте])

fall, autumn о́сень (ж.)

fall (*adj.*) осе́нний, -яя, -ее, -ие

in the fall о́сенью

familiar знако́мый

family семья́ (*pl.* се́мьи; *gen. pl.* семе́й)

famous знамени́тый

to be famous for сла́виться (II) (*inst.*) сла́влюсь, сла́вишься, сла́вятся

far далёкий; далёк, далека́, -о́, -и́

not far недалёкий; недалеко́

farm фе́рма (на)

farmer фе́рмер

farther, further да́льше

fast бы́стрый; быстр, -а́, -о, -ы

fat то́лстый; толст, -а́, -о, -ы

father оте́ц (*pl.* отцы́)

fatiguing утоми́тельный; утоми́телен, -льна, -о, -ы

fatter то́лще; бо́лее то́лстый

favor ми́лость (ж.); одолже́ние

Do me a favor. Сде́лай(те) одолже́ние.

favorite люби́мый

to fear, be afraid (of) боя́ться (II) (*gen.*) бою́сь, бои́шься, боя́тся; Не бо́йся! Не бо́йтесь!

feather перо́ (*pl.* пе́рья)

February февра́ль (м.) (февраля́ и т.д.)

to feel, sense чу́вствовать (I) чу́вствую, чу́вствуешь, чу́вствуют

to feel (concerning one's health) себя́ чу́вствовать (I)

How do you feel? Как вы себя́ чу́вствуете?

fellow па́рень (м.) (*pl.* па́рни)

feminine же́нский

feminine gender же́нский род

fertile плодоро́дный; плодоро́ден, -дна, -о, -ы

festival фестива́ль (м.)

few ма́ло (*gen.*)

a few не́сколько (*gen.*)

field по́ле (*pl.* поля́)

fifteen пятна́дцать

fifth пя́тый

fifty пятьдеся́т

to fight, battle воева́ть (I)

film фильм (на); плёнка (*for a camera*)

finally наконéц, в концé концóв
to find находи́ть (II)
   нахожу́, нахо́дишь, нахо́дят
fine хорóший; хорóш, -á, ó, -й,
   слáвный; слáвен, -внá, -о, -ы
finger пáлец (*pl.* пáльцы)
to finish кончáть (I)
finished окóнченный; окóнчен, -а,
   -о, -ы
firm, hard твёрдый; твёрд, -á, -о, -ы
first пéрвый
   first course (of a meal) пéрвое
   first of all сначáла; спервá
fish рыба
five пять (ж.); пя́теро (*gen. pl.*) (*a
   collective numeral used with male
   persons, the young of animals, and
   nouns with no sing. form*)
flight полёт
flood наводнéние
floor пол (*pl.* полы́; в/на полу́)
   floor, story этáж (*pl.* этажи́)
to flow течь (I)
   течёт, теку́т; тёк, теклá, теклó,
   текли́
flower цветóк (*pl.* цветки́, цветы́)
flu грипп
fluently свобóдно
flute флéйта
to fly летáть (I) (*multidirectional*)
   летéть (II) (*unidirectional*) лечу́,
   лети́шь, летя́т
fog тумáн
   It's foggy today. Сегóдня тумáн.
folk (*adj.*) нарóдный
   folk music нарóдная музыка
following слéдующий
food едá
foot ногá (*pl.* нóги, ног, ногáм, нóги,
   ногáми, ногáх)
   on foot пешкóм
   to play football игрáть в футбóл
footware óбувь (ж.)
for для (*gen.*); за (*acc.*)
   for the most part в общем; глáвным
   образом

for the time being покá
forbidden нельзя́
foreign инострáнный
foreigner инострáнец (*pl.* инострáн-
   цы; *fem.* -нка, *gen. pl.* -нок)
forest лес (*pl.* лесá; в лесу́)
forever навсегдá
to forget забывáть (I)
to forgive прощáть (I); извиня́ть (I)
   Forgive me! Прости́те! Извини́те!
fork ви́лка
former бывший
formerly рáньше
fortress крéпость (ж.)
fortunately к счáстью
forty сóрок
to be found находи́ться (II)
   нахожу́сь, нахóдишься, нахóдятся
founder, creator создáтель
four четы́ре; чéтверо (*gen. pl.*) (*a
   collective numeral used only with
   male persons, the young of animals,
   and nouns with no sing. form*)
fourteen четы́рнадцать
fourth четвёртый
   one-fourth чéтверть
France Фрáнция
free свобóдный; свобóден, -дна, -о,
   -ы
freedom свобóда
to freeze замерзáть (I)
freezing weather морóз
French (*adj.*) францу́зский
French horn валтóрна
Frenchman францу́з
   Frenchwoman францу́женка
fresco фрéска
fresh свéжий
Friday пя́тница
friend друг (*pl.* друзья́; *gen. pl.*
   друзéй); прия́тель (м.) (*fem.*
   прия́тельница); знакóмый (*fem.*
   знакóмая; *pl.* знакóмые); товáрищ
   school friend товáрищ по
   шкóле/университéту
   friend at work товáрищ по рабóте

to become friends дружи́ться
friendly дру́жный
friendship дру́жба
to frequent быва́ть (I)
from из (*gen*.); от (*gen*.); с (*gen*.)
   from here отсю́да
   from there отту́да
   from under из-под (*gen*.)
   from where отку́да
to the front (of) впереди́ (*gen*.)
frost моро́з с инеем
to frown хму́риться (II)
fruit фрукт
full по́лный; по́лон, -лна́, -о́, -ы
funny, comical смешно́й, смешно́
fur (*noun*) мех (*pl*. меха́)
   fur (*adj*.) мехово́й
furnishings обстано́вка
furniture ме́бель (ж.)
future бу́дущий
   future tense бу́дущее вре́мя
   the future бу́дущее

G

gallery галере́я
garage гара́ж (*pl*. гаражи́)
garden сад (*pl*. сады́; в саду́)
gate(s) воро́та (*pl*.)
to gather собира́ть (I)
   to gather (come, get) together, meet
   собира́ться (I)
genitive case роди́тельный паде́ж
generally, in general вообще́, в о́бщем
genuine настоя́щий
geography геогра́фия
Georgia Гру́зия
Georgian (*noun*) грузи́н (*gen*. *pl*.
   грузи́н; *fem*. грузи́нка, *gen*. *pl*.
   грузи́нок)
   Georgian (*adj*.) грузи́нский
German (*noun*) не́мец (*pl*. не́мцы;
   fem. не́мка, *gen*. *pl*. не́мок)
   German (*adj*.) неме́цкий
Germany Герма́ния
to get up встава́ть (I)
   встаю́, встаёшь, встаю́т

to get up from the table встава́ть
   из-за стола́
to get used (to) привыка́ть (I) (к *dat*.)
girl де́вушка (*gen*. *pl*. де́вушек)
   little girl де́вочка (*gen*. *pl*. де́вочек)
to give дава́ть (I)
   даю́, даёшь, даю́т
   to give (a present) дари́ть (II)
   дарю́, да́ришь, да́рят
   to give up, quit (doing something)
   броса́ть (I)
given да́нный; дан, дана́, дано́, даны́
glad, happy (about) (for) рад, ра́да,
   ра́до, ра́ды (*dat*.) (за *acc*.)
glance взгляд
glass (drinking) стака́н
glasses (eyeglasses) очки́ (*pl*.)
glove перча́тка (*pl*. перча́тки, *gen*.
   pl. -ток)
to go (on foot) ходи́ть (II) (*multidirectional*)
   хожу́, хо́дишь, хо́дят
   идти́ (I) (*unidirectional*)
   иду́, идёшь, иду́т; шёл, шла, шло,
   шли
   to go (by vehicle) е́здить (II)
   (*multidirectional*)
   е́зжу, е́здишь, е́здят
   е́хать (I) (*unidirectional*) е́ду, е́дешь,
   е́ду
   Go on! Continue! Да́льше!
goal, aim, assignment зада́ча
God Бог
   Good God. Бо́же мой.
   Honest to God. Ей-Бо́гу.
   Thank God. Сла́ва Бо́гу.
gold зо́лото
golden золото́й
golf гольф
   to play golf игра́ть (I) в гольф
good хоро́ший; хоро́ш, -а́, -о́, -и́;
   до́брый; добр, -а́, -о́, -ы́; вку́сный
   (tasty)
   Good day. Good afternoon. До́брый
   день.
   Good evening. До́брый ве́чер.

good *continued*
Good morning. Доброе утро.
Good night. Спокойной ночи.
Goodbye. До свидания. Счастливо.
to say goodbye (to) прощаться
(I) (с *inst.*)
fairly good неплохой; неплох, -á
-о, -и
Good for you! Молодец! Молодцы!
good-looking красивый
goods, merchandise товар
government правительство;
государство
governmental государственный
grade отметка (*gen. pl.* отметок)
to give grades ставить (II) отметки
graduate student аспирант (*fem.*
аспирантка; *gen. pl.* аспиранток)
graduate studies, school of
аспирантура
grain хлеб (*pl.* хлеба)
gram грамм
grammar грамматика
granddaughter внучка (*gen. pl.*
внучек)
grandfather дедушка (*gen. pl.* дедушек)
grandmother бабушка (*gen. pl.*
бабушек)
grandson внук
grape(s) виноград
grapefruit грейпфрут
grass трава
grave могила
great великий, велик, -á, -ó, -и
green зелёный
to greet здороваться (I) (с *inst.*)
здороваюсь, здороваешься,
здороваются
greeting привет
Say hello to... Передайте
привет... (*dat.*)
grey серый
grey hair седые волосы
groceries продукты (*pl.*)
grocery store гастроном, продовольственный магазин
grocery bag (net) авоська

group группа, коллектив
to grow расти (I)
расту, растёшь, растут; рос, росла,
росло, росли
guard часовой (*pl.* часовые)
on guard на карауле
guest гость (*м.*)
guide экскурсовод; гид
guilty виноватый; виноват, -а, -о,
-ы (в *prep.*)
guy (young person) парень (*м.*)
guys парни, ребята

H

hair волос(ы)
half пол-; половина
half a minute полминуты
half an hour полчаса
half a year полгода
one and a half полтора (*n. and m.*),
полторы (*fem.*)
hall зал
hamburger котлета
hand рука (*pl.* руки)
hand (of a clock) стрелка (*gen. pl.*
стрелок)
handsome красивый
to hang висеть (II)
вишу, висишь, висят
to happen, occur with some frequency
бывать (I)
to happen, occur, transpire случаться
(I)
What happened? Что случилось?
happiness счастье
happy, gay весёлый; весел, -á, -о, -ы
I feel happy. Мне весело.
happy, lucky счастливый
happy, glad (about) (for) рад, рада,
радо, рады (*dat.*) (за *acc.*)
**We are very happy about your
success.** Мы очень рады вашим
успехам.
We are very happy for you. Мы
очень рады за вас.
hard твёрдый, твёрд, тверда, твёрдо,
-ы; трудный (**difficult**)

harp а́рфа

harvest урожа́й

  to harvest убира́ть (I)

hat шля́па

to have у (*gen.*) (есть)

  I have a book. У меня́ есть кни́га.

  I have the book. Кни́га у меня́.

  to have име́ть (I) (*used with abstract objects and when the possessor is not expressed*)

  име́ю, име́ешь, име́ют

  One has to have money. На́до име́ть де́ньги.

  to have to, must на́до; ну́жно; до́лжен, должна́, должно́, должны́

  He has to work. Ему́ на́до (ну́жно) рабо́тать. Он до́лжен рабо́тать.

he он

  he himself он сам

head голова́ (*pl.* го́ловы)

  head, leader, boss глава́

health здоро́вье

  health resort куро́рт

healthy здоро́вый

to hear слы́шать (II)

heart се́рдце

hearty серде́чный

heated горя́чий

helicopter вертолёт

hello здра́вствуй(те)

  say hello (to) Переда́й(те) приве́т (*dat.*)

help по́мощь (**ж.**)

  to help помога́ть (I) (*dat.*)

her её (*gen., acc.*); ей (*dat., inst.*); ней (*prep.*)

here (destination) сюда́

  here (location) здесь; тут

  here (pointing) вот

  Here's a (the)… Вот…

  from here отсю́да

hers её

herself себя́ (*gen., acc.*), себе́ (*dat., prep.*), собо́й (*inst.*); сама́

Hi! Приве́т!

high высо́кий; высо́к, -á, -ó, -й

higher вы́ше; бо́лее высо́кий,

hill гора́ (*pl.* го́ры)

him его́ (*gen., acc.*), ему́ (*dat.*), им (*inst.*), нём (*prep.*)

himself себя́ (*gen., acc.*), себе́ (*dat., prep.*), собо́й (*inst.*); сам

his его́

historical истори́ческий

history исто́рия

hockey хокке́й

  to play hockey игра́ть (I) в хокке́й

holiday пра́здник

  Happy holiday! С пра́здником!

home дом

  (to) home домо́й

  at home до́ма

homework дома́шняя рабо́та

  to do homework, study занима́ться (I) (*inst.*)

honest че́стный

  to be honest, to tell the truth че́стно говоря́

honey мёд

hooligan хулига́н

to hope наде́яться (I)

hors-d'oeuvres заку́ски (*gen. pl.* заку́сок)

horse ло́шадь (**ж.**) (*gen. pl.* лошаде́й; *inst. pl.* лошадьми́)

  (on) horseback верхо́м

hospitable гостеприи́мный; гостеприи́мен, -мна, -о, -ы

hospital больни́ца

hospitality гостеприи́мство

host хозя́ин

hostess хозя́йка

hot жа́ркий; жа́рок, -рка́, -о, -и

  hot, heated горя́чий; горя́ч, -á, -ó, -й

hotel гости́ница

  hotel room но́мер (*pl.* номера́)

hotter жа́рче; бо́лее жа́ркий,

hour час (*pl.* часы́; в часу́)

house дом

housewarming новосе́лье

housework (домáшнее) хозя́йство
  to help with the housework помогáть
  по хозя́йству
housewife домохозя́йка
how как; каки́м о́бразом
  How are you? Как дела́?
    Как живёшь?
    Как живёте?
  How do you feel? Как ты себя́
    чу́вствуешь? Как вы себя́ чувст-
    вуете?
  how many (much) ско́лько (*gen.*)
  How do you do. Очень прия́тно.
however, but но
  however, yet одна́ко
huge огро́мный; огро́мен, -мна, -о,
  -ы
human челове́ческий
humanist гумани́ст
humor ю́мор
humorist юмори́ст
humorous юмористи́ческий, смешно́й
(one) hundred сто
hungry голо́дный; го́лоден, -дна́, -о,
  -ы
hunt, hunting охо́та
hunter охо́тник
to hurry спеши́ть (II)
  Hurry! Скоре́й! Скоре́е!
to hurt боле́ть (II)
  боли́т, боля́т
  I have a headache. У меня́ боли́т
    голова́.
husband муж (*pl.* мужья́)

I

I я
  I myself я сам(á)
  I'll say! Ещё бы!
ice лёд (в/на льду́)
  ice cream моро́женое
to ice skate ката́ться на конька́х
icon ико́на
idea мысль (*ж*); иде́я
if е́сли (*With the meaning "whether"*
  do not use е́сли; *rather, begin with*

the most significant word in the
clause followed by the particle ли.)
  If I see him, I'll tell him. Если я
    его́ уви́жу, я ему́ скажу́.
  I don't know if he saw me. Я не
    зна́ю, ви́дел ли он меня́.
ill бо́лен, больна́, больно́, больны́
illness боле́знь (*ж.*)
immediately сра́зу (же)
imperative mood повели́тельное
  наклоне́ние
important ва́жный; ва́жен, -жна́,
  -о, -ы
impossible невозмо́жный; невоз-
  мо́жно
impression впечатле́ние
to make an impression производи́ть
  впечатле́ние
improbable невероя́тный; невероя́тен,
  -тна, -о, -ы
in в(о) (*prep.*)
  in addition к тому́ же; та́кже,
    кроме того́
  in front (of) перед (*inst.*) (передо
    мно́й)
  in general в о́бщем; вообще́
  in order to (для того́) что́бы
to include включа́ть (I) (в себя́)
including в том числе́; включа́я
incorrect непра́вильный
industrial промы́шленный; ин-
  дустриа́льный
industry промы́шленность (*ж.*); ин-
  ду́стрия
infinitive инфинити́в
influenza грипп
information спра́вка; информа́ция
  information bureau справочное
    бюро́
ink черни́ла (*pl.*)
inside в(о) (*prep.*); внутри́ (*gen.*)
to inspect осма́тривать
inspection осмо́тр
in spite of несмотря́ на (*acc.*)
instead кро́ме; кро́ме того́; а
institute институ́т

institution of higher learning вуз
(вы́сшее уче́бное заведе́ние)
instruction обуче́ние
instructor преподава́тель (м.) (*fem.*
преподава́тельница)
instrument инструме́нт
intelligent у́мный; умён, умна́, -о, -ы
to intend to собира́ться (I)
to interest интересова́ть (I)
интересу́ю, интересу́ешь, интересу́ют
to be interested (in) интересова́ться
(I) (*inst.*)
интересу́юсь, интересу́ешься, инте-
ресу́ются
interesting интере́сный; интере́сен,
-сна, -о, -ы
intermission антра́кт
interpreter перево́дчик (*fem.*
перево́дчица)
intersection (of streets) перекрёсток
(*pl.* перекрёстки)
into в(о) (*acc.*)
intonation интона́ция
Intourist Интури́ст
to introduce представля́ть (I)
to introduce oneself преставля́ться
(I)
invisible неви́димый
invitation приглаше́ние
to invite приглаша́ть (I)
irregular нерегуля́рный
to irrigate ороша́ть (I)
is/are есть
island о́стров (*pl.* острова́)
it он, она́, оно́
Italian италья́нец (*pl.* италья́нцы;
fem. италья́нка, *gen. pl.* -нок);
италья́нский (*adj.*)
in Italian по-италья́нски
its его́, её
itself себя́ (*gen., acc.*), себе́ (*dat.,*
prep.), собо́й (inst.)

J

jacket пиджа́к (*pl.* пиджаки́)
January янва́рь (января́ и т.д.)

Japan Япо́ния
Japanese (*noun*) япо́нец (*pl.* япо́нцы;
fem. япо́нка, *gen. pl.* япо́нок)
Japanese (*adj.*) япо́нский
jeans джинсы (*pl.*)
Jew евре́й (*fem.* евре́йка)
Jewish евре́йский
joke шутка (*gen. pl.* шуток)
to joke шути́ть (I)
шучу́, шутишь, шутят
journalist журнали́ст (*fem.*
журнали́стка; *gen. pl.*
журнали́сток)
journey (**through**) путеше́ствовать
(I) (по *dat.*) путеше́ствую,
путеше́ствуешь, путеше́ствуют
juice сок
apple juice я́блочный сок
cherry juice вишнёвый сок
fruit juice фрукто́вый сок
orange juice апельси́ный сок
July ию́ль (м.)
June ию́нь (м.)
just, fair справедли́вый
just, just now то́лько что
I just finished. Я то́лько что
ко́нчил.
just like this именно так
Just so! Вот именно!

K

to keep in mind име́ть (I) в виду́
kefir кефи́р
key ключ (*pl.* ключи́)
Kiev Ки́ев
Kievite (*noun*) киевля́нин (*pl.*
киевля́не, *gen. pl.* киевля́н; *fem.*
киевля́нка, *gen. pl.* киевля́нок)
Kievan (*adj.*) ки́евский
to kill убива́ть (I)
killed уби́тый; уби́т, уби́та, уби́то,
уби́ты
kind ми́лый; любе́зный; любе́зен,
-зна, -о, -ы
kiss поцелу́й

kiss *continued*
  to kiss целовáть (I) целýю, целýешь, целýют
    to kiss one another целовáться (I) целýемся, целýетесь, целýются
kitchen кухня (в, на)
knife нож (*pl.* ножи́)
to know знать (I)
  to know how умéть (I) умéю, умéешь, умéют
kolkhoz колхóз
  kolkhoz worker колхóзник (*fem.* колхóзница)
kopeck копéйка (*gen. pl.* копéек)
Kremlin Кремль (*м.*) (Кремля́ и т.д.)

L

labor труд (трудá и т.д.)
laboratory лаборатóрия
  language laboratory лингафóнный кабинéт
laborer трудя́щийся (*pl.* трудя́щиеся; *gen. pl.* трудя́щихся)
lake óзеро (*pl.* озёра)
land, country, state странá (*pl.* страны)
  land, soil, earth земля́ (*acc.* зéмлю; *pl.* зéмли, *gen. pl.* земéль)
language язы́к (*pl.* языки́)
large большóй
larger бóльший; бóльше
last, final послéдний, -яя, -ее, -ие
  last, previous прóшлый
late пóздний, -яя, -ее, -ие; пóздно
  a bit (rather) **late** поздновáтый; поздновáто
  to be late (for) опáздывать (в, на *acc.*)
lateness опоздáнис
later (comparative of late) пóзже
  later, after that потóм; пóсле этого
    two weeks later две недéли спустя́
  later on потóм; позднéе
latest, last послéдний, -яя, -ее, -ие
  to laugh (at) смея́ться (I) (над *inst.*) смею́сь, смеёшься, смею́тся

lawyer адвокáт; юри́ст
to lead (on foot) води́ть (II) (*multidirectional*) вожý, вóдишь, вóдят
  вести́ (I) (*unidirectional*) ведý, ведёшь, ведýт; вёл, велá, велó, вели́
  to lead through проводи́ть (II) (через *acc.*) провожý, провóдишь, провóдят
leader руководи́тель (*м.*)
leaf лист (*pl.* листья)
to learn учи́ть (II) (*requires a direct object*); изучáть (I) (*requires a direct object*); учи́ться (I) (*dat.*) занимáться (*inst.*)
  I am learning Russian. Я учý рýсский язы́к. Я изучáю рýсский язы́к. Я учýсь рýсскому языкý. Я занимáюсь рýсским языкóм.
leave, vacation (from work) óтпуск (*pl.* отпускá)
  to go on leave (vacation) éхать (I) в óтпуск
  to be on leave (vacation) быть в óтпуске (или в отпускý)
  to leave, depart (on foot) уходи́ть (II) ухожý, ухóдишь, ухóдят
  to leave, depart (by plane) улетáть (I)
  to leave, depart (by vehicle) уезжáть (I)
  to leave (behind), forget оставля́ть (I)
lecture лéкция (на)
left лéвый
  to (on) the left налéво; слéва
leg ногá (*acc.* нóгу; *pl.* нóги)
lemon лимóн
Leningrader ленингрáдец (*pl.* ленингрáдцы; *fem.* ленингрáдка, *gen. pl.* -док)
less (*comparative of* мáло) мéньше; мéнее (*used in compound comparatives*)
  less often рéже

lesser, least ме́ньший

lesson уро́к (на); ле́кция (на);
  заня́тие (на)

let (*third person command*) пусть
  Let Ivan do that. Пусть Ива́н э́то
  сде́лает.
  to let, allow, permit разреша́ть (I)
  Let (allow) me to do that.
  Разреши́те мне э́то сде́лать.

Let's! Дава́й(те)!

letter письмо́ (*pl.* пи́сьма; *gen. pl.*
  пи́сем); бу́ква (alphabet)
  —of recommendation
  характери́стика

lettuce сала́т

level ра́вный; ра́вен, -вна́,
  -о́, -ы́

library библиоте́ка

lie, falsehood ложь (ж.)
  to not tell the truth говори́ть не-
  пра́вду

to lie (position) лежа́ть (II)
  to lie (stay) **in bed** лежа́ть в
  посте́ли
  to lie down (motion) ложи́ться (II)

life жизнь (ж.)

light (*noun*) свет

light, bright (*adj.*) све́тлый; све́тел,
  -тла́, -о, -ы

light (weight) лёгкий; лёгок, легка́,
  -о́, лёгки (или легки́)

lighter ле́гче; бо́лее лёгкий

like this так
  one like this тако́й, -а́я, -о́е, -и́е

to like, appeal to нра́виться (I)
  нравлю́сь, нра́вишься, нра́вятся
  She likes Ivan. Ива́н ей нра́вится.
  Ivan likes you. Вы нра́витесь
  Ива́ну.
  to like, love люби́ть (II) люблю́,
  лю́бишь, лю́бят

limitless безграни́чный

line (of people) о́чередь (ж.)
  line (in book) стро́чка

linguist лингви́ст

linguistics лингви́стика

lip губа́ (*pl.* гу́бы)

to listen слу́шать (I)

literature литерату́ра

a little (bit) немно́го (*gen.*); немно́жко
  (*gen.*)

to live жить (I)
  живу́, живёшь, живу́т; жил, жила́,
  жи́ло, жи́ли

lively живо́й

living room гости́ная

to loan, lend одолжа́ть (I)

lobby вестибю́ль (м.)

to locate находи́ть (II)
  нахожу́, нахо́дишь, нахо́дят

to be located находи́ться (II)
  нахожу́сь, нахо́дишься, нахо́дятся

long (space) дли́нный
  long (time) до́лгий; до́лго
  a long time давно́ (*with a verb in
  the present tense*)
  a long time ago давно́ (*with a verb
  in the past tense*)
  not long ago неда́вно
  for a long time (stay) надо́лго
  no longer бо́льше не

to long (for), be bored скуча́ть (I) (по
  dat.)

to look, appear вы́глядеть (II)
  вы́гляжу, вы́глядишь, вы́глядят
  to look at смотре́ть (II) (на *acc.*)
  смотрю́, смо́тришь, смо́трят
  look(s) like похо́ж, -а, -е, -и (на *acc.*)
  Ivan looks like his father. Ива́н
  похо́ж на отца́.
  to look through, peruse
  просма́тривать (I)

to lose теря́ть (I)

to get lost заблуди́ться (I)

a lot, great deal, much мно́го

loud гро́мкий; гро́мок, -мка́, -о, -и

louder гро́мче; бо́лее гро́мкий,

love любо́вь (ж.)

to love люби́ть (II) люблю́, лю́бишь,
  лю́бят (I) (в *acc.*)
  to fall in love (with) влюбля́ться
  (I) (в *acc.*)

to love *continued*
  in love (with) влюблён, влюблена́,
    -о́, -ы́ (в *acc.*)
lover, admirer, amateur люби́тель (*м.*)
  a music lover люби́тель му́зыки
low ни́зкий; ни́зок, низка́, -о, -и
lower ни́же; бо́лее ни́зкий,

lucky
  I'm lucky. Мне везёт.
  I was lucky. Мне повезло́.
  I will be lucky. Мне повезёт.
lunch обе́д (на)
  to have lunch обе́дать (I)

M

machinist машини́ст
magazine журна́л
maid го́рничная (*pl.* го́рничные)
main, principal гла́вный
majority большинство́ (*gen.*)
to make, do де́лать (I)
  to produce производи́ть (II)
man мужчи́на
  man, human being, person челове́к
    (*pl.* лю́ди; *gen. pl.* люде́й. *After*
    ско́лько, не́сколько *and numerals*
    which take the genitive plural,
    челове́к *is used, not* люде́й.)
  old man стари́к (*pl.* старики́)
  young man молодо́й челове́к (*pl.*
    молоды́е лю́ди)
manager заве́дующий (*inst.*);
    управля́ющий (*inst.*)
many, much мно́го (*gen.*)
March март
mark, grade (in school) отме́тка (*gen.*
    pl. отме́ток)
market(place) ры́нок (*pl.* ры́нки) (на)
marriage (institution) жени́тьба; брак;
  marriage (ceremony) сва́дьба
married (man) жена́т(ы) (на *prep.*)
  married (woman) за́мужем (за *inst.*)
  to get married (man) жени́ться (II)
    (на *prep.*)

жену́сь, же́нишься, же́нятся
to get married (woman) выходи́ть
    (II) за́муж (за *acc.*)
выхожу́, выхо́дишь, выхо́дят
marvelous чуде́сный; чуде́сен, -сна,
    -о, -ы; чу́дный; чу́ден, -дна, -о,
    -ы; замеча́тельный; замеча́телен,
    -льна, -о, -ы
masculine мужско́й
  masculine gender мужско́й род
match (sports event) матч (на)
matter, affair, business де́ло (*pl.* дела́)
mausoleum мавзоле́й
may мо́жно
  may not нельзя́
  to be able, may, can мочь
    могу́, мо́жешь, мо́гут
May май
maybe, perhaps мо́жет быть
me меня́ (*gen., acc.*), мне (*dat., prep.*),
    мной (*inst.*)
to mean зна́чить (II)
    зна́чит, зна́чат
  to mean to say хоте́ть сказа́ть
  Do you mean to say that...?
    Ра́зве...?
means спо́соб
  means of transportation спо́соб
    передвиже́ния
meat мя́со
medicine, drug лека́рство
  to take medicine принима́ть
    лека́рство
  medicine (the profession) медици́на
to meet, encounter встреча́ть (I)
  to meet, gather together собира́ться
    (I)
meeting, gathering, conference
    собра́ние (на); съезд (на)
  meeting, encounter встре́ча (на)
member член
  Party member член Па́ртии
to memorize выу́чивать (I) наизу́сть
to mention, notice, note замеча́ть (I)
  Don't mention it! Не́ за что!
    Пожа́луйста.

menu меню

merchandise товáр

merchant купéц (*pl.* купцы́)

Mexican мексикáнец (*pl.* мекси-
кáнцы; *fem.* мексикáнка; -нок)

middle, central срéдний, -яя, -ее, -ие
Central Asia Срéдняя Áзия
in the middle посерéдине, посредú
(*gen.*)

midnight пóлночь (ж.)

mile мúля (*gen. pl.* миль)

milk молокó

mine мой, моя́, моё, мой

minus мúнус

minute минýта
Just a minute! Однý минýточку!
Минýтку!

to miss, skip пропускáть (I)

mistake ошúбка (*gen. pl.* ошúбок)
to make a mistake дéлать ошúбку
to be mistaken ошибáться (I)

modern совремéнный; модéрный

monastery монастырь (м.); лáвра

Monday понедéльник

money дéньги (*pl.*)

monk монáх

month мéсяц

monument пáмятник (*dat.*)

mood настроéние
in a good mood в хорóшем
настроéнии

more бóльше
more than anyone (else) бóльше
всех
more than anything (else) бóльше
всегó
more than бóльше, чем; свыше
(*gen.*); бóльше (*gen.*)

morning ýтро
in the morning ýтром
this morning сегóдня ýтром
yesterday morning вчерá ýтром
tomorrow morning зáвтра ýтром
from morning till night с утрá до
вéчера

A.M. утрá

Good morning. Дóброе ýтро.

mosaic мозáика

Moscow (*noun*) Москвá
Moscow (*adj.*) москóвский

Moslem (*noun*) мусульмáнин (*pl.*
мусульмáне, *gen. pl.* мусульмáн;
fem. мусульмáнка, *gen. pl.*
мусульмáнок)
Moslem (*adj.*) мусульмáнский

mosque мечéть (ж.)

most большинствó
the most... сáмый...
most of all бóльше всегó

motion движéние

mother мать (ж.) (*pl.* мáтери; *gen.*
pl. матерéй)

motorcycle мотоцúкл

mountain горá (*acc.* гóру; *pl.* гóры)

mountainous гóрный

mouth рот (*pl.* рты; в/на ртý)
mouth (of a river) ýстье

movement движéние

movie фильм; кинó
movie theater кинотеáтр

Mr. господúн

Ms. госпожá

much мнóго (*gen.*); горáздо (*used*
with comparative adjectives and
adverbs only)
much better горáздо лýчше
not much мáло; немнóго

multicolored пёстрый

Muscovite москвúч (*pl.* москвичú;
fem. москвúчка, *gen. pl.*
москвúчек)

museum музéй

mushroom гриб (*pl.* грибы́)

music мýзыка

musician музыкáнт

must, have to (*dat.*) нáдо, нýжно;
дóлжен, должнá, -ó, -ы́

mustard горчúца

my мой, моя́, моё, мой

myself себя́ (*gen., acc.*), себé (*dat.,*
prep.), собóй (*inst.*)
I myself я сам(á)

N

naive наи́вный

name (first) и́мя (*pl.* имена́; *gen. pl.* имён)

  name (last) фами́лия

  name (patronymic) о́тчество

  name (of a place or thing) назва́ние

  My name is… Меня́ зову́т…

to name называ́ть (I) (*inst.*)

  to be named, called называ́ться (I) (*inst. if name is a common noun*)

named for и́мени (*gen.*)

nameday имени́ны (*pl.*)

narcotic нарко́тик

  —addict наркома́н

narrow у́зкий; у́зок, узка́, -о, -и

narrower у́же; бо́лее у́зкий

national национа́льный; наро́дный

nationality национа́льность (ж.)

  Кто вы по национа́льности? What's your nationality?

native (town, country, etc.) родно́й

native country, native land ро́дина

natural есте́ственный

  —science есте́ственная нау́ка

nature приро́да

to nauseate тошни́ть (II)

  I feel nauseous Меня́ тошни́т.

navigation судохо́дство

near (*adj.*) бли́зкий; бли́зок, -зка́, -о, -и (от *gen.*)

  near (*prep.*) о́коло (*gen.*)

nearer бли́же; бо́лее бли́зкий

nearest ближа́йший; са́мый бли́зкий

nearly, almost (*used with respect to actions which one wishes to complete*) почти́

  I've nearly finished this work. Я почти́ ко́нчил э́ту рабо́ту.

nearly, almost, came close to чуть не

  He nearly forgot to do that. Он чуть не забы́л э́то сде́лать.

necessary ну́жный; ну́жен, нужна́, ну́жно, нужны́; на́до; обяза́тельно

What do you need? Что вам ну́жно?

neck ше́я

necktie га́лстук

need ну́жен, -жна́, -о, -ы́

negative отрица́тельный

  negative factor ми́нус

neighbor сосе́д (*pl.* сосе́ди, сосе́дей, -ям, -ей, -ями, -ях; *fem.* -дка; -док)

neighbor's, neighboring сосе́дний, -яя, -ее, -ие

neighborhood микрорайо́н

neither…nor… ни…, ни…

nephew племя́нник

nervous не́рвный; не́рвен, -вна́, -о, -ы

never никогда́

new но́вый; нов, -а́, -о, -ы

news но́вость (*pl.* но́вости)

newspaper газе́та

next сле́дующий; ближа́йший

  next to, at у (*gen.*)

  next to (in a row with) ря́дом (с *inst.*)

nice хоро́ший; хоро́ш, -а́, -о́, -и́ сла́вный; сла́вен, -вна́, -о, -ы симпати́чный; симпати́чен, -чна, -о, -ы ми́лый; мил, -а́, -о, -ы

niece племя́нница

night ночь (ж.)

  at night но́чью

  Good night. Споко́йной но́чи.

  to spend the night ночева́ть (I) ночу́ю, ночу́ешь, ночу́ют

nine де́вять (ж.)

nineteen девятна́дцать

ninety девяно́сто

ninth девя́тый

no нет

nobody, no one никто́

noise шум

  to make a noise шуме́ть (I); де́лать шум

none никако́й; ничего́

nonsense ерунда́

noon по́лдень (м.)

no one, nobody никто́

normal норма́льный

north (*noun*) се́вер (на)

north(ern) се́верный

nose нос (*pl.* носы́; в/на носу́)

not не

    not at all совсе́м не

    not a single никако́й, -а́я, -о́е, -и́е

    not yet ещё нет

note, notice примеча́ние; запи́ска

notebook блокно́т; тетра́дь (ж.)

notes (for a class) конспе́кты

    to take notes составля́ть конспе́кты

nothing ничего́

    There is nothing to fear. Не́чего бо́яться.

    nothing else бо́льше ничего́

    nothing special ничего́ осо́бенного

to notice замеча́ть (I)

not yet ещё нет; нет ещё

noun существи́тельное

novel рома́н

November ноя́брь (м.) (ноября́ и т.д.)

now сейча́с; тепе́рь

    for now пока́

nowhere (destination) никуда́

    nowhere (location) нигде́

    There's nowhere to...

    Не́куда/не́где (+ *infinitive*)

number (digit) число́ (*pl.* чи́сла; *gen. pl.* чи́сел)

    number (of a house, hotel room, etc.) но́мер (*pl.* номера́)

nurse медсестра́ (*pl.* медсёстры)

O

oasis оа́зис

object предме́т

    object (grammatical) дополне́ние

    direct object прямо́е дополне́ние

    indirect object ко́свенное дополне́ние

obligated до́лжен, -жна́, -о́, -ы́

observation наблюде́ние

to observe наблюда́ть (I)

occasion, time раз (*gen. pl.* раз)

occupied, busy занято́й; за́нят, -а́, -о, -ы (*inst.*)

    to occupy занима́ть (I)

    to occupy oneself занима́ться (*inst.*)

to occur быва́ть (I); случа́ться (I)

occurrence, event слу́чай

ocean океа́н

o'clock час (часа́, часо́в)

October октя́брь (м.) (октября́ и т.д.)

of course коне́чно

to offend обижа́ть (I)

    to be offended (about) обижа́ться (I) (на *acc.*)

office (business) конто́ра; бюро́

    office (study) кабине́т

often ча́сто

    more often ча́ще

Oh! Ах! Вот как! Ой!

oil ма́сло

    crude oil нефть (ж.)

OK хорошо́; ла́дно; договори́лись; норма́льно

old ста́рый; стар, -а́, -о, -ы

older ста́рше; бо́лее ста́рый

on, based on по (*dat.*)

    on account of из-за (*gen.*)

    a test on the 17th lesson контро́льная по 17-му уро́ку

    on time во́время

    on, on top of на (*acc.*, *prep.*)

    on the whole в о́бщем

once, one time раз

    once, once upon a time одна́жды

    once more, again ещё раз

one оди́н, одна́, одно́, одни́

    one-and-one-half полтора́ (*m. and n.*); полторы́ (*fem.*)

    one another друг дру́га, друг дру́гу, друг дру́га, друг дру́гом, друг о дру́ге

    one's own свой, -я́, -ё, -и́

only то́лько; всего́

onto на (*acc.*)

open (*adj.*) откры́тый; откры́т, -а, -о, -ы

    to open открыва́ть (I)

opera опера

opinion мнение

   in my opinion по моему мнению; по-моему

opportunity возможность (ж.)

opposed против (*gen.*)

opposite, across from напротив (*gen.*)

or или

oracle оракул

orange (color) оранжевый

orange (fruit) апельсин

orchard фруктовый сад

orchestra оркестр

order порядок (*pl.* порядки)

   in order в порядке

organ орган

to organize организовать (I)

organized организованный

origin происхождение

   the origin of man происхождение человека

   He's of Russian origin (descent). Он русского происхождения.

orthodox (religion) православный

orthography орфография

other другой

otherwise иначе

our(s) наш, наша, наше, наши

ourselves себя (*gen.*, *acc.*), себе (dat., prep.), собой (*inst.*); сами

out (of) из (*gen.*)

   out from behind из-за (*gen.*)

   He got up from the table. Он встал из-за стола.

   out from under из-под (*gen.*)

out loud вслух

outside (in the city) на улицу (*destination*); на улице (location)

outside (in the country) на двор (*destination*); на дворе (*location*)

   outside, outdoors на свежем воздухе

over, above над (*inst.*, *acc.*)

over, across через (*acc.*)

   over, concluded окончен, -а, -о, -ы

   over, more than свыше (*gen.*)

overcast пасмурно

overcoat пальто (*indeclinable*)

owe должен, должна, должно, должны

   How much do I owe you? Сколько я вам должен (должна)?

own, one's own свой, -я, -ё, -и; личный

owner хозяин

P

Pacific Ocean Тихий океан

page страница

pain боль (ж.).

painful больно

to paint (houses, etc.) красить; (pictures) писать

painter, artist живописец (*pl.* живописцы)

painting живопись (ж.)

palace палата; дворец (*pl.* дворцы)

pants брюки (*gen. pl.* брюк)

paper бумага; работа

paradise рай (в раю)

parallel параллель (ж.)

to pardon извинять (I); простить (II) прощу, простишь, простят

parents родители (*pl.*)

park парк

part (of a whole) часть (ж.)

   part (in a play, etc.) роль (ж.)

     to play a part in a play играть роль в пьесе

participle причастие

in particular особенно; в особенности

party вечер на

   Communist party Коммунистическая партия

to pass (from one person to another), **to convey** передавать (I) передаю, передаёшь, передают

   Pass the pepper. Передайте перец.

passenger пассажир

passport паспорт

past, by мимо (*gen.*)

   past, last прошлый

   the past прошлое

past tense проше́дшее вре́мя
patronymic о́тчество
to pay (for) плати́ть (II) (за *acc.*)
  плачу́, пла́тишь, пла́тят
  to pay attention обраща́ть внима́ние
pea(s) горо́х
peace мир
peaceful, quiet споко́йный; споко́ен,
  споко́йна, -о, -ы
peach пе́рсик
pear гру́ша
peasant мужи́к (*pl.* мужики́)
pedagogy педаго́гика
pelmeni пельме́ни
pen ру́чка (*gen. pl.* ру́чек)
  fountain pen авто́ру́чка (*gen. pl.*
  авто́ру́чек)
pencil каранда́ш (*pl.* карандаши́)
peninsula полуо́стров (*pl.*
  полуострова́)
pensive заду́мчивый
people (an ethnic group) наро́д
  people (plural of person) лю́ди
people's, folk наро́дный
perfectly соверше́нно
to perform исполня́ть (I)
  to perform a role (in an opera)
  исполня́ть па́ртию (в о́пере)
performance спекта́кль (м.);
  представле́ние; выступле́ние
perhaps, maybe мо́жет быть
period, dot то́чка (*gen. pl.* то́чек)
permanent постоя́нный
it isn't permitted нельзя́
person челове́к (*pl.* лю́ди)
personal ли́чный
philology филоло́гия
philosophy филосо́фия
to phone звони́ть (II) (по телефо́ну)
phonograph патефо́н
  —record пласти́нка
photograph фото́граф
to photograph снима́ть (I);
  фотографи́ровать (I)
  фотографи́рую, фотографи́руешь,
  фотографи́руют

physician врач (*pl.* врачи́)
physicist фи́зик
physics фи́зика
pianist пиани́ст
piano пиани́но; роя́ль (м.)
  to play the piano игра́ть (I) на
  роя́ле
to pick собира́ть (I)
picture карти́на; жи́вопись (ж.);
  рису́нок (*pl.* рису́нки)
picturesque живопи́сный
piece кусо́к; кусо́чек
  piece of paper лист бума́ги
  piece (of land) уча́сток (*pl.* уча́стки)
pig свинья́ (*pl.* сви́ньи; *gen. pl.*
  свине́й)
pilot лётчик; пило́т
pink ро́зовый
pirozhok пирожо́к (*pl.* пирожки́)
pity жаль
place ме́сто (*pl.* места́)
  place (point) **of interest** досто-
  примеча́тельность (ж.)
  to place (in a vertical position)
  ста́вить (II)
  ста́влю, ста́вишь, ста́вят
  to place (in a horizontal position)
  класть (I)
  кладу́, кладёшь, кладу́т
plan план
  to plan to собира́ться (I)
plant, factory заво́д (на), фа́брика (на)
plant (vegetation) расте́ние
plate таре́лка (*gen. pl.* таре́лок)
play, drama пье́са, спекта́кль
to play игра́ть (I)
pleasant прия́тный; прия́тен, -тна,
  -о, -ы
please пожа́луйста
to please нра́виться (II)
  нра́влюсь, нра́вишься, нра́вятся
pleasure удово́льствие
  with pleasure с удово́льствием
plow плуг (*pl.* плуги́)
  to plow паха́ть (I)
  пашу́, па́шешь, па́шут

plum слива
plus плюс
pocket карма́н
poem
  long, major work of poetry поэ́ма
  short poem стихотворе́ние
  verse стих (*pl.* стихи́)
poet поэ́т
point, period то́чка (*gen. pl.* то́чек)
  point, location пункт
  point of interest (tourist attraction)
  достопримеча́тельность (ж.)
pointer стре́лка (*gen. pl.* стре́лок)
police officer милиционе́р
pond пруд (*pl.* пруды́; в/на пруду́)
poor, penurious бе́дный; бе́ден, -дна́,
  -о, -ы
  poor, bad плохо́й; плох, -á, -о, -и
poppy seed мак
population населе́ние
port порт (в порту́)
possibility возмо́жность (ж.)
possible возмо́жно
  not possible, not allowed
  невозмо́жно, нельзя́
postcard откры́тка (*gen. pl.*
  откры́ток)
post office по́чта (на)
potato карто́фель (м.); карто́шка
  (*gen. pl.* карто́шек)
to pour лить
  лью, льёшь, льют
powerful си́льный; силён, -льна́, -о,
  -ы́
practically факти́чески
practice пра́ктика
  to practice практикова́ться (I)
  практику́юсь, практику́ешься,
  практику́ются
predicate сказу́емое
to prefer предпочита́ть (I); бо́льше
  люби́ть (II)
to prepare гото́вить (II)
  гото́влю, гото́вишь, гото́вят;
  Гото́вь(те)!

prepared гото́вый; гото́в, гото́ва,
  гото́во, гото́вы
preposition предло́г
prerevolutionary дореволюцио́нный
prescription реце́пт
in the presence of при (*prep.*)
present, gift пода́рок (*pl.* пода́рки)
to present (a play, etc.) ста́вить (II)
  (пье́су и т.д.)
  ста́влю, ста́вишь, ста́вят; Ставь(те)!
  to present (introduce) представля́ть
  (I)
present tense настоя́щее вре́мя
pretty краси́вый
price цена́ (*pl.* це́ны)
priest свяще́нник
primarily преиму́щественно
principal гла́вный
principally преиму́щественно
prize пре́мия
probably вероя́тно
problem пробле́ма, затрудне́ние
to produce, manufacture производи́ть
  (II)
  произвожу́, произво́дишь, произ-
  во́дят
profession профе́ссия
  What's your profession? Кто вы
  по профе́ссии? Чем вы
  занима́етесь?
  by profession по профе́ссии
professor профе́ссор (*pl.* про-
  фессора́)
program програ́мма
  radio program радиопереда́ча
  TV program телевизио́нная
  переда́ча
progress успе́х(и)
  to make progress де́лать (I) успе́хи
  to have success име́ть (I) успе́х
to promise обеща́ть (I)
pronoun местоиме́ние
to pronounce произноси́ть (II)
  произношу́, произно́сишь, произ-
  но́сят

to be pronounced произноси́ться
произно́сится, произно́сятся
pronunciation произноше́ние
proposal предложе́ние
to propose (marriage) де́лать (I)
предложе́ние (*dat.*)
proposition, proposal предложе́ние
to prove дока́зывать (I)
province о́бласть (ж.)
provincial провинциа́льный
provisional, temporary вре́менный
provocative (in an undesirable sense)
провокацио́нный
prune сли́ва
pub пивна́я (*pl.* пивны́е)
pulse пульс
  to take (someone's) pulse щу́пать
  (кому́?) пульс
punctual аккура́тный; аккура́тен,
  -тна, -о, -ы
punctually во́время
pupil учени́к (*pl.* ученики́; *fem.*
  учени́ца); шко́льник (*fem.*
  шко́льница)
purple лило́вый
purse су́мка (*gen. pl.* су́мок)
to put (in a vertical position), stand
  ста́вить (II)
  ста́влю, ста́вишь, ста́вят; Ставь!
  Ставь(те)!
  to put (in any position other than
  vertical) класть (I)
  кладу́, кладёшь, кладу́т

Q

quality ка́чество
quantity коли́чество
quarter че́тверть (ж.)
question вопро́с
  to ask a question спра́шивать (I);
  задава́ть (I) вопро́с
queue о́чередь (ж.)
questionnaire анке́та
quick бы́стрый; быстр, -а́, -о, -ы
quicker быстре́е; скоре́е, скоре́й

quiet ти́хий
  Quiet! Ти́ше!
quieter ти́ше; бо́лее ти́хий
to quit броса́ть (I)
quite дово́льно
  not quite не совсе́м
quiz зачёт; контро́льная рабо́та

R

radio радиоприёмник
  radio broadcast радиопереда́ча
  radio phonograph радио́ла
rag тря́пка (*gen. pl.* тря́пок)
railroad (*noun*) желе́зная доро́га
railroad station вокза́л (на)
rain дождь (м.) (*pl.* дожди́)
  It's raining. Идёт дождь.
raincoat плащ (*pl.* плащи́)
to raise, cultivate выра́щивать (I)
to raise, breed разводи́ть (II)
  развожу́, разво́дишь, разво́дят
rather дово́льно
to read чита́ть (I)
reading text текст для чте́ния
ready гото́вый; гото́в, гото́ва, гото́во,
  гото́вы
real, genuine настоя́щий
real estate недви́жимое иму́щество
  —agent продаве́ц недви́жимого
  иму́щества
really действи́тельно
  really, true ве́рно
  Really? Неуже́ли! Ра́зве! Да что
  вы говори́те! Пра́вда?
to the rear (of) позади́ (*gen.*)
to recall по́мнить (II)
  As I recall, ... наско́лько я помню, ...
to receive получа́ть (I)
  to receive (patients, visitors, students,
  etc.) принима́ть (I)
recently неда́вно
to recognize узнава́ть (I) узнаю́,
  узнаёшь, узнаю́т
to reconsider переду́мывать (I)

record (phonograph) пласти́нка (*gen. pl.* пласти́нок)

to record запи́сывать (I) записа́ть (I)

to recover поправля́ться (I)

red кра́сный

refrigerator холоди́льник

regard
   in this regard в э́том отноше́нии

region райо́н; край (*pl.* края́; в краю́)
   region, area о́бласть (ж.)

to register регистри́ровать (I) регистри́рую, регистри́руешь, регистри́руют
   оформля́ться (I) (*in a hotel*)

Registry Office ЗАГС

regular регуля́рный; регуля́рен, -рна, -о, -ы

reign госпо́дство
   during the reign of при (*prep.*)

to relate (to) относи́ться (к *dat.*) отношу́сь, отно́сишься, отно́сятся

to relate, tell расска́зывать (I)

relative ро́дственник (*fem.* ро́дственница)

relics мо́щи (*pl.*)

religion рели́гия

to remain остава́ться (I) остаю́сь, остаёшься, остаю́тся

remains оста́нки (*gen. pl.* оста́нок)

to remark замеча́ть (I)

remarkable замеча́тельный; замеча́телен, -льна, -о, -ы

to remember по́мнить (II)

to rent (an apartment) снима́ть (I) (кварти́ру)

to rent (a car) брать маши́ну на прока́т

to repeat повторя́ть (I)

reporter журнали́ст (*fem.* журнали́стка; *gen. pl.* журнали́сток)

republic респу́блика

research иссле́дование

resort куро́рт

to respect уважа́ть (I)
   in this respect в э́том отноше́нии

respected уважа́емый

to rest отдыха́ть (I)

restaurant рестора́н

to restore реставри́ровать (I) реставри́рую, реставри́руешь, реставри́руют

restroom убо́рная, туале́т

to return (come back) возвраща́ться (I)
   to return (bring back) возвраща́ть (I)

revolution револю́ция

rice рис

rich бога́тый

richer бога́че; бо́лее бога́тый

riddle зага́дка (*gen. pl.* -док)

ride (on a bus, etc.) прое́зд

to ride е́здить (II) (*multidirectional*) е́зжу, е́здишь, е́здят
   е́хать (I) (*unidirectional*) е́ду, е́дешь, е́дут
   to go for a ride ката́ться (I)

right, correct пра́вильный; пра́вилен, -льна, -о, -ы; пра́вый; прав, -а́, -о, -ы
   right (side) пра́вый
   to (on) the right напра́во
   on the right спра́ва
   right next to ря́дом (с *inst.*)
   Right! Пра́вильно!

to ring звони́ть (II)

ripe спе́лый

to ripen созрева́ть (I)

to rise всходи́ть (II)
   The sun rises. Со́лнце всхо́дит.

river река́ (*pl.* ре́ки)

road доро́га

rock ка́мень (м.) (*pl.* ка́мни)

role роль (ж.); па́ртия
   to perform (or sing) the leading role исполня́ть (I) (и́ли петь) гла́вную па́ртию

roll перекли́чка
   to call roll де́лать (I) перекли́чку

roll, bun бу́лочка

room ко́мната

    hotel room но́мер

roommate сосе́д (ка) по ко́мнате

rooster пету́х (*pl.* петухи́)

round кру́глый

    all year round кру́глый год

ruble рубль (*м.*) (*pl.* рубли́)

rucksack рюкза́к (*pl.* рюкзаки́)

rug ковёр (*pl.* ковры́)

rule пра́вило

    as a rule как пра́вило

run бе́гать (I) (*multidirectional*)

    бежа́ть (I) (*unidirectional*) бегу́,

    бежи́шь, бегу́т

Russian (*noun, adj.*) ру́сский, -ая,

    -ие

    in Russian по-ру́сски

rye рожь (*ж.*) (*gen.* ржи)

S

sad гру́стно

    I feel sad. Мне что́-то гру́стно.

saint свято́й (*pl.* святы́е; *fem.* свята́я)

salad сала́т

salary жа́лованье; зарпла́та

salesman продаве́ц (*pl.* продавцы́)

saleswoman продавщи́ца

salt соль (*ж.*)

    saltshaker соло́нка (*gen. pl.*

    соло́нок)

the same одина́ковый

    the same as тот/та/то/те же, что

    и...

samovar самова́р

sanatorium санато́рий

sandwich бутербро́д (с *inst.*)

satellite спу́тник

satirist сати́рик

satisfactory удовлетвори́тельный

satisfied (with) дово́льный; дово́лен,

    -льна, -о, -ы

Saturday суббо́та

    on Saturday в суббо́ту

sausage колбаса́

to say говори́ть (II); *perfective* (*future*) сказа́ть (*I*)

    скажу́, ска́жешь, ска́жут; скажи́(те)!

so to say так сказа́ть; как бы

scarf шарф

schedule расписа́ние

schi щи

scholar учёный

scholarship стипе́ндия

school шко́ла

    school year уче́бный год

    to go to school учи́ться (II); ходи́ть

    в шко́лу

schoolmate това́рищ по шко́ле

science нау́ка

    natural science есте́ственная нау́ка

scuba diving подво́дное пла́вание

sea мо́ре (*pl.* моря́)

    seacoast побере́жье (на)

to search (for) иска́ть (I)

    ищу́, и́щешь, и́щут

second (unit of time) секу́нда

    second (ordinal number) второ́й,

    втора́я, второ́е, вторы́е

    second course (food) второ́е

    secondhand поде́ржанный

secretary секрета́рь (*м.*)

secretary, typist секрета́рша,

    секрета́рь, машини́стка

to see ви́деть (II)

    ви́жу, ви́дишь, ви́дят

    See you later! Уви́димся по́зже!

    See you soon! До ско́рого!

to seem каза́ться (I)

    кажу́сь, ка́жешься, ка́жутся

    it seems, apparently ка́жется,...

    It seems to me that... Мне ка́жется,

    что...

seldom ре́дко

to select выбира́ть (I)

to sell продава́ть (I)

    продаю́, продаёшь, продаю́т

semester семе́стр

seminar семина́р

to send (mail, etc.) посыла́ть (I)

    to send, direct, guide направля́ть (I)

sentence (grammatical) предложёние
serious серьёзный
to serve (*mil.*) служи́ть
  служу́, слу́жишь, слу́жат
to serve, wait on (restaurant)
  обслу́живать (I)
service слу́жба; обслу́живание
  military service вое́нная слу́жба
  Orthodox service правосла́вная
    слу́жба
  service bureau бюро́ обслу́жи-
    вания
serving, portion по́рция
session сёссия
to get settled (in) устра́иваться (II)
seven семь (ж.); сёмеро (*gen. pl.*)
  (*a collective numeral used only with*
  male persons, the young of animals,
  and nouns with no sing. form)
seventeen семна́дцать
seventieth семна́дцатый
seventy сёмьдесят
several нёсколько (*gen.*)
severe, strict стро́гий
  more severe стро́же; бо́лее
    стро́гий,
sex пол
  the fair sex прекра́сный пол
Sh! Ти́ше!
shallow мёлкий; мёлок, -лка́, -о, -и
shallower мёльче; бо́лее мёлкий
shame доса́да; сты́дно
  I'm ashamed. Мне сты́дно.
  Shame on you! Как вам не
    сты́дно!
  What a shame! Вот доса́да! Кака́я
    доса́да!
to shave бри́ться (I)
  брёюсь, брёешься, брёются
she она́
  she herself она́ сама́
sheep овца́ (*pl.* о́вцы; *gen. pl.* ове́ц)
to shine свети́ть (II)
  свечу́, све́тишь, све́тят
shirt руба́шка (*gen. pl.* руба́шек)
shishkabob шашлы́к (*pl.* шашлыки́)

shoe ту́фля (*gen. pl.* ту́фель)
  shoes (footwear) о́бувь (ж.)
shop ла́вка (*gen. pl.* ла́вок)
shore бёрег (*pl.* берега́; в/на
  берегу́)
short коро́ткий; ко́роток, -тка́,
  ко́ротко, ко́ротки; кра́ткий
  in short одни́м сло́вом
  short story коро́ткий расска́з
shorter коро́че; бо́лее коро́ткий
should, would бы (*subjunctive particle*
  used with past tense form of a verb)
  That would be good. Бы́ло бы
    хорошо́.
to show пока́зывать (I)
showing (of a movie) сеа́нс (на)
shrub куст (*pl.* кусты́)
Siberia Сиби́рь (ж.)
Siberian сиби́рский
sick бо́лен, больна́, больно́, больны́
  sick person больно́й (*fem.* больна́я;
    pl. больны́е)
sickly больно́й
sickness болёзнь (ж.)
side сторона́
silence молча́ние
to be silent молча́ть (II)
sight (place of interest) достопри-
  меча́тельность (ж.)
  to take in the sights осма́тривать
    (I) достопримеча́тельности
sign на́дпись; плака́т
to sign (one's signature) подпи́сы-
  ваться
to sign (transitive) подпи́сывать
to sign up (for a course) запи́сываться
  (I) (на курс)
silence молча́ние
to be silent молча́ть (II)
similar (to) похо́ж, похо́жа, похо́же,
  похо́жи (на *acc.*)
simple просто́й
simpler про́ще
since, due to the fact that, because так
  как
  since then с тех пор

since the time that   с тех пор, как

to sing   петь (I)

   пою́, поёшь, пою́т

singer   певе́ц (*pl.* певцы́; *fem.* певи́ца)

sink   ра́ковина

sister   сестра́ (*pl.* сёстры; *gen. pl.*
   сестёр)

to sit   сиде́ть (II)

   сижу́, сиди́шь, сидя́т

to sit down   сади́ться (II)

   сажу́сь, сади́шься, садя́тся;
   Сади́сь! Сади́тесь!

situated   располо́жен, -а, -о, -ы

six   шесть (ж.); ше́стеро (*gen. pl.*)
   (*collective numeral used with male*
   persons, the young of animals, and
   nouns with no sing. form)

sixteen   шестна́дцать

sixth   шесто́й

sixty   шестьдеся́т

size   разме́р

   What's your size? Fifty.   Како́й ваш
   разме́р? Пятидеся́тый.

to skate   ката́ться (I) на конька́х

to ski   ката́ться (I) на лы́жах

to skip, miss   пропуска́ть (I)

skirt   ю́бка (*gen. pl.* ю́бок)

Slav   славяни́н (*pl.* славя́не, *gen. pl.*
   славя́н; *fem.* славя́нка, *gen. pl.*
   славя́нок)

Slavic   славя́нский

to sleep   спать (II)

   сплю, спишь, спят; спал, спала́,
   спа́ли

   Did you get a good sleep?
   Вы́спались?

sleigh   са́ни (*pl.*)

   to go for a sleigh ride   ката́ться (I)
   на саня́х

slope   склон

slow   ме́дленный; ме́длен, -на, -о,
   -ы

small   ма́ленький

smaller   ме́ньший; ме́ньше

smallest   ме́ньший; са́мый ма́ленький

smart   у́мный; умён, умна́, -о, -ы

smart person   молоде́ц (*pl.*
   молодцы́)

smile   улы́бка (*gen. pl.* улы́бок)

   to smile   улыба́ться (I)

smoke   дым

   to smoke   кури́ть (I)

   курю́, ку́ришь, ку́рят

snack   заку́ска

   to have a snack   заку́сывать (I)

snack bar   буфе́т

snow   снег (в/на снегу́)

   It's snowing.   Идёт снег.

so (*adv.*)   так

   so far, thus far   пока́; до сих пор

   So long.   Пока́. Счастли́во.

   so, such a (*adj.*)   како́й; тако́й

   and so forth, etc.   и так да́лее (и
   т.д.); и тому́ подо́бное (и т.п.)

   so long   пока́

   so many, so much   сто́лько (*gen.*);
   так мно́го (*gen.*)

so that   что́бы; так что

so-called   так называ́емый

soccer   футбо́л

sociable   общи́тельный

socialist (*adj.*)   социалисти́ческий

sock, stocking   носо́к (*pl.* носки́)

sofa   дива́н

soft   мя́гкий; мя́гок, мягка́,
   -о, -и

softer   мя́гче; бо́лее мя́гкий

soil   по́чва

   black soil   чернозём

to solve (a problem)   реша́ть (I)
   (зада́чу)

some (out of a group)   одни́

   some…, others…   одни́…,
   други́е…

   some (a bit)   немно́го (*gen.*)

   some of the   не́которые

   some kind of   како́й-нибудь/-то

somebody, someone   кто-нибудь/-то

somehow   как-нибудь/-то

someone, somebody   кто-нибудь/-то

something   что-нибудь/-то

sometime   когда́-нибудь/-то

sometimes иногда́

someway как-нибудь-то

somewhat дово́льно

somewhere куда́-нибудь-то; (*destination*); где-нибудь-то (*location*)

son сын (*pl.* сыновья́; *gen. pl.* сынове́й)

song песня (*gen. pl.* песен)

folksong наро́дная песня

soon ско́ро

See you soon. До ско́рого.

sooner скоре́е; скоре́й

sorry жаль; жа́лко

I'm sorry for him. Мне его́ жаль (жа́лко).

soul душа́ (*pl.* ду́ши)

sound, noise звук

soup суп

sour ки́слый; ки́сел, кисла́, -о, -ы

sour cream смета́на

south юг

south(ern) ю́жный

souvenir сувени́р

soviet сове́тский

Soviet Union Сове́тский Сою́з

Spaniard испа́нец (*pl.* испа́нцы; *fem.* испа́нка)

Spanish испа́нский

in Spanish по-испа́нски

spare ли́шний, -яя, -ее, -ие

to speak говори́ть (II)

special осо́бенный; осо́бый

special program/course спецпрогра́мма/спецку́рс

specifically и́менно

spectator зри́тель (*м.*)

to spend (time, one's vacation, etc.) проводи́ть (II) (время, кани́кулы, о́тпуск и т.д.) провожу́, прово́дишь, прово́дят

to spin кружи́ться (II) кружу́сь, кру́жится, кру́жатся

I'm dizzy. Голова́ кру́жится.

spine, back спина́

sponge гу́бка (*gen. pl.* гу́бок)

sport(s) (*noun*) спорт

sport(s) (*adj.*) спорти́вный

sports event матч

sporting goods спортто́вары

sportsman спортсме́н

sportswoman спортсме́нка (*gen. pl.* спортсме́нок)

spring (*noun*) весна́

spring (*adj.*) весе́нний, -яя, -ее, -ие

in the spring весно́й

spy шпио́н (*fem.* шпио́нка; *gen. pl.* шпио́нок)

square пло́щадь (*ж.*) (на) (*gen. pl.* площаде́й)

stadium стадио́н (на)

stage сце́на

stairs ле́стница

to stand стоя́ть (II)

to stand up встава́ть (I) встаю́, встаёшь, встаю́т

star звезда́ (*pl.* звёзды)

to start, begin начина́ть (I) (*This transitive verb* must *be used with a direct object or a verb infinitive.*); начина́ться (*intransitive*)

state (American) штат

state, government госуда́рство; прави́тельство

station ста́нция (на)

to stay остава́ться (I) остаю́сь, остаёшься, остаю́тся

to steal красть (I) краду́, крадёшь, краду́т

steambath ба́ня (*gen. pl.* бань)

steamship парохо́д

stenographer машини́стка (*gen. pl.* машини́сток)

steppe степь (*ж.*) (*gen. pl.* степе́й)

stern, severe суро́вый

stewardess стюарде́сса; бортпроводни́ца

still, yet ещё; всё ещё

still, however одна́ко

stocking носо́к (*pl.* носки́)

silk stocking чуло́к (*pl.* чулки́)

stomach желу́док (*pl.* желу́дки)

stop остановка (*gen. pl.* остановок)
  bus stop автобусная остановка
  to stop останавливаться (I)
  to stop (someone or something)
    останавливать (I)
store магазин
  department store универсальный
    магазин
  grocery store продовольственный
    магазин; гастроном
story, history история
  story, tale рассказ
  short story короткий рассказ
  story, floor этаж (*pl.* этажи)
stove плита
straight прямой
  straight ahead прямо
strange странный; странен, -нна,
    -о, -ы
street улица
streetcar трамвай
stress ударение
strict строгий; строг,
    -а, -о, -и
to stir мешать (I) (*dat.*)
string bass струнный бас
striped в полоску
to stroll гулять (I)
strong сильный; силён, сильна, -о,
    -ы; крепкий; крепок, крепка,
    -о, -и
stronger сильнее, более сильный,
    крепче, более крепкий,
student студент (*fem.* студентка;
    gen. pl. студенток); учащийся
    (*fem.* учащаяся; *pl.* учащиеся)
  "A" student отличник (*fem.*
    отличница)
  student body студенческий
    коллектив
studies занятия (на)
to study, do homework заниматься
    (I) (*inst.*)
to study, go to school учиться (II)
    (*dat.*)
    учусь, учишься, учатся

to study (a specified subject) изучать
    (I) (*acc.*) (*requires a direct object*)
  учить (II) (*acc.*) (*requires a direct
    object*)
  учу, учишь, учат
to study (prepare oneself) **for an
    examination** готовиться (II) (к
    экзамену)
  готовлюсь, готовишься, готовятся
stuffy (about the air) душно
stupid глупый; глуп, -а, -о, -ы
stupidity глупость (ж.); ерунда
submarine подводная лодка
to submit an application (for) подавать
    заявление (на + *acc.*)
success успех
subject (in school) предмет
  subject (grammatical) подлежащее
  major subject главный предмет,
    специальность
  subject, topic, theme тема
subtropical субтропический
to the suburbs за город
  in the suburbs за городом
subway метро; метрополитен
such a такой, такая, такое, такие
suddenly вдруг
to suffer (from) страдать (*inst.*)
sugar сахар
to suggest предлагать (I)
suggestion предложение
suit (of clothes) костюм
suitcase чемодан
summer (*noun*) лето
  summer (*adj.*) летний, -яя, -ее, -ие
  in the summer летом
  summerhouse дача (на)
summit вершина (на)
sun солнце
  The sun rises. Солнце всходит.
  The sun sets. Солнце заходит.
  The sun shines. Солнце светит.
to sunbathe загорать (I) (на солнце)
Sunday воскресенье
sunflower seeds семечки (*pl.*)
superfluous лишний, -яя, -ее, -ие

superiority превосхо́дство
supper ужин
   to have supper ужинать (I)
supplementary дополни́тельный
sure, certain уве́рен, -а, -о, -ы
surely наве́рно; наве́рное
surfing сёрфинг
surprise сюрпри́з
   to be surprised (at) удивля́ться (I)
   (*dat.*)
   surprising удиви́тельный;
   удиви́телен, -льна, -о, -ы
to swallow глота́ть (I)
swamp боло́то
sweater свитер, пуло́вер
sweet сладкий
to swim, bathe купа́ться (I)
to swim (*multidirectional*) пла́вать
   (I)
to swim (*unidirectional*) плыть (I)
   плыву́, плывёшь, плыву́т
swim suit купа́льник (woman's),
   пла́вки (man's)
to sympathize (with) сочу́вствовать
   (I) (кому́?)
symphonic симфони́ческий
symphony симфо́ния
system систе́ма

T

table стол (*pl.* столы́)
tablet табле́тка (*gen. pl.* табле́ток)
taiga тайга́
to take брать (I)
   беру́, берёшь, беру́т; брал, брала́,
   брало, брали
   perfective: взять (I); *future:* возьму́,
   возьмёшь, возьму́т; взял, взяла́,
   взяло, взяли; Возьми́(те)!
   to take along брать (I) с собо́й
   to take (by vehicle) вози́ть (II)
   (*multidirectional*)
   вожу́, возишь, возят
   везти́ (I) (*unidirectional*)
   везу́, везёшь, везу́т; вёз, везла́,
   везло́, везли́

to take, carry (on foot) носи́ть (II)
   (*multidirectional*)
   ношу́, носишь, носят
   нести́ (I) (*unidirectional*)
   несу́, несёшь, несу́т; нёс, несла́,
   несло́, несли́
to take, lead, conduct (on foot)
   води́ть (II) (*multidirectional*)
   вожу́, водишь, водят
   вести́ (I) (*unidirectional*)
   веду́, ведёшь, веду́т; вёл, вела́,
   вело́, вели́
to take a seat сади́ться (I) сажу́сь,
   сади́шься, садя́тся
to take for a, to take to be a принима́ть
   за (*acc.*)
   to take, accept принима́ть (I)
   to take medicine (a bath, shower)
   принима́ть (I) лека́рство (ванну,
   душ)
   to take an examination
   сдава́ть (I) экза́мен
   сдаю́, сдаёшь, сдаю́т
   to take a trip (around, through)
   путеше́ствовать (по + *dat.*)
   to take in the sights осма́тривать
   достопримеча́тельности
   to take off снима́ть (I)
   to take off one's clothes, things, hat
   and coat раздева́ться (I)
   to take pictures снима́ть (I);
   фотографи́ровать (I)
   фотографи́рую, фотографи́руешь,
   фотографи́руют
   to take up, occupy (space) занима́ть
   (I)
tale по́весть (ж.); расска́з
talented тала́нтливый
to talk говори́ть (II)
   to have a little talk, chat поговори́ть
   (II) (*perfective*)
tall высо́кий; высо́к, -а́, -о́, -и́
to get a tan загора́ть (I)
   to sunbathe загора́ть (I) на солнце
tangerine мандари́н
tape ле́нта (*gen. pl.* лент)
   —cartridge плёнка

—reel катýшка

—recorder магнитофóн

tardiness опоздáние

a matter of taste дело вкуса

tasty вкусный; вкусен, -снá, -о, -ы

taxi таксú (м.)

by taxi на таксú

taxi stand стоя́нка таксú

tea чай

to teach преподавáть (I)

преподаю́, преподаёшь, прсподаю́т

Ivan Borisovich teaches us Russian.
Ивáн Бори́сович преподаёт нам русский язы́к.

to teach учи́ть (II) (requires a direct object)

учý, учишь, учат

Ivan Borisovich teaches us Russian.
Ивáн Бори́сович учит нас русскому языкý.

teacher (elementary or high school) учи́тель (pl. учителя́; fem. учи́тельница)

teacher (college) преподавáтель (fem. преподавáтельница)

team (sports) комáнда

to tear off отрывáть (I)

teen-age boy юноша

telegraph телегрáф

telephone телефóн

to telephone звони́ть (II) (по телефóну)

television (TV) телеви́зор

TV broadcast телевизиóнная передáча

to watch TV смотрéть (II) телеви́зор

смотрю́, смотришь, смотрят

to tell, say говори́ть (II) perfective: сказáть; future: скажý, скажешь, скажут; Скажи́(те)!

to tell, convey a message передавáть (I)

передаю́, передаёшь, передаю́т

Say hello to Ivan. Передáйте привéт Ивáну.

to tell, relate расскáзывать (I)

to tell the truth говори́ть правду

To tell the truth,... Признáться,...
По правде говоря́,... Честно говоря́,...

temperature температýра

temple храм

temporary временный

ten десять (ж.)

tennis теннис

to play tennis игрáть (I) в теннис

tenth деся́тый

ten-year school десятилéтка (gen. pl. дестилéток)

terrible ужáсный; ужáсен, -сна, -о, -ы

test зачёт; экзáмен; контрóльная

text текст

reading text текст для чтения

textbook учéбник

than чем

thank you спаси́бо; благодарю́ вас

thanks very much большóе спаси́бо

that (demons. adj. or pron.) этот, эта, это; тот, та, то

that (rel. pron.) котóрый, -ая, -ое, -ые

that (conj.) что

That (this) is a (the)... Это...

that one этот, эта, это; тот, та, то

their(s) их

them их (gen., acc.), им (dat.), ими (inst.), них (prep.)

themselves себя́ (gen., acc.), себé (dat., prep.), собóй (inst.); сами

then, after that потóм; затéм; после этого

then, in that event тогдá

theory теóрия

there (destination); там (location)

over there вон там

there (pointing) вот; вон

from there оттýда

There is (are). Есть.

therefore поэ́тому; так что

these эти

These are... Это...

they они́

they *continued*
  they themselves они́ са́ми
thick густо́й; густ, -á, -o, -ы
thing, matter, business де́ло (*pl.* дела́)
  How are things? Как дела́?
  thing вещь (ж.) (*gen. pl.* веще́й)
to think ду́мать (I)
third (fraction) треть (ж.)
  third (ordinal number) тре́тий,
    тре́тья, тре́тье, тре́тьи
  third course, dessert тре́тье
thirteen трина́дцать
thirteenth трина́дцатый
thirtieth тридца́тый
thirty три́дцать
this (*demons. adj., pron.*) э́тот, э́та,
    э́то
  This is a (the)… Э́то…
  this one э́тот, э́та, э́то
  this way, in this way так; таки́м
    о́бразом
  this time в/на э́тот раз
those (*demons. adj., pron.*) э́ти; те
  Those are… Э́то…
thought, idea мысль (ж.)
thoughtful, pensive заду́мчивый
three три; тро́е (*gen. pl.*) (*collective
    numeral used only with male persons,
    the young of animals and nouns with
    no sing. form*
throat го́рло
through че́рез (*acc.*)
to throw, quit броса́ть (I)
Thursday четве́рг (четверга́ и т.д.)
thus (it is that) так что
  thus far, so far пока́; до сих пор
  thus, in this way так
ticket биле́т
time вре́мя (*pl.* времена́; *gen. pl.*
    времён)
  time, occasion раз (*gen. pl.* раз)
  It's time. Пора́.
  on time во́время
  no time не́когда
    I have no time. Мне не́когда.
    У меня́ нет вре́мени.

What time is it? Кото́рый час?
  Ско́лько на ва́ших?
At what time? В кото́ром часу́?
  Во ско́лько?
tired уста́л, уста́ла, уста́ло, уста́ли
tiring утоми́тельный; утоми́телен,
    -льна, -о, -ы
to в(о) (*acc.*) (*used with inanimate
    objects only*); на (*acc.*) (*used with
    inanimate objects only*); к (*dat.*)
    (*used with animate objects*)
  "to go" (food) с собо́й
toast (toasted bread) гренки́ (*pl.*)
toast (to drink to) тост
today сего́дня
today's сего́дняшний, -яя, -ее, -ие
toe па́лец (на ноге́) (*pl.* па́льцы)
together вме́сте
tomato помидо́р
tomb мавзоле́й
tomorrow за́втра
tomorrow's за́втрашний, -яя, -ее, -ие
tongue язы́к (*pl.* языки́)
too, also та́кже; то́же; и
  too (much, little, etc.) сли́шком
    (мно́го, ма́ло и т.д.)
  too bad жаль
tooth зуб
  I have a toothache. У меня́ боли́т
    зуб.
top, summit верши́на (на)
to toss броса́ть (I)
to touch тро́гать (I)
tour экску́рсия
  tour guide экскурсово́д
toward(s) к(о) (*dat.*)
tower ба́шня (*gen. pl.* ба́шен)
town го́род (*pl.* города́)
  small town городо́к (*pl.* городки́)
toy игру́шка (*gen. pl.* игру́шек)
track meet лёгкая атле́тика
tractor тра́ктор
traffic движе́ние
train по́езд (*pl.* поезда́)
transfer переса́дка (*gen. pl.*
    переса́док)

to transfer пересáживаться; делать пересáдку

to translate (from...into...) переводи́ть (II) (с... *gen.* в... *acc.*)

персвожу́, перево́дишь, перево́дят

translation перево́д

translator перево́дчик (*fem.* перево́дчица)

to transmit передавáть (I) передаю́, передаёшь, псредаю́т

to transport вози́ть (II) (*multidirectional*)

вожу́, во́зишь, во́зят

везти́ (I) (*unidirectional*)

везу́, везёшь, везу́т; вёз, везлá, везло́, везли́

transportation трáнспорт

means of transportation спосо́б передвижéния

to travel (in) путешéствовать (I) (по *dat.*)

путешéствую, путешéствуешь, путешéствуют

to treat (someone) (to something) угощáть (кого?) (чем?)

tree дерево (*pl.* дерéвья)

tributary прито́к

trifle пустя́к (*pl.* пустяки́)

trip поéздка (*gen. pl.* поéздок)

trip, journey путешéствие (по *dat.*)

to make a quick round trip сходи́ть, съéздить, слетáть (*perfective*)

trolleybus тролле́йбус

trombone тромбо́н

trousers брю́ки (*gen. pl.* брюк); штаны́

truck грузови́к (*pl.* грузовики́)

true прáвда

truly действи́тельно

trumpet трубá

truth прáвда

to try, attempt (по)старáться (I)

to try, sample, taste (по)про́бовать (I)

про́бую, про́буешь, про́буют

Tuesday вто́рник

on Tuesday во вто́рник

tundra ту́ндра

tunnel тунне́ль (*м.*)

turkey (hen) индю́шка (*gen. pl.* индю́шек)

turkey (gobbler) индю́к

Turkey Ту́рция

Turkish туре́цкий

to turn повора́чивать

to turn (one's self) повора́чиваться

to turn off выключáть (I)

to turn on включáть (I)

twelfth двенáдцатый

twelve двенáдцать

twentieth двадцáтый

twenty двáдцать

two два (*m. and n.*), две (*fem.*); двое (*gen. pl.*) (*collective numeral used with male persons, the young of animals, and nouns with no sing. form*)

typist машини́стка

U

Ukraine Украи́на (на)

Ukrainian украи́нец (*pl.* украи́нцы; *fem.* украи́нка, *gen. pl.* украи́нок)

umbrella зонт (*pl.* зонты́); зо́нтик

uncle дя́дя (*gen. pl.* дя́дей)

under под (*inst.*) (*location*); под (*acc.*) (*destination*)

to understand понимáть (I)

understandable поня́тный; поня́тен, -тнá, -о, -ы

underwater подво́дный

undoubtedly наве́рно; наве́рное; должно́ быть; наверняка́

to undress, take off one's clothes/things/hat and coat раздевáться (I)

unfortunately к сожалéнию

unimportant невáжный

union сою́з

United Nations Организáция объединённых нáций (ООН)

United States   Соединённые Штаты
universal   универсáльный
university   университéт
unoccupied, free   свобóдный;
   свобóден, -дна, -о, -ы
day off   выходнóй день
unpleasant   неприя́тный; неприя́тен,
   -тна, -о, -ы
untamed, wild   дикий; дик, -á, -о, -и
until (*prep.*)   до (*gen.*)
   until (*conj.*)   покá; покá не
      I'll wait here until you return.   Я
      здесь подожду́, покá вы не
      вернётесь
up   навéрх
   to stand (get) up, get out of bed
      вставáть (I)
      встаю́, встаёшь, встаю́т
   to get up from the table   вставáть
      из-за столá
   up to, as far as   до (*gen.*)
up from under   из-пóд (*gen.*)
upper   вéрхний, -яя, -ее, -ие
upset   расстрóен, -а, -о, -ы
upstairs   навéрх (*destination*); наверху́
   (*location*)
the Urals   Урáл (на); Урáльские горы
us   нас (*gen., acc., prep.*), нам (*dat.*),
   нáми (*inst.*)
U.S.A.   США
to use, to be used   пóльзоваться (I)
   (*inst.*) пóльзуюсь, пóльзуешься,
   пóльзуются
used   подéржанный
   to get used (to)   привыкáть (I) к
   (+ *dat.*)
useful   полéзный; полéзен, -зна, -о,
   -ы
U.S.S.R.   СССР
usual   обы́чный, обы́чен, -чна, -о, -ы;
   обыкновéнный, обыкновéнен,
   -нна, -о, -ы

V

vacation(s)   кани́кулы (*from school*);
   óтпуск (*pl.* отпускá) (*from work*)

to spend one's vacation (leave)
   проводи́ть (II) кани́кулы (óтпуск)
   провожу́, провóдишь, провóдят
vacation home   дáча (на)
vacationer   отдыхáющий (*pl.* отды-
   хáющие)
valley   доли́на
valuable   цéнный
varied, various, different   рáзный
vegetable   óвощ (*м.*) (*gen. pl.* овощéй)
   vegetable garden   огорóд
verb   глагóл
verbal adverb   деепричáстие
very   óчень
in the vicinity, near   побли́зости (от
   gen.)
view   вид
   in view   в виду́
   You have to keep in mind that...
      Нáдо имéть в виду́, что...
village   дерéвня (*gen. pl.* деревéнь);
   селó (*pl.* сёла; *gen. pl.* сёл)
vineyard   виногрáдник (на)
viola   альт
violin   скри́пка (*gen. pl.* скри́пок)
   to play the violin   игрáть (I) на
      скри́пке
violinist   скрипáч (*pl.* скрипачи́)
visible, seen   ви́дный; ви́ден, -днá,
   -о, -ы
to visit   посещáть (I) (*rather official*);
   навещáть (I) (*informal*)
vodka   вóдка
Volga (*noun*)   Вóлга
   Volga (*adj.*)   вóлжский
volleyball (*noun*)   волейбóл
   to play volleyball   игрáть (I) в
      волейбóл
vowel   глáсный

W

wage   зарплáта
to wait (for)   ждать (I)
   жду, ждёшь, ждут; ждал, ждалá,
   ждáло, ждáли
waiter   официáнт

waitress официа́нтка (*gen. pl.* офици-
а́нток)

to walk ходи́ть (II) (*multidirectional*)
хожу́, хо́дишь, хо́дят
идти́ (I) (*unidirectional*)
иду́, идёшь, иду́т; шёл, шла,
шли

to walk up to, approach подходи́ть
(II) (к *dat.*)
подхожу́, подхо́дишь, подхо́дят

to go for a walk, stroll гуля́ть (I)

wall стена́ (*pl.* сте́ны)

wallet бума́жник

to want хоте́ть (I, II)
хочу́, хо́чешь, хо́чет, хоти́м, хоти́те,
хотя́т

war война́

warm тёплый; тёпел, тепла́, тепло́,
теплы́

to warn предупрежда́ть (I)

was, were был, была́, бы́ло, бы́ли

to wash мыть (I) мо́ю, мо́ешь, мо́ют

to wash up умыва́ться (I)
to wash dishes (the floor, etc.) мыть
(I) посу́ду (пол и т.д.)

to waste теря́ть (I) да́ром
a waste of time поте́ря вре́мени

watch, clock часы́ (*pl. only*)

to watch смотре́ть (II)
смотрю́, смо́тришь, смо́трят
to watch television смотре́ть
телеви́зор

water вода́
to water полива́ть (I)

watermelon арбу́з

way, path путь (*м.*)
on the way по пути́; по доро́ге
this way, in this manner так
no way ника́к
in one's own way по-сво́ему
to be on the way, approach
наступа́ть (I)

we мы
we ourselves мы са́ми

weak сла́бый; слаб, -а́, -о, -ы

wealthier бога́че; бо́лее бога́тый

wealthy бога́тый

weather пого́да

wedding сва́дьба

Wednesday среда́
on Wednesday в сре́ду

week неде́ля (*gen. pl.* неде́ль)

Welcome! Добро́ пожа́ловать!
You're welcome. Пожа́луйста. Не́
за что. Не сто́ит.

well, all right, OK хорошо́
fairly well, not bad непло́хо
well, здоро́вый; здоро́в, -а, -о, -ы

well-known изве́стный; изве́стен,
-тна, -о, -ы

west (*noun*) за́пад (на)
west(ern) (*adj.*) за́падный

wet сыро́й; сы́ро

what (*pron.*) что
what, which, what kind of, what a
како́й, кака́я, како́е, каки́е
What time is it? Кото́рый час?
Ско́лько на ва́ших? Ско́лько
вре́мени?
At what time? В кото́ром часу́?
Во ско́лько?

wheat пшени́ца

wheel колесо́ (*pl.* колёса)

when когда́

where (at) где (*location*)
where (to) куда́ (*destination*)
where from отку́да

which, which one како́й, кака́я, како́е,
каки́е
which (*relative pronoun*) кото́рый,
кото́рая, кото́рое, кото́рые

while пока́

white бе́лый; бел, -а́, -о, -ы
White Russian белору́сский

who (*pron.*) кто
who (*rel. pron.*) кото́рый, кото́рая,
кото́рое, кото́рые

whole це́лый

whom кого́ (*gen., acc.*), кому́ (*dat.*),
кем (*inst.*), ком (*prep.*)

whose чей, чья, чьё, чьи

why почему́; заче́м

wide, broad широ́кий; широ́к, -а́, -о́,
-и́

wider шире; более широкий

wife жена (*pl.* жёны; *gen. pl.* жён); супруга

wild дикий; дик, -а, -о, -и

will (be) буду, будешь, будет, будем, будете, будут

wind ветер (*pl.* ветры)

window окно (*pl.* окна; *gen. pl.* окон)

wine вино (*pl.* вина)

winter зима (*pl.* зимы)

   in the winter зимой

wire проволока

to wish желать (I) (*dat., gen.*)

   I wish you all the best! Желаю вам всего хорошего.

with с (*inst.*)

   with an accent с акцентом

without без (*gen.*)

   without doubt, surely наверняка

   without fail обязательно

woman женщина

   —friend подруга

   young woman девушка

   old woman старуха; старушка (*gen. pl.* старушек)

wonderful прекрасный; прекрасен, -сна, -о, -ы; замечательный; чудесный

wooden деревянный

word слово

   in a word одним словом

   in other words другими словами

work работа (на); труд

   work (of literature, etc.) произведение

   to work работать (I)

worker, laborer рабочий, трудящийся (*fem.* трудящаяся; *pl.* трудящиеся)

work(ing) (*adj.*) рабочий

   workday рабочий день

world мир; свет

worse хуже; худший

to wrap завёртывать (I)

to write писать (I) пишу, пишешь, пишут

writer писатель (*м.*) (*fem.* писательница)

written письменный; написанный, написан, -а, -о, -ы

writing (*noun*) писание

   writing desk письменный стол

Y

yard двор

   outside на дворе

year год

   years года (*used after c 2, 3, 4 and any number ending in 2, 3, 4 [except 12, 13, 14]*); лет (*used after 5 through 20, any number ending in 5, 6, 7, 8, 9, 0, and adverbs of quantity*)

   half a year полгода

yellow жёлтый

yes да

yesterday вчера

   day-before-yesterday позавчера

   yesterday's вчерашний, -яя, -ее, -ие

yet, still ещё

   yet, however однако

you ты; вы

   you yourself ты сам(а); вы сами

young молодой

   young people, youth молодёжь (*ж.*)

   young man молодой человек

   young woman девушка

   young girl девочка

   young boy мальчик

younger моложе; более молодой; младший

   younger brother младший брат

   younger sister младшая сестра

your(s) твой, твоя, твоё, твой; ваш, ваша, ваше, ваши

yourself, yourselves себя (*gen., acc.*), себе (*dat., prep.*), собой (*inst.*)

youth, young people молодёжь (*ж.*)

Z

ZAGS (Registry Office) ЗАГС

zero ноль/нуль

zone зона

Index